V&R Academic

Archiv zur DDR-Staatssicherheit

Band 11

Im Auftrag des Bundesbeauftragten für die Unterlagen des Staatssicherheitsdienstes der ehemaligen Deutschen Demokratischen Republik (BStU)

herausgegeben von
Birgit Salamon

Vandenhoeck & Ruprecht

Roland Lucht (Hg.)

Das Archiv der Stasi

Begriffe

Vandenhoeck & Ruprecht

Umschlagabbildung:
Magazinraum A 701 im Zentralarchiv des MfS bzw. A 601 im Archiv der Zentralstelle des BStU in der Erstausstattung von 1984 mit Hebelschubanlagen aus dem VEB Kombinat Robotron, darin Stasi-Akten in MfS-typischer, unverpackter, lateraler Lagerung; Foto: Roland Lucht, März 1998.

Mit 156 Abbildungen.

Bibliografische Information der Deutschen Nationalbibliothek

Die Deutsche Nationalbibliothek verzeichnet diese Publikation in der Deutschen Nationalbibliografie; detaillierte bibliografische Daten sind im Internet über http://dnb.d-nb.de abrufbar.

ISBN 978-3-525-31019-9

Weitere Ausgaben und Online-Angebote sind erhältlich unter: www.v-r.de.

Druck und Bindung: ⊕ Hubert & Co, Göttingen

Gedruckt auf alterungsbeständigem Papier.

Zum Geleit

Ein Monument der Überwachung, das ist das Archiv der Stasi-Unterlagen-Behörde. Hinter jeder Akte ein menschliches Schicksal. Ein Leben, das aus der Bahn geriet, manipuliert wurde, ein Mensch, dem die Selbstbestimmung genommen wurde. Aber hinter den Akten auch Menschen, die funktionierten, die sogar ihre Freunde verrieten.

Die eigene Bevölkerung beobachten, immer auf der Suche nach denen, die nicht auf Linie sind. Verängstigen. Verfolgen. Ins Gefängnis stecken. Das war der Auftrag der Stasi, der Geheimpolizei der SED, dokumentiert in der schier unfassbaren Menge der Unterlagen, die nach der friedlichen Revolution von mutigen Bürgerinnen und Bürgern gerettet wurden.

Regale um Regale voller Unterlagen. 111 Regal-Kilometer – aneinandergereiht eine Strecke von Berlin nach Magdeburg. Die Sammelwut der Stasi zeigt sich weiter in über 30 000 Audio- und Videodokumenten, 1,8 Millionen Fotos, in Mikrofiches und Datenbändern und nicht zuletzt in 15 000 Behältnissen mit zerrissenen Unterlagen, die vor der Vernichtung im Winter 1989/90 bewahrt wurden.

Wissen wie es war. Darüber geben die Akten Auskunft, darüber wie die Geheimpolizei das eigene Volk beobachtete und verfolgte. Die Akten sind organisiert in der Systematik der Staatssicherheit und vor allem in der Sprache der Geheimpolizei.

IM, OPK, F 16, PKZ, KW. Die Liste der Abkürzungen und ihrer Bedeutungen ist lang. Lange auch feilte die Stasi an den Methoden der Verwaltung, Verarbeitung und Auswertung der gehorteten Informationen. Sie schuf sich einen eigenen technokratischen Fachjargon, der, damals wie heute, für Außenstehende einer „Entschlüsselung“ und Interpretationshilfe bedarf.

„Das Archiv der Stasi. Begriffe“ will diese Hilfestellung geben. Das Nachschlagewerk soll wesentlich dazu beitragen, dass sich eine breite Öffentlichkeit die Stasi-Hinterlassenschaften selbstständig erschließen kann. Zahlreiche Querverweise bieten Laien wie Experten die Möglichkeit, tiefer gehende Einblicke in die geheimpolizeilichen Arbeitsmethoden zu gewinnen.

Ich wünsche mir, dass viele davon Gebrauch machen. Zu begreifen, auch in den vielen Details, wie genau Diktatur funktioniert hat, ist nicht einfach nur Historikeraufgabe. Es hilft zu erkennen, was Demokratie ausmacht.

Roland Jahn
Berlin, im März 2014

Vorwort

Die vorliegende Publikation beschäftigt sich mit der archivalischen Hinterlassenschaft des Staatssicherheitsdienstes der ehemaligen DDR. In seiner sogenannten „operativen" Arbeit trug der Staatsicherheitsdienst (Stasi) unzählige Informationen zusammen, erfasste, registrierte, verdichtete und verwahrte diese für seine Zwecke. Die Stasi schuf sich zur Verwaltung und Verwahrung ihrer Unterlagen eigene Begriffe. Geheimdienstliche Abschottung nach außen sowie innere Geheimhaltung, nach der jeder nur so viel wissen durfte, wie er zur Erfüllung seiner Aufgabe unbedingt benötigte, beförderten die Entwicklung eines eigenen Begriffsrepertoires. Für die Aufarbeitung der SED-Diktatur ist das Verständnis dieses Begriffsrepertoires von praktischem Nutzen, um die Unterlagen quellenkritisch zu interpretieren. Gleichzeitig kann eine Erläuterung dieser Begriffe auch von archivgeschichtlichem Wert sein.

Das hier vorgelegte Werk betrachtet und analysiert Begriffe und Abkürzungen aus dem Tätigkeitsfeld der Abteilungen XII des Ministeriums und der Bezirksverwaltungen für Staatssicherheit. Diese Spezialbereiche wurden 1950 mit der Bezeichnung „Erfassung und Statistik" gebildet und später in „(Zentrale) Auskunft / Speicher" umbenannt. Zuständig vor allem für die Erfassung von Personenangaben in Karteien und Datenbanken, für die Registrierung angelegter Vorgänge und für die Archivierung der Unterlagen waren sie mit allen Stasi-Diensteinheiten eng verbunden. Sie hatten jederzeit Informationen bereitzustellen, die die Diensteinheiten benötigten, um als „Schild und Schwert der Partei" die Macht der SED zu sichern.

Für jeden, der sich mit der Überlieferung des Staatssicherheitsdienstes befasst, kann diese spezielle Terminologie der Geheimpolizei zur Verwaltung ihrer Unterlagen und zur Handhabung ihrer Informationsspeicher eine gewisse Herausforderung darstellen. Aus dem Arbeitsbereich Archiv des BStU widmeten sich deshalb in den letzten Jahren einige Mitarbeiterinnen und Mitarbeiter unter Leitung des Grundsatzreferates zusätzlich der Aufgabe, die im genannten Kontext relevanten Begriffe und Abkürzungen zusammenzustellen, aufzubereiten und zu beschreiben. Möge das Ergebnis dieser Arbeit allen, die sich mit den Stasi-Unterlagen befassen, hilfreich sein.

Birgit Salamon
Berlin, im März 2014

Inhaltsverzeichnis

Einleitung

„Freiheit für meine Akte“ hieß 1989/90 eine Forderung der friedlichen Revolution in der DDR. 40 Jahre lang hatte die Geheimpolizei, das Ministerium für Staatssicherheit (MfS), kurz – aber nie verniedlichend gemeint – Stasi genannt, Herrschaftswissen zusammengetragen, gespeichert und ausgewertet, es für verdeckte Einflussnahmen auf die Gesellschaft und den Einzelnen, für latente Bedrohung und offene Unterdrückung benutzt – dies alles im Auftrag des SED-Staates und für die Sicherung der Macht seiner Funktionärselite. Die Wiederaneignung der eigenen Biographie, das Wissenwollen, wer, wann, warum und womit den eigenen Lebensweg im Hintergrund gesteuert hat, die Erlangung von Beweisen für erlittenes Leid, für geheimpolizeiliche Schikanen, für Verurteilungen und Haft waren und sind ein dringendes Bedürfnis bei der persönlichen Aufarbeitung wie bei der gesellschaftlichen Überwindung der Diktaturfolgen.

Möglichkeit und Recht auf Einsicht in die Akten der Geheimpolizei waren nicht selbstverständlich. Sie mussten hart erstritten werden. Aus Bürgermut und Entschlossenheit formierte sich politischer Wille und wurde in demokratischen Verfahren in Recht fixiert. Wer die DDR und ihren Untergang erlebt hat, wuchs hinein in eine oft befremdende, politisierte Begriffswelt. In der Zeit von Revolution und Umbruch kamen neue Begriffe hinzu, Begriffe aus dem bis dahin verborgenen Wirken der Stasi. Zeitschriften brachten seitenweise Erläuterungen. Fernsehbeiträge und Buchpublikationen offenbarten immer mehr über Vertrauensbrüche, Manipulationen und Einflussnahmen, über die operative Tätigkeit der Geheimpolizei, die der SED als Machtgarant, als „Schild und Schwert“ gedient hatte.

„Wenn wir unsere Akten lesen“[1] hieß 1992 ein Band, der in die Welt der Stasi-Unterlagen einführte und die wichtigsten Vorgangsarten und Karteien vorstellte. Damals leistete er insbesondere Betroffenen, die sich grundlegend informieren wollten, gute Dienste. Seitdem sind zwei Jahrzehnte vergangen. Das auf Quellenanalysen begründete Wissen über die Arbeitsweise der Stasi hat enorm zugenommen, mehr noch die Erwartungen von Nutzern der Stasi-Unterlagen, von Betroffenen wie von Forschern und Journalisten, an Erklärungen der stasieigenen Begriffe, deren Zusammenhänge und Hintergründe. Zudem sind seit dem Sturz der SED-geführten DDR-Regierung und der Auflösung des Stasi mehr als 20 Jahre vergangen. Längst ist eine neue Generation herangewachsen, die mit den Medienberichten der frühen

---

1 Tina Krone, Irena Kukutz u. Henry Leide: Wenn wir unsere Akten lesen. Handbuch zum Umgang mit den Stasi-Akten, 1. Auflage, Berlin 1992; dass., 2. veränderte und erweiterte Auflage, Berlin 1997.

1990er-Jahre und den damals viel beachteten einschlägigen Publikationen nichts mehr verbindet. Junge Menschen, die in die fremde Begriffswelt der Stasi nicht hineingewachsen sind, rücken nach und erwarten zu Recht weitergehende Informationen.

Wer sich mit Unterlagen des MfS beschäftigt, kommt in der Regel mit alltagssprachlichem Verständnis nicht weit, Leserinnen und Leser werden vielmehr mit dreierlei davon abweichenden Sprachen konfrontiert: Der von politischer Propaganda geprägten, formelhaften Staatssprache der SED-Diktatur, der zu den Geheimsprachen gehörenden Sprache der Staatssicherheit und schließlich verfremdet der Fachsprache von Archivaren und Informationswissenschaftlern, vermischt mit Lehnbegriffen der Informatik, der Schriftgutverwaltung und der Polizeisprache.

Wie schwierig es sein kann, Karteiensysteme, Aktenablagen und ehemals vorhandene Datenbanken der Stasi verständlich zu erklären, erfahren Mitarbeiter des BStU bei der Betreuung von Nutzerinnen und Nutzern, bei Führungen durch die Archive und ebenso in fachlichen Diskursen mit Kolleginnen und Kollegen aus anderen Häusern. Gelegentlich eines Fachbesuchs im Instytut Pamięce Narodowej (IPN – Institut des nationalen Gedenkens) in Warschau entstand die Idee, Begriffe aus dem Zusammenhang der geheimpolizeilichen Schriftgutüberlieferungen beider Länder zu sammeln und zu beschreiben.[2] Anfangs war noch an eine unmittelbare Gegenüberstellung der polnischen und der deutschen Begriffe gedacht. Doch zeigten sich trotz einzelner oberflächlicher Ähnlichkeiten zunehmend deutliche Unterschiede in den Erfassungs- und Ablagestrukturen. Somit wurden letztlich jeweils eigene, die Begriffe beschreibende Publikationsvorhaben vorangetrieben. Sie können als Grundlage für vergleichende Untersuchungen dienen, die einzelne Karteien, Erfassungs- und Vorgangsarten hinsichtlich ihrer Merkmale aktenkundlich tiefergehend analysieren.

Nicht die operative Arbeit des MfS ist Gegenstand dieses Nachschlagewerkes, sondern vielmehr die aus dieser Tätigkeit resultierenden Aufzeichnungen, die Karteien und Akten, das System der Erfassung und Informationsverdichtung. Der Fokus ist dabei auf die Arbeitsweise der Abteilung XII (Zentrale Auskunft/Speicher) gerichtet. Doch die Informationstätigkeit des MfS erschöpfte sich darin nicht: Neben der Abteilung XII hatte sich die Zentrale Auswertungs- und Informationsgruppe (ZAIG) als Informationen verarbeitende und speichernde Diensteinheit etabliert. Die Abteilung XIII (Zentrale Rechenstation) half nicht nur bei der Entwicklung von Software für Datenbanken der Stasi, sie unterstützte auch durch Bereitstellung von Rechnerleistungen. Die ZAIG hatte sich mit ihren Datenbanken zunehmend

2 Siehe dazu Neunter Tätigkeitsbericht der BStU 2009, S. 22 u. 43; Zehnter Tätigkeitsbericht der BStU 2011, S. 30 u. 49.

eine führende Stellung im MfS erarbeitet, 1986 erhielt sie darum die dienstrechtliche Aufsicht über die Abteilungen XII und XIII. Drei Jahre später sahen die Strukturplanungen vom Dezember 1989 für ein Amt für Nationale Sicherheit und kurz darauf für einen Verfassungsschutz der DDR schließlich eine Abteilung „Zentrale Speicherführung und Auskunftserteilung" vor. Darin sollten die Aufgaben der Abteilung XII sowie Teilaufgaben der Abteilung XIII und der ZAIG, insbesondere deren Zentrale Personendatenbank (ZPDB) zusammengeführt werden.[3] Mit der Auflösung des MfS waren diese Pläne obsolet.

Es geht also um Begriffe und Kurzbezeichnungen aus dem Kontext der zentralen Erfassung von Personen, der Registrierung von Vorgängen, der zahlreichen Aktenkategorien der Geheimpolizei und der Aktenablage im sogenannten Zentralarchiv des MfS. Die Begriffe werden vorgestellt, möglichst eingängig erklärt, gegenüber dem Verständnis in Fachsprachen abgegrenzt und über Verweise in Beziehung zueinander gesetzt. Die wichtigsten einschlägigen Befehle und Weisungen aus 40 Jahren MfS werden erläutert, für weitere auf Begriffe mit entsprechenden Erläuterungen verwiesen. Die Darstellung aus archivarischer Perspektive stützt sich auf umfangreiche Quellen des MfS und die Erfahrungen der letzten 20 Jahre im Umgang mit den Stasi-Unterlagen.

Über die Geschichte, die Strukturen und die Arbeitsweise des MfS sowie über Aufarbeitungsfragen sind seit der Aktenöffnung über 5 000 Publikationen erschienen. Sie legen die Einflussnahme der Staatssicherheit im Auftrage der SED auf nahezu alle Lebensbereiche in der DDR in ihren Grundzügen dar oder befassen sich mit herausgehobenen Fragestellungen, mit historisch markanten Ereignissen oder einzelnen Institutionen und Fachbereichen, um die Einflussnahme des MfS im konkreten Umfeld fassbar zu machen.

Zu den Standardwerken dürften die Arbeiten von Jens Gieseke[4] über die Geschichte der Stasi als Machtapparat und dessen hauptamtliche Mitarbeiter ebenso zählen, wie die Bände Helmut Müller-Enbergs[5] über die inoffi-

---

3 BStU, MfS SdM Nr. 2289, S. 144; BStU, MfS HA IX Nr. 1003, S. 9 u. 34; BStU, MfS AGM Nr. 107, S. 34 u. 40.

4 Jens Gieseke: Mielke-Konzern. Die Geschichte der Stasi 1945 – 1990, 2. erweiterte u. aktualisierte Auflage, Stuttgart u. München 2006; ders.: Die Stasi 1945 – 1990 (Aktualisierte und ergänzte Auflage von „Mielke-Konzern"), München 2011; ders.: Die hauptamtlichen Mitarbeiter des Ministeriums für Staatssicherheit (Anatomie der Staatssicherheit. Geschichte – Struktur – Methoden. MfS-Handbuch IV.1), Berlin 1995; ders.: Die hauptamtlichen Mitarbeiter der Staatssicherheit. Personalstruktur und Lebenswelt 1950 – 1989/90 (Analysen und Dokumente 20), Berlin 2000; ders. unter Mitarbeit von Doris Hubert: Die DDR-Staatssicherheit. Schild und Schwert der Partei, Bonn 2001.

5 Helmut Müller-Enbergs (Hrsg.): Inoffizielle Mitarbeiter des Ministeriums für Staatssicherheit. [Teil I:] Richtlinien und Durchführungsbestimmungen, 2. Aufl., Berlin 1996; ders.: In-

ziellen Mitarbeiter oder das Werk von Walter Süß[6] über das letzte Jahr der Stasi. Doch auch Publikationen der frühen 1990er-Jahre über die Stasi und deren Auflösung bieten sich durch die Zeitzeugenschaft der Autoren und die Unmittelbarkeit der Darstellung noch immer als wertvolle Quellen an.[7] Zudem bieten einige Nachschlagewerke unmittelbaren Einblick in Strukturen, Arbeitsweise und Begriffe der Stasi.

Zusammenfassende Erkenntnisse über Arbeitsweise, Strukturen und wichtige Biographien wurden im MfS-Lexikon zugänglich gemacht, das nunmehr in zweiter, erweiterter Auflage vorliegt.[8] Über allgemeine Begriffe des „politisch-operativen" Wirkens des MfS liegen seit längerem Editionen eines Stasi-Wörterbuchs vor, die 1993 als Faksimile und 1996 kommentiert unter Berücksichtigung aller Fassungen erschienen.[9]

Über die Strukturgeschichte der Stasi auf zentraler Ebene erarbeitete Roland Wiedman zwei Bände.[10] Wesentliche dienstliche Bestimmungen des MfS, die „Grundsatzdokumente", edierten Roger Engelmann und Frank Joestel.[11] Das Verzeichnis der im MfS genutzten Abkürzungen, oft hilfreich als schnelle Handreichung, liegt gedruckt in inzwischen zehn, ständig überarbeiteten und erweiterten Auflagen vor.[12] Unter den genannten sind

---

offizielle Mitarbeiter des Ministeriums für Staatssicherheit. Teil 2: Anleitungen für die Arbeit mit Agenten, Kundschaftern und Spionen in der Bundesrepublik Deutschland, 2. Aufl., Berlin 1998; ders.: Inoffizielle Mitarbeiter des Ministeriums für Staatssicherheit. Teil 3: Statistiken, Berlin 2008; ders.: Die inoffiziellen Mitarbeiter (Anatomie der Staatssicherheit. Geschichte – Struktur – Methoden. MfS-Handbuch [IV.2]), Berlin 2008.

6 Walter Süß: Staatssicherheit am Ende. Warum es den Mächtigen nicht gelang, 1989 eine Revolution zu verhindern (Analysen und Dokumente 15), Berlin 1999.

7 Insbesondere David Gill u. Ulrich Schröter: Das Ministerium für Staatssicherheit. Anatomie des Mielke-Imperiums, Berlin 1991; Anne Worst: Das Ende eines Geheimdienstes, Berlin 1991; Bürgerkomitee Leipzig (Hrsg.): Stasi intern. Macht und Banalität, Leipzig 1991, zuletzt 3. Aufl. Leipzig 1998.

8 Roger Engelmann u. a. (Hrsg.): Das MfS-Lexikon. Begriffe, Personen und Strukturen der Staatssicherheit der DDR, 2. erweiterte Auflage, Berlin 2012. Einige der Autoren dieses Werks über Begriffe in den Archiven der Stasi wirkten auch am MfS-Lexikon mit.

9 Hubertus Knabe (Hrsg.): Das Wörterbuch der Staatssicherheit. Definitionen des MfS zur „politisch-operativen Arbeit" (BStU-Reihe A: Dokumente 1/93), [Berlin 1993]; Siegfried Suckut (Hrsg.): Wörterbuch der Staatssicherheit, Definitionen zur „politisch-operativen" Arbeit (Analysen und Dokumente 5), 3. Auflage, Berlin 2001.

10 Roland Wiedmann (Bearb.): Die Organisationsstruktur des Ministeriums für Staatssicherheit 1989 (Anatomie der Staatssicherheit. Geschichte – Struktur – Methoden. MfS-Handbuch V.1), Berlin 1995; ders.: Die Diensteinheiten des MfS 1950 – 1989. Eine organisatorische Übersicht (Anatomie der Staatssicherheit. Geschichte – Struktur – Methoden. MfS-Handbuch [V.3]), Berlin 2012.

11 Roger Engelmann u. Frank Joestel (Bearb.): Grundsatzdokumente des MfS (Anatomie der Staatssicherheit. Geschichte – Struktur – Methoden. MfS-Handbuch V.5), Berlin 2004.

12 Klaus Richter u. a. (Bearb.): Abkürzungsverzeichnis. Häufig verwendete Abkürzungen und Begriffe des Ministeriums für Staatssicherheit, 10. ergänzte und korrigierte Aufl., Berlin 2012.

die beim BStU erschienenen Publikationen zumeist auch als PDF-Datei auf der Homepage verfügbar.[13]

Die Struktur einer Institution und deren Veränderungen im Zeitverlauf zu kennen, ist für Archivarinnen und Archivare grundlegend, denn die Verzeichnung und Ordnung der schriftlichen Hinterlassenschaft dieser Institution richtet sich nach dem Herkunfts-, dem Provenienzprinzip. Deswegen sind Kenntnisse über Strukturen ebenso für Archivnutzer wichtig, lassen sich damit doch Recherchen zielgerichtet und eingegrenzt durchführen. Darum sind diesem Band, der als Handreichung und Orientierung bei der Nutzung von Stasi-Unterlagen helfen soll, mehrere Strukturschemata über die Abteilung XII, das MfS und die Bezirksverwaltungen für Staatssicherheit sowie ein Glossar zu den selbstständig agierenden Diensteinheiten beigegeben. Im Glossar, das jeweils auch auf frühere bzw. nachfolgende Diensteinheiten verweist, sind Zeitangaben überwiegend auf die Jahre gerundet.

Genauere Daten über Gründungen und Auflösungen, insbesondere der entsprechenden Befehle, finden sich für die zentrale Ebene in den genannten beiden Werken Roland Wiedmans.[14] Zur Strukturentwicklung der Bezirksverwaltungen und Kreisdienststellen liegt bisher keine vergleichbare Publikation vor.[15] Genauigkeit ist bei der Gründungsdaten allerdings eher relativ, der schriftliche Niederschlag bietet manche Überraschung: Diensteinheiten arbeiteten und produzierten Unterlagen gelegentlich schon Monate vor dem Datum des Gründungsbefehls;[16] andere wurden zwar per Befehl gegründet, dieser tatsächlich aber erst später oder auch nie umgesetzt.[17]

---

13 http://www.bstu.bund.de/DE/Wissen/Publikationen/Gesamt/gesamt_node.html, 26.02.2014.

14 Siehe oben in Anm. 10.

15 In früheren Konzeptionen für das Werk „Anatomie der Staatssicherheit. Geschichte, Struktur, Methoden. MfS-Handbuch" waren noch die Bände II.3 „Territoriale Strukturen: Bezirksverwaltungen, Kreis- und Objektdienststellen" und V.2 „Organisationsstruktur der Bezirksverwaltungen 1989" geplant. In neueren, den Bänden der Reihe vorangestellten Übersichten kommen diese nicht mehr vor.

16 Die Hauptabteilung IX/11, wichtig wegen ihrer nach 1990 als NS-Archiv bekannt gewordenen Dokumentensammlung (siehe unter Z-Material), wurde offiziell zum 1. Februar 1968 mit dem Befehl Nr. 39/67 vom 23. Dezember 1967 gebildet. Tatsächlich aber unterzeichnete deren Leiter bereits seit September 1966 Schreiben als „Leiter der HA IX/11", Jahrgänge der Ablagen dieser Diensteinheit reichen sogar bis 1959 zurück. Nach Roland Lucht: Das offizielle Gründungsdatum der HA IX/11 im Spiegel ihrer schriftlichen Hinterlassenschaft, unveröffentlichtes Manuskript vom Februar 1997.

17 So wurde mit dem Befehl Nr. 2/86 vom 20. Januar 1986 eine Abteilung Grenzsicherheit der Hauptabteilung I mit Unterabteilungen Grenzsicherheit in den Bezirken an der westlichen Staatsgrenze gebildet. Die Unterabteilungen übernahmen dabei Personal und Kompetenzen aus den BVfS. Der Befehl wurde in den BVfS Berlin, Potsdam und Rostock hinhaltend argumentierend verschleppt und nicht umgesetzt. Im Juli 1989 wurde wiederum die Auflösung der Unterabteilungen Grenzsicherheit der Hauptabteilung I in den Bezirksverwaltungen der Grenzbezirke und die Bildung von Selbständigen Referaten Grenzsicherheit beim Stellvertreter Operativ der BVfS angeordnet. Erst als die BVfS Berlin, Potsdam und Rostock im August 1989 explizit aufgefordert wurden, diese Strukturumbildung zu vollzie-

An einer deutschen Archivterminologie versuchte sich Heinrich Otto Meisner bereits in den 1930er-Jahren.[18] Nach dem Krieg nahm er diese Arbeiten wieder auf und publizierte in den 1960er-Jahren gemeinsam mit Wolfgang Leesch die Ergebnisse.[19] Die daraus folgende Fachdiskussion[20] gipfelte in der DDR im 1976 herausgegebenen Lexikon Archivwesen.[21]

Seit den 1970er-Jahren bediente sich auch das MfS zunehmend archivischer Begriffe, nutzte beispielsweise „Bestand", gleichzeitig aber weiterhin „Ablage" für Gliederungen der im Archiv verwahrten Unterlagen. Letztlich entstand ein schwer durchschaubares Begriffs-Konglomerat: Die Stasi entlehnte einzelne Begriffe der Archivwissenschaft, andere der Schriftgutverwaltung[22] (z. B. „Vorgang", „Registrierung" und „Ablage"), der Informatik (z. B. „Speicher", „Datensatz" und „Löschen"), der Polizeisprache (z. B. „Abverfügung") u. a. m., vermischte sie und füllte sie nicht selten mit verändertem Inhalt. Beispielsweise war in den Archiven der Stasi mit „Klassifizierung" nicht etwa im archivischen Sinne die systematische Ordnung eines Bestandes, sondern die Einstufung einer Akte als „gesperrt" oder „nicht gesperrt" im Sinne einer Zugangsbeschränkung gemeint. Die Archive der Stasi selbst hatten eher Aufgaben einer Altregistratur: Abgelegte Akten konnten jederzeit wieder entnommen und ganz oder teilweise in neue Vorgänge integriert werden. Die vorherige Archivsignatur wurde dann gelöscht.

---

hen, folgte zumindest die BVfS Rostock. Die BVfS Berlin und Potsdam verschleppten die Umsetzung weiterhin, bis die friedliche Revolution im Herbst 1989 der Stasi ein Ende setzte. Nach Roland Lucht: Die selbständigen Referate Grenzsicherheit in den BVfS an der westlichen Staatsgrenze der DDR und Besonderheiten in den BVfS Rostock, Berlin und Potsdam, unveröffentlichtes Manuskript vom September 2012.

18 Heinrich Otto Meisner: Elemente der archivischen Berufssprache, in: Archivalische Zeitschrift 39, 1930, S. 260 – 273 ; ders.: Archivarische Berufssprache, in: Archivalische Zeitschrift 42/43, 1934, S. 260 – 280.

19 Heinrich Otto Meisner: Über einige Fragen der deutschen Archivberufssprache, in: Der Archivar 8, 1955, 4, Sp. 347 – 362 ; ders. u. Wolfgang Leesch: Grundzüge einer deutschen Archivterminologie. Referentenentwurf des Ausschusses für deutsche Archivsprache, in: Archivmitteilungen 10, 1960, 4, S. 134 – 152 ; siehe auch Heinrich Otto Meisner: Terminologische Zwischenbilanz, in: Archivmitteilungen 15, 1965, 6, S. 216 – 221.

20 U. a. Eberhard Schetelich: Zur Terminologie der marxistisch-leninistischen Archivwissenschaft in der DDR, in: Archivmitteilungen 20, 1970, 2, S. 61 – 66 ; Terminologische Probleme der marxistisch-leninistischen Archivwissenschaft in der Deutschen Demokratischen Republik. Entwurf für die Diskussion, hrsg. von der Staatlichen Archivverwaltung des Ministeriums des Innern der DDR, Potsdam 1970; Konsultationen. Archivterminologie, in: Archivmitteilungen 23, 1973, 2, S. 71 – 73 u. 23, 1973, 3, S. 113 – 115.

21 Lexikon Archivwesen der DDR, hrsg. von der Staatlichen Archivverwaltung des Ministeriums des Innern der DDR, Berlin 1976.

22 Der Band von Botho Brachmann: Die Schriftgutverwaltung in Staat und Wirtschaft, Berlin 1965, war in der Hinterlassenschaft des MfS überliefert und ist sehr wahrscheinlich dort rezipiert worden.

Die Stasi-Archive bestanden im Wesentlichen aus Magazinen mit überwiegend personenbezogenen Akten. Die den Zugang ermöglichenden Findmittel, die Personen- und Vorgangskarteien waren nicht Teil des Archivs, sondern anderen Gliederungen der Abteilung XII zugeordnet. Es waren also Titulararchive und hatten über die Verwahrung von Unterlagen hinaus mit klassischen Archiven nichts gemein. Insoweit birgt die Sprache der Stasi in ihren Archiven bis heute die Gefahr von Missverständnissen.

Über den Sprachgebrauch des MfS liegen vielfältige Untersuchungen und Darstellungen vor. Hier genannt werden soll vor allem das bereits erwähnte Wörterbuch der Staatssicherheit. In dessen Einleitung beschreibt der Herausgeber, Siegfried Suckut, nicht nur die Entstehungsgeschichte beim MfS, sondern setzt sich mit dem Verhältnis von Sprache und Feindbild im MfS sowie der Frage, ob Sprache und Denken korrelierten, auseinander. Mitarbeiter des MfS wurden intensiv in der Anwendung des Begriffskanons und der damit bezeichneten Methoden und Gegebenheiten geschult. Seit den 1960er-Jahren bemühte sich die Staatssicherheit um eine „Verwissenschaftlichung" der operativen Arbeit und der dabei benutzten Begriffe. Die Juristische Hochschule des MfS erhielt 1968 den Auftrag, ein Wörterbuch der politisch-operativen Arbeit zusammenzustellen.[23] In seiner letzten Ausgabe sollte dieses ausdrücklich helfen, sich an „höheren Maßstäben […] zu orientieren" und „die weitere Durchsetzung der einheitlichen operativen Fachsprache […] zu unterstützen".[24] Dabei sollten „die neuesten Erkenntnisse der politisch-operativen Praxis und der Wissenschaft auch weiterhin erfasst werden".[25]

Die Abteilung XII formulierte es in ihrem Wörterbuch von 1984 noch deutlicher. Seine anonymen Autoren verstanden es als „eine Zusammenstellung von definierten bzw. erläuterten Sachwörtern aus den Hauptarbeitsprozessen der Abteilung XII und […] eine Voraussetzung für die Schaffung und Durchsetzung einer einheitlichen Terminologie und damit für die weitere wissenschaftliche Durchdringung der Arbeitsprozesse der Linie XII".[26]

---

23 Siegfried Suckut (Hrsg.): Wörterbuch der Staatssicherheit (wie Anm. 9), S. 9.

24 Ebenda, S. 34.

25 Ebenda. Weiterführend sei verwiesen auf die linguistische Analyse von Christian Bergmann: Die Sprache der Stasi. Ein Beitrag zur Sprachkritik, Göttingen 1999, die sozial- und politikwissenschaftliche Betrachtung von Ulrich Weißgerber: Giftige Worte der SED-Diktatur. Sprache als Instrument von Machtausübung und Ausgrenzung in der SBZ und der DDR (Diktatur und Widerstand 15), Berlin 2010, sowie die eher kurzweiligen Ansätze bei Jan Eik: DDR-Deutsch. Eine entschwundene Sprache, Berlin 2010, und Helmut Casper: DDR-Lexikon. Von Trabi, Broiler, Stasi und Republikflucht (Imhof-Zeitgeschichte), Petersberg 2009.

26 BStU, MfS Abt. VII Nr. 883: Wörterbuch XII. Zusammenstellung von spezifischen Begriffen zu den Hauptarbeitsprozessen in der Arbeit der Abteilung XII und deren Erläuterung, MfS VVS Nr. 1684/84, S. 2.

Die Abteilung XII war nicht einfach „nur“ die „Zentrale Auskunft/Speicher“ des MfS. Ihre Mitarbeiter waren nicht „normale“ Archivare, sie wurden, wie andere MfS-Angehörige auch, darin geschult, wer als potentieller Feind im Kampf gegen „Politisch ideologische Diversion, PiD“ und „Politische Untergrundtätigkeit, PUT“ anzusehen ist, wie operative Vorgänge oder operative Personenkontrollen eingeleitet und geführt werden, schließlich mit welchen Mitteln und Methoden sich inoffizielle Mitarbeiter (IM) suchen, auswählen, gewinnen und benutzen ließen.[27]

Als besonderen Service erarbeitete die Abteilung XII Statistiken über Veränderungen bei den geführten IM, die sich aus den Karteiregistrierungen ablesen lassen. Die operativen Diensteinheiten konnten so ihre „Effizienz“ überprüfen und zielgerichteter tätig werden. Monatlich, halbjährlich und jährlich wurden dazu in der Abteilung XII/4 Zuarbeiten aus allen Bezirken zusammengefasst. Die Zuarbeiten sind anschließend regelmäßig vernichtet worden.[28]

Wurden in den 1950er-Jahren noch Personen nach dem Freund-Feind-Raster getrennt auf verschiedenfarbigen Karteikarten als Informant (Blau), als Häftling (Rot) oder als „feindlich“ tätig (Gelb) erfasst, wandelte sich diese Bild seit 1960. Es war einfach praktischer, nicht mit drei getrennten Karteien arbeiten, sondern in nur einer erfassen und überprüfen zu müssen. Darin spiegelte sich nicht etwa eine politische Liberalisierung. Im Gegenteil: Seit 1960 waren alle Karteikarten Gelb, die darauf erfassten Personen zumindest latent feindlich. Die Theorien von der politisch-ideologischen Diversion und der politischen Untergrundtätigkeit wurden im MfS geboren: Jeder konnte ein Feind sein, auch in den eigenen Reihen. Zudem war damit seit 1960 der Grund für die Erfassung in einem registrierten Vorgang nicht mehr aus der Personenkartei ersichtlich. Diese „Neutralisierung“ genannte Maßnahme sollte die Konspiration im MfS erhöhen.

An der Schnittstelle zwischen Stasi-Aufarbeitung und archivwissenschaftlicher bzw. -geschichtlicher Betrachtung gibt es nach wie vor Forschungsdesiderata. Über Informationsverarbeitung und Schriftgutverwaltung des Sicherheitsdienstes liegen bisher kaum Untersuchungen und Darstellungen vor. Es waren vor allem die Tätigkeitsberichte des BStU von 1993 und 1995, die einer breiteren Öffentlichkeit erste Einblicke boten. Archivarische und historisch interessierte Kreise wurden in drei Fachbeiträgen über erste Erkenntnisse der 1990er-Jahre informiert.[29] Eine eher struk-

---

[27] BStU, MfS Abt. XII Nr. 445: Aufzeichnungen eines Mitarbeiters der Abt. XII aus Schulungen 1979-1981.

[28] BStU, MfS Abt. XII Nr. 6058 u. 6059.

[29] Dagmar Unverhau: Die archivische Situation in den neuen Ländern der Bundesrepublik Deutschland II. Zweite Arbeitssitzung des 63. Deutschen Archivtages – Referate und Aussprache. Aus der Sicht der Archive des Bundesbeauftragten für die Unterlagen des Staatssicherheitsdienstes der ehemaligen DDR, in: Der Archivar 46, 1993, 1, Sp. 45 – 54; ausführli-

turgeschichtliche Betrachtung im Kontext der zeitgeschichtlichen und politischen Hintergründe befasste sich mit dem sogenannten „NS-Archiv“ der Stasi.[30] Weitere Publikationen galten der versuchten Vernichtung von Stasi-Unterlagen in der Auflösungsphase, den datenschutzrechtlichen und archivischen Herausforderungen beim Umgang mit ihnen sowie ihrem Verhältnis zur DDR-Überlieferung als Grundlage für zukünftige Forschungen.[31] Einschlägige Untersuchungen aus einer archivwissenschaftlichen Betrachtung der Stasi-Überlieferung fanden sich publiziert erst seit 2011 wieder, so als Überblicksdarstellung[32] und in Beiträgen über die „Geheime Ablage“ im Zentralarchiv[33] der Stasi sowie über Karteien und Datenbanken.[34]

---

cher dies.: „Alles sehen, alles hören, nichts wissen?“ Zur archivischen Hinterlassenschaft der Staatssicherheit, in: Leonore Siegele-Wenschkewitz (Hrsg.), Die evangelischen Kirchen und der SED-Staat – ein Thema kirchlicher Zeitgeschichte (Arnoldshainer Texte 77), Frankfurt a. M. 1993, S. 26 – 77; dies.: Vom Lob der politisch-operativen Archivarbeit. Schulungsvortrag eines Offiziers der Abteilung XII (Zentrale Auskunft/Speicher) des MfS von 1975, in: Archivalische Zeitschrift 81, 1998, S. 138 – 173.

30 Dagmar Unverhau: Das „NS-Archiv“ des Ministeriums für Staatssicherheit. Stationen einer Entwicklung (Archiv zur DDR-Staatssicherheit 1), 2. durchgesehene Aufl., Münster 2004.

31 Dagmar Unverhau: Zerreißen, vernichten, verlagern, verschwinden lassen – Die Aktenpolitik der DDR-Staatssicherheit im Zeichen der „Wende“ 1989, in: Archive und Herrschaft. Referate des 72. Deutschen Archivtages 2001 in Cottbus (Der Archivar. Beiband 7), Siegburg 2002, S. 174 – 210; dies. (Hrsg.): Das Stasi-Unterlagen-Gesetz im Lichte von Datenschutz und Archivgesetzgebung. Referate der Tagung des BStU vom 26. – 28.11.1997 (Archiv zur DDR-Staatssicherheit 2), 2., durchges. Aufl., Münster 2003; dies. (Hrsg.): Hatte „Janus“ eine Chance? Das Ende der DDR und die Sicherung einer Zukunft der Vergangenheit. Referate der Tagung der BStU in Zusammenarbeit mit der Museumsstiftung Post und Telekommunikation sowie dem Bundesarchiv vom 27. – 29.11.2002 in Berlin (Archiv zur DDR-Staatssicherheit 6), Münster 2003.

32 Birgit Salamon: Das archivische Erbe der DDR-Staatssicherheit. Ein Überblick, in: Irmgard Christa Becker, Volker Hirsch u. Annegret Wenz-Haubfleisch (Hrsg.): Neue Strukturen – bewährte Methoden? Was bleibt vom Archivwesen der DDR. Beiträge zum 15. Archivwissenschaftlichen Kolloquium der Archivschule Marburg, Marburg 2011, S. 85 – 105; Karsten Jedlitschka: Archivierte Diktatur. Die Überlieferungen der Staatssicherheit, in: Scrinium 65, 2011, S. 61 – 79; ders.: The Lives of Others. East German State Security Service's Archival Legacy, in: The American Archivist 75, 2012, 1, S. 81 – 108; ders.: Singuläres Erbe. Die archivische Hinterlassenschaften der Staatssicherheit (Universitätsreden 94), Saarbrücken 2013.

33 Karsten Jedlitschka: Die Geheime Ablage der Abteilung XII (Zentrale Auskunft/Speicher) des Ministeriums für Staatssicherheit, in: Irmgard Christa Becker, Volker Hirsch u. Annegret Wenz-Haubfleisch (Hrsg.): Neue Strukturen – bewährte Methoden? Was bleibt vom Archivwesen der DDR. Beiträge zum 15. Archivwissenschaftlichen Kolloquium der Archivschule Marburg, Marburg 2011, S. 107 – 125; ders.: Arkanum der Macht. Die „Geheime Ablage“ im Zentralarchiv der DDR-Staatssicherheit, in: Vierteljahrshefte für Zeitgeschichte, 60, 2012, 2, S. 279 – 290.

34 Ralf Blum u. Roland Lucht: Der Schlüssel zur Macht. Karteien und andere Findmittel zu den Überlieferungen der Staatssicherheit, in: Archivar. Zeitschrift für Archivwesen 64, 2011, 4, S. 410 – 422; siehe auch die abgebildeten und hinsichtlich ihrer aufgetragenen Vermerke erklärten Karteien einer Bezirksverwaltung in: Matthias Dießner (Bearb.): Über-

Unterstellt man eine methodische Zusammenarbeit der früheren kommunistischen Geheimpolizeien bei der Erfassung von Personen und der Bearbeitung von Dienstakten, kann eine vergleichende Betrachtung hilfreich sein, um neue Fragen zu entwickeln und für die Wahrnehmung wesentlicher Merkmale zu sensibilisieren. Zur Situation der Überlieferung in Polen, Tschechien und Ungarn finden sich Überblicksdarstellungen in einer deutschen Publikation von 1999, die in deren überarbeiteter Neuauflage von 2004 nicht wesentlich fortgeschrieben werden konnten.[35] Dieser Band legt den Prozess des politischen Umbruchs 1989/1990, die Überlieferung des Schriftguts der Geheimdienste und den Umgang damit zum Zwecke der Aufarbeitung in den genannten Ländern dar.

Insbesondere drei Beiträge über die geheimpolizeilichen Unterlagen und deren Weg in die Aufarbeitungsinstitutionen in Polen und Ungarn[36] belegen das Alleinstellungsmerkmal der Stasi-Überlieferung: Die Stasi hatte in der DDR nur relativ wenig Zeit, um Unterlagen zu vernichten oder zu chaotisieren; in keinem anderen Land der Welt stehen Unterlagen einer Geheimpolizei in einem solchen Umfang und mit so relativ wenigen, überwiegend dem Personendatenschutz geschuldeten Zugangsschranken der Forschung und Aufarbeitung zur Verfügung.

Für die ungarische Staatssicherheit liegt zudem eine Publikation vor, die wesentliche Akten, Karteien und Erfassungsarten darstellt.[37] Ein Handbuch für Geheimdienstoffiziere des sowjetischen KGB, das auch knappe Beiträge über Karteien und Akten enthält, erschien 2002 in englischer Übersetzung.[38] Über die tschechoslowakische Geheimpolizei und deren Arbeitsweise liegt eine schon ältere Enzyklopädie vor.[39] Mit der Überlieferungsla-

---

sicht über die Karteien des MfS in der Außenstelle Potsdam, Potsdam 2005.

35 Dagmar Unverhau (Hrsg.) unter Mitarbeit von Roland Lucht: Lustration, Aktenöffnung, demokratischer Umbruch in Polen, Tschechien, der Slowakei und Ungarn (Archiv zur DDR-Staatssicherheit 3), 408 S., 2. durchges. Aufl., Münster 2005.

36 Jaroslav Poraziński: Akten über den kommunistischen Polizei- und Justizapparat der Volksrepublik Polen in den Beständen der polnischen staatlichen Archive. Aufriss der Problematik, in: Dagmar Unverhau (Hrsg.) unter Mitarbeit von Roland Lucht: Lustration, Aktenöffnung, demokratischer Umbruch (wie vor), S. 35 – 41; Andrzej Paczkowski: Polen 1989 – 1998. Die Politik in den Archiven – Die Archive in der Politik, in: ebenda, S. 47 – 55; György Markó: Der Umgang mit den in das Historische Amt gelangten Akten und ihre Bearbeitung. Ein Resümee, in: ebenda, S. 177 – 185.

37 János Kenedi: Kis Állambiztonsági Olvasókönyv [Kleines Lesebuch zur Staatssicherheit], Budapest 1996. Das in dieser Veröffentlichung enthaltene Schlagwörterbuch zur Staatssicherheit (S. 413 – 441) beruht auf einem internen Wörterbuch der ungarischen Staatssicherheit, ergänzt um Untersuchungen und Darstellungen des Autors.

38 Vasiliy Mitrokhin (Ed.): KGB Lexikon. The Soviet Intelligence Officer's Handbook, London 2002.

39 Encyklopedie Špionáže. Ze zákulisí tajných služeb, zejména Státní bezpečnosti [Enzyklopädie Spionage. Hinter den Kulissen einer geheimen Behörde, Untersuchung zur Staatssicherheit], Prag 1993.

ge und der Öffnung von Akten der osteuropäischen Geheimpolizeien befasste sich eine Untersuchung, die eher chronologische Abläufe verfolgte.[40]

Zu Beginn der Arbeiten am vorliegenden Werk stand die Vermutung, die Strukturen von Personenerfassung, Karteiführung und Aktenformen würden sich unter Anleitung des KGB in den Geheimpolizeien der Warschauer-Pakt-Staaten gleich ausgeformt haben. Trotz mancher Ähnlichkeiten, die auch in den oben zitierten Werken gelegentlich entgegentreten, überwiegen aber die Unterschiede. Es war wohl mit der üblichen Geheimhaltung nicht vereinbar, über Beratertätigkeiten hinaus interne Abläufe und Formate der Informationsspeicherung direkt zu exportieren. Eine Ausnahme dürfte in den 1980er-Jahren die Zusammenarbeit bei der stark standardisierten Datenerfassung im SOUD-System darstellen.

Die augenscheinlichen Ähnlichkeiten mögen vor allem darauf beruhen, dass Geheimdienste und -polizeien grundsätzlich Personen, mit denen sie zusammenarbeiten bzw. die sie als Informationsquelle (be)nutzen, von denen unterscheiden, die potentiell die Sicherheit gefährden könnten. Entsprechend unterschiedlich dokumentieren sie ihre Beobachtungen und Einflussnahmen. Eigen ist den Geheimpolizeien ebenso, dass sie Daten über Personen und Sachverhalte sammeln, speichern und auswerten, dass sie Personen wie die Entwicklung von Sachlagen zu beeinflussen suchen. Ähnlichkeiten dürften somit vor allem auf einer konvergenten Entwicklung innerhalb der gegebenen politischen, technischen und finanziellen Rahmenbedingungen beruhen. Hinsichtlich dieser Rahmenbedingungen glichen sich die Warschauer-Pakt-Staaten untereinander verhältnismäßig stark, unterschieden sich aber von den Bedingungen in Militärdiktaturen der Dritten Welt oder aber denjenigen in westlichen Demokratien.[41] Trotzdem dürften die in diesem Werk anhand der Begriffe dargelegten Methoden und Strukturen der geheimpolizeilichen Informationsspeicherung und Schriftgutverwaltung auch für die weltweite Geheimdienstforschung von Interesse sein.

In dem hier vorgelegten Nachschlagewerk werden in alphabetischer Reihung 865 Begriffe und Abkürzungen der geheimpolizeilichen Schriftgutverwaltung und Informationsverarbeitung erklärt bzw. über ein Schlagwort

---

40 Roland Lucht: Dokumentation über Rehabilitierung, Strafverfolgung kommunistischen Unrechts, Lustration und Öffnung der Akten früherer kommunistischer Staatssicherheitsdienste in ehemals kommunistischen Staaten Ost- und Südosteuropas, in: Helmut Baier und Peter-Johannes Schuler (Hrsg.): Erschließung und Benutzung deutschsprachiger Archivbestände in den postkommunistischen Staaten Ost- und Mittelosteuropas. Internationales Symposion an der Fachhochschule Potsdam vom 14. bis 17. Dezember 1998 (Potsdamer Studien 16), Potsdam 2003, S. 213 – 230.

41 Siehe beispielsweise auf dem Gebiet der Post- und Telefonüberwachung hinsichtlich partieller Ähnlichkeiten, doch schließlich auch rechtlicher, technischer und quantitativer Unterschiede bei Josef Foschepoth: Überwachtes Deutschland. Post- und Telefonüberwachung in der alten Bundesrepublik, 3. durchgesehene Auflage, Göttingen 2013.

auf die zugehörige Erklärung verwiesen. Viele Erklärungen enthalten darüber hinaus Verweise auf weiterführende Begriffe, so dass ein dichtes Netzwerk des Wissens entsteht.

Knapp die Hälfte davon, 423 Begriffe und Abkürzungen, sind dem „Wörterbuch XII" entnommen, einer Handreichung der Abteilung XII für ihre Mitarbeiter aus dem Jahre 1984.[42] Aus diesem Wörterbuch XII wurden 19 Begriffe mit Erklärungen nicht übernommen, die allzu banal, allgemeinverständlich oder selbsterklärend und zudem nicht MfS-spezifisch sind. Zu nennen wäre etwa „Erfassungsdatum", erklärt als „Datum der Erfassung einer Person bzw. eines Objekts", oder „Zutritt", als „Möglichkeit, einen Ort betreten zu können". Zweifellos werden Nutzerinnen und Nutzer dieses Bandes selbst unter den übernommenen Begriffen manchen entdecken, der als verzichtbar erscheint. Doch sollte die im „Wörterbuch XII" entgegentretende Sprache der Stasi, die darin gespiegelte Art zu Arbeiten und zu Denken möglichst vollständig abgebildet werden. Unter anderem lässt die fast exzessive Auseinandersetzung mit dem Begriff „Fehler" in sieben Definitionen des Wörterbuchs XII aufmerken.

Die Definitionen wurden textgetreu übernommen, aber Layout, Rechtschreibung und Grammatik stillschweigend angepasst, Abkürzungen weitgehend ausgeschrieben und Redewendungen wie „Gen. Minister" durch „Minister für Staatssicherheit" ersetzt. Die Darstellung in Gegenwartsform blieb unberührt. Verweispfeile auf andere im Band erklärte Begriffe wurden eingefügt, gelegentlich auch weiterführende Verweise, die der Quellenangabe jeweils nachgestellt sind. Die aus dem Wörterbuch XII übernommenen Erklärungen sind der besseren Erkennbarkeit wegen kursiv gesetzt. Sie wurden kommentiert oder ergänzt, soweit dies notwendig erschien, um Missverständnisse zu vermeiden. Zudem wurden 442 Begriffe und Abkürzungen, die im Wörterbuch XII nicht vorkamen, aufgenommen und erläutert. Sie sind konsequent in der Vergangenheitsform abgefasst. Dabei war die Wahl treffender Formulierungen eine ständige Gratwanderung zwischen Authentizität und gebotenem Abstand, zwischen originären Bezeichnungen und Verständlichkeit, die jeweils in unterschiedlichem Maße gelungen sein mag. Es lassen sich stasispezifische Arbeitsweisen und Unterlagen vielfach nur unter Verwendung stasispezifischer Begriffe beschreiben, soll nicht weitere Verwirrung gestiftet werden, denn herkömmliche Begriffe der Alltags- wie der Fachsprache sind häufig nicht treffend. Letztlich soll dieser Band in Rückblick auf die Stasi-Überlieferung dabei helfen, die gewachsenen Strukturen der Quellen und Findmittel zu verstehen. Um in diese Materie einzusteigen, bieten sich insbesondere die Überblicksdarstellungen zu den Begriffen „Zentrale Auskunft/Speicher", „Akte" und „Karteien" an.

---

42 Siehe weiterführend die Begriffserklärung unter „Wörterbuch XII".

Einschlägige dienstliche Bestimmungen des MfS sind je nach Relevanz mit ihrem Titel angeführt oder umfassend erläutert. Das Quellenverzeichnis verweist zudem auf vorliegende Editionen. Trotz des zusammengetragenen Umfangs dieses Bandes blieben einige Aspekte unterrepräsentiert. Der Umgang der Stasi mit Fotos, Tonaufzeichnungen und Filmen wird kaum gestreift.[43] Diese Tätigkeitsfelder wurden vor allem durch operative Diensteinheiten bedient und nicht von der Abteilung XII wahrgenommen. Über die elektronische Datenverarbeitung im MfS ist im Verhältnis zu ihrer seit den 1970er- und vor allem in den 1980er-Jahren gewachsenen Dimension noch relativ wenig bekannt. Dies resultiert vor allem aus der Vernichtung der elektronischen Datenträger im März 1990. Für die Informationsspeicherung und -auswertung relevante Datenbanken – im MfS Datenverarbeitungsprojekte genannt – ließen sich trotzdem mittels beschreibender MfS-Quellen vorstellen (ZPDB, SAVO, SOUD) oder zumindest in ihrer Funktion benennen (NAMA). Welche Bedeutung die elektronische Datenverarbeitung in der Abteilung XII gewonnen hatte, lässt sich schon am Umfang des entsprechenden Kapitels 4 im „Wörterbuch XII“ ablesen: Es enthält allein 91 Stichworte mit Definitionen und Verweisen.

Zur Veranschaulichung der Karteien und Akten sind dem Band 154 farbige Abbildungen beigegeben. Sie mögen die Formenvielfalt in ihren Grundzügen andeuten,[44] decken diese aber bei weitem nicht ab. Vor allem die vielgestaltigen Karteien der operativen Diensteinheiten sind nur sehr knapp dargestellt. Abbildungen der Akten blieben auf die wesentlichen Kategorien beschränkt. Die abgebildeten Akten lassen den Verschleiß der nicht alterungsbeständigen Kartonagen erkennen, sie sind vielfach mit Metallen versehen, die der Heftung und der Verwendung in Hängeregistraturen dienten. Mit diesen Merkmalen zeigen die Aktenhefter deutlich, dass sie als Büro-Organisationsmittel für die Schriftgutverwaltung konzipiert, zu keinem Zeitpunkt aber für eine dauerhafte Aufbewahrung in einem (wirklichen) Archiv vorgesehen waren. Insofern stellen sie auch in konservatorischer Hinsicht eine besondere Herausforderung dar.

---

43 Verwiesen sei auf die Beiträge von Volker Kuball, Sylvia Oberhack u. Katrin Rübenstrunk: Die fotographische Überlieferung der Staatssicherheit. Eine Zwischenbilanz anlässlich des 50. Jahrestags des Mauerbaus, in: Rundbrief Fotografie 18, 2011, 3, S. 24 – 30; Silvia Oberhack u. Katrin Rübenstrunk: Die bewegten Bilder des ehemaligen Ministeriums für Staatssicherheit. Filme und Videos, in: info7. Medien – Archive – Information 25, 2010, 1, S. 15 – 19; Katri Jurichs, Silvia Oberhack u. Elke Steinbach: Die Töne der Staatssicherheit. Die Audioüberlieferung des MfS, in: info7. Medien – Archive – Information 25, 2010, 2, S. 10 – 13.

44 Die Abbildungen sind allein für die Veranschaulichung wesentlicher Formen und Bearbeitungszusammenhänge vorgesehen. Aufgetragene Vermerke des MfS (soweit nicht ohnehin nach Stasi-Unterlagen-Gesetz pflichtgemäß oder wo es zudem vom Darstellungszusammenhang her geboten erschien anonymisiert) geben dessen damaligen Kenntnisstand wieder und stellen keine Tatsachenbehauptung des Herausgebers dar.

Archivarinnen und Archivare interessiert darüber hinaus: Wie sahen bzw. sehen die Stasi-Unterlagen im Einzelnen aus? Durch welche spezifischen Merkmale sind sie gekennzeichnet oder gegeneinander abgrenzbar? Wie und wann haben sich diese Merkmale gewandelt und welche Rückschlüsse auf veränderte Arbeitsweisen lassen sich daraus ziehen? Vor allem: Welche direkten Verknüpfungen, welche weiteren Informationsbeziehungen besitzen Unterlagen zueinander? Wie lässt sich das Wissen darüber einsetzen, um Unterlagen effektiver zu erschließen, um Nutzerinnen und Nutzer der Unterlagen zielführend zu beraten und ihnen letztlich als Dienstleistung das Gesuchte zur Verfügung zu stellen. Mit dieser Publikation über Begrifflichkeiten der Informationsverarbeitung und Schriftgutverwaltung des MfS werden vor allem Nutzerinnen und Nutzer von Stasi-Unterlagen in die Lage versetzt, sich unabhängig zu informieren, selbstständig nach Rechercheansätzen zu suchen, Zusammenhänge zu erkennen und Quellen zu interpretieren.

Ein Werk wie dieses kann nur im Zusammenwirken vieler entstehen. So danke ich als Herausgeber ganz besonders allen, die in meiner Arbeitsgruppe mitwirkten oder darüber hinaus Beiträge für diesen Band beigesteuert haben. Sie sind im Autorenverzeichnis aufgeführt. Darüber hinaus besorgten Teresa Kerinnis und Sławomir Buczek engagiert und unermüdlich umfangreiche Übersetzungen aus dem und ins Polnische; diese waren in der Zusammenarbeit mit dem IPN und für die vergleichende Betrachtung der geheimpolizeilichen Überlieferung in Deutschland und Polen unverzichtbar. Unseren Projektpartnern im IPN, insbesondere Dr. Franciszek Dąbrowski und Wojciech Sawicki danke ich für den Wissensaustausch und anregende Diskussionen, die den Blick auf Besonderheiten der jeweiligen Überlieferung schärften. Kolleginnen und Kollegen des Magazin- und des Karteienreferats halfen bei der oft zeitaufwendigen Suche nach anschaulichen Beispielen, die sich als Abbildung eignen könnten; danken möchte ich dafür insbesondere Kathrin Korb, Waltraut Schenk, Ina Bräunert, Rupert Carus und Ali Catal. Beim Scannen und der technischen Bildbearbeitung wirkte Erik Wagner als Praktikant mit. Für die Darstellung bezirklicher Strukturen trugen Angela Friedenberger und Simone Loesch-Humke ihr Quellenwissen bei. Als aufmerksame und kritische Leser des Manuskripts gaben Dr. Aleksandra Pawliczek und Dr. Philipp Springer wertvolle Hinweise. An der formalen Redaktion und an Abstimmungen mit dem Verlag wirkten Christiane Neumicke und Dr. Christian Adam mit. Nicht zuletzt danke ich Birgit Salamon und Dr. Karsten Jedlitschka, die dieses Projekt ins Leben riefen, es mir anvertrauten und stets wohlwollend begleiteten, sowie den Bundesbeauftragten Marianne Birthler und Roland Jahn, die dieses Vorhaben förderten und über manche Hürden hinwegzuheben wussten.

Begriffe und Abkürzungen A – Z

der geheimpolizeilichen Informationsverarbeitung
und Schriftgutverwaltung

A

A – Als Stempelaufdruck auf der → Straßenkartei F 78/F 78a wies der Buchstabe darauf hin, dass die zugehörige Akte über das → konspirative Objekt (KO) bzw. die → konspirative Wohnung (KW) geschlossen und abgelegt, das heißt, im Sinne des MfS „archiviert" wurde. Die entsprechende → Archivsignatur ließ sich der → Vorgangskartei F 22 entnehmen. → F (1). *[SBu, RLu]*

A 4 (Wörterbuch XII, Kapitel „Belege und Vordrucke") – *(1) Vordruck für Wehrpflichtigen-Überprüfungen gemäß Dienstanweisung Nr. 7/71 des Ministers für Staatssicherheit;*
(2) Anfrageart für o. g. Überprüfungen; weitere Unterteilung: A 4 K – Kandidat; A 4 A – Angehörige des Kandidaten. [MfS, Abt. XII Nr. 883]

A/I → Auswertung und Information.

AAE (Wörterbuch XII, Kapitel „EDV-Anwendung") – *Abkürzung für → Automatische Auskunftserteilung. [MfS, Abt. XII Nr. 883]* → SAVO.

AAW → Archiviertes Material über einen abgelehnten Antrag auf Aufnahme/Wiederaufnahme in die DDR (Abb. 118).

AB → Abschlussbericht, → Allgemeiner Bericht (Aktenkategorie der Hauptabteilung IX/11), → Auskunftsbericht.

Abfall-F 16 (Wörterbuch XII, Kapitel „Belege und Vordrucke") – *F 16, die im Rahmen des Speicheränderungsdienstes aus der Personenkartei gezogen wurde und nicht wieder eingeordnet wird, weil statt ihrer die neue F 16 (Austauschkarte) eingelegt wird. Anfall: → Endkontrolle in der Abteilung XII/4/3* (→ Zentrale Auskunft/Speicher). *[MfS, Abt. XII Nr. 883]*
Offensichtlich waren die Karteikarten der → Personenkartei F 16 keine Dokumente mit Urkundencharakter, sondern bloßes Arbeitsinstrument für die politisch-operative Tätigkeit des MfS. Die Personenkartei erfuhr nicht nur durch neue Erfassungen, sondern auch auf die oben beschriebene Weise ständige Veränderung und Erneuerung (→ Karteibestand). Im Laufe des 40-jährigen Wirkens des MfS mischten sich ältere Formulare und Erfassungsvermerke mit neu gestalteten. Daraus ergab sich ein recht vielfältiges Bild, dessen richtige Auswertung großer Aufmerksamkeit und Erfahrung bedarf. Die häufiger in einschlägigen Publikati-

onen abgebildete Karteikarte F 16 der 1980er-Jahre ist das Ergebnis einer jahrzehntelangen Entwicklung und keineswegs repräsentativ für die gesamte Personenkartei (→ Löschkartei).
Das Wörterbuch XII entspricht mit seiner Strukturbezeichnung Abteilung XII/4, Referat 3 für den Änderungsdienst und dessen Endkontrolle dem Stand von 1984. Diese Aufgabe hatte seit mindestens 1985 die Abteilung XII/6 inne, der im September 1987 die Abteilung XII/3 (Zentrale Personenkartei) eingegliedert wurde. 1989 nahm den Änderungsdienst für die Personenkartei F 16 die Abteilung XII/6, Referat 1 wahr. *[RLu]*

Ablage (Wörterbuch XII, Kapitel „Archivarbeit") – *In der aktuellen politisch-operativen Arbeit nicht mehr benötigtes Material, das in einer → Abteilung XII archiviert wurde (der Begriff wird zum Teil auch für → „Archivmaterial" bzw. für den Prozess der → „Archivierung" verwendet). [MfS, Abt. XII Nr. 883]* → gesperrte Ablage, → nicht gesperrt.
In dieser Definition wurde der aus der Schriftgutverwaltung entlehnte Begriff Ablage, nämlich für die laufende Arbeit nicht mehr benötigte Unterlagen in einer Altregistratur – auf die ein ständiger Rückgriff und eine Weiterverwendung im Geschäftsgang möglich ist –, gleichgesetzt mit dem Begriff Archivierung, der nach einer Bewertung der Archivwürdigkeit die dauernde und ungebrochene Aufbewahrung, einschließlich der Erschließung und Benutzung in einem Archiv meint. Eine weitere begriffliche Akzentuierung erfuhren die Unterlagen selbst: Sie wurden durch die Ablage im Verständnis des MfS nicht zu Archivgut oder (selten gebraucht) zu Archivakten und damit dem laufenden Verwaltungshandeln entrückt, sondern zu „Archivmaterial" und blieben so weiterhin „Material" für die Belange der geheimpolizeilichen „politisch-operativen" Arbeit. Dieses besondere Begriffsverständnis war symptomatisch für die Schriftgutverwaltung im MfS. Sprachliche Nähe zur Archivterminologie darf nicht darüber hinwegtäuschen, dass oft etwas anderes gemeint ist.
Ablage bezeichnete darüber hinaus die laufende Reihung von Akten in einer Diensteinheit, dort vor allem als → zentrale Materialablage, oder geschlossener Vorgänge im Zentralarchiv des MfS bzw. in den Archiven der BVfS (→ operative Hauptablage, → allgemeine Sachablage, → Personalaktenablage, → geheime Ablage, → Teilablage u. a. m.), dort seit Mitte der 1970er-Jahre auch → „Archivbestand" genannt. *[RLu]*

Ablageart (Wörterbuch XII, Kapitel „Archivarbeit") – *siehe → Aktenkategorie. [MfS, Abt. XII Nr. 883]*

Ablageprinzip (Wörterbuch XII, Kapitel „Arbeitsorganisation") – *Festlegung zur einheitlichen Einordnung von Karteikarten, anderen Belegen und Archivmaterial in die entsprechenden Speicher, um ein sicheres Wiederauffinden zu gewährleisten. [MfS, Abt. XII Nr. 883]*

Hierbei ging es nicht um das archivische Ablage- und Ordnungsprinzip nach der Provenienz oder der Pertinenz, sondern um rein technisch-organisatorische Prinzipien, die auf die operativen Erfordernisse des MfS zugeschnitten waren. Für die → Personenkartei F 16 galt ein → Karteialphabet nach dem Klang der Namen, das in den Bezirksverwaltungen für Staatssicherheit jeweils auf die dort überwiegend vorkommenden Namen abgestimmt sein konnte. Zur Archivierung „abverfügte“ (→ Abverfügung zur Archivierung) Akten kamen je nach → Aktenkategorie in einem → Archivbestand fortlaufend nach Jahrgang und in diesem nach laufender Nummer der → Archivsignatur zur Ablage. Im Zentralarchiv des MfS wurden die Akten unkartoniert, lateral in Hebelschubanlagen verwahrt, dabei in einem Regalfeld – anders als in (wirklichen) Archiven aus statischen Gründen üblich – jeweils links oben beginnend. *[RLu]*

Ablegende Diensteinheit (Wörterbuch XII, Kapitel „Archivarbeit“) – *Die für die Archivierung von politisch-operativem Schriftgut in der → Abteilung XII zuständige Diensteinheit. Ist bedeutsam für die Auskunftserteilung, wenn Archivmaterial als „gesperrte Ablage“ klassifiziert vorliegt, bei registrierten Vorgängen und Akten sowie für die schriftliche Auskunftserteilung. [MfS, Abt. XII Nr. 883]*
Dieser Begriff erinnert an den archivischen der Provenienz. Tatsächlich wurde aber die MfS-Diensteinheit im → Archivregistrierbuch vermerkt, die einen → Vorgang in das → Zentralarchiv des MfS oder das → Archiv einer Bezirksverwaltung für Staatssicherheit abgab. Das musste nicht zwangsläufig die aktenführende und den Vorgang abschließende Diensteinheit, also die eigentliche Provenienzstelle sein. Insbesondere nach Umstrukturierungen und der Auflösung von Diensteinheiten oder dem Ausscheiden von Ministern und Stellvertretern des Ministers traten andere Diensteinheiten – mitunter erst Jahre später – als ablegende Diensteinheit auf und zeichneten damit – wie oben aus dem Wörterbuch XII zitiert – für die weitere Verwendung des Vorgangs verantwortlich. Allein dafür wurde die ablegende Diensteinheit vermerkt, für die Einordnung in eine → Ablage bzw. einen Archivbestand hatte dies keine Relevanz. Für → „Schriftgut anderer staatlicher Organe“ wurde die genaue Herkunft nicht vermerkt. *[RLu]*

Abschlussbericht (Wörterbuch XII, Kapitel „Archivarbeit“) – Abkürzung: AB. *Dokument eines → Vorgangs bzw. einer → Akte, das eine abschließende zusammenfassende Darstellung der Gründe und Ergebnisse der operativen Bearbeitung gibt. Kriterien zum Inhalt eines Abschlussberichtes enthält die 3. Durchführungsbestimmung zur → Dienstanweisung Nr. 2/81. [MfS, Abt. XII Nr. 883]* → Formular F 315b, F 315c.

Abteilung XII → Zentrale Auskunft/Speicher.

Abteilung XIII → Zentrale Rechenstation.

Abverfügung zur Archivierung (Wörterbuch XII, Kapitel „Belege und Vordrucke“) – *Formblatt, auf dem die Entscheidung über die Archivierung politisch-operativen Schriftgutes dokumentiert wird. Bezeichnung: Form 317. [MfS, Abt. XII Nr. 883]*
Eigentlich ging es dabei um die formale Verfügung geschlossener, für die laufende Arbeit nicht mehr benötigter Akten in eine Altregistratur. Dieser in der Schriftgutverwaltung überwiegend mit „z. d. A. (zu den Akten)“ verfügte Verwaltungsakt wurde im MfS mit dem Arbeitsprozess der Archivierung, also der Bewertung, Erschließung und dauerhaften Verwahrung gleichgesetzt. Dagegen wurde der Begriff „Abverfügung“ eher im Umfeld der Justiz benutzt, insbesondere wenn Polizeidienststellen eine Ermittlungsakte an die Staatsanwaltschaft weiterreichten. Das MfS adaptierte diesen Begriff für seine Zwecke und schuf sich ein eigenes → Formular (F 317) für diesen Verwaltungsakt. *[RLu]*

AE → Auftragsersuchen.

AF (1) → Aktuelle Fragen (Aktenkategorie der Hauptabteilung IX/11), (2) → Archivierte Akte über Fahnenflucht (Abb. 148*f.*).

AFO → Archivierte Feindobjektakte.

Agenturenkartei – Bezeichnung für die von 1950 bis 1960 in den → Abteilungen XII separat aufgestellte Kartei → inoffizieller Mitarbeiter mit Karteikarten B 1 und F 19 (Abb. 017–022). Sie wurde 1960 mit der → Belastetenkartei zur zentralen → Personenkartei zusammengeführt. → Karteien *[RLu]*

AGI → Archivierte Akte eines geheimen Informators (Abb. 093 u. 095).

AGMS → Archivierte Akte eines gesellschaftlichen Mitarbeiters für Sicherheit (Abb. 098*f.*).

AGV (Wörterbuch XII, Kapitel „Überprüfung und Auskunftserteilung“) – *Abkürzung für Antrags- und Genehmigungsverfahren. Überprüfungskomplex, der sich aus dem Antrags-, Prüfungs- und Entscheidungsverfahren zu Einreisen aus dem NSW (und zum Teil Volksrepublik Polen) ergibt. [MfS, Abt. XII Nr. 883]* → SAVO.

AGV-Koordinierung (Wörterbuch XII, Kapitel „Überprüfung und Auskunftserteilung“) – *Arbeitsprozess in der → Abteilung XII des MfS zur Zusammenführung von im Überprüfungsprozess ermittelten Informationen über zu Reisenden und Reisezielen bestehende Erfassungen unterschiedlicher Diensteinheiten. [MfS, Abt. XII Nr. 883]*

AI → Ausgangsinformation, → Auskunftsinformation.

AILÖ (Wörterbuch XII, Kapitel „EDV-Anwendung“) – *Datenbankanweisung zur → Löschung von → Auskunftsinformationen an den EDV-Datenbestand. Gleichnamiger → Komplex im Rahmen des Änderungsdienstes. [MfS, Abt. XII Nr. 883]*

AILÖ + AIZ (Wörterbuch XII, Kapitel „EDV-Anwendung“) – *Datenbankanweisung zur → Löschung bisher gespeicherter und neuen Speicherung aller nach einer Änderung weiter in der Datenbank zu führenden → Auskunftsinformationen. Gleichnamiger → Komplex im Rahmen des Änderungsdienstes. [MfS, Abt. XII Nr. 883]*

AILZ (Wörterbuch XII, Kapitel „EDV-Anwendung“) – *siehe AILÖ + AIZ. [MfS, Abt. XII Nr. 883]*

AIM → Archivierter IM-Vorgang / IM-Vorlauf (Akte über → inoffizielle Mitarbeiter und über Personen, die für eine inoffizielle Mitarbeit geworben werden sollten) (Abb. 093 – 097 u. 101).

AIO (Wörterbuch XII, Kapitel „Arbeitsorganisation“) – *siehe → Auswertungs- und Informationsoffizier. [MfS, Abt. XII Nr. 883]*

AI-Schlüssel (Wörterbuch XII, Kapitel „EDV-Anwendung“) – *Feststehende Zahlenkombination zur speicherfähigen Verschlüsselung der Erfassungsdaten (erfassende Diensteinheit, Art der Erfassung). [MfS, Abt. XII Nr. 883]*

AIZ (Wörterbuch XII, Kapitel „EDV-Anwendung“) – *Datenbankanweisung für die Zuspeicherung von Auskunftsinformationen. Gleichnamiger Komplex im Rahmen des Änderungsdienstes. [MfS, Abt. XII Nr. 883]*

AK → Auskunftsersuchen (Aktenkategorie der Hauptabteilung IX/11, → „NS-Archiv“, → Z-Material).

AKAG → Archivierte Akte des Arbeitsgebietes I [lies: eins] der Kriminalpolizei.

AKK → Archiviertes Material zu ehemals in der Kerblochkartei (KK) erfassten Personen (Abb. 119).

AKO → Archivierte Kontrollobjektakte.

Akte (Wörterbuch XII, Kapitel „Archivarbeit“) – *Im MfS übliche Form der Sammlung operativen Schriftgutes in einem Aktenhefter zur Gewährleistung der Geheimhaltung, Sicherheit und Konspiration. Der Begriff wird umgangssprachlich auch für → „Archivmaterial“ verwendet. [MfS, Abt. XII Nr. 883]*

Akten dienten im MfS vor allem der Dokumentation der operativen „Bearbeitung“ von Personen und Sachverhalten. Die Begriffe Akte und → Vorgang wurden in der Regel synonym verwandt, wobei Vorgang überwog (daraus folgend auch hier). Gelegentlich wurde im MfS eine Abgrenzung zwischen beiden Begriffen versucht (→ registrierte Vorgänge und Akten), die sich aber praktisch nicht niederschlug. Abgeschlossene Vorgänge wurden auch „Archivmaterial“ genannt und überhaupt „Material“ synonym für Akte, Schriftgut bzw. Unterlagen verwandt (→ Archivakte). Ein Vorgang konnte aus Teilakten (z. B. → Teil I, → Teil II, → Teil III oder → Arbeitsakte und → Personalakte eines → inoffiziellen Mitarbeiters; vgl. dazu → archivierter Untersu-

chungsvorgang), aus mehreren Bänden, zudem aus → Teilvorgängen (bei → zentralen operativen Vorgängen) bestehen. Dieses sehr spezielle Begriffsverständnis im MfS unterscheidet sich von dem allgemeinfachlichen der Archivare und Registratoren.
Schon im September 1950 bestimmten erste → Richtlinien, präzisiert durch die Vorgangsordnung vom September 1952, welche Vorgänge in der operativen „Bearbeitung“ für welchen Betreff anzulegen und wie diese zu führen waren. Bezeichnung und Aufbau einzelner Vorgangsarten änderten sich, → alte Vorgänge wurden in neuere Formen integriert und unter dem neuen Namen fortgeführt. Dabei wurde zwischen registrierten Vorgängen und nicht registriertem Material unterschieden. Zu den registrierten, also bei Eröffnung mit einer → Registriernummer versehenen, gehörten als wichtigste der → operative Vorgang (OV, abgelegt als → AOP), die → operative Personenkontrolle (OPK, abgelegt als → AOPK), der → Untersuchungsvorgang (UV, abgelegt als → AU) und der → IM-Vorgang (abgelegt als → AIM). Als → nicht registriertes Material galten aus der operativen „Bearbeitung“ u. a. → allgemeines Material über Personen (abgelegt als AP), das zuvor häufig in einer → zentralen Materialablage (ZMA) der operativen Diensteinheit gesammelt worden war, und Akten, die aus Materialsammlungen über Personen mit → KK-Erfassung (abgelegt als → AKK) resultierten, zudem aus der internen Personalverwaltung die über Mitarbeiter und Zivilangestellte des MfS geführten → Personalakten (abgelegt als KS). Für die Unterscheidung der Aktenmappen wurde eine Farblegende verwandt, die anfangs der in der → Personenkartei (→ Karteien) angewandten entsprach. In den 1950er-Jahren waren → Untersuchungsvorgänge hellrot, die damaligen Formen → operativer Vorgänge hellgelb und die Akten → geheimer Informatoren blau.
In den 1960er-Jahren waren auch die Akten geheimer Informatoren bzw. → inoffizieller Mitarbeiter (IM) hellgelb. Seit den 1970er-Jahren erhielten IM-Akten orangefarbene Hängemappen, operative Vorgänge, operative Personenkontrollen und Untersuchungsvorgänge hellblaue bzw. blaugraue Hängeordner aus festerem Karton und mit breiterem Rücken. Diese Ordner kamen in den 1980er-Jahren zunehmend auch für IM-Akten zur Anwendung. Die vorderen Aktendeckel waren formgebunden bedruckt, u. a. operative Vorgänge mit „V“, Untersuchungsvorgänge mit „X“ und IM-Akten je nach Teil mit „I“, „II“ oder „III“. Neben den genannten kamen gelegentlich andere Farben und Formen vor.
Abgeschlossene Akten und Vorgänge aus der operativen „Bearbeitung“ von Personen und Sachverhalten sowie Personalakten ausgeschiedener Mitarbeiter kamen nach entsprechender → Abverfügung im zuständigen → Archiv der Bezirksverwaltung für Staatssicherheit oder dem → Zent-

ralarchiv des MfS zur Ablage (Abb. 093 – 128, 130 – 153). Ein Zugang zu diesen Akten war weitgehend nur über personenbezogene → Karteien möglich. Insbesondere das Anlegen und Führen von IM-Akten, operativen Vorgängen und operativen Personenkontrollen, die zu verwendenden Formulare und deren Abfolge waren durch jeweils eigene → Richtlinien genauestens geregelt.
Anders verhielt es sich mit Verwaltungsakten: Zwar sah noch die erste Geschäfts- und Büroordnung des MfS vom April 1950 für das Verwaltungsschriftgut des MfS einen zentralen Aktenplan vor, doch kam dieser nie zustande, auch sonstige in Verwaltungen übliche Regelungen über die Aktenführung fehlten. Der Schriftwechsel sollte lediglich auf das notwendigste beschränkt bleiben und in → Postein- und -ausgangsbüchern nachgewiesen werden, zudem waren Vorschriften über → Verschlusssachen zu beachten. In der Folge entstanden in operativen Diensteinheiten kaum typische Verwaltungsakten. Stattdessen bildeten sich mehr oder weniger unstrukturierte Schriftgutablagen bei den Bearbeitern heraus, die möglichst in geringem Umfang und auf relativ aktuellem Stand gehalten wurden. Zwar bestanden in den → Archiven der Bezirksverwaltungen für Staatssicherheit und im → Zentralarchiv je eine für Verwaltungsschriftgut bestimmte → allgemeine Sachablage (Abb. 129), Gebrauch davon machte aber überwiegend nur die Abteilung XII (→ Zentrale Auskunft/Speicher). Die Überlieferungsmenge in dieser Ablage steht in keinem Verhältnis zur vielfachen Menge an Akten aus der operativen Arbeit. Eine Überlieferungsbildung fand weitgehend nicht statt und war auch nicht beabsichtigt.
In wenigen Strukturteilen mit überwiegenden Leitungs- oder Verwaltungsaufgaben bestanden jeweils eigene Aktenpläne, die aber nicht miteinander kompatibel strukturiert waren und deren konsequente Anwendung oft fraglich ist oder zumindest im überlieferten Schriftgut nur schwer rekonstruierbare Spuren hinterlassen hat. Belegt ist, dass zumindest die Abteilung Finanzen, die Hauptabteilung Personenschutz und die Verwaltung Rückwärtige Dienste für ihre Verwaltungsakten eigene Altregistraturen unterhielten, die sie Archiv nannten. Auf die dort nach Aktenplan verwahrten Akten hatten nur wenige dazu berechtigte Mitarbeiter Zugriff. Für → dienstliche Bestimmungen unterhielten die Büros der Leitungen des MfS und der Bezirksverwaltungen für Staatssicherheit jeweils zentrale → Dokumentenstellen. Über die dort und bei den Leitern von Diensteinheiten gesammelten dienstlichen Bestimmungen und die Verteilung von Ausfertigungen wurden u. a. VVS- und GVS-Nachweiskarteien geführt. → Tektonik *[RLu]*

Akte eines gesellschaftlichen Mitarbeiters für Sicherheit → Archivierte Akte eines gesellschaftlichen Mitarbeiters für Sicherheit, → GMS-Akte.

Akte über Fahnenflucht → Archivierte Akte über Fahnenflucht.

Akte Vorlauf-Operativ (VL op., Vorl. Op.-A.) – Aktenkategorie des MfS in den Jahren 1960 bis 1976. In der Vorgangsart wurde „primäres Material [zum] Verdacht von Feindtätigkeit“ überprüft, wobei die Überprüfungszeit auf maximal sechs Monate befristet war. Bei „begründetem Verdacht“ war die Akte Vorlauf-Operativ in einen → operativen Vorgang umzuwandeln. Eine vergleichbare Funktion wie die Akte Vorlauf-Operativ hatte die im Jahr 1971 eingeführte → operative Personenkontrolle. Die Akte Vorlauf-Operativ kam mit der Aktenkategorie → archivierter operativer Vorgang (AOP) im → Archivbestand 1, → operative Hauptablage zur Ablage (Abb. 111). *[SBu]*

Akten der Staatsanwaltschaften – Sogenannter → Archivbestand 4 im → Zentralarchiv des MfS in Berlin und in den → Archiven der Bezirksverwaltungen des MfS, auch → ASt-Material genannt. Der Archivbestand setzte sich zusammen aus Akten der Generalstaatsanwaltschaft der DDR, der Generalstaatsanwaltschaft (Groß-)Berlins, der Bezirksstaatsanwaltschaften und der Militärstaatsanwaltschaften, die nach Ablauf ihrer → Aufbewahrungsfrist bei Vorliegen festgelegter Tatbestände in der → Abteilung XII zu „archivieren“ waren. Er umfasste die Aktenkategorien → archivierte Akten der Abteilungen Ia [lies: eins a] der Generalstaatsanwaltschaft und der Bezirksstaatsanwaltschaften (ASt) sowie archivierte Akten der Militärstaatsanwaltschaften (ASt/Mi). (Als Abbildung siehe die als AU, GH oder AF abgelegten Akten von Gerichten und Staatsanwaltschaften, insbes. Abb. 124, 145 u. 150) *[SBu]*

Aktenaufkleber (Wörterbuch XII, Kapitel „Archivarbeit“) – *Vordruck zur äußerlichen Kennzeichnung von Akten hinsichtlich ihrer Zugehörigkeit zu einer Vorgangs- bzw. Aktenart. Er wird verwendet, sofern diese Kennzeichnung nicht bereits durch Aufdruck bzw. Stempelauftrag auf dem Aktenhefter erfolgt. [MfS, Abt. XII Nr. 883]*

Aktenausleihe (Wörterbuch XII, Kapitel „Archivarbeit“) – *Form der Bereitstellung von Archivmaterial durch Übergabe bzw. Übersendung von Originalarchivmaterial zur Auswertung und Rückgabe innerhalb von 21 Tagen oder zur mitteilungspflichtigen Übernahme in eine aktive Erfassung. [MfS, Abt. XII Nr. 883]*

Akteneinsichtnahme (Wörterbuch XII, Kapitel „Archivarbeit“) – *Form der Bereitstellung von Archivmaterial an die operativen Diensteinheiten. Das Archivmaterial liegt im Original vor. Die Auswertung kann direkt am Schalter des Archivs bzw. auch nach Ausleihe erfolgen. [MfS, Abt. XII Nr. 883]*

Aktenkategorie (Wörterbuch XII, Kapitel „Archivarbeit“) – *Aus zwei bis vier Buchstaben bestehende Kurzbezeichnung, die (bedingt) Aufschluss gibt über die Art und Weise der operativen Bearbeitung bzw. ggf. über*

die Herkunft des → Archivmaterials. Die Aktenkategorie ist Bestandteil der → Archivsignatur. Beispiel: AIM ist ein archivierter IM-Vorlauf bzw. IM-Vorgang. [MfS, Abt. XII Nr. 883]
Der Anlage zur 3. Durchführungsbestimmung der → Dienstanweisung Nr. 2/81 und der → Archivordnung XII von 1989 zufolge galten nach Juni 1984 als Aktenkategorien archivierter Unterlagen: → allgemeines Material über Personen (Allg. P., AP), → allgemeine Sachablage (Allg. S.; AS), → archivierte Akten der Abteilungen Ia der Generalstaatsanwaltschaft und der Bezirksstaatsanwaltschaften (ASt), → archivierte Akten der Operativgruppe bzw. des Arbeitsgebietes I [lies: eins] der Kriminalpolizei (AOG bzw. AKAG), → archivierte Feindobjektakte (AFO), → archivierte Akte eines gesellschaftlichen Mitarbeiters für Sicherheit (AGMS), → archivierte Kontrollobjektakte (AKO), → archivierte operative Personenkontroll-Akte (AOPK), → archivierte Zelleninformatorakte (AZI), → archiviertes Material über einen abgelehnten Antrag auf Aufnahme/Wiederaufnahme in die DDR (AAW), → archivierter IM-Vorgang/IM-Vorlauf (AIM), → archivierter operativer Vorgang (AOP), → archivierter Untersuchungsvorgang (AU), → archiviertes Material zu ehemals in der → Kerblochkartei erfassten Personen (AKK), → archivierte Akte der Operativgruppe der Hauptabteilung VII bei der Verwaltung Strafvollzug des Ministeriums des Innern (AVSV), → archivierte Akte der Verwaltung Aufklärung des Ministeriums für nationale Verteidigung (AVA) und Archivmaterial kaderpolitischen Inhalts (KS, → Personalaktenablage). Zusätzlich existierten jedoch weitere Aktenkategorien, wie z. B. die → archivierte Arbeitsakte eines Offiziers im besonderen Einsatz (AOibE) oder die nicht mehr gültige Aktenkategorie → archivierte Akte eines geheimen Informators (AGI) (Vorläufer der Aktenkategorie archivierter IM-Vorgang). Die Aktenkategorien waren in der jeweiligen → Abteilung XII verschiedenen → Archivbeständen zugeordnet. (Abb. 093*ff.*) *[SBu]*

Aktenumlauf (Wörterbuch XII, Kapitel „Archivarbeit“) – *Umfasst alle möglichen Formen der Bewegung von Archivmaterial, vom Zeitpunkt seiner Ausleihe an bis zum Zeitpunkt seiner Rücknahme durch das zuständige Archiv. Auch interner Arbeitsablauf in den Abteilungen XII zur Bearbeitung von Archivmaterial nach dessen Eingang zur Archivierung. [MfS, Abt. XII Nr. 883]*

Aktive Erfassung → Erfassung, aktive.

Aktuelle Fragen (AF) – Bezeichnet sowohl eine Arbeitsgruppe der Hauptabteilung IX/11 (→ „NS-Archiv“) als auch das von ihr produzierte und hinterlassene Schriftgut (Aktenkategorie der Hauptabteilung IX/11). Enthalten sind vorwiegend Dokumentationen über politische Repräsentanten sowie über Organe und Einrichtungen der Bundesrepublik

Deutschland (Parlamente, Behörden, Parteien, Verbände, Bundeswehr, Polizei etc.). *[RBl]*

Alge – Ein → Deckname der → Sonderregelung für eine → Auskunft der Abteilung XII an die Abteilung M (Postkontrolle). Diese Sonderregelung wurde bereits 1972 auf Befehl des damaligen 1. Stellvertreters des Ministers für Staatssicherheit, Generaloberst Bruno Beater, eingeführt und seit März 1982 unter dem für die Hauptabteilung II (Spionageabwehr) bestehenden Decknamen → Nadel fortgeführt. *[SWo, RLu]*

Allg. P. → Allgemeines Material über Personen (Abb. 116 u. 117).

Allg. S. → Allgemeine Sachablage (Abb. 129 – 132).

Allgemeine Sachablage (AS, Allg. S.) – Archivbestand 2 im → Zentralarchiv des MfS in Berlin und in den → Archiven der Bezirksverwaltungen des MfS, gleichzeitig → Aktenkategorie für die darin abgelegten Akten vielfältiger Sach- und Personenbetreffe. Mit Akten über Beobachtungen und Kontrollen im In- und Ausland, Mitteilungen über Havarien, Brände und Todesfälle, Berichten über Häftlinge und Haftanstalten, über Republikfluchten und die Stimmung im Lande bis hin zu Unterlagen über die Zusammenarbeit mit anderen Sicherheitsdiensten des Ostblocks und über die interne Verwaltung insbesondere der → Abteilung XII bietet dieser Bestand einen Querschnitt durch nahezu alle Tätigkeitsfelder des MfS und seiner Vorgängerinstitutionen. Ausnehmend sind in ihrer Form → archivierte Feindobjektakten (AFO), und → archivierte Kontrollobjektakten (AKO), zudem die als AS abgelegten → Vorgangshefte (VH), sowie → Gefangenenakten (GfA) und Haftkrankenhausakten (HKH) der für Untersuchungshaft im MfS zuständigen Abteilung XIV (Abb. 129 – 132).

Allein im Zentralarchiv des MfS kamen in der AS von 1951 bis 1989 mehr als 15 000 Vorgänge mit ca. 39 000 Bänden zur Ablage, davon wurden bis zum Ende des MfS ca. 23 Prozent vernichtet, überliefert sind ca. 450 lfm Akten. Auf einige Akten war ein personenbezogener Zugriff über die → Personenkartei F 16 möglich. Überwiegend aber hatten nur die → ablegenden Diensteinheiten selbst Kenntnis von und Zugriff auf die als AS abgelegten Akten. Einige davon, insbesondere Akten der Hauptabteilung IX (Untersuchungsorgan) über Grenzzwischenfälle und Mauertote, wurden bis zum Ende des MfS in verschlossenen und versiegelten Archivkartons verwahrt (→ Sonderarchiv der Hauptabteilung IX). Über die AS im ehemaligen Zentralarchiv des MfS liegt ein gedruckt und online ediertes Findbuch vor. *[RLu]*

Allgemeiner Bericht (AB) – Aktenkategorie der Hauptabteilung IX/11 (→ „NS-Archiv"). Die AB beinhalten von der HA IX/11 zusammengestellte Dokumentationen. Diese enthalten auch Zeitungsausschnittsammlungen, statistische Unterlagen u. ä. über Personengruppen und Sachverhalte. Schwerpunkte sind die Themen Zweiter Weltkrieg, SS und Konzentrationslager. *[RBl]*

Allgemeiner Schriftverkehr, auch: allgemeines Schriftgut (AS) – Aktenkategorie der Hauptabteilung IX/11 (→ „NS-Archiv"). Enthalten sind Untersuchungen des MfS seit 1965 über Personen und Sachverhalte der NS-Zeit. Umfangreiche Unterlagen betreffen den Widerstand gegen das NS-Regime. Die Kategorie bildet eine gemeinsame Ablage mit den Kategorien → Allgemeiner Vorgang und → Forschungsvorgang der Hauptabteilung IX/11. Hervorzuheben sind beispielsweise die umfangreichen Unterlagen zu Robert Havemann und über die Widerstandsorganisation „Europäische Union". Überprüft werden sollten dessen Mitarbeit an Forschungen der Wehrmacht sowie ein möglicher Verrat an Mitgliedern der „Europäischen Union" während der Verhöre durch die Gestapo. *[RBl]*

Allgemeiner Vorgang (AV) – Aktenkategorie der Hauptabteilung IX/11 (→ „NS-Archiv"). Enthalten sind Untersuchungsergebnisse des MfS seit dem Jahr 1965 über Personen und Sachverhalte der NS-Zeit. Umfangreiche Unterlagen betreffen den Widerstand gegen das NS-Regime. Die Kategorie bildet eine gemeinsame Ablage mit den Kategorien → Allgemeiner Schriftverkehr und → Forschungsvorgang der Hauptabteilung IX/11. *[RBl]*

Allgemeines Material über Personen (Allg. P., AP) – Eigentlich „Material zu ehemals in Sicherungsvorgängen erfassten Personen bzw. anderes allgemeines Material über Personen" (so in der → Archivordnung XII), gelegentlich auch leicht missverständlich als „Allgemeine Personenablage" bezeichnet (so in Anlagen der → Dienstanweisung Nr. 2/81). Aktenkategorie innerhalb des → Archivbestandes 1 → „Operative Hauptablage" im → Zentralarchiv des MfS in Berlin und in den → Archiven der Bezirksverwaltungen für Staatssicherheit. Neben personenbezogenen Unterlagen aus der Bearbeitung in Sicherungsvorgängen resultierten AP sehr häufig aus → Sicherheitsüberprüfungen und → „Wer ist wer?"-Überprüfungen (→ Zentrale Materialablage). Auch Unterlagen über Selbstanbieter bei der Hauptverwaltung A (Aufklärung, Auslandsgeheimdienst), Personen- und Arbeitsakten des Arbeitsgebietes II der Kriminalpolizei (bearbeitete Delikte, die das Arbeitsgebiet I aufgedeckt hatte → AKAG) sowie weitere als „operativ bedeutsam" angesehene personenbezogene Akten kamen als AP zur Ablage. Zwischen 1952 und 1989 waren dies allein im Zentralarchiv des MfS rund 225 000 Vorgänge, die überwiegend nur aus einem Band bestanden (Abb. 116 u. 117); ca. 18 Prozent davon wurden bis zum Ende des MfS wieder vernichtet. AP gehörten zum → nicht registrierten Material und wurden direkt über die → Personenkartei F 16 recherchiert. *[SBu, RLu]*

Alte Vorgänge (Wörterbuch XII, Kapitel „Überprüfung und Auskunftserteilung“) – *Vor ca. 1960/1962 gültige Vorgangsarten von operativen Vorgängen. Wurden jeweils gesondert registriert, daher ist bei Auskunftserteilung von der F 16 die Vorgangsart mit anzugeben (sonst Auffinden in der → Auskunftskartei nicht möglich). Vorgangsarten: → Gruppen-, → Einzel-, → Beobachtungs-, → Kontroll-, → Fahndungs-, → Überprüfungs-, → Objektvorgang. [MfS, Abt. XII Nr. 883]* → Anweisung Nr. 14/52, → Richtlinie GVS-Nr. 90/54.

AM → Ausgangsmaterial.

ANA → Archivierungsnachweis.

Änderung (Wörterbuch XII, Kapitel „Erfassung und Registrierung“) – *Vorgang der Veränderung der bereits in den Karteien und den EDV-Datenbeständen gespeicherten Daten; Bezeichnung für den entsprechenden Bearbeitungskomplex innerhalb der Speicherprozesse der → Abteilung XII. [MfS, Abt. XII Nr. 883]*

Änderungsbeleg (Wörterbuch XII, Kapitel „Belege und Vordrucke“) – *F 16 mit Austausch oder E-Vermerk; Form 5, 5a, 22, 22a (→ Formular); Formgebundener Beleg, mit dem durch die Abteilungen XII oder Diensteinheiten Änderungen der Datenbestände der → Abteilung XII veranlasst werden. [MfS, Abt. XII Nr. 883]*

Änderungsdienst (Wörterbuch XII, Kapitel „Erfassung und Registrierung“) – *Geläufige Bezeichnung für die Prozesse zur Veränderung bereits in den → Speichern befindlicher Daten (nicht eingeschlossen sind → Ersterfassungen und → Löschungen). [MfS, Abt. XII Nr. 883]*

Anfordernde Diensteinheit (Wörterbuch XII, Kapitel „Archivarbeit“) – *Diensteinheit, die unter Vorlage einer bestätigten Archivanforderung um die Ausleihe von bzw. die Auskunftserteilung aus → Archivmaterial ersucht. [MfS, Abt. XII Nr. 883]*

Anfragearten (Wörterbuch XII, Kapitel „Überprüfung und Auskunftserteilung“) – *Nach bestimmten operativen → Überprüfungsgründen unterschiedene und zusammengefasste Mengen von Überprüfungsanforderungen, die in → Überprüfungskomplexen zusammengefasst werden können (vgl. → AGV). Die Abkürzungen der Anfragearten werden auf den EDV-Überprüfungsbelegen ausgedruckt. [MfS, Abt. XII Nr. 883]* Größere Personengruppen betreffende Anfragearten waren u. a. Wehrpflichtigen-Überprüfung (→ A 4), Antrags- und Genehmigungsverfahren (→ AGV), Rentnerreisen-Überprüfung (→ RNR), Touristikreisen-Überprüfung (→ TRE), Wehrpflichtige/Grundwehrdienst (→ WKL), Wehrpflichtige/Reservisten (→ WKR), Reserve (→ WKK). *[RLu]*

Anfragedatensatz (Wörterbuch XII, Kapitel „EDV-Anwendung“) – *Für die Recherche am EDV-Datenbestand umzusetzende Daten. [MfS, Abt. XII Nr. 883]*

Anfragefunk (Wörterbuch XII, Kapitel „Überprüfung und Auskunftserteilung") – *Eine abgeschlossene Menge von fernschriftlich übermittelten → Überprüfungsersuchen z. B. einer Kreisdienststelle. Die Anfragefunks einer Bezirksverwaltung werden gemeinsam an die → Abteilung XII des MfS abgesetzt. Dabei erfolgt die Kennzeichnung der einzelnen Anfragefunks der Kreisdienststellen. [MfS, Abt. XII Nr. 883]*

Anfragelochstreifen (Wörterbuch XII, Kapitel „EDV-Anwendung") – *Im Wesentlichen von den Abteilungen XII verwendeter → Eingabedatenträger (auch von Kreisdienststellen), der die zu überprüfenden → Personendaten sowie Angaben zu den überprüfenden Diensteinheiten enthält. [MfS, Abt. XII Nr. 883]*

Anfragende Diensteinheit (Wörterbuch XII, Kapitel „Erfassung und Registrierung") – *Für an die → Abteilung XII gerichtete → Überprüfungsersuchen (→ Suchaufträge) entsprechend der → Dienstanweisung Nr. 2/81, 2. Durchführungsbestimmung, verantwortliche Diensteinheit; sie erhält auch Auskunft aus den → Speichern der Abteilung XII entsprechend der Dienstanweisung Nr. 2/81, 2. Durchführungsbestimmung. [MfS, Abt. XII Nr. 883]*

Anweisung (AW) – Kategorie dienstlicher → Bestimmungen. Anweisungen legten die auf wirtschaftlich-organisatorischem und technischem Gebiet im MfS notwendigen speziellen Aufgaben und Einzelfragen oder die zur Durchsetzung von Ordnungen zu treffenden Maßnahmen oder Verfahrenswege fest. Anweisungen wurden zu Fragen der inneren Ordnung, der Analyse und Planung des materiell-technischen Bedarfs, der medizinischen Betreuung oder für das Finanzwesen zur Einsparung von Mitteln und Material erlassen. Anweisungen konnten durch den Minister, die Stellvertreter des Ministers, die Leiter von Hauptverwaltungen/Verwaltungen, die Leiter der Haupt- und selbstständigen Abteilungen, den Rektor der Juristischen Hochschule und den Kommandeur des Wachregiments „Feliks E. Dzierzynski" sowie die Leiter der Bezirksverwaltungen/Verwaltung „W" und die Leiter der Kreisdienststellen/Objektdienststellen erlassen werden. → Bestimmung, dienstliche. *[DHa]*

Anweisung Nr. 14/52 – Diese auch Vorgangsordnung genannte Anweisung (AW) vom 10. September 1952 ergänzte auf nur fünf Seiten die → Richtlinien GVS-Nr. 8/50 bis10/50, indem sie präzisierte, wie die bestehenden Vorgangsarten anzulegen waren und welche Formblätter aufeinander folgen sollten. Die AW unterzeichnete der Stellvertreter des Ministers, Generalinspekteur Otto Last. Geführt wurden demnach → Einzel- und → Gruppenvorgänge über Personen, denen das MfS eine „feindliche Tätigkeit" unterstellte (RL GVS-Nr. 8/50), → Untersuchungsvorgänge bei strafrechtsrelevanten Tatbeständen (RL GVS-Nr.

10/50) sowie → Personalakten und Arbeitsvorgänge [sic! → Arbeitsakte] inoffizieller Mitarbeiter (RL GVS-Nr. 9/50).
Ein Vorgang war grundsätzlich chronologisch anzulegen, mit einem Inhaltsverzeichnis zu versehen und die Seiten rechts oben fortlaufend zu nummerieren. Übergaben von Vorgängen an andere Diensteinheiten zur weiteren Bearbeitung hatten stets über die zuständige Abteilung XII zu erfolgen. Abgeschlossene Vorgänge waren in den Archiven der → Abteilungen XII zu verwahren und durften bei späteren Einsichtnahmen inhaltlich nicht mehr verändert werden – ein Grundsatz, der wenig später nicht mehr in Vorschriften genannt, also offenbar zugunsten der operativen Interessen des MfS aufgegeben wurde. Bereits nach dieser AW waren Beweismittel, Fotos und andere Gegenstände dem Vorgang bei der Ablage im Archiv zu entnehmen (→ Gegenstandsablage).
Weitere Arten operativer Vorgänge führte die → Richtlinie GVS-Nr. 90/54 im Dezember 1953 ein, regelte die Arbeit mit Vorgängen und Karteien grundsätzlich neu und ersetzte damit faktisch die AW ohne sie formal aufzuheben. Die AW Nr. 14/52 wurde schließlich im Oktober 1956 eingezogen. *[RLu]*

Anweisung Nr. 8/65 – Diese Anweisung (AW) des Ministers für Staatssicherheit vom 10. September 1965 regelte die → Auskunftserteilung und die Bereitstellung von Archivunterlagen aus der → Abteilung XII des MfS sowie aus den damaligen selbständigen Referaten XII der Bezirksverwaltungen / Verwaltungen und der Hauptabteilung I (seit 1975 Abteilungen XII, → Befehl Nr. 6/75).
Über erfasste Personen sollten grundsätzlich nur Leiter von Diensteinheiten Auskunft erhalten. Dazu diente ein Suchzettel F 10 (→ Suchauftrag), auf dem die Abteilung XII bzw. die Referate XII mitteilten, für welche Diensteinheit eine → Erfassung vorlag und, wenn → Archivmaterial vorhanden war, durch welche Diensteinheit dieses zur Ablage gebracht worden war. Bei aktiver Erfassung durfte an andere Diensteinheiten als die bearbeitende keine Auskunft über Archivmaterial erteilt werden. Lag nur eine Erfassung mit Verweis auf → Z-Material, also auf Unterlagen aus der und über die NS-Zeit vor, hatte der Leiter der Abteilung XII die Auskunft nach Prüfung der Aktenlage persönlich zu übernehmen.
Die Ausleihe von Archivmaterial war nur mit schriftlicher Zustimmung des Leiters der ablegenden Diensteinheit möglich. Antworten auf Anfragen von Stellen außerhalb des MfS („andere Organe“) waren dem Minister für Staatssicherheit und seinem für die → Linie XII zuständigen Stellvertreter vorbehalten. Auskünfte der Abteilung bzw. der Referate XII wurden als Unterlagen mit internem Charakter deklariert und durften nicht an andere Stellen weitergereicht werden.

Die AW sollte nur vorläufig bis zum „Erlass einer grundsätzlichen Archiv- und Auskunftsordnung" gelten. Eine solche → Ordnung für die Arbeit mit Archivdokumenten lag dem Minister im Juli 1966 zwar vor, wurde aber nicht unterzeichnet. Die AW Nr. 8/65 blieb damit sechzehn Jahre lang bestimmend für die Auskunftserteilung auf der Linie XII, sie wurde erst im September 1981 durch die → Dienstanweisung Nr. 2/81 abgelöst. *[RLu]*

Anweisung Nr. 2/76 vom 29. Juli 1976 über die Bearbeitung der Akten der Verwaltung Aufklärung des MfNV in der Abteilung XII (→ Zentrale Auskunft / Speicher) des MfS. → Militäraufklärung, → Archivierte Akte der Verwaltung Aufklärung (AVA).

Anweisung Nr. XII/11/80 über eine effektive Bearbeitung von → Suchaufträgen im Überprüfungs- und Auskunftsprozess der Abteilung XII. → Bestand (1.), → Kontrollbeleg, → Übergabezeiten.

Anweisung Nr. XII/3/84 über den Umgang mit Datenträgern aus der Nutzung des → Datenbankprojekts → SAVO sowie deren Nachweis und Verbleib. → Tagesrapport.

Anwerbung → Vorschlag zur Werbung.

AOG – Archivierte Akte der Operativgruppe der Kriminalpolizei (Abb. 151) → Archivierte Akte des Arbeitsgebietes I [lies: eins] der Kriminalpolizei (AKAG).

AOibE → Archivierte Arbeitsakte eines Offiziers im besonderen Einsatz (Abb. 100).

AOP → Archivierter operativer Vorgang (Abb. 102 – 113).

AOPK → Archivierte operative Personenkontroll-Akte (Abb. 114 u. 115).

AP → Allgemeines Material über Personen; eigentlich „Material zu ehemals in Sicherungsvorgängen erfassten Personen bzw. anderes allgemeines Material über Personen" (Abb. 116 u. 117).

Arbeitsakte eines IM (Wörterbuch XII, Kapitel „Erfassung und Registrierung") – *Teil eines IM-Vorgangs, in dem die Arbeitsergebnisse sowie die Treffergebnisse dokumentiert sind. Kann aus mehreren Aktenbänden bestehen. Durch die → Abteilung XII auf Anforderung ausgegeben und nachgewiesen. Wird nach Archivierung des IM-Vorgangs im Allgemeinen nicht ausgeliehen oder anderweitig zugänglich gemacht. [MfS, Abt. XII Nr. 883]*

Die seit 1950 für jeden → geheimen Informator bzw. → inoffiziellen Mitarbeiter angelegte Arbeitsakte entsprach dem Teil II eines → IM-Vorgangs. Er enthielt vor allem Berichte des inoffiziellen Mitarbeiters und → Treffberichte des Führungsoffiziers. In den Jahren 1958 bis 1968 wurde der Teil II nicht „Arbeitsakte", sondern → „Arbeitsvorgang" genannt. Mit der Einführung der Richtlinie Nr. 1/58 war der Aufbau der Arbeitsakte bzw. des Arbeitsvorgangs formgebunden. Enthalten sein sollten: ein Inhaltsverzeichnis → F 8, ein Indexbogen über die im → Vorgang genannten Personen → F 2, ein Indexbogen über die im Vorgang genannten „feindlichen Organisationen und Objekte“ → F 3 sowie in chronischer Reihenfolge Originale der Berichte des IM, vom → Führungsoffizier unterschriebene Berichte über mündliche Mitteilungen des IM, → Treffberichte des Führungsoffiziers und Vermerke über erteilte Aufträge. Die Richtlinie Nr. 1/68 bestimmte eine Aktenstruktur mit den Formblättern Gliederung → F 212, Inhaltsverzeichnis → F 213, Index → F 2, denen Originale der Berichte des IM, und → Treffberichte folgen sollten. Die Unterlagen, welche sich vor der Anwerbung des IM im Abschnitt D der → IM-Vorlaufakte befunden hatten, sollten in die Arbeitsakte eingeheftet werden. Die 1. Durchführungsbestimmung zur Richtlinie Nr. 1/79 hob die Unterteilung der Arbeitsakte in Abschnitte faktisch auf und regelte den Aufbau der Akte ansonsten auch weniger detailliert. Der Teil II des IM-Vorgangs hatte zu enthalten: das Inhaltsverzeichnis → F 8, Berichte des IM und Treffberichte. (Abb. 094, 097 u. 101) *[SBu]*

Arbeitsakte eines Offiziers im besonderen Einsatz – → Offiziere im besonderen Einsatz (OibE) waren hauptamtliche Mitarbeiter des MfS, die legendiert in Schlüsselpositionen der Wirtschaft, des Staatsapparats und anderer Institutionen und Organisationen eingesetzt waren. Die Arbeit mit OibE wurde in der Ordnung Nr. 6/86 und den dazugehörigen Durchführungsbestimmungen geregelt. Demnach wurde neben der Personalakte über jeden OibE eine Arbeitsakte geführt zur „Dokumentierung aller wesentlichen politisch-operativen Aktivitäten in der Zusammenarbeit [...] sowie weiterer Materialien und Unterlagen“. OibE-Akten unterlagen der → Registrierung, der dafür erforderliche Beschluss → F 1a bedurfte der Bestätigung durch den Leiter der OibE-führenden Diensteinheit und den Leiter der → Abteilung Kader und Schulung. Die zuständige → Abteilung XII vergab daraufhin die → Registriernummer, den erforderlichen Aktenhefter und entsprechende → Formulare. Der OibE wurde bei der Abteilung XII des MfS für die Hauptabteilung Kader und Schulung/Auswertungs- und Kontrollgruppe aktiv erfasst. Erfassungen in den Abteilungen XII der Bezirksverwaltungen erfolgten dagegen nicht. Die Arbeitsakte umfasste in der Regel: das Inhaltsverzeichnis → F 8, den Beschluss → F 1a mit dem Auftrag „Arbeitskarte OibE“ unterhalb des Feldes für die Registriernummer, das Einsatzdokument, das → „Wer kennt wen?“-Schema → F 3 und in chronologischer Reihenfolge Arbeitspläne und Berichte über Arbeitsergebnisse, Einschätzungen zur Wirksamkeit und Entwicklung des OibE während des Einsatzes, Maßnahmen zur „tschekistischen“ Erziehung und Befähigung sowie Einschätzungen der dabei erreichten Ergebnisse, schriftliche Berichte, Informationen und Protokolle des OibE, → Treffberichte des → Führungsoffiziers, Nachweise über die Aushändigung operativer Dokumente und Mittel, ihre Verwendung und den Zeitraum ihrer Nutzung. Bei Beendigung des Einsatzes als OibE wurde die Arbeitsakte auf Beschluss des Leiters der OibE-führenden Diensteinheit und des Leiters der Abteilung Kader und Schulung bei der zuständigen Abteilung XII in der → Aktenkategorie → archivierte Arbeitsakte eines Offiziers im besonderen Einsatz im → Archivbestand 1 → operative Hauptablage „archiviert“ (Abb. 100). Die Entscheidung zur → Archivierung wurde auf dem Beschluss → Form 1a dokumentiert. Archivierte Arbeitsakten von OibE galten grundsätzlich als → „gesperrte Ablage“. *[SBu]*

Arbeitsapparat – Der Arbeitsapparat des → Systems der vereinigten Erfassung von Daten über den Gegner (SOUD) unterhielt den Zentralspeicher und war für den Aufbau des Systems, seinen Betrieb sowie für die Koordinierung der Erfassungen und Abfragen zuständig. Er war eine eigene Abteilung in der Verwaltung I der I. Hauptverwaltung des KGB. Die Übernahme und Übergabe von Informationen erfolgte beim Beauftragten des Arbeitsapparates in den Vertretungen des KGB in den Teilnehmerländern des SOUD. Die Informationsübermittlung zwischen MfS und dem Arbeitsapparat erfolgte über die Vertretung des KGB in der DDR in Berlin-Karlshorst. *[SWB]*

Arbeitsfestlegung (Wörterbuch XII, Kapitel „Arbeitsorganisation“) – *Vom Leiter eines Bereiches bestätigte Vorschrift über Art und Reihenfolge von Bearbeitungsschritten in einem abgegrenzten Arbeitsgebiet. [MfS, Abt. XII Nr. 883]*

Arbeitsfilm – Im Arbeitsalltag in der Abteilung XII benutzte Bezeichnung für → Auskunftsfilm. → Ersatzverfilmung. *[RLu]*

Arbeitskartei zu registrierten Vorgängen und Akten (Wörterbuch XII, Kapitel „Erfassung und Registrierung“) – *Nach → Registriernummer und → Registrierbereich geordneter Nachweis über alle laufenden Vorgänge und → Akten. Speichermittel: Karteikarte F 22 (→ Vorgangskartei). Enthält alle Angaben zum → Vorgang und zur operativen Verantwortlichkeit sowie die entsprechenden Änderungen. Bei Archivierung Übergabe der F 22 an die → Auskunftskartei. [MfS, Abt. XII Nr. 883]*
Kartei für die interne Nachweisführung von Vorgängen bzw. Akten. Die Arbeitskartei enthält mehr Angaben als die Auskunftskartei. Durch die Trennung in Arbeitskartei und Auskunftskartei wurde der Zugang zugriffsberechtigter Mitarbeiter zu den bedeutendsten Daten wesentlich eingeschränkt. *[DHa]*

Arbeitsvorgang – Andere Bezeichnung für die → Arbeitsakte eines → inoffiziellen Mitarbeiters bis zur Einführung der Richtlinie Nr. 1/68. Der

Arbeitsvorgang enthielt nach Richtlinie Nr. 1/58 vom Oktober 1958 das Inhaltsverzeichnis Form 8, den Indexbogen über die im → Vorgang genannten Personen Form 2, den Indexbogen über die im Vorgang genannten „feindlichen Organisationen und Objekte" Form 3 (→ Formular, dort unter F 2, F 3, F 8) sowie in chronologischer Reihenfolge Originalberichte des inoffiziellen Mitarbeiters, vom Führungsoffizier bzw. operativen Mitarbeiter unterschriebene Berichte über mündliche Mitteilungen des inoffiziellen Mitarbeiters, die → Treffberichte des operativen Mitarbeiters und erteilte Aufträge. → IM-Vorgang *[SBu]*

Arbeitszettel (Wörterbuch XII, Kapitel „Belege und Vordrucke") – *Formloses Dokument in verschiedenen Arbeitsprozessen zur Übermittlung von Informationen über im folgenden Arbeitsgang benötigte Angaben, zu lösende Aufgaben bzw. zu beachtende Faktoren. [MfS, Abt. XII Nr. 883]*

Archiv der Bezirksverwaltung für Staatssicherheit – Bereits seit 1950 kamen Vorgänge und → Akten in den Abteilungen Erfassung und Statistik (später Abteilungen XII, → Zentrale Auskunft/Speicher) zur Ablage (bis 1952 noch in den Landesverwaltungen). Die Bildung von Archiven als Strukturteil der selbständigen Referate bzw. Abteilungen XII in allen Bezirksverwaltungen für Staatssicherheit (BVfS) wurde im Dezember 1953 verfügt. Gleichzeitig waren vier Aktenablagen einzurichten, nämlich 1. eine operative Ablage für → Überprüfungs-, → Einzel-, → Gruppen-, → Fahndungs-, → Objekt- und → Kontrollvorgänge (→ operativer Vorgang), 2. eine Ablage für → Untersuchungsvorgänge, 3. eine Ablage der → Personal- und Arbeitsakten → geheimer Informatoren und 4. eine Ablage des allgemeinen Schriftverkehrs (→ Allgemeine Sachablage). Die ersten drei Ablagen wurden 1962 zur → operativen Hauptablage zusammengefasst. Seit den 1970er-Jahren wurden die Ablagen in Anlehnung an archivischen Sprachgebrauch zunehmend auch → Archivbestand genannt. Bis 1989 hatten sich in den Archiven der BVfS sechs sogenannte Archivbestände herausgebildet. Aufgabe dieser Archive war die Verwahrung und Verwaltung aller zur Ablage abverfügten → Akten, deren Nachweis in → Archivregistrierbüchern sowie die → Auskunftserteilung aus und Bereitstellung von → Archivmaterial. Die Arbeitsweise der einzelnen Archive konnte im Detail voneinander abweichen. Trotz des verfänglichen Sprachgebrauchs handelte es sich nicht um Archive im klassischen Sinne, sondern eigentlich um Altregistraturen überwiegend personenbezogener Akten. → Befehl Nr. 6/75, → Zentralarchiv des MfS *[RLu]*

Archiv der Hauptverwaltung Aufklärung → Referat R.

Archivakte (Wörterbuch XII, Kapitel „Archivarbeit") – *In einem Aktenhefter geordnet abgelegtes politisch-operatives Schriftgut. Archivmaterial*

kann auch aus mehreren Archivakten (auch als Bände bezeichnet) bestehen. [MfS, Abt. XII Nr. 883]
Der Begriff → Akte wurde hier willkürlich gleichgesetzt mit → Band und nicht wie häufiger beim MfS anzutreffen mit → Vorgang. Gleichzeitig fand sich → Archivmaterial als Oberbegriff für Archivakte dargestellt. Die Verwendung dieser Begriffe folgte weder einem fachlich versierten Ansatz noch war sie wenigstens intern stringent. Was tatsächlich gemeint war, ergab sich nicht selten lediglich aus dem Kontext und bedarf heute vorsichtiger Interpretation. → Registrierte Vorgänge und Akten *[RLu]*

Archivanforderung (Wörterbuch XII, Kapitel „Archivarbeit") – *Formgebundene und bestätigungspflichtige Anforderung der Ausleihe von/Einsichtnahme in Archivmaterial bzw. zur Auskunftserteilung daraus. [MfS, Abt. XII Nr. 883]*

Archivauskunft (Wörterbuch XII, Kapitel „Archivarbeit") – *Information über den Inhalt des zu einer Person vorliegenden Archivmaterials. Formen von Archivauskünften sind: → Originalmaterial, Filmkopien, → Auskunftsberichte, → Kurzauskünfte. [MfS, Abt. XII Nr. 883].* → Auskunftserteilung aus und Bereitstellung von Archivmaterial, → Auskunftsberichtespeicher.

Archivbestand – Die → Abteilungen XII führten in ihren sogenannten Archiven für die nicht mehr laufend benötigten → Akten mehrere Ablage-Reihen (→ Ablage), die seit den 1970er-Jahren zunehmend Archivbestände genannt und schließlich von 1–5 bzw. 1–9 nummeriert wurden. Jeder Archivbestand konnte mehrere → Aktenkategorien enthalten. Im → Zentralarchiv des MfS in Berlin gab es zuletzt neun Archivbestände: 1 → Operative Hauptablage, 2 → Allgemeine Sachablage, 3 → Personalaktenablage, 4 → Akten der Staatsanwaltschaften/Militärstaatsanwaltschaften, 5 → Geheime Ablage, 6 → Akten der Verwaltung Aufklärung des Ministeriums für Nationale Verteidigung, 7 – Protokolle aus der elektronischen Datenverarbeitung (Bestand vor 1987 aufgehoben, Nummer nicht wieder belegt), 8 → Akten über Fahnenflucht, 9 → Akten der Arbeitsrichtung I der Kriminalpolizei, zudem die → Speicher XII/01: Allgemeine Kriminalität und → Speicher XII/02: Fahndungsunterlagen der Bundesrepublik Deutschland sowie seit 1989 ein sogenannter → Historischer Bestand. In den Archiven der Bezirksverwaltungen für Staatssicherheit gab es nur sechs Archivbestände: 1 → Operative Hauptablage, 2 → Allgemeine Sachablage, 3 → Personalaktenablage, 4 → Akten der Staatsanwaltschaften/Militärstaatsanwaltschaften, 5 → Akten der Arbeitsrichtung I der Kriminalpolizei, 6 → Teilablagen von laufenden registrierten Vorgängen und Akten. Somit waren nur die Archivbestände 1 bis 4 im Zentralarchiv und in den Archiven der Bezirksverwaltungen gleich belegt. Im Zentralarchiv wurden die → Teilablagen jeweils dem Archivbestand zugerechnet, in dem die Aktenkategorie des → Vorgangs zur Ablage kam. → Ablage, → Archivmaterial, → Sonderablage *[SBu, RBl, RLu]*

Archivgut (Wörterbuch XII, Kapitel „Archivarbeit") – *Gesamtheit der von den Archiven der Linie XII verwalteten Materialien (unabhängig von ihrer Form: → Akte, → Filmkarte, → Auskunftsbericht, → Kurzauskunft). [MfS, Abt. XII Nr. 883]*
Die MfS-Definition vermischt die Inhalte zweier Begriffe. In der archivischen Terminologie steht Archivgut eher abstrahierend als Oberbegriff für dauernd aufzubewahrende Unterlagen, unabhängig von der verwahrenden Institution. Die Gesamtheit der in einem Archiv konkret verwalteten Unterlagen dagegen würde eher als Archivbestände (ggf. unter Einschluss der im Archiv erstellten Findmittel, zugehöriger Dienstakten und der Dienstbibliothek als Archivfonds) bezeichnet und in einer Beständeübersicht ausgewiesen. → Ablage, → Archivmaterial *[RLu]*

Archivierte Akte der Abteilungen Ia der Generalstaatsanwaltschaft und der Bezirksstaatsanwaltschaften (ASt) – Aktenkategorie im sogenannten → Archivbestand 4 im → Zentralarchiv des MfS in Berlin (für die Abteilungen Ia der Generalstaatsanwaltschaft der DDR und der Berlins) und in den → Archiven der Bezirksverwaltungen für Staatssicherheit (entsprechend für die jeweilige Bezirksstaatsanwaltschaft, Abteilung Ia). Gerichte und Staatsanwaltschaften gaben Akten über Verfahren, in denen das MfS als Untersuchungsorgan ermittelt hatte, bereits seit den 1950er-Jahren an das MfS zur weiteren Verwahrung ab (→ archivierte Untersuchungsvorgänge, AU).
Seit 1974 zogen das MfS und die BVfS (BVfS Halle und Leipzig bereits seit Ende 1973) darüber hinausgehend Akten über Verfahren der Staatsanwaltschaften Ia aus den Verwaltungsarchiven der Staatsanwaltschaft der DDR an sich, bei denen das MfS nicht als Untersuchungsorgan tätig gewesen war (vgl. → SKS-Akten). Teilweise wurden diese Akten mit zur selben Person vorhandenen → Gerichtsakten der → archivierten Untersuchungsvorgänge (unabhängig von Delikt und Jahr) zusammengeführt. Im Wesentlichen aber bildeten sie die neue Ablage „ASt, ASt/Mi" bzw. den „Archivbestand 4".
Akten der Kategorie ASt bestanden überwiegend aus → Handakten und → Beiakten der Staatsanwaltschaften (HA/StA, BA/StA), Gerichtsakten (GA) und Verwirklichungsheften. Die Aufnahme in → Archivregistrierbücher begann im Zentralarchiv erst im August 1981. Das Gerichtsaktenzeichen wurde dabei bis zum Jahrgang 79 in die vom MfS vergebene Archivsignatur übernommen (z. B. Gerichtsaktenzeichen 35JS 737/49 = MfS ASt 35JS 737/49. In den Verzeichnungsjahrgängen 80 bis

88 blieben das Gerichtsaktenzeichen und das Jahr des Verfahrens unbeachtet. Die Akten erhielten so, wie sie eintrafen, eine MfS-typische → Archivsignatur aus laufender Nummer und Verzeichnungsjahrgang (wenn auch 80 und 81 fiktiv), z. B. MfS ASt 243/85.

Aus dem Zeitraum von 1948 (einzelne Bände davor) bis 1988 kamen im Zentralarchiv des MfS ca. 12 400 Vorgänge zur Ablage, davon wurden bis Ende 1989 ca. 64 Prozent vernichtet, etwa 86 lfm Akten sind überliefert, zudem ca. 7 800 Mikrofiches als Arbeits- bzw. Ersatzfilm. Der „Archivbestand 4" umfasst im Zentralarchiv zudem eine kleinere Menge von Akten der Militärstaatsanwaltschaften (ASt/Mi) aus den Jahren 1957 bis 1962 und 1983 bis 1986, zusammen 197 Vorgänge mit 300 Bänden im Umfang von 2,5 lfm.

ASt und ASt/Mi gehörten zum → nichtregistrierten → „Schriftgut anderer staatlicher Organe", das das MfS an sich gezogen hatte; sie wurden direkt über die → Personenkartei F 16, teilweise zudem über die Kartei des → Speichers XII/01 recherchiert (als Abbildung siehe die als AU, GH oder AF abgelegten Akten von Gerichten und Staatsanwaltschaften, insbes. Abb. 124, 145 u. 150). *[RLu]*

Archivierte Akte der Operativgruppe der Hauptabteilung VII bei der Verwaltung Strafvollzug des Ministeriums des Innern (AVSV) – So lautete die Auflösung in einschlägigen Unterlagen der Abteilung XII, u. a. in der 2. Durchführungsbestimmung vom 7. Dezember 1981 zur → Dienstanweisung Nr. 1/81 und gleichfalls in deren 3. Durchführungsbestimmung vom 15. März 1984. Gelegentlich wurde auch „Archivierte Akte einer Vertrauensperson im Strafvollzug" vermutet, aber nicht quellenmäßig belegt. In den Akten selbst dagegen wurden diese Personen wie im MfS als „inoffizielle Mitarbeiter" bzw. „IM" bezeichnet. Naheliegender wäre: In der Ablagebezeichnung AVSV steht „VSV" einfach für Verwaltung Strafvollzug, das war die ohnehin gebräuchliche Abkürzung für diesen Strukturteil des Ministeriums des Innern.

Die Aktenführung lag tatsächlich bei Offizieren für Kontrolle und Sicherheit der Abteilung IV der Verwaltung Strafvollzug (VSV). Diese Abteilung wurde zum 1. Januar 1974 in die Struktur der Arbeitsrichtung I der Kriminalpolizei (K I) als Arbeitsgebiet IV eingegliedert. Die Aktenkategorie AVSV (Abb. 153) wurde damit eingestellt; seitdem neu angelegte Akten kamen wie andere der K I beim MfS als AOG (→ archivierte Akte des Arbeitsgebietes I der Kriminalpolizei) zur Ablage (Abb. 151). Die Abteilung IV der VSV war über → Offiziere im besonderen Einsatz personell stark mit dem MfS verbunden, diese wurden dort parallel als Hauptabteilung VII/5 geführt. Gleichzeitig traten Mitarbeiter der Hauptabteilung VII/5 als Operativgruppe des MfS in der VSV in Erscheinung. Wahrscheinlich fand die Abgabe der in der Abtei-

lung IV der VSV geführten Akten nicht direkt, sondern über diese Operativgruppe des MfS an das → Zentralarchiv des MfS statt, so dass es zur o. g., die Herkunft nicht richtig wiedergebenden Bezeichnung der Aktenkategorie in der Abteilung XII kam.
Ein → Vorgang bestand aus bis zu drei Teilen: Personalakte, Arbeitsakte und Kriminalakte. Diese enthielten Unterlagen über die Person des als Informanten gewonnenen Strafgefangenen, Berichte über Mithäftlinge und Schriftstücke der Justiz sowie der Verwaltung Strafvollzug des Ministeriums des Innern. AVSV und AOG waren 1962 bis 1988 in die → operative Hauptablage eingeordnet. 1989 wurden sie dort herausgezogen, separat gelagert und bildeten seitdem im Zentralarchiv des MfS gemeinsam mit AOG und AKAK den sogenannten → Archivbestand 9; dort sind für den Zeitraum 1967 bis 1974 ca. 14 lfm AVSV überliefert. In den Bezirksverwaltungen für Staatssicherheit gab es diese Aktenkategorie nicht. AVSV gehörten zum → nicht registrierten → „Schriftgut anderer staatlicher Organe" und wurden direkt über die → Personenkartei F 16 recherchiert. *[RLu, ELa]*

Archivierte Akte der Operativgruppe der Kriminalpolizei (AOG) → Archivierte Akte des Arbeitsgebietes I [lies: eins] der Kriminalpolizei (AKAG).

Archivierte Akte der Verwaltung Aufklärung (AVA) – Die Verwaltung Aufklärung war ein militärischer Nachrichtendienst des Ministeriums für Nationale Verteidigung (→ Militäraufklärung). Dass alle operativen personenbezogenen Akten dieses Dienstes nach Abschluss der Bearbeitung im → Zentralarchiv des MfS zur Ablage kamen, setzte der Minister für Staatssicherheit im Jahre 1975 durch. Die Akten bestanden zum einen aus Vorgängen über die Zusammenarbeit mit inoffiziellen Quellen (Abb. 147), zum anderen aus Sammelakten (Abb. 146) über die Anbahnung und Vorbereitung inoffizieller Beziehungen. Die Verwaltung Aufklärung unterschied in der Aktenführung ihre Quellen in drei Kategorien: „Agenturischer Mitarbeiter" (AM), „Verbindungsmann" bzw. „Vertrauenspersonen" (VM) sowie „Technische Kontaktperson" (TKP). In den Jahren 1975 bis 1989 kamen ca. 15 500 Bände im sogenannten → Archivbestand 6 zur Ablage. Zudem bestanden zwei sehr kleine Reihen: „AVA/S" mit Sachakten der Verwaltung Aufklärung und „B", eine sogenannte → Teilablage von abgeschlossenen Bänden noch aktiver Vorgänge. Im August 1990 wurden diese Akten von Vertretern des neuen Ministeriums für Abrüstung und Verteidigung abgeholt und dem Vernehmen nach vernichtet. Übrig blieben lediglich 134 weitgehend aufgelöste, auf den vorderen Aktendeckeln mit „SA" markierte → Sammelakten: Sie waren, bereits vom MfS zur Vernichtung vorgesehen und in Kisten verpackt, bei der Abholaktion übersehen worden. Um weitere Aktenfragmente ergänzt sind nunmehr 3,8 lfm Schriftgut der Verwaltung Aufklärung nutzbar. AVA gehörten zum → nichtregistrierten → „Schriftgut anderer staatlicher Organe“, das das MfS an sich gezogen hatte, und wurden direkt über die → Personenkartei F 16 recherchiert. → Sonderarchiv der Hauptabteilung IX. *[RLu]*

Archivierte Akte des Arbeitsgebietes I der Kriminalpolizei (AKAG) – Die Kriminalpolizei, Arbeitsgebiet I [lies: eins] (K I, KAG I, AG I) war für ein breites Spektrum an Straftaten zuständig, insbesondere auf den Gebieten Wirtschaft, Grenze, Jugend und Vereinigungen sowie für schwere Straftaten. Das AG I arbeitete eng mit dem MfS zusammen und bediente sich wie dieses „spezieller Mittel und Methoden“, darunter inoffizieller Mitarbeiter, zur „vorbeugenden Bekämpfung“ von Straftaten. Akten über inoffizielle Mitarbeiter des AG I kamen in den Archiven des MfS zur Ablage. In den 1960er-Jahren wurden Strukturen des Arbeitsgebietes überwiegend als Operativgruppe bezeichnet, die Akten darum unter der Kurzform → AOG geführt (Abb. 151). Erst seit 1987 wurden sie als AKAG benannt (Abb. 152). In den 1970er-Jahren bestanden sie aus den Teilen I: Personalakte, II: Arbeitsakte, III: Kriminalakte, zudem aus formlosen Handakten (HA); später kam ein Teil IV mit Vorlaufmaterial hinzu. Die „Bearbeitung“ von Personen durch das AG I setzt deren aktive Erfassung (→ Erfassung, aktive) im MfS voraus (Abb. 039 – 040), die Einleitung von Maßnahmen war mit dem MfS abzustimmen. Wurde die Zustimmung versagt, waren die vorhandenen → Ausgangsinformationen unverzüglich an das MfS herauszugeben; „operative Materialien“ nach Abschluss der Bearbeitung ohnehin beim MfS zu „archivieren“. Seit 1987 wurden die Teilakten bezeichnet als KAG I-1: Personalakte des inoffiziellen kriminalpolizeilichen Mitarbeiters (IKM) oder der inoffiziellen Kontaktperson (IKK), KAG I-2: Arbeitsakte, KAG I-3: Kriminalakte und KAG I-4: Kontrollmaterial. AOG und AKAG kamen bis weit in die 1980er-Jahre im sogenannten → Archivbestand 1 gemeinsam mit MfS-Akten zur Ablage. Erst 1988/89 wurden sie ausgegliedert und gemeinsam mit → AVSV (Abb. 153) in einem eigenen Archivbestand (Nr. 9 im → Zentralarchiv, Nr. 5 in den → Archiven der Bezirksverwaltungen) geführt. Im Zentralarchiv des MfS kamen in den Jahren 1960 bis 1989 über 23 000 Bände zur Ablage, von denen aber fast 60 Prozent in den 1980er-Jahren vom MfS ausgesondert und vernichtet wurden; überliefert sind ca. 75 lfm Akten. AOG und AKAG gehörten zum → nicht registrierten → „Schriftgut anderer staatlicher Organe“, das das MfS an sich gezogen hatte, und wurden direkt über die → Personenkartei F 16 recherchiert. *[RLu]*

Archivierte Akte eines geheimen Informators (AGI) – Aktenkategorie innerhalb des → Archivbestandes 1 → operative Hauptablage im →

Zentralarchiv des MfS in Berlin und in den → Archiven der Bezirksverwaltungen für Staatssicherheit (Abb. 093 – 095). Die Bezeichnung → geheimer Informator (GI) wurde 1968 in die schon länger gebräuchliche → inoffizieller Mitarbeiter (IM) umgewandelt, AGI damit in → AIM. Bis weit in die 1970er-Jahre hinein wurden trotzdem auch AGI in der internen Kommunikation weiterhin benutzt. AGI bestanden aus den Teilen P (Personalakte) und A (Arbeitsakte). Sie gehörten zu den → registrierten Vorgängen und wurden über die → Personenkartei F 16 in Verbindung mit der → Vorgangskartei F 22 recherchiert. *[SBu, RLu]*

Archivierte Akte eines gesellschaftlichen Mitarbeiters für Sicherheit (AGMS) – Aktenkategorie innerhalb des sogenannten → Archivbestandes 1 → operative Hauptablage im → Zentralarchiv des MfS in Berlin und in den Archiven der Bezirksverwaltungen des MfS. → Gesellschaftliche Mitarbeiter für Sicherheit (GMS) waren als neue Kategorie 1968 eingeführt worden, um die Tätigkeit → inoffizieller Mitarbeiter (IM) zu ergänzen; die Arbeit mit GMS war allerdings weniger reglementiert als die mit IM, ebenso war die Aktenführung kaum formgebunden. Im Zentralarchiv kamen von 1969 bis 1989 ca. 30 000 → GMS-Akten, die überwiegend aus nur einem Band bestanden, zur Ablage (Abb. 098*f.*); davon wurden nur 4,3 Prozent bis zum Ende des MfS wieder vernichtet. AGMS gehörten zu den → registrierten Vorgängen und wurden über die → Personenkartei F 16 in Verbindung mit der → Vorgangskartei F 22 recherchiert. *[SBu, RLu]*

Archivierte Akte über Fahnenflucht (AF) – AF kamen ausschließlich im sogenannten → Zentralarchiv der → Abteilung XII des MfS zur Ablage. Zwischen Mai 1978 und Dezember 1989 waren dies 5 102 Bände, von denen bis 1989 nur 97 Bände kassiert wurden, überliefert sind 58 lfm. Die AF wurden als sogenannter → Archivbestand 8 geführt, dieser galt als → „Sonderablage“. Es handelte sich überwiegend um → Handakten der Militärstaatsanwaltschaft und um → Gerichtsakten über Fahnenflucht-Verfahren. Zugriff auf diese Akten hatten in der Regel nur die Hauptabteilung I/Äußere Abwehr (Militärabwehr) und die Hauptabteilung IX/6 (Untersuchungsorgan), beide u. a. zuständig für Ermittlungen in Fahnenfluchtsachen. AF gehörten zu den → registrierten Vorgängen und wurden über die → Personenkartei F 16 in Verbindung mit der → Vorgangskartei F 22 recherchiert. (Abb. 148*ff.*) *[RLu]*

Archivierte Arbeitsakte eines Offiziers im besonderen Einsatz (AOibE) – Aktenkategorie im sogenannten → Archivbestand 1 → operative Hauptablage im → Zentralarchiv des MfS in Berlin und in den → Archiven der Bezirksverwaltungen des MfS. Im Zentralarchiv kamen von 1987 bis 1989 148 Vorgänge mit 158 Bänden zur Ablage; davon wurde kein einziger bis zum Ende des MfS vernichtet. AOibE gehörten zu den

→ registrierten Vorgängen und wurden über die → Personenkartei F 16 in Verbindung mit der → Vorgangskartei F 22 recherchiert. → Offizier im besonderen Einsatz, → Arbeitsakte eines Offiziers im besonderen Einsatz. *[SBu]*

Archivierte Feindobjektakte (AFO) – Aktenkategorie innerhalb des sogenannten → Archivbestandes 2 → Allgemeine Sachablage im → Zentralarchiv des MfS in Berlin und in den → Archiven der Bezirksverwaltungen des MfS. Im Unterschied zu anderen → Akten wurden die archivierten Feindobjektakten und die → Archivierten Kontrollobjektakten nicht nur unter der eigenen Aktenkategorie, sondern teilweise auch unter der Aktenkategorie → allgemeine Sachablage (AS) archiviert, sodass die → Archivsignatur einer archivierten Feindobjektakte z. B. MfS AFO 1234/78 oder MfS AS 1234/78 lauten kann. → Feindobjektakte. *[SBu]*

Archivierte Kontrollobjektakte (AKO) – Aktenkategorie innerhalb des sogenannten → Archivbestandes 2 → allgemeine Sachablage im → Zentralarchiv des MfS in Berlin und in den → Archiven der Bezirksverwaltungen des MfS. Im Unterschied zu anderen Akten wurden die AKO und die → archivierten Feindobjektakten (AFO) nicht nur unter der eigenen Aktenkategorie, sondern teilweise auch als allgemeine Sachablage (AS) „archiviert", sodass die → Archivsignatur einer Archivierten Kontrollobjektakte z. B. MfS AKO 1234/67 oder MfS AS 1234/67 lauten kann. → Kontrollobjektakte. *[SBu]*

Archivierte operative Personenkontroll-Akte (AOPK) – Aktenkategorie im sogenannten → Archivbestand 1 → operative Hauptablage im → Zentralarchiv des MfS in Berlin und in den → Archiven der Bezirksverwaltungen des MfS. Als AOPK wurden abgeschlossene Vorgänge abgelegt, die als → operative Personenkontrolle eröffnet worden waren. Im Zentralarchiv waren dies von 1972 bis 1989 ca. 21 500 Vorgänge mit 25 000 Bänden (Abb. 114 u. 115); etwa 9 Prozent dieser Bände wurden bis zum Ende des MfS vernichtet. AOPK gehörten zu den → registrierten Vorgängen und wurden über die → Personenkartei F 16 in Verbindung mit der → Vorgangskartei F 22 recherchiert. *[SBu]*

Archivierte Zelleninformatorakte (AZI) – Akten von → Zelleninformatoren kamen im sogenannten → Archivbestand 1 zur Ablage. Die Akten ähneln denen von → inoffiziellen Mitarbeitern. Sie bestehen aber nur aus den Teilen I (→ Personalakte) und II (→ Arbeitsakte), die zudem bei geringerem Umfang in einem Band zusammengefasst werden durften. Aktenführende Diensteinheiten waren weitgehend die Hauptabteilung IX (Untersuchungsorgan) des MfS und die Abteilungen IX der Bezirksverwaltungen für Staatssicherheit. Für andere Diensteinheiten des MfS waren die → Benutzung von AZI und selbst die Erteilung einer

→ Archivauskunft aus AZI grundsätzlich gesperrt. Die → Aktenkategorie wurde erst 1981 mit der Richtlinie 2/81 eingeführt. Zuvor, so wurde es bei einer Untersuchung in der Außenstelle Rostock des BStU belegt, gelangten Unterlagen über Zelleninformatoren als → allgemeines Material über Personen (AP) in die Archive. Von 1981 bis 1989 kamen im → Zentralarchiv des MfS lediglich 632 Bände zur Ablage, von denen 116 bis zum Ende des MfS wieder kassiert wurden. AZI gehörten zu den → registrierten Vorgängen und wurden über die → Personenkartei F 16 in Verbindung mit der → Vorgangskartei F 22 recherchiert. *[RLu]*

Archivierter Feindobjektvorgang (AFO) → Archivierte Feindobjektakte, → Feindobjekt.

Archivierter IM-Vorgang / IM-Vorlauf (AIM) – Aktenkategorie im sogenannten → Archivbestand 1 → operative Hauptablage im → Zentralarchiv des MfS in Berlin und in den → Archiven der Bezirksverwaltungen des MfS. Für ältere Vorgänge setzte sich an Stelle der bis 1968 verwandten Bezeichnung → archivierte Akte eines geheimen Informators (AGI) später ebenfalls AIM allgemein durch. Im Zentralarchiv kamen von 1951 bis 1989 ca. 227 000 Vorgänge mit 422 000 Bänden zur Ablage (Abb. 093 – 097 u. 101); etwa 13 Prozent dieser Bände wurden bis zum Ende des MfS vernichtet. AIM gehörten zu den → registrierten Vorgängen und wurden über die → Personenkartei F 16 in Verbindung mit der → Vorgangskartei F 22 recherchiert. *[SBu]*

Archivierter operativer Vorgang (AOP) – Aktenkategorie im sogenannten → Archivbestand 1 → operative Hauptablage im → Zentralarchiv des MfS in Berlin und in den → Archiven der Bezirksverwaltungen des MfS. Die → Aktenkategorie umfasste archivierte → operative Vorgänge und → zentrale operative Vorgänge sowie die älteren Vorgangsarten → Einzelvorgang, → Gruppenvorgang, → Fahndungsvorgang, → Überprüfungsvorgang, → Beobachtungsvorgang, → Objektvorgang, → Kontrollvorgang, → Akte Vorlauf-Operativ (→ alte Vorgänge). Im Zentralarchiv kamen von 1950 bis 1989 ca. 20 300 Vorgänge mit 37 000 Bänden zur Ablage (Abb. 102 – 113); knapp 10 Prozent der Bände wurden bis zum Ende des MfS vernichtet. AOP gehörten zu den → registrierten Vorgängen und wurden über die → Personenkartei F 16 in Verbindung mit der → Vorgangskartei F 22 recherchiert. *[SBu]*

Archivierter Untersuchungsvorgang (AU) – Aktenkategorie des sogenannten → Archivbestandes 1 → operative Hauptablage im → Zentralarchiv des MfS in Berlin und in den → Archiven der Bezirksverwaltungen für Staatssicherheit. Ein → Untersuchungsvorgang bestand einerseits aus den → Handakten und Beiakten zum Ermittlungsverfahren (HA/EV, BA/EV) der Hauptabteilung IX (Untersuchungsorgan) des MfS (bzw. der Abteilungen IX in den Bezirksverwaltungen), andererseits, wenn es zum Gerichtsverfahren kam, aus → Gerichtsakten mit Handakten und Beiakten (GA, HA/GA, BA/GA), hinzu kamen häufig → Gefangenenakten (GfA), gelegentlich Revisions-/Kassationshandakten (RKHA). Allein im Zentralarchiv des MfS kamen von 1950 bis 1989 mehr als 17 500 Untersuchungsvorgänge mit nahezu 80 000 Bänden zur Ablage (Abb. 120 – 128), davon wurden bis 1989 lediglich 2,8 Prozent wieder kassiert. AU gehörten zu den → registrierten Vorgängen und wurden über die → Personenkartei F 16 in Verbindung mit der → Vorgangskartei F 22 recherchiert. → ASt, → SKS-Akten. *[SBu, RLu]*

Archiviertes Material über einen abgelehnten Antrag auf Aufnahme/Wiederaufnahme in die DDR (AAW) – Aktenkategorie im sogenannten → Archivbestand 1 → operative Hauptablage. AAW beinhalten Unterlagen aus der Überprüfung von Personen, meist ehemaligen DDR-Bürgern, die ihren ständigen Wohnsitz (wieder) in der DDR nehmen wollten. Während die Personen auf eine Entscheidung warteten, unter anderem im 1979 gegründeten Zentralen Aufnahmeheim Röntgental bei Berlin für Aufnahmeersuchende aus der Bundesrepublik Deutschland und West-Berlin oder in dessen Außenobjekt in Fürstenwalde/Molkenberg für Personen aus anderen nicht sozialistischen Staaten, wurden vom MfS auf schnellstem Wege die Lebensumstände des Antragstellers recherchiert. Wenn auf der Grundlage der erlangten Informationen der Aufnahmeantrag abgelehnt wurde, kamen die Unterlagen mit der Aktenkategorie AAW zur Ablage. Diese gehörte zum → nicht registrierten Material und wurde direkt über die → Personenkartei F 16 recherchiert. Die erst seit 1979 bis 1989 geführte Aktenkategorie umfasste im → Zentralarchiv 667 Vorgänge (Abb. 118), davon wurden 18 Prozent vom MfS bis 1989 vernichtet. Die sogenannte → Archivordnung XII von 1989 schrieb einen sehr einfachen Aktenaufbau vor: ein Inhaltsverzeichnis Form 8, die Unterlagen zum „operativen Sachverhalt" und schließlich einen → Abschlussbericht Form 315b. *[ELa]*

Archiviertes Material zu ehemals in der Kerblochkartei (KK) erfassten Personen (AKK) – Aktenkategorie im sogenannten → Archivbestand 1 → operative Hauptablage. Als AKK abgelegtes Material betraf Personen, die für das MfS von „operativem" Interesse waren, das heißt, die bei einer Zusammenarbeit vom MfS hätten genutzt werden können, z. B. Studenten in West-Berlin oder Personen in sensiblen Bereichen in der Bundesrepublik Deutschland oder in West-Berlin. Das hier zur Ablage gekommene Material enthält die → Originalinformationen der vom MfS eingeleiteten Überprüfung der Personen. Die daraus gewonnenen Informationen waren komprimiert auf der → Kerblochkartei F 410 (siehe dort vertiefend über Erfassungsgründe) erfasst worden. Im Gegensatz zu den → Aktenkategorien → AP und → AAW wurden hier auch Personen in den Blick genommen, von denen das MfS eine zustimmende Haltung zur DDR und zum MfS annahm und die aus diesem Grund für eine Zusammenarbeit in Frage kamen. Darum wurde auch deren Umfeld, nämlich Ehepartner, nächste Verwandte und andere Bezugspersonen mit durchleuchtet. Bei Nichteignung für eine Zusammenarbeit wurde das Material überwiegend in einem Band in der Aktenkategorie AKK abgelegt, im Zeitraum von 1974 bis 1989 waren dies allein im → Zentralarchiv 32 179 Vorgänge (Abb. 119). Ungefähr 6 Prozent davon vernichtete das MfS bis Ende 1989. AKK zählten zu den → nicht registrierten Vorgängen und wurden direkt über die → Personenkartei F 16 recherchiert. Die sogenannte → Archivordnung XII von 1989 schrieb einen einfachen Aktenaufbau vor: ein Inhaltsverzeichnis Form 8 (→ Formular), das Material zum „operativen Sachverhalt", zuletzt der → Abschlussbericht Form 315b. *[ELa]*

Archivierung – Im MfS bezeichnete dies den Prozess der → Ablage von Unterlagen in der zuständigen Abteilung XII (→ Zentrale Auskunft/Speicher). Diese sogenannte Archivierung wurde durch die → Dienstanweisung Nr. 2/81, die dazugehörende 3. Durchführungsbestimmung und zuletzt durch die → Archivordnung XII von 1989 geregelt. Archiviert wurde „politisch-operatives Schriftgut": abgeschlossene und eingestellte → registrierte Vorgänge und Akten, → nicht registriertes Material und Material zu den in der → Vorverdichtungs-, Such- und Hinweiskartei erfassten Personen. Die Entscheidung über die Archivierung traf jeweils der für die Anlage des jeweiligen Materials, → Vorgangs bzw. der → Akte entscheidungsberechtigte Mitarbeiter, in der Regel der Leiter einer Diensteinheit oder sein Stellvertreter. Gleichzeitig wurde die → Klassifizierung (→ „nicht gesperrt" oder → „gesperrte Ablage") sowie die → Aufbewahrungsfrist und somit die Entscheidung über die → Kassation festgelegt. Diese Entschlüsse wurden auf dem → Beschluss Form 1a, 1b, 1c (→ Formular) bzw. der → Abverfügung zur Archivierung Form 317 dokumentiert. Die Personen, zu denen „politisch-operativ bedeutsame Informationen" vorlagen, mussten je nach Material-, Vorgangs- bzw. Aktenart aktiv oder passiv in der Abteilung XII erfasst werden (→ Erfassung). Der Eingang des → Archivmaterials wurde in der Abteilung XII im → Archivregistrierbuch nachgewiesen. Nach Vergabe der → Archivsignatur wurde das Material einem → Archivbestand zugeordnet. Auch Teile von noch nicht abgeschlossenen Vorgängen bzw. Akten konnten als → Teilablagen in der Abteilung XII abgelegt werden.

Eine „archivierte" Akte des MfS war entgegen archivarischem Begriffsverständnis nicht dauerhaft abgelegt, inhaltlich erschlossen und für die öffentliche Benutzung bereitgehalten. Das MfS meinte mit „archivieren“ nur, dass die Akte für die laufende Arbeit nicht mehr benötigt wurde. Die operative Diensteinheit konnte jederzeit auf die Akte zurückgreifen, sie weiterführen, ergänzen oder die Aufbewahrungsfrist neu festlegen. Dieses Verfahren entspricht nicht dem der Archivierung in einem Archiv, sondern eher dem der Ablage nicht laufend benötigter Akten in einer Altregistratur im Rahmen der Schriftgutverwaltung einer Institution. *[SBu]*

Archivierungsnachweis (ANA) – Mitteilung über die Archivierung unter einer → Archivsignatur.

Archivinformation (Wörterbuch XII, Kapitel „Archivarbeit“) – *Meldung der → Abteilung XII über einen möglicherweise operativ relevanten Sachverhalt, der in der Regel durch Verdichtung von zu einer Person in einem Archiv vorhandenen mit neu bekannt werdenden Informationen festgestellt wird. [MfS, Abt. XII Nr. 883]*

Archivmagazin (Wörterbuch XII, Kapitel „Archivarbeit“) – *Raum, der zur geordneten Ablage von Archivmaterial eingerichtet wurde und entsprechend genutzt wird. [MfS, Abt. XII Nr. 883]*

Archivmaterial (Wörterbuch XII, Kapitel „Archivarbeit“) – *Von den Diensteinheiten in der aktuellen politisch-operativen Arbeit nicht mehr benötigtes Material, das in der zuständigen → Abteilung XII zur Archivierung gebracht wurde. Bei Archivmaterial kann es sich auch um → Schriftgut anderer staatlicher Organe der DDR handeln, das gemäß Ziffer 6 und 3. Durchführungsbestimmung zur → Dienstanweisung Nr. 2/81 in der Abteilung XII zu archivieren ist. [MfS, Abt. XII Nr. 883]*
Das sogenannte Archivmaterial und dessen → Ablagen gliederten sich im → Zentralarchiv der Abteilung XII des MfS in neun und in den → Archiven der Abteilungen XII der Bezirksverwaltungen in sechs → Archivbestände. Der Begriff „Archivmaterial“ konnte als Vermerk auf einer Archivanforderung Form 7 oder auf einem Suchauftrag Form 9 bzw. Form 10 (→ Formular, → F 10) erscheinen, wenn über die → Kurzauskunft hinausgehende Unterlagen benötigt wurden. In diesem Fall stellte die → Abteilung XII die archivierte Akte bzw. eine Mikrofilmkopie (→ Auskunftsfilm) bereit oder sie fertigte einen → Auskunftsbericht an. *[SBu]*

Archivordnung XII – Es handelt sich hierbei nicht um eine → Ordnung im Sinne dienstlicher → Bestimmungen. Die Archivordnung XII hat eine längere Vorgeschichte: Die vom Minister für Staatssicherheit erlassene → Dienstanweisung Nr. 2/81 (Erfassung und Überprüfung von Personen und Objekten, Registrierung von Vorgängen und Akten, Archivierung politisch-operativen Schriftgutes) genügte schnell nicht mehr den Anforderungen. Notwendige Veränderungen und Neuerungen ver-

suchte die → Abteilung XII des MfS zwischen 1983 und 1988 über sogenannte → Lineninformationen in den Abteilungen XII der Bezirksverwaltungen für Staatssicherheit und der Hauptabteilung I zu verbreiten und durchzusetzen. Diese Linieninformationen erreichten bald eine kritische Menge, wurden unübersichtlich und waren nicht mehr handhabbar. Mehrere Durchführungsbestimmungen, Änderungen und Ergänzungen zur Dienstanweisung Nr. 2/81 erhöhten dieses Problem.
Seit 1986 arbeitete darum die Abteilung XII des MfS im Zusammenwirken mit den Abteilungen XII der Bezirksverwaltungen am Entwurf einer Archivordnung mit dem Titel „Grundsätze der Archivarbeit“. Parallel dazu entwarf die → Zentrale Auswertungs- und Informationsgruppe (ZAIG) eine → Dienstanweisung Nr. 3/89, die die Dienstanweisung Nr. 2/81 zum 1. Januar 1990 ablösen, und einen zugehörigen „Informationskatalog XII“, der operative Mitarbeiter des MfS an die Verfahren der Erfassung, Überprüfung und Aktenausleihe in den Abteilungen XII heranführen sollte. Von beiden Vorhaben sind verschiedene Fassungen und Bearbeitungsstadien überliefert. Die notwendige Bestätigung dieser neuen Dienstanweisung Nr. 3/89 durch den Minister für Staatssicherheit kam jedoch nicht zustande.
Für ihr Vorhaben „Archivordnung“ fand die Abteilung XII 1988 eine Kompromisslösung, die den Minister nicht einbezog, nämlich: Festlegungen des Leiters der Abteilung XII, bestätigt vom Leiter der ZAIG. Diese „Festlegungen zur einheitlichen Durchführung der Aufgaben der Archivarbeit in der Abteilung XII des MfS und in den Abteilungen XII der Bezirksverwaltungen/Hauptabteilung I, Archivordnung XII“, vom 24. Juni 1988, VVS o021-488/88, bestehen aus nur 14 Seiten und enthalten lediglich allgemeine, unverfängliche Grundsätze. Wichtig ist der letzte der sechs Gliederungspunkte, der die Herausgabe detaillierter Arbeitsfestlegungen in „Katalogform“ vorsah. An die MfS-Mitarbeiter sollten nur jeweils die Teile übergeben werden, die ihre unmittelbare Aufgabe betrafen. Noch im ersten Quartal 1989 fanden für diesen „Katalog“ letzte Redaktionsrunden mit den Abteilungen XII der Bezirksverwaltungen statt. Im Sommer 1989 wurde dieser heute als „Archivordnung XII“ geläufige und gern zitierte „Katalog“ mit dem Titel „Arbeitsorganisatorische Festlegungen zur ‚Archivordnung XII‘“ in zahlreichen gedruckten Exemplaren in der Linie XII verteilt, mit der Besonderheit, dass diese „Archivordnung“ keine Präambel oder Verfügung über ihre Inkraftsetzung bzw. die Außerkraftsetzung älterer Bestimmungen enthält. Vielmehr bezieht sie sich ausdrücklich auf 34 zentrale dienstliche Bestimmungen, darunter die Dienstanweisung Nr. 2/81.
Der Katalog zur „Archivordnung XII“, „Dok.-Nr. 3/89“, gliedert sich auf 370 Seiten in acht Abschnitte und Anlagen: I „Übernahme und Ar-

chivierung von politisch-operativem Schriftgut“ [des MfS], II „Übernahme und Archivierung von Schriftgut anderer staatlicher Organe“, III „Archivverwaltung“, IV „Bereitstellung von und Auskunftserteilung aus Archivmaterial“, V „Spezifische Auswertung der Archive“, VI „Mikroverfilmung“, VII „Restaurierung und Konservierung“, VIII „Wertermittlung und Kassation“. Diese „Archivordnung XII“ (der Katalog) stellt im Wesentlichen die Arbeitsweise dar, die in den Abteilungen XII der Bezirksverwaltungen für Staatssicherheit und der Hauptabteilung I gefordert war. Auffallend ist vor allem, dass nur die sechs in den Archiven der Bezirksverwaltungen geführten Archivbestände genannt und erläutert werden, Besonderheiten des Zentralarchivs mit mehr und anderen Archivbeständen, mit Sonderablagen und Speichern fanden keinen Eingang. Die „Archivordnung XII“ repräsentiert den letzten Stand der Ablagearten und Arbeitsverfahren in den Archiv genannten Altregistraturen für operatives Schriftgut des MfS, mit einer Konzentration auf die Situation in den Archiven der Bezirksverwaltungen für Staatssicherheit vor der Auflösung des MfS. → Ordnung für die Arbeit mit Archivdokumenten. *[RLu]*

Archivregistrierbuch (Wörterbuch XII, Kapitel „Archivarbeit“) – *Nachweismittel des Archivs über den Eingang politisch-operativen Schriftgutes zur Archivierung. Im Archivregistrierbuch werden auch Zuheftungen, Löschungen und Übernahmen in aktive Erfassungen nachgewiesen. [MfS, Abt. XII Nr. 883]*
Zu jedem → Archivbestand war ein gesondertes Archivregistrierbuch Form 500 zu führen. Jedes Archivregistrierbuch wurde als → Verschlusssache eingestuft und nur ausgewählte Mitarbeiter durften Einsicht nehmen. Es enthielt Angaben über die Aktenkategorie, das Datum der → Archivierung, die Archivnummer, die Art und Anzahl der abgelegten Aktenteile und Bände, bei → registrierten Vorgängen und Akten die → Registriernummer und den → Decknamen, bei → nicht registriertem Material die Personengrunddaten (→ Personendaten), die ablegende Diensteinheit, die → Klassifizierung und den Hinweis auf eine → Sammelakte. Neben Zuheftungen, Löschungen und Übernahmen in aktive Erfassungen wurden im Archivregistrierbuch auch Änderungen zum Archivmaterial, Namensänderungen, → Kassationen, Mikroverfilmungen (→ Arbeitsfilm, → Ersatzverfilmung, → Sicherheitsfilm) und → Archivauskünfte nachgewiesen. *[SBu, DHa]*

Archivsignatur (Wörterbuch XII, Kapitel „Archivarbeit“) – *Ordnungskriterium für die Nachweisführung über Archivmaterial. Die Archivsignatur besteht aus: der Bezeichnung des → Registrierbereiches, der Aktenkategorie, der lfd. Nummer des Eintrages in das → Archivregistrierbuch, dem Jahr der Archivierung, ggf. einem Kennzeichen „G“ (→*

Kennzeichnung der Archivsignatur) bei Vorliegen einer Kurzauskunft in gesperrtem Archivmaterial, dem Klassifizierungsvermerk → „gesperrte Ablage“ bzw. → „nicht gesperrt“. [MfS, Abt. XII Nr. 883]
Beispielsweise steht die Archivsignatur „Rst AOP 1234/88 C, nicht gesperrt“ für einen durch die → Abteilung XII der Bezirksverwaltung Rostock im Jahr 1988 archivierten operativen Vorgang mit der laufenden Nummer 1234. Zu den in der Akte bearbeiteten Personen ist eine schriftliche Auskunft (→ C) vorhanden und die Einsichtnahme in die Akte ist ohne Genehmigung der ablegenden Diensteinheit gestattet. *[SBu]*

AS → Allgemeine Sachablage, → Allgemeiner Schriftverkehr (Aktenkategorie der Hauptabteilung IX/11).

Aspekt (Wörterbuch XII, Kapitel „EDV-Anwendung“) – *Allgemeine Bezeichnung einer Gruppe von Daten in der EDV-Anlage, speziell an der Personendatenbank (Aspekt 01 – Name, Aspekt 02 – Vorname, Aspekt 03 – Geburtsdatum). [MfS, Abt. XII Nr. 883]*

ASt → Archivierte Akte der Abteilungen Ia der Generalstaatsanwaltschaft und der Bezirksstaatsanwaltschaften.

ASt/Mi – Archivierte Akte der Militärstaatsanwaltschaft, → Archivierte Akte der Abteilungen Ia der Generalstaatsanwaltschaft und der Bezirksstaatsanwaltschaften.

ASt-Material (Wörterbuch XII, Kapitel „Archivarbeit“) – *Archivmaterial der Staatsanwaltschaft, das nach Ablauf seiner Aufbewahrungsfrist in den Archiven der Staatsanwaltschaften und bei Vorliegen festgelegter Tatbestände in der → Abteilung XII zu archivieren ist. [MfS, Abt. XII Nr. 883]* → Akten der Staatsanwaltschaften, → Archivierte Akte der Abteilungen Ia der Generalstaatsanwaltschaft und der Bezirksstaatsanwaltschaften.

AU → Archivierter Untersuchungsvorgang (Abb. 120 – 128).

Aufbewahrungsfrist – Entgegen dem allgemeinen archivischen Grundsatz, Archivalien dauerhaft zu verwahren, galten im MfS für das sogenannte → Archivmaterial drei verschiedene Arten der Aufbewahrungsfrist, ein deutliches Indiz für den Registraturcharakter: dauernde Aufbewahrung, befristete Aufbewahrung und zeitlich begrenzte Aufbewahrung. Dauernd aufbewahrt wurde als historisch wertvoll angesehenes politisch-operatives Schriftgut (→ Historischer Bestand). Befristet aufbewahrt wurde Material beim Fehlen der Voraussetzungen für eine dauernde Aufbewahrung und bei gegebener oder potenzieller politisch-operativer Bedeutung bis zum „Erreichen des 90. Lebensjahres der jüngsten im Material erfassten Person“, „bei Objekten/Organisationen 20 Jahre nach dem Zeitpunkt der Archivierung“. Zeitlich begrenzt verwahrt wurden Unterlagen beim Fehlen von „Gründen für eine längere

Aufbewahrung“ und „entsprechend der politisch-operativen Bedeutsamkeit des Materials“ für die Dauer von 10 bzw. 20 Jahren. Die Festsetzung der Aufbewahrungsfrist und somit die Entscheidung über die Kassation hatte wenig mit der typischen archivischen Bewertung zu tun, ebenso wie auch die „Archivierung“ durch das MfS keine normale Archivierung war. Dauernd aufbewahrt werden sollte zwar laut 2. Ergänzung zur 3. Durchführungsbestimmung der → Dienstanweisung Nr. 2/81 „historisch wertvolles“ Schriftgut, doch letztendlich ging es bei der Festsetzung der Aufbewahrungsfrist nur um „operative Bedeutsamkeit“. Von vornherein wurden „besonders operativ bedeutsame“ Akten mancher Aktenkategorien zur dauernden Aufbewahrung bestimmt, andere ganze Aktenkategorien dagegen, wie z. B. → archivierte Zelleninformatorakten und → allgemeines Material über Personen von der dauernden Aufbewahrung ausgeschlossen. → Kassationskommission. *[SBu]*

Auftragsersuchen (AE) – Ein Auftragsersuchen war das bestätigte Dokument, mit dem die Einleitung einer „operativen“ Beobachtung erfolgte. Es war durch die auftragsersuchenden Diensteinheiten zu erarbeiten. Das Auftragsersuchen hatte vor allem zu enthalten: 1. eine konkrete und reale Ziel- und Aufgabenstellung (Warum sind über wen wann und wo welche Informationen zu erarbeiten?), 2. die erforderlichen → Ausgangsinformationen für die Vorbereitung und Durchführung der „operativen“ Beobachtung. *[DHa]*

Aufwerfen von Belegen (Wörterbuch XII, Kapitel „Arbeitsorganisation“) – *Sortierung von Belegen unter Zuhilfenahme bestimmter Sortierkästen siehe auch: → Sortierung. [MfS, Abt. XII Nr. 883]*

AuI → Auswertung und Information.

Ausgabedatenträger (Wörterbuch XII, Kapitel „EDV-Anwendung“) – *Zur Ausgabe von Daten nach der EDV verwendete Datenträger, welche durch bestimmte Nutzeranforderungen angesteuert werden können. Als Ausgabedatenträger können z. B. in Erscheinung treten: Einzelbelege (TAB 015), Listen (ne-Liste, SIKOZI ...), Datensichtgerät, Lochstreifen, Magnetband. [MfS, Abt. XII Nr. 883]*

Ausgabelochstreifen (Wörterbuch XII, Kapitel „EDV-Anwendung“) – *Spezieller Ausgabedatenträger der EDV-Anlage in Form eines Lochstreifens. Wird vor allem bei „nicht erfasst“-Ergebnissen erstellt; zur Rückübermittlung der Verarbeitungsergebnisse an die Abteilungen XII der Bezirksverwaltungen bzw. der Kreisdienststellen genutzt. [MfS, Abt. XII Nr. 883]*

Ausgabeverfahrensweise (AVW) – Bezeichnet kategorisierte, ablauforganisatorische Verfahren bei der Informationsübermittlung aus dem → System der vereinigten Erfassung von Daten über den Gegner (SOUD). Die SOUD-Teilnehmerstaaten richteten ein Auskunftsersu-

chen an den → Arbeitsapparat in Moskau, der darauf zu achten hatte, welches Verfahren die erfassende Diensteinheit des jeweiligen Sicherheitsdienstes festgelegt hatte. Unterschieden wurden AVW A bis E; die Verfahren AVW C und AVW D bestanden nur bis Ende 1986.
AVW A hieß, dass die Informationsweitergabe über eine Person erfolgen konnte, ohne dass der SOUD-Teilnehmer, in dessen Diensteinheit die Person erfasst wurde, davon unterrichtet wurde. Die AVW B legte fest, dass die Informationsweitergabe über eine Person erfolgen konnte und der SOUD-Teilnehmer, in dessen Diensteinheit die Person erfasst wurde, davon unterrichtet wurde. AVW C bedeutete, dass die Informationsweitergabe über eine Person erfolgen konnte und der SOUD-Teilnehmer, in dessen Diensteinheit die Person erfasst wurde, dabei nicht genannt wurde. Dieses Verfahren wurde zum 1. Januar 1987 abgeschafft. Die AVW C wurde automatisch in die AVW B übernommen. Die AVW D legte fest, dass der anfragende SOUD-Teilnehmer statt der Informationen über eine Person nur eine Mitteilung erhielt, wer die Erfassung veranlasst hatte. Dieses Verfahren war für Ausnahmefälle vorgesehen und wurde zum 1. Januar 1987 abgeschafft. Die AVW D wurde automatisch in die AVW E übernommen. In der AVW E erhielt der anfragende SOUD-Teilnehmer lediglich die Nachricht, dass der Teilnehmer, in dessen Diensteinheit die Person erfasst wurde, von dem Auskunftsersuchen unterrichtet wurde. *[SWB]*

Ausgangsinformation (AI) – Eine AI war initiierend für die Einleitung einer → „Wer ist wer?“-Überprüfung, die → Erfassung einer Person bzw. die Eröffnung eines → Vorgangs. AI mussten konkret in der Aussage und verifiziert sein. Für die Erfassung in der → Zentralen Personendatenbank (ZPDB) sollten sie festgelegten Kriterien für Personen und für Sachverhaltsarten entsprechen, damit sie Hinweis- und Merkmalskategorien zugeordnet und für die automatische Auskunftserteilung genutzt werden konnten. → Operatives Ausgangsmaterial. *[ELa]*

Ausgangsmaterial (AM) → Operatives Ausgangsmaterial.

Auskunft der Abteilung XII (Wörterbuch XII, Kapitel „Überprüfung und Auskunftserteilung“) – *Auf Überprüfungsersuchen von Diensteinheiten erteilte Mitteilung über in der → Abteilung XII vorliegende oder nicht vorliegende Erfassungen zu Personen oder Objekten. Prinzipien der Auskunftserteilung sind in der → Dienstanweisung Nr. 2/81, 2. Durchführungsbestimmung, festgelegt. [MfS, Abt. XII Nr. 883]*

Auskunftsbasis (Wörterbuch XII, Kapitel „Erfassung und Registrierung“) – *Gesamtheit der durch die → Abteilung XII zu führenden → Speicher für die Überprüfung und Auskunftserteilung. → Auskunftskartei zu registrierten Vorgängen und Akten. [MfS, Abt. XII Nr. 883]*

Auskunftsbericht (Wörterbuch XII, Kapitel „Archivarbeit“) – *1. Form der Bereitstellung von Auskünften aus → Archivmaterial. Der Auskunftsbericht wird durch das zuständige Archiv* [→ Zentralarchiv des MfS, → Archiv der Bezirksverwaltung für Staatssicherheit, → zuständige Abteilung XII] *nach inhaltlichen und formellen Kriterien durch Auswertung des betreffenden Archivmaterials gefertigt (Form 314, 316a und Form 316b). 2. Dokument im IM-Vorgang, das die wesentlichsten Angaben zum IM zusammengefasst darstellt (Form 217, → Formular). 3. Zusammengefasste und systematische Darstellung aller Merkmale einer Person oder eines Sachverhaltes als Grundlage für die Entscheidungsfindung bzw. Lageeinschätzung (siehe politisch-operatives Wörterbuch des MfS)* [Gemeint ist das „Wörterbuch der politisch-operativen Arbeit“, siehe die Edition von Siegfried Suckut: Das Wörterbuch der Staatssicherheit. *RLu*]. *[MfS, Abt. XII Nr. 883]*
Der Auskunftsbericht (AB) nach 1. enthielt die Bezeichnung der ablegenden Diensteinheit, die aus der Akte ersichtlichen Objekt- bzw. Personendaten, politisch-operativ bedeutsame Informationen zum operativen Sachverhalt, zur Charakterisierung des Objekts oder der Person und ihrer Verbindungen. Der AB durfte keine Angaben über konspirative Mittel und Methoden des MfS enthalten. Eine andere Form der Auskunft stellte die → Kurzauskunft dar. Der Auskunftsbericht Form 217 nach 2. war eine zusammenfassende Einschätzung der Persönlichkeit sowie der „Fähigkeiten, Voraussetzungen und Einsatzmöglichkeiten“ eines → inoffiziellen Mitarbeiters, die den Abschluss der → Personalakte des inoffiziellen Mitarbeiters (→ IM-Vorgang) bildete. Zur Aktualisierung konnten einzelne Blätter des Auskunftsberichts neu geschrieben und ausgetauscht werden. → Auskunftserteilung aus und Bereitstellung von Archivmaterial, → Archivauskunft. *[SBu]*

Auskunftsberichtespeicher (Wörterbuch XII, Kapitel „Archivarbeit“) – *Kartei im Format A4 zur geordneten Ablage von → Auskunftsberichten (Form 314, Form 316a, Form 316b, → Formular) aus Archivmaterial. Die Ablageordnung entspricht der der Archivmagazine: nach Archivnummer. [MfS, Abt. XII Nr. 883]*
Bereits seit den 1960er-Jahren stellte die → Abteilung XII einer anfragenden Diensteinheit nicht nur → Archivmaterial im Original, sondern stattdessen als → Archivauskunft – wenn dies als ausreichend signalisiert worden war – einen zusammenfassenden → Auskunftsbericht (1.) über den Akteninhalt zur Verfügung. Dieses Verfahren hatte sich schnell so etabliert, dass die im Dezember 1970 eingeführte neue Fassung des Suchauftrags F 10 im Vordruck „Auskunftsbericht(e)“ als eine Form der → Auskunftserteilung und Bereitstellung von Archivmaterial vorsah. Die → Dienstanweisung Nr. 2/81 regelte in ihrer 3. Durchfüh-

rungsbestimmung (DfB) vom 15. März 1984, wie → Auskunftsberichte (AB) und neben diesen knapper gefasste → Kurzauskünfte (KA) zu fertigen und bereitzustellen waren. Mit der ersten Ergänzung der 3. DfB vom 23. März 1986 wurden beide Auskunftsformen (AB und KA) unter dem Begriff „schriftliche Archivauskunft" (SAA) zusammengefasst, gleichzeitig die Bildung eines zentralen Speichers der SAA in der Abteilung XII des MfS angewiesen, der auch alle in den Abteilungen XII der Bezirksverwaltungen gefertigten SAA aufnehmen sollte. In der Umsetzung verfolgte die Abteilung XII des MfS aus Kapazitätsgründen das Ziel, die aus den Bezirksverwaltungen zu übernehmenden SAA auf Archivierungsjahrgänge ab 1975 und Personenbetreffe mit Geburtsjahrgang nach 1910 einzugrenzen. Auf der zentralen Ebene wurden SAA über → registrierte Vorgänge bis zum Archivierungsjahrgang 1950 zurückreichend und über → nicht registriertes Material ab dem Archivierungsjahrgang 1970 aufgenommen. Bis zum Juli 1987 hatte die Abteilung XII/Archiv 77 000 SAA, davon 25 000 aus den Bezirksverwaltungen im aufzubauenden Speicher zusammengetragen und die → Archivsignaturen in der → Personenkartei, der Vorgangskartei und dem → Datenverarbeitungsprojekt → SAVO mit den Vermerken → „B" (3.), → „C" (Abb. 042), → „G" (Abb. 044) bzw. → „H" versehen. Bis zum Jahresende 1987 sollte der Speicher auf bis zu 100 000 SAA anwachsen, dies vor allem durch weitere Übernahmen von SAA der Bezirksverwaltungen. In der laufenden Auskunftserteilung bis zum Ende des MfS kamen weitere SAA hinzu.

Auf zentraler Ebene wurden die SAA in einem Referat der Abteilung XII/Archiv gefertigt und im Auskunftsberichtespeicher (wie die zugrunde liegenden Akten) entsprechend der Signatur getrennt nach Archivbeständen und innerhalb dieser nach Jahrgang und laufender Nummer sortiert abgelegt. SAA über die → Aktenkategorien → archivierter IM-Vorgang / IM-Vorlauf (AIM) und → archivierte Akte eines gesellschaftlichen Mitarbeiters für Sicherheit (AGMS) wurden wegen der im MfS gepflegten Konspiration separat verwahrt. Der Aufbewahrung dienten große Karteiumlaufschränke Typ 831, gefertigt im VEB Kühlautomat, Betriebsteil Förderanlagen Berlin-Lichtenberg. An eine anfordernde Diensteinheit wurde in der Regel nicht das Original der SAA ausgegeben, sondern eine rückgabepflichtige Kopie. *[RLu]*

Auskunftsersuchen (AK) – Aktenkategorie der Hauptabteilung IX/11 (→ „NS-Archiv"). Die AK beinhalten neben Überprüfungen von Sachfragen auch Recherchen über Personen, besonders zur Mitgliedschaft in NS-Organisationen und zur möglichen Beteiligung an NS-Verbrechen. AK wurden von der Hauptabteilung IX/11 auf Anfrage anderer Diensteinheiten zu Personen, vor allem zu Einwohnern der DDR, erarbeitet, wenn in den Findmitteln des MfS Hinweise auf Originalakten aus der Zeit vor 1945 vorlagen. AK enthalten neben einer zusammenfassenden Inhaltsangabe der vorhandenen NS-Akten auch weiterführende Rechercheergebnisse zu Sachverhalten oder Personen, wie deren Zugehörigkeit zur SS, zu Polizeieinheiten, Beteiligung an NS- und Kriegsverbrechen oder Verurteilungen, insbesondere durch Sowjetische Militärtribunale. *[RBl]*

Auskunftserteilung aus und Bereitstellung von Archivmaterial – Die Abteilungen XII hatten zu gewährleisten, dass das → Archivmaterial auf Anforderung der operativen Diensteinheiten kurzfristig entsprechend den Erfordernissen für eine Ausleihe, Einsichtnahme bzw. sonstige Auskunftserteilung zur Verfügung stand. Die Bereitstellung konnte auch mittels → Mikrofilm oder schriftlicher → Archivauskunft erfolgen. Voraussetzung für die Auskunftserteilung und Bereitstellung von Archivmaterial war das Vorliegen einer gültigen Anforderung, in der Regel eine Archivanforderung Form 7 oder ein gültiger Suchauftrag Form 10 (→ Formular, → F 10). Das Archivmaterial konnte in den Räumen der → Abteilung XII eingesehen oder an die Diensteinheiten in Form von → Originalmaterial, → Mikrofilm sowie schriftlichen → Archivauskünften ausgeliehen werden. → Eilt, → Sofort, → Kurzauskunft, → Auskunftsbericht. *[SBu]*

Auskunftsfilm (Wörterbuch XII, Kapitel „Archivarbeit“) – *Filmduplikat des Originalarchivmaterials. Es wird vom Sicherungsfilm angefertigt zur Anwendung in der Ausleihe von Archivmaterial. Format in der Regel: Mikroplanfilmkarten A6. [MfS, Abt. XII Nr. 883]*
Kopien von Sicherungsfilmen und Ersatzfilmen, die zur Benutzung oder Ausleihe verwendet wurden, um die Originale vor Verschleiß zu bewahren. Sie konnten als Positiv- oder Negativkopien angefertigt werden. Als Format fanden in der Regel Mikroplanfilmkarten im Format DIN A6 Verwendung. Auskunftsfilme waren getrennt von Sicherungsfilmen und Ersatzfilmen im Auskunftsfilmespeicher zu lagern. → Sicherheitsfilm, → Ersatzverfilmung. *[DHa, SBu]*

Auskunftsfilmespeicher (Wörterbuch XII, Kapitel „Archivarbeit“) – *Mittel zur geordneten Ablage von Auskunftsfilmen. Die Ablageordnung entspricht der der Archivmagazine: nach Archivnummer. [MfS, Abt. XII Nr. 883]*

Auskunftsinformationen (Wörterbuch XII, Kapitel „EDV-Anwendung“) – *Abkürzung: AI. Bestimmte Erfassungsdaten, die in der EDV gespeichert sind und bei entsprechender Recherche für die automatische Auskunftserteilung genutzt werden. [MfS, Abt. XII Nr. 883]*

Auskunftskartei (F 22a) (Wörterbuch XII, Kapitel „Erfassung und Registrierung“) – *Nach → Registriernummer und → Registrierbereich geord-*

neter Nachweis über sämtliche → registrierten Vorgänge und Akten (aktuelle und archivierte), der für die Auskunftserteilung entsprechend der → Dienstanweisung Nr. 2/81 genutzt wird. Verwendung finden Karteikarten F 22a zu laufenden Vorgängen und Akten sowie F 22 aus der → Arbeitskartei zu archivierten Vorgängen und Akten. [MfS, Abt. XII Nr. 883]

Die → Vorgangskartei F 22 wurde zum 31. Dezember 1982 (Termin für die Vollzugsmeldung) für die als am bedeutsamsten angesehenen → Vorgangsarten in eine → Arbeitskartei und eine Auskunftskartei getrennt. Diese Maßnahme betraf die → Abteilung XII des MfS, die Abteilungen XII der Bezirksverwaltungen für Staatssicherheit und die Abteilung XII der Hauptabteilung I. Als Grund wurde die Wahrung der Geheimhaltung und Erhöhung der inneren Sicherheit in der Informationsbereitstellung durch die Abteilungen XII angegeben. Die zentral geführte Vorgangskartei, aus der sowohl der Charakter der registrierten Vorgänge aller Vorgangsarten als auch die bearbeitende Diensteinheit und der verantwortliche Mitarbeiter hervorging, sollte damit „neutralisiert" und zu einer reinen Auskunftskartei umgestaltet werden. Dazu wurden die vollständig ausgefüllten Karteikarten F 22 über laufende Vorgänge der Vorgangsarten → inoffizieller Mitarbeiter (IM, alle Kategorien), → gesellschaftlicher Mitarbeiter für Sicherheit (GMS), → operativer Vorgang (OV, einschließlich → zentraler operativer Vorgang, ZOV) und → operative Personenkontrolle (OPK) der → Vorgangskartei entnommen und damit die → Arbeitskartei F 22 aufgebaut. Nicht einbezogen waren → Sicherungsvorgänge (SiVo) und → Untersuchungsvorgänge (UV), Vorgänge der Hauptverwaltung A (HV A, Aufklärung, Auslandsgeheimdienst) und der Hauptabteilung I/Äußere Abwehr, da bei diesen keine Vorgangsart erkennbar war, sowie alle „archivierten" Vorgänge, sie bildeten den Grundstock der Auskunftskartei. Anstelle der entnommenen Karten gelangten Kopien oder Abschriften mit den erforderlichen Mindestangaben in die Auskunftskartei. Die Auskunftskartei F 22a sollte nur die Informationen enthalten, die für die überwiegende Anzahl der Überprüfungsanforderungen erforderlich und ausreichend waren. Dazu gehörten der → Registrierbereich, die → Registriernummer, die → vorgangsführende Diensteinheit und der Name des verantwortlichen Mitarbeiters. Das Kopieren der Karteikarten F 22 sollte mittels Schablonen erfolgen. Auf dem Duplikat durften nur noch die o. g. Informationen ersichtlich sein. Wurde durch zusätzliche Vermerke auf den Karteikarten F 22 der Charakter des Vorgangs sichtbar und waren diese mit einer Schablone nicht abzudecken, mussten neue Karteikarten geschrieben werden. Die → Arbeitskartei F 22 ließ Vorgangsart, Decknamen, IM-Kategorie, Delikte, vorgangsführende Diensteinheit, den verantwortlichen Mitarbeiter sowie die gesamte Vorgangsbewegung vom Anlegen des → Vorgangs bis zur Ablage des Vorgangs erkennen. Die → Arbeitskartei wurde bei gezielten Anfragen, bei denen es erforderlich war, den Charakter des Vorgangs zu kennen bzw. zu beachten, sowie bei Sonderauskünften auf Grundlage von Arbeitsrichtlinien und Entscheidungen des Leiters der Abteilung XII genutzt. Bei „Archivierung" eines Vorgangs erfolgte die Übergabe der entsprechenden F 22 aus der Arbeitskartei an die Auskunftskartei. Erreicht wurde damit, dass der Zugang zu der als geheimer angesehenen Arbeitskartei wesentlich eingeschränkt und in der Abteilung XII des MfS auf ein Drittel der zugriffsberechtigten Mitarbeiter reduziert werden konnte. Neben der räumlichen erfolgte auch die strukturelle Trennung beider Karteien. Die → Arbeitskartei F 22 wurde in das Referat 1 der Abteilung XII/4 eingegliedert. Die Auskunftskartei verblieb im Referat 2 der Abteilung XII/4. *[DHa]*

Auskunftskarteikarte (Wörterbuch XII, Kapitel „Belege und Vordrucke") – *Karteikarte Form 22a zu registrierten Vorgängen und Akten; Karteikarte Form 22 zu archivierten registrierten Vorgängen und Akten (beide sind eingeordnet in die Auskunftskartei). [MfS, Abt. XII Nr. 883]* → Auskunftskartei (Abb. 045 u. 046), → Vorgangskartei.

Auskunftsstelle XII (Wörterbuch XII, Kapitel „Arbeitsorganisation") – *Für die Realisierung von dringenden Überprüfungen/Erfassungen rund um die Uhr besetzte Struktureinheit der Abteilung XII/3. [MfS, Abt. XII Nr. 883]*
Das Wörterbuch XII gibt den Stand von 1984 wieder. Die Abteilung XII/3 (zentrale Personenkartei) und deren Auskunftsstelle wurden im September 1987 der Abteilung XII/6 eingegliedert, die Abteilung XII/3 damit aufgelöst. → Zentrale Auskunft/Speicher. *[RLu]*

Auskunftsteil (Wörterbuch XII, Kapitel „Belege und Vordrucke") – *Der Teil des EDV-Suchauftrages, der nach Bearbeitung durch die → Abteilung XII mit der Auskunft an die anfragende Diensteinheit zugestellt wird. (D. h. F 10a: in der Regel nur bei „nicht erfasst", F 10b: Originalteil, Tab 015: unterer Teil). [MfS, Abt. XII Nr. 883]*

Ausländer (Wörterbuch XII, Kapitel „Arbeitsorganisation") – *Alle Personen, die nicht Staatsbürger der DDR sind; Komplex bei der Bearbeitung von Ersterfassungen und Änderungen sowie Überprüfungen, zu dem gesonderte Regelungen bestehen (z. B. manuelle Vorprüfung). [MfS, Abt. XII Nr. 883]*

Ausleihfrist – Für ausgeliehenes Archivmaterial gab es eine Ausleihfrist von 30 Tagen. Wurden diese 30 Tage überschritten und lag kein Vermerk zur Verlängerung dieser Frist vor, erfolgte eine Mahnung an die Diensteinheit, welche das Archivmaterial ausgeliehen hatte. *[SBu]*

Ausleihkartei (Wörterbuch XII, Kapitel „Archivarbeit“) – *Nachweisspeicher über Archivmaterial, das sich auf berechtigte Anforderung in den operativen Diensteinheiten zur Auswertung befindet. Er beinhaltet im Wesentlichen die Formen 7, 10 und 5. [MfS, Abt. XII Nr. 883]*
Kartei über ausgeliehenes Archivmaterial auf Grundlage von eingegangenen Archivanforderungen der Diensteinheiten. Die Ausleihkartei gab Auskunft darüber, welches Archivmaterial sich im Umlauf befand, welche Diensteinheit und welcher Mitarbeiter zu welchem Zeitpunkt zu einer konkreten Person eine Auskunft erhalten hat. Sie diente auch zur Kontrolle der Einhaltung der → Ausleihfrist. Nach erfolgter Rückgabe des Archivmaterials wurden die Archivanforderungen in die → Rücknahmekartei eingegliedert. *[SBu]*

Auslistung (Wörterbuch XII, Kapitel „EDV-Anwendung“) – *Allgemein: spezieller Ausgabedatenträger der EDV-Anlage in Form einer Liste; spezifisch: Ausgabe eines Bereiches des EDV-Speichers oder anderweitig gespeicherter Daten. [MfS, Abt. XII Nr. 883]*

Austausch von Karteikarten (Wörterbuch XII, Kapitel „Erfassung und Registrierung“) – *Notwendiger Arbeitsschritt zur Gewährleistung der Aktualität der Karteien bei von den Diensteinheiten bzw. Abteilungen XII mitgeteilten Änderungen von Personen- bzw. Erfassungsdaten. Vorzunehmen nur bei eindeutiger Identität. [MfS, Abt. XII Nr. 883]*

Austauschvermerk (Wörterbuch XII, Kapitel „Erfassung und Registrierung“) – *Angaben auf Form 16 des Änderungskomplexes, die die in der Kartei gegenwärtig enthaltenen Personen- oder Erfassungsdaten aufführen, Signal dafür, dass die betreffende Form 16 ausgetauscht bzw. die jeweilige Erfassung geändert werden muss. Steuersignal bei der Eingangsbearbeitung zur Zuordnung der jeweiligen Form 16 zu dem Komplex Änderung. [MfS, Abt. XII Nr. 883]*

Auswertung und Information (A/I, AuI) – Informationen aus allen Bereichen des gesellschaftlichen Lebens erfuhren bis zum Ende des MfS eine zunehmend systematische Analyse und Bewertung. Durch die → ZAIG mit ihrer → Linie, die Auswertungs- und Kontrollgruppen (AKG) der operativen Diensteinheiten sowie das Prinzip, „alles“ wissen zu wollen, wurden sämtliche Informationen aus der sogenannten „politisch-operativen Arbeit“ systematisch erfasst, ausgewertet und in den wesentlichen Inhalten nach geheimdienstlichen Kriterien zugänglich gemacht. Die im Zusammenhang mit der „Verwissenschaftlichung“ entwickelten Auswertungs- und Informationsmechanismen wurden in dienstlichen Bestimmungen geregelt. Ziel sollte es sein, operative Informationen systematisch auswertbar zu machen und damit interne Informationsflüsse, wie auch die an die SED-Führung, qualifiziert zu steuern. Der Befehl Nr. 299/65 des Ministers für Staatssicherheit stellt dabei den Beginn einer Expansion der Auswertungs- und Informationstätigkeit dar. Die Grundlage des so geschaffenen und stetig wachsenden Systems der Auswertungs- und Informationsaufbereitung unter der Anleitung der ZAIG war zunächst die Einführung des einheitlichen Systems der Kerblochkarteien (→ Kerblochkarten), später ersetzt mit der → Dienstanweisung Nr. 1/80 durch die Kombination der → VSH-Kartei mit einem neuen Sichtlochkartensystem. Zuletzt wurde versucht, dieses System mit der → zentralen Personendatenbank (ZPDB) zu perfektionieren. *[SWB]*

Auswertung von Archivmaterial (Wörterbuch XII, Kapitel „Archivarbeit“) – *Voraussetzung für die Anfertigung eines → Auskunftsberichtes / einer → Kurzauskunft bzw. für die Erfüllung gesondert angemeldeten Informationsbedarfs der operativen Diensteinheiten. [MfS, Abt. XII Nr. 883]*

Auswertungs- und Informationsoffizier (Wörterbuch XII, Kapitel „Arbeitsorganisation“) – *AIO, Beauftragter des Leiters einer Abteilung, der inhaltliche und zahlenmäßige Probleme der Arbeitsprozesse erfasst und aufbereitet. [MfS, Abt. XII Nr. 883]*

Automatische Auskunftserteilung [AAE] (Wörterbuch XII, Kapitel „EDV-Anwendung“) – *Spezifische Form der direkten und vollständigen Auskunftserteilung auf Überprüfungsanforderungen durch die EDV-Anlage. Bei Feststellung der Identität der recherchierten mit den im EDV-Datenbestand gespeicherten Personendaten werden, sofern zu diesen Auskunftsinformationen gespeichert sind, die Erfassungsdaten automatisch von der EDV-Anlage auf dem Beleg als Auskunft ausgegeben und ausgedruckt. [MfS, Abt. XII Nr. 883]* → SAVO.

AV → Allgemeiner Vorgang (Aktenkategorie der Hauptabteilung IX/11).

AVA → Archivierte Akte der Verwaltung Aufklärung (Abb. 146).

AVSV → Archivierte Akte der Operativgruppe der Hauptabteilung VII bei der Verwaltung Strafvollzug des Ministeriums des Innern.

AVW → Ausgabeverfahrensweise.

AW → Anweisung.

AZD – abgeleitete Zusatzdatei, → Datenbank.

AZI → Archivierte Zelleninformatorakte.

B

B – (1) → Befehl.
(2) Vermerk in der rechten oberen Ecke des vorderen Aktendeckels in Verbindung mit einer Jahreszahl zur Festsetzung der → Aufbewahrungsfrist einer Akte. Der Vermerk „B 2011" stand also für „Befristete Aufbewahrung bis 2011". Die Befristung hing in der Regel mit dem Erreichen des 90. Lebensjahres der jüngsten im Material erfassten Person zusammen.
(3) Als nachgesetzte → Kennzeichnung der Archivsignatur eines als → „nicht gesperrt" abgelegten registrierten Vorgangs bedeutete „B", dass ein → Auskunftsbericht oder eine Kurzauskunft über eine einzelne im Vorgang vorkommende Person vorlag. Die Verwaltung „Wismut" kennzeichnete stattdessen mit Y. *[SBu]*

BA → Beiakte.

Band (Wörterbuch XII, Kapitel „Archivarbeit") – *Gliederung und Bezeichnung von Vorgängen und Akten bzw. Aktenteilen, die erforderlich werden, wenn das maximale Aufnahmevermögen eines Aktenhefters (in der Regel 300 Blatt) durch das abzuheftende Material überschritten wird. [MfS, Abt. XII Nr. 883]* → Akte.

Basiskarte (Wörterbuch XII, Kapitel „Erfassung und Registrierung") – *Form 16 in der → Personenkartei, die Grundlage für die Auskunftserteilung ist. Zu Basiskarten sind Änderungen möglich. Wenn zu Änderungen keine Basiskarte vorhanden ist, sind Klärungen erforderlich. [MfS, Abt. XII Nr. 883]* → Hinweiskarte, → Doppelname.

Bearbeitungsdatum (Wörterbuch XII, Kapitel „Arbeitsorganisation") – *Datum des Abschlusses der Bearbeitung eines Überprüfungs-, Änderungs- oder → Erfassungsbeleges (auch → Archivanforderung) oder der Eintrag in andere Nachweismittel. Meist mittels Datumsstempel aufgetragen. Gilt im Zusammenhang mit dem Kurzzeichen des bearbeitenden Mitarbeiters als Bearbeitungsvermerk. [MfS, Abt. XII Nr. 883]*

Bearbeitungskomplex (Wörterbuch XII, Kapitel „Arbeitsorganisation") – *siehe → Komplex. [MfS, Abt. XII Nr. 883]*

Bearbeitungsstempel (Wörterbuch XII, Kapitel „Arbeitsorganisation") – *Festgelegter Stempel der Bereiche der → Abteilung XII zur Dokumentierung einer erfolgten Bearbeitung; geregelt u. a. in Stempelordnung XII (auf → Suchaufträgen: Beginn der Gültigkeitsfrist der Auskunft der Abteilung XII). [MfS, Abt. XII Nr. 883]*

Bearbeitungsvermerk (Wörterbuch XII, Kapitel „Arbeitsorganisation“) – *Erforderlicher Vermerk der → Abteilung XII auf Überprüfungs- und Änderungsbelegen zur Dokumentierung der Abarbeitung des jeweiligen Arbeitsschrittes. Fehlende Bearbeitungsvermerke bedingen die Rückweisung des betreffenden Beleges an den Ausgangspunkt bzw. eine entsprechende Klärung. [MfS, Abt. XII Nr. 883]*

Befehl (B, Bef.) – Kategorie dienstlicher → Bestimmungen. In Befehlen waren grundsätzliche Angelegenheiten der Führung und der Organisation der Arbeit des MfS geregelt. Zudem dienten Befehle der Regelung von grundsätzlichen Fragen der Struktur des MfS und des Zusammenwirkens der Diensteinheiten sowie der Organisation von Aktionen, Einsätzen, der Absicherung wichtiger Veranstaltungen, der Gewährleistung von Ordnung, Sicherheit, Disziplin und Ausbildung. Mit Befehlen wurden Kaderfragen entsprechend der Bestimmungen für die Arbeit mit den Angehörigen des MfS ausgeführt. Der Minister für Staatssicherheit konnte zur Würdigung staatlicher Feiertage sowie aus besonderen Anlässen Tagesbefehle erlassen. Die Form des Befehls wurde gewählt, wenn es sich um einen abgegrenzten Problemkreis handelte und wenn der Charakter der Aufgabestellung konkrete und exakte Festlegungen erforderte. Befehle waren kurz und präzise abzufassen. Form und Inhalt des Befehls sowie die durch ihn zu regelnden Probleme verlangten in der Regel nicht die Erläuterung der befohlenen Maßnahmen bzw. deren Notwendigkeit. Dementsprechend mussten Befehle, mit Ausnahme von Tagesbefehlen, folgende Informationen enthalten: Die exakte Festlegung der Ziel- und Aufgabenstellung sowie der durchzuführenden Maßnahmen, die Festlegung der Verantwortung und die Terminstellung. Befehle konnten der Minister, die Stellvertreter des Ministers, die Leiter von Hauptverwaltungen/Verwaltungen, die Leiter der Haupt- und selbstständigen Abteilungen, der Rektor der Juristischen Hochschule und der Kommandeur des Wachregiments Berlin „Feliks E. Dzierzynski“ sowie die Leiter der Bezirksverwaltungen/Verwaltung „W“ und die Leiter der Kreisdienststellen/Objektdienststellen erlassen. *[DHa]*

Befehl Nr. 1/50 über die Schaffung einer Abteilung Erfassung und Statistik – Dieser lediglich zweiseitige Befehl des Ministers für Staatssicherheit vom 20. September 1950 sollte eine einheitliche Personenerfassung im Ministerium und allen damaligen Landesverwaltungen gewährleisten. Insbesondere waren die Abteilung Erfassung und Statistik zu formieren und deren Stellen zu besetzen, in den Diensteinheiten alle → geheimen Mitarbeiter zu überprüfen und mit ihren Kategorien zu erfassen, alle vorhandenen Unterlagen über Personen, denen „feindliche Tätigkeit“ unterstellt wurde, daraufhin durchzusehen, ob → Gruppen- und

→ Einzelvorgänge anzulegen wären, und sie dahingehend oder bei weiterem „operativem Interesse“ zu erfassen, letztlich für alle beim MfS in Haft befindlichen Personen, die Rechtmäßigkeit ihrer Haft zu überprüfen, „die Formalitäten ihrer Haft“ in Übereinstimmung mit bestehenden Vorgaben zu bringen und alle Verhafteten in einer Kartei zu erfassen (→ Erfassung, operative). Der Befehl setzte gleichzeitig drei weiterführende Richtlinien in Kraft, nämlich die → Richtlinie GVS-Nr. 8/50 „über die Erfassung von Personen, die eine feindliche Tätigkeit durchführen“, die → Richtlinie GVS-Nr. 9/50 „über die Erfassung der geheimen Mitarbeiter, der Informatoren und der Personen, die konspirative Wohnungen unterhalten“ sowie die → Richtlinie GVS-Nr. 10/50 „zur Erfassung der durch die Organe des Ministeriums für Staatssicherheit der DDR verhafteten Personen“. Mit dem Befehl wurden den Diensteinheiten Blanko-Karteikarten (blaue für geheime Mitarbeiter, gelbe für „feindliche“ Personen, rote für Verhaftete) zugestellt (→ Karteien). Die ausgefüllten Karteikarten sollte die neue Abteilung Erfassung und Statistik zurückerhalten und verwalten; beginnend mit dem 2. Oktober 1950 hatte diese monatlich statistische Berichte über den Erfassungsstatus vorzulegen. Den Befehl unterzeichnete nicht der Minister selbst, sondern dessen damaliger Staatssekretär Erich Mielke, die ausführenden Richtlinien in Vertretung des Leiters der Abteilung Erfassung und Statistik, Paul Karoos. Die so gebildete Diensteinheit wurde seit mindestens 1952 auch Abteilung XII genannt, später zudem → Zentrale Auskunft / Speicher. Der Befehl Nr. 1/50 und die damit verbundenen drei Richtlinien waren grundlegend für den Aufbau der personenbezogenen operativen Erfassung sowie für das Anlegen und den Nachweis operativer Vorgänge im MfS. *[RLu]*

Befehl Nr. 74/52 vom 15. Mai 1952 über die Einhaltung der Strafprozessordnung bei vorläufigen Festnahmen und bei Verhaftungen. → Richtlinie GVS-Nr. 10/50.

Befehl Nr. 299/65 über die Organisierung eines einheitlichen Systems der politisch-operativen Auswertungs- und Informationstätigkeit – Der Befehl wurde am 24. Juli 1965 vom Minister für Staatssicherheit unterzeichnet und in Kraft gesetzt. Er umfasste sechs Seiten und wurde durch acht umfangreiche Anlagen sowie zahlreiche Durchführungsbestimmungen und Änderungen konkretisiert und aktualisiert (im Anhang des Bandes sind diese im Quellenverzeichnis genau aufgeführt).

Der Befehl regelte den Ausbau, die systematische → Erfassung und zweckmäßige Aufbereitung von als wesentlich betrachteten Hinweisen auf Personen und Materialien, die für das MfS auf eine „feindliche“ Haltung zur DDR hindeuteten. Dazu zählten seit 1977 auch DDR-Bürger, die die DDR in Richtung Bundesrepublik oder ein anderes west-

liches Land verlassen, also für immer ausreisen wollten. Ziel war es, ein einheitliches System der → Auswertung und Information im MfS auf der Basis von inoffiziellem Material zu schaffen, das ein schnelles Vergleichen und Überprüfen der Informationen und eine Gesamtübersicht und analytische Verarbeitung der Informationen ermöglichte. Dies war als Grundlage für die Planungs-, Leitungs- und die Koordinationsprozesse zur Unterstützung der Partei- und Staatsführung bei deren Entscheidungsfindung gedacht. Erst 1980 wurde der Befehl Nr. 299/65 weitgehend durch die → Dienstanweisung Nr. 1/80 ersetzt.
Mittel und Methode für die zu erfassenden Informationen war insbesondere das mit dem Befehl eingeführte System der → Kerblochkarteien. Es setzte sich zusammen aus der → Deliktekartei, der → Personenkerblochkartei DDR, der Westkartei (→ Personenkerblochkartei West) und der → Kfz-Kartei. Diese waren in den operativen Diensteinheiten im Zusammenhang mit einer Dokumentenkartei und der zentralen Materialablage zu führen.
Die Themen der Anlagen zum Befehl 299/65 bieten Einblick in das System der Auswertung und Information. So erläuterte Anlage 1 Strukturen, Aufgaben und Mittel der Informationstätigkeit, Anlage 2 bestimmte auf 51 Seiten inhaltliche Schwerpunkte der Auswertung und Information, Anlage 3 enthielt den Schlüsselplan für die → Deliktekartei, Anlage 4 Grundsatzregelungen und Schlüsselplan für die → Personenkerblochkartei DDR, Anlage 5 (die bislang nicht ermittelt werden konnte) entsprechendes für die → Kfz-Kartei, Anlage 6 den Schlüsselplan für die → Personenkerblochkartei West und einen Katalog für die Auswertungstätigkeit der Spionageabwehr, die 1975 beigefügte Anlage 7 Grundsätze für die Nutzung der → Sichtlochkartei mit systematischem und alphabetischem Deskriptorenverzeichnis und schließlich die Anlage 8 umfassende Anweisungen für die operativen Statistiken.
Die Vorgaben wurden von der Zentralen Informationsgruppe im MfS entwickelt, die gleichzeitig mit Inkraftsetzung des Befehls zur → Zentralen Auswertungs- und Informationsgruppe (ZAIG) erhoben und dem Minister direkt unterstellt wurde. In den operativen Diensteinheiten konnten spezifische Veränderungen der Vorgaben nur nach Abstimmung mit der ZAIG vorgenommen werden.
Für die Auswertung der Informationen in den Diensteinheiten waren erfahrene Mitarbeiter freizustellen und in den Auswertungs- und Informationsgruppen (AIG) der Unterstrukturen bzw. auf → Linie in den Auswertungs- und Koordinierungsgruppen (AKG) der Hauptabteilungen zusammenzufassen. Diese waren den Leitern direkt unterstellt. Verantwortlich für das Erfassen und Bereitstellen der spezifischen Informationen waren die Leiter der Diensteinheiten linienmäßig von der Zentrale

im MfS zu den Bezirksverwaltungen und Kreisdienststellen. Ausnahmen bildeten die Hauptabteilung I und die Hauptabteilung VII (hier die Mitarbeiter in den Bereitschaften der Volkspolizei), die die Informationen an die territorial verantwortlichen Strukturen weiterzuleiten hatten. Die erfassten Informationen über Personen und Kfz wurden in den Abteilungen XII (→ Zentrale Auskunft/Speicher) in den zentralen Karteien überprüft und so die Einbindung der Informationen in das gesamte Informationssystem des MfS gewährleistet.

Mit dem Befehl 299/65 manifestierte sich die starke Ausweitung, beabsichtigte Systematisierung und stets bemühte Perfektionierung der Auswertungs- und Informationstätigkeit im MfS. Die damit betrauten Strukturen nahmen stetig an Bedeutung zu und die ZAIG wurde zur Zentrale für die Steuerung des Informationsflusses im MfS. Mit der systematisierten Aufbereitung von Daten für die Arbeit mit → Kerblochkarteien in der Erfassung, Speicherung und Auswertung von Informationen wurde außerdem der Grundstein für die spätere Einführung der elektronischen Datenverarbeitung (→ Datenverarbeitungsprojekt) im MfS gelegt. *[ELa]*

Befehl Nr. 39/67 vom 23. Dezember 1967 über Bildung und Aufgaben der Hauptabteilung IX/11. → Z-Material, → „NS-Archiv".

Befehl Nr. 6/75 – Dieser Befehl des Ministers für Staatssicherheit vom 14. März 1975 betraf Aufgaben und Strukturen der Diensteinheiten der → Linie XII (→ Zentrale Auskunft/Speicher) in den vierzehn Bezirksverwaltungen, den zwei Verwaltungen (Wismut und Berlin) und in der Hauptabteilung I. Diese sollten darauf hinwirken, die „Effektivität des Einsatzes der inoffiziellen Kräfte" zu erhöhen, den grenzüberschreitenden Reiseverkehr zu sichern und „operativ-analytisch" auszuwerten, politische, ökonomische, kulturelle und sportliche Höhepunkte, Ereignisse und „Schwerpunktbereiche" abzusichern, und dafür die „Einführung moderner Mittel und Methoden" für das „politisch-operative Informationssystem" vorantreiben.

Die zuvor selbständigen Referate XII wurden gleichzeitig zu Abteilungen erhoben und erhielten eine Grundstruktur mit einer Arbeitsgruppe zur Führung und Auswertung der IM-Arbeitskartei (→ IM-Vorauswahlkartei) und drei Referaten: 1 → Personenkartei, Fahndung, Datenübermittlung; 2 → Vorgangskartei und → Registrierung; 3 → Archiv (der BVfS), → Verfilmung, → Restaurierung. Die im Befehl genannten Aufgaben dokumentieren, wie intensiv und grundlegend die Diensteinheiten der Linie XII in die geheimpolizeilichen Tätigkeiten des MfS eingebunden waren. *[RLu]*

Befehl Nr. 11/79 vom 7. Juni 1979 über die Zusammenarbeit der am SOUD beteiligten Staatssicherheitsorgane der Volksrepublik Bulgarien, der Ungarischen Volksrepublik, der DDR, der Republik Kuba, der Mongolischen Volksrepublik, der Volksrepublik Polen, der Union der Sozialistischen Sowjetrepubliken und der Tschechoslowakischen Sozialistischen Republik. → SOUD-Abkommen, → SOUD-Ordnung.

Befehl Nr. 22/84 vom 28. Dezember 1984 über die Zentrale Erfassung von „schriftlichen Materialien zu Personen und Sachverhalten sowie gegenständlichen Zeugnissen des antifaschistischen Widerstandskampfes im MfS (1933 – 1945)“. → Zentrale Erfassung.

Befristete Aufbewahrung → Aufbewahrungsfrist.

Begleitbeleg (Wörterbuch XII, Kapitel „Belege und Vordrucke“) – *Formloser, → Abteilung XII-interner Arbeitsbeleg mit Aussagen über die Stärke bzw. den Inhalt eines Bearbeitungskomplexes bei der Übergabe an einen anderen Bearbeitungsbereich. [MfS, Abt. XII Nr. 883]*

Beiakte (Wörterbuch XII, Kapitel „Archivarbeit“) – *Operatives Material zu einer Person, das neben einer bereits existierenden Akte vorhanden ist und aus Zweckmäßigkeits- oder Geheimhaltungsgründen nicht mit diesem zusammengefasst werden darf. Beiakten existieren z. B. zu Ermittlungsverfahren (→ Untersuchungsvorgang) und zu Material der Verwaltung Aufklärung des MfNV (AVA-Material). [MfS, Abt. XII Nr. 883]* → Archivierter Untersuchungsvorgang (AU), → Gerichtsakte.

Beiakte zur Personalakte des inoffiziellen Mitarbeiters – Teil III eines → IM-Vorgangs seit 1968. Die Beiakte enthielt operative Dokumente, Quittungen und andere Unterlagen, die zwar Bestandteile der → Personalakte des inoffiziellen Mitarbeiters waren, mit denen aber nicht ständig gearbeitet werden musste. Dieser Teil war, soweit erforderlich, bei der zuständigen Diensteinheit der → Linie XII gesondert anzufordern. *[SBu]*

Belastetenkartei – Bezeichnung für die von 1953 bis 1960 bestehende Personenkartei mit Karteikarten Form A 1 (seit 1954 F 16; Abb. 011 – 016) der in operativen Vorgängen (→ alte Vorgänge) „bearbeiteten“ Personen und Karteikarten Form C 1 (seit 1954 F 18) der verhafteten und in → Untersuchungsvorgängen „bearbeiteten“ Personen. Zeitweilig wurde sie auch → „Zentrale Auskunftskartei“ genannt. Seit 1960 bildete sie gemeinsam mit der → Agenturenkartei, d. h. der Kartei der inoffiziellen Mitarbeiter die zentrale → Personenkartei F 16. → Karteien. *[RLu]*

Benutzung → Auskunftserteilung aus und Bereitstellung von Archivmaterial.

Beobachtung, operative → Auftragsersuchen.

Beobachtungsvorgang (BV, Beob.Vg.) – Vorläufer der → Aktenkategorie → operativer Vorgang (OV) in den Jahren 1954 bis 1960. Der Beobachtungsvorgang wurde mit der Aktenkategorie → archivierter operativer

Vorgang (AOP) im sogenannten → Archivbestand 1 → operative Hauptablage „archiviert“ (Abb. 108). *[SBu]*

Bereitstellung von Archivmaterial durch die Abteilung XII → Auskunftserteilung aus und Bereitstellung von Archivmaterial.

Beschluss Form 1 (Wörterbuch XII, Kapitel „Erfassung und Registrierung“) – *Vordruck, der bei der → Abteilung XII zur → Registrierung eines Vorgangs, einer Akte bzw. zu erforderlichen Veränderungen durch die Diensteinheit vorzulegen ist. Enthält die wesentlichen Angaben zum Vorgang sowie die laut → Dienstanweisung Nr. 2/81, 1. Durchführungsbestimmung, erforderlichen Bestätigungsvermerke. [MfS, Abt. XII Nr. 883]* → Formular.

Besoldungsstammkartei (Fin 105) → Kaderkarteikarte, → Formular.

Bestand (Wörterbuch XII, Kapitel „Arbeitsorganisation“) – *(1) Menge nicht termingemäß (Anweisung Nr. XII/11/80) bearbeiteter → Suchaufträge (im Sinne von Überhang),*
(2) größere Menge von Arbeitsmaterial gleicher oder ähnlicher → Aktenkategorie (→ Archivbestand),
(3) größere Menge von Karteikarten (→ Karteibestand) bzw. von gespeicherten Daten in der EDVA (→ EDV-Bestand). [MfS, Abt. XII Nr. 883]

Bestandsfilm (Wörterbuch XII, Kapitel „Arbeitsorganisation“) – *Aus der Verfilmung des → Karteibestands (Zugangsverfilmung/Generalverfilmung) resultierender → Mikrofilmspeicher. Suchmerkmal: Erfassungsdatum; durch → SIRAZI-Überprüfungen zu ermitteln. [MfS, Abt. XII Nr. 883]*

Bestimmung, dienstliche – Eine verbindliche formgebundene Festlegung des Ministers für Staatssicherheit, seiner Stellvertreter und aller anderen Leiter im MfS entsprechend ihrer Zuständigkeit und Weisungsbefugnis für ihren Verantwortungsbereich. Die dienstliche Bestimmung galt als wichtiges Instrument des Leiters zur einheitlich ausgerichteten, abgestimmten Leitung entsprechend den Erfordernissen und Bedingungen im Verantwortungsbereich (→ Verantwortlichkeit). Die dienstliche Bestimmung war auf der Grundlage der Beschlüsse und Dokumente der Partei- und Staatsführung, der Rechtsvorschriften der DDR sowie der dienstlichen Bestimmung übergeordneter Leiter zu erlassen und diente ebenso deren Durchsetzung. Sie diente vor allem der Aufgabenerfüllung, der Gewährleistung von Geheimhaltung, Sicherheit, inneren Ordnung und militärischen Disziplin, der Organisation des Dienstablaufes und der Arbeit mit den Mitarbeitern des MfS. Formgebundene dienstliche Bestimmungen waren → Richtlinien, → Direktiven, → Instruktionen, → Dienstanweisungen, → Befehle, → Ordnungen, → Anweisungen und → Durchführungsbestimmungen. Als formale Kennzeichnung und zur

Übersichtlichkeit wurden dienstliche Bestimmungen einer einheitlichen Nummerierung und Registrierung unterzogen. Die dienstlichen Bestimmungen – außer Kaderbefehle – des Ministers und seiner Stellvertreter (mit Ausnahme des Stellvertreters des Ministers und Leiters der Hauptverwaltung A) sowie des Leiters der Arbeitsgruppe des Ministers und des Leiters der Hauptverwaltung B unterlagen der Nummerierung und Registrierung durch das Büro der Leitung/Dokumentenaufbewahrung (BdL/Dok., → Dokumentenstelle), das die jeweiligen Nummern ausgab. Davon ausgenommen waren dienstliche Bestimmungen des Leiters der Arbeitsgruppe des Ministers, die als „Geheime Kommandosache" gekennzeichnet waren. Für Befehle über Kader erfolgte die Vergabe über das Sekretariat der Hauptabteilung Kader und Schulung. Durch den Leiter der Hauptverwaltung A, die Leiter der Haupt- und Selbstständigen Abteilungen, der Bezirksverwaltungen/Verwaltungen und Schulen sowie durch den Kommandeur des Wachregiments Berlin „Feliks E. Dzierzynski" war die Ausgabe der laufenden Nummern selbst zu regeln. Kaderbefehle waren gesondert zu nummerieren und vor der laufenden Nummer mit einem K zu kennzeichnen. Von der Nummerierung ausgenommen waren Tagesbefehle. Die Durchführungsbestimmungen wurden nicht gesondert nummeriert. Sie wurden jedoch gekennzeichnet, damit ersichtlich war, um die wievielte Durchführungsbestimmung zu welcher dienstlichen Bestimmung es sich handelte (z. B. 1. Durchführungsbestimmung zum Befehl Nr. 100/...). Ordnungen und Instruktionen sind nicht fortlaufend nummeriert worden. Sie erhielten einen Titel, aus dem Betreff und Inhalt der Bestimmung ersichtlich sein sollten. *[DHa]*

Beweismittelakte – Akte in der Vorgangsbearbeitung zur gesonderten Aufbewahrung der im → operativen Vorgang gesicherten Aufzeichnungen (Schriftstücke oder in anderer Form fixierte Mitteilungen), die im Prozess der Beweisführung entsprechend ihrer unterschiedlichen Entstehung und Verwendbarkeit entweder als offizielle oder inoffizielle Beweismittel dienten oder Bedeutung erlangen konnten. Die Beweismittelakte war ein Arbeitsinstrument zur übersichtlichen und jederzeit zugriffsbereiten Aufbewahrung derartiger Aufzeichnungen, zur Unterstützung der analytischen Arbeit mit dem Beweismaterial sowie zur Gewährleistung einer kontinuierlichen Anleitung und Kontrolle der Beweisführung im operativen Vorgang. *[DHa]*

Bezirkspost (Wörterbuch XII, Kapitel „Arbeitsorganisation") – *Durch die Abteilung XII/5 täglich für die → Abteilungen XII der Bezirksverwaltungen und der Hauptabteilung I aus dem Überprüfungs- und Auskunfts- bzw. Änderungsprozess gesondert zusammenzustellende Postsendungen, die zu einem festgelegten Zeitpunkt an den Kurierdienst des*

Büros der Leitung (BdL) zu übergeben bzw. von diesem zu übernehmen und an die bearbeitenden Bereiche der Abteilung XII weiterzuleiten sind. [MfS, Abt. XII Nr. 883]

Blume – Ein → Deckname der → Sonderregelung für eine → Auskunft der Abteilung XII an die Hauptabteilung Kader und Schulung, Bereich Disziplinar. Die Regelung wurde 1975 durch den damaligen Stellvertreter des Ministers für Staatssicherheit, Generalleutnant Alfred Scholz, eingeführt. Überprüfungen nach dieser Regelung konnten nur der Leiter der Hauptabteilung Kader und Schulung und der Leiter des Bereichs Disziplinar sowie dessen Stellvertreter veranlassen. Auskünfte erteilte die Abteilung XII im üblichen Umfang, zudem aber bei aktiver → Erfassung auch ggf. vorhandene → Archivsignaturen. Die jeweils zuständige → erfassende Diensteinheit erhielt keine Information über die stattgefundene Überprüfung; die Maßnahme sollte der inneren Sicherheit des MfS dienen. Für das Jahr 1986 sind monatlich 30 bis 50 Überprüfungen nach dieser Regelung belegt. *[SWo, RLu]*

BV → Beobachtungsvorgang (Abb. 108), siehe auch im Glossar: Bezirksverwaltung.

C

C – Von den Abteilungen XII (→ Zentrale Auskunft/Speicher) einer Archivsignatur in → Archivregistrierbüchern und auf Karteikarten (→ Personenkartei F 16, → Vorgangskartei F 22) beigefügte → Kennzeichnung, wenn für einen → nicht gesperrten → registrierten Vorgang für alle darin vorkommenden → erfassten Personen bereits gefertigte → Auskunftsberichte bzw. → Kurzauskünfte im → Auskunftsberichtespeicher vorlagen (Abb. 042). Die Verwaltung „Wismut" verwandte für denselben Zweck ein Z. *[RLu]*

CFS → Chiffrierte Fernschreibverbindung.

Chiffrierte Fernschreibverbindung (CFS) – Über die CFS wurden ausschließlich dringende oder äußerst dringende Anfragen des MfS an das → System der vereinigten Erfassung von Daten über den Gegner (SOUD) gerichtet und die entsprechenden Ergebnisse aus Moskau entgegengenommen. Diese CFS wurde 1983 zwischen dem MfS und dem → Arbeitsapparat eingerichtet. *[SWB]*

Codename → Deckname.

COTAV – Ein einfach strukturiertes → Datenverarbeitungsprojekt der Hauptabteilung IX/7 (Untersuchung „politisch-operativ bedeutsamer Vorkommnisse"). Diese Diensteinheit untersuchte schwere Havarien

und Brände, Leichenfunde (insbesondere in Grenz- und Sperrgebieten), Suizide und Tötungsdelikte, Sexualstraftaten und Unfälle, denen eine mögliche politische Bedeutung zugeschrieben wurde.
COTAV steht wahrscheinlich für „computergestützte Auswertung der Vorkommnisuntersuchung“, die Auflösung ist aber nicht eindeutig belegt. Überlieferte Ausdrucke dieser Datenbank enthalten ca. 1 600 Datensätze über untersuchte Vorkommnisse aus dem Zeitraum 1952 bis 1989, dürften aber nicht vollständig sein. Ein Datensatz enthielt zumeist einen Kurztitel, die „Tätigkeitsbuch-Nummer“, das Datum, seit 1965 die Namen der eingesetzten MfS-Mitarbeiter, eine Kurzbeschreibung des Einsatzes, ggf. ein Ergebnis, einbezogene Diensteinheiten des MfS oder Dienststellen der Polizei, Namen und → Personenkennzahl der betroffenen oder am Vorkommnis beteiligten Personen, häufig die Archivsignatur des als → AS oder → AU abgelegten Vorgangs (COTAV ließ sich somit als Spezialinventar nutzen). Mit der Datenbank war es möglich, Übersichten zu erstellen, z. B. geordnet nach der Vorkommnisart, dem Bearbeiter oder dem Aufklärungsstand.
Überliefert sind auch Fragmente einer Kartei der Hauptabteilung IX/7 mit nur 124 Karteikarten (DIN A5) die zwischen 1968 und 1982 ausgefertigt wurden. Sie dürfte den COTAV-Datensätzen zugrunde gelegen haben.
COTAV belegt, dass die elektronische Datenverarbeitung in den 1980er-Jahren bereits in nachgeordneten Diensteinheiten an Arbeitsplatz-Computern genutzt wurde und dort → Karteien ersetzte. *[RLu]*

D

D – Vermerk auf der Rückseite der → Personenkarteikarte F 16, der darauf hindeutete, dass die → Personendaten und die → Registriernummer EDV-erfasst wurden (u. a. Abb. 025, 031 u. 034). *[SBu]*

DA → Dienstanweisung; Disziplinarakte (→ Personalakte).

Datei (Wörterbuch XII, Kapitel „EDV-Anwendung“) – *siehe → Datenbank. [MfS, Abt. XII Nr. 883]*

Datenbank (Wörterbuch XII, Kapitel „EDV-Anwendung“) – *Eine bestimmte zusammengefasste Menge in der EDV-Anlage gespeicherter Daten, z. B.: Primärdatenbank (PDB), abgeleitete Zusatzdatei (AZD), → Zuordnungstabelle (ZOT), Zentrale Nutzerdatei (ZND). [MfS, Abt. XII Nr. 883]*

Datenbankänderung (Wörterbuch XII, Kapitel „EDV-Anwendung“) – *Änderung der in der EDV-Anlage gespeicherten Daten, z. B.: Zuspei-*

cherung (→ AIZ), Löschung (→ AILÖ), Änderung (→ AILÖ + AIZ). [MfS, Abt. XII Nr. 883]

Datenbankanweisung (Wörterbuch XII, Kapitel „EDV-Anwendung“) – *Allgemeine Anweisung über die Reihenfolge der Abarbeitung von Verarbeitungsläufen in der EDV-Anlage; im Rahmen des Änderungsdienstes bzw. der Ersterfassung vorgenommene und i. a. dokumentierte Entscheidung über die Art der Verarbeitung der betreffenden Daten; Umsetzungsbelege mit derselben Datenbankanweisung werden in Komplexen weiterverarbeitet, z. B.: EOV-Komplex, AIZ, AILÖ usw. [MfS, Abt. XII Nr. 883]*

Datenerfassung (Wörterbuch XII, Kapitel „EDV-Anwendung“) – *siehe → Datenumsetzung. [MfS, Abt. XII Nr. 883]*

Datenerfassungsprogramm (Wörterbuch XII, Kapitel „EDV-Anwendung“) – *Bei der Datenerfassung am Bürocomputer verwendetes Programm, das die Datenerfassung beschleunigt und bestimmte Kontrollprozesse enthält. [MfS, Abt. XII Nr. 883]*

Datenerfassungstechnik (Wörterbuch XII, Kapitel „EDV-Anwendung“) – *Geräte, die zur Datenerfassung verwendet werden (z. B. Bürocomputer, Fernschreiber). [MfS, Abt. XII Nr. 883]*

Datenkontrolle (Wörterbuch XII, Kapitel „EDV-Anwendung“) – *Vergleich umgesetzter bzw. verarbeiteter Daten mit den Ausgangsdatenträgern auf richtige Umsetzung und richtige Verarbeitung. [MfS, Abt. XII Nr. 883]*

Datensatz (Wörterbuch XII, Kapitel „EDV-Anwendung“) – *Gesamtheit aller zusammengehörenden Deskriptoren zu den einzelnen Aspekten (im Allgemeinen Name, Vorname, Geburtsdatum). [MfS, Abt. XII Nr. 883]*

Datenschutz (Wörterbuch XII, Kapitel „EDV-Anwendung“) – *Bei der EDV-Anwendung entstehendes Problem. Schutz der an der → EDV-Anlage gespeicherten und verarbeiteten Daten gegenüber unbefugtem Zugriff. Gegenwärtig entsprechend eines Befehls des Ministers für Staatssicherheit durch eine Arbeitsgruppe der → ZAIG wahrgenommen. [MfS, Abt. XII Nr. 883]*

Datensicherung (Wörterbuch XII, Kapitel „EDV-Anwendung“) – *Spezifisches EDV-Programm (SIDASI), das zur Kontrolle der richtigen Speicherung bzw. des richtigen Speicherinhalts dient (Prüfung der formalen Richtigkeit der gespeicherten Daten). [MfS, Abt. XII Nr. 883]*

Datenumsetzung (Wörterbuch XII, Kapitel „EDV-Anwendung“) – *Manuelle Verarbeitung von Daten zur Umsetzung visuell lesbarer Daten auf maschinenlesbare Datenträger. [MfS, Abt. XII Nr. 883]*

Datenverarbeitungsprojekt (DVP) – Als Datenverarbeitungsprojekte wurden „logisch abgegrenzte, organisatorisch und/oder programmtechnisch und direkt nutzbare Lösung(en) eines oder mehrerer fachlich zusammenhängender Probleme“ bezeichnet, „die zur Anwendung der Datenverarbeitung vorgesehen“ waren. Bei diesen programmtechnischen Lösungen, im allgemeinen Sprachgebrauch Computersoftware, handelte es sich fast ausschließlich um Datenbankanwendungen. Die Abteilung XIII (→ Zentrale Rechenstation) entwickelte DVP für verschiedene Diensteinheiten des MfS, u. a. für die Hauptabteilung III (Funkaufklärung/Funkabwehr), die Hauptabteilung VI (Passkontrolle/Tourismus, → Maßnahmekartei) die Abteilung XI (Chiffrierwesen), die Abteilung XII (→ Zentrale Auskunft/Speicher, → SAVO, EVER, → NAMA) und die Abteilung 26 (Telefonüberwachung) sowie die Abteilung Finanzen. Auch für die Verwaltung Rückwärtige Dienste (VRD) wurden DVP bereitgestellt. Zugleich unterstützte die Abteilung XIII die Hauptverwaltung A (HV A, Aufklärung, Auslandsgeheimdienst) bei der Entwicklung und Abarbeitung des → Systems der Informationsrecherche der HV A (SIRA). Die → Zentrale Auswertungs- und Informationsgruppe (ZAIG) entwickelte ihr Projekt, die → Zentrale Personendatenbank (ZPDB), weitgehend selbst. Die DVP wurden intern mit ihren jeweiligen Namen bezeichnet oder durch Abkürzungen bzw. Projektnummern (Großbuchstaben und/oder Zahlenkombinationen) beschrieben. Aufgrund der weitgehenden Vernichtung elektromagnetischer Datenträger im Frühjahr 1990 sind die im MfS genutzten Datenverarbeitungsprojekte, insbesondere deren Datenbankinhalte selbst, kaum oder nur in Fragmenten überliefert. → COTAV, → Datenverarbeitungsprojekt „Leipziger Messen“. *[NSe]*

Datenverarbeitungsprojekt „Leipziger Messen“ – Datenverarbeitungsprojekt zur Erfassung und Auswertung von Informationen über ausländische Besucher der Leipziger Messen und deren Quartiergeber, existierte seit 1968. Das Datenverarbeitungsprojekt wurde bis zum 1. April 1978 auf der elektronischen Datenverarbeitungsanlage „Gamma 10“ in der Bezirksverwaltung Leipzig realisiert, danach auf einen Großrechner „EC 1040“ der → Zentralen Rechenstation (Abteilung XIII) des MfS übergeleitet. Im Datenverarbeitungsprojekt wurden die aus dem nicht sozialistischen Wirtschaftsgebiet (NSW) zu den Leipziger Messen eingereisten Besucher und ihre Quartiergeber erfasst, die Informationen auf maschinenlesbaren Datenträgern gespeichert und einer maschinellen Auswertung zugeführt. Grundlage für die Primärdatenerfassung waren die auf den Messemeldescheinen enthaltenen Angaben zum Messebesucher und zum Quartiergeber. Nach abgelaufener Messe gelangten die Messemeldescheine Teil A sowie Anträge auf Weiterreisen von der Messesondermeldestelle zur Auswertungs- und Informationsgruppe (AIG), im Juni 1978 umbenannt in Auswertungs- und Kontrollgruppe (AKG), der Bezirksverwaltung Leipzig. Dort wurden alle auf den Messemeldescheinen enthaltenen Angaben auf maschinenlesbare Datenträger übertragen, welche dann an die → Abteilung XIII weitergeleitet wurden. Auswertungen waren maschinell sowohl nach bzw. zu einzelnen namentlich bekannten Messebesuchern und Quartiergebern als auch nach bzw. zu allen sonstigen gespeicherten Informationen möglich. Auskunftsersuchen Form 470 (→ Formular) waren an die Auswertungs- und Informationsgruppe bzw. Auswertungs- und Kontrollgruppe der Bezirksverwaltung Leipzig zu richten. Die Übermittlung der Auskünfte an die auskunftsersuchende Diensteinheit erfolgte schriftlich durch die Abteilung XIII des MfS. Mit Wirkung vom 20. Februar 1988 wurde das bis dahin selbstständige Datenverarbeitungsprojekt aufgelöst und vollständig in die Reisedatenbank des MfS integriert, wobei davon abgeleitet eine Messedatenbank-Quartiergeberdatei aufgebaut wurde. → Elektronische Datenverarbeitung. *[SBu]*

Dauernde Aufbewahrung → Aufbewahrungsfrist.

Deckadresse → IMK/DA.

Deckname (DN) – (1) Name, den jemand anstelle seines wirklichen Namens führte, um seine Identität zu verbergen. Für die Zusammenarbeit des MfS mit → inoffiziellen Mitarbeitern (IM) wurden Decknamen verwandt. Der Deckname wurde zur Konspiration vom IM-Kandidaten selbst gewählt und war Teil seiner Verpflichtungserklärung.

(2) Name für einen → Vorgang, ein Objekt, eine Aktion oder eine Maßnahme. Das MfS vergab Decknamen für → operative Vorgänge oder → operative Personenkontrollen, in denen als „feindlich“ bzw. „negativ“ eingestufte Personen oder Personengruppen bearbeitet wurden; für Objekte, Vereinigungen oder Institutionen, die in → Feindobjektakten für das Operationsgebiet bzw. → Kontrollobjektakten für die DDR erfasst wurden und deren wahre Identität verschleiert werden sollte. Decknamen → registrierter Vorgänge und Akten wurden in der → Decknamenkartei erfasst. Auch für sogenannte Aktionen, herausragende, zeitlich begrenzte Sicherungsaufgaben (z. B. Aktion „Bitumen“ für den Ausbau der Autobahnen in Richtung Bundesrepublik Deutschland auf deren Kosten) oder besondere Maßnahmen wie eine → Sonderregelung für die Erteilung einer → Auskunft der Abteilung XII wurden Decknamen bzw. im gleichen Sinne Kennworte vom MfS vergeben. *[ELa]*

Decknamenkartei (F 77) – Die Decknamenkartei F 77 (Abb. 050 u. 051) war wie die → Straßenkartei F 78 eine Arbeitskartei. Sie basierte auf Angaben der → Vorgangskartei F 22. Die F 77 enthielt für → registrierte Vorgänge den → Decknamen, die Vorgangsart, die → Registriernummer, die zuständige Diensteinheit und das Datum der Registrierung. Die Decknamenkartei diente bezüglich der aktiven Vorgänge als Übersicht über den Bestand an registrierten Vorgängen und Akten in den einzelnen Diensteinheiten. Sie wurde auch für statistische Analysen genutzt. Bei archivierten Vorgängen ist auf der F 77 die → Archivsignatur angegeben. Anders als die → Personenkartei F 16 war die Decknamenkartei F 77 in der → Abteilung XII des MfS keine Kartei für alle Strukturteile, sondern nur auf den Zuständigkeitsbereich Ministerium (bis 1982 auch BVfS Berlin) bezogen. Die Abteilungen XII der Bezirksverwaltungen für Staatssicherheit und der Hauptabteilung I (Militärabwehr) besaßen eigene F 77 für ihre Abteilungen und die für das Territorium zuständigen Kreisdienststellen. Die Bezirksverwaltung Berlin führte erst seit 1982 eine eigene F 77. Grundsätzlich war die F 77 für laufende Vorgänge (→ registrierte Vorgänge und Akten) nach Diensteinheiten, innerhalb dieser nach Vorgangsarten und nach Decknamen geordnet (IM zusätzlich nach Kategorien); archivierte Vorgänge waren nur nach Decknamen geordnet. Aus der F 77 ließ sich ablesen, wie viele Aktenmappen zu welchem Zeitpunkt ausgegeben bzw. wie viele Bände angelegt worden waren. Bei archivierten Vorgängen war auch die Archivsignatur ablesbar, sodass, wenn Karteikarten der F 16/F 22 fehlten, der Zugang zur → Akte über den Decknamen möglich war. *[DHa]*

Deliktekartei (DK) – Auch Deliktekerblochkartei (DKK), neben → Personenkerblochkarteien (-Ost und -West) und der → Kfz-Kartei ein Bestandteil der Kerblochkarteien als Informationsspeicher operativer Diensteinheiten des MfS (Abb. 080). Die Kartei bezog sich auf Tatbestände und Handlungen, die eine Norm des Strafrechts, des Ordnungswidrigkeitsrechts oder eine andere Rechtsvorschrift der DDR verletzten. Berührte das Delikt die vermeintlichen Interessen der staatlichen Sicherheit der DDR oder war die Handlung als staatsfeindlich eingestuft, übernahm das MfS die Verfolgung. Die DKK war eine → Kerblochkartei im Format DIN A4 und wurde in allen operativen Diensteinheiten geführt. Jede → Kerblochkarte enthielt Textinformationen und an allen Rändern gestanzte Löcher für das Kerben. Für die Informationsspeicherung und -auswertung gab es einen Schlüsselplan, dieser enthielt Angaben zum Sachverhalt, zum Täter bzw. Verdächtigen sowie über festgestellte Mittel, Methoden, Ursachen und Motive. *[DHa]*

Deliktekerblochkartei (DKK) → Deliktekartei (Abb. 080).

Deskriptor (Wörterbuch XII, Kapitel „EDV-Anwendung") – *Ein wesentliches Merkmal einer Information. Dient der Auswertung, Speicherung und Zusammenführung von Informationen. Bei EDV-Anwendung: eine jeweils zu einem Aspekt gehörende Angabe. [MfS, Abt. XII Nr. 883]*

DESL → Diensteinheitenschlüssel.

Dezentrale Speicher (Wörterbuch XII, Kapitel „Erfassung und Registrierung") – *In den Abteilungen XII der Bezirksverwaltungen und der Hauptabteilung I sowie in der HV A/→ Referat R geführte Nachweise* *über Erfassungen und → registrierte Vorgänge und Akten der Diensteinheiten des jeweiligen → Registrierbereiches; analog den → zentralen Speichern aufgebaut und zu führen (siehe auch → Speicherführungsprinzipien); alle dezentralen Speicher (außer → IM-Vorauswahlkartei) sind in den zentralen → Speichern der → Abteilung XII des MfS enthalten. [MfS, Abt. XII Nr. 883]*

DfB → Durchführungsbestimmung.

Dienstanweisung (DA) – Kategorie dienstlicher Bestimmungen. Dienstanweisungen waren dienstliche Bestimmungen, in denen komplexe Regelungen zur Leitung und Organisation der Arbeit getroffen wurden. Sie legten die Grundsätze für die Organisation der Arbeit einer oder mehrerer Diensteinheiten oder Linien des MfS fest. Dienstanweisungen enthielten die Festlegung der Einzelaufgaben und Regelungen über die erforderliche Zusammenarbeit der Diensteinheiten des MfS auf bestimmten Gebieten der Aufklärungs- und Abwehrarbeit. Die Dienstanweisungen trugen neben der konkreten Festlegung von Einzelmaßnahmen sowie der Arbeitsweise des Aufgabenbereiches von Diensteinheiten und einzelnen Angehörigen einen orientierenden und erläuternden Charakter. Diensteinweisungen hatten zu enthalten: Die Ziel- und Aufgabenstellung, Festlegungen zu grundsätzlichen Problemen der Organisation der Arbeit sowie notwendige Einzelmaßnahmen auf einem bestimmten Gebiet mit Hinweisen und Erläuterungen zu deren Durchsetzung. Dienstanweisungen waren in der Regel langfristig geltende Bestimmungen. Erlassen konnten sie der Minister, dessen Stellvertreter, die Leiter der Bezirksverwaltungen/Verwaltungen sowie die Leiter der Haupt- und selbstständigen Abteilungen. → Bestimmung, dienstliche. *[DHa]*

Dienstanweisung Nr. 1/52 vom 15. Mai 1952 über die strafrechtliche Untersuchungstätigkeit. → Richtlinie GVS-Nr. 10/50.

Dienstanweisung Nr. 30/53 vom 30. September 1953 über „Säuberung und Erweiterung des GHI- und IM-Netzes". → Geheimer Hauptinformator.

Dienstanweisung Nr. 37/54 vom 2. Juni 1954 über die Zentralisierung alter Akten aus der NS-Zeit. → Z-Material.

Dienstanweisung Nr. 35/55 vom 6. Oktober 1955 über die Zentralisierung aller Archivunterlagen aus der Zeit vor dem Bestehen der Organe der Staatssicherheit. → Z-Material.

Dienstanweisung Nr. 7/71 vom 27. Dezember 1971 über die politisch-operative Arbeit des MfS im Bereich Wehrkommandos der Nationalen Volksarmee. → A 4, → WKR, → WKL, → WKK.

Dienstanweisung Nr. 7/75 vom 26. August 1975 über die Überprüfung, Erfassung und Archivierung der inoffiziellen Verbindungen der Verwaltung Aufklärung des Ministeriums für Nationale Verteidigung in der

Abteilung XII (→ Zentrale Auskunft/Speicher) des Ministeriums für Staatssicherheit. → Militäraufklärung, → Archivierte Akte der Verwaltung Aufklärung (AVA).

Dienstanweisung Nr. 1/80 – Diese Dienstanweisung (DA) des Ministers für Staatssicherheit behandelte die Grundsätze der Aufbereitung, Erfassung und Speicherung der für das MfS bedeutsamen Informationen durch die operativen Diensteinheiten des MfS. Sie wurde am 20. Mai 1980 in Kraft gesetzt und war bis zum 29. November 1989 gültig. Die DA wurde von Minister Mielke unterzeichnet. Sie umfasste 31 Seiten Text, ursprünglich 2, letztlich aber 3 umfangreiche Anlagen sowie eine 1. Durchführungsbestimmung (DfB) mit 66 Seiten und mehrere Ergänzungsschreiben. Sie setzte den → Befehl Nr. 299/65 weitgehend aber nicht vollständig außer Kraft.

Die DA Nr. 1/80 beinhaltete 1. die grundsätzlichen Anforderungen an die Aufbereitung, Erfassung und Speicherung von Informationen in den operativen Diensteinheiten, zählte 2. die Informationsspeicher in den operativen Diensteinheiten und der → Zentralen Personendatenbank (ZBDB) auf, beschrieb 3. die Bereitstellung, Aufbereitung, Indexierung, → Erfassung und Speicherung von Informationen sowie deren Aktualisierung, regelte 4. die zentrale Nachweisführung in der Abteilung XII (→ Zentrale Auskunft/Speicher) des MfS und 5. die Dokumentation von verdichteten operativ bedeutsamen Informationen. In den Schlussbestimmungen wurden der Erlass einer Durchführungsbestimmung zur Primärorganisation der Zentralen Personendatenbank und die Aktualisierung der DA sowie die Verantwortlichkeiten der zuständigen Leiter geregelt.

Der Rahmenkatalog als Anlage 1 zur DA, der bis 1989 laufend aktualisiert wurde, enthielt „Regelungen zur Erarbeitung [von] Arbeitsthesauri in den Diensteinheiten“ und legte die Personenkategorien, Sachverhaltsarten, Hinweis- und Merkmalskategorien für die zu sammelnden und zu speichernden Informationen fest. Als Anlage 2 war ein „Katalog zur Dokumentation von verdichteten operativ bedeutsamen Informationen“ beigegeben. In der am 17. Juli 1989 ergänzten Anlage 3 wurde ein Schlagwortverzeichnis für die Arbeit mit → Vorverdichtungs-, Such- und Hinweiskarteien (VSH) in den operativen Diensteinheiten vorgelegt.

Die 1. DfB vom 20. Mai 1980, unterzeichnet vom Leiter der → Zentralen Auswertungs- und Informationsgruppe (ZAIG), regelte die „Primärorganisation“ der ZPDB, nämlich die „Organisation, Bereitstellung, Aufbereitung, Indexierung, Erfassung, Speicherung und Änderung operativ bedeutsamer Informationen zu Personen, Sachverhalten, Hinweisen und Merkmalen“. In den Änderungen und Aktualisierungen der

1. DfB bis 1989 wurden die Datenbanken innerhalb der ZPDB genauer beschrieben und aktuelleren Erfordernissen angepasst. Ergänzungsschreiben hoben u. a. das Führen von Sichtlochkarteien in kleineren Kreisdienststellen der Kategorie C zum 1. Januar 1989 auf und stellten die VSH-Erfassung von DDR-Bürgern mit ständigem Wohnsitz im Ausland zum 1. August 1989 ein.
Setzte der Befehl Nr. 299/65 vor allem auf → Kerblochkarten bzw. später auf die → Sichtlochkartei als Find- und Organisationsmittel für die gespeicherten Informationen der Diensteinheiten, so wurden durch die DA Nr. 1/80 mit der Zentralen Personendatenbank elektronische Medien für Kernaufgaben des MfS eingeführt und mit den weiterhin genutzten Informationsspeichern der Diensteinheiten zu einem abgestimmten mehrstufigen Informationsmodell verknüpft: Neben der in der ZAIG geführten und von der Abteilung XII beauskunfteten ZPDB existierten die strukturbezogenen Informationsspeicher Vorverdichtung- Such- und Hinweiskartei (VSH), Sichtlochkartei (SLK) und → zentrale Materialablage (ZMA) weiter, deren Zugriff durch eine Suchkartei in den Auswertungs- und Informationsgruppen der Diensteinheiten erleichtert wurde. Die Speicherung von verdichteten Informationen in den Diensteinheiten sollte mittels Sichtlochkartei, → Dokumentenkartei und Dokumentenablage in der ZMA erfolgen. Diese Informationen wurden für Analysen zur politischen Lage herangezogen und für periodische Lageeinschätzungen, Problemanalysen, Berichterstattungen oder Leitervorlagen ausgewertet.
Die Suche nach Informationen begann stets in den → Speichern der Diensteinheit selbst, um dann über die Abteilung XII in der ZPDB und ggf. in Speichern anderer Diensteinheiten fortzufahren. Bei Ersteinspeicherung von Personendaten in die ZPDB waren die zur Person in den Speichern der Diensteinheit eventuell vorhandenen Informationen mit aufzubereiten. Diese Aufbereitung für die verschiedenen Karteien bzw. die Datenbank war streng formgebunden, um für die elektronische Datenverarbeitung verwertbare Daten zu erlangen. *[ELa]*

Dienstanweisung Nr. 2/81 – Diese vom Minister für Staatssicherheit unterzeichnete → Dienstanweisung (DA) betraf die einheitliche Gestaltung der → Erfassung und Überprüfung von Personen und Objekten, der → Registrierung von → Vorgängen und → Akten sowie der → Archivierung des „politisch-operativen“ Schriftguts in den → Abteilungen XII. Sie wurde am 1. September 1981 in Kraft gesetzt und war bis zum Ende des Bestehens der Staatssicherheit gültig. Die DA umfasste 24 Seiten Text sowie drei später herausgebrachte, umfangreiche → Durchführungsbestimmungen (DfB) mit Änderungs- und Ergänzungsschreiben. Sie setzte die, ursprünglich als vorläufig vorgesehene, → Anweisung Nr. 8/65 zur → Auskunftserteilung und Anforderung von Archivunterlagen aus der Abteilung bzw. den Referaten XII vollständig außer Kraft.

Die DA Nr. 2/81 beinhaltete 1. die grundsätzlichen Verantwortlichkeiten und Aufgabenstellungen, regelte 2. die Erfassung von Personen und die Registrierung von Vorgängen, Akten und Personen, 3. die Erfassung von Objekten sowie die Registrierung von → Feindobjekt- und → Kontrollobjektakten, 4. die Archivierung des „politisch-operativen" Schriftgutes des MfS und die Übernahme von Schriftgut anderer staatlicher Organe und Einrichtungen der DDR sowie 5. die Überprüfung von und die Auskunftserteilung zu Personen und Objekten sowie die Bereitstellung von Informationen. In den Schlussbestimmungen wurde der Erlass von DfB festgelegt sowie die Verantwortung des Stellvertreters des Ministers und des Leiters der HV A, diese Dienstanweisung für seinen Zuständigkeitsbereich zu präzisieren (→ Referat R).

Die 1. DfB vom 7. Dezember 1981, unterzeichnet vom Stellvertreter des Ministers, Gerhard Neiber, regelte auf 19 Seiten die Erfassung und Überprüfung von Personen und Objekten, die Registrierung von Vorgängen und Akten zu Personen und Objekten in den Abteilungen XII sowie die Aufgaben zur Durchsetzung einer einheitlichen Aktenführung.

Die 2. DfB, ebenfalls vom 7. Dezember 1981 und ebenso unterzeichnet von Generalmajor Neiber, regelte auf 18 Seiten die Überprüfung von Personen und Objekten (ausschließlich) in der Abteilung XII des MfS und die Auskunftserteilung nach Überprüfungen.

Die vom Leiter der → Zentralen Auswertungs- und Informationsgruppe (ZAIG) unterzeichnete Änderung vom 6. Januar 1988 betraf sowohl die 2. als auch die 3. DfB. Sie enthielt Neufassungen bzw. Anordnungen zur Streichung von Teilen dieser beiden DfB. Eine weitere Änderung der 2. DfB vom 2. Dezember 1988 betraf die Auskunftserteilung „zu Material über die Zeit vor 1945". Die Abteilung XII sollte bei entsprechenden Erfassungen nicht mehr auf die Hauptabteilung IX/11 verweisen, operative Diensteinheiten sich vielmehr gemäß → Speichernutzungsordnung mit ihren Anfragen direkt dorthin wenden.

Die 3. DfB vom 15. März 1984 unterzeichnete wiederum Mielkes Stellvertreter Neiber, inzwischen Generalleutnant. Sie regelte auf 29 Seiten die Archivierung des „politisch-operativen" Schriftguts in den Abteilungen XII sowie die Bereitstellung von und Auskunftserteilung aus Archivmaterialien. In ihren Abschnitten behandelte sie die Aufgaben der Diensteinheiten, die Aufgaben der Abteilungen XII, Einzelheiten der Bereitstellung von und Auskunftserteilung aus → Archivmaterial, die Übernahme von Archivmaterial in aktive Vorgänge und Akten (d. h.

Entnahme aus dem Archivbestand und Löschung der Archivsignatur), Fragen der Lagerung und der Vernichtung von Archivmaterial sowie die Übernahme von → Schriftgut anderer staatlicher Organe.
In der 1. Ergänzung zur 3. DfB vom 25. März 1986 wies Neiber einige Vereinfachungen des Geschäftsgangs an. Demnach brauchten Archivauskünfte aus nicht gesperrtem Archivmaterial nicht an die Abteilungen XII zurückgesandt werden. Für Archivauskünfte war in der Abteilung XII des MfS ein zentraler Speicher zu bilden, der auch Auskünfte der → Archive der BVfS beinhaltete (→ Auskunftsberichtespeicher). Die Ausleihe einer → archivierten operativen Personenkontroll-Akte (AOPK) wurde für eventuelle weitere Überwachungen der Person auf bis zu einem Jahr verlängert. Nicht registriertes Material konnte von der Sicherungsverfilmung (→ Sicherheitsfilm) ausgeschlossen werden. In der → Abverfügung zur Archivierung war von vornherein eine → Aufbewahrungsfrist festzulegen (10, 15, 20, 25 Jahre oder „ständig"), ggf. die sofortige → Kassation zu verfügen (Mit derartigen Fristen arbeiten Altregistraturen in der Schriftgutverwaltung bzw. regeln Aktenplänen die Aufbewahrungsfrist bis zur Anbietung an ein Archiv. Archive dagegen verwahren in ihren Bestand übernommene Unterlagen dauerhaft. Mit diesen Fristen sind die Stasi-Archive zweifelsfrei als Altregistraturen charakterisiert). Bereits am 4. Januar 1989 enthielt die 3. DfB eine 2. Ergänzung, diesmal von Minister Mielke selbst unterzeichnet. Sie betraf die Abschlussberichte zu registrierten Vorgängen und Akten, zudem erneut Festlegungen zur Aufbewahrungsdauer bzw. Kassation sowie zur Sicherungs- und → Ersatzverfilmung „politisch-operativen" Schriftguts. Die Veränderungen umfassten 16 Seiten und zwei Musterblätter für Abschlussberichte.
Die DA Nr. 2/81 repräsentierte mit ihren DfB und deren Ergänzungen in wesentlichen Grundzügen die Veränderungen in der Arbeitsweise vor allem der Abteilungen XII in den 1980er-Jahren. Sie kennzeichnete Anstrengungen, die zunehmenden Schriftgutmengen einerseits wie die stets umfangreicher und eiliger werdenden Informationsinteressen andererseits durch Anpassung der Bestimmungen zu bewältigen. Maßgeblich blieben dabei Erfordernisse der operativen Tätigkeit des MfS, nicht aber die einer archivischen Professionalisierung. *[SBu, RLu]*

Dienstanweisung Nr. 3/87 vom 14. Mai 1987 über das politisch-operative Zusammenwirken zwischen den Diensteinheiten des Ministeriums für Staatssicherheit und dem Bereich Aufklärung des Ministeriums für Nationale Verteidigung. → Militäraufklärung, → Archivierte Akte der Verwaltung Aufklärung (AVA).

Dienstanweisung Nr. 3/89 – 1989 von der → Zentralen Auswertungs- und Informationsgruppe (ZAIG) vorgelegter Entwurf, in der Fassung vom

August 1989 noch als Neuausgabe der → Dienstanweisung Nr. 2/81 vorgesehen, in der Fassung vom Oktober 1989 aber schon als DA Nr. 3/89 ausgewiesen, die die DA 2/81 zum 1. Januar 1990 ablösen sollte. Mit dem Titel „zur einheitlichen Gestaltung der Überprüfung und Erfassung von Personen und Objekten, der Registrierung von Vorgängen und Akten sowie der Archivierung politisch-operativen Schriftgutes in den Abteilungen XII“ war der Entwurf nahezu wortgleich mit dem Titel der DA Nr. 2/81.
Anliegen war es, auf zuletzt 24 Seiten alle in der DA Nr. 2/81 und „deren Durchführungsbestimmungen, Ergänzungen, Änderungen und Schreiben getroffenen bedeutsamen grundsätzlichen Festlegungen straff und übersichtlich in einem Dokument zusammenzuführen.“
Details sollten in einem zugehörigen „Informationskatalog der Abteilung XII“ erläutert werden. Dieser Informationskatalog umfasste in der Fassung vom Oktober 1989 auf 157 Seiten die drei Abschnitte „Überprüfung“, „Registrierung, Erfassung, Änderung und Archivierung“, „Erläuterungen und spezifische Hinweise“. Der praktische Arbeitsschritte darstellende Katalog sollte vor allem operative Mitarbeiter des MfS an die Verfahren der Erfassung, Überprüfung und Aktenausleihe in den Abteilungen XII heranführen.
Von beiden Vorhaben sind verschiedene Fassungen und Bearbeitungsstadien überliefert. Die notwendige Bestätigung der neuen DA Nr. 3/89 durch den Minister für Staatssicherheit kam jedoch nicht mehr zustande. → Archivordnung XII. *[RLu]*

Diensteinheitenschlüssel (Wörterbuch XII, Kapitel „EDV-Anwendung“) – *Festgelegte Zahlenkombination zur EDV-gerechten Verschlüsselung der Bezeichnung der Diensteinheiten des MfS. [MfS, Abt. XII Nr. 883]* → Schlüssel der Erfassungsdaten.

Differenz (Wörterbuch XII, Kapitel „Erfassung und Registrierung“) – *Nichtübereinstimmung zwischen Kartei- und EDV-Bestand, Karteibestand und Beleg, Umsetzungsprotokoll und Beleg, zentralem Speicher und dezentralem Speicher. Differenzen sind zu klären. [MfS, Abt. XII Nr. 883]*

Differenzenklärung (Wörterbuch XII, Kapitel „Erfassung und Registrierung“) – *Notwendige Arbeitsabläufe beim Feststellen von Differenzen in den Speicherprozessen bzw. bei der Auskunftserteilung zur Herstellung der Objektivität der Datenbestände bzw. zur Berichtigung von Auskunftsfehlern. [MfS, Abt. XII Nr. 883]*

Direktive – Kategorie dienstlicher Bestimmungen. Direktiven dienten der Regelung von Grundsatzfragen zur langfristigen Entwicklung der Tätigkeit des MfS entsprechend den „Erfordernissen der gesellschaftlichen Entwicklung“ sowie der nationalen und internationalen Lage. Sie beinhalteten Grundsatzfragen der Planung und Vorbereitung von Maßnahmen zur Gewährleistung der Einsatzbereitschaft sowie die Regelung von Aufgaben und der Zusammenarbeit der Diensteinheiten des MfS – insbesondere für Spannungsperioden und den Verteidigungszustand. Direktiven konnten ausschließlich durch den Minister erlassen werden. → Bestimmung, dienstliche. *[DHa]*

Diskettenkontrolle (Wörterbuch XII, Kapitel „EDV-Anwendung“) – *Mittels des Bürocomputers durchzuführender Kontrollprozess zur Gewährleistung der vorgeschriebenen technischen Parameter von Disketten, die zur weiteren Verarbeitung konvertiert bzw. an die Abteilung XIII übergeben werden. [MfS, Abt. XII Nr. 883]* → Freigabe von Disketten.

Disziplinarakte (DA) – Vom Bereich Disziplinar der Hauptabteilung Kader und Schulung in Disziplinarverfahren gegen Mitarbeiter des MfS geführte Akten. Sie waren Teil der → Personalakte und gelangten nach dem Ausscheiden eines Mitarbeiters aus dem Dienst in die → Personalaktenablage (Abb. 092, 138 u. 142). *[RLu]*

Dokumentenablage der HA IX/11 → Z-Material.

Dokumentenkartei (F 404, DK) – Neben der → Sichtlochkartei (SLK) und der → zentralen Materialablage (ZMA) Bestandteil des Sichtlochkartenverfahrens. Die Dokumentenkarteikarten (DKK) waren nach den Erfassungsnummern (SLK-Nrn.) geordnet und das Auskunftsmittel der SLK, die zur Identifikation von Personen und Sachverhalten verwendet wurde. Dazu wurden Informationen indexiert. Es war möglich, weitere zu einer Person oder einem Sachverhalt notwendige Informationen, gegebenenfalls als Kurzinformation auf der Rückseite, zu ergänzen bzw. zu präzisieren. Auch die Erfassung weiterer Verweise und Erfassungsnummern von Personen bzw. zu weiteren Zusammenhängen war möglich.

Die Dokumentenkartei konnte in den meisten Fällen als Auskunftsmittel eingesetzt werden, ohne auf die zentrale Materialablage (ZMA) zurückgreifen zu müssen. Sie besteht aus Dokumentenkarteikarten (F 404) und → Dokumentensammelkarten (F 405). Die Karte F 404 ist in die Teile I-IV und das Verweisfeld gegliedert. Dabei beinhalteten die Teile I und II Daten zum Sachverhalt, Teil III Informationen zur Person, Teil IV Daten zur Erfassung und Bearbeitung. Die Dokumentenkarteikarten enthielten die Erfassungsnummer, indexierte Deskriptoren, Verteiler und Ablagevermerk der gespeicherten Informationen. *[DHa]*

Dokumentensammelkarten (F 405) – Sie dienten der Sammlung relevanter Informationen über mehrere gleichartige Sachverhalte bzw. über mehrere Personen gleicher Personenkategorie. Unter einer Erfassungsnummer wurde damit eine schnelle Übersicht über diese Sachverhalte bzw. Personen ermöglicht. Voraussetzung hierfür war, dass die auf einer

Dokumentensammelkarte erfassten Originalinformationen auch unter einer Ablagenummer in der → zentralen Materialablage zugriffsfähig waren. Die Dokumentensammelkarte (F 405) beinhaltete also gegenüber der Dokumentenkarteikarte (F 404) nur ein Minimum an Angaben: die Erfassungsnummer, den Verweis auf die Ablage und die verantwortliche Diensteinheit. Die indexierten Angaben aus der Originalinformation beschränkten sich auf das Minimum verwendeter Deskriptoren zu Ereignisort, Ereigniszeit, Sachverhalt bzw. Person sowie zu Ursachen, Motiven und Maßnahmen bzw. Ergebnissen.
Die Dokumentensammelkarten konnten auch für die Führung von Übersichten genutzt werden. So konnte beispielsweise eine Übersicht über bearbeitete → operative Vorgänge (OV) erstellt werden. Hinter jeder auf der Dokumentensammelkarte erfassten Information steht die jeweils zugehörige Erfassungsnummer, unter der jeweils noch eine Dokumentenkarte existiert. Die Dokumentensammelkarten für Übersichten tragen selbst keine Erfassungsnummern. *[DHa]*

Dokumentenstelle – Als „Dokumentenstelle" galt die Abteilung 6 des Büros der Leitung (BdL) des MfS, das dem Minister direkt unterstellt war. Hier wurden die dienstlichen Bestimmungen des MfS zentral und nach einheitlichen Regeln verwaltet. Auch die Bestimmungen der anderen Ministerien mit militärischen Befugnissen, des Ministeriums des Innern und des Ministeriums für Nationale Verteidigung mit deren nachgeordneten Behörden, wurden hier gesammelt und genutzt, soweit das MfS in die Ausarbeitung der Bestimmungen involviert war bzw. diese für alle drei Ministerien im Rahmen der „politisch-operativen" Zusammenarbeit Gültigkeit hatten.
Die Dokumentenstelle hatte für Sicherheit und Ordnung im Umgang mit den Dokumenten, für deren Geheimhaltung und den Schutz der Geheimnisse zu sorgen. Analog existierten Dokumentenstellen auch in den Bezirksverwaltungen für Staatssicherheit. Bei entsprechendem Umfang anfallender Dokumente konnten in den Diensteinheiten des MfS eigene Dokumentenstellen eingerichtet werden. *[ELa]*

Doppelerfassung (Wörterbuch XII, Kapitel „Erfassung und Registrierung") – *Gleichzeitige aktive Erfassung (→ Erfassung, aktive) ein und derselben Person (identische Personengrunddaten und weitere → Personendaten) durch verschiedene Diensteinheiten bzw. Mitarbeiter. Doppelerfassungen sind unzulässig, sind zu klären, indem beide Erfassende zur → Klärung aufzufordern sind. Ausnahme: das gleichzeitige Bestehen einer aktiven Erfassung und einer Erfassung auf der Grundlage eines → Untersuchungsvorgangs ist zulässig. [MfS, Abt. XII Nr. 883]*

Doppelnamen (Wörterbuch XII, Kapitel „Erfassung und Registrierung") – *Aus zwei sonst eigenständigen Namen zusammengesetzte Namen (wie* *z. B. Schulze-Gerlach), im Regelfall liegt an einer Stelle in der Kartei die → Basiskarte und an der anderen eine → Hinweiskarte auf diese. [MfS, Abt. XII Nr. 883]*

Doppelte Umsetzung (Wörterbuch XII, Kapitel „EDV-Anwendung") – *Voraussetzung für die maschinelle Umsetzungskontrolle (zweimalige Umsetzung identischer Datensätze und maschineller Vergleich auf formale Richtigkeit). [MfS, Abt. XII Nr. 883]*

Dossier → Personalakte.

Dringlichkeitsvermerk (Wörterbuch XII, Kapitel „Überprüfung und Auskunftserteilung") – *Sondervermerk bei → Überprüfungsersuchen, der eine beschleunigte bzw. vorrangige Bearbeitung in der → Abteilung XII, einschließlich Weiterleitung der Überprüfungsergebnisse, zum Ziel hat. Z. B: → Sofort, → Eilt, Gen[osse] wartet, FS-Eilt, FS-Ausnahme, FS-Flugzeug* [→ Flugzeug]. *Dringlichkeitsvermerke sind gesondert zu bestätigen. [MfS, Abt. XII Nr. 883]* → Sonderregelung

Durchführungsbestimmung (DfB) – Kategorie dienstlicher → Bestimmungen. DfB dienten zur Konkretisierung und Erläuterung dienstlicher Bestimmungen. Der Inhalt und die Gültigkeitsdauer der DfB richteten sich nach den dienstlichen Bestimmungen, zu denen sie erlassen worden sind. DfB konnten erlassen: der Minister, dessen Stellvertreter, die Leiter von Hauptverwaltungen/Verwaltungen, Leiter für von ihnen selbst angeordnete dienstliche Bestimmungen sowie die in einer dienstlichen Bestimmung oder durch spezielle Weisung mit dem Erlass von DfB beauftragten bzw. dazu berechtigten Leiter für die betreffende dienstliche Bestimmung. → Bestimmung, dienstliche. *[DHa]*

Durchlauf (Wörterbuch XII, Kapitel „Arbeitsorganisation") – *Zeitlich und organisatorisch festgelegte Reihenfolge der Bearbeitung von Überprüfungs-, Erfassungs- und Änderungsbelegen in den einzelnen Bereichen der → Abteilung XII. [MfS, Abt. XII Nr. 883]*

Durchlaufpost (Wörterbuch XII, Kapitel „Arbeitsorganisation") – *Aus der Sicht eines die Belege und Materialien entgegennehmenden Bereiches (z. B. Abteilung XII/5/NSt) solche Belege und Materialien, die lediglich an einen anderen Bereich weiterzugeben und in keiner Weise selbst zu bearbeiten sind. [MfS, Abt. XII Nr. 883]*

Durchlaufzeiten (Wörterbuch XII, Kapitel „Arbeitsorganisation") – *Zeitvorgabe, die besagt, bis wann eine Menge von → Suchaufträgen und Belegen für die → Speicheränderung spätestens bearbeitet und an den nachfolgenden Bereich übergeben worden sein muss. [MfS, Abt. XII Nr. 883]*

DVP → Datenverarbeitungsprojekt.

E

E (Wörterbuch XII, Kapitel „Erfassung und Registrierung“) – *Auf Karteikarten F 16 durch die zuständige → Abteilung XII aufzutragender Vermerk als Hinweis auf weitere, nicht in den Speichern dieser Abteilung XII vorliegende Erfassungen. Kennzeichen zur Bearbeitung im Komplex Änderung. [MfS, Abt. XII Nr. 883]* → Personenkartei.

EDT → Eingabedatenträger.

EDV → Elektronische Datenverarbeitung.

EDV-Bestand (Wörterbuch XII, Kapitel „EDV-Anwendung“) – *Gesamtheit der in der EDV-Anlage gespeicherten Daten; gegenwärtig* [1984] *zwei Teilbestände: abgeleitete Zusatzdatei (AZD) und Primärdatenbank (PDB). [MfS, Abt. XII Nr. 883]* → Datenbank.

EDVA → Elektronische Datenverarbeitungsanlage.

Eilt (Wörterbuch XII, Kapitel „Überprüfung und Auskunftserteilung“) – *→ Dringlichkeitsvermerk für → Überprüfungsersuchen. Zusammengefasster → Überprüfungskomplex, der gesondert nachgewiesen und statistisch erfasst wird. [MfS, Abt. XII Nr. 883]*
Kennwort zur kurzfristigen → Auskunftserteilung durch die Abteilungen XII. In diesem Fall war die Bearbeitung des → Suchauftrags Form 10 (→ Formular, → F 10) spätestens zwei Tage nach Eingang bei der Abteilung XII abzuschließen. → Sofort. *[SBu]*

Eilt-Vermerk (Wörterbuch XII, Kapitel „Überprüfung und Auskunftserteilung“) – *siehe → Dringlichkeitsvermerk. [MfS, Abt. XII Nr. 883]*

Eingabedatenträger (Wörterbuch XII, Kapitel „EDV-Anwendung“) – *Zur Eingabe in der EDV-Anlage bestimmter Datenträger (Lochstreifen, Magnetband, Diskette), der sich zusammensetzt aus: einer Nutzerangabe, einem → Vorspann, Steuerinformationen, einem → Vorsatz, → Kennsätzen, Verarbeitungsdatensätzen, einem Nachsatz. [MfS, Abt. XII Nr. 883]*

Eingangsdatum (Wörterbuch XII, Kapitel „Arbeitsorganisation“) – *Datum des Beginns einer Bearbeitung in einem Bereich der → Abteilung XII bzw. des Eingangs in die Abteilung XII überhaupt. [MfS, Abt. XII Nr. 883]*

Eingangskartei (Wörterbuch XII, Kapitel „Archivarbeit“) – *siehe → Rücknahmekartei. [MfS, Abt. XII Nr. 883]*

Eingangskontrolle (Wörterbuch XII, Kapitel „Arbeitsorganisation“) – *Kontrollmaßnahme der für die Entgegennahme von Belegen und Materialien zur Bearbeitung in der → Abteilung XII verantwortlichen Berei-*

che zur Sicherung der den Anforderungen der → Dienstanweisung Nr. 2/81 sowie der anderen dienstlichen Bestimmungen entsprechenden Qualität. [MfS, Abt. XII Nr. 883]

Eingangsstempel (Wörterbuch XII, Kapitel „Arbeitsorganisation") – *Datumsstempel, der Beginn der Bearbeitung in → Abteilung XII ausweist; bei Form 10, Datum der Umsetzung, das auf dem TAB 015 erscheint; mittels Datumsstempel auf anderen Belegen (F 5, F 7 u. a.) aufgetragenes Datum des Eingangs. [MfS, Abt. XII Nr. 883]*

Einlegen von Karteikarten (Wörterbuch XII, Kapitel „Erfassung und Registrierung") – *Gebräuchlicher Ausdruck für das Einordnen von Karteikarten in die jeweiligen Karteien. [MfS, Abt. XII Nr. 883]*

Einspeicherung (Wörterbuch XII, Kapitel „EDV-Anwendung") – *Zuspeicherung von Daten in den EDV-Datenbestand; bei der → Ersterfassung mit und ohne → Vorrecherche; bei der → Datenbankänderung nach der Karteiänderung. [MfS, Abt. XII Nr. 883]* → EOV.

Einzelinformation – Die Einzelinformation war das Ergebnis der spezifischen Auswertung der zu einer Person bzw. Personengruppe vorliegenden Ausgangshinweise. Es handelt sich um die Aufbereitung der zu einer Person bzw. Personengruppe vorhandenen operativ relevanten Fakten und Informationen, die durch die Auswertung der zutreffenden → Archivmaterialien in der → Linie XII sowie deren Aktualisierung durch Hinweise aus dem Überprüfungsprozess mittels Überprüfung der Personendatenbank sowie zielgerichteter Nutzung der → Speichernutzungsordnungen des MfS und anderer staatlicher Organe erarbeitet wurden. Die Einzelinformationen waren in übersichtlicher, komprimierter Form aufzubereiten und als Leiter-Schreiben an die zuständigen Abteilungen zu senden. *[SBu]*

Einzelvorgang (EV, E.Vg.) – Vorläufer der → Aktenkategorie → operativer Vorgang in den Jahren 1950 bis 1960. Im Einzelvorgang, teilweise auch als Operativ-Vorgang bezeichnet, wurde eine einzelne Person bearbeitet, die eine „feindliche Tätigkeit ausübte". Der Einzelvorgang wurde in der Aktenkategorie → archivierter operativer Vorgang (AOP) der → operativen Hauptablage „archiviert" (Abb. 102 u. 105). *[SBu]*

Elbe – MfS-Objekt in Dornburg, → SKS-Akten.

Elektronische Datenverarbeitung (EDV) – Erfassung, Bearbeitung, Speicherung, Übertragung und Nutzung von Daten durch elektronische Maschinen bzw. Computer. → Datenverarbeitungsprojekt, → Datenverarbeitungsprojekt „Leipziger Messen".*[SKo]*

Elektronische Datenverarbeitungsanlage (EDVA) – Elektronisches System, das Daten annimmt, speichert, verarbeitet und abgibt, das heißt, Datenverarbeitung selbsttätig durchführt. → Datenverarbeitungsprojekt, → Datenverarbeitungsprojekt „Leipziger Messen". *[SKo]*

Endkontrolle (Wörterbuch XII, Kapitel „Erfassung und Registrierung") – *Abschließende Kontrolle der Qualität von Arbeitsergebnissen bzw. Bearbeitungsschritten (z. B. nach der Einlage von Karteikarten, vor der Übergabe von Karteikarten an andere Bereiche usw.). Bereich des Referates XII/4/3, in dem die bearbeiteten Änderungen auf Richtigkeit kontrolliert und die Komplexe für die Datenbankänderungen gebildet werden. [MfS, Abt. XII Nr. 883]*
Das Wörterbuch XII entspricht mit seiner Strukturbezeichnung Abteilung XII/4, Referat 3 für den Änderungsdienst und dessen Endkontrolle dem Stand von 1984. Diese Aufgabe hatte seit mindestens 1985 die Abteilung XII/6 inne, der im September 1987 die Abteilung XII/3 (Zentrale Personenkartei) eingegliedert wurde. 1989 nahm Änderungsdienst und Endkontrolle für die Personenkartei F 16 in der Abteilung XII/6 das Referat 1 wahr. *[RLu]*

EOV (Wörterbuch XII, Kapitel „EDV-Anwendung") – *Datenbankanweisung zur → Einspeicherung von Personendaten (und AI) ohne → Vorrecherche (Zwangseinspeicherung). [MfS, Abt. XII Nr. 883]*
Die Abkürzung steht offenbar für „Einspeicherung ohne Vorrecherche" in die Datenbank → SAVO der Abteilung XII. Die EOV konnte entgegen dem Grundsatz, Personendaten zuvor auf ihren Erfassungsstatus hin zu überprüfen, angewiesen werden. Vermutlich war dies vor allem dann der Fall, wenn die → erfassende Diensteinheit bereits selbst zuvor Überprüfungen mittels → Suchauftrag ausgelöst hatte und die Datenlage damit geklärt war oder aber eine besondere Dringlichkeit die → vorläufige aktive Erfassung erforderte. *[RLu]*

Erfassende Diensteinheit (Wörterbuch XII, Kapitel „Erfassung und Registrierung") – *Ist die Diensteinheit, die eine → Erfassung zu einer Person bzw. zu einem Objekt einleitet. Im Falle einer aktiven Erfassung ist sie zugleich die operativ verantwortliche Diensteinheit. In der Auskunftstätigkeit zu Überprüfungsanforderungen werden die erfassenden Diensteinheiten im Falle aktiver Erfassungen bzw. gesperrten Archivmaterials dem Anfrager mitgeteilt. [MfS, Abt. XII Nr. 883]*

Erfasst (erf.) – Eine Person oder ein Objekt galt als erfasst, wenn in den Abteilungen XII des MfS, der Bezirksverwaltungen, der Hauptabteilung I oder in den Diensteinheiten ein entsprechender Nachweis z. B. in Form einer Karteikarte oder eines Datensatzes existierte. Die Abteilungen XII definierten den Begriff als Übergabe von entsprechend ausgefertigten Karteikarten zu Personen oder Objekten durch die Diensteinheiten an die → Abteilung XII zur Einlage in die entsprechenden Speicher. → Erfassung, operative. *[DHa]*

Erfassung von Personen und Objekten (Wörterbuch XII, Kapitel „Erfassung und Registrierung") – *Übergabe von entsprechend ausgefertigten*

Karteikarten durch die Diensteinheiten an die Abteilung XII zur Einlage in die entsprechenden Speicher. Dokumentierung der operativen Verantwortlichkeit. [MfS, Abt. XII Nr. 883]

Erfassung, aktive – Die aktive Erfassung galt zunächst für Personen aus → registrierten Vorgängen und somit für IM, GMS oder IM-Kandidaten sowie für Personen, die in → operativen Vorgängen (OV), → Untersuchungsvorgängen (UV) oder in → operativen Personenkontrollen (OPK) bearbeitet worden sind. Zudem betraf die aktive Erfassung Personen, die in → Sicherungsvorgänge aufgenommen worden sind oder als → Zelleninformator (ZI) tätig waren. Eine aktive Erfassung stellte auch die Erfassung in → Kerblochkarteien (KK), die → vorläufige aktive Erfassung (VaE) für maximal 14 Tage, die Erfassungen für die Verwaltung Aufklärung des Ministeriums für Nationale Verteidigung (→ AVA) und seit 1987 die KAG I-Erfassung (→ Akten des Arbeitsgebiets I der Kriminalpolizei) dar. Vor einer Erfassung hatte die → erfassende Diensteinheit per → Suchauftrag (→ F 10/F 10a) in der → Abteilung XII prüfen zu lassen, ob die betreffende Person bereits für eine andere Diensteinheit erfasst war. In der Regel war nur eine einzige aktive Erfassung zulässig. Davon abgewichen wurde u. a. bei einem laufenden Untersuchungsvorgang und in der Hauptverwaltung A (HV A, Aufklärung, Auslandsgeheimdienst), wo häufig mehrere Personen unter einer Registriernummer erfasst sein konnten.

Zu jeder erfassten Person wurde eine → Personenkarteikarte F 16 erstellt. Auf der F 16 sind zunächst Grunddaten eingetragen und in der dazugehörigen Datenbank gespeichert worden: Name, Vorname, Geburtsdatum, Wohnanschrift und Beruf. Außerdem wurde bei registrierten Vorgängen auf der F 16 eine dreigliedrige → Registriernummer (Reg.-Nr., z. B. IV 1192/64) eingetragen, die das Verbindungsglied zu der nach Jahrgang, → Registrierbereich und Registriernummern geordneten → Vorgangskartei F 22) darstellte. Alle in die → Personenkartei F 16 aufgenommenen Personen waren entweder „aktiv“ oder „passiv“ (→ Erfassung, passive) erfasst. Mit der „aktiven“ Erfassung übernahm die erfassende Diensteinheit für die erfassten Personen die „politisch-operative Verantwortung“. *[DHa]*

Erfassung, operative – „Wir müssen alles erfahren. Es darf an uns nichts vorbeigehen.“ Das sagte der Minister für Staatssicherheit, Armeegeneral Erich Mielke, in der Kollegiumssitzung am 19. Februar 1982. Doch nicht erst seit dem wurden beim MfS Personen erfasst, Vorgänge registriert und Informationen gespeichert. Die entsprechenden Nachweise wurden bei registrierpflichtigen Vorgängen zentral geführt. Zudem wurden Informationen, die eine jeweils zuständige Diensteinheit als unverzichtbar bewertete, in dieser Diensteinheit gesammelt, ausgewertet

und zugriffsfähig gehalten. So wurde die Zuständigkeit einer Diensteinheit für die „Bearbeitung“ einer Person bzw. eines – vor allem westlichen – Objektes bestimmt und dafür gesorgt, dass alle Informationen bei den verantwortlichen hauptamtlichen Mitarbeitern zusammenliefen und das konspirative Vorgehen verschiedener MfS-Abteilungen aufeinander abgestimmt werden konnte.
Der Nachweisführung dienten zahlreiche in einem Gesamtsystem aufeinander bezogene Karteien und Datenbanken. Die Nachweise für die Erfassung wurden ebenso wie die → Registrierung zentral in den → Abteilungen XII und der → Zentralen Auswertungs- und Informationsgruppe (ZAIG) sowie dezentral in den jeweiligen Auswertungsstrukturen der Diensteinheiten (AKG, Referate Auswertung und Information) geführt. Die grundlegenden → Speicher für diese Nachweisführung waren die → Personenkarteikarten F 16 und die → Vorgangskarteikarten F 22. Daneben gab es → zentrale Materialablagen (ZMA), Kerblochkarteien (KK), → Vorverdichtungs-, Such- und Hinweiskarteien (VSH) und weitere → Karteien sowie → Datenbanken, darunter die → Zentrale Personendatenbank (ZPDB). Die Abteilungen XII der Zentrale und der 15 Bezirksverwaltungen hatten neben der zentralen Speicherverwaltung auch die Aufgabe, innerdienstliche Auskünfte aus ihren Speichern zu erteilen sowie das MfS-Schriftgut zu archivieren und für die Nutzung bereitzustellen. *[DHa]*

Erfassung, passive – Sie betraf Personen, die zum Zeitpunkt der Abfrage nicht aktiv erfasst (→ Erfassung, aktive) waren, über die aber im → Zentralarchiv des MfS oder den → Archiven der Bezirksverwaltungen für Staatssicherheit bereits „archiviertes politisch-operatives Schriftgut“ des MfS oder Informationen im → „Schriftgut anderer staatlicher Organe“ vorlagen, oder über die Hinweise auf Erfassungen in → Vorverdichtungs-, Such- und Hinweiskarteien (VSH) oder anderen → Speichern vermerkt waren.
In der Regel wurde aus der aktiven Erfassung einer Person dann eine passive, wenn der zugrunde liegende (registrierte) → Vorgang abgeschlossen oder eingestellt und unter Vergabe einer Archivsignatur, die den Zugriff auf die Akte gewährleistete, archiviert worden war. Nicht immer jedoch ging eine aktive Erfassung einer passiven Erfassung voraus. Eine Person konnte immer lediglich passiv erfasst gewesen sein, wenn das „archivierte politisch-operative Schriftgut“ des MfS etwa aus → nicht registriertem Material (z. B. AP, AS) oder aus VSH-Materialien stammte. Umgekehrt konnte aus einer „passiven“ Erfassung eine „aktive“ werden, wenn beispielsweise die „operative Bearbeitung“ einer Person, zu der ausschließlich archiviertes Material vorlag, neu aufgenommen wurde. *[DHa]*

Erfassungsart „V“ – Erfassungsart für eine Person, die passiv erfasst (→ Erfassung, passive) war und deren aktive Erfassung in der → Abteilung XII aus operativen Erfordernissen nicht für notwendig erachtet wurde. Mit der Erfassungsart „V“ wurde die betreffende Person für die entsprechende operative Diensteinheit in der → Zentralen Personendatenbank (ZPDB) → erfasst. Für die Herstellung dieser Erfassungsart war die Diensteinheit verantwortlich, die zu der betreffenden Person weitere operative Maßnahmen einleitete bzw. in deren objektmäßige oder territoriale Zuständigkeit diese Person fiel. Der Antrag auf eine Erfassung wurde formlos an die zuständige Auswertungs- und Kontrollgruppe gerichtet. → Vorläufige aktive Erfassung (VaE). *[SBu]*

Erfassungsarten – Übersicht in → Schlüssel der Erfassungsdaten.

Erfassungsbeleg (Wörterbuch XII, Kapitel „Belege und Vordrucke“) – *(1) Karteikarte F 16 mit ordnungsgemäß ausgestellten Angaben zur Person, Erfassungsdaten definiert in → Speicherführungsprinzipien XII, (2) F 10 mit Quittung über Kerblochkartei-Erfassung, (3) Index. [MfS, Abt. XII Nr. 883]*

Erfassungslöschung (Wörterbuch XII, Kapitel „Erfassung und Registrierung“) – *Streichung von bestehenden Erfassungsdaten auf der* [→ Personenkartei] *F 16 und soweit zutreffend, im EDV-Datenbestand* [→ SAVO]. *Bei nur einer bestehenden Erfassung sind zugleich die → Personendaten zu löschen, das heißt die* [Karteikarte] *F 16 ist aus der Personenkartei zu entfernen und die → Löschung der Daten aus dem EDV-Datenbestand ist zu realisieren. [MfS, Abt. XII Nr. 883]*

Ermittlungsakte des Staatsanwalts – Aktenart innerhalb der → Aktenkategorie → archivierter Untersuchungsvorgang, häufig zusammen mit der → Gerichtsakte und den → Beiakten. *[SBu]*

Ermittlungsbericht (EB) – (1) Vermerk (in Verbindung mit der Angabe von Monat und Jahr, z. B.: EB 4/84) auf einer → Personenkarteikarte F 16; galt für Bewohner von Berlin (Ost), zu denen die Diensteinheiten des MfS oder der Bezirksverwaltungen Ermittlungen durchführen ließen.

(2) Ergebnis von Ermittlungen zu einer Person. Der Ermittlungsbericht enthielt Grundinformationen z. B. über Bildungsweg, Arbeitsstellen, Arbeitsumfeld, Personalauskünfte, Wohnanschriften, Aktivitäten im Wohngebiet, Einschätzungen über Charakter und Verhalten, Vorstrafen, Verbindungen in das nichtsozialistische Ausland, Besitzverhältnisse, Wohnungseinrichtung und Familie. Der Ermittlungsbericht konnte als → operatives Ausgangmaterial für das Anlegen von Vorgängen dienen.

(3) Formblatt VIII – 4 mit Angabe eines zu ermittelnden Sachverhalts und Feststellung des Ergebnisses. *[DHa]*

Ermittlungsverfahren → Archivierter Untersuchungsvorgang.

Eröffnungsbericht – Teil eines → operativen Vorgangs (OV). Der Eröffnungsbericht enthielt die Ergebnisse der politisch-operativen und strafrechtlichen Einschätzung des → operativen Ausgangsmaterials, die Begründung der politisch-operativen und strafrechtlichen Voraussetzungen für das Anlegen des OV und die im OV zu erreichenden Ziele. *[SBu]*

Ersatzlose Kassation (Wörterbuch XII, Kapitel „Archivarbeit") – *Vernichtung von → Archivmaterial ohne vorherige Mikroverfilmung. [MfS, Abt. XII Nr. 883]* → Verfilmung, → Ersatzverfilmung.

Ersatzverfilmung (Wörterbuch XII, Kapitel „Archivarbeit") – *(1) Übernahme von Schriftgut, dessen Vernichtung zulässig und angewiesen ist, auf Mikrofilm. (Der Ersatzfilm tritt an die Stelle des vernichteten → Originalmaterials.)*

(2) auch: Ersatz für Originalmaterial im Sinne von → Sicherungsfonds (gesonderte Aufbewahrung). [MfS, Abt. XII Nr. 883]

Die Ersatzverfilmung konnte nur für befristetet aufzubewahrendes → Archivmaterial vorgenommen werden. Nach der → Verfilmung wurden die Unterlagen im Original vernichtet, auf Film blieb ihr Inhalt bewahrt. Von Ersatzfilmen konnten zur Benutzung oder Ausleihe → Auskunftsfilme angefertigt werden. So zumindest lautet das in der → Archivordnung XII von 1989 proklamierte Ziel. Tatsächlich wurden in den Nachweisen über die Verfilmung und im Arbeitsalltag der Begriff kaum benutzt und eher allgemein unter Sicherungs- bzw. → Sicherheitsfilm subsumiert. Ebenso wurden die für die Ausleihe gefertigten Doubletten nicht als Auskunfts-, sondern eher als Arbeitsfilm bezeichnet. Dass es sich um eine Ersatzverfilmung handelt, ist immer dann sicher, wenn ein Arbeits- bzw. Auskunftsfilm vorliegt. Auskunftsfilme wurden aber aus Kostengründen nur von einigen Jahrgängen bzw. von Teilmengen der Akten gefertigt (im Zentralarchiv des MfS z. B. von den AIM, Teil II die Jahrgänge 74 und 80 bis 88, von den → SKS-Akten die B-SKS Nrn. 1 bis 58954). Den sichersten Nachweis bieten die → Archivregistrierbücher: Ist dort eine Akte als kassiert oder gelöscht vermerkt und zudem ein Sicherungsfilm als vorhanden eingetragen, so dürfte dieser als Ersatzfilm anzusprechen sein. → Aufbewahrungsfrist. *[SBu, RLu]*

Ersterfassung (Wörterbuch XII, Kapitel „Erfassung und Registrierung") – *Erstmaliges Einspeichern von Personendaten (und zugehörigen Erfassungsdaten) in die → Personenkartei (Einlegen der Form 16) sowie Einspeicherung in den EDV-Datenbestand. [MfS, Abt. XII Nr. 883]*

F

F (1) (Wörterbuch XII, Kapitel „Belege und Vordrucke") – *Abkürzung für → Formblatt Nr. ..., in der Regel in Verbindung mit einer oder mehreren Ziffern. [MfS, Abt. XII Nr. 883]* → Form, → Formular.
(2) Als Stempelaufdruck auf der → Straßenkartei F 78/F 78a wies der Buchstabe darauf hin, dass das → konspirative Objekt (KO) bzw. die konspirative Wohnung (KW) ebenfalls in der → Objektkartei F 80 auf einer Karteikarte mit weiterführenden, detaillierten Informationen nachgewiesen wurde. → A. *[SBu, RLu]*

F 10 (Wörterbuch XII, Kapitel „Belege und Vordrucke") – → *Suchauftrag Form 10; F 10a – Suchauftrag (ohne Durchschrift); F 10b – Suchauftrag (mit Durchschrift); F 10c – Sammelsuchauftrag; Vordrucke zur Realisierung von Überprüfungen in der Abteilung XII. [MfS, Abt. XII Nr. 883]* → Formular.

Fahndungsersuchen (FE) – Formblatt zur Einleitung von Fahndungsmaßnahmen bei der zuständigen Abteilung VI bzw. der Hauptabteilung VI. Das Fahndungsersuchen zur Durchführung operativer Kontroll- und Überwachungsmaßnahmen → Formular FE-86 beinhaltet: 1. Angaben über den ersuchenden Mitarbeiter und seine Diensteinheit, Datum und Ort des Antrags, die Tagebuchnummer und eine Bestätigung durch den Vorgesetzten; 2. Angaben über die betroffene Person, zum Fahrzeug der Person, über die → Erfassung der Person in den → Abteilungen XII sowie in → Karteien und → Speichern der Auswertungs- und Kontrollgruppe oder der Abteilung VI; 3. eine Begründung der Notwendigkeit der Fahndung sowie der durchzuführenden Maßnahmen; 4. Unterschriften des Leiters der Diensteinheit und der Bezirksverwaltung, Hauptabteilung oder Hauptverwaltung.
Das Fahndungsersuchen zur Einleitung einer Reisesperre Formular FE-86/1 verlangte über die oben genannten Angaben hinaus einen Vermerk über die Art der Reisesperre und eine Begründung der Reisesperre mit konkreten Ausführungen zur Beweislage. *[SBu]*

Fahnenflucht → Archivierte Akte über Fahnenflucht, → Fahndungsvorgang.

Fahndungsvorgang (FV, F.Vg.) – FV wurden in der → Richtlinie GVS-Nr. 90/54 als eine der Arten → operativer Vorgänge beschrieben und in den Jahren 1952 bis 1954 vor allem für die damalige Abteilung X (Fahndungen) registriert. Für die Zeit nach deren Auflösung und Eingliederung als Referat in die → Abteilung XII im Juli 1954 ließen sich

bisher keine weiteren → Registriernummern von FV feststellen. Die bis dahin bestehenden FV wurden an operative Diensteinheiten, insbesondere an die Hauptabteilung VIII (Beobachtung/Ermittlung) und die Hauptabteilung I (Militärabwehr) übergeben und dort bis ca. 1957, selten bis 1960 fortgeführt.
FV galten fahnenflüchtigen Angehörigen der Kasernierten Volkspolizei und des MfS genauso wie gesuchten Kriegsverbrechern oder sonstigen tatverdächtigen Personen. Überwiegend bestanden die FV aus nur einem Band, konnten aber auch mehrere Bände einschließlich Fotodokumentation umfassen.
Im Verhältnis zu → Gruppen-, → Einzel- und → Überprüfungsvorgängen kommen FV deutlich seltener vor, häufig wurden deren formal bedruckten Akteneinbände benutzt und handschriftlich auf „Fahndungsvorgang" geändert. Abgeschlossene FV wurden als → archivierter operativer Vorgang (AOP) abgelegt und seit 1961 in der → operativen Hauptablage verwahrt (Abb. 105 u. 110). *[RLu]*

Faschistische Wehrmacht (FW) – Archivsignatur der Hauptabteilung IX/11 (→ „NS-Archiv"), vergeben für zumeist personenbezogene Unterlagen von Dienststellen der Wehrmacht aus der Zeit vor 1945. Die Unterlagen gelangten 1990 an das Bundesarchiv. *[RBl]*

FE → Fahndungsersuchen.

Fehler, objektiver (Wörterbuch XII, Kapitel „Arbeitsorganisation") – *Aus der Sicht der → Abteilung XII ein Fehler, der nicht im Bereich des menschlichen Handelns liegt (z. B. bei der EDV-Verarbeitung, Datenübertragung usw.). Oder ein Fehler, der durch frühere subjektive Fehler in die Datenbestände kam und jetzt objektiv weiterwirkt. [MfS, Abt. XII Nr. 883]*

Fehler, subjektiver (Wörterbuch XII, Kapitel „Arbeitsorganisation") – *Durch Mitarbeiter der → Abteilung XII verursachter Fehler bei der Überprüfung und → Auskunftserteilung, → Erfassung, → Registrierung, → Archivierung, → Speicherführung; ist durch Kontrollen zu vermeiden; wird ausgewertet, Auswertung dient der Qualifizierung und Erziehung. [MfS, Abt. XII Nr. 883]*

Fehler, verhinderter (Wörterbuch XII, Kapitel „Arbeitsorganisation") – *Durch Kontrollen erkannte, meist subjektive Fehler, wodurch eine Fehlauskunft oder falsche → Speicheränderung verhindert wird. [MfS, Abt. XII Nr. 883]*

Fehlerklärung (Wörterbuch XII, Kapitel „Arbeitsorganisation") – *Grundprinzip zur schrittweisen Bereinigung von Speicherfehlern sowie der Erforschung von Ursachen für subjektive und objektive Fehler. Je nach Fehlerart sind unterschiedliche Klärungsstrategien anzuwenden. [MfS, Abt. XII Nr. 883]*

Fehlerkorrektur (Wörterbuch XII, Kapitel „Arbeitsorganisation“) – *Mögliches Ergebnis einer Fehlerklärung je nach Fehlerart: → Speicheränderung/andere → Auskunftserteilung/Benachrichtigung von Diensteinheiten. [MfS, Abt. XII Nr. 883]*

Fehlerrücklauf (Wörterbuch XII, Kapitel „Arbeitsorganisation“) – *Eine Voraussetzung für die Fehlerklärung. Bekanntwerden von Fehlern durch Abteilungen XII oder Diensteinheiten aus dem Überprüfungs- und Auskunftsprozess. [MfS, Abt. XII Nr. 883]*

Fehlerstatistik (Wörterbuch XII, Kapitel „Arbeitsorganisation“) – *Von der AKG zu führende Nachweise über die Hauptfehler, ihre Ursachen und Folgen. [MfS, Abt. XII Nr. 883]*

Feind – Hier ein → Deckname der → Sonderregelung für eine → Auskunft der Abteilung XII an die Zentrale Koordinierungsgruppe (Ausreise/Flucht). Die Regelung wurde im März 1982 nach Bestätigung durch den damaligen Stellvertreter des Ministers, Generalleutnant Gerhard Neiber, eingeführt. Die Überprüfung und Beauskunftung fand mittels Listen in elektronischen Systemen statt. Die jeweils zuständige → erfassende Diensteinheit erhielt keine Information über die vorgenommene Überprüfung. Nach dieser Regelung wurden 1986 monatlich zwischen 300 und 400 Personen überprüft. → Schleusung → Nachschlag *[SWo, RLu]*

Feindobjekt (FO) – Als Feindobjekte galten nach der → Dienstanweisung Nr. 2/81 Zentren, Organisationen, Einrichtungen, staatliche und gesellschaftliche Institutionen, Vereine oder sonstige Personenzusammenschlüsse im „Operationsgebiet“, bei denen bekannt war oder der Verdacht bestand, dass „von ihnen gegen die DDR oder andere sozialistische Staaten, Bewegungen und Kräfte gerichtete Aktivitäten ausgehen“. Dies bezog sich auch auf die genutzten Gebäude, Wohnungen, Deckadressen, Telefonanschlüsse etc. Über derartige „Feindobjekte“ war jeweils eine → Feindobjektakte anzulegen, soweit nicht die Voraussetzungen für die Eröffnung eines operativen Vorgangs (OV) oder einer operativen Personenkontrolle (OPK) bestanden. → Kontrollobjekt, → Feindobjektkartei. *[SBu]*

Feindobjektakte (Wörterbuch XII, Kapitel „Erfassung und Registrierung“) – *Erfassungsart für Objekte gemäß der 1. Durchführungsbestimmung zur → Dienstanweisung Nr. 2/81 des Ministers für Staatssicherheit. [MfS, Abt. XII Nr. 883]*

Feindobjektakte (FOA) war eine → Aktenkategorie des MfS. Sie betraf sogenannte → Feindobjekte außerhalb der DDR und wurde bis 1981 → Feindobjektvorgang genannt. Sie wurde in der → Abteilung XII von der Hauptverwaltung A (HV A, Aufklärung, Auslandsgeheimdienst), von der zuständigen operativen Diensteinheit oder von einer anderen opera-

tiven Diensteinheit nach Abstimmung mit der HV A erfasst und registriert. Der → Registrierung ging eine Überprüfung in der Abteilung XII voraus. Die Registrierung selbst erfolgte auf der Grundlage eines Beschlusses Form 1b (→ Formular) zum Anlegen einer Feindobjektakte. Diesen Beschluss bestätigte der zuständige Stellvertreter des Leiters der Hauptabteilung/selbstständigen Abteilung bzw. der Stellvertreter Operativ des Leiters der Bezirksverwaltung/Verwaltung. Für jedes Objekt war nur eine Erfassung (→ Erfassung, operative) in der → Abteilung XII zulässig. Die erfassende Diensteinheit war für das Objekt politisch-operativ verantwortlich. Maßnahmen und Entscheidungen anderer operativer Diensteinheiten in Bezug auf dieses Objekt konnten nur nach Abstimmung mit der verantwortlichen Diensteinheit getroffen werden. War eine koordinierte Bearbeitung bzw. Aufklärung des Feindobjekts durch mehrere operative Diensteinheiten notwendig, konnten neben einem zentralen Feindobjektvorgang bei der hauptverantwortlichen operativen Diensteinheit noch → Teilakten registriert und durch die anderen an der operativen Bearbeitung bzw. Aufklärung beteiligten operativen Diensteinheiten geführt werden.
Die Feindobjektakte musste folgende Elemente bzw. → Formulare enthalten: 1. ein Inhaltsverzeichnis Form 8, 2. den Beschluss Form 1b zum Anlegen der Akte, 3. einen Index Form 2 über die auf der Grundlage der Objektakte in der Abteilung XII erfassten Personen und Objekte, 4. Auskünfte und Informationen der Abteilung XII zu → Suchaufträgen Form 9 über die erfassten Objekte und 5. operatives Material zu den erfassten Objekten in chronologischer Reihenfolge. Abgeschlossene und eingestellte Feindobjektakten wurden auf Beschluss des Leiters der verantwortlichen operativen Diensteinheit bei der zuständigen Abteilung XII im Bestand → Allgemeine Sachablage archiviert. Die Entscheidung zur → Archivierung wurde auf dem Beschluss Form 1b bzw. auf der → Abverfügung zur Archivierung Form 317 dokumentiert. → Kontrollobjektakte, → Feindobjektkartei. *[SBu]*

Feindobjektkartei (F 17) – Mit dem Aufbau der Feindobjektkartei war Mitte der 1950er-Jahre begonnen worden. In ihr wurden Adressen und Daten einerseits von Institutionen und Organisationen im Ausland, die das MfS als „DDR-feindlich" eingestuft hatte (→ Feindobjekte), andererseits von ausländischen Institutionen und Einrichtungen im Inland (→ Kontrollobjekte) erfasst. Dabei wurden auch Telefonnummern und Kfz-Kennzeichen aufgenommen. Mit den erfassten Daten sollte eine genaue Bestimmung des Objektes möglich sein.
Die Feindobjektkartei F 17 diente als Hauptkartei für die Nachweisführung von Objekten. Der Zugriff auf Unterlagen war bis 1989 nur über die → Vorgangskartei F 22 möglich. Mit der Entwicklung und Einfüh-

rung der → Zentralen Personendatenbank (ZPDB), die erweiterte Erfassung- und Auskunftsmöglichkeiten über Objekte vorsah, sollte die manuelle Führung der Kartei F 17 in der → Abteilung XII eingestellt werden. Eine Übernahme und Fortführung aller zuvor in der F 17 erfassten Objekte (Feindobjekte, Kontrollobjekte, Telexnummern, Telefonnummern, Kfz-Kennzeichen) in die ZPDB wurde jedoch als nicht zweckmäßig angesehen. Die für das jeweilige Objekt zuständige Diensteinheit sollte daher prüfen und entscheiden, was in die ZPDB zu übernehmen war. Gelegentlich dieser Prüfung sollten die Angaben aktualisiert bzw. ergänzt werden. Die dafür gefertigten Duplikate der Karteikarten F 17 waren aktualisiert wieder an die Abteilung XII zu senden. Die in die ZPDB zu übernehmenden Objekte erhielten auf der Karteikarte F 17 die Kennzeichnung „ZPDB-Erfassung". Mit dem 1. September 1988 war die Umstellung vollzogen: die → Registrierung von Feindobjekten und Kontrollobjekten in der Abteilung XII wurde eingestellt und eine → Auskunftserteilung über erfasste Objekte aus der ZPDB eingeführt. Vorerst blieb aber eine manuelle Gegenprüfung der ZPDB-Auskunft in der F 17 möglich.

Zum 30. Juni 1989 wurde die Auskunftserteilung aus der F 17 eingestellt. Archivsignaturen abgeschlossener Vorgänge wurden nicht mehr in der Vorgangskartei F 22, sondern in der ZPDB eingespeichert. Überliefert sind in der Zentralstelle ca. 42 500 Karteikarten (Abb. 053). → Kartei, → Richtlinie GVS-Nr. 90/54. *[DHa]*

Feindobjektvorgang (FOV) – Aktenkategorie des MfS. Vorläufer der → Feindobjektakte, verwendet bis 1981. *[SBu]*

FG (Wörterbuch XII, Kapitel „EDV-Anwendung") – *Recherchekennzeichen, das angibt, dass ein recherchierter → Anfragedatensatz ohne Geburtsdatum in dem Datenbestand enthalten ist. [MfS, Abt. XII Nr. 883]*

Filmkarte (Wörterbuch XII, Kapitel „Archivarbeit") – *Im Format A6 vorliegender Mikroplanfilm, → Auskunftsfilm. [MfS, Abt. XII Nr. 883]*

Filmklärung (Wörterbuch XII, Kapitel „Erfassung und Registrierung") – *Suche auf dem → Bestandsfilm der → Personenkartei bei nicht aufgefundenen → Basiskarten. [MfS, Abt. XII Nr. 883]*

FIM → Führungs-IM.

Flugzeug (Wörterbuch XII, Kapitel „Überprüfung und Auskunftserteilung") – *Dringlichkeitsstufe im Fernschreib-Verkehr des MfS (vgl. → Dringlichkeitsvermerk). [MfS, Abt. XII Nr. 883]*

Form (F) (Wörterbuch XII, Kapitel „Belege und Formblätter") – *Bezeichnungsweise für Vordrucke, i. d. R. in Verbindung mit einer oder mehreren Ziffern zur Angabe eines bestimmten Vordruckes. [MfS, Abt. XII Nr. 883]* → Formular.

Formblatt (F) → Formular.

Formular (Wörterbuch XII, Kapitel „Belege und Vordrucke") – *(auch Vordruck) Standardisiertes, für einen spezifischen Zweck zu verwendendes formgebundenes Dokument, auf dem konstante Texte vorgegeben und variable Texte eintragbar sind. [MfS, Abt. XII Nr. 883]*
Im MfS wurden Formblätter (F, Form) sowie als Vordruck auf Karton gefertigte Karteikarten und Aktenmappen verwendet, die zur Unterscheidung eine Kombination aus der Bezeichnung „Form" oder „F" – teilweise auch ohne diese – sowie eine oder mehrere Ziffern und gelegentlich weitere Buchstaben trugen. Dabei waren seit 1954 die Bezeichnungen „F (Nr.)" für Karteikarten, dagegen „Form (Nr.)" für Aktenmappen und Formblätter vorherrschend (zuvor „A", „B" und „C"). Die bislang bekannten sind nachfolgend aufgeführt.

A 1	Gelbe Karteikarte der → Personenkartei (1950 bis 1954) nach → Richtlinie GVS-Nr. 9/50 über als „feindlich" angesehen Personen (Abb. 011 – 012), durch F 16 abgelöst.
A 8	Aktenmappe (Gelb) für einen Einzelvorgang (1950er-Jahre, Abb. 102 u. 105).
A 9	Aktenmappe (Gelb) für einen Gruppenvorgang (1950er-Jahre, Abb. 103 u. 109).
B 1	Blaue Karteikarte der → Personenkartei (1950 bis 1954) nach → Richtlinie GVS-Nr. 9/50 über inoffizielle Mitarbeiter (Abb. 017 – 018), durch F 19 abgelöst.
B 6	Aktenmappe für die Personalakte eines Informators (1950 bis 1954, Abb. 093).
C 1	Rote Karteikarte der → Personenkartei (1950 bis 1954) nach → Richtlinie GVS-Nr. 10/50 über vom MfS verhaftete Personen (Abb. 023 – 026), durch F 18 abgelöst.
C 14	Aktenmappe für einen Untersuchungsvorgang (1950er-Jahre, Abb. 120).
F 1a	→ Beschluss über das Anlegen eines → IM-Vorlaufs, eines → IM-Vorgangs, über die Umregistrierung eines → IM-Vorlaufs zum → IM-Vorgang bzw. Beschluss über die Archivierung des IM-Vorlaufs oder IM-Vorgangs.
F 1b	→ Beschluss über das Anlegen eines → operativen Vorgangs, → zentralen operativen Vorgangs, → Untersuchungsvorgangs, → Sicherungsvorgangs, einer → Feindobjektakte, → Kontrollobjektakte bzw. Beschluss über die Archivierung des Vorgangs/der Akte.
F 1c	(1) → Beschluss über das Anlegen einer → GMS-Akte. (2) Beschluss über die Archivierung der GMS-Akte.
F 2	Index über Personen und Objekte.
F 2a	Index zum → Sicherungsvorgang mit dem Nachweis über

die operative Zuständigkeit zu den im Vorgang erfassten Personen bzw. über den Verbleib des entsprechenden operativen Materials, einschließlich Auskünfte und andere Informationen der Abteilung XII über die erfassten Personen.

F 3 (1) WKW (Wer kennt wen?)-Übersicht – vermerkt wurden MfS-Mitarbeiter, die den → inoffiziellen Mitarbeiter (IM) oder → gesellschaftlichen Mitarbeiter für Sicherheit (GMS) persönlich kannten bzw. dem IM/GMS persönlich bekannt waren, die Einsicht in den → IM-Vorgang oder die → GMS-Akte genommen hatten, → inoffizielle Mitarbeiter zur Sicherung der Konspiration und des Verbindungswesens, die der IM/GMS für Verbindungen genutzt hatte und umgekehrt, → Führungs-IM, mit denen der IM/GMS zusammengearbeitet hatte und umgekehrt; → „Wer kennt wen?"-Schema.
(2) Laufzettel zum Betreten eines Objekts.

F 3a Nachweis über die Nutzung einer → konspirativen Wohnung bzw. eines → konspirativen Objektes ohne → inoffizielle Mitarbeiter zur Sicherung der Konspiration und des Verbindungswesens.

F 4 Aufstellungsbogen über die Mitarbeiter, die den → Vorgang bearbeitet oder in den Vorgang Einsicht genommen haben.

F 5 Veränderungs- und Ergänzungsauftrag bzw. Übernahme von Archivmaterial in eine aktive Erfassung.

F 5a → Löschauftrag für die → Abteilung XII (Personen bzw. Objekte).

F 6 Übergabemitteilung (Übergaben von Archivmaterial der Mitarbeiter untereinander).

F 6a Übergabemitteilung/Abverfügung.

F 7 → Archivanforderung/Original und → Archivauskunft/Durchschrift.

F 8 Inhaltsverzeichnis, z. B. eines → IM-Vorgangs oder einer → GMS-Akte.

F 9 → Suchauftrag – Objektüberprüfung.

F 10 → Suchauftrag/Erfassungsauftrag als Voraussetzung für eine → aktive Erfassung in den Abteilungen XII.

F 10a → Suchauftrag ohne Durchschrift.

F 10b → Suchauftrag mit Durchschrift.

F 10c Sammel-Suchauftrag.

F 10d Suchzettel.

F 10-EDV	→ Suchauftrag und Auskunft für Datenbankrecherchen, → Archivanforderung.
F 12	Übergabevermerk für verhaftete Militärangehörige.
F 13	Ersuchen um Auskunft aus dem Strafregister.
F 14	Kartei Vorgangsart (DIN A4 quer).
F 15	Fahndungskarteikarte (DIN A6 quer).
F 16	Gelbe Karteikarte der → Personenkartei, seit 1954 in Nachfolge der Karteikarte A 1, seit 1960 bis Ende 1989 für alle Arten der zentralen Erfassung von Personen in verschiedenen Versionen benutzt (Abb. 005 – 007, 013 – 016, 029 – 031, 033 – 038, 071 u. 073).
F 16b	Karteikarte der → Personenkartei für in der Strafkartei erfasste Personen (Abb. 068 u. 069).
F 16c	Karteikarte der → Personenkartei für Erfassungen in der → Vorgangskartei der Hauptabteilung IX/11 (Abb. 008).
F 17	Karteikarte der → Feindobjektkartei seit 1954 (Abb. 053).
F 18	Der Karteikarte C 1 nachfolgende rote Karteikarte der → Personenkartei (1954 bis 1960) über vom MfS verhaftete Personen (Abb. 027 – 028), durch F 16 abgelöst.
F 19	(1) Der Karteikarte B 1 nachfolgende blaue Karteikarte der → Personenkartei (1954 bis 1960) mit Personen- und Vorgangsdaten (Abb. 019 – 022), durch F 16 ersetzt. (2) 1961 benutzte grüne Karteikarte der → Personenkartei für die Erfassung von Grenzgängern (Abb. 032). (3) Karteikarte der 1980er-Jahre zur Aufzeichnung der → Deskriptoren zu einer DOK-Nr./Serie.
F 20	Karteikarte der → Decknamenkartei in den 1950er-Jahren.
F 22	Karteikarte bzw. Arbeitskarteikarte der → Vorgangskartei (Abb. 041 – 044).
F 22a	Auskunftskarteikarte der → Vorgangskartei (Abb. 045*f.*).
F 24	Archivausgabekarten (in Gelb, Grün, Rot und Blau).
F 25	Verzeichnis der aufgesuchten → konspirativen Wohnungen in der → Personalakte eines → geheimen Informators bzw. eines → inoffiziellen Mitarbeiters; in der Personalakte eines → Inhabers einer konspirativen Wohnung → bzw. eines → inoffiziellen Mitarbeiters zur Sicherung der Konspiration und des Verbindungswesens/konspirative Wohnung ein Verzeichnis der IM, die die KW kennen.
F 26	Auftrag zur Telefonüberwachung.
F 27	Beschluss über das Abbrechen der Verbindung (seit Juli 1960 nicht mehr verwendet).
F 28	Aktenspiegel für die → Personalakte eines → geheimen

	Informators, → geheimen Mitarbeiters oder des → Inhabers einer konspirativen Wohnung.
F 29	Aufstellung über ausgezahlte Beträge und geleistete Sachwerte im Teil III des → IM-Vorgangs (DIN A4 und A5).
F 31	Haftbeschluss einer Bezirksverwaltung / Kreisdienststelle.
F 33	Einlieferungsanweisung für die Haftanstalt.
F 40	→ Fahndungsersuchen zur Festnahme bzw. Aufenthaltsermittlung (seit November 1983 nicht mehr verwendet).
F 41	Ausleihinformation der BVfS, Abteilung XII über angeforderte Archivunterlagen.
F 41a	Ausleihinformation des MfS, Abteilung XII über angeforderte Archivunterlagen.
F 43	Aufstellung der in einer → konspirativen Wohnung mit → geheimen Informatoren, → geheimen Hauptinformatoren bzw. → geheimen Mitarbeitern durchgeführten Treffen.
F 46	Verzeichnis in der → Personalakte eines → geheimen Hauptinformators über alle → geheimen Informatoren, mit denen der GHI arbeitete.
F 47	→ Vorgangsheft (Abb. 047 – 049).
F 54	(1) Schriftvergleichskarte. (2) Unterschriftsberechtigung.
F 55	Aktenmappe (Gelb) der 1950er-Jahre für einen Überprüfungsvorgang (Abb. 104).
F 57	Aktenmappe (Gelb) der 1960er-Jahre für eine Vorlaufakte-Operativ (Abb. 111).
F 58	Aktenmappe (Gelb) der 1950er-Jahre für einen Fahndungsvorgang (Abb. 105 u. 110).
F 59	Aktenmappe (Gelb) der 1950er-Jahre für einen Kontrollvorgang (Abb. 106 u. 108).
F 60	Aktenmappe (helles Rot) der 1960er- bis Mitte der 1970er-Jahre für ein Ermittlungsverfahren (Abb. 121).
F 61 (a–d)	Aktenmappe (Gelb) für einen Objektvorgang (I.–IV. Teil, Abb. 107).
F 62	(1) Aktenmappe (Blaugrau) der 1950er-Jahre für die Personalakte / Vorlaufakte eines IM (Abb. 095). (2) Aktenmappe (Gelb) der 1960er-Jahre für die Arbeitsakte eines IM.
F 63	Aktenmappe (Blaugrau) der 1950er-Jahre für den Arbeitsvorgang eines IM (Abb. 094).
F 64	→ Registrierbuch, → Übernahmeregistrierbuch.
F 65	Vernehmungsprotokoll für Zeugen.
F 70	Auskunftsersuchen zur Person (an die Hauptabteilung VI).

F 70a Auskunftsersuchen zum Kfz/Binnenschiff (an die Hauptabteilung VI).
F 75 → Hinweiskarte (Hauptabteilung VI, Speicherprüfung).
F 77 Karteikarte der → Decknamenkartei (Abb. 050*f.*).
F 78 Karteikarte der → Straßenkartei (Abb. 052).
F 80 Karteikarte der → Objektkartei (Abb. 054*f.*).
F 91 (Durchsuchungs-)Anordnung des Generalstaatsanwalts der DDR.
F 102 Anforderung von operativem Material aus einer BVfS.
F 102a Anforderung von operativem Material aus dem MfS.
F 104 Postverzeichnis (Format DIN A4).
F 105 Postverzeichnis (Format DIN A5).
F 113 Mahnung des → Zentralarchivs der Abteilung XII.
F 202 Deckblatt des Abschnitts A der → IM-Vorlaufakte, der → Personalakte des → inoffiziellen Mitarbeiters oder der → Beiakte zur Personalakte des inoffiziellen Mitarbeiters.
F 203 Inhaltsverzeichnis des Abschnitts A der → IM-Vorlaufakte oder der → Personalakte des → inoffiziellen Mitarbeiters.
F 204 Übersicht über Mitarbeiter des MfS, die den → inoffiziellen Mitarbeiter kennen bzw. Einsicht in die Akte nahmen.
F 205 Übersicht über → Konspirative Wohnungen, die der inoffizielle Mitarbeiter aufsuchte, bzw. Deckadressen, die er erhielt.
F 209 Deckblatt des Abschnitts B der → IM-Vorlaufakte, der → Personalakte des → inoffiziellen Mitarbeiters oder der → Beiakte zur Personalakte des inoffiziellen Mitarbeiters.
F 212 Gliederung der → Arbeitsakte eines IM.
F 213 Inhaltsverzeichnis der → Arbeitsakte eines IM oder des Abschnitts D der → IM-Vorlaufakte.
F 214 Gliederung der → Beiakte zur Personalakte des inoffiziellen Mitarbeiters.
F 215 Umschlag für → Beschluss oder → Auskunftsbericht.
F 217 → Auskunftsbericht (mit 217a, 217b und 217c).
F 219 Übersicht über die Trefftätigkeit.
F 231 Deckblatt des Abschnitts C der → IM-Vorlaufakte oder der → Personalakte des inoffiziellen Mitarbeiters.
F 234 Deckblatt des Abschnitts D der → IM-Vorlaufakte.
F 240 Gliederung der → IM-Vorlaufakte oder der → Personalakte des inoffiziellen Mitarbeiters.
F 241 Gliederung der → Personalakte des inoffiziellen Mitarbeiters.
F 243 Aufkleber für → GMS-Akten (bis 1978).

F 244	Aufkleber für → GMS-Akten (seit 1978).
F 300	Karteikarte der → Messesonderkartei (Grün).
F 301	Karteikarte der → Messesonderkartei (Rot).
F 303	Information über bereits erfasste Personen (DIN A6).
F 310	Übersichtsbogen zur → operativen Personenkontrolle (1970er-Jahre in Grün, 1980er-Jahre in Gelb).
F 311	Aufkleber → OPK-Akte (DIN A6, später DIN A7, Abb. 114 u. 115).
F 312	Vorblatt „Übersicht zum Teil I" eines → IM-Vorgangs.
F 314	→ Auskunftsbericht aus Archivmaterial des → Zentralarchivs des MfS.
F 314a	→ Auskunftsbericht aus Archivmaterial des Archivs einer BVfS.
F 315	→ Schriftliche Archivauskunft zum → archivierten IM-Vorgang bzw. IM-Vorlauf oder zur archivierten → GMS-Akte.
F 315a	→ Schriftliche Archivauskunft über → nicht registriertes Material.
F 315b	→ Abschlussbericht zum → Allgemeinen Material über Personen, zum → archivierten Material über eine in der Kerblochkartei (KK) erfasste Person, zur → Allgemeinen Sachablage und zum → archivierten (abgelehnten) Antrag auf Wiederaufnahme.
F 315c	(1) → Abschlussbericht zum → IM-Vorgang, → IM-Vorlauf und zur → GMS-Akte. (2) → Auskunftsbericht bzw. → Kurzauskunft aus Archivmaterial über einen IM oder GMS.
F 315d	→ Schriftliche Archivauskunft für alles übrige → Archivmaterial.
F 316a	Von den Abteilungen XII der BVfS gefertigter → Auskunftsbericht aus → Archivmaterial (allgemein).
F 316b	Von den Abteilungen XII der BVfS gefertigter → Auskunftsbericht aus → Archivmaterial über IM.
F 316c	→ Auskunftsbericht bzw. Kurzauskunft der Abteilungen XII der BVfS aus → Archivmaterial über IM oder GMS.
F 317	→ Abverfügung zur Archivierung (verschiedene Versionen in DIN A5 und DIN A4).
F 318	Auskunft der Abteilung XII (DIN A6) für die Überprüfung von Reisenden durch die Hauptabteilung/Abteilungen VI.
F 318a	Auskunft der Abteilung XII (DIN A6) für mehrere Erfassungen.
F 330	Umschlag für Mikrofilme der Abteilungen XII (DIN A6).

F 400 Übergabe von Materialien aus ehemaligen Erfassungen in → Kerblochkarteien oder → Vorverdichtungs-, Such- und Hinweiskarteien (ehemals KK-erfasst, VSH-erfasst), (mindestens drei Versionen in DIN A7 und A6).

F 401 Vorverdichtungs- und Suchkarte (Rot) der → Vorverdichtungs-, Such- und Hinweiskartei (VSH, Abb. 082, 083 u. 085).

F 402 Hinweiskarte (Weiß) der → Vorverdichtungs-, Such- und Hinweiskartei (VSH, Abb. 084).

F 403 Karteikarte der Dokumenten-Ablage (DIN A5).

F 404 Karteikarte der → Dokumentenkartei mit dem Schema Teil I-IV (Abb. 086).

F 405 → Dokumentensammelkarte.

F 406 Informationsergänzungsbogen.

F 407 Übersichtsblatt für Informationen in einer ZMA-Akte.

F 408 Übersichtsblatt für Informationen aus Postkontrollen in einer ZMA-Akte (→ Zentrale Materialablage).

F 409 Nachweisblatt über Einsichtnahmen in eine ZMA-Akte.

F 410, F 410a → Kerblochkarte der → Kerblochkartei (Abb. 080 u. 081).

F 430 → Erfassungsbeleg (→ SOUD, → Personenkategorie).

F 431 → Auskunftsersuchen (→ SOUD, → Personenkategorie).

F 432 Übernahmemitteilung/Löschung (→ SOUD).

F 450 → Treffbericht des IM-führenden MfS-Mitarbeiters.

F 450a Treffbericht des → Führungs-IM.

F 451 Trennblatt „Teil II“ für einen → operativen Vorgang.

F 452 Umschlag (DIN A4 Folio) für Beweismittel zu einem → operativen Vorgang.

F 453 → Auskunftsersuchen zur Person (DIN A5 und A6).

F 454 → Auskunftsersuchen zum Objekt (DIN A5 und A6).

F 460, F 460a Bogen (DIN A4) „Ergänzende Erfassungsangaben“ zur → Zentralen Personendatenbank (ZPDB), Sichtlochkartei und zur Richtlinie Nr. 11/79 (→ SOUD, → Personenkategorie).

F 461 Angaben der Kreismelde- bzw. der Zentralen Meldekartei (KMK-Angaben, ZMK-Angaben).

F 462 Erfassungsbeleg (DIN A4, grüner Druck) der → Zentralen Personendatenbank (ZPDB), Daten-Gruppen A–G.

F 462a Erfassungsbeleg (DIN A4, grüner Druck) der → Zentralen Personendatenbank (ZPDB), Daten-Gruppen B–E.

F 462b Erfassungsbeleg (DIN A4, grüner Druck) der → Zentralen Personendatenbank (ZPDB), Daten-Gruppen F–G.

F 462c	Erfassungsbeleg (DIN A4, grün-schwarzer Druck) der → Zentralen Personendatenbank (ZPDB), Daten-Gruppe G.
F 463	Personenbeschreibung (Doppelbogen DIN A4).
F 464	Erfassungsbeleg (DIN A4, grüner Druck) der → Zentralen Personendatenbank (ZPDB), Daten-Gruppen S–X.
F 464a	Erfassungsbeleg (DIN A4, grüner Druck) der → Zentralen Personendatenbank (ZPDB), Daten-Gruppen V–X
F 465	Erfassungsbeleg (DIN A4, grüner Druck) der → Zentralen Personendatenbank (ZPDB), Daten-Gruppe Kfz.
F 466	Erfassungsbeleg (DIN A4, grüner Druck) der → Zentralen Personendatenbank (ZPDB), Daten-Gruppe Kontakt.
F 467	Änderungsbeleg (DIN A5, grüner Druck) der → Zentralen Personendatenbank (ZPDB) bzw. Erfassungsbeleg für Text.
F 468	Auskunftsersuchen an die Personendatenbank der DDR.
F 469	Erfassungsbeleg (DIN A4, grüner Druck) der → Zentralen Personendatenbank (ZPDB), Daten-Gruppe Objekt.
F 470	→ Auskunftsersuchen aus dem → Datenverarbeitungsprojekt „Leipziger Messen“.
F 472	Erfassungsbeleg (DIN A4, grüner Druck) der → Zentralen Personendatenbank (ZPDB), Daten-Gruppe Diplomaten.
F 480	Karteikarte (DIN A6, Gelb) zu einem Fahrzeug, das an einem Militärobjekt festgestellt wurde.
F 500	(1) → Archivregistrierbuch. (2) Inhaltsverzeichnis für Akten.
F 500a	Bogen (DIN A4) „Gliederung“ für die Personalakte eines IM, Abschnitt A „Sicherheitsfragen“.
F 500b	Bogen (DIN A4) „Gliederung“ für die Personalakte eines IM, Abschnitte B „Personalangaben“ und C „Werbeunterlagen“.
F 500c	Bogen (DIN A4) „Gliederung“ für die Personalakte eines IM, Abschnitte D „Arbeitsunterlagen“ und E „Finanzunterlagen“.
F 501	(1) „Operative Archivinformation“. (2) Haftbeschluss (DIN A 4).
F 502	(1) Verfügung über Einleitung eines Ermittlungsverfahrens (DIN A4). (2) Deskriptorenkartei (DIN A6).
F 503	Einlieferungsanzeige für Untersuchungshaft (DIN A4).
F 504	Einlieferungsanweisung für eine Haftanstalt (DIN A5).
F 505	(1) Karteikarte (DIN A4, quer) der → IM-Vorauswahlkartei (IMVAK, Abb. 056*f.* u. 087). (2) Auskunft aus dem Strafregister des Generalstaatsan-

walts der DDR.

F 505a → Kerblochkarte (DIN A4, quer) der → IM-Vorauswahlkartei (IMVAK, Abb. 057).

F 506 (1) Mitteilung über die → Klassifizierung von registriertem Archivmaterial bzw. Genehmigung zur → Kassation.
(2) Antrag auf Fristverlängerung für ein Ermittlungsverfahren.

F 507 Mitteilung über die → Klassifizierung von nicht registriertem Archivmaterial bzw. Genehmigung zur → Kassation.

F 508 Wertsachenaufstellung bei Einlieferung in die Untersuchungshaft.

F 509 (1) → Kassationsbeschluss/Vernichtungsprotokoll für → Archivmaterial (Zentralarchiv des MfS).
(2) Effektenaufstellung.

F 510 (1) → Kassationsbeschluss/Vernichtungsprotokoll für → Archivmaterial (Archiv einer BVfS; auch Version für Verwendung im Zentralarchiv und in den BVfS bekannt).
(2) Haftbeschluss (seit November 1983 nicht mehr verwendet).

F 510a Tabelle zur Fortschreibung eines Vernichtungsprotokolls.

F 512 (1) → Überprüfungsersuchen (DIN A5) zur Schaffung von → konspirativen Objekten bzw. → konspirativen Wohnungen (mit und ohne → inoffizielle Mitarbeiter zur Sicherung der Konspiration und des Verbindungswesens)
(2) Durchsuchungs- und Beschlagnahmeprotokoll (DIN A4)

F 513 (1) Karteikarte (DIN A5) des Speichers XII/01, Hauptkartei (Abb. 066).
(2) Tabelle zur Fortschreibung des Beschlagnahmeprotokolls.

F 514 (1) Mitteilung der Archivsignatur.
(2) Tabelle zur Fortschreibung des Beschlagnahmeprotokolls mit Belehrung über das Beschwerderecht.

F 515 Protokoll über Durchsicht und Bewertung beschlagnahmter Gegenstände und anderer Unterlagen.

F 518 Vernehmungsprotokoll für Beschuldigte.

F 520 Vernehmungsprotokoll für Zeugen.

F 521 Vernehmungsprotokoll für Zeugen.

F 522 Auslagenberechnungsblatt für Verfahren.

F 523 Abgabebescheinigung für beschlagnahmte Gegenstände.

F 525 Berechtigung zum Vernehmen eines Häftlings.

F 528 Nachweis über den Verbleib von Vernehmungsprotokollen.

F 529	Nachweis über den Verbleib von Untersuchungsdokumenten.
F 535	Persönliche Niederschrift (Selbstauskunft über Personendaten).
F 536	Mitteilung über Einzel- oder Gemeinschaftshaft bzw. gewährte Hafterleichterungen.
F 540	Untersuchungsauftrag zur Anfertigung eines Gutachtens.
F 547	Überprüfungsbogen (DIN A 5 quer) für → Auskunftsersuchen der Hauptabteilung IX/11.
F 548	Abverfügung für einen → Untersuchungsvorgang (DIN A5), seit November 1983 nicht mehr verwendet.
F 550	(1) Statistik Ergebnisse der Speicherüberprüfungen. (2) Bildbericht (zum Aufkleben von Fotos).
F 551	Personenbeschreibung (standardisiert).
F 558	Statistischer Bericht über Delikte bei Ermittlungsverfahren (→ Untersuchungsvorgang).
F 559	Statistischer Bericht über Vorgangsbewegungen bei Ermittlungsverfahren (→ Untersuchungsvorgang).
F 560	Bildbericht (zum Aufkleben von Fotos).
F 561	Sachtitel-Kartei (DIN A6).
F 563	Karteikarte der → Vorgangskartei der Hauptabteilung IX/11 (→ NS-Archiv).
F 564	Zentrale Erfassung beschlagnahmter Kfz.
F 566	Aktenvorblatt für eine Strafsache.
F 570	Eingangs- und Übergabevermerk für einen Schlussbericht.
F 571	Eingangsvermerk für ein Urteil.
F 572	Bearbeitungsbogen zu einer Fernschreib-Überprüfung.
F 585	Inhaltsverzeichnis (Tabelle).
F 906	Avisierung einer Ausnahmeentscheidung (DIN A5 hoch in Blau und Grün).
F 907	Geforderte Maßnahmen für Passkontrolle (DIN A5 hoch in Gelb).

F I (Formulare für den Teil I des → IM-Vorgangs)

F I-206	Umschlag für das →„Wer kennt wen?"-Schema (DIN A4).
F I-207	→ „Wer kennt wen?"-Schema (DIN A2).
F I-207a	Erläuterungen zum → „Wer kennt wen?"-Schema.
F I-210	Umschlag für die Verpflichtung eines IM.
F I-211	Umschlag für die Lichtbilder eines IM.
F I-501	(1) Operative Angaben zur Person des IM (DIN A4). (2) → Auskunftsbericht über IM (neunseitig DIN A4).

F I-503	Operative Mitarbeiter, die der IM kennt.
F I-504	Kenntnisse des IM über andere IM und Kontaktpersonen.
F I-505	Kenntnisse des IM über konspirative Wohnungen.
F I-506	Andere Personen, die Kenntnisse über den IM haben.
F I-507	Operative Dokumente des Operationsgebietes.
F I-508	Operative Reisen eines inoffiziellen Mitarbeiters.
F I-509	Operative Mittel, die der IM kennt oder besitzt.
F I-510	Anfragen anderer Diensteinheiten (F 10-Überprüfungen).
F I-511	Überprüfungen bei der Hauptabteilung VI und in Fahndungsbüchern.
F I-512	Gefahren- und Verdachtsmomente im Vorgang.
F I-513	Registertrennblätter für IM-Vorgänge.
F I-514	Personalbogen für Auskunft (fünf Blatt).
F I-515	(1) → Abschlussbericht (HV A und Abteilung XV). (2) Verwandtenaufstellung.
F I-516	Aufstellung über ausgezahlte Beiträge.
F I-517	Konto-Karte (DIN A4).
F I-518	Nachweisliste über gezahlte Parteibeiträge eines IM.
F I-518a	Registertrennblätter für IM-Vorgänge.
F I-522	Übersicht über Ausgabe und Benutzung einer Deckadresse.
F I-523	Übersicht über die Benutzung einer konspirativen Wohnung.

FE (Formulare des MfS, Hauptabteilung VI, Passkontrolle)

FE-86	→ Fahndungsersuchen zur Durchführung operativer Kontroll- und Überwachungsmaßnahmen.
FE-86/1	→ Fahndungsersuchen zur Einleitung einer Reisesperre.

Fin (Formulare des MfS, Abteilung Finanzen)

Fin 67a	Abrechnung für den verbindlichen Mindestumtausch.
Fin 105	Karte der Besoldungsstammkartei (Abb. 090).
Fin 131	Kontoüberziehungen.
Fin 242	Haushaltsüberwachungskarte.
Fin 263	Antrag auf Bereitstellung von Reisezahlungsmitteln in fremder Währung.
Fin 264	Abrechnung der Reisezahlungsmittel in ausländischer Währung.
Fin 269	Operativgeldabrechnung (Sammelabrechnung).
Fin 270	Operativgeldabrechnung Mark/Deutsche Mark.

KNA (Formulare des MdI, Kriminalpolizei, Arbeitsgebiet I)

KNA 2	Arbeitsakte eines inoffiziellen Mitarbeiters (Abb. 153).

KNA 10	Treffplan.
KNA 10a	Treffbericht.
KNA 11	Berichtigungs- und Ergänzungsmitteilung.
KNA 12	→ Suchauftrag.
KNA 12a	→ Sammel-Suchauftrag.
KNA 14	Karteikarte für die Nachweisführung eines Operativgruppen-Hinweises (Abb. 039*f.*), Hinweiskarte in der → Personenkartei F 16, dass die betreffende Person vom Arbeitsgebiet I der Kriminalpolizei erfasst war.

M (Formulare des MfS, Abteilung M, Postkontrolle)

M 1	Personenüberprüfung in der Abteilung M.
M 2	Fahndungsauftrag für die Abteilung M zur angeführten Empfängeranschrift.
M 10	Aufbewahrungstasche der Abteilung M.
M 12c	Aufbewahrungstasche zu einer (durch die Abteilung M) vorbeugend zu sichernden Person.
393 377	Personenüberprüfung in der Abteilung Postzollfahndung.

PM (Formulare des MdI, Volkspolizei, Pass- und Meldewesen)

PM 12, PM 12a	provisorischer Personalausweis.
PM 18	Erlaubnis zum Befahren von Seegewässern innerhalb der Dreimeilenzone.
PM 19	Erlaubnis zum Befahren von Seegewässern außerhalb der Dreimeilenzone.
PM 108	Passierschein zum vorübergehenden Aufenthalt im Grenzgebiet.
PM 128	Aufenthaltsgenehmigung für Bürger von West-Berlin.

SV (Formulare des MdI, Strafvollzug)

SV 1	Gefangenenkartei (DIN A 5 quer) mit Angaben zur Person, zum Delikt und zur Haft (Abb. 062, 063, 065).
SV 5	Karteikarte zur Auswertung der Erziehungsergebnisse.
SV 6	Aktendeckel einer Gefangenenakte (Abb. 131 u. 143) bzw. einer Haupt-/Erziehungs-Akte.
SV 7	Aufnahmebogen mit Daten zur Person, zur Straftat und zum Urteil.
SV 7a	Übersichtsblatt mit Daten zur Person, über Verurteilungen und Vorstrafen.
SV 7b	Entwicklungsbogen über Erziehungsgespräche.
SV 7c	Nachweis über Unterbringung, Arbeitsfähigkeit und Ar-

beitseinsatz.

SV 8 Mitteilung über Aufnahme/Entlassung.

SV 13c Mitteilung über die Entlassung eines Gefangenen an den Leiter des Volkspolizeikreisamts (VPKA) für die Abteilung Pass- und Meldewesen.

SV 32a Übergabe-/Übernahme-Bescheinigung bei Verlegungen.

SV 43 Angaben zum Häftling und Aufdruck „Diese Karte ist bei Flucht des Häftlings dem Leiter der Abteilung K des zuständigen VPA [Volkspolizeiamt] zu übergeben".

SV 100 Strafnachricht für das Strafregister (Abb. 076).

SV 108 Ladung zum Strafantritt.

SV 202 Strafkartei mit Daten zur Person, zum Delikt, zum Urteil und kodierten Zahlenfolgen für die elektronische Verarbeitung (Abb. 064).

[SBu, RLu]

Forschungsvorgang (FV) – Aktenkategorie der Hauptabteilung IX/11 (→ „NS-Archiv"). Umfangreiche Unterlagen dieser Kategorie betreffen den Widerstand gegen das NS-Regime und den Einsatz von übergelaufenen und in Kriegsgefangenschaft geratenen Rotarmisten auf deutscher Seite an der Ostfront. FV bildeten eine gemeinsame → Ablage mit den Kategorien → Allgemeiner Schriftverkehr und → Allgemeiner Vorgang der Hauptabteilung IX/11. *[RBl]*

Freigabe von Disketten (Wörterbuch XII, Kapitel „EDV-Anwendung") – *Arbeitsorganisatorische Regelung, die sichert, dass Disketten und Magnetbänder erst wieder zur Verarbeitung gelangen, wenn nach erfolgter → Umsetzungskontrolle keine weiteren Klärungen erforderlich sind. [MfS, Abt. XII Nr. 883]*

Diese Freigabe war notwendig, weil Disketten und Magnetbänder nur in begrenzter Anzahl zur Verfügung standen und so mehrfach benutzt, die Inhalte also gelöscht und überschrieben werden mussten. Sie standen dann für Rückfragen nicht mehr zur Verfügung. → Diskettenkontrolle. *[RLu]*

FS (Wörterbuch XII, Kapitel „Überprüfung und Auskunftserteilung") – *Abkürzung für Fernschreiben. [MfS, Abt. XII Nr. 883]*

In der Zusammensetzung FS-Eilt, FS-Ausnahme oder FS-Flugzeug verwendet als Dringlichkeitsstufen für → Überprüfungsersuchen im Fernschreibverkehr des MfS. → Dringlichkeitsvermerk. *[RLu]*

Führungs-IM (FIM) – Kategorie eines inoffiziellen Mitarbeiters des MfS. Im Jahr 1968 wurden die bis dahin existierenden → geheimen Hauptinformatoren in → „inoffizielle Mitarbeiter (IM), die mit der Führung anderer IM oder → gesellschaftlicher Mitarbeiter für Sicherheit (GMS) beauftragt sind", umbenannt. FIM sollten besonders politisch bewährt sein und Erfahrung mit der operativen Arbeit sowie die entsprechende Eignung und Befähigung besitzen. Ihnen oblag der zweckmäßige Einsatz, die Anleitung, Kontrolle, Erziehung und Qualifizierung ihrer IM sowie GMS. FIM sollten im Rahmen des ihnen gestellten Auftrags die Sicherheit eines Bereichs bzw. Objekts, später auch eines Territoriums oder eines Personenkreises, gewährleisten. Im Jahre 1979 wurden die Kompetenzen der FIM ausgeweitet, sodass sie den → Führungsoffizieren fast gleichgestellt waren. Sie bekamen zusätzlich die Aufgaben, die IM/GMS zu überprüfen, ihren Schutz und ihre Konspiration und Sicherheit zu gewährleisten sowie neue IM/GMS anzuwerben. → IM-Vorlauf, → IM-Vorlaufakte, → IM-Vorgang. *[SBu]*

Führungsoffizier (FO) – Hauptamtlicher Mitarbeiter des MfS, der → inoffizielle Mitarbeiter (IM) und → gesellschaftliche Mitarbeiter für Sicherheit (GMS) führte. Der Führungsoffizier stellte die Verbindung zwischen dem Apparat des MfS und dem IM/GMS her. Zu seinen Aufgaben zählten die Überprüfung eines IM/GMS-Kandidaten im Rahmen eines → IM-Vorlaufs und die weitere Überprüfung des IM/GMS während der Zusammenarbeit, die Anwerbung, Erziehung, Schulung des IM/GMS, die Gewährleistung des Schutzes, der Konspiration und Sicherheit des IM/GMS, die Trefftätigkeit, Auftragserteilung und Instruierung. Einige dieser Aufgaben wurden in den Jahren 1968 und 1979 an die → Führungs-IM und → IME delegiert. Der Führungsoffizier sollte für den IM/GMS ein Vorbild in „politischer, moralischer und charakterlicher Standfestigkeit und Klugheit“ sein. Um jedoch Menschen als IM anzuwerben und von ihnen Informationen zu erlangen, durften Skrupel und „Moral“ keine Rolle spielen. Der Führungsoffizier sollte vor allem einen Schwachpunkt des Menschen erkennen und an diesem ansetzen. Das konnten z. B. materielles Interesse, Geltungsbedürfnis, moralische Verfehlungen (→ kompromittierendes Material) oder einfach nur Einsamkeit sein. Je nach Bedarf konnte der Führungsoffizier dann Geld anbieten, Respekt und Freundschaft vortäuschen oder einen Erpressungsversuch starten. War die Anwerbung der betreffenden Person aus irgendeinem Grund nicht möglich, so versuchte der Führungsoffizier, diese Person wenigstens „abzuschöpfen“. *[SBu]*

FV – (1) → Forschungsvorgang (der HA IX/11).
(2) (Wörterbuch XII, Kapitel „EDV-Anwendung“) – *Recherchekennzeichen, dass zu einem angefragten → Datensatz ein analoger in der → Datenbank enthalten ist, jedoch ohne Vornamen (freier Vorname). [MfS, Abt. XII Nr. 883]*

FW → Faschistische Wehrmacht (Vorgangsart im sogen. → Z-Material).

G

G → Genehmigte Kurzauskunft.

GA → Gerichtsakte.

Gefangenenakte (GfA) – Über die Untersuchungshaft beim MfS geführte GfA gelangten nach einer gewissen Aufbewahrungszeit in der Haftanstalt im Wesentlichen in die → allgemeine Sachablage. Erst 1986 begann des MfS mit der Übernahme von GfA aus Strafvollzugseinrichtungen des MdI. Die erste größere Lieferung soll ca. 400 lfm und den Zeitraum 1952 bis 1974 umfasst haben. Es wurde mit jährlich weiteren 18 lfm GfA kalkuliert. Nach einer Abstimmung zwischen der → Abteilung XII und der Hauptabteilung IX (Untersuchungsorgan) kamen die Gefangenenakten nicht (wie in Archiven üblich) nach der Provenienz, sondern (wie beim MfS üblich) personenbezogen zur Ablage: Lag ein → archivierter Untersuchungsvorgang (AU) des MfS vor, wurde die GfA dem jeweils jüngsten, unabhängig vom Delikt, zugeordnet. Gab es keinen AU zur Person, konnte die GfA auch einer → ASt, einer → KS oder einer → GH beigefügt werden. Waren auch diese nicht vorhanden, gelangte die GfA in den → Speicher XII/01 und kam dort als G-SKS zur Ablage. Aufbewahrt werden sollten allerdings lediglich für das MfS als „operativ bedeutsam“ angesehene GfA. Zudem verwahrte die Abteilung XII des MfS ca. 100 Filmrollen (16 mm) mit verfilmten GfA aus Strafvollzugseinrichtungen des MdI in den Bezirken Cottbus, Dresden, Karl-Marx-Stadt, Leipzig und Potsdam, deren Inhalt nicht personenbezogen erfasst worden war; dies geschah erst in den 1990er-Jahren beim BStU. Eine Auskunft über das Vorhandensein von GfA kann nur über personenbezogene Einzelfallprüfung stattfinden (Abb. 131*f.* u. 143). *[RLu]*

Gegenstandsablage – In diese kamen wohl schon seit den 1950er-Jahren (→ Anweisung Nr. 14/52) Tonbänder, Schlüssel, Abzeichen, Stempel und andere Gegenstände, die sich überwiegend als Beweismittel in den → Akten befanden, aber auch Orden und Medaillen, die beispielsweise einem → inoffiziellen Mitarbeiter verliehen worden waren (wegen seiner konspirativen Tätigkeit durfte er die Auszeichnungen nicht selbst besitzen). Die Gegenstände wurden von den Abteilungen XII (→ Zentrale Auskunft/Speicher) aus den Akten entnommen, um Verletzungen oder Zerstörungen des Papiers zu vermeiden. Sie wurden in mit der Archivsignatur beschrifteten Umschlägen und diese in Kartons gelagert. Durch einen der Akte beigefügten Vermerk blieb die Entnahme dokumentiert und ein Rückgriff auf den Gegenstand jederzeit möglich. Die 3. Durchführungsbestimmung zur → Dienstanweisung Nr. 2/81 schränkte allerdings ein, dass mit Akten übernommene Gegenstände nur in begründeten Ausnahmefällen zur Ablage kommen dürften. Die → Archivordnung XII von 1989 begrenzte unter „Ordnungsmäßigkeit" der Aktenübernahme zugehörige Gegenstände noch deutlicher auf Beweismittel. Überwiegend aber wären Gegenstände an die operativen Diensteinheiten zurückzusenden. Dafür waren der Archivordnung Musterschreiben beigegeben. Im → Zentralarchiv des MfS umfasste die Gegenstandsablage ca. 22 lfm. *[RLu]*

Gehaltskontokarte → Kaderkarteikarte.

Geheime Ablage (GH) – Diese → Ablage gab es als sogenannten „Archivbestand 5" nur im → Zentralarchiv der Abteilung XII des MfS. Sie war mit der → Richtlinie GVS-Nr. 90/54 vom 12. Dezember 1953 als „Besondere Geheimablage" eingeführt worden. Aufbewahrt werden sollten in ihr als „besonders wichtig und wertvoll" betrachtete operative Vorgänge. Nämlich: „1.) Persönliche Arbeitsvorgänge von [Mitarbeitern des MfS], die besondere Aufträge ausgeführt haben. 2.) Personalakten und Arbeitsvorgänge besonders wertvoller inoffizieller Mitarbeiter, mit welchen aus operativen Gründen die Verbindung zeitweilig abgebrochen ist. 3.) Untersuchungsmaterial von Vorgängen, die große staatliche Bedeutung haben. 4.) Besonders wichtige Vorgänge von gesamtstaatlicher Bedeutung." Diese Vorgabe erklärt die heute in der GH anzutreffende Mischung von → Aktenkategorien, die auch in der → operativen Hauptablage, der → allgemeinen Sachablage, der → Personenaktenablage oder einem anderen → „Archivbestand" zu finden waren. Jedoch unterlagen die Akten in der GH einer „besonderen Geheimhaltungsstufe". Die Akten kamen verplombt, ggf. zudem in verplombten Kartons verpackt zur → Ablage. Die → Abverfügung bzw. der → Beschluss zur Archivierung war außen beigefügt. Nur ausgewählte Mitarbeiter durften diese in einer Regalanlage separat und verschlossen verwahrten Akten ausheben oder einlagern – die GH galt als → „Sonderablage". Lediglich die → ablegende Diensteinheit durfte die jeweiligen Akten nutzen, für alle anderen blieben sie grundsätzlich gesperrt. Die Ausleihe erfolgte nur an den Leiter der zuständigen Diensteinheit persönlich. Selbst die Ausleihnachweise und der Rücknahmespeicher (→ Rücknahmekartei) für GH waren gesondert von anderen Nachweisen und unter Verschluss zu halten. Insbesondere die Hauptabteilung IX (Untersuchungsorgan) verwahrte hier Unterlagen über Mitarbeiter des Staatsapparates und des MfS, gegen die Ermittlungen gelaufen waren. Von 1955 bis 1978 wurden jährlich durchschnittlich 265 Bände in der GH abgelegt, in den Jahren nach 1979 waren es auffällig mehr: durchschnittlich 455. In einer großangelegten Aktion sah 1979 ein Mitarbeiter der Hauptabteilung IX sehr viele bereits „archivierte“ Akten, aus der operativen Hauptablage und anderen „Archivbeständen“ des → Zentralarchivs und der → Archive der Bezirksverwaltungen durch. Im Ergebnis wurden 1979 über 1 800 Bände in „GH“ umsigniert. (Sehr wahrscheinlich war diese verschärfte Geheimhaltung eine Konsequenz aus der Flucht des Mitarbeiters der HV A, Werner Stiller, im Januar 1979 in die Bundesrepublik. Er soll größere Mengen verfilmter Unterlagen mitgenommen haben.) In den Jahren von 1955 bis 1989 kamen insgesamt ca. 13 300 Bände zur → Ablage, 3,5 Prozent davon wurden bis 1989 wieder kassiert, ca. 350 lfm Akten sind überliefert. Wegen der Vielfalt der Aktenkategorien in der GH waren auch die Recherchemöglichkeiten unterschiedlich: Über Nachweise in den ablegenden Diensteinheiten hinaus waren Recherchen nach → nicht registrierten Vorgängen direkt über die → Personenkartei F 16, nach → registrierten Vorgängen über die Personenkartei F 16 in Verbindung mit der → Vorgangskartei F 22 möglich. Zudem enthielten → Archivregistrierbücher jeweils Vermerke über die Umsignierung von „archivierten“ Akten in GH. → Sonderarchiv der Hauptabteilung IX. *[RLu]*

Geheime Kommandosache (GKdos) – Höchster → Geheimhaltungsgrad für Staatsgeheimnisse, die für „die Sicherung der Grundlagen der DDR bzw. der sozialistischen Staatengemeinschaft“ als entscheidend betrachtet wurden. Die Berechtigung für GKdos schloss auch die Berechtigung für → Geheime Verschlusssachen und → Vertrauliche Verschlusssachen ein. → Verschlusssache. *[SBu]*

Geheime Verschlusssache (GVS) – Zweithöchster → Geheimhaltungsgrad für Staatsgeheimnisse, deren „Offenbarung schwere Gefahren, Schäden, Störungen oder andere Nachteile für die Innen- und Außenpolitik“ hätten herbeiführen können. Die GVS-Berechtigung schloss auch die Berechtigung für → Vertrauliche Verschlusssachen ein. → Geheime Kommandosache, → Verschlusssache. *[SBu]*

Geheimer Hauptinformator (GHI) – Kategorie eines inoffiziellen Mitarbeiters des MfS. Der GHI wurde zur Entlastung der hauptamtlichen Mitarbeiter bei der Führung des Netzes → geheimer Informatoren (GI) in den wichtigsten Objekten und → Linien und zur Sicherung der Konspiration mit der Dienstanweisung Nr. 30/53 vom September 1953 eingeführt. Er hatte zwei bis sechs geheime Informatoren zu führen und sollte „aufgrund seiner Stellung die Möglichkeit haben, unauffällig und oft mit seinen Informatoren zusammenzukommen“ und „politisch absolut zuverlässig und der Partei treu ergeben“ sein. Der GHI wurde im Januar 1968 mit der Richtlinie Nr. 1/68 in → Führungs-IM (FIM) umbenannt. *[SBu]*

Geheimer Informator (GI) – Kategorie eines inoffiziellen Mitarbeiters des MfS; Vorläufer des → IMS bis 1968. → inoffizieller Mitarbeiter (IM). *[SBu]*

Geheimer Mitarbeiter (GM) – Kategorie eines inoffiziellen Mitarbeiters des MfS. Den GM gab es von 1950 bis 1968. Er hatte die Aufgabe, Informationen über „Spionage- und andere illegale antidemokratische Tätigkeit" der „feindlichen Zentralen, Agenturen und Untergrundgruppen" zu beschaffen. Der potenzielle GM sollte bereits mit den genannten Personenkreisen in Verbindungen stehen oder die Möglichkeit und Befähigung besitzen, diese Verbindungen herzustellen. Der GM wurde ab 1968 ersetzt durch den → inoffiziellen Mitarbeiter der Abwehr mit Feindverbindungen zum Operationsgebiet (→ IMF, → IMB) und den inoffiziellen Mitarbeiter mit vertraulichen Beziehungen zur bearbeiteten Person (→ IMV, IMB). *[SBu]*

Geheimer Mitarbeiter im besonderen Einsatz (GME) – Der GME war eine Kategorie inoffizieller Mitarbeiter, die mit der → Richtlinie Nr. 1/58 eingeführt wurde. Der GME sollte demnach überörtlich zur „Lösung komplizierter und schwieriger Aufgaben, die von inoffiziellen Mitarbeitern der örtlichen Organe des MfS nicht gelöst werden können" herangezogen werden. In Frage kamen dabei z. B. Rentner, Freischaffende, aber auch „junge, gut aussehende weibliche" Personen. Zeitgleich mit dem Auswechseln der IM-Kategorie → geheimer Mitarbeiter (GM) durch → inoffizieller Mitarbeiter (IM) wurde im Jahr 1968 (→ Richtlinie Nr. 1/68) aus dem GME ein → IME. → IM-Vorlauf, → IM-Vorlaufakte, → IM-Vorgang. *[SBu]*

Geheimhaltungsgrad – Die Staatsgeheimnisse waren in der DDR im Wesentlichen in drei Geheimhaltungsgrade eingestuft: → Geheime Kommandosache (GKdos), → Geheime Verschlusssache (GVS) und → Vertrauliche Verschlusssache (VVS). Die zum Umgang mit Staatsgeheimnissen und zur Einsichtnahme in → Verschlusssachen berechtigten Personen wurden umfangreichen → Sicherheitsüberprüfungen unterzogen und als Geheimnisträger verpflichtet. *[SBu]*

Genehmigte Kurzauskunft (Wörterbuch XII, Kapitel „Archivarbeit") – *Von für → gesperrte Ablagen zuständigen Diensteinheiten dem Archivmaterial beigefügte → Kurzauskünfte, die bei der Auskunftserteilung durch die → Abteilung XII ohne weitere Genehmigung verwendet werden dürfen. Die entsprechende Archivnummer ist durch den Buchstaben → „G" gekennzeichnet. [MfS, Abt. XII Nr. 883]* (Abb. 044)

Generalstaatsanwaltschaft (GStA) – Aktenkategorie der Hauptabteilung IX/11 (→ „NS-Archiv"). Die Akten sind im Rahmen der Amtshilfe des Generalstaatsanwalts der DDR bei der Aufklärung von NS-Verbrechen entstanden und enthalten Informationen über die Zusammenarbeit seiner

Abteilungen untereinander sowie über die Zusammenarbeit mit dem MfS. Die Unterlagen stehen in engem Zusammenhang mit der Aktenkategorie → Rechtshilfeersuchen der Hauptabteilung IX/11. *[RBl]*

Gerichtsakte (Wörterbuch XII, Kapitel „Archivarbeit") – *Aktenart innerhalb der Aktenkategorie „AU" (→ archivierter Untersuchungsvorgang) Kurzbezeichnung: GA. [MfS, Abt. XII Nr. 883]*
Die Gerichtsakte (GA) beinhaltet in der Regel ein Inhaltsverzeichnis, den Haftbefehl, die Einlieferungsanzeige, die Effektenaufstellung, die Vernehmungsprotokolle, den Eröffnungsbeschluss zum Verfahren, die Anklageschrift und das Urteil (Abb. 124 – 128). → Untersuchungsvorgang. *[SBu]*

Gesellschaftlicher Mitarbeiter für Sicherheit (GMS) – Besondere Kategorie eines inoffiziellen Mitarbeiters des MfS, welche im Jahr 1968 eingeführt wurde. Der GMS sollte der Richtlinie Nr. 1/68 vom Januar 1968 zufolge ein „staatsbewusster Bürger" sein, der sich durch ein „progressives Auftreten in der Öffentlichkeit" auszeichnete. Meistens war er Mitglied der Sozialistischen Einheitspartei Deutschlands (SED). Ähnlich wie der → inoffizielle Mitarbeiter zur politisch-operativen Sicherung und Durchdringung eines Verantwortungsbereichs (IMS) hatte er einen bestimmten Bereich oder ein Objekt der Volkswirtschaft, des Verkehrs- und Nachrichtenwesens, der staatlichen Verwaltung, der gesellschaftlichen Organisationen oder der Landesverteidigung mit einem politisch-operativen Schwerpunkt abzusichern. Der GMS sollte aber durch sein „offensives" Verhalten helfen, „bestehende Missverhältnisse und Mängel zu beseitigen" und die „Politik der Partei und Regierung durchzusetzen" und er wurde mehr für Sicherungsaufgaben im und zur Deckung des Informationsbedarfs aus dem Arbeits-, Wohn- und Interessenbereich eingesetzt. In der Regel wurde er nicht für die operative „Bearbeitung von Personen und Personenkreise sowie zur vorgangs- und personenbezogenen Arbeit im und nach dem Operationsgebiet eingesetzt" und die Treffen mit dem → Führungsoffizier fanden nicht in → konspirativen Wohnungen statt, sondern im Arbeitsraum des GMS. Im Unterschied zu inoffiziellen Mitarbeitern wurde der GMS nicht „geworben", sondern zur Zusammenarbeit „gewonnen". Der GMS musste üblicherweise keine Verpflichtungserklärung schreiben. Nach vorausgehender Überprüfung wurden GMS in der zuständigen Abteilung XII mittels → Personenkarteikarte F 16 erfasst, in den ersten Jahren jedoch keine → Registriernummer vergeben. Erst seit 1980 wurden GMS in den Abteilungen XII wie IM registriert. Bis 1979 entschied der unmittelbare Vorgesetzte des operativen Mitarbeiters über die Bestätigung des Kandidaten zum GMS oder den Abbruch der Zusammenarbeit, seit 1980 der Leiter der Diensteinheit bzw. sein Stellvertreter. Die Führung des GMS konnte durch einen operativen Mitarbeiter, einen → Offizier im besonderen Einsatz, einen → inoffiziellen Mitarbeiter im besonderen Einsatz oder einen → Führungs-IM erfolgen. Bei einer Übergabe des GMS an einen anderen hauptamtlichen oder inoffiziellen Mitarbeiter war das vorherige Einverständnis des GMS erforderlich. → GMS-Akte. *[SBu]*

Gesperrte Ablage (Wörterbuch XII, Kapitel „Archivarbeit") – *Form der → Klassifizierung von Archivmaterial. „Gesperrte Ablage" bedeutet, dass zur Einsichtnahme in das Archivmaterial die Erlaubnis der → ablegenden Diensteinheit erforderlich ist. [MfS, Abt. XII Nr. 883]*
Auch die → Kassation des gesperrten → Archivmaterials war ohne die Erlaubnis der ablegenden Diensteinheit nicht möglich. Ebenso wie → „nicht gesperrt" war der → Klassifizierungsvermerk „gesperrte Ablage" Bestandteil der → Archivsignatur und Kennzeichnung, überwiegend gestempelt, auf der Karteikarte F 22 der → Vorgangskartei, auf dem vorderen Aktendeckel und im → Archivregistrierbuch. *[SBu]*

GfA → Gefangenenakte (Abb. 131*f.* u. 143).

GH → Geheime Ablage (Abb. 142 – 145).

GHI (Wörterbuch XII, Kapitel „Archivarbeit") – *Alte Bezeichnung für → FIM (→ Geheimer Haupt-Informator); zu beachten bei der Auswertung von → Archivmaterial. [MfS, Abt. XII Nr. 883]*

GI (Wörterbuch XII, Kapitel „Archivarbeit") – *Alte Bezeichnung für IM (→ Geheimer Informator, entspricht → IMS, → IMK); zu beachten bei der Auswertung von → Archivmaterial und bei der → Auskunftserteilung auf archivierte IM-Vorgänge. [MfS, Abt. XII Nr. 883]*

GKdos → Geheime Kommandosache.

GM (Wörterbuch XII, Kapitel „Archivarbeit") – *Alte Bezeichnung für IM (etwa vergleichbar mit → IME, → IMB), (→ Geheimer Mitarbeiter); zu beachten bei der Auswertung von → Archivmaterial. [MfS, Abt. XII Nr. 883]*

GME → Geheimer Mitarbeiter im besonderen Einsatz.

GMS → Gesellschaftlicher Mitarbeiter für Sicherheit.

GMS-Akte (Wörterbuch XII, Kapitel „Erfassung und Registrierung") – *Erfassungsart für Personen gemäß der Richtlinie Nr. 1/79 des Ministers für Staatssicherheit (aktive → Erfassung auf der Grundlage eines registrierten Materials). [MfS, Abt. XII Nr. 883]*
→ Aktenkategorie des MfS; → Akte zu einem → gesellschaftlichen Mitarbeiter für Sicherheit (GMS). Die Bezeichnung „GMS-Akte" wurde erst im Jahr 1980 eingeführt. In den Jahren 1968 bis 1979 wurden Unterlagen zur Person eines GMS in einfachen → Handakten geführt. Vor der Gewinnung als GMS wurden die Ermittlungen über den als GMS vorgesehenen „staatsbewussten" Bürger auf das unbedingt notwendige Maß beschränkt. Über den Umfang der Ermittlungen und die Bestäti-

gung des Bürgers als GMS entschied der unmittelbare Vorgesetzte des operativen Mitarbeiters. Der Vorschlag beinhaltete die Personalien, eine kurze Begründung für vorgesehene Einsatzrichtungen und Aufgaben sowie Angaben über Art und Weise der Verbindung. Da die Erklärung zur Bereitschaft der Zusammenarbeit mit dem MfS nicht unbedingt in schriftlicher Form erfolgen musste, befindet sich in der Handakte oder der GMS-Akte selten eine Verpflichtungserklärung. Im Laufe der Zusammenarbeit gelangten in die Akte noch schriftliche, als operativ wichtig erachtete Hinweise und Berichte des GMS und die in größeren Zeitabständen angefertigten Einschätzungen des operativen Mitarbeiters über Arbeit, Ergebnisse, Verhalten, Zuverlässigkeit und Ehrlichkeit des GMS. Im Falle der Umstufung eines → IM zu einem GMS wurden die → Personal- und die Arbeitsakte des IM in der → Abteilung XII „archiviert". In die Handakte des GMS wurde lediglich ein anhand der → Personalakte des IM gefertigter → Auskunftsbericht oder eine Kopie des → Abschlussberichts übernommen. Erst seit 1980 wurde die GMS-Akte durch die anlegende operative Diensteinheit als → Vorgang in der zuständigen Abteilung XII registriert. Dazu wurden für alle aktiven GMS reihenweise → Vorgangskarteikarten F 22 angelegt und → Registriernummern vergeben. Die → Registrierung erfolgte mittels eines Beschlusses Form 1c (→ Formular) zum Anlegen einer GMS-Akte. Diesen Beschluss bestätigte der Leiter der operativen Diensteinheit oder sein Stellvertreter. Im Unterschied zum → IM-Vorgang besteht die GMS-Akte nur aus einer Handakte, in der sich Elemente der → Personalakte und der → Arbeitsakte finden lassen. Das sind in der Regel: ein Inhaltsverzeichnis Form 8, der Beschluss über das Anlegen der Akte Form 1c, das → „Wer kennt wen?"-Schema Form 3, Suchaufträge an die Abteilung XII → F 10, Informationen der Abteilung XII über erfolgte Überprüfungen des GMS sowie weitere Dokumente und Berichte in chronologischer Reihenfolge. Bei der Umstufung eines GMS zu einem IM wurde aus der GMS-Akte unter Beibehaltung der Registriernummer ein IM-Vorgang. Die Dokumente aus der GMS-Akte wurden nach ihrem Charakter in die entsprechenden Teile des IM-Vorgangs aufgenommen. → Archivierte Akte eines gesellschaftlichen Mitarbeiters für Sicherheit *[SBu]*

Grenz-IM (GIM) – Kategorie → inoffizieller Mitarbeiter (IM) des MfS. Der Grenz-IM war ein Bewohner des Grenzgebietes, der dabei half, Personen und Materialien konspirativ über die Grenze zu bringen. *[SBu]*

Gruppenvorgang (GV, G.Vg.) – Vorläufer der → Aktenkategorie → operativer Vorgang in den Jahren 1950 bis 1960. Im Gruppenvorgang, teilweise auch als Operativ-Vorgang bezeichnet, wurde eine Gruppe von Personen bearbeitet, die „miteinander in Verbindung stand oder durch gleiche Ansichten verbunden war und eine organisierte feindliche Tätigkeit ausübte". Der Gruppenvorgang wurde in der Aktenkategorie → archivierter operativer Vorgang (AOP) der → operativen Hauptablage archiviert (Abb. 103 u. 109). *[SBu]*

GStA → Generalstaatsanwaltschaft.

GU – Gesundheitsunterlagen (Abb. 137), → Personalakte, → Personalaktenablage.

Gültigkeit (Wörterbuch XII, Kapitel „Arbeitsorganisation") – *Voraussetzung für die Bearbeitung von → Erfassungs-, Überprüfungs- und → Änderungsbelegen in der → Abteilung XII. Gültigkeit wird z. B. gesetzt durch die Unterschrift des berechtigten Leiters, durch die Zeitdauer von der Überprüfung bis zur → Erfassung, durch die richtige Ausstellung von Belegen u. a. [MfS, Abt. XII Nr. 883]*

Gültigkeitsdauer (Wörterbuch XII, Kapitel „Arbeitsorganisation") – *einer → Auskunft der → Abteilung XII. Gemäß → Dienstanweisung Nr. 2/81 beträgt sie 30 Tage vom Tag der Bearbeitung an gerechnet. Nach Ablauf der → Gültigkeit ist die Auskunft in der Abteilung XII neu anzufordern. Zur → Erfassung vorgelegte → F 10 mit einer Auskunft, deren Gültigkeit abgelaufen ist, sind ungültig – die Erfassung kann nicht vorgenommen werden. [MfS, Abt. XII Nr. 883]*

GV → Gruppenvorgang (Abb. 103 u. 109).

GVS → Geheime Verschlusssache.

H

H – Kennzeichnung am Ende der → Archivsignatur, wenn für einen als → gesperrt abgelegten → registrierten Vorgang über lediglich eine der darin genannten Personen ein → Auskunftsbericht oder eine → Kurzauskunft im → Auskunftsberichtespeicher vorhanden war und die für den Vorgang zuständige Diensteinheit die Verwendung genehmigt hatte. → B, → C, → G. *[RLu]*

HA → Handakte.

Haftkrankenhausakte (HKH) → Allgemeine Sachablage.

Handakte (Wörterbuch XII, Kapitel „Archivarbeit") – *In der politisch-operativen Arbeit gebräuchliche Form der Sammlung aktuellen operativ bedeutsamen Materials zu einer Person, soweit noch nicht die Führung → registrierter Vorgänge und Akten angewiesen wurde. [MfS, Abt. XII Nr. 883]* → Untersuchungsvorgang, → archivierte Akte der Abteilungen Ia der Generalstaatsanwaltschaft und der Bezirksstaatsanwaltschaften, → GMS-Akte.

Hauptamtlicher Führungs-IM (HFIM) → Führungs-IM, → inoffizieller Mitarbeiter, → hauptamtlicher inoffizieller Mitarbeiter.

Hauptamtlicher inoffizieller Mitarbeiter (HIM) – Vom MfS als besonders fähig und zuverlässig angesehene → inoffizielle Mitarbeiter (IM) konnten für die „Lösung spezieller politisch-operativer Aufgaben auf dem Territorium der DDR oder anderer Staaten", so die Richtlinie Nr. 1/79, hauptamtlich eingesetzt werden. Sie arbeiteten dann unter einem legendierten Arbeitsverhältnis, also offiziell für einen Betrieb, eine Verwaltung oder eine Forschungseinrichtung. Sie führten dabei falsche Namen und darauf ausgestellte Personalausweise und Betriebs- oder Dienstausweise, die das MfS konspirativ beschaffte oder fertigte. Ihre Anstellung beim MfS sollte nach außen verdeckt bleiben. Die wirkliche Identität kannten nur die unmittelbar mit der jeweiligen Angelegenheit betrauten MfS-Offiziere. HIM verpflichteten sich zur inoffiziellen Zusammenarbeit und schlossen zudem einen Arbeitsvertrag mit dem MfS ab. Sie wurden vom MfS sozialversichert und erhielten ein Gehalt wie ein MfS-Offizier. Das MfS sorgte für einen Arbeitsraum, der zum legendierten Arbeitsverhältnis passte, und für dessen Ausstattung. Um die Tarnung zu sichern, wurden das Umfeld eines HIM, seine Familie, seine Nachbarn, Sportfreunde und sonstige Bekannte intensiven Überprüfungen und Überwachungen durch das MfS unterzogen. HIM waren häufig als → Führungs-IM mit der Steuerung von nicht amtlichen, inoffiziellen Mitarbeitern in einem Netz betraut. Sie hielten enge Verbindung mit ihrem → Führungsoffizier. In der zweiten Hälfte der 1980er-Jahre beschäftigte das MfS bis zu 3 500 HIM. Über jeden HIM wurde ein → IM-Vorgang geführt. → Offizier im besonderen Einsatz. *[RLu]*

HB → Historischer Bestand.

HFIM → Hauptamtlicher Führungs-IM.

HIM → Hauptamtlicher inoffizieller Mitarbeiter.

Hinweisbeleg (HWB) – (1) (Wörterbuch XII, Kapitel „Belege und Vordrucke") *HWB entstehen bei der maschinellen → Vorrecherche, wenn zu dem einzuspeichernden oder zu ändernden → Datensatz bereits identische, teilidentische oder ähnliche Daten im EDV-Bestand gespeichert sind. HWB-Format 1: Klartext; HWB-Format 2: Hinweis auf → Zielinformation-Nr., davon ausgehend Erstellen eines → SIRAZI-Ergebnisses. Gegenstand der weiteren Bearbeitung in der → Personenkartei (Ziehen der zugehörigen → Basiskarten) und im Bereich Veränderung (Feststellen der Identität oder Nichtidentität der Personen).*

(2) (Wörterbuch XII, Kapitel „EDV-Anwendung") *HWB entstehen bei der Vorrecherche zu → Ersterfassungen und Änderungen, wenn zu den recherchierten Datensätzen identische oder teilidentische oder ähnliche Datensätze im EDV-Bestand gespeichert sind. Anhand der → Hinweis-*

belege (Format 1 und Format 2/SIRAZI-Ausdruck) erfolgt in der → Personenkartei das Ziehen der F 16 und durch die mit der Bearbeitung von Änderungen beauftragte Abteilung XII/4/3 die weitere Entscheidung, Bearbeitung und → Datenbankanweisung. [MfS, Abt. XII Nr. 883]

Das Wörterbuch XII entspricht mit seiner Strukturbezeichnung Abteilung XII/4, Referat 3 für den Änderungsdienst dem Stand von 1984. Diese Aufgabe hatte seit mindestens 1985 die Abteilung XII/6 inne, der im September 1987 die Abteilung XII/3 (Zentrale Personenkartei) eingegliedert wurde. 1989 nahm den Änderungsdienst für die Personenkartei F 16 die Abteilung XII/6, Referat 1 wahr. *[RLu]*

Hinweiserfassung (Wörterbuch XII, Kapitel „Erfassung und Registrierung") – *Erfassungsart auf der Grundlage spezifischer Hinweise (z. B. ehemaliger Grenzgänger, SMT-Verurteilter, Waldheimverurteilter usw.). [MfS, Abt. XII Nr. 883]*

Hinweiskarte (Wörterbuch XII, Kapitel „Belege und Vordrucke") – *F 16 ohne Erfassungsdaten, die auf eine an anderer Stelle in der Personenkartei einliegende F 16 mit Erfassungsdaten hinweist (bei Namensänderungen, Namenszusammenlegungen, → Doppelnamen). [MfS, Abt. XII Nr. 883]* → Basiskarte.

Historischer Bestand (HB) – Eine → „Sonderablage" im → Zentralarchiv des MfS. Seit Mitte der 1980er-Jahre befasste sich das MfS mit Fragen der Bewertung und → Kassation von in den Archiven abgelegten → Akten. Nie erreichtes Ziel war dabei, die stark angewachsenen Aktenmengen auf einen Umfang zu reduzieren, der sich im „Verteidigungszustand" vor fremdem Zugriff schützen, in Verstecken konservieren oder aber relativ einfach vernichten ließ. Bei der Aussonderung sollten aber keine Schriftstücke verloren gehen, die „historisch wertvolle Informationen" über die Geschichte und Arbeitsweise des MfS enthielten. So fiel im Juni 1989 die Festlegung zum „Aufbau und zur Führung eines Sonderbestandes [...] historisch-bedeutsamer Dokumente und Materialien". Die in die Sonderablage aufgenommenen Schriftstücke durften keine operative oder juristische Bedeutung mehr für das MfS haben und wurden in der Regel Akten entnommen, die für die Kassation bestimmt waren. Aktenmappen mit der ursprünglichen → Archivsignatur blieben dabei erhalten, es wurde lediglich mit Bleistift „HB" auf dem vorderen Aktendeckel notiert. Zudem wurde im → Archivregistrierbuch der Hinweis „HB" vermerkt. Eingang fanden u. a. Schriftstücke über die Aktion „Morgenröte" – die Sicherung der III. Weltfestspiele der Jugend in Berlin durch das MfS – und über die Arbeit des MfS gegen die „Kampfgruppe gegen Unmenschlichkeit" (KgU) – eine antikommunistisch-militante Widerstandsorganisation der 1950er-Jahre. Die Unterlagen entstammten im Wesentlichen Akten aus der → allgemeinen Sachablage. Der „Historische Bestand“ umfasste letztlich ca. 3 lfm. Diese „Rest“-Akten gelangten im Zuge der Benutzung seit den 1990er-Jahren wieder an ihren der Archivsignatur entsprechenden Platz. Bei dieser „Sonderablage“ ging es nicht um Überlieferungsbildung im archivischen Sinne zur Bewahrung von Zeugnissen der Geschichte, sondern um eine Sammlung von Dokumenten als Belege für das Traditionsbild des MfS. *[RLu]*

HKH – Haftkrankenhausakte, → Allgemeine Sachablage.

HWB → Hinweisbeleg.

HWS (Wörterbuch XII, Kapitel „Erfassung und Registrierung“) – *Abkürzung für: → Hinweiskarte schreiben. HWS ist ein Bearbeitungshinweis bei auftretenden → Doppelnamen, der im Zusammenhang mit der → Umsetzungskontrolle nach der → Vorrecherche von → Ersterfassungen gegeben wird. [MfS, Abt. XII Nr. 883]*

I

Identifikationsmerkmal (Wörterbuch XII, Kapitel „EDV-Anwendung“) – *Abkürzung: IDM. Neben Name, Vorname und Geburtsdatum weitere in der EDV-Anlage gespeicherte Angaben zur Person zur eindeutigen Identifizierung. Bei DDR-Bürgern: Personenkennzahl-Rest; bei Ausländern: Staatsangehörigkeit (Staatenschlüssel). [MfS, Abt. XII Nr. 883]*

Identisch (Wörterbuch XII, Kapitel „Überprüfung und Auskunftserteilung“) – *In der Überprüfungstätigkeit zu Personen und Objekten getroffene Entscheidung, dass die Daten zu den überprüften Personen bzw. Objekten mit gespeicherten Daten übereinstimmen. Grundlage für die Erteilung einer Auskunft aus den → Speichern der → Abteilung XII. [MfS, Abt. XII Nr. 883]*

IDM → Identifikationsmerkmal.

IM → Inoffizieller Mitarbeiter.

IM-führender Mitarbeiter → Führungs-IM, → Führungsoffizier, → Inoffizieller Mitarbeiter, → IME.

IM-Kandidat (IM/K, IMK) – Eine für die Anwerbung als → inoffizieller Mitarbeiter vorgesehene Person. IM-Kandidaten, deren Verwandte und Nachbarn wurden seit 1960 im Rahmen eines IM-Vorlaufs auf „Eignung, Zuverlässigkeit und Bereitschaft“ intensiv überprüft und aufgeklärt, die Befunde in der → IM-Vorlaufakte dokumentiert. *[SBu]*

IM-Vorauswahlkartei (IMVAK) – In dieser Kartei wurden die für das MfS wichtigsten Merkmale der → inoffiziellen Mitarbeiter (IM) und der

→ gesellschaftlichen Mitarbeiter für Sicherheit (GMS) der Diensteinheiten, der Bezirksverwaltungen und der Hauptabteilung I (Militärabwehr) mit Ausnahme der KW/KO gespeichert. Die Kartei führte die jeweilige Abteilung XII (→ Zentrale Auskunft/Speicher). IM sollten nach bestimmten Kriterien je nach Anforderung recherchierbar sein. Die Informationen basierten auf → Auskunftsberichten F 217.
Die IM-Vorauswahlkarteien waren als → Kerblochkartei in zwei Teilen zu führen. Neben der Kategorie des inoffiziellen Mitarbeiters, dem → Decknamen des IM, der → Registriernummer, dem Datum der Werbung, der zuständigen Diensteinheit und dem Namen des MfS-Mitarbeiters enthielt der Teil I zusätzliche Angaben über Staatsangehörigkeit und Sprachkenntnisse. Kurze Informationen über den möglichen Einsatzbereich sowie die Verwandtschaftsverhältnisse des IM, vor allem im westlichen Ausland, vervollständigten die IM-Vorauswahlkartei. Eine Recherche nach besonderen Anforderungen, denen ein IM gerecht werden sollte, war nach dem Prinzip der Kerblochkarteien über die entsprechenden Kerbungen möglich. Die IM-führenden Diensteinheiten des MfS, der Bezirksverwaltungen und Kreisdienststellen nutzten als Arbeitsmittel die Karteikarten F 505/505a (→ Formular). In der Zentralstelle sind ca. 2 300 IMVAK der Diensteinheiten des MfS und 18 600 IMVAK der Hauptabteilung I überliefert (Abb. 056 – 059, 087). *[DHa]*

IM-Vorgang (Wörterbuch XII, Kapitel „Erfassung und Registrierung“) – *Erfassungsart gemäß der Richtlinie Nr. 1/79 des Ministers für Staatssicherheit (aktive Erfassung auf der Grundlage eines registrierten Vorgangs). [MfS, Abt. XII Nr. 883]* → Erfassung, aktive.
Aktenkategorie des MfS, auch „IM-Akte“ genannt, in der Unterlagen über einen → inoffiziellen Mitarbeiter und das von ihm gelieferte Material gesammelt und aufbewahrt wurden. In der Regel setzte sich ein IM-Vorgang anfangs aus zwei, später aus drei Teilen zusammen: → Teil I (→ Personalakte des inoffiziellen Mitarbeiters) mit Informationen über den IM und die inoffizielle Zusammenarbeit, → Teil II (→ Arbeitsakte des inoffiziellen Mitarbeiters, zeitweise auch → Arbeitsvorgang genannt) mit Berichten des IM und → Treffberichten und seit 1968 → Teil III (→ Beiakte zur Personalakte des inoffiziellen Mitarbeiters) mit Quittungen und Belegen. Seit 1958 war die Führung des IM-Vorgangs formgebunden und der Aufbau sowie die Aktenführung wurden in den Richtlinien Nr. 1/58, 1/68, 1/79 und vor allem in den dazugehörigen Durchführungsbestimmungen detailliert festgelegt. Zusätzlich führte die Richtlinie Nr. 1/68 den o. g. Teil III ein und die IM-Vorgänge wurden in zwei Aktenarten eingeteilt: IM-Akte A und IM-Akte B mit jeweils mehreren Abschnitten. IM-Akten A waren IM-Vorgänge für die IM-Kategorien → Führungs-IM, → IMS (inoffizieller Mitarbeiter zur

politisch-operativen Sicherung und Durchdringung eines Verantwortungsbereichs), → IMV (inoffizieller Mitarbeiter mit vertraulichen Beziehungen zur bearbeiteten Person), → IMF (inoffizieller Mitarbeiter der Abwehr mit Feindverbindungen zum Operationsgebiet) und → IME (inoffizieller Mitarbeiter im besonderen Einsatz). IM-Akte B war der IM-Vorgang für inoffizielle Mitarbeiter zur Sicherung der Konspiration und des Verbindungswesens (→ IMK). Das war insofern wichtig, weil der IM-Vorgang eines IMK eine → kombinierte Personal- und Arbeitsakte mit Elementen aller drei Teile eines üblichen IM-Vorgangs bilden konnte. Die Ausgabe der jeweils benötigten Aktenteile durch die zuständige Diensteinheit der → Linie XII erfolgte auf Vorlage des Beschlusses F 1a (→ Formular) zum Anlegen der Akte. Die Richtlinie Nr. 1/79 hob die Unterteilung der Teile I und II sowie der kombinierten Personal- und Arbeitsakte in Abschnitte faktisch auf und regelte den Aufbau der Akten ansonsten auch weniger detailliert. Ein IM-Vorgang war immer so zu führen, dass sich „stets ein aktuelles Bild der Persönlichkeit“ des IM und über den „Stand und die Ergebnisse der Zusammenarbeit mit ihm“ ergab. Über die Archivierung entschied der Leiter der verantwortlichen operativen Diensteinheit. Die Entscheidung wurde auf dem Beschluss F 1a dokumentiert. Archivierte IM-Vorgänge wurden in der → Aktenkategorie → archivierter IM-Vorgang / IM-Vorlauf (AIM) im sogenannten → Archivbestand 1 → operative Hauptablage abgelegt. *[SBu]*

IM-Vorlauf (Wörterbuch XII, Kapitel „Erfassung und Registrierung“) – *Erfassungsart gemäß Richtlinie Nr. 1/79 des Ministers für Staatssicherheit. Vorstufe eines → IM-Vorgangs (aktive Erfassung auf der Grundlage einer registrierten Akte). [MfS, Abt. XII Nr. 883]* → IM-Vorlaufakte, → Archivierter IM-Vorgang, → Inoffizieller Mitarbeiter.

IM-Vorlaufakte (IM-V) – Aktenkategorie des MfS, allgemein auch „IM-Vorlauf“ oder „Vorlauf-IM“ genannt. → IM-Kandidaten wurden ohne ihr Wissen „gründlich und allseitig“ überprüft und aufgeklärt. Das Ziel war die „Nachweisführung der tatsächlichen Eignung, Zuverlässigkeit und Bereitschaft“. Die dabei entstandenen Unterlagen kamen in die IM-Vorlaufakte. Bis 1960 gab es keine Vorgaben zum Anlagen und Führen einer Akte über IM-Kandidaten. Die → Richtlinie Nr. 1/50 über die operative Erfassung und Statistik vom Dezember 1953 schrieb lediglich vor, „die geworbene Person bei der → Abteilung Erfassung und Statistik registrieren zu lassen, und eine → Personalakte und einen → Arbeitsvorgang anzulegen“. Erst das Dokument über „Veränderungen im System der operativen Erfassung“ vom Mai 1960 legte fest, dass ab 1. Juli 1960 „für die Erfassung der Materialien über jede zur Werbung als IM vorbereitete Person eine Akte Vorlauf-IM“ anzulegen sei, die nach

der Werbung als → Personalakte des inoffiziellen Mitarbeiters weiterzuführen war.
Die 1. Durchführungsbestimmung zur Richtlinie Nr. 1/68 regelte zum ersten Mal detailliert den Aufbau der IM-Vorlaufakte und des → IM-Vorgangs. Danach war die IM-Vorlaufakte in Abschnitte A bis D gegliedert. Im Abschnitt A befand sich das Deckblatt F 202, das Inhaltsverzeichnis F 203, die Übersicht F 204 über Mitarbeiter, die den IM kennen bzw. Einsicht in die Akte genommen haben; im Abschnitt B das Deckblatt F 209, die Begründung der Notwendigkeit der Gewinnung, der Bericht über das Bekanntwerden des Kandidaten und die Verpflichtungserklärung in dem dafür vorgesehenen Umschlag; im Abschnitt C das Deckblatt F 231, Suchaufträge F 10, der Beschluss zum Anlegen der Vorlaufakte F 1, Ergebnisse der Überprüfung des Kandidaten, der Vorschlag für das persönliche Kennenlernen des Kandidaten, der Bericht über das persönliche Kennenlernen, der → Vorschlag zur Werbung und grundsätzliche Bemerkungen und Einschätzungen des Vorgesetzten; im Abschnitt D das Deckblatt F 234, das Inhaltsverzeichnis F 213, Berichte des Kandidaten und Berichte über durchgeführte Treffen mit dem Kandidaten (→ Treffbericht). Nach erfolgreicher Werbung bildeten die Abschnitte A bis C die Grundlage für die Personalakte des IM, der Abschnitt D wurde entnommen und in die → Arbeitsakte des inoffiziellen Mitarbeiters eingeheftet.
Seit 1968 wurde eine IM-Vorlaufakte bei der zuständigen → Abteilung XII bzw. beim selbstständigen Referat XII registriert. Die Ausgabe der benötigten Aktenteile durch die zuständige Diensteinheit der → Linie XII erfolgte jeweils auf Vorlage des Beschlusses zum Anlegen der Akte F 1a. Die Laufzeit der IM-Vorlaufakte wurde auf sechs Monate begrenzt. Gelegentlich wurde über die Überprüfung eines IM-Kandidaten statt der IM-Vorlaufakte eine OPK-Akte (→ operative Personenkontrolle) geführt. Erschien der Kandidat als nicht geeignet, kam keine Verpflichtung zustande und sah niemand Veranlassung, nunmehr gegen den Kandidaten zu ermitteln, wurden IM-Vorlaufakten bei der zuständigen Diensteinheit der Linie XII in der → Aktenkategorie → archivierter IM-Vorgang / IM-Vorlauf im sogenannten → Archivbestand 1 → operative Hauptablage „archiviert". Die Entscheidung zur → Archivierung wurde auf dem Beschluss F 1a (→ Formular) dokumentiert. *[SBu]*

IMB – Inoffizieller Mitarbeiter der Abwehr mit Feindverbindung bzw. zur unmittelbaren Bearbeitung im Verdacht der Feindtätigkeit stehender Personen; Kategorie inoffizieller Mitarbeiter des MfS. Der IMB ersetzte 1979 die bis dahin existierenden Kategorien → IMF sowie → IMV und vereinigte ihre Aufgaben. Hauptaufgabe des IMB war es, in die Konspiration als „feindlich" angesehener Stellen und Kräfte einzudringen sowie im Verdacht der „feindlichen Tätigkeit" stehende Personen zu „bearbeiten". Im Rahmen dieser Aufgaben sollte er u. a. die „Angriffsrichtung" und die Vorgehensweise des „Gegners" erkennen, das „feindliche Verbindungswesen" sowie die benutzten Mittel aufdecken, Mitarbeiter „feindlicher" Stellen in und außerhalb der DDR erkennen, identifizieren und aufklären, deren unter „Missbrauch legaler Positionen" betriebene „subversive Tätigkeit" aufdecken und zurückdrängen, und die (unterstellten) Verletzungen völkerrechtlicher Verträge und Vereinbarungen dokumentieren. Er war beteiligt an der Durchführung „operativer Spiele" und anderer Maßnahmen zur Desinformation, „Zersetzung" und „Zerschlagung" des „Gegners". → IM-Vorlauf, → IM-Vorlaufakte, → IM-Vorgang, → Inoffizieller Mitarbeiter. *[SBu]*

IME – Der inoffizielle Mitarbeiter im besonderen Einsatz war eine herausgehobene Kategorie → inoffizieller Mitarbeiter des MfS, die 1968 mit der Richtlinie Nr. 1/68 eingeführt wurde. Der Vorläufer des IME war bis 1968 der → geheime Mitarbeiter im besonderen Einsatz (GME). Der IME wurde aufgrund seiner Fähigkeiten und Voraussetzungen sowie der vorhandenen oder zu schaffenden Möglichkeiten kurzfristig oder für einen längeren Zeitraum außerhalb seines sonstigen Tätigkeitsbereichs zur Lösung spezieller politisch-operativer Aufgaben eingesetzt. Zur Erfüllung dieser Aufgaben konnte er im Auftrag des MfS vorübergehend oder dauernd ein anderes, gegebenenfalls legendiertes Arbeitsverhältnis eingehen. Zur Lösung spezieller Aufgaben konnte er mit der Führung anderer IM oder → gesellschaftlicher Mitarbeiter für Sicherheit (GMS), sogar der → Führungs-IM (FIM) beauftragt werden. Abhängig von der Arbeits- und Zeitintensität konnte aus einem IME ein hauptamtlicher inoffizieller Mitarbeiter im besonderen Einsatz (HIME; → HIM) werden. Unterkategorien des IME waren z. B. IME in Schlüsselposition, IM-Ermittler, IM-Beobachter und Experten-IM. → IM-Vorlauf, → IM-Vorlaufakte, → IM-Vorgang. *[SBu]*

IMF – Ein inoffizieller Mitarbeiter der Abwehr mit Feindverbindungen zum Operationsgebiet; IM-Kategorie, die es in der Zeit von 1968 bis 1979 gab. Der Vorläufer des IMF und des → IMV war der → geheime Mitarbeiter. Der IMF hatte Verbindungen zu „imperialistischen" Geheimdiensten sowie anderen „feindlichen" Organisationen, Gruppen oder Personen im Operationsgebiet, oder er sollte in der Lage sein, eine solche Verbindung herzustellen. Er wurde vorrangig zum Eindringen in das Verbindungswesen des Gegners eingesetzt, um „feindliche" Agenten in der DDR und ihre Pläne, Absichten, Mittel und Methoden aufzuklären. Der IMF wurde ab 1979 durch den → IMB ersetzt. → Vorlauf-IM, → IM-Vorgang, → IM-Vorlauf, → IM-Vorlaufakte, → Inoffizieller Mitarbeiter. *[SBu]*

IMK – Der inoffizielle Mitarbeiter zur Sicherung der Konspiration und des Verbindungswesens war eine IM-Kategorie, die 1968 eingeführt wurde (Richtlinie Nr. 1/68). Als Vorläufer galt bis 1968 der Inhaber einer → konspirativen Wohnung (KW). Der IMK unterstützte das MfS logistisch bei der Erfüllung politisch-operativer Aufgaben, indem er Zimmer, Wohnungen, Büros oder Objekte (→ KO) für Treffen zwischen operativen Mitarbeitern des MfS und den IM zur Verfügung stellte oder diese Treffen absicherte. Andere IMK ermöglichten mit Decktelefonen (→ IMK/DT) und Deckadressen (→ IMK/DA) die konspirative Verbindung zwischen operativen Mitarbeitern des MfS und den IM. → Inoffizieller Mitarbeiter, → IM-Vorlaufakte, → IM-Vorgang, → kombinierte Personal- und Arbeitsakte des inoffiziellen Mitarbeiters. *[SBu]*

IMK/DA – Mit der Richtlinie Nr. 1/68 eingeführte Unterkategorie des inoffiziellen Mitarbeiters zur Sicherung der Konspiration und des Verbindungswesens (→ IMK). Der IMK/DA stellte dem MfS seine offizielle Anschrift als eine Deckadresse zur Aufrechterhaltung der konspirativen Verbindung zwischen operativen Mitarbeitern des MfS und den IM zur Verfügung. → Inoffizieller Mitarbeiter, → IM-Vorlauf, → IM-Vorlaufakte, → IM-Vorgang. *[SBu]*

IMK/DT – Mit der Richtlinie Nr. 1/68 eingeführte Unterkategorie des inoffiziellen Mitarbeiters zur Sicherung der Konspiration und des Verbindungswesens (→ IMK). Der IMK/DT stellte dem MfS seinen Telefonanschluss als ein Decktelefon zur Aufrechterhaltung der konspirativen Verbindung zwischen operativen Mitarbeitern des MfS und den IM zur Verfügung. → Inoffizieller Mitarbeiter, → IM-Vorlauf, → IM-Vorlaufakte, → IM-Vorgang. *[SBu]*

IMK/KO – Mit der Richtlinie Nr. 1/68 eingeführte Unterkategorie des inoffiziellen Mitarbeiters zur Sicherung der Konspiration und des Verbindungswesens (→ IMK). Der IMK/KO stellte dem MfS sein eigenes oder das von ihm verwaltete Objekt für die Durchführung von Treffen zwischen operativen Mitarbeitern, z. B. → Führungsoffizieren und den inoffiziellen Mitarbeitern oder für andere politisch-operative Maßnahmen zur Verfügung. → Inoffizieller Mitarbeiter, → IM-Vorlauf, → IM-Vorlaufakte, → IM-Vorgang. *[SBu]*

IMK/KW – Mit der Richtlinie Nr. 1/68 eingeführte Unterkategorie des inoffiziellen Mitarbeiters zur Sicherung der Konspiration und des Verbindungswesens (→ IMK). Der IMK/KW stellte dem MfS seine eigene oder die von ihm verwaltete Wohnung bzw. einen Teil davon für die Durchführung von Treffen zwischen operativen Mitarbeitern des MfS und den IM oder für andere politisch-operative Maßnahmen zur Verfügung. → Inoffizieller Mitarbeiter, → IM-Vorlauf, → IM-Vorlaufakte, → IM-Vorgang. *[SBu]*

IMS → Inoffizieller Mitarbeiter zur politisch-operativen Durchdringung und Sicherung des Verantwortungsbereiches. IM-Kategorie, die 1968 unter der Bezeichnung „Inoffizieller Mitarbeiter zur Sicherung gesellschaftlicher Bereiche oder Objekte" eingeführt wurde. Der Vorläufer dieser IM-Kategorie war bis 1968 der → geheime Informator (GI). Die Aufgaben eines IMS waren in den Richtlinien Nr. 1/68 und 1/79 definiert. Er sollte einen bestimmten Bereich oder ein Objekt der Volkswirtschaft, des Verkehrs- und Nachrichtenwesens, der staatlichen Verwaltung, der gesellschaftlichen Organisationen oder der Landesverteidigung mit einem politisch-operativen Schwerpunkt absichern. Dabei war vorgesehen, dass er „Anzeichen oder andere Verdachtsmomente" einer „feindlichen Tätigkeit" erkennen und an der Überwindung der Auswirkungen solcher Tätigkeit mitwirken würde. Im Rahmen seiner Aufträge sollte er auch Personen „feststellen, charakterisieren und unter Kontrolle halten" bzw. zu solchen Personen Verbindung aufnehmen, die für die Arbeit des MfS „von Interesse" waren. Eine ähnliche Aufgabenstellung wie der IMS hatte auch der → GMS. IMS war die häufigste IM-Kategorie. Zuletzt gehörte etwa die Hälfte aller inoffiziellen Mitarbeiter zu dieser Kategorie. → IM-Vorlauf, → IM-Vorlaufakte, → IM-Vorgang. *[SBu]*

IMV → Inoffizieller Mitarbeiter mit vertraulichen Beziehungen zur bearbeiteten Person; IM-Kategorie, die es von 1968 bis 1979 gab. Der Vorläufer des IMV und des → IMF war der → geheime Mitarbeiter. Der IMV sollte bestehende oder zu schaffende Möglichkeiten ausnutzen, um Hinweise auf „feindliche Tätigkeit" durch operative Maßnahmen zu klären. Sein Einsatz diente dazu, die verdächtigen Personen und Gruppen in → Vorlaufakten-Operativ bzw. → operativen Vorgängen (OV) zu bearbeiten und aufzuklären, umfassende Persönlichkeitsbilder zu erstellen, Verbindungen, Bewegungen und Verhaltensweisen zu ermitteln und zu beobachten sowie Beweise für eine „feindliche Tätigkeit" zu sichern. Der IMV wurde ab 1979 durch den → IMB ersetzt. → Vorlauf-IM, → IM-Vorgang. *[SBu]*

IMVAK → IM-Vorauswahlkartei (Abb. 056 – 059 u. 087).

Index (Wörterbuch XII, Kapitel „Erfassung und Registrierung") – *Siehe → Personenindex. [MfS, Abt. XII Nr. 883]*

Information der Abteilung XII (Wörterbuch XII, Kapitel „Überprüfung und Auskunftserteilung") – *Übergabe eines Hinweises an die für eine aktive bzw. auf der Grundlage eines gesperrten → Archivmaterials bestehende passive Erfassung zuständige Diensteinheit über die Überprüfung bzw. versuchte Erfassung durch eine andere Diensteinheit. Voraussetzung für die weitere Abstimmung zwischen beiden Diensteinheiten. [MfS, Abt. XII Nr. 883]* → Erfassung, aktive, → Erfassung passive.

Informationsspeicher der Postkontrolle zu Ausländern (Speicher M/02) → M-Speicher.

Informationsspeicher der Postkontrolle zu Personen der DDR (Speicher M/01) → M-Speicher.

Informationssystem für Personendatenbanken (ISPER) – Vom MfS entwickelte Software für die Informationsverarbeitung auf Siemens-Großrechnern. Von den Abteilungen XII genutztes Vorläuferprojekt des → Systems der automatischen Vorauswahl 1 (SAVO 1). *[SKo]*

Informationsteil (Wörterbuch XII, Kapitel „Belege und Vordrucke") – *Der Teil des EDV-Suchauftrages, der nach Bearbeitung in der → Abteilung XII zur Information der für die Erfassung der Person bzw. des Objektes zuständigen Diensteinheit dient (das heißt → F 10b – Durchschrift; Tab 015 – oberer Teil). [MfS, Abt. XII Nr. 883]*

Inhaber einer konspirativen Wohnung – Vorläuferkategorie des inoffiziellen Mitarbeiters zur Sicherung der Konspiration und des Verbindungswesens (→ IMK/KW). *[SBu]*

Inoffizieller Mitarbeiter (IM) – IM waren Personen, „die für die Lösung der Aufgaben des MfS zur geheimen Zusammenarbeit verpflichtet" wurden, und für die Erfüllung dieser Aufgaben „bestimmten Anforderungen genügen" mussten. Die Richtlinie Nr. 1/68 ersetzte die bis dahin gültige Bezeichnung „Geheimer Informator" durch „Inoffizieller Mitarbeiter", jedoch waren diese Personen schon zuvor als „inoffizielle Mitarbeiter" bezeichnet worden. Unabhängig von der jeweils gültigen Bezeichnung ließen sich grundsätzlich drei Funktionstypen unterscheiden: 1. IM zur Sicherung bestimmter Bereiche (→ IMS, → GI, → GHI, → FIM, → IME, Sicherungs-IM, Instrukteur, Werber), 2. IM zur aktiven „Feindbekämpfung" (→ GM, → IMV, → IMF, → IMB, IMA, Perspektiv-IM, A-Quelle, O-Quelle, Resident) und 3. IM für logistische Aufgaben (→ IMK, → IMK/KW, → IMK/KO, → IMK/DA, → IMK/DT, Funker, → Grenz-IM, Kurier). Eine ähnliche Funktion wie der IM hatte der → gesellschaftliche Mitarbeiter für Sicherheit (GMS). Inoffizielle Mitarbeiter im besonderen Einsatz (IME) und → Führungs-IM (FIM) konnten auch andere IM und GMS führen und kontrollieren. Als besonders wertvoll und wichtig angesehene inoffizielle Mitarbeiter, sogenannte → hauptamtliche inoffizielle Mitarbeiter (HIM), arbeiteten hauptberuflich für das MfS. Potenzielle IM, sogenannte → IM-Kandidaten, wurden im Rahmen eines → IM-Vorlaufs „gründlich und allseitig" überprüft. Die gewonnenen Informationen wurden in einem → Vorschlag zur Werbung zusammengefasst. Es gab vier verschiedene Arten der Werbung: die Werbung durch politische Überzeugung, die Werbung durch allmähliches Heranziehen zur Mitarbeit, die Werbung auf der Grundlage → kompromittierenden Materials und die Werbung unter

Ausnutzung persönlicher oder materieller Interessen. Gleichzeitig mit der → Registrierung des IM-Vorlaufs bei der zuständigen Abteilung XII wurde der IM-Kandidat aktiv erfasst (→ Erfassung, aktive). Nach erfolgreicher Anwerbung konnte sich der IM seinen → Decknamen aussuchen und musste in der Regel eine Verpflichtungserklärung handschriftlich niederlegen. War der Werbungsversuch nicht erfolgreich, z. B. bei Ablehnung der Zusammenarbeit mit dem MfS, gelangte die → IM-Vorlaufakte ebenso wie der → IM-Vorgang nach Beendigung der Zusammenarbeit mit dem MfS als → archivierter IM-Vorlauf (oder) archivierter IM-Vorgang (AIM) zur → Ablage. Der IM sollte sich regelmäßig mit seinem → Führungsoffizier treffen, um ihm mündlich oder schriftlich Bericht zu erstatten. Über diese Treffen musste der Führungsoffizier → Treffberichte anfertigen. Die Treffen selbst erfolgten meistens in einer → konspirativen Wohnung (KW) oder in einem → konspirativen Objekt (KO). Die Unterlagen über den IM und die von ihm gelieferten Berichte und Unterlagen befanden sich im beim MfS geführten → IM-Vorgang. → Kontaktperson. *[SBu]*

Instruktion – Kategorie dienstlicher → Bestimmungen. Instruktionen wurden aufgrund einer besonderen politischen oder militärischen Situation sowie infolge wichtiger Beschlüsse oder Maßnahmen der „Partei- und Staatsführung“ erlassen. Sie dienten der schnellen Orientierung auf Schwerpunkte, um kurzfristigen Maßnahmen im MfS oder in einzelnen Bereichen des MfS einleiten zu können. Instruktionen konnten erlassen werden vom Minister, dessen Stellvertretern und dem Leiter der Arbeitsgruppe des Ministers. *[DHa]*

ISPER → Informationssystem für Personendatenbanken.

K

K – Vermerk in der rechten oberen Ecke des vorderen Aktendeckels in Verbindung mit einer Jahreszahl zur Festsetzung des Zeitpunkts der → Kassation einer Akte. Der Vermerk „K 2010“ stand also für „Kassation im Jahr 2010“. → Aufbewahrungsfrist. *[SBu]*

K I → Archivierte Akte des Arbeitsgebietes I [lies: eins] der Kriminalpolizei (AKAG), → Archivierte Akte der Operativgruppe der Hauptabteilung VII bei der Verwaltung Strafvollzug des Ministeriums des Innern (AVSV).

K 5 – Kommissariate 5, politische Polizei in der sowjetischen Besatzungszone 1947 bis 1949, ging mit Gründung der DDR in der neu geschaffenen Hauptverwaltung zum Schutz der Volkswirtschaft im Ministerium des Innern auf, über diese Vorläuferorganisation des MfS. Als Aktenbildner begegnen die K 5 vor allem im Kontext des → Z-Materials und der → Z-Kartei (→ Karteien) sowie in der → Allgemeinen Sachablage im Schriftgut der Deutschen Verwaltung des Innern (dort ca. 20 lfm). *[RLu]*

K.Vg. → Kontrollvorgang (Abb. 106 u. 108).

KA → Kurzauskunft.

Kaderakte → Personalakte, → Personalaktenablage, → Kaderkarteikarte.

Kaderkarteikarte (KKK) – In der Auswertungs- und Kontrollgruppe (AKG) der Hauptabteilung Kader und Schulung (HA KuSch) wurde zentral eine Kartei der hauptamtlichen Mitarbeiter des MfS und aller Bezirksverwaltungen für Staatssicherheit (BVfS) geführt. Sie entsprach den Karteien der Fachabteilungen Kader der HA KuSch bzw. den in den Abteilungen KuSch der BVfS geführten Karteien. Auf den Kaderkarteikarten, die durch mittiges Falten ein DIN-A4-Format erreichten, waren außer Namen, Adressen, Nationalität, Beruf, Schulbildung, Mitgliedschaften in Parteien und Organisationen, Vorstrafen, Auslandsaufenthalten etc. auch Militärdienstzeiten und Arbeitsstellen innerhalb des MfS mit Dienstgrad und Nummer des entsprechenden Befehls vermerkt. Anhand der Kaderkarteikarte waren sowohl verliehene Auszeichnungen als auch verhängte Disziplinarstrafen ersichtlich. Die Angaben zum Familienstand, zu Kindern, Eltern und Verwandtschaft im westlichen Ausland vervollständigten die Informationen über die Mitarbeiter. In einigen BVfS kamen Karteikarten F 16 zur Anwendung. Die Kartei zu Angehörigen des Wachregiments „Feliks E. Dzierzynski" wurde in der AKG der HA KuSch gesondert geführt. In der Abteilung Finanzen/Abteilung 6, die für Besoldung, Entlohnung und soziale Versorgung der aktiven und aus dem aktiven Dienst ausgeschiedenen MfS-Mitarbeiter, der → hauptamtlichen inoffiziellen Mitarbeiter, der Zivilbeschäftigten und der Sonderbereiche des MfS (z. B. → Offiziere im besonderen Einsatz, OibE) zuständig war, wurden Gehaltskontokarten und Besoldungsstammkarten geführt. In der Zentralstelle sind ca. 238 000 Kaderkarteikarten, über 120 000 Besoldungsstammkarten und ca. 104 000 Gehaltskontokarten überliefert. (Abb. 089 – 092) → Personalakte *[DHa]*

KAG I-Erfassung → Archivierte Akten des Arbeitsgebietes I [lies: eins] der Kriminalpolizei (AKAG), → Erfassung (Abb. 039 u. 040).

Karteialphabet (Wörterbuch XII, Kapitel „Erfassung und Registrierung") – *auch: Klangalphabet. Historisch gewachsene Ablageordnung in der → Personenkartei, die von der normgerechten alphabetischen Ablage der Karteikarten abweicht. Das Karteialphabet beruht auf der Zusammenlegung ähnlich klingender verschiedener Vokale und Konsonanten sowie deren Verbindungen. Dieses Verfahren bedingt das Einordnen* *von Hinweiskarten in die Personenkartei und setzt gute Kenntnisse der mit der Überprüfung und Änderung an/in der Kartei betrauten Mitarbeiter voraus. [MfS, Abt. XII Nr. 883]* → Namenszusammenlegung, → Ablageprinzip.

Karteiauskunft (Wörterbuch XII, Kapitel „Überprüfung und Auskunftserteilung") – *Erteilung von Auskunft bzw. Information entsprechend den Festlegungen der → Dienstanweisung Nr. 2/81, 2. Durchführungsbestimmung, aus den Karteispeichern; schriftlich und mündlich möglich. [MfS, Abt. XII Nr. 883]*

Karteibereich (Wörterbuch XII, Kapitel „Arbeitsorganisation") – *Als gesonderter Sicherungsbereich zu betrachtende Räume, in denen Karteiarbeiten durchgeführt bzw. Karteikarten gespeichert sind. [MfS, Abt. XII Nr. 883]*

Karteibestand (Wörterbuch XII, Kapitel „Erfassung und Registrierung") – *Gesamtheit der für die Überprüfungs- und Auskunftstätigkeit zur Verfügung stehenden Karteikarten in den jeweiligen → Karteien. Die einzelnen Karteien bilden jeweils einen gesonderten Karteibestand. Der Karteibestand ist durch → Ersterfassungen, → Änderungen und → Löschungen ständigen Veränderungen unterworfen. [MfS, Abt. XII Nr. 883]*

Karteibeutel (Wörterbuch XII, Kapitel „Arbeitsorganisation") – *Versandbehältnis (Kuriertasche), mit dem Post von den Referaten/→ Abteilungen XII der Bezirksverwaltungen an die → Personenkartei gesandt werden. Zu beachten für Abteilung XII/5 bei Empfang und Weiterleitung der Post. [MfS, Abt. XII Nr. 883]*

Karteien – Karteien waren im MfS das wesentliche Mittel für das Erfassen, Speichern und Auswerten von personenbezogenen und objektbezogenen Informationen. Die zentrale Karteiführung in der Abteilung Erfassung und Statistik (seit 1952 Abteilung XII, → Zentrale Auskunft/Speicher) begann im September 1950 mit dem Aufbau dreier Karteien: einer Kartei (Form A 1; Abb. 011 u. 012) der in operativen Vorgängen (→ alte Vorgänge) „bearbeiteten" Personen, einer Kartei (Form B 1; Abb. 017 u. 018) der → inoffiziellen Mitarbeiter und einer Kartei (Form C 1; Abb. 023 – 026) der verhafteten Personen. Zudem übernahm sie eine Kartei (Abb. 001 – 004, 009 u. 010) von einer Vorgängerinstitution, den Kommissariaten 5 (→ K 5) der Deutschen Verwaltung des Innern (DVdI), die seit 1947 für Zwecke der Entnazifizierung aufgebaut und genutzt worden war (→ Z-Kartei). Die vier Karteien mit Karteikarten im Format DIN A6 fanden anfangs gemeinsam in einem Stahlschrank und einem Karteischrank Platz.

Seit 1953 wurden die Karteien wegen des besseren Zugriffs in eigens angefertigten großen Holztrögen auf Gestellen gelagert und genutzt, sie

waren im Umfang bereits angewachsen und stark frequentiert. Gleichzeitig waren die Karteien der als feindlich „bearbeiteten“ und der verhafteten Personen in einer → „Belastetenkartei“ zusammengeführt worden; die Kartei der inoffiziellen Mitarbeiter (damals auch → Agenturenkartei genannt) blieb zunächst separiert. Doch nicht nur die getrennte Aufstellung diente in den 1950er-Jahren der Unterscheidung von Freund und Feind, sondern auch die Farbe der Karteikarten: gelb für operativ „bearbeitete“ Personen (Form A 1, seit 1954 F 16, Abb. 011 – 016), rot für Untersuchungsvorgänge, Haftsache oder Festnahme (Form C 1, seit 1954 F 18, Abb. 023 – 028), blau bzw. hellgrau für inoffizielle Mitarbeiter (Form B 1, seit 1954 F 19, Abb. 017 – 022). Entsprechende Farben gab es zeitgleich für die zugehörigen Akten. Die Kartei der inoffiziellen Mitarbeiter bestand eigentlich aus zwei Karteien: einer Namenkartei mit Karteikarten B 1 bzw. F 19 und einer Decknamenkartei mit Karteikarten F 20.
Schon 1954 wurde die gerade erst eingerichtete Belastetenkartei F 16 / F 18 um eine neue Kartei ergänzt: eine nach → Registriernummern geordnete → Vorgangskartei F 22 (Abb. 041). In dieser wurden die Vorgangsdaten aller operativen und Untersuchungsvorgänge vermerkt. Zudem ermöglichte sie die Kontrolle über jeweils zuständige Mitarbeiter und die Bewegung dieser Vorgänge. Für letzteres diente eine die F 22 ergänzende Kontrollkartei F 23. Gleichzeitig fand eine Revision aller → registrierten Vorgänge statt und es wurden → Vorgangshefte eingeführt. Durch die Trennung von Personenerfassung und Vorgangsregistrierung sollte sich nicht nur die Konspiration erhöhen, sondern die Änderung von Vorgangsdaten einfacher sein: Statt mehrerer Personenkarteikarten war nur noch eine Vorgangskarteikarte zu ändern. Für die geordnete → Registrierung der eröffneten Vorgänge bestanden schon zuvor Registrierbereiche, gegliedert in die vierzehn Bezirksverwaltungen, die Verwaltung Wismut sowie die Zentrale des Ministeriums (einschließlich der Verwaltung Groß-Berlin). 1954 erhielt zudem die Hauptabteilung I (Militärabwehr) eine Abteilung XII mit eigener Karteiführung und eigenem → Registrierbereich.
Neben den genannten Karteien bestanden seit Anfang der 1950er-Jahre eine → Decknamenkartei mit Karteikarten F 20 (später F 77, Abb. 050 u. 051) für Decknamen der Einzel-, Gruppen- und Objektvorgänge, eine Kartei der (nach → Richtlinie GVS-Nr. 90/54) „antidemokratischen Parteien, Organisationen, Zentren der Geheimdienste und anderer Objekte“ mit Karteikarten F 17, später bezeichnet als → Feindobjektkartei, und eine statistische Kartei für die Ermittlung der Anzahl bearbeiteter Vorgänge und erfasster Personen nach dem Territorial- und dem Linienprinzip (→ Linie).

Umfangreiche Veränderungen traten 1960 ein, sie prägten die Art der zentralen Karteiführung in den nachfolgenden drei Jahrzehnten: Die Vorgangsarten wurden reduziert, gleichzeitig verloren die bis dahin genutzten Formulare für Karteikarten ihre Gültigkeit und wurden durch neue, nun gleichfarbige → Formulare ersetzt. Die Belastetenkartei und die Kartei der inoffiziellen Mitarbeiter wurden zusammensortiert. Die Vorgangsdaten inoffizieller Mitarbeiter fanden dafür Aufnahme in die Vorgangskartei (Abb. 042) bei gleichzeitiger → Umregistrierung aller aktiven IM-Vorgänge, die bis dahin auf Karteikarten B 1/F 19 geführt wurden. Gleichzeitig fand ein Austausch der → Personenkarteikarten B 1/F 19 von allen aktiven inoffiziellen Mitarbeitern in seitdem für alle Personenerfassungen gleiche gelbe Formulare F 16 statt (Karteikarten B 1/F 19 über inoffizielle Mitarbeiter, mit denen die Zusammenarbeit bereits eingestellt worden war, blieben erhalten). Eine Unterscheidung von Freund und Feind war anhand der Farbe nicht mehr möglich (Abb. 029 – 038). Die Personenkartei F 16 galt damit als „neutralisiert" und in der Geheimhaltung verbessert.
Zwischen 1950 und 1960 kamen für zentrale Personenerfassungen mindestens sechs verschiedene Karteikartendrucke mit unterschiedlichen Angaben zum Einsatz. Mit der „Neutralisierung" setzte sich ein Karteisystem durch, das bis zur Auflösung des MfS Bestand haben sollte: Eine zentrale Personenkartei mit gelben Karteikarten F 16 für die Erfassung von Personendaten, zudem eine Vorgangskartei mit ebenfalls gelben Karteikarten F 22 für die Registrierung von angelegten Vorgängen. Erstere ließ keinen Rückschluss auf die Art des Vorgangs mehr zu, letztere keinen mehr auf die erfasste Person.
Nach der „Neutralisierung" gab es nur noch in Ausnahmen eine farbliche Kennzeichnung für Karteikarten in der Personenkartei: mit abweichendem Druckbild grün und rot für Messesonderkarteikarten, grün für Grenzgängerkarten, rot für Fahndungskarten; 1960 bis 1962 wurden zeitweilig rote Karteikarten F 16 für alle Erfassungen benutzt, weil kein gelber Karton für den Druck mehr vorrätig war (Abb. 031 u. 032).
Seit 1960 wurden einmal vergebene → Registriernummern beibehalten und nicht mehr wie zuvor bei Übergabe der Akte an einen anderen Registrierbereich verändert. Seit Juli 1960 enthielten Registriernummern keine Vorgangsbezeichnung mehr, sondern nur noch die laufende Nummer und den Jahrgang; 1962 traten römische Ziffern für die → Registrierbereiche hinzu. Bis 1969 wurden gelöschte Erfassungen von Personen aus der Personenkartei F 16 entfernt und die Karteikarte vernichtet, seit September 1969 blieben gelöschte Erfassungen erhalten. Die seit 1970 in der DDR eingeführte → Personenkennzahl (PKZ) fand ihren Eingang in entsprechend geänderte Karteikarten F 16 (Abb. 034).

Eine sogenannte → „Klassifizierung" der erfassten Daten in → „gesperrt" und → „nicht gesperrt" fand seit 1971 statt (Abb. 035). Die Vorgangskartei F 22 wurde 1982, wiederum mit dem Ziel, die Geheimhaltung zu erhöhen, in eine → Arbeitskartei F 22 und eine → Auskunftskartei F 22a getrennt (Abb. 043 – 046). Die neu ausgefertigten Karteikarten der Auskunftskartei enthielten nur noch im Umfang reduzierte Daten.
Zu den zentralen Karteien gehörten zudem die → Straßenkartei (F 78, Abb. 052) und die → Objektkartei (F 80, Abb. 054 – 055), die beide der Erfassung konspirativer Wohnungen und Objekte des MfS dienten. Bis auf die Objektkartei mit Karten im Format DIN A4 quer bestanden alle zentralen Karteien aus Karteikarten im Format DIN A6 quer und waren je nach Verwendungszweck unterschiedlich bedruckt (→ Formular).
Die operativen Diensteinheiten des MfS führten eigene Karteien, sogenannte → dezentrale Speicher. Seit den 1960er-Jahren kamen vor allem → Kerblochkarten als Handlochkarten im Format DIN A4 mit je nach Verwendungszweck unterschiedlichen Aufdrucken zur Anwendung: als → Kfz-Kartei, als → Personenkerblochkartei (F 410), als → IM-Vorauswahlkartei (alle im Querformat) oder als → Deliktekartei (im Hochformat bei der Hauptabteilung IX, im Querformat bei der Hauptabteilung I). Die Kerblochkarten (Abb. 057 – 059, 080 u. 081) wurden, um größere Informationsmengen zu sammeln und verfügbar zu halten, durch die → Dokumentenkartei (F 404, Abb. 086) einschließlich → Dokumentensammelkarten (F 405) ergänzt. Wie die Kerblochkarteien zu führen und zu nutzen waren, bestimmte der umfangreiche → Befehl Nr. 299/65 mit mehreren Anlagen, Durchführungsbestimmungen und Ergänzungen; er galt weitgehend bis 1982.
Im Mai und Juni 1974 begann der Aufbau von → Vorverdichtungs-, Such- und Hinweiskarteien (VSH-Karteien, F 401/402, Abb. 082 – 085) im Format DIN A6 in allen operativen Diensteinheiten des MfS und der Bezirksverwaltungen sowie in den Kreis- und Objektdienststellen. Diese erhielten damit eine höhere Selbstständigkeit in der Speicherung personenbezogener Daten. Gleichzeitig wurde damit die Datenbasis, also die Menge der erfassten Personen enorm verbreitert, das MfS kam seinem Ziel einer „lückenlosen Erfassung" von „politisch-operativ" interessierenden Personen näher. Die VSH-Karteien blieben bis zum Ende des MfS die wichtigsten Arbeitskarteien operativer Diensteinheiten.
Ende der 1970er-Jahre begannen operative Diensteinheiten mit der Einführung der → Sichtlochkartei (SLK, Abb. 087 u. 088). Sie sollte die Kerblochkartei (KK) ablösen und bestand wie diese aus Handlochkarten im Format DIN A4. Sie war wie zuvor die KK mit einer Dokumentenkartei verbunden und diente vor allem der Speicherung und Verdichtung

operativ erhobener Informationen und deren Auswertung in Lage- und Jahresberichten, aber auch der Vorauswahl von → inoffiziellen Mitarbeitern. Die Diensteinheiten der Linie Kader und Schulung nutzten für die Personalverwaltung der hauptamtlichen Mitarbeiter und der Zivilbeschäftigten des MfS → Kaderkarteikarten (KKK, Abb. 089).
Seit Mitte der 1960er-Jahre befasste sich das MfS mit elektronischer Datenspeicherung (→ Zentrale Rechenstation). Die Abteilung XII (→ Zentrale Auskunft/Speicher) führte 1975 die EDV-Anwendung → System der automatischen Vorauswahl (SAVO) zunächst als Hilfsmittel für die Überprüfung und Auskunftserteilung ein. Ende der 1980er-Jahre hatte SAVO die Überprüfungsarbeit mit zentralen Karteien F 16 und F 22 weitgehend unnötig gemacht aber nicht ersetzt. Neben die bisherigen Karteien traten seit 1979 das elektronische Datenspeichersystem → SOUD und seit 1980/1981 die → Zentrale Personendatenbank (ZPDB), beide geführt von der → Zentralen Auswertungs- und Informationsgruppe, und in der Hauptverwaltung A (HV A, Aufklärung, Auslandsgeheimdienst) bereits seit 1974 die Datenbank → SIRA. In den 1980er-Jahren zeigte sich eine deutliche Tendenz zur Ablösung der bis dahin praktizierten Karteiarbeit durch → Datenverarbeitungsprojekte, die damit verbundenen weitreichenden Planungen bis zum Jahr 2000 und die begonnenen Baumaßnahmen kamen aber durch das Ende der DDR und des MfS nicht mehr zum Tragen. (Karteikarten in Abb. 001 – 092) *[RLu]*

Karteiprüfung (Wörterbuch XII, Kapitel „Überprüfung und Auskunftserteilung") – *Vergleich der von Diensteinheiten zur Überprüfung übergebenen Daten zu Personen/Objekten mit in der → Personenkartei bzw. → Objektkartei gespeicherten Daten bzw. bei vorliegender Erfassung auf der Grundlage → registrierter Vorgänge und Akten. Vergleich der Registrierdaten zwischen Personenkartei und → Auskunftskartei. Auch im Rahmen des → Änderungsdienstes erforderlich. [MfS, Abt. XII Nr. 883]*

Kassation (Wörterbuch XII, Kapitel „Archivarbeit") – *siehe → Vernichtung, → Kassationsbeschluss, → Kassationskommission. [MfS, Abt. XII Nr. 883]* → Aufbewahrungsfrist.

Kassationsbeschluss (Wörterbuch XII, Kapitel „Archivarbeit") – *F 509, F 510. Vordruck, auf dem die Vernichtung von → Archivmaterial angewiesen wird und ihr Vollzug dokumentiert ist. [MfS, Abt. XII Nr. 883]*

Kassationskommission (Wörterbuch XII, Kapitel „Archivarbeit") – *Gremium, das über die Vernichtung von → Archivmaterial berät und entscheidet. [MfS, Abt. XII Nr. 883]*
In der Abteilung XII (→ Zentrale Auskunft/Speicher) des MfS gehörten zu den ständigen Mitgliedern der Kommission der stellvertretende

Leiter der Abteilung XII (als Vorsitzender der Kommission), der Leiter der Abteilung Archiv und der Leiter des Referats 1 (Operative Archivauswertung) der Abteilung Archiv. In der Abteilung XII einer Bezirksverwaltung waren der stellvertretende Leiter der Abteilung (als Vorsitzender der Kommission) und der Leiter des Referats 3 (Archivarbeit und Mikroverfilmung) der Abteilung ständige Mitglieder der Kommission. Als nichtständige Mitglieder wurden in der Zentrale und auf der Bezirksebene jeweils leitende Mitarbeiter der ablegenden Diensteinheit bzw. der → Linie einbezogen.

Die Kommission entschied über die → Kassation von → Archivmaterial bzw. veranlasste die Entscheidung über die Kassation durch die verantwortliche Diensteinheit. Bei → nicht gesperrter → Ablage prüfte und entschied sie eigenverantwortlich. Bei → gesperrter Ablage beauftragte sie die Diensteinheit, welche die Sperrung veranlasst hatte, mit der Prüfung und Entscheidungsfindung. Zudem durfte die Kommission der zuständigen Diensteinheit Archivmaterial vorlegen, damit diese über die Neufestlegung der → Aufbewahrungsfrist entschied. Die durch die Kassationskommission erarbeiteten Vorschläge zur Kassation wurden dem Leiter der jeweiligen Abteilung XII zur Bestätigung vorgelegt.

Die Vorgehensweise dieser in den 1980er-Jahren tätigen Kommission orientierte sich ausschließlich am operativen Informationsinteresse des MfS und ist nicht vergleichbar mit einer archivischen Bewertung. *[SBu]*

KD-Katalog → Nachschlagmaterial zur politisch-operativen Auswertungs- und Informationstätigkeit in den Kreisdienststellen/Objektdienststellen.

Kennsatz (Wörterbuch XII, Kapitel „EDV-Anwendung") – *Bestandteil des Eingabedatenträgers, der bestimmte notwendige Angaben für die Verarbeitung und Ausgabe der Verarbeitungsdaten enthält. Im Allgemeinen besteht ein Kennsatz aus einer Satzkennung und wenigstens einem Kennwort (Inhalt des Kennsatzes sind z. B. Datum der Umsetzung, anfragende Diensteinheit, Anfrageart u. a.). [MfS, Abt. XII Nr. 883]*

Kennsatzkontrolle (Wörterbuch XII, Kapitel „EDV-Anwendung") – *Kontrollprozess im Bereich der → Datenumsetzung, um falsche Kennsätze und damit falsche Zuordnung von Überprüfungsergebnissen oder Abweisung von Verarbeitungsdatensätzen zu vermeiden. [MfS, Abt. XII Nr. 883]*

Kennwort → Deckname, → Dringlichkeitsvermerk.

Kennzeichnung der Archivsignatur – Vermerk unmittelbar hinter der Jahresangabe der → Archivsignatur zur Kennzeichnung einer vorliegenden → Archivauskunft. Üblich waren die Kennzeichnungen → „B" und → „C" bei nicht gesperrtem Material sowie „G" und „H" bei gesperrtem Material. Die Kennzeichnung „B" erfolgte, wenn in → registrierten Vorgängen zu einzelnen Personen eine schriftliche Auskunft vorlag. Die Kennzeichnung „C“ erfolgte, wenn in registrierten Vorgängen zu allen Personen eine schriftliche Auskunft vorhanden war oder wenn bei nicht registriertem Material zu einer Person eine schriftliche Auskunft vorlag. Die Kennzeichnung „G“ bedeutete, dass zum gesperrten nicht registrierten Material zu einer Person bzw. dass zum gesperrten registrierten Material zu allen Personen eine durch die ablegende Diensteinheit für die → Auskunftserteilung genehmigte Auskunft vorlag. Die Kennzeichnung „H“ wurde verwendet, wenn bei gesperrtem registriertem Material zu einzelnen Personen eine schriftliche Auskunft vorlag. Abweichend davon wurde in der bis 1982 existierenden Objektverwaltung „Wismut“ statt „B“ die Kennzeichnung „Y“ verwendet und „Z“ anstatt „C“. *[SBu]*

Kerblochkartei (F 410) – Die Kerblochkartei bestand aus → Kerblochkarten (KK) im Format DIN A4. Sie existierte in einigen Diensteinheiten bereits seit 1960, wurde aber erst 1965 mit dem → Befehl Nr. 299/65 für alle operativen Diensteinheiten verbindlich eingeführt. Sie bestand aus vier verschiedenen Karteien: → Deliktekartei, → Personenkerblochkartei-DDR, → Personenkerblochkartei-West und → Kfz-Kartei. Die einzelne Kerblochkarte enthielt im Klartext die Personengrunddaten, Angaben zur Erfassung und auf der Grundlage eines jeweils für eine Diensteinheit einheitlichen Schlüsselplanes per Kerblochung kodierte sensible Daten. Die Rückseite der Karte wurde für den Eintrag weiterer Angaben zur Person benutzt.

Die Erfassung einer Person in der Kerblochkartei (KK-Erfassung) war eine aktive Erfassung (→ Erfassung, aktive); auf der → Personenkartei F 16 erschien in der Rubrik Registriernummer/Erfassungsart der Vermerk „KK“. Kerblochkarteien waren Informationsspeicher der operativen Diensteinheiten. Sie wurden in den Kreis- und Objektdienststellen beim Auswerter geführt, in den Bezirksverwaltungen und in den meisten Hauptabteilungen und einigen selbstständigen Abteilungen des MfS in der Auswertungs- und Kontrollgruppe (AKG; bis 1978 Auswertungs- und Informationsgruppe – AIG). Im Zusammenhang mit der Einrichtung der Kerblochkartei wurde in jeder operativen Diensteinheit, teilweise auch in deren Unterstrukturen eine zentrale Ablage, die spätere → zentrale Materialablage (ZMA) geschaffen, in der das der Kerblochkarte zugrunde liegende → Ausgangsmaterial aufbewahrt wurde.

Nach der Einführung der → Vorverdichtungs-, Such- und Hinweiskartei (VSH-Kartei) mit der 3. Durchführungsbestimmung zum Befehl Nr. 299/65 vom 20. Mai 1974 und nach der Einrichtung der → Zentralen Personendatenbank des MfS (ZPDB) im Jahre 1980 war die Kerblochkartei als Datenspeicher technisch überholt. Sie blieb als Erfassungsart „KK“ trotzdem weiter erhalten, denn sie hatte, wie andere Erfassungsarten auch, vor allem eine inhaltliche Bedeutung, hier jedoch eine recht vielschichtige: Eine KK-Erfassung war zu veranlassen wenn 1. Hinweise auf eine als „feindlich“ angesehene Tätigkeit oder 2. nachweisbare Interessen anderer Geheimdienste vorlagen, 3. das MfS erwartete, das eine Person „negativ in Erscheinung treten“ könnte, 4. eine Person aufgrund ihrer Stellung in der Gesellschaft oder im Beruf vorbeugend gesichert werden sollte oder 5. bereits Maßnahmen zur Aufklärung, Kontrolle oder Bearbeitung der Person durchgeführt wurden. Die Kerblochkarteien wurden auch nach 1980, allerdings ohne Kerbungen, von einigen Diensteinheiten, z. B. von der Hauptabteilung XX, als VSH-Kartei weiter benutzt. (Abb. 080, 081, 058 u. 059) *[DHa]*

Kerblochkarten (KK) – KK waren Handlochkarten mit zwei gestanzten Lochreihen am Kartenrand. Die Lochreihen gliederten sich in Felder und Paare, deren Löcher zur Speicherung von Informationen zum Kartenrand hin flach (äußere Reihe) oder tief (innere Reihe) nach einem verbindlichen Schlüssel gekerbt wurden. KK bedurften keiner inneren Sortierung. Bei der Auswertung wurde eine Selektionsnadel in das Loch für das abgefragte Merkmal geschoben und der Kartenblock angehoben oder gekippt. Auf das Merkmal zutreffende Karten fielen dabei heraus. Mit Selektionsgabeln ließen sich mehrere Merkmale gleichzeitig abfragen. Selektionsgeräte für komplexe Abfragen an einem Kartenrand konnten bis zu 350 KK gleichzeitig aufnehmen. Wegen der einfachen Handhabung waren KK ein in Verwaltungen verbreitetes Organisationsmittel. Der VEB Kombinat Robotron stellte diese in drei verschiedenen Formaten her und exportierte sie auch in das sozialistische Ausland. Aus dessen Sortiment benutzte das MfS seit den 1960er-Jahren KK im Format DIN A4 und ließ sie sich je nach Verwendungszweck unterschiedlich bedrucken als → Deliktekartei, als → Kfz-Kartei, als → Personenkerblochkartei oder als → IM-Vorauswahlkartei.

In den 1980er-Jahren wurden KK häufig durch → Sichtlochkarten ersetzt. Einzelne Diensteinheiten (z. B. Hauptabteilung XX) verwandten KK bis zuletzt als ihre zentrale Personenkartei sowie für spezielle Informationsspeicher. Die Aufnahme eines Personennamens in eine KK galt als aktive → Erfassung, darum wurde zusätzlich eine → Personenkarteikarte F 16 für den zentralen Nachweis ausgestellt. KK trugen oft umfangreiche Textinformationen und konnten zu → Zentralen Materialablagen führen. Unterlagen über in KK erfasste Personen, die für die laufende Arbeit nicht mehr benötigt wurden, kamen seit 1974 im → Zentralarchiv des MfS oder den → Archiven der Bezirksverwaltungen für Staatssicherheit als → archiviertes Material zu ehemals KK-erfassten Personen (AKK) zur → Ablage. (Abb. 058, 059, 080 u. 081) *[RLu]*

Kfz-Kartei – Sie war Bestandteil des Systems der Kerbloch-Karteien. In der Kfz-Kartei wurden entsprechend der Zuständigkeit der operativen Diensteinheit Kfz-Kennzeichen erfasst. *[DHa]*

KK → Kerblochkartei, → Kerblochkarte.

KK-Erfassung (KK-Erf.) – Kennzeichnung auf der → Personenkarteikarte F 16 für eine Erfassung in der Kerblochkartei einer operativen Diensteinheit. Sie blieb als Erfassungsart bis 1989 bestehen, obwohl die → Kerblochkarten durch elektronische Datenträger ersetzt worden waren. Nach der Einführung der → Vorverdichtungs-, Such- und Hinweiskartei (VSH-Kartei) mit der 3. Durchführungsbestimmung zum → Befehl Nr. 299/65 vom 20. Mai 1974 und nach der Einrichtung der → Zentralen Personendatenbank des MfS (ZPDB) im Jahre 1980 war die Kerblochkarte als Datenspeicher technisch überholt. Die → Erfassungsart „KK" hatte, wie andere Erfassungsarten auch, vor allem eine inhaltliche Bedeutung. Deswegen blieb sie weiter erhalten. Die Kerblochkarteien (ohne Kerbungen) wurden von den Auswertungs- und Informationsgruppen einiger Diensteinheiten (z. B. der Hauptabteilung XX) auch nach 1980 weiter benutzt. Oft wurden zusätzlich → Handakten (→ Zentrale Materialablage, → Archiviertes Material zu ehemals in der Kerblochkartei (KK) erfassten Personen) angelegt. *[DHa]*

KKK → Kaderkarteikarte.

Klangalphabet (Wörterbuch XII, Kapitel „Erfassung und Registrierung") – *siehe → Karteialphabet. [MfS, Abt. XII Nr. 883]* → Namenszusammenlegung

Klärung von Differenzen (Wörterbuch XII, Kapitel „Erfassung und Registrierung") – *Notwendiger Prozess zur Sicherung der Qualität der Arbeit, zur Sicherung der Objektivität der Speicher sowie der Vermeidung von → Doppelerfassungen. [MfS, Abt. XII Nr. 883]*

Klassifizierung (Wörterbuch XII, Kapitel „Archivarbeit") – *Auf dem → Beschluss bzw. der Abverfügung dokumentierte Entscheidung einer ablegenden oder anderen Diensteinheit, ob → Archivmaterial zur Einsichtnahme freigegeben (→ „nicht gesperrt") ist bzw. eine Einsichtnahme in jedem Einzelfall genehmigt werden soll („gesperrt"). [MfS, Abt. XII Nr. 883]*

Dieses Begriffsverständnis ist eher vergleichbar mit dem „Classified" im anglophonen Sprachraum, das dort eine Einordnung in Stufen der Geheimhaltung bedeutet (im Deutschen entsprechend „eingestuft" bzw. „Einstufung"). Im archivischen Sprachgebrauch dagegen meint Klassifizieren die Gliederung eines Bestandes nach strukturellen und/oder sachlichen Merkmalen in einem Klassifikationsschema.

Das MfS unterschied bei seiner Klassifizierung von Akten in → „gesperrte Ablage" und → „nicht gesperrt" für Auskünfte oder Ausleihen an andere Diensteinheiten. Bei „politisch-operativer Notwendigkeit" war die Änderung dieser Klassifizierung möglich. Entscheidungsbefugt darüber war meist der Leiter der → ablegenden Diensteinheit. Die Änderung war bei → registrierten Vorgängen und Akten mittels → Klassifizierungsbeleg F 506 und bei → nicht registriertem Material mittels Klassifizierungsbeleg F 507 vorzunehmen. Zusätzlich wurde sie im → Archivregistrierbuch, auf dem Beschluss/der Abverfügung zur Archivierung und auf dem vorderen Aktendeckel dokumentiert. → Sperrende Diensteinheit, → nicht klassifizierte Ablage *[RLu, SBu]*

Klassifizierungsbeleg (Wörterbuch XII, Kapitel „Belege und Vordrucke") – *Formgebundener Beleg, mit dem die → Klassifizierung eines → Archivmaterials geändert wird. Form 506 für ehemals → registrierte Vorgänge und Akten; Form 507 für nicht registriertes Archivmaterial. [MfS, Abt. XII Nr. 883]*

Klassifizierungsvermerk (Wörterbuch XII, Kapitel „Archivarbeit") – *Bestandteil der Archivsignatur. Siehe → Klassifizierung. [MfS, Abt. XII Nr. 883]* → gesperrte Ablage, → nicht gesperrt.

KNA – Vordruck für die Arbeit der → K I, siehe unter → Formular.

KO → Konspiratives Objekt, → IMK/KO, → Kontrollobjekt.

KOA → Kontrollobjektakte.

Kombinierte Personal- und Arbeitsakte des inoffiziellen Mitarbeiters zur Sicherung der Konspiration und des Verbindungswesens (IMK) – Die durch die 1. Durchführungsbestimmung zur Richtlinie Nr. 1/68 eingeführte IM-Akte B (→ IM-Vorgang) für → IMK konnte neben den Elementen einer üblichen → Personalakte des inoffiziellen Mitarbeiters auch Bestandteile der → Arbeitsakte des inoffiziellen Mitarbeiters und der → Beiakte zur Personalakte des inoffiziellen Mitarbeiters in einem einzigen Band enthalten. Möglich war auch die Bildung eines gemeinsamen Bandes für die Personalakte und die Arbeitsakte sowie eines zusätzlichen Bandes für die Beiakte. *[SBu]*

Komplex (Wörterbuch XII, Kapitel „Arbeitsorganisation") – *Größere Anzahl gleichartiger Belege, die sich von anderen gleichartigen Belegen durch eine andere Bearbeitungsweise unterscheiden und festgelegten Bearbeitungsfristen unterliegen, von denen eine unterschiedliche Durchlauforganisation abhängt, z. B. F 16: Änderung/Ersterfassung, → F 10: Sonstige/→ Sofort und → Eilt. [MfS, Abt. XII Nr. 883]*

Komplexbearbeitung (Wörterbuch XII, Kapitel „Arbeitsorganisation") – *Bearbeitungsprinzip zur Sicherung einer planmäßigen, koordinierten, effektiven und möglichst fehlerfreien Bearbeitung mehrerer sachlich zusammengehörender Einzelbelege. Voraussetzung für eine exakte → Nachweisführung und Steuerung. [MfS, Abt. XII Nr. 883]*

Komplexbildung (Wörterbuch XII, Kapitel „Arbeitsorganisation") – *Zu-*

sammenfassung von Einzelbelegen, die gemeinsam einer bestimmten Bearbeitungsweise unterliegen. Voraussetzung für die Komplexbearbeitung. [MfS, Abt. XII Nr. 883]

Kompromittierendes Material – Erkenntnisse und Unterlagen, die dazu benutzt werden konnten, eine Person unter Druck als → inoffiziellen Mitarbeiter anzuwerben, weil sie die Zusammenarbeit mit dem MfS der Veröffentlichung dieses Materials vorzog. Geeignet war Material, das „das Ansehen des Kandidaten schädigen und seine berufliche sowie gesellschaftliche Weiterentwicklung behindern" konnte. *[SBu]*

Konspirative Wohnung (KW) – Wohnung, welche dem MfS von einem inoffiziellen Mitarbeiter zur Sicherung der Konspiration und des Verbindungswesens/Konspirative Wohnung (→ IMK/KW) ganz oder in Teilen zur Verfügung gestellt wurde. Eine KW konnte auch ohne personenbezug registriert werden. Die KW wurde für legendierte konspirative Treffen zwischen den → Führungsoffizieren und den → inoffiziellen Mitarbeitern oder für andere notwendige „politisch-operative" Maßnahmen benutzt. Treffen mit → gesellschaftlichen Mitarbeitern für Sicherheit wurden in der Regel nicht in KW durchgeführt. *[SBu]*

Konspiratives Objekt (KO) – Vom MfS genutztes, mit einer Legende versehenes Gebäude, Gebäudeteil oder Grundstück, das in der Regel von einem inoffiziellen Mitarbeiter zur Sicherung der Konspiration und des Verbindungswesens/Konspiratives Objekt (→ IMK/KO) verwaltet wurde. Das KO wurde für konspirative Treffen zwischen den → Führungsoffizieren und den → inoffiziellen Mitarbeitern oder für andere notwendige „politisch-operative" Maßnahmen benutzt. *[SBu]*

Kontaktperson (KP) – Kontaktpersonen waren „vertrauenswürdige Bürger der DDR, die zur Lösung bestimmter Aufgaben angesprochen wurden". Zu diesem Zweck erfolgte keine Anwerbung, und die Person musste auch keine Kenntnis über den nachrichtendienstlichen Charakter der Verbindung besitzen. Akten über KP wurde nicht registriert (→ Registrierung). Waren die Voraussetzungen vorhanden, sollte der operative Mitarbeiter jedoch darauf hinarbeiten, die KP als → inoffiziellen Mitarbeiter anzuwerben. *[SBu]*

Kontrollbeleg (Wörterbuch XII, Kapitel „Belege und Vordrucke") – *Abteilung XII-interner Vordruck, der der Kontrolle der termingemäßen Bearbeitung gemäß Anweisung Nr. XII/11/80 dient. [MfS, Abt. XII Nr. 883]*

Kontrolle (Wörterbuch XII, Kapitel „Arbeitsorganisation") – *Grundlegende Anforderung an die Arbeit der → Abteilung XII zur Sicherung der Genauigkeit der → Speicher und der → Auskunftserteilung. Kontrollpflichten und -prinzipien sind u. a. festgelegt in der „Kontrollanweisung XII" des Leiters der Abteilung XII. [MfS, Abt. XII Nr. 883]*

Kontrollobjekt (KO) – Als Kontrollobjekte galten Einrichtungen, Gebäude, Wohnungen, Nachrichtenverbindungen und andere Objekte nichtsozialistischer Staaten in der DDR, bei denen vermutet wurde, dass sie für die Planung, Vorbereitung und Durchführung „feindlich-negativer“ Aktivitäten genutzt wurden oder werden könnten. → Feindobjekt, Feindobjektkartei, → Kontrollobjektakte. *[SBu]*

Kontrollobjektakte (Wörterbuch XII, Kapitel „Erfassung und Registrierung“) – *Erfassungsart für Objekte gemäß der 1. Durchführungsbestimmung. zur → Dienstanweisung Nr. 2/81 des Ministers für Staatssicherheit. [MfS, Abt. XII Nr. 883]*

Kontrollobjektakte (KOA) war seit 1981 eine Aktenkategorie des MfS. In der Akte wurden Erkenntnisse über und Maßnahmen des MfS gegen ein → Kontrollobjekt in der DDR dokumentiert. Der → Registrierung ging eine Überprüfung bei der → Abteilung XII voraus. Die Registrierung selbst erfolgte auf der Grundlage eines → Beschlusses Form 1b (→ Formular) zum Anlegen einer Kontrollobjektakte. Diesen Beschluss bestätigte der zuständige Stellvertreter des Leiters der Hauptabteilung/selbstständigen Abteilung bzw. der Stellvertreter Operativ des Leiters der Bezirksverwaltung/Verwaltung. Für jedes Objekt war nur eine Erfassung in der Abteilung XII zulässig. Die erfassende Diensteinheit war für das Objekt operativ verantwortlich. Maßnahmen und Entscheidungen anderer operativer Diensteinheiten in Bezug auf dieses Objekt konnten nur nach Abstimmung mit der verantwortlichen Diensteinheit getroffen werden. Im Falle der Notwendigkeit der koordinierten Bearbeitung bzw. Aufklärung des Kontrollobjekts durch mehrere operative Diensteinheiten konnten zu einer → Zentralen Kontrollobjektakte der hauptverantwortlichen operativen Diensteinheit → Teilakten registriert und durch die anderen an der operativen Bearbeitung bzw. Aufklärung beteiligten operativen Diensteinheiten geführt werden.

Die Kontrollobjektakte musste folgende Elemente enthalten: ein Inhaltsverzeichnis Form 8, den Beschluss zum Anlegen der Akte Form 1b, einen Index über die auf der Grundlage der Objektakte in der Abteilung XII erfassten Personen und Objekte Form 2, Auskünfte und Informationen der Abteilung XII zu → Suchaufträgen Form 9 über die erfassten Objekte und operatives Material zu den erfassten Objekten in chronologischer Reihenfolge. Abgeschlossene und eingestellte Kontrollobjektakten wurden auf Beschluss des Leiters der verantwortlichen operativen Diensteinheit bei der zuständigen Abteilung XII in der → Aktenkategorie → archivierte Kontrollobjektakte im → Archivbestand → allgemeine Sachablage archiviert. Die Entscheidung zur → Archivierung wurde auf dem Beschluss Form 1b bzw. auf der → Abverfügung zur Archivierung Form 317 dokumentiert. → Feindobjektakte. *[SBu]*

Kontrollvorgang (K.Vg.) – In den 1950er-Jahren für die Überprüfung und Anleitung der operativen Arbeit von MfS-Mitarbeitern sowie über ehemalige hauptamtliche oder → inoffizielle Mitarbeiter des MfS angelegt (Abb. 106); wurde seit 1960 unter der Bezeichnung → Sonder(operativ)vorgang geführt. *[SBu]*

Koordinierung (Wörterbuch XII, Kapitel „Arbeitsorganisation“) – *Allgemein: Prozess der Herstellung von Übereinstimmung von zwei oder mehr unabhängig ablaufenden Maßnahmen. Abteilung XII: Koordinierung der Auskunftserteilung zu → AGV-Überprüfungen, wenn Reisender und Reiseziel für verschiedene Diensteinheiten erfasst sind. [MfS, Abt. XII Nr. 883]*

KP → Kontaktperson.

Kreis – Ein → Deckname der → Sonderregelung für eine → Auskunft der Abteilung XII an die Hauptabteilung VIII (Beobachtung/Ermittlung). Ziel dieser Regelung war die schnelle Mitteilung des Namens des für die überprüfte Person zuständigen MfS-Mitarbeiters zum Zweck der unmittelbaren Konsultation. Die Hauptabteilung VIII erhielt zudem Archivsignaturen eigener abgelegter Vorgänge und Akten zur Person, auch wenn deren → Erfassung aktiv für eine andere Diensteinheit vermerkt war. 1986 wurden Überprüfungen nach dieser Regelung ca. 30 Mal in Anspruch genommen. *[SWo, RLu]*

Kreisparteiarchiv (KPA) – Sonderinstitution innerhalb der SED-Archivorganisation, die 1967 beim MfS eingerichtet wurde und bis zum Zusammenbruch des SED-Regimes Ende 1989 / Anfang 1990 bestand. Das KPA diente der dauernden Aufbewahrung des aus Regime-Sicht historisch wertvollen Schriftguts aus den Gliederungen der SED innerhalb des MfS. Die Kreisparteiorganisation im MfS war aus der territorialen Organisationshierarchie der SED herausgelöst und seit 1954 unmittelbar der Abteilung für Sicherheitsfragen beim Zentralkomitee (ZK) der SED unterstellt worden. Analog wurde die Zuständigkeit für das Archivgut des Parteiapparates im MfS gesondert geregelt, nachdem 1963 im ZK der SED erstmals „Richtlinien für den Aufbau des einheitlichen Parteiarchivwesens“ verabschiedet worden waren. Das Parteiarchivgut im MfS blieb dadurch der allgemeinen SED-Archivorganisation vorenthalten. Die zentral erlassenen Vorschriften zur Schriftgutverwaltung und Archivarbeit wurden jedoch von der Parteileitung im MfS jeweils nachvollzogen. In praktischen Fragen der Schriftgutverwaltung und Archivarbeit bestand Verbindung zu den fachlich zuständigen Parteigremien, insbesondere zum Zentralen Parteiarchiv (→ Zentrale Erfassung). 1983 fasste die SED-Kreisleitung im MfS einen veränderten Beschluss zur Arbeit des Parteiarchivs, nachdem im Jahr zuvor das ZK neue „Richtlinien über den Archivfonds der SED, die Struktur und

Aufgaben der Parteiarchive“ verabschiedet hatte. Der Beschluss von 1983 definierte Umfang und Struktur des Parteiarchivwesens im MfS detaillierter: Das KPA war demnach Aufbewahrungsstätte für das Archivgut der Kreisleitung, ihres Sekretariats, der Kreisparteikontrollkommission, der Parteischule „Robert Mühlpforte“ sowie ausgewählter Partei- oder Grundorganisationen in den MfS-Diensteinheiten. Gleichzeitig wurden bestimmte Schriftgutkategorien für archivwürdig erklärt. Eine ebenfalls 1983 erarbeitete Ordnung für die Arbeit im KPA bestimmte im Einzelnen die anbietungspflichtigen Stellen sowie die archivwürdigen Schriftgutkategorien aus dem Parteiapparat beim MfS. Sie regelte außerdem Details der Schriftgutkassation sowie der Übergabe, Verwahrung und Benutzung von Archivgut. Das KPA verfügte über keine eigene Liegenschaft, sondern ließ sein Archivgut von der → Abteilung XII im → Zentralarchiv des MfS als → Sonderablage verwahren. Als Findmittel wurde eine separate Archivkartei bei der Kreisparteileitung geführt. Die Benutzung des Archivgutes war durch eine besondere Vereinbarung der SED-Kreisleitung mit dem MfS geregelt. Übernahmen von Schriftgut in das KPA sind nach 1975 deutlicher erkennbar. Insgesamt scheint der Umfang der bis 1989 archivierten Unterlagen aber eher gering. Das KPA gehörte laut Beschluss von 1983 zum Zuständigkeitsbereich des 2. Sekretärs der SED-Kreisleitung, der auch Vorsitzender einer für den Kreisparteiapparat eigens vorgesehenen Kassationskommission war. Ende 1989 / Anfang 1990 erfolgten umfangreiche Zerstörungen und Chaotisierungen von Parteiunterlagen. Dabei geriet das Schrift- und Archivgut aus dem Parteiapparat in eine heute kaum mehr behebbare gegenseitige Vermengung. Gleichzeitig erlosch mit dem Zerfall der SED-Strukturen und des MfS/AfNS das KPA als endarchivische Sonderinstanz. Das 1990 schließlich gesicherte Schrift- und Archivgut der Kreisparteiorganisation wurde beim BStU im Bestand „SED-Kreisleitung im MfS“ zusammengefasst. *[APe]*

KS → Personalaktenablage, → Personalakten (Abb. 133*ff.*).

Kurierzeiten (Wörterbuch XII, Kapitel „Arbeitsorganisation“) – *Festgelegte Zeitpunkte für die Abholung bzw. Anlieferung von kuriermäßig zu befördernden Materialien bei den für die → Abteilung XII zuständigen Kurierdiensten. [MfS, Abt. XII Nr. 883]*

Kurzauskunft (Wörterbuch XII, Kapitel „Archivarbeit“) – *Kurzdarstellung der zu einer im → Archivmaterial erfassten Person enthaltenen Informationen über die wesentlichen Gründe der → Erfassung und → Archivierung. [MfS, Abt. XII Nr. 883]*

Die Kurzdarstellung enthielt die Bezeichnung der ablegenden Diensteinheit, die aus der → Akte ersichtlichen → Personendaten, Angaben über die Gründe und den Zeitpunkt für die → Erfassung und Archivierung sowie wesentliche Ergebnisse der Bearbeitung, Kontrolle oder Zusammenarbeit. Die Kurzauskunft durfte keine Angaben über konspirative Mittel und Methoden des MfS enthalten und wurde in der Regel nur für → nicht gesperrtes Archivmaterial erteilt. Eine andere Form der Auskunft stellte der → Auskunftsbericht dar. Der Vermerk „Kurzauskunft“ auf einer Archivanforderung Form 7 oder auf einem → Suchauftrag Form 9 bzw. Form 10 (→ Formular) an die Abteilung XII (→ Zentrale Auskunft/Speicher) bedeutete, dass die Bereitstellung einer Kurzauskunft ausreichend erschien. → Archivauskunft, → Auskunftserteilung aus und Bereitstellung von Archivmaterial, → Auskunftsberichtespeicher. *[SBu]*

Kurzzeichen (Wörterbuch XII, Kapitel „Arbeitsorganisation“) – *Individuelles, ständig verwandtes Signum von Leitern und Mitarbeitern. Zu verwenden bei der Abzeichnung von Überprüfungs- und Auskunftsbelegen usw. sowie als Zeichen der Quittungsleistung, Bestätigung oder Kenntnisnahme. [MfS, Abt. XII Nr. 883]*

KW → Konspirative Wohnung.

L

Leiterpost (Wörterbuch XII, Kapitel „Arbeitsorganisation“) – *An den Leiter einer Diensteinheit zu adressierende Dienstpost. [MfS, Abt. XII Nr. 883]*

Leiterstatistik (Wörterbuch XII, Kapitel „Arbeitsorganisation“) – *Im Auftrag eines Leiters angefertigte bzw. nur für ihn zu führende statistische Übersicht. [MfS, Abt. XII Nr. 883]*

Linie ... – Diensteinheiten mit gleicher Aufgabenstellung auf verschiedenen Strukturebenen, z. B. Spionageabwehr: Hauptabteilung II im MfS, Abteilung II in den Bezirksverwaltungen für Staatssicherheit und Referat II in den Kreisdienststellen – sie bildeten die Linie II. *[SBu]*

Linieninformation XII (Wörterbuch XII, Kapitel „Arbeitsorganisation“) – *Von der → Abteilung XII des MfS erarbeitetes Dokument, durch das periodisch zusammengefasst Einzelhinweise und -orientierungen an die Abteilungen XII der Bezirksverwaltungen und der Hauptabteilung I zu allen Gebieten der Arbeit der Linie XII übermittelt werden. [MfS, Abt. XII Nr. 883]*

Liste (Wörterbuch XII, Kapitel „Belege und Vordrucke“) – *Listenüberprüfung: bei größerer Anzahl von Überprüfung nach Vereinbarung mit → Abteilung XII angewandtes Überprüfungsmittel; Liste „nicht erfasster“: möglicher Ausgabedatenträger der EDV für maschinell → „nicht er-*

fasste" Personen; EDV-Listen: Ausgabedatenträger der EDV-Anlage entsprechend der Festlegung. [MfS, Abt. XII Nr. 883]

Listenüberprüfung (Wörterbuch XII, Kapitel „Überprüfung und Auskunftserteilung") – *Mögliche Form der Überprüfung mehrerer Personen mittels eines Überprüfungsbeleges (häufig: Fernschreib-Überprüfungen). [MfS, Abt. XII Nr. 883]*

LÖ (Wörterbuch XII, Kapitel „EDV-Anwendung") – *Datenbankanweisung zur Löschung der angegebenen (umgesetzten) Daten. Gleichnamiger Komplex im Änderungsdienst. [MfS, Abt. XII Nr. 883]*

Löschauftrag (Wörterbuch XII, Kapitel „Belege und Vordrucke") – *Von Diensteinheiten und → Abteilungen XII zu verwendender Vordruck für die Anweisung der Löschung von Personen- bzw. Erfassungsdaten. Form 5a; (bei „Löschung zugunsten ..." auch Form 5). [MfS, Abt. XII Nr. 883]*

Löschdatenbestand (Wörterbuch XII, Kapitel „EDV-Anwendung") – *Gesonderter Datenbestand an der Primärdatenbank über (auswertbar) gelöschte → Personendaten. [MfS, Abt. XII Nr. 883]*

Löschen (Wörterbuch XII, Kapitel „Erfassung und Registrierung") – *Das Löschen im Kartei- und EDV-Speicher erfolgt immer ausgehend von der Löschung einer → Erfassung einer bestimmten Person. Wenn zu einer Person nur eine Erfassung vorliegt, werden alle Angaben (das heißt Erfassungs- und → Personendaten) aus beiden → Speichern gelöscht* [D. h., die Karteikarte wurde der → Personenkartei entnommen, in die → Löschkartei eingeordnet und nach drei Monaten vernichtet. *RLu*]. *Wenn mehrere Erfassungen vorliegen, wird nur die angewiesene Erfassung gelöscht. Die Personendaten und übrigen Erfassungen bleiben bestehen* [In diesem Falle wurden lediglich die betreffenden Erfassungsdaten gestrichen, die Karteikarte selbst blieb erhalten oder wurde ggf. durch eine „bereinigte", neue ersetzt. In der Datenbank → SAVO wurde entsprechend verfahren. *RLu*]. *[MfS, Abt. XII Nr. 883]* → Übernahme von Archivmaterial.

Löschkarte (Wörterbuch XII, Kapitel „Belege und Vordrucke") – *Karteikarte F 16, die nach erfolgter Löschung der Kartei entnommen wurde. Sie ist nicht mehr für Auskunftszwecke zu verwenden und wird (in der Regel nach einer Aufbewahrungsfrist) vernichtet. [MfS, Abt. XII Nr. 883]*

Löschkartei (Wörterbuch XII, Kapitel „Erfassung und Registrierung") – *Alphabetische Ablage aller F 16, die aufgrund der Löschung aus der → Personenkartei entfernt wurden (Löschen der einzigen → Erfassung). Die Löschkartei ist ein Kontrollnachweis für eventuell notwendige Klärungen. Nach einer bestimmten Dauer erfolgt die → Ersatzverfilmung und danach die Vernichtung dieser Kartei. [MfS, Abt. XII Nr. 883]*

Die Aufbewahrungsfrist betrug in der Regel drei Monate. Die in der Löschkartei überlieferten Karteikarten dürften sich also im Wesentlichen auf Änderungen und Löschungen im letzten Quartal 1989 beziehen. 1988 hatte die Abteilung XII zudem für die Einarbeitung von Mitarbeitern aus geeigneten Karteikarten der Löschkartei von 1987 und 1988 eine Schulungskartei zusammengestellt. Überliefert sind in der Zentralstelle des BStU eine Löschkartei zur Personenkartei F 16 mit ca. 147 000 Karteikartei, eine Änderungskartei zur F 16 mit ca. 21 000 Karteikarten, eine Löschkartei zur Feindobjektkartei F 17 mit ca. 15 000 Karteikarten und die Schulungskartei mit ca. 130 000 Karteikarten. → Abfall-F 16. *[RLu]*

Lösch-SIDAKO (Wörterbuch XII, Kapitel „EDV-Anwendung") – *Auswertungsprogramm am Löschdatenbestand. [MfS, Abt. XII Nr. 883]*

Löschung (Wörterbuch XII, Kapitel „Erfassung und Registrierung") – *Bearbeitungskomplex der → Speicheränderung (vgl. → Löschen). [MfS, Abt. XII Nr. 883]*

LÖZI (Wörterbuch XII, Kapitel „EDV-Anwendung") – *Datenbankanweisung zur Löschung von → Zielinformationen. Gleichnamiger → Komplex im → Änderungsdienst. [MfS, Abt. XII Nr. 883]*

M

M/01 → M-Speicher.

M/02 → M-Speicher.

M-Speicher – Die Abteilung M (Postkontrolle) des MfS führte in ihrer Abteilung 8 zwei Speicher: M/01 und M/02, Karteitaschen im Format DIN A 5 (quer) mit kopierten und fotografierten Postsendungen, M/01 sortiert nach DDR-Adressen und M/02 nach „West"-Adressen geordnet. In der Abteilung M/8 überprüfte das Referat 1 verdächtige Postsendungen und operativ bedeutsame Materialien, das Referat 2 war für Vergleiche und analytische Aufgaben sowie für die beiden Speicher zuständig.

Nach dem Fall der Mauer wurde die rechtliche Brisanz der Speicher M/01 und M/02 erkannt und sich um eine Genehmigung bemüht, sie vorrangig zu vernichten. Dem Antrag auf Vernichtung der M-Speicher gab das Bürgerkomitee jedoch nicht statt. Überliefert sind auf zentraler Ebene in beiden Speichern zusammen ca. 1,2 Mio. Erfassungen, die teilweise bis 1964 zurückreichen.

Aus den BVfS sind Unterlagen der Speicher M/01 und M/02 in sehr unterschiedlichem Maße überliefert. Insbesondere für die nördlichen Bezirksverwaltungen muss ein weitgehender Verlust festgestellt werden.

Dagegen sind aus den Bezirksverwaltungen auf den Gebieten der heutigen Bundesländer Sachsen und Thüringen recht umfangreiche Mengen überliefert. Längste Laufzeiten fallen für die BVfS Gera (1960 – 1989) und Suhl (vor 1969 – 1989) auf. In anderen BVfS dürfte die Aufbewahrungszeit auf zehn bis fünfzehn Jahre beschränkt worden sein. Trotz der in der Auflösungsphase der Stasi eingetretenen Verluste sind aus den BVfS insgesamt über 2,5 Mio. Karteitaschen mit verfilmten oder kopierten Postsendungen überliefert. *[HLW, RLu]*

Messedatenbank-Quartiergeberdatei → Datenverarbeitungsprojekt „Leipziger Messen", → Elektronische Datenverarbeitung.

Messen (Wörterbuch XII, Kapitel „Arbeitsorganisation") – *von Karteikarten und anderen Belegen. Übliche Art und Weise des Feststellens der Anzahl, wenn das Zählen aufgrund der großen Menge zu aufwendig ist. Ausgehend von einer ausgezählten Menge pro Zentimeter wird die mit einer Schieblehre stapelweise gemessene Anzahl errechnet. [MfS, Abt. XII Nr. 883]*

Messesonderkartei → MSK.

MF – Mikrofilm/Mikrofiches → Arbeitsfilm, → Ersatzverfilmung, → Sicherheitsfilm.

Mikrofiche (Wörterbuch XII, Kapitel „Archivarbeit") – *Mikroplanfilmkarte. [MfS, Abt. XII Nr. 883]*

Mikrofilmkarte (Wörterbuch XII, Kapitel „Archivarbeit") – *siehe* → *Filmkarte. [MfS, Abt. XII Nr. 883]*

Mikrofilmorientierung (Wörterbuch XII, Kapitel „Archivarbeit") – *An die Abteilungen XII der Bezirksverwaltungen gerichtetes Dokument, das die für die Mikroverfilmung geltenden Arbeitsvorschriften beinhaltet. [MfS, Abt. XII Nr. 883]*

Mikrofilmspeicher (Wörterbuch XII, Kapitel „Archivarbeit") – *Magazin/Ablageort für Mikrofilme (zu beachten sind spezielle Anforderungen an Räumlichkeiten – Lebensdauer). [MfS, Abt. XII Nr. 883]* → Sicherheitsfonds.

Mikrofilmtechnik (Wörterbuch XII, Kapitel „Archivarbeit") – *Gerätetechnik, die zur ordnungsgemäßen Realisierung der Mikroverfilmung erforderlich ist. [MfS, Abt. XII Nr. 883]*

Militäraufklärung – Militärischer Nachrichtendienst des Ministeriums für Nationale Verteidigung (MfNV). Die Bezeichnung des 1952 gegründeten Dienstes lautete seit 1964 Verwaltung Aufklärung, seit 1983 Bereich Aufklärung und von März bis Oktober 1990 Informationszentrum des Ministeriums für Abrüstung und Verteidigung. Dieser Dienst hatte von 1975 bis 1990 seinen zentralen Dienstsitz in der Berliner Oberspreestraße 57–61 unter der Tarnbezeichnung Mathematisch-Physikalisches Institut des MfNV. Dem Dienst unterstanden das Militärwissenschaftli-

che Institut (MWI) in Klietz (Schule der Aufklärung, verlieh ein Diplom als akademischen Grad), das Funkaufklärungsregiment 2 (FuAR-2) mit Hauptsitz in Dessau und Dependancen in Wismar (Funkaufklärungszentrum – FuAZ – Nord), Klötze (FuAZ West), Zella-Mehlis (FuAZ Süd) und Görlitz (Funkpeilstelle), zudem kleinere Objekte im Berliner Ortsteil Müggelheim, in Dahlwitz-Hoppegarten (Funkzentrum), in Crussow (Funkempfangsstelle) und in Senftenhütte (Funksendeanlage).
Der Dienst gab grundsätzlich sein nicht mehr für die laufende Arbeit benötigtes Schriftgut in das Militärarchiv Potsdam ab, dass der Verwaltung Militärwissenschaft im Hauptstab des MfNV unterstand. Akten über die inoffizielle Zusammenarbeit dagegen verwahrte seit 1975 das MfS in dessen → Zentralarchiv.
Für seine operative Tätigkeit war der Dienst auf Abstimmungen mit dem MfS angewiesen, sollte es nicht zu gegenseitigen Behinderungen kommen. Einer Analyse von 1973 zufolge gab es von Seiten der Abteilung XII (→ Zentrale Auskunft/Speicher) des MfS bereits seit 1969 Bestrebungen, auftretende „Komplikationen (Doppelerfassungen von Personen, Dekonspirationen usw.)" auszuräumen. Das MfNV gab damals dem MfS täglich 200 bis 250 Suchaufträge, die die Verwaltung Aufklärung und die 10. Verwaltung der Politischen Hauptverwaltung ausgelöst hatten. Als Schnittstelle zwischen MfNV und MfS fungierte die Hauptabteilung I (Militärabwehr), Referat Sonderverwaltungen. Die Zusammenarbeit beruhte lediglich auf Absprachen.
Abhilfe sollte eine am 26. August 1975 zwischen der Verwaltung Aufklärung und der Hauptabteilung I getroffene Vereinbarung schaffen, zudem im MfS die Dienstanweisung Nr. 7/75 vom 1. September 1975, die das Verfahren der „Überprüfung von operativ interessierenden Personen", der „Erfassung der bestehenden inoffiziellen Verbindungen" und als Neuheit der „Archivierung der bei der inoffiziellen Zusammenarbeit entstehenden Akten der Verwaltung Aufklärung" im Zentralarchiv des MfS regelte. Gleichzeitig wurde in der Hauptabteilung I die Abteilung Äußere Abwehr, Unterabteilung 2 als zuständige Schnittstelle bestimmt und dort eine Arbeitsgruppe XII geschaffen. Bei der Archivierung der Akten sollten die gleichen Grundsätze gelten, wie für → registrierte Vorgänge und Akten des MfS. Lediglich eine Übernahme dieser Akten oder von Teilen aus ihnen in Vorgänge des MfS war nicht zulässig. Als Signaturkennzeichnung bzw. → Aktenkategorie wurde „AVA" bestimmt (→ Archivierte Akte der Verwaltung Aufklärung).
In der Abteilung XII präzisierte die Anweisung Nr. 2/76 vom 29. Juli 1976 die Übernahme und Aufbereitung der AVA-Akten und den Datenabgleich in der → Zentralen Personenkartei. Mit der Dienstanweisung Nr. 3/87 vom 14. Mai 1987 wurde das bisherige Verfahren in das MfS-

Konzept des politisch-operativen Zusammenwirkens (POZW) eingeordnet. Die in der Abteilung XII verstärkt genutzte elektronische Datenverarbeitung erzwang 1987/88 interne Präzisierungen. Mitarbeiter des Bereichs Aufklärung sollten keine Einblicke in die Arbeitsweise des MfS erhalten. Darum wurden nicht die elektronisch ausgegebenen Ergebnisse weitergereicht, sondern zuvor in der Arbeitsgruppe XII der Hauptabteilung I auf die bisherigen analogen Formulare übertragen. Im März 1989 begann im Zentralarchiv des MfS eine Durchsicht und Neubewertung der AVA-Akten. Ca. 7 700 Sammelakten wurden ausgesondert und kassiert bzw. dafür vorbereitet. Die friedliche Revolution im Herbst 1989 unterbrach diese Arbeiten.
Anders als das MfS konnte die Militäraufklärung ihre Dienststelle 1990 weitgehend ungestört und unkontrolliert auflösen. Auf Befehl des letzten Chefs der NVA vernichteten sie ihre Unterlagen. Im Juli 1990 holten sie die im Militärarchiv Potsdam befindlichen Archivalien des Dienstes zur Durchsicht im Ministerium in Strausberg ab. Ein Drittel der Überlieferung fiel der Vernichtung anheim, ca. 2 800 Bände sind im Bundesarchiv, Abteilung Militärarchiv benutzbar. Aus dem Zentralarchiv des MfS wurden im August 1990 die AVA-Akten ebenfalls abgeholt und dem Vernehmen nach vernichtet. Übrig blieben lediglich 134 weitgehend aufgelöste Sammelakten (Abb. 146), die im Zuge der oben genannten Aussonderung bereits in Kisten verpackt bei der Abholaktion übersehen wurden, zudem Karteikarten, Ausleihbelege und drei Bände über zwei inoffizielle Quellen (Abb. 147) der 1960er-Jahre (→ Sonderarchiv der Hauptabteilung IX). *[RLu]*

Mitteilung (M) – Kategorie dienstlicher Bestimmungen → Bestimmung, dienstliche.

MSK (Messesonderkartei) – Eine Aktenkategorie der Hauptabteilung IX/11 (→ „NS-Archiv“). In ihr sind vorwiegend Besucher der Leipziger Messe aus der Bundesrepublik erfasst, bei denen sich Anhaltspunkte für mögliche NS-Belastungen ergaben. So konnten ggf. kompromittierende Sachverhalte nachgewiesen werden, die sich für Anwerbungs- und Erpressungsversuche der Messegäste nutzen ließen. Überliefert sind ca. 5 lfm Unterlagen. *[RBl]*.

N

n. e. → Nicht erfasst.

Nacherfassung (Wörterbuch XII, Kapitel „Erfassung und Registrierung“) – *Nachträgliche → Erfassung einer Person auf der Grundlage eines be-*

reits zu einem früheren Zeitpunkt registrierten Materials. [MfS, Abt. XII Nr. 883]

Nachsatz (Wörterbuch XII, Kapitel „EDV-Anwendung") – *Abschluss jedes Eingabedatenträgers. Besteht aus einer Satzkennung und gibt Anzahl der Verarbeitungsdatensätze an. [MfS, Abt. XII Nr. 883]*

Nachschlag – Ein → Deckname der → Sonderregelung für eine → Auskunft der Abteilung XII an die Zentrale Koordinierungsgruppe (Ausreise/Flucht). Die Regelung wurde 1985 durch den damaligen Stellvertreter des Ministers für Staatssicherheit, Generalleutnant Gerhard Neiber, angewiesen.
Sie betraf eine eingeschränkte Auskunft über die → Erfassung von Personen als → inoffizieller Mitarbeiter, → gesellschaftlicher Mitarbeiter für Sicherheit, → Zelleninformator oder für die Arbeitsrichtung I der Kriminalpolizei (→ K I) und unterlag einer besonderen Geheimhaltung. Um 1986 wurden dafür monatlich Listen mit 1 200 bis 1 500 Personennamen eingereicht und ausschließlich manuell in den Karteien durch wenige ausgewählte Mitarbeiter der Abteilung XII überprüft. Die zuständige → erfassende Diensteinheit erhielt darüber keine Information. → Feind → Schleusung *[SWo, RLu]*

Nachschlagmaterial zur politisch-operativen Auswertungs- und Informationstätigkeit in den Kreisdienststellen/Objektdienststellen – Diese Handreichung war im MfS auch als KD-Katalog geläufig. Sie wurde 1981 im Umfange von 390 Blatt von der → Zentralen Auswertungs- und Informationsgruppe als → vertrauliche Verschlusssache ausgegeben und im Dezember 1988 mittels Austauschblättern aktualisiert. Sie war in fünf Kapitel gegliedert: 1 „Grundlagen und Voraussetzungen der politisch-operativen Auswertungs- und Informationstätigkeit", 2 „Gewinnung, politisch-operative Einschätzung von Informationen und Informationsfluss", 3 „Unterstützung der Entwicklung operativer Materialien durch Auswertungs- und Informationsorgane", 4 „Analytische Arbeit zur Einschätzung der politisch-operativen Lage" und 5 „Erfassung, Speicherung, Speicherführung, Recherche".
Im Wesentlichen wurden darin – ausgehend von einschlägigen dienstlichen → Bestimmungen und Schulungsmaterialien des MfS – die Gewinnung, Speicherung und Auswertung von Informationen relativ praxisnah dargestellt. Der Veranschaulichung dienten Beispiele für das Abfassen von Berichten und das Ausfüllen von Formularen, beigegebene Ablaufpläne sowie abgebildete Karteien und Büroorganisationsmittel. Aufgaben und Belange von Kreis- und Objektdienststellen standen dabei im Vordergrund. Zudem wurden die Möglichkeiten, weitere Informationssammlungen im MfS zu nutzen, erläutert. → Speicher, Speicherführungsprinzipien, → Speichernutzungsordnung *[RLu]*

Nachweisführung (Wörterbuch XII, Kapitel „Arbeitsorganisation") – *über alle → Erfassungen und → Registrierungen der Diensteinheiten des MfS und der Bezirksverwaltungen, über das von den Diensteinheiten der Bezirksverwaltung Berlin, der Hauptabteilung I und des MfS im Bereich Berlin archivierte politisch-operative Schriftgut – eine der Hauptaufgaben der → Abteilung XII des MfS. [MfS, Abt. XII Nr. 883]*

Nachweisführung / Steuerung (Wörterbuch XII, Kapitel „Arbeitsorganisation") – *Struktureinheit der → Abteilung XII/5, die für die termingerechte Eingliederung von Bearbeitungskomplexen in den Gesamtablauf sowie für deren komplexweise Nachweisführung verantwortlich ist. [MfS, Abt. XII Nr. 883]*

Nadel – Ein → Deckname der → Sonderregelung für eine → Auskunft der Abteilung XII an die Hauptabteilung II (Spionageabwehr), seit 1982 auch an die Abteilung M (Postkontrolle). Diese Sonderregelung wurde bereits 1972 auf Befehl des damaligen 1. Stellvertreters des Ministers für Staatssicherheit, Generaloberst Bruno Beater, eingeführt. Bis März 1982 bestand eine parallele Sonderregelung mit der Abteilung M unter dem Decknamen → Alge. Bis dahin erhielten beide Diensteinheiten als Auskunft: Alle vorhandenen → Erfassungen zur Person einschließlich der → Registriernummer, bei → Operativen Vorgängen und → Untersuchungsvorgängen den Decknamen und das Delikt, bei → IM-Vorgängen die IM-Kategorie und den Decknamen, für → Archivakten die → Archivsignatur, für Erfassungen der HV A nur die Auskunft „HV A". Seit 1982 wurde weniger differenziert nur noch die Vorgangsart, die → erfassende Diensteinheit und der Name des zuständigen Mitarbeiters mitgeteilt bzw. nur „HV A-Vorgang" sowie „KK-erfasst" (→ KK-Erfassung) oder „VSH-erfasst" (→ Vorverdichtungs-, Such- und Hinweiskartei) mit Nennung der Diensteinheit. Die jeweils erfassende Diensteinheit wurde von der Abteilung XII über die Auskunft durchgängig nicht informiert. Belegt sind allein für das Jahr 1986 monatlich durchschnittlich 1 500 bis 2 000 Überprüfungen nach diesem Verfahren, davon betrafen ca. 70 Auskünfte inoffizielle Mitarbeiter und ca. 100 Vorgänge der HV A. *[SWo, RLu]*

NAMA – Nachweisführung zur Archivmaterialausleihe. → Datenverarbeitungsprojekt der → Abteilung XII des MfS zum Nachweis der Ausleihe und Rückgabe von dort archivierten Materialien. → Archivmaterial. *[SKo]*

Namenszusammenlegung (Wörterbuch XII, Kapitel „Erfassung und Registrierung") – *Ein Organisationsprinzip, der nach dem → Klangalphabet geordneten → Personenkartei. Zusammengelegt werden ähnliche Namen (z. B. Müller – Möller; Meier – Maier; Scholz – Schulz – Schulze usw.) und Vornamen (z. B. Dieter – Dietrich; Hans – Johannes* *usw.), wobei dies z. T. recht willkürlich nach subjektiv gewählten Kriterien erfolgte. Die Namenszusammenlegung ist ein historisch gewachsenes Prinzip. Sie muss bei der Einarbeitung erlernt und anhand der an den Arbeitsplätzen ausliegenden Dokumentationen bzw. in der → Kartei vorhandenen Hinweiskarten im Prozess der Überprüfung und → Auskunftserteilung sowie → Speicheränderung beachtet werden. [MfS, Abt. XII Nr. 883]*

ne → Nicht erfasst.

Neutralisieren der Vorgangskartei (Wörterbuch XII, Kapitel „Erfassung und Registrierung“) – *Speicherung nur der Angaben zu → Vorgängen, die für die → Auskunftserteilung erforderlich sind. Auf dieser Grundlage ist die → Auskunftskartei aufgebaut. [MfS, Abt. XII Nr. 883]*

Neuzugang (Wörterbuch XII, Kapitel „Arbeitsorganisation“) – *Andere geläufige Bezeichnung für → Ersterfassung, Erstregistrierung. [MfS, Abt. XII Nr. 883]* → Registrierung.

Nicht erfasst (n. e., ne) – Vermerk auf einem → Suchauftrag bzw. Suchzettel. Ergebnis einer Überprüfung bei der → Abteilung XII des MfS, der Hauptabteilung I oder der Bezirksverwaltungen, wenn die Person oder das Objekt in der Abteilung XII nicht → erfasst war. → Überprüfungsersuchen. *[SBu]*

Nicht gesperrt (Wörterbuch XII, Kapitel „Archivarbeit“) – *Eine Form der → Klassifizierung von → Archivmaterial, die die Einsichtnahme in Archivmaterial ohne Genehmigung der → ablegenden Diensteinheit gestattet. [MfS, Abt. XII Nr. 883]*

Auch die → Kassation des nicht gesperrten Archivmaterials war ohne die Erlaubnis der ablegenden Diensteinheit möglich. Ebenso wie → „gesperrte Ablage“ war der → Klassifizierungsvermerk „nicht gesperrt“ Bestandteil der → Archivsignatur und Kennzeichnung, überwiegend gestempelt, auf der Karteikarte F 22 der → Vorgangskartei, auf dem vorderen Aktendeckel und im → Archivregistrierbuch. *[SBu]*

Nicht klassifizierte Ablage (Wörterbuch XII, Kapitel „Archivarbeit“) – *Bis 30. Mai 1984 angewandte Form der Auskunftserteilung bezüglich der → Klassifizierung von → Archivmaterial. Als nicht klassifiziert bezeichnete Archivmaterialien waren in der Überprüfung und → Auskunftserteilung → „gesperrten Ablagen“ weitestgehend gleichgestellt. [MfS, Abt. XII Nr. 883]*

In den → Archiven der Bezirksverwaltungen für Staatssicherheit und im → Zentralarchiv des MfS vorhandenes Archivmaterial, das vor dem 1. Januar 1972 archiviert und nicht als → „gesperrt“ oder → „nicht gesperrt“ klassifiziert wurde. Dieses Archivmaterial war nach einer Neufassung der 3. Durchführungsbestimmung zur → Dienstanweisung Nr. 2/81 vom 15. März 1984 und damit anders als im → Wörterbuch XII dargestellt als „nicht gesperrt" zu behandeln. Die Leiter der ablegenden operativen Diensteinheiten konnten mit dem Leiter der zuständigen Abteilung XII (→ Zentrale Auskunft/Speicher) Vereinbarungen treffen, um ausgewählte Gruppen von Archivmaterialien bzw. → Aktenkategorien als → „gesperrte Ablage" zu behandeln. Darüber hinaus war vor der Ausleihe des Archivmaterials aus der nicht klassifizierten Ablage eine Prüfung vorzunehmen, ob der Inhalt im Einzelfall eine Klassifizierung als „gesperrte Ablage" in Abstimmung mit der ablegenden operativen Diensteinheit erforderte. *[SBu]*

Nicht registriertes Material – In Abgrenzung zu → registrierten Vorgängen und Akten galten nach der → Archivordnung XII als „nicht registriertes Material": Unterlagen über in → Sicherungsvorgängen erfasste Personen, Unterlagen über in → Kerblochkarteien erfasste Personen (→ Archiviertes Material zu ehemals KK-erfassten Personen), als „operativ bedeutsam" angesehene Unterlagen aus Sicherheitsüberprüfungen (→ Allgemeines Material über Personen), Unterlagen über ehemalige Mitarbeiter des MfS bzw. Schriftgut kaderpolitischen Inhalts (→ Personalaktenablage) sowie → allgemeine Sachablagen und abgeschlossene Vorgangshefte. Im weiteren Sinne gehörte auch → „Schriftgut anderer staatlicher Organe" dazu. Die Unterlagen wurden in den Abteilungen XII auf „Archivierungswürdigkeit" überprüft, und alle Personen, zu denen operativ bedeutsame Informationen vorlagen, in der → Personenkartei F 16 passiv erfasst (→ Erfassung, passive). → Registrierung, → Registrierte Vorgänge und Akten. *[SBu]*

„NS-Archiv" der Hauptabteilung IX/11 – Eine Besonderheit innerhalb der MfS-Überlieferung stellen die Unterlagen der Hauptabteilung (HA) IX/11 dar, die zur Aufklärung von Nazi- und Kriegsverbrechen, zur Ermittlung der NS-Vergangenheit vornehmlich von prominenten Personen aus der Bundesrepublik sowie zu ausgewählten Themen des Widerstands gegen das NS-Regime entstanden. Hauptziel war die propagandistische bzw. nachrichtendienstliche Nutzung dieser Unterlagen. Jährlich gingen ca. 5 000 bis 7 000 → Auskunftsersuchen von Diensteinheiten des MfS bei der Hauptabteilung IX/11 ein. Sie boten Ansätze für die „Bearbeitung" von Personen in unterschiedlichster Weise, etwa bei Vernehmungen in Untersuchungsverfahren oder bei Überprüfungen in → operativen Vorgängen, waren aber auch für die umfangreichen → Sicherheitsüberprüfungen von DDR-Kadern durch das MfS von Bedeutung. Nachweisbar ist eine enge Zusammenarbeit der Hauptabteilung IX/11 mit der Hauptabteilung XX/2, die u. a. auch für die Aufklärung von Nazi- und Kriegsverbrechen zuständig war. Enge Kontakte bestanden auch zur Hauptverwaltung A (HV A, Aufklärung, Auslandsgeheimdienst), Abteilung X (Desinformation); dieser Diensteinheit wurden

Dokumente für die Durchführung sogenannter „aktiver Maßnahmen" zur Verfügung gestellt. Ein weiterer Schwerpunkt des Interesses der Hauptabteilung IX/11 galt der deutschen Spionage im Zweiten Weltkrieg. Recherchiert wurde beispielsweise über das Spionagenetz des Sicherheitsdienstes (SD) der SS in Europa und Übersee. Die so erarbeiteten Unterlagen sind das Ergebnis der geheimdienstlichen Auswertung der wesentlich umfassenderen und allgemein als „NS-Archiv" der Hauptabteilung IX/11 bzw. des Staatssicherheitsdienstes bezeichneten Ablagen der Hauptabteilung IX/11. Die Ablagen (→ Z-Material) enthielten das seit Bestehen des MfS gesammelte Schriftgut aus der Zeit vor 1945 bzw. vor 1949 mit einem ursprünglichen Umfang von ungefähr 7 000 lfm im Jahr 1990. Nach der Wiedervereinigung wurden die Unterlagen durch das Bundesarchiv übernommen; 1994 gelangten die aufgrund der beschriebenen Originalunterlagen entstandenen MfS-Vorgänge und -Karteien an den BStU zurück, die weitaus größere Menge, die Unterlagen aus der Zeit vor 1945, verblieben im Bundesarchiv. Zu den wichtigsten Aktenkategorien des MfS-Schriftgutes dieser Abteilung gehören die → Zentralen Untersuchungsvorgänge (ZUV), die → Allgemeinen Schreiben (AS), die → Allgemeinen Vorgänge (AV), die → Forschungsvorgänge (FV), die Unterlagen der → Generalstaatsanwaltschaft (GStA) der DDR, die → Speziellen Vorgänge (SV) und die → Rechtshilfeersuchen (RHE). Die → „Vorgangskartei der HA IX/11" ermöglicht nur einen personenbezogenen Zugriff auf die Vorgänge. Erst mit der Auflösung des MfS 1989/90 wurden die Unterlagen als „NS-Archiv" bekannt. *[RBl]*

Nullen von Karteikarten (Wörterbuch XII, Kapitel „Erfassung und Registrierung") – *siehe Nullkarten. [MfS, Abt. XII Nr. 883]*

Nullkarten (Wörterbuch XII, Kapitel „Erfassung und Registrierung") – *Ausnahmeregelung zu dem Ablageprinzip, dass alle → Erfassungen zu einer Person auf einer F 16 aufzutragen sind. Mehrere (meist 2) F 16 zur gleichen Person werden dabei mit einem 0-Stempel versehen. [MfS, Abt. XII Nr. 883]*

Nutzerangabe (Wörterbuch XII, Kapitel „EDV-Anwendung") – *Bestandteil des → Eingabedatenträgers, auf dem der Nutzer 50 Zeichen für eigene Angaben zur Verfügung hat, die auf die maschinelle Verarbeitung keinen Einfluss haben. Sie können auf dem EDV-Ausdruck als „Hinweise zur Überprüfung" ausgedruckt werden. [MfS, Abt. XII Nr. 883]*

O

O – (1) → Ordnung.
(2) Als Stempelaufdruck auf Karteikarten der → Personenkartei F 16 eigentlich eine „Null“; als Kennzeichen genutzt, wenn über eine Person zwei Karteikarten in der F 16 vorlagen, deren Erfassungsdaten ausnahmsweise nicht auf einer Karte zusammengeführt werden konnten. Die Zweitkarte wurde dann mit dem Stempelaufdruck als → Nullkarte gekennzeichnet (Abb. 011, 013 u. 015). *[RLu]*

OAM → Operatives Ausgangsmaterial.

Objekt (Wörterbuch XII, Kapitel „Erfassung und Registrierung“) – *Bezeichnung für Organisationen, Einrichtungen, Kfz, Häuser usw. ausgenommen Personen, die in der → Abteilung XII erfasst werden können. [MfS, Abt. XII Nr. 883]*

Objektdatei im SOUD – Die Teilnehmer des → SOUD-Abkommens beschlossen auf ihrer Moskauer Konferenz 1986 die Erweiterung des Systems um die sogenannte Objektdatei, in der gegnerische Organisationen und Institutionen erfasst werden sollten. Die Objektdatei sollte in ihrem Aufbau den → Personenkategorien entsprechen und 7 Komplexe umfassen, z. B. „gegnerische Geheimdienste, ihre Dienststellen, Vertretungen und Residenturen“ oder „Zentren der politisch-ideologischen Diversion“ usw. Nach derzeitigen Erkenntnissen ist die Objektdatei bis 1989 über die Vorbereitungsphase nicht hinausgekommen. *[SWB]*

Objekterfassung (Wörterbuch XII, Kapitel „Erfassung und Registrierung“) – → *Erfassung eines Objektes in der → Abteilung XII mittels einer Karteikarte Form 17. [MfS, Abt. XII Nr. 883]*

Objektivität der Personendaten (Wörterbuch XII, Kapitel „Erfassung und Registrierung“) – *Anforderung an die Ausfertigung von Erfassungs- und Überprüfungsbelegen, um eine fehlerfreie Speicherung und → Auskunftserteilung der → Abteilung XII zu sichern. [MfS, Abt. XII Nr. 883]*

Objektkartei (Wörterbuch XII, Kapitel „Erfassung und Registrierung“) – *Karteispeicher der → Abteilung XII in dem die → Objekterfassungen der Diensteinheiten gespeichert sind. [MfS, Abt. XII Nr. 883]*
Die Objektkartei F 80 (Abb. 054 u. 055) korrespondierte eng mit der → Straßenkartei F 78. Sie enthält auf einem beidseitig genutzten DIN-A4-Blatt detaillierte Angaben zu → konspirativen Wohnungen (KW), → konspirativen Objekten (KO) sowie → IMK/KO, u. a. über das Objekt und seine Lage, die Möglichkeiten der Nutzung, die Eigentumsverhältnisse, die Art der Abdeckung der konspirativen Nutzung, die vorgesehene Auslastung etc. Aus der Objektkartei sind → Registriernummer

und → Deckname ersichtlich, jedoch keine Anschrift. Der Zugriff auf Unterlagen ist nur über die Vorgangskartei F 22 möglich. → Kartei. *[DHa]*

Objektkarteikarte (Wörterbuch XII, Kapitel „Belege und Vordrucke") – *Vordruck der Form 17, mittels dessen die → Erfassung von Objekten in der → Abteilung XII zu erfolgen hat; geregelt in: Ziffer 3 der → Dienstanweisung Nr. 2/81, 1. Durchführungsbestimmung zur Richtlinie Nr. 1/76. [MfS, Abt. XII Nr. 883]*

Objektvorgang (OVg., OV) – Aktenkategorie des MfS und Vorläufer des → Feindobjektvorgangs und des → operativen Vorgangs in den Jahren 1954 bis 1976. Objektvorgänge wurden zu Objekten und Organisationen in der DDR angelegt, um sie zu „betreuen", und zu Objekten und Organisationen außerhalb der DDR, um sie zu „bearbeiten". Sie wurden in der Aktenkategorie → archivierter operativer Vorgang (AOP) der → operativen Hauptablage (Abb. 107) oder in der → allgemeinen Sachablage archiviert. *[SBu]*

ODH (Wörterbuch XII, Kapitel „Arbeitsorganisation") – *Operativer Diensthabender der Abteilung XII mit spezifischen Aufgaben zur Sicherung des Dienstregimes. [MfS, Abt. XII Nr. 883]*
Auch: Offizier des Hauses; außerhalb der allgemeinen Dienstzeit zur Einleitung von Sofortmaßnahmen befugter Offizier. *[ELa]*

Offizier im besonderen Einsatz (OibE) – Der OibE war ein hauptamtlicher Mitarbeiter des MfS, der unter Verschleierung dieses Dienstverhältnisses in zentralen gesellschaftlichen Bereichen und sicherheitspolitisch bedeutsamen Positionen in der DDR und im Ausland eingesetzt war, selten allerdings bei den Kirchen und in der DDR-Opposition. Er agierte dort verdeckt und unter biografischer Legende für das MfS sowohl in Führungspositionen als auch an untergeordneter Stelle. Dort war er Einzelkämpfer, musste Entscheidungen in eigener Verantwortung treffen, Aufgaben selbstständig lösen und persönlich unangreifbar sein, das hieß, materiellen sowie gegnerischen ideologischen Einflüssen widerstehen. Vor allem länger gediente Berufsoffiziere oder auch bewährte → inoffizielle Mitarbeiter (IM) wurden für diese Aufgabe ausgewählt.
Eine besondere Ausprägung war der OibE/A, der Offizier im besonderen Einsatz der Auslandsaufklärung bei der Hauptverwaltung A (HV A, Aufklärung, Auslandsgeheimdienst). Hier gab es vier Kategorien: OibE/A der Kategorie I waren illegal im Ausland eingesetzt, die der Kategorie II befanden sich legal in Auslandsvertretungen der DDR, in der Kategorie III waren Berater, Ausbilder und Verbindungsoffiziere zusammengefasst, OibE/A der Kategorie IV waren in der DDR eingesetzt. Zuletzt geregelt wurde die Arbeit mit OibE im MfS durch die Ordnung

Nr. 6/86 (OibE-Ordnung). Die einem → IM-Vorgang ähnliche → Arbeitsakte eines Offiziers im besonderen Einsatz kam nach ihrem Abschluss seit 1987 als → archivierte Arbeitsakte eines Offiziers im besonderen Einsatz (AOibE) zur → Ablage, aus dem → Zentralarchiv des MfS sind 148 AOibE-Vorgänge überliefert. Funde von Gliederungen für OibE-Akten in archivierten IM-Vorgängen aus dem Jahr 1976 lassen den Schluss zu, dass es vorangehende Regelungen für den Umgang und die Nutzung dieser speziellen Mitarbeiter gab und darüber geführte Akten als → archivierter IM-Vorgang (AIM) zur Ablage kamen. → hauptamtlicher inoffizieller Mitarbeiter *[ELa]*

OibE → Offizier im besonderen Einsatz.

Op. HA → Operative Hauptablage.

OPD – Operativer Diensthabender, → ODH.

Operativ – Im MfS wurde operativ sehr häufig, und zwar im Sinne von geheimdienstlich aktiv tätig – auch inoffiziell, konspirativ, verdeckt einschließend – gebraucht und bezog sich auf konkrete geheimdienstliche Maßnahmen. Z. B. wurde als „operativ nutzbare Person“ eine solche verstanden, die aufgrund ihrer Voraussetzungen (berufliche oder gesellschaftliche Stellung, Verhaltensweisen, Verbindungen etc.) für eine inoffizielle oder offizielle, zeitweilige oder ständige Zusammenarbeit mit dem MfS in Frage kam. Zur Beschreibung der Aufgaben des MfS kommt das Adjektiv meist in Verbindung mit „politisch“ (politisch-operativ) vor. *[ELa]*

Operative Archivinformation (Wörterbuch XII, Kapitel „Archivarbeit“) – *siehe → Archivinformation. [MfS, Abt. XII Nr. 883]*

Operative Hauptablage (op. HA) – Sogenannter Archivbestand 1 im → Zentralarchiv des MfS in Berlin und in den → Archiven der Bezirksverwaltungen für Staatssicherheit. Sie wurde seit 1962 geführt und entstand aus vier bis dahin getrennten → Ablagen: 1. den → archivierten Untersuchungsvorgängen (AU), 2. den → archivierten Akten geheimer Informatoren (AGI, → AIM), 3. den → archivierten operativen Vorgängen (AOP, einschließlich deren Vorläufern, → alte Vorgänge) und 4. dem allgemeinen Material über Personen (AP). In den Ablagejahrgängen bis 1961 kann darum jede laufende Nummer der → Archivsignatur bis zu vier Mal vorkommen, allein die Aktenkategorie ist wesentlich für die Unterscheidung. Seit 1962 wurde jede Nummer nur einmal vergeben. Später kamen weitere → Aktenkategorien hinzu. Zuletzt enthielt die operative Hauptablage folgende zehn: → allgemeines Material über Personen (Allg. P., AP), → archiviertes Material zu einer in der Kerblochkartei (KK) erfassten Person (AKK), → archiviertes Material über einen abgelehnten Antrag auf Aufnahme/Wiederaufnahme in die DDR (AAW), → archivierte operative Personenkontroll-Akte (AOPK),

→ archivierter operativer Vorgang (AOP), → archivierter Untersuchungsvorgang (AU), → archivierter IM-Vorgang/IM-Vorlauf (AIM) bzw. → archivierter GI-Vorgang (AGI), → archivierte GMS-Akte (AGMS), → archivierte Zelleninformatorakte (AZI), → archivierte Arbeitsakte eines Offiziers im besonderen Einsatz (AOibE). Von 1962 bis 1988 waren auch → archivierte Akten der Operativgruppe der Kriminalpolizei (AOG) und → Archivmaterial der Operativgruppe der Hauptabteilung VII bei der Verwaltung Strafvollzug des Ministeriums des Innern (AVSV) hier eingeordnet. Diese wurden Ende 1988 gemeinsam mit → archivierten Akten des Arbeitsgebietes I der Kriminalpolizei (AKAG) in einem neuen → Archivbestand zusammengeführt, der in den Archiven der Bezirksverwaltungen für Staatssicherheit die Nr. 5 und im Zentralarchiv des MfS die Nr. 9 erhielt. Im Zentralarchiv wurden zudem die → Teilablagen A und U von laufenden registrierten Vorgängen der operativen Hauptablage zugerechnet. Im Unterschied dazu bildeten die Teilablagen in den Archiven der Bezirksverwaltungen den Archivbestand 6 und gehörten nicht zur operativen Hauptablage. *[SBu, RLu]*

Operative Personenkontrolle (OPK) – Aktenkategorie des MfS in den Jahren 1971 bis 1989, in der Personen konspirativ aufgeklärt und überwacht wurden. Die Führung der Akten, die Ziele, Mittel und Methoden waren durch die Richtlinien Nr. 1/71 und 1/81 geregelt. Eingeleitet wurde eine OPK, wenn „bereits verdichtete Informationen auf feindlich-negative Handlungen oder Einstellungen bekannter Personen“ bzw. „Pläne und Absichten“ für solche Handlungen dem MfS bekannt waren. Das Ziel war die „Vorbeugung und Aufdeckung feindlich-negativer Handlungen“, das „rechtzeitige Erkennen und Verhindern gegnerischer Wirkungsmöglichkeiten“ sowie die „vorbeugende Sicherung durch den Gegner besonders gefährdeter Personen […] zur Klärung der Frage → ‚Wer ist wer?‘ im Verantwortungsbereich“. Bei der Durchführung der Personenkontrolle stützten sich die Mitarbeiter des MfS vor allem auf Berichte und den „offensiven Einsatz“ der → inoffiziellen Mitarbeiter, jedoch wurden bei Bedarf andere konspirative Mittel, wie z. B. die Postkontrolle, eingesetzt. In der Regel entschieden über die Einleitung einer OPK in Hauptabteilungen die Leiter der Abteilungen, in selbstständigen Abteilungen die Leiter der Referate, in den Bezirksverwaltungen bzw. Verwaltungen die Leiter der Abteilungen bzw. der selbstständigen Referate und in den Kreisdienststellen bzw. Objektdienststellen die Leiter dieser Diensteinheiten. Die OPK wurde bei der zuständigen Abteilung XII (→ Zentrale Auskunft/Speicher) auf Grundlage eines vorgelegten bestätigten Übersichtsbogens zur operativen Personenkontrolle F 310 (→ Formular) und überprüfter Suchaufträge → F 10 registriert. Die zu kontrollierende Person wurde bei der → Abteilung XII gleichzeitig aktiv erfasst (→ Erfassung, aktive). Die OPK beinhaltete in der Regel das Inhaltsverzeichnis → F 8, den Übersichtsbogen zur operativen Personenkontrolle F 310, Suchaufträge F 10 zu den erfassten Personen, den Einleitungsbericht, Maßnahmepläne, Informationen der Abteilung XII über erfolgte Überprüfungen der erfassten Personen sowie weitere Dokumente in chronologischer Reihenfolge. Abgesehen von der Einstellung der OPK, z. B. wenn sich der Verdacht nicht bestätigte, waren folgende Abschlussarten möglich: Anlegen eines → operativen Vorgangs (unter Beibehaltung der → Registriernummer), Einleitung eines Ermittlungsverfahrens (→ Untersuchungsvorgang), Anlegen einer → IM-Vorlaufakte, Herauslösen der kontrollierten Person aus sicherheitspolitisch bedeutsamen Objekten, Bereichen oder Positionen, Übergabe von Material über Straftaten der allgemeinen Kriminalität an die zuständige Staatsanwaltschaft, öffentliche Auswertung oder Übergabe von Material an leitende Partei- und Staatsfunktionäre zur Auswertung. Abgeschlossene und eingestellte OPK wurden auf Beschluss des Leiters der verantwortlichen operativen Diensteinheit bei der zuständigen Abteilung XII in der → Aktenkategorie → archivierte operative Personenkontroll-Akte (AOPK) im sogenannten → Archivbestand 1 → operative Hauptablage abgelegt (Abb. 114 u. 115). Zur Archivierung war der Abteilung XII der bestätigte Übersichtsbogen vorzulegen, auf welchem auch die → Klassifizierung vermerkt wurde. Eine vergleichbare Funktion wie die OPK hatte die in den Jahren 1960 bis 1976 existierende Aktenkategorie → Akte Vorlauf-Operativ. *[SBu]*

Operativer Vorgang (Wörterbuch XII, Kapitel „Erfassung und Registrierung") – *Erfassungsart gemäß der Richtlinie Nr. 1/76 des Ministers für Staatssicherheit (aktive → Erfassung auf der Grundlage eines → registrierten Vorgangs). [MfS, Abt. XII Nr. 883]*

(1) Seit 1953 war „operativer Vorgang" eine allgemeine Bezeichnung für einige Vorgangsarten, in denen Personen, Personengruppen oder Objekte operativ bearbeitet wurden. Neben dem eigentlichen operativen Vorgang (siehe unter Bedeutung 2), dem → zentralen operativen Vorgang und dem → Teilvorgang gehörten dazu die überwiegend 1960 abgelösten älteren Vorgangsarten → Einzelvorgang, → Gruppenvorgang, → Fahndungsvorgang, → Überprüfungsvorgang, → Beobachtungsvorgang, → Objektvorgang, → Kontrollvorgang und die 1960 eingeführte → Akte Vorlauf-Operativ. Alle Arten „operativer Vorgänge" wurden in der → Aktenkategorie → archivierter operativer Vorgang im → Archivbestand → operative Hauptablage archiviert (Abb. 102*ff.*).

(2) Aktenkategorie des MfS mit der höchsten und intensivsten Stufe der konspirativen Aufklärung, Überwachung und Verfolgung, die mit der

Richtlinie Nr. 1/76 eingeführt wurde. Der operative Vorgang (OV) dokumentierte ein politisches und geheimdienstliches, konspiratives Ermittlungsverfahren unter Einbeziehung → inoffizieller Mitarbeiter (IM) gegen Unbekannt oder gegen Personen, die in den Verdacht geraten waren, nach DDR-Gesetzgebung eine Straftat begangen zu haben oder dies nur zu beabsichtigen.

Die von einem OV betroffenen Personen wurden zu Opfern einer intensiven geheimdienstlichen „Bearbeitung" durch das MfS, das heißt, sie selbst und ihr Umfeld, Familienangehörige, Freunde, Kollegen, Nachbarn, wurden intensiv ausgeforscht, zum einen durch Beschaffung der Kaderunterlagen aus Betrieben und Verwaltungen sowie Recherchen in den vielfältigen Personendatenspeichern des MfS (→ Speichernutzungsordnung), zum anderen durch Beauftragung von inoffiziellen Mitarbeitern aus dem Umfeld der Betroffenen, Informationen beizubringen oder Maßnahmen des MfS zu begleiten, zum Dritten durch Abfangen und Kontrollieren der privaten Post der Betroffenen (Abteilung M), ggf. durch Abhören ihres Telefons (Abteilung 26), schließlich durch Manipulationen des Lebensalltags wie der beruflichen Entwicklung – vom MfS als „Zersetzung" bezeichnet. Grundrechte, wie der Personendatenschutz, der Schutz der Privatsphäre und der eigenen Wohnung spielten keine Rolle. Der Anlass für eine solche „Bearbeitung" war häufig banal. Schon politisch nichtkonformes Verhalten genügte dafür. Der OV konnte aus → operativem Ausgangsmaterial heraus entwickelt werden: aus IM-Berichten, aus Ergebnissen einer erfolgten Sicherheitsüberprüfung oder aus Informationen, die im Laufe der Bearbeitung einer → operativen Personenkontrolle gewonnen wurden. Ein OV wurde bei der zuständigen Abteilung XII (→ Zentrale Auskunft/Speicher) auf Grundlage eines vorgelegten ausgefüllten und bestätigten Beschlusses über das Anlegen eines OV → Form 1b registriert. Die Abteilung XII versah den OV mit einer → Registriernummer und erfasste aktiv alle im OV bearbeiteten Personen und Objekte (→ Erfassung, aktive). Gemäß 1. Durchführungsbestimmung zur Richtlinie Nr. 1/76 sollte ein OV aus zwei Teilen bestehen. Teil I [lies: eins] hatte als Elemente zu enthalten: das Inhaltsverzeichnis Form 8 (→ Formular), den Beschluss über das Anlegen des OV Form 1b, den Index über Personen und Objekte Form 2, die Übersicht über Einsichtnahmen Form I-204, die → Suchaufträge über die im OV erfassten Personen und Objekte sowie in chronologischer Reihenfolge den Eröffnungsbericht, die → Operativpläne, die → Sachstandsberichte, die Pläne und Berichte über die Vorbereitung und Durchführung wesentlicher operativer Maßnahmen zur Bearbeitung des OV, Berichte inoffizieller Mitarbeiter mit Informationen für die Bearbeitung des OV, andere als bedeutsam angesehene Berichte und Dokumente sowie den → Abschlussbericht. In den Teil II [lies: zwei] waren alle weiteren zum OV gehörenden Materialien aufzunehmen, die nach erfolgter → Archivierung und → Verfilmung nicht im Original erhalten bleiben mussten. Es war erlaubt, sowohl beide Teile in einem Aktenhefter, durch ein Trennblatt „Teil II“ getrennt, zusammenzufassen, als auch die beiden Teile in zwei getrennten Aktenheftern zu führen. Im November 1983 wurde festgelegt, beide Teile als eine einheitliche → Akte ohne Verwendung eines Trennblatts „Teil II“ zu führen. War für die Bearbeitung eines OV die Zusammenarbeit mehrerer Diensteinheiten notwendig, wurde ein → zentraler operativer Vorgang mit → Teilvorgängen angelegt. Beim Abschluss des OV war darauf zu achten, dass er den „größten sicherheitspolitischen Nutzen“ erbrachte. Folgende Abschlussarten waren möglich: Einleitung eines Ermittlungsverfahrens (EV, → Untersuchungsvorgang) mit bzw. ohne Haft, Überwerbung, erfolgreiche Zersetzung, Verwendung der Informationen als → kompromittierendes Material, Einleitung spezifischer Maßnahmen gegen bevorrechtete Personen, Übergabe von Material über Straftaten der allgemeinen Kriminalität an andere Schutz- und Sicherheitsorgane, öffentliche Auswertung bzw. Übergabe des Materials an leitende Partei- und Staatsfunktionäre, verbunden mit Vorschlägen zur weiteren Vorgehensweise. Abgeschlossene und eingestellte OV wurden auf Beschluss des Leiters der verantwortlichen operativen Diensteinheit bei der → zuständigen Abteilung XII in der → Aktenkategorie → archivierter operativer Vorgang im sogenannten → Archivbestand → operative Hauptablage „archiviert“. Die Entscheidung zur → Archivierung wurde auf dem Beschluss → Form 1b bzw. auf der Abverfügung zur Archivierung → Form 317 dokumentiert. *[SBu]*

Operatives Ausgangsmaterial (OAM) – Informationen über strafrechtlich relevantes Verhalten einer Person oder einer Personengruppe bzw. über den begründeten Verdacht für ein solches Verhalten, welche die Grundlage für die Eröffnung eines → operativen Vorgangs (OV) bilden konnten. Dabei handelte es sich z. B. um IM-Berichte, Ergebnisse einer erfolgten → Sicherheitsüberprüfung oder Informationen, die im Laufe der Bearbeitung einer → operativen Personenkontrolle gewonnen wurden. *[SBu]*

Operativplan – Der Richtlinie Nr. 1/76 vom 1. Januar 1976 zufolge ein Dokument für die Leitung und Bearbeitung eines → operativen Vorgangs (OV). Der Operativplan enthielt Festlegungen über 1) die zu erreichenden Ziele bzw. Etappenziele, 2) die vor allem zum Nachweis des dringenden Verdachts zu gewinnenden notwendigen Informationen und Beweise sowie die zu ihrer Erarbeitung erforderlichen Aufgaben und Maßnahmen, 3) die legendiert einzusetzenden operativen Kräfte – insbesondere inoffizielle Mitarbeiter – sowie operativen Mittel, 4) das zweckmäßige Vorgehen und Verhalten der operativen Kräfte zur Beweisführung in einem kombinierten Einsatz der operativen Kräfte, Mittel und Methoden, 5) die Maßnahmen zur wirksamen Einschränkung der „feindlichen" Handlungen, zur weitgehenden Beseitigung begünstigender Bedingungen und Umstände sowie zur Schadensverhütung, 6) die effektive Zusammenarbeit mit anderen operativen Diensteinheiten bzw. das eventuell erforderliche Zusammenwirken mit anderen Stellen, Betrieben, Einrichtungen sowie gesellschaftlichen Organisationen und den eventuell erforderlichen Einsatz zeitweiliger Arbeitsgruppen, 7) die Termine und Verantwortlichkeiten für die Realisierung und Kontrolle der Maßnahmen. Bei neuen Erkenntnissen über die „feindlichen" Handlungen oder veränderten Bedingungen in der Bearbeitung von OV war rechtzeitig ein neuer Operativplan auszuarbeiten bzw. der vorhandene zu präzisieren. Operativpläne wurden in den Hauptabteilungen durch die Leiter der Abteilungen bzw. deren Stellvertreter bestätigt, in den selbstständigen Abteilungen durch die Leiter der Unterabteilungen und Referate bzw. deren Stellvertreter, in den Bezirksverwaltungen und Verwaltungen durch die Leiter der Abteilungen, Kreisdienstellen und Objektdienstellen bzw. deren Stellvertreter. Bei OV, die von einem übergeordneten Leiter persönlich angeleitet und kontrolliert wurden, waren die Operativpläne von diesem zu bestätigen. *[SBu]*

OPK → operative Personenkontrolle.

OPK-Akte (Wörterbuch XII, Kapitel „Erfassung und Registrierung") – *Erfassungsart gemäß der Richtlinie Nr. 1/81 des Ministers für Staatssicherheit (aktive → Erfassung auf der Grundlage eines registrierten Materials). [MfS, Abt. XII Nr. 883]* (Abb. 114 u. 115)

Ordnung (O) – Kategorie dienstlicher → Bestimmungen, die Grundsatzprobleme der inneren Organisation im MfS regelten. Sie stellten grundsätzliche, allgemeine Verhaltensregeln für ein bestimmtes Gebiet für den in Frage kommenden Kreis von Vorgesetzten und Mitarbeitern auf und enthielten zu deren Verwirklichung konkrete Festlegungen, die exakt zu erfüllen waren. Ordnungen wurden erlassen zur Festlegung grundsätzlicher Regelungen, z. B. Fragen der Geheimhaltung, Umgang mit Schusswaffen etc. sowie deren Durchsetzung, und enthielten als notwendig erachtete Verhaltensregeln. Zudem wurden sie zur Regelung grundsätzlicher Personalangelegenheiten oder zur Lösung von Verwaltungs- und Finanzfragen sowie von Fragen der grundsätzlichen Versorgung im materiell-technischen Sinne erlassen. Ordnungen enthielten neben den Aufgaben auch die entsprechenden Maßnahmen sowie die jeweilige Zuständigkeit und Verantwortlichkeit. Sie galten zumeist für einen längeren Zeitraum und konnten erlassen werden durch den Minister, die Stellvertreter des Ministers, die Leiter von Hauptverwaltungen/Verwaltungen, die Leiter der Haupt- und selbstständigen Abteilungen, den Rektor der Juristischen Hochschule und den Kommandeur des Wachregiments Berlin „Feliks E. Dzierzynski“ sowie die Leiter der Bezirksverwaltungen/Verwaltung „W“ und die Leiter der Kreisdienststellen/Objektdienststellen. → Bestimmung, dienstliche. *[DHa]*

Ordnung für die Arbeit mit Archivdokumenten – In der → Anweisung Nr. 8/65 vom 10. September 1965 über die Auskunftserteilung und Anforderung von Archivunterlagen aus der Abteilung bzw. den Referaten XII, ist der „Erlass einer grundsätzlichen Archiv- und Auskunftsordnung“ zwar angekündigt, kam aber nicht zustande. 24 Jahre später präsentierte die Abteilung XII in ihrer MfS-internen Ausstellung im September 1989 zum 40. Jahrestag der DDR eine nicht datierte Fassung dieser Ordnung mit ihrer 1. Durchführungsbestimmung. Sie stamme aus der Mitte der 1960er-Jahre, heißt es in den begleitenden Texten. Eine geringfügig abweichende, „Archivordnung“ genannte Fassung legte Mielkes späterer Stellvertreter, Generalmajor Alfred Scholz, am 2. Juli 1966 seinem Minister vor. Diese sollte ausdrücklich die Anweisung Nr. 8/65 außer Kraft setzen.

Auch wenn beide Entwürfe nicht unterzeichnet wurden, dürften sie die gängigen Arbeitsabläufe dieser Zeit, zumindest aber den erhobenen Anspruch widerspiegeln. Demnach sollten zwar die sogenannten „Archive“ des MfS „die Ordnung und Verzeichnung sowie die Nachweisführung der Bestände nach den archivwissenschaftlichen Grundsätzen“ gewährleisten. Sie erhielten jedoch gleichzeitig die Aufgabe, bereits „archiviertes Schriftgut“ wieder herauszugeben und in der Verzeichnung zu löschen, sobald es „für eine aktive Bearbeitung durch die operativen Diensteinheiten benötigt wird“, später gelieferte Schriftstücke in Akten einzufügen – „koordinieren“ genannt – sowie Akten auf Veranlassung der Aktenbildner, der operativen Diensteinheiten, zu vernichten. Bei der Ablieferung ins sogenannte Archiv sollten die operativen Diensteinheiten in jeder Akte einen „Termin für die Wiedervorlage des Schriftgutes durch die Archive bzw. [einen] Termin für die Vernichtung des Archivmaterials“ vermerken. Zudem sollte „Schriftgut, das keinen politisch-operativen Wert besitzt, [...] von den Diensteinheiten in eigener Zuständigkeit“ vernichtet werden. Bei der Benutzung des → „Archivgutes“ behielten die ablegenden Diensteinheiten ein maßgebliches Entscheidungsrecht. Mit den in der Ordnung postulierten „archivwissenschaftlichen Grundsätzen“ hatte dieses Vorgehen selbstverständlich nichts gemein.

Die Ordnung gliedert sich (in der Fassung der Ausstellung) auf zehn Seiten in die drei Abschnitte „Aufgaben der Archive“, „Klassifizierung des Archivgutes“ (in → „gesperrte Ablage“ und → „nicht gesperrt“), zuletzt Benutzung und Auskunftserteilung. Die Durchführungsbestimmung umfasst sieben Seiten und die vier Abschnitte „Schriftgutablieferung“, „Aufbewahrung“, „Archiv-Verwaltung und Benutzung“ sowie „Erschließung und Auswertung des alten [sic!] Archivgutes“. Demnach war die Aufbewahrung der Akten im „Archiv“ von vornherein befristet, der „Wert des Schriftgutes“ allein durch „die Interessen der staatlichen Sicherheit bestimmt“! Die Maßgaben im Abschnitt „Erschließung und Auswertung“ dienten nicht etwa der Zugänglichmachung, sondern hatten unter Einbeziehung der aktenführenden operativen Diensteinheiten eine überwiegende Aussonderung und Vernichtung älterer Unterlagen zum Ziel. Diese Aussonderungsaktion sollte bis zum Jahresende 1970 abgeschlossen werden. Möglicherweise verweigerte Minister Mielke seine Unterschrift nicht wegen der fachlichen Mängel, sondern weil seine operativen Diensteinheiten zu sehr mit der Durchsicht und Bewertung „alter Akten“ beschäftigt worden wären. Dass diese Ordnung entworfen wurde, dürfte im Kontext der Archivgesetzgebung der DDR (Verordnung über das Staatliche Archivwesen vom 17. Juni 1965, GBl. II, S. 567) zu sehen sein, in deren Folge der Minister des Innern eine fachlich versierte Archivordnung vom 8. Januar 1966 für die Verwaltungsarchive und das „Zentrale Archiv“ seines Ressorts erließ. Auch wenn die beim MfS entworfene Ordnung archivische Termini wie „Erschließung“, „Verzeichnung“, „Bestand“ und andere gebrauchte, hatte ihr Inhalt mit archivischer Arbeit wenig zu tun. Sie spiegelte eher die Arbeit einer Altregistratur, allerdings ohne die folgerichtige Aussonderung nicht mehr für die laufende Arbeit benötigten Schriftguts zur Abgabe an ein (richtiges) Archiv. → Archivordnung XII *[RLu]*

Ordnung Nr. 1/84 der HV A → Referat R.

Ordnung Nr. 6/86 → Offizier im besonderen Einsatz (OibE).

Ordnung Nr. 3/89 → Speichernutzungsordnung (MfS).

Ordnung Nr. 4/89 → Speichernutzungsordnung („andere Organe“).

Ordnungsmäßigkeit von Dokumenten und Materialien (Wörterbuch XII, Kapitel „Arbeitsorganisation“) – *Kriterium bei der Eingangs- und weiteren Kontrolle bei der → Erfassung und → Registrierung, → Archivierung, Überprüfung; Grundlage sind die → Dienstanweisung Nr. 2/81 und die jeweils zutreffenden dienstlichen → Bestimmungen für die politisch-operative Arbeit sowie die → Speicherführungsprinzipien XII. [MfS, Abt. XII Nr. 883]*

Original erhalten – In den 1980er-Jahren benutzter Stempelabdruck auf dem vorderen Aktendeckel zur Kennzeichnung der → dauernden Aufbewahrung der Akte. → Aufbewahrungsfrist. *[SBu]*

Original-F 16 (Wörterbuch XII, Kapitel „Belege und Vordrucke“) – *F 16 aus dem Komplex → Ersterfassung bzw. Änderung, wie sie von den Diensteinheiten/→ Abteilungen XII übergeben werden (Gegenstück: → Basiskarten). [MfS, Abt. XII Nr. 883]*

Originalinformation → Ausgangsinformation.

Originalmaterial (Wörterbuch XII, Kapitel „Archivarbeit“) – *→ Archivmaterial, das in der Form vorliegt, in der es von der operativen Diensteinheit zur → Archivierung übergeben wurde. [MfS, Abt. XII Nr. 883]*

OT-Vorgang – Vorgang über eingesetzte operative Technik. → Referat R.

OTM-Vorgang – Vorgang über eingesetzte operativ-technische Mittel. → Referat R.

OV → Operativer Vorgang (Abb. 102–113), → Objektvorgang (Abb. 107).

OVg. → Operativer Vorgang (Abb. 102–113), → Objektvorgang (Abb. 107).

P

P → P-Vermerk.

P-Vermerk (Wörterbuch XII, Kapitel „Erfassung und Registrierung“) – *Vermerk auf der F 16, der von einer → Abteilung XII aufgetragen wird und angibt, dass es sich bei den aufgetragenen → Personendaten um objektive Angaben handelt. [MfS, Abt. XII Nr. 883]*

Vermerk auf der Rückseite der → Personenkarteikarte F 16, der darauf hindeutete, dass die Personendaten (Name, Vorname, Geburtsdatum bzw. Personenkennzahl) überprüft wurden (Abb. 040). *[SBu]*

PA → Personalakte, → Personenauskunft (Aktenkategorie der Hauptabteilung IX/11), → Postausgang.

Passive Erfassung → Erfassung, passive.

PDB – Primärdatenbank, → Personendatenbank.

PE → Posteingang.

Personalakte – Über jeden hauptamtlichen Mitarbeiter des MfS führte die Hauptabteilung Kader und Schulung (HA KuSch; in den Bezirksverwaltungen die Abteilung KuSch) eine Personal- oder Kaderakte (beide Begriffe waren im MfS gebräuchlich). Diese → Akte gliederte sich seit 1969 in der Regel in sechs Teile: I Zusammengefasste Auskunft auf einem Formblatt; II Einstellungsvorschlag; III Beurteilungen, Qualifikationsnachweise und Beförderungen; IV Lebenslauf mit Nachträgen, Personalfragebogen, Verwandtenaufstellungen, Verpflichtung und Fahneneid; V Überprüfungs- und Ermittlungsunterlagen (auch über Verwandte und Bekannte), Vermerke u. ä.; VI Disziplinarakte (DA). Demnach galt zwar die → Disziplinarakte als Teil der Personalakte, sie wurde aber separat geführt und gelagert. Personalakten über Zivilbeschäftigte waren gegenüber Mitarbeiter-Akten im Inhalt etwas reduziert und bestanden in der Regel aus nur vier Teilen. Schied ein Mitarbeiter aus dem aktiven Dienst aus, kam die ihn betreffende Personalakte (PA) im zuständigen → Archiv der Bezirksverwaltung für Staatssicherheit bzw. → Zentralarchiv der → Abteilungen XII des MfS zur → Ablage. Sie wurde dabei mit eventuell vorhandenen Disziplinarakten (DA) und Gesundheitsunterlagen (GU) zu einem Vorgang im sogenannten → „Archivbestand 3: KS" vereinigt (→ Personalaktenablage). Als weiterer Teil der Personalakten, aber neben diesen, wurden seit 1969 über Mitarbeiter auch Dossiers geführt. Diese enthielten Duplikate der zusammengefassten Auskunft, der letzten Beurteilung und der letzten Niederschrift über Entwicklungs- und „Erziehungs"-Gespräche. Dossiers verwahrten Leiter von Diensteinheiten ab Leiter einer Kreisdienststelle oder einer Abteilung aufwärts. Über Leiter von Hauptabteilungen, Leiter von Bezirksverwaltungen, Stellvertreter des Ministers und Leiter vergleichbarer Dienststellungen wurden keine Dossiers geführt. Die Personalaktenordnung bestimmte zudem, dass mit der Einstellung eines Mitarbeiters oder Zivilbeschäftigten eine Zentralkarteikarte bzw. → Kaderkarteikarte über diesen anzulegen und in der Hauptabteilung (bzw. den Abteilungen) Kader und Schulung zu verwalten war. Diese Karteikarte bestand aus einem Bogen Karton im Format DIN A3, gefalzt auf DIN A4, und enthielt alle wesentlichen Daten über die Person, ihre Ausbildung, ihre Dienststellungen mit Datum der Veränderung in chronologischer Abfolge, Gehaltsstufen, Beförderungen, Auszeichnungen und Disziplinarvermerke. 1985 begannen Umstellungen in der formalen Aktenführung, die bis 1990 abgeschlossen sein sollten. Insbesondere wurde dabei mehr Gewicht auf als sicherheitsrelevant angesehene Daten über Verwandte und Bekannte gelegt, die auf neuen Formblättern in den Teilen I und II vermerkt werden sollten. Die Dossiers wurden erweitert um Nachweise über die Entwicklung sowie um Duplikate von Stellungnahmen der Dienstvorgesetzten über als bedeutsam angesehene Kontakte und über „Fehlverhalten". Die Formblätter der Personalakten wurden gleichzeitig für eine perspektivisch vorgesehene elektronische Datenverarbeitung neu gestaltet (Abb. 089 – 092, 133 – 142). *[RLu]*

Personalakte des inoffiziellen Mitarbeiters – Seit 1950 Teil P, seit 1968 entsprechend Teil I eines → IM-Vorgangs. Sie enthielt Informationen über den → inoffiziellen Mitarbeiter und die inoffizielle Zusammenarbeit mit diesem. Mit der Einführung der Richtlinie Nr. 1/58 war die Führung der Personalakte formgebunden; sie sollte vor allem folgende Elemente enthalten: Inhaltsverzeichnis F 2, Verzeichnis der Mitarbeiter, die mit dem IM zusammenarbeiteten bzw. in die Akte Einsicht nahmen

F 4, Verzeichnis der aufgesuchten → konspirativen Wohnungen (KW) F 25 bzw. in der Personalakte eines → Inhabers einer konspirativen Wohnung ein Verzeichnis der IM, die die KW kannten F 43, Index F 2, Vermerk über das Bekanntwerden des IM, überprüfte → Suchaufträge F 10, Fragebogen, Lebenslauf, Charakteristiken, → Vorschlag zur Werbung, Bericht über die erfolgte Werbung, Verpflichtungserklärung, Verwandtenaufstellung, Berichte des → Führungsoffiziers über besondere Vorkommnisse in der Zusammenarbeit mit dem IM, Überprüfungsmaterial, Quittungen über erhaltene Geldbeträge und Sachwerte, Auskunftsberichte und periodische Analysen oder Zwischenberichte über die Arbeit mit dem IM. Seit 1960 wurde die Personalakte eines IM auf Grundlage einer → IM-Vorlaufakte gebildet. Die Richtlinie Nr. 1/68 legte fest, dass die Personalakte in Abschnitte A bis C gegliedert werden sollte. Diese Abschnitte waren weitgehend mit den Abschnitten A bis C der IM-Vorlaufakte identisch, jedoch wurde die Personalakte nach der Anwerbung um neue Unterlagen ergänzt. Im Abschnitt A befand sich das Deckblatt F 202, das Inhaltsverzeichnis F 203, die Übersicht F 204 über Mitarbeiter, die den IM kannten bzw. Einsicht in die Akte genommen haben, Übersicht über konspirative Wohnungen und Deckadressen, die der IM aufgesucht oder von denen er Kenntnis erhalten hat, das → „Wer kennt wen?"-Schema, der Verbindungsplan und die Treffübersicht. Im Abschnitt B befand sich das Deckblatt F 209, die Begründung für die Gewinnung, der Bericht über das Bekanntwerden des Kandidaten und die Verpflichtungserklärung in dem dafür vorgesehenen Umschlag, periodische Zusammenfassungen der wesentlichen Arbeitsergebnisse und grundlegende Anweisungen der Vorgesetzten des → Führungsoffiziers für die weitere Zusammenarbeit. Im Abschnitt C befanden sich das Deckblatt F 231, Suchaufträge F 10, der Beschluss zum Anlegen der Vorlaufakte F 1 (IM-Vorlaufakte), Ergebnisse der Überprüfung des Kandidaten, der Vorschlag für das persönliche Kennenlernen des Kandidaten, der Bericht über das persönliche Kennenlernen, der → Werbungsvorschlag und grundsätzliche Bemerkungen und Einschätzungen des Vorgesetzten, ein Passfoto, der Lebenslauf und die Verwandtenaufstellung des IM, die Maßnahmen zur Überprüfung und deren Ergebnisse, die Perspektiv- und Qualifizierungspläne, die Hinweise für erfolgte oder vermutete Dekonspirationen, Vermerke über Auszeichnungen, Beurteilungen, Einschätzungen und der → Auskunftsbericht F 217. Eine Ausnahme bildete die Personalakte eines → inoffiziellen Mitarbeiters zur Sicherung der Konspiration und des Verbindungswesens (IMK), auch genannt → Kombinierte Personal- und Arbeitsakte des inoffiziellen Mitarbeiters zur Sicherung der Konspiration und des Verbindungswesens. Hier kam zu den Abschnitten A bis C zusätzlich noch ein Abschnitt D mit dem Deckblatt F 234, dem Inhaltsverzeichnis F 213, Berichten des IM sowie der Aufstellung über erhaltene Sachwerte und ausgezahlte Beträge F 29 hinzu. Die 1. Durchführungsbestimmung zur Richtlinie Nr. 1/79 hob die Unterteilung der Personalakte in Abschnitte faktisch auf und regelte den Aufbau der Akte ansonsten auch weniger detailliert. Der Teil I des IM-Vorgangs hatte zu enthalten: die Übersicht F 312, das Inhaltsverzeichnis F 8, den Beschluss über das Anlegen des IM-Vorgangs F 1a, die Verpflichtungserklärung, den Auskunftsbericht F I/217, Suchaufträge → F 10, Informationen der Abteilung XII über erfolgte Überprüfungen des IM, weitere Dokumente zur Person des IM entsprechend dem Stand der Zusammenarbeit sowie Suchaufträge und andere Dokumente über zusätzliche erfasste Personen. (Abb. 093, 095 u. 096) *[SBu]*

Personalaktenablage (KS) – Schied ein hauptamtlicher Mitarbeiter aus dem aktiven Dienst aus, kam die ihn betreffende → Personalakte (PA) im zuständigen → Archiv der Bezirksverwaltung bzw. im → Zentralarchiv des MfS zur Ablage. Sie wurde dabei mit eventuell vorhandenen → Disziplinarakten (DA) und Gesundheitsunterlagen (GU), gelegentlich auch → Gerichtsakten (GA), zu einem → Vorgang im sogenannten „Archivbestand 3: Personalaktenablage (KS)“ vereinigt. Seit 1976 wurden darin drei, zuletzt sogar vier Ablagekategorien unterschieden. Die Ablage KS I bestand nur im Zentralarchiv. Sie war Akten über Mitarbeiter in herausgehobenen Leitungspositionen (Stellvertreter des Ministers, Leiter von Hauptabteilungen, selbstständigen Abteilungen, Bezirksverwaltungen und deren Stellvertreter), zudem Akten über „besonders verdienstvolle Angehörige“ vorbehalten. In den Jahren 1976 bis 1989 kamen darin 102 Vorgänge mit 230 Bänden zur Ablage. Die KS I galt als → „Sonderablage“, die Akten wurden einzeln verplombt und von anderen Beständen separiert in Panzerschränken verwahrt. Akten über „normale“ Mitarbeiter – Berufssoldaten, Soldaten auf Zeit und Zivilbeschäftigte – wurden nach deren Ausscheiden in der Ablage KS II verwahrt. Im Zeitraum 1959 bis 1989 waren dies im Zentralarchiv 14 500 Vorgänge mit 23 600 Bänden. Eine weitere Ablage, die KS III, enthielt zunächst Akten über Personen, die für eine Einstellung in das MfS vorgesehen, aber schließlich nicht bestätigt wurden. Seit den 1980er-Jahren kamen Akten über Angehörige des Wachregiments hinzu. Die Ablage umfasst ca. 5 000 Vorgänge mit 5 900 Bänden aus den Jahrgängen 1976 bis 1989. Als KS IV wurden seit 1987 vor allem Akten über inoffizielle Mitarbeiter des Wachregiments abgelegt, dazwischen lassen sich aber auch Akten über operative Personenkontrollen von Angehörigen des Wachregiments und deren Familien finden. Für den Zeitraum bis 1989 sind 621 Vorgänge mit 637 Bänden belegt. Mit der Auflösung des MfS kamen im ehemaligen Zentralarchiv (ohne Trennung nach KS I – IV) über 60 000 Personalakten, ca. 10 000 Disziplinarakten und 43 000 Gesundheitsunterlagen hinzu. In diesen Kontext gehören auch 13 000 Personendossiers, die bis dahin als Extrakt der Personalakte beim jeweiligen Leiter der Diensteinheit verwahrt worden waren. Insgesamt sind damit (ohne Karteien) allein in der Zentralstelle ca. 2 700 lfm Personalunterlagen von MfS-Mitarbeitern überliefert (Abb. 133 – 142). *[RLu]*

Personenauskunft (PA) – Aktenkategorie der Hauptabteilung IX/11 (→ „NS-Archiv"). Sie enthält Dokumentationen in ca. 6 200 Akten, oft in Form von Presseausschnitten, über als bedeutsam angesehene Personen aus Politik, Wirtschaft und Kultur hinsichtlich ihrer möglichen NS-Vergangenheit im Umfang von 32 lfm. *[RBl]*

Personendaten (Wörterbuch XII, Kapitel „Erfassung und Registrierung") – *Gesamtheit der für die Erfassung bzw. Überprüfung anzugebenden Daten zur Person. Die Personendaten werden unterteilt in Personengrunddaten, Personenstammdaten und Zusatzangaben. Die Personendaten sind die Grundlage für die Vergleichsarbeit bei → Erfassungen, Überprüfungen und Änderungen. [MfS, Abt. XII Nr. 883]*

Personendatenbank der DDR (PDB) – In der vom Büro für Personendaten (BPD) bei der Hauptabteilung Pass- und Meldewesen der Hauptverwaltung Deutsche Volkspolizei im Ministerium des Innern der DDR (MdI) geführten PDB wurden zentral Informationen über alle in der DDR mit Hauptwohnung gemeldeten Personen (DDR-Bürger und Ausländer) gespeichert. Zur Speicherung standen über 60 Datenfelder zur Verfügung, die sich in Gruppen gliederten, nämlich in Grunddaten, weitere Daten, Daten über Angehörige, spezifische Angaben über Ausländer und spezifische Angaben über Rückkehrer und Zuziehende. Verstorbene und nach außerhalb der DDR abgemeldete Personen blieben in der PDB registriert. Für Volkspolizei und MfS war die PDB ein wichtiges Instrument für die flächendeckende Überwachung und Kontrolle der Bevölkerung. So sah DDR-Innenminister Friedrich Dickel das Ziel der Nutzung der PDB darin, „Ausgangsinformationen zu gewinnen, die für die Arbeit der Schutz- und Sicherheitsorgane und für die Deckung des vereinbarten Informationsbedarfs anderer staatlicher und gesellschaftlicher Nutzer erforderlich sind." Dieser Zielstellung folgend, wurden in der PDB auch über die reinen Meldedaten weit hinausgehende Informationen gespeichert, wie: kriminell gefährdete Person (KGP), Reisesperren (RES), Sanktionen (SAK), z. B. Aufenthaltsbeschränkungen, Aufenthaltsgenehmigungen für das Grenzgebiet (AIG), Vermerke über weitere polizeiliche Registrierungen (KUF), Hinweise (HIN) auf gestellte bzw. abgelehnte Ausreiseanträge (HIN:14), Verbindungen zu Ausländern (HIN:17), Ermittlungen wegen Verdachts auf sogenannten ungesetzlichen Grenzübertritt, § 213 StGB (HIN:18) oder das Kennzeichen 4 im Datenfeld Integrationspartner (IGP) eine Eintragung im zentralen Strafregister der DDR. Primäres Ordnungsmerkmal der PDB war die 1970 eingeführte → Personenkennzahl (PKZ). Zwischen 1977 und 1982 wurden auf Grundlage der Meldekarteikarten (PM 50a) in den Volkspolizeikreisämtern die Daten für die PDB erfasst, Korrekturen und Ergänzungen folgten bis Ende 1983. Am 1. Januar 1984 begann der Echtbetrieb der PDB. Das Rechenzentrum der PDB befand sich in Berlin-Biesdorf. Das MfS hatte von Beginn an vollen Zugriff auf alle in der PDB gespeicherten Informationen, hierfür existierte innerhalb der → ZAIG eine Arbeitsgruppe PDB (AG 9), die 16 Planstellen umfasste. Mit der politischen Wende in der DDR wurde aus der PDB das Zentrale Einwohnerregister (ZER), welches die gespeicherten Daten wieder auf die grundlegenden Meldedaten reduzierte, allerdings die PKZ als Primärmerkmal beibehielt. Dem Einigungsvertrag folgend, wurden die Daten aus dem ZER bis zu dessen Auflösung Ende 1992 zum Aufbau des Meldewesens in den fünf neuen Bundesländern verwandt. Ein auf sechs Merkmale reduzierter Datenbestand des ZER kann heute gemäß § 2, Abs. 1 StUG von dem BStU zur Erfüllung seiner Aufgaben verwendet und auf Ersuchen den Gerichten und Strafverfolgungsbehörden übermittelt werden. *[SKo]*

Personenindex (Wörterbuch XII, Kapitel „Erfassung und Registrierung“) *– Index über Personen Form 2 bzw. Form 2a (→ Formular). Zu → registrierten Vorgängen und Akten gehörender Vordruck, auf dem alle auf der Grundlage des Vorgangs/der Akte in der → Abteilung XII erfassten Personen aufgeführt sind. Die → Erfassung dieser Personen wird von der zuständigen Abteilung XII auf dem Index bestätigt. Ebenso werden Löschungen und Veränderungen bestätigt. Der Personenindex trägt jeweils die → Registriernummer des → Vorgangs/der → Akte. Bei → IM und → GMS ist der Personenindex Grundlage für die durch die zuständige Abteilung XII zu realisierende Ausfertigung der F 16. Der Personenindex kann auch Teil des Beschlusses (F 1a) sein. [MfS, Abt. XII Nr. 883]*

Personenkartei (Wörterbuch XII, Kapitel „Erfassung und Registrierung“) *– Ein Hauptkarteispeicher der → Abteilung XII. Die Personenkartei enthält die Personendaten zu allen Personen, die von den Diensteinheiten auf der Grundlage entsprechender dienstlicher Bestimmungen operativ bearbeitet werden bzw. wurden oder von operativem Interesse sind. Die Personenkartei ist die Grundlage für die Arbeit der Abteilung XII als zentraler Informationsspeicher. Die Personenkartei ist karteialphabetisch geordnet. [MfS, Abt. XII Nr. 883]*

Die Personenkartei F 16 diente dem vollständigen zentralen Nachweis aller Personen, deren → Erfassung von operativen Diensteinheiten auf der Grundlage → dienstlicher Bestimmungen veranlasst wurde. Bevor eine Person erfasst und über sie ein Vorgang registriert werden konnte, musste die entsprechende Diensteinheit mit einem → Suchauftrag F 10 eine Recherche in der Abteilung XII veranlassen. Nach entsprechender Auskunft konnte die anfragende Diensteinheit z. B. auf bereits „archivierte" Unterlagen zurückgreifen, somit die Arbeit koordiniert und konzentriert werden. Dies sollte ausschließen, dass mehrere Diensteinheiten parallel eine Person „bearbeiteten" oder einen Vorgang eröffneten. Die Personen sind mit ihrem realen Namen (Klarname) nachgewiesen. Die Personenkartei in der Zentralstelle ist phonetisch (→ Karteialphabet, → Phonetik) sortiert. Diese Sortierung ermöglichte bei einer Recherche das Erkennen von Erfassungen ähnlich klingender Namen, unabhängig von ihrer Schreibweise. Die Vorderseite der Karteikarte F 16 im Format DIN A6 quer enthielt auf der linken Seite Rubriken für die Grunddaten zur erfassten Person und auf der rechten Seite MfS-interne Angaben (→ Registriernummer bzw. Erfassungsart, → Registrierbereich, Diensteinheit/Mitarbeiter, → Archivsignatur, Karte angelegt am). Bei einigen Erfassungsarten, z. B. der → KK-Erfassung oder der VSH-Erfassung sind die internen Angaben vollständig auf der F 16 vermerkt; ist für diese Erfassungen eine → Archivsignatur aufgetragen, lässt sich mittels dieser direkt auf die archivierte Akte zugreifen. Bei → registrierten Vorgängen ermöglichte seit 1960 die Registriernummer den Zugang zu weiteren internen Angaben auf der → Vorgangskartei F 22 (Vorgangsart, Deckname, IM-Kategorie bzw. Delikt, Diensteinheit, Mitarbeiter). Die Rückseite der F 16 war für Notizen über weitere Erfassungen vorgesehen. In den Anfangsjahren enthielt die Rückseite auch Personenbeschreibungen (Abb. 013 – 016, 029 – 031 u. 033 – 038).
Zentrale Personenkarteien (→ Karteien, dort über A 1/F 16, B 1/F 19 u. C 1/F 18) wurden am 20. September 1950 eingeführt (→ Richtlinien GVS-Nrn. 8/50, 9/50 u. 10/50). Mit der Auflösung der Länderverwaltungen und der Gründung der Bezirke in der DDR 1952 änderte sich die regionale Struktur des MfS. Dies wirkte sich auf die Karteiführung aus. Vorgänge, die bis dahin für den Bereich der Länder registriert worden waren, mussten den neuen Bezirksverwaltungen für Staatssicherheit zugeordnet werden. Bei der Übernahme der alten Registriernummern konnte es also zu gleichen Registriernummern für unterschiedliche Vorgänge kommen. Die Hauptabteilung I (Militärabwehr) erhielt im Jahre 1954 eine eigene Abteilung XII, sie registrierte etwa seit März 1954 ihre Vorgänge selbstständig. Zuvor hatte die Abteilung XII des MfS diese Aufgaben wahrgenommen. Die Abteilung XII der Hauptabteilung I

führte für ihren Registrierbereich eine eigene Personenkartei. Seit 1960 wurden Registriernummern nach einheitlichem Muster vergeben. Dies bedeutet, dass jeder Vorgang unabhängig von seiner Art eine fortlaufende Registriernummer trug, die auf der Personenkarteikarte vermerkt wurde. Diese Verfahrensweise betraf ebenso die seit 1960 in die → Vorgangskartei F 22 aufgenommen IM-Vorgänge. 1962 folgte die Einführung der Registrierbereiche, die der Registriernummer als römische Ziffer vorangestellt wurden.
Die Verwendung verschiedenfarbiger Karteikarten stellte in den 1950er-Jahren ein Hilfsmittel für die Karteiarbeit dar. Die Farbe der Karteikarte ließ Rückschlüsse auf die Vorgangsart zu. So fanden z. B. blaue und hellgraue Karteikarten für IM-Vorgänge Verwendung; eine gelbe Karteikarte wies auf eine Bearbeitung der Person durch das MfS hin. Im Jahre 1960 wurden die Personenkarteikarten vereinheitlicht. Unabhängig von der Vorgangsart fanden die gleichen gelben F 16 Verwendung. Das MfS sprach von der „Neutralisierung der Zentralkartei". Damit erhöhte das MfS die interne Geheimhaltung wesentlich, da anhand der Karteikarte F 16 die Vorgangsart nicht mehr erkennbar war. Gelber Karton war nicht immer ausreichend vorhanden, so nutzte das MfS zeitweilig roten Karton, ohne dass dem eine inhaltliche Bedeutung zukam. Ausnahmen bestanden für die Messesonderkarten (grün und rot), Grenzgängerkarten (grün) und Fahndungskarten (rot). Im Zusammenhang mit der Schließung der Grenzen am 13. August 1961 erfasste das MfS Grenzgänger und baute eine Transit- und Sperrkartei auf. Die entsprechenden Erfassungen fanden seit 1963 Aufnahme in die Zentrale Personenkartei.
Zusätzliche Angaben befanden sich seit 1983 auf der F 16. Sie wurden mit Großbuchstaben codiert und entweder eingestempelt oder handschriftlich aufgetragen. Im Einzelnen standen z. B.:
– P (auf der Rückseite der F 16). Personendaten sind anhand entsprechender Belege überprüft worden und wurden als korrekt eingestuft. Der P-Vermerk war ausschließlich durch den Vergleich der Personendaten auf der F 16 mit Auszügen aus der → Personendatenbank des Ministeriums des Innern (MdI), Kopien von Karteikarten der Kreismeldekartei und Kopien von Personaldokumenten zu erstellen.
– D (auf der Vorderseite der F 16). Für Karteikarten bei Ersterfassung, wenn die Erfassung verschlüsselt wurde oder es sich um einen registrierten Vorgang/Akte handelte. Die Verschlüsselung der Erfassung ermöglichte die Eingabe, Speicherung und Recherche mit EDV (→ Schlüssel der Erfassungsdaten).
– E (auf der Rückseite der F 16). Es lagen passive Erfassungen zu dieser Person vor. (Siehe u. a. auch → O und → R.)

Mit einem Kreuz auf der Hauptkarte F 16 wurde gekennzeichnet, dass eine → Hinweiskarte, z. B. bei Doppelnamen existierte.
Am 15. Dezember 1989 legte die Abteilung XII/6 fest, alle Erfassungen für die Hauptverwaltung A (HV A, Aufklärung, Auslandsgeheimdienst) in der F 16 zu löschen. Nicht einbezogen waren die von der HV A in der Abteilung XII des MfS bereits archivieren Vorgänge. Auf den Karteikarten F 16 sollten alle Erfassungen der HV A getilgt werden. Waren auf der Karteikarte F 16 weitere Personendaten oder Erfassungen vorhanden, mussten neue Karteikarten F 16 erstellt werden. Überliefert sind ca. 5,4 Mio. Karteikarten. → Karteien, → Befehl Nr. 1/50. *[DHa]*

Personenkarteikarte (Wörterbuch XII, Kapitel „Erfassung und Registrierung“) – *Von den Diensteinheiten bzw. den Abteilungen auszufüllender Erfassungsbeleg F 16 (bzw. KNA 14). Die Personenkarteikarten werden in der → Personenkartei gespeichert. [MfS, Abt. XII Nr. 883]* → Karteien (dort über andere Personenkarteikarten der 1950er-Jahre).

Personenkategorie (PK) – Das → System der vereinigten Erfassung von Daten über den Gegner (SOUD) umfasste zunächst 10, seit 1986 sogar 15 Personenkategorien: PK 1: Mitarbeiter und Agenten gegnerischer Geheimdienste, PK 2: Mitarbeiter von „Zentren ideologischer Diversion“, PK 3: Mitglieder von Terrororganisationen, PK 4: Mitglieder subversiver Organisationen, PK 5: Beauftragte von Geheimdiensten, PK 6: „Anschleusungen“, PK 7: „Falsch-Informanten“, PK 8: Provokateure, PK 9: ausgewiesene und unerwünschte Personen, PK 10: Staatsverbrecher, PK 11: „feindliche“ Diplomaten, PK 12: „feindliche“ Korrespondenten, PK 13: Mitarbeiter „feindlicher“ Wirtschaftsvertretungen oder Kulturzentren, PK 14: Schmuggler, PK 15: „Wirtschaftsschädlinge“. Es war durchaus üblich, eine Person mehreren PK zuzuordnen. Die für SOUD gespeicherten Personen wurden auch in den zentralen Speichern des MfS, z. B. in der → Vorverdichtungs-, Such- und Hinweiskartei (VSH, F 401/F 402) erfasst. *[SWB]*

Personenkennzahl (PKZ) (Wörterbuch XII, Kapitel „Erfassung und Registrierung“) – *Ist nach → Dienstanweisung Nr. 2/81 des Ministers für Staatssicherheit bei der → Erfassung (und Überprüfung) von DDR-Bürgern anzugeben. Die PKZ dient der eindeutigen Identifizierung eines DDR-Bürgers. Die PKZ ist mit einem Algorithmus auf ihre formale Richtigkeit prüfbar. [MfS, Abt. XII Nr. 883]*

Personenkerblochkartei-DDR (PKK-DDR) – Die PKK-DDR war Bestandteil des Systems der Kerblochkarteien. Sie wurde zu Personen geführt, über die in einer operativen Diensteinheit des MfS als bedeutsam betrachtete Informationen vorlagen. Erfasst wurden darin Personen mit ständigem Wohnsitz in der DDR, und zwar mittels eines Schlüsselplans. Nach diesem Schlüsselplan erfolgte die Kerbung. Die PKK-DDR enthielt Angaben über Personen, Personenmerkmale und Verdachtshinweise. Die PKK-DDR wurde als Kerblochkartei im Format DIN A4 geführt; verwendet wurden die Vordrucke F 410 und F 410a. Die Kartei war Speicher und zugleich Findhilfsmittel für die operativen Diensteinheiten. (Abb. 081.) → Kerblochkarte. *[DHa]*

Personenkerblochkartei-West (PKK-West) – Die PKK-West war Bestandteil des Systems der Kerblochkarteien. Sie enthielt die für das MfS bedeutsamen Informationen über Personen aus dem „nicht-sozialistischen Ausland“ und West-Berlin entsprechend dem Schlüsselplan zur PKK-West. Nach diesem Schlüsselplan erfolgte die Kerbung. Die PKK-West enthielt Angaben über Personen, Personenmerkmale und Verdachtshinweise. Die Kartei war Speicher und zugleich Findhilfsmittel für die operativen Diensteinheiten. → Kerblochkarte. *[DHa]*

Personenstammdaten (Wörterbuch XII, Kapitel „Erfassung und Registrierung“) – *Abkürzung: PSD. Teil der → Personendaten, der insbesondere für die EDV-mäßige Verarbeitung und für die Vergleichsarbeit in der → Personenkartei von Bedeutung ist. Die Personenstammdaten enthalten: Name(n), Vorname(n), Geburtsdatum. [MfS, Abt. XII Nr. 883]*

Persönlicher Span (Wörterbuch XII, Kapitel „Erfassung und Registrierung“) – *Arbeitsmittel der Mitarbeiter der Karteibereiche. Im Allgemeinen ein Pappstreifen mit dem Namen eines Mitarbeiters im Karteibereich. Bei Entnahme von F 16 (→ Personenkartei) bzw. F 22 (→ Vorgangskartei) im Prozess der Arbeit ist dieser Span anstelle dieser F 16/F 22 in die → Kartei einzulegen und nach Wiedereinlegen der Karteikarte wieder zu entfernen. Jeder Mitarbeiter hat nur einen persönlichen Span. [MfS, Abt. XII Nr. 883]*

Phonetik (Wörterbuch XII, Kapitel „EDV-Anwendung“) – *Automatische Verschlüsselung des Namens und Zusammenführung in Ähnlichkeitsgruppen (F = W, SCH = S daher: Fischer = Wasser). Automatische Verknüpfung zur Recherche, die sichert, dass ähnlich klingende Namen trotz abweichender Schreibweise als möglicherweise erfasst erkannt werden. Identifizierung erst durch manuelle Überprüfung unter Berücksichtigung aller anderen Merkmale möglich. [MfS, Abt. XII Nr. 883]* → Karteialphabet.

PK → Personenkategorie.

PKK → Personenkerblochkartei (-DDR, -West).

PKZ – Personenkennzahl, → Personendatenbank.

PKZ-Klärung (Wörterbuch XII, Kapitel „Erfassung und Registrierung“) – *Abgestimmter Arbeitsablauf bei der Feststellung einer fehlerhaften PKZ im Erfassungs- bzw. Überprüfungsprozess. [MfS, Abt. XII Nr. 883]*

PKZ-Rest (Wörterbuch XII, Kapitel „Erfassung und Registrierung“) – *Auf die ersten sechs Ziffern der PKZ folgende Ziffern, in denen das Ge-*

schlecht der Person, die Vergabestelle sowie die → Prüfziffer enthalten sind. [MfS, Abt. XII Nr. 883]

Postausgang (PA) → Postein- und -ausgangsbücher.

Postbeutel (Wörterbuch XII, Kapitel „Arbeitsorganisation“) – *Verschließbares Transportbehältnis zum Transport von Post (auch Kurierbeutel). [MfS, Abt. XII Nr. 883]*

Posteingang (PE) → Postein- und -ausgangsbücher.

Postein- und -ausgangsbücher – Der Versand von Schriftstücken war im MfS vom Absender bis zum Empfänger lückenlos nachzuweisen. Dazu dienten in den Poststellen und Geschäftszimmern der Diensteinheiten chronologisch geführte Postein- und -ausgangsbücher (zudem Kurierbücher für die Zeit des Transports). In Posteingangsbüchern wurden im Wesentlichen die vergebene Tagebuchnummer, das Eingangsdatum, der Absender, der Betreff, die Weitergabe und die Ablage bzw. Vernichtung von Schriftstücken vermerkt; für → VVS- und → GVS-Unterlagen gab es jeweils eigene Bücher. Postausgangsbücher wurden seltener und lediglich für als bedeutsam erachtete Ausgangsschreiben benutzt.

Parallel zu den chronologischen Vermerken in Postein- und -ausgangsbüchern wurden ein- und ausgehende wie abgelegte Schreiben in der Regel nach Betreffen indexiert. Dazu wurden je nach Postaufkommen, Aufgaben oder Ablagepraxis einer Diensteinheit Institutionen-, Sach- oder Personenkarteikarten, häufiger auch Terminkarteikarten in kleineren Handkarteien geführt. Für das Sekretariat des Stellvertreters des Ministers für Staatssicherheit, Gerhard Neiber, beispielsweise war das Führen einer Personenkartei auf Karteikarten F 16 und einer „Problemkartei“ auf Kerblochkarten im Format DIN A6 quer angeordnet.

Postein- und -ausgangsbücher können bei der Nachverfolgung des Verbleibs von Schriftstücken, bei deren aktenkundlicher Beurteilung und quellenkritischer Untersuchung sowie bei der Entschlüsselung der Wege des schriftlichen Informationsaustausches im MfS wichtige Hilfsmittel sein. Im Einzelfall geben sie Auskunft über die frühere Existenz nicht überlieferter Schriftstücke. *[RLu]*

Postliste (Wörterbuch XII, Kapitel „Arbeitsorganisation“) – *(auch: Verzeichnis, Sendung, Form 104/105) Nachweismittel über den Inhalt eines verschlossenen Postbeutels / einer Kuriertasche. [MfS, Abt. XII Nr. 883]*

Postsendungsart (Wörterbuch XII, Kapitel „Arbeitsorganisation“) – *Unterscheidung von Dienstpost nach ihrem Empfänger in MfS- bzw. Bezirksverwaltungs-Post; nach ihrem Gegenstand: Post gemäß Postordnung* [allgemeine Dienstpost], *Post gemäß → Dienstanweisung Nr. 2/81* [Karteiauskünfte, → Auskunftserteilung]; *auf einem Postverzeichnis gesondert ausgewiesene Art der Dienstpost, z. B. Akte, Filmkarte, Auskunftsbericht usw. [MfS, Abt. XII Nr. 883]*

PR (Wörterbuch XII, Kapitel „EDV-Anwendung“) – *Abkürzung für positiv recherchiert, das heißt angefragter Datensatz ist im EDV-Datenbestand als Klartext erfasst. [MfS, Abt. XII Nr. 883]*

Prominenz (Wörterbuch XII, Kapitel „Erfassung und Registrierung“) – *Hinweiserfassung bzw. Zusatzvermerk zu → Erfassungen bei einem festgelegten Personenkreis aus dem öffentlichen Leben der BRD. [MfS, Abt. XII Nr. 883]*

Prüfziffer (Wörterbuch XII, Kapitel „EDV-Anwendung“) – *Eine Ziffer in einer Ziffernkombination, die zur Prüfung der formalen Richtigkeit der Kombination dient (z. B. bei → PKZ). [MfS, Abt. XII Nr. 883]* → Diensteinheitenschlüssel, → Schlüssel der Erfassungsdaten.

Prüfziffernkontrolle (Wörterbuch XII, Kapitel „EDV-Anwendung“) – *Prüfung der formalen Richtigkeit einer Ziffernkombination mittels der Prüfziffer. [MfS, Abt. XII Nr. 883]*

PSD (Wörterbuch XII, Kapitel „Erfassung und Registrierung“) – *siehe → Personenstammdaten. [MfS, Abt. XII Nr. 883]*

Q

Quelle – Mit Quelle wurde die Herkunft bzw. der Übermittler einer beschafften Information umschrieben. Das MfS unterschied dabei offizielle und inoffizielle Quellen. Offizielle Quellen waren öffentlich zugängliche Publikationen, aber auch Archive und die Informationsspeicher anderer staatlicher Stellen (→ Speichernutzungsordnung), z. B. der Deutschen Volkspolizei, zudem Personen in herausgehobenen Positionen in Verwaltungen und in Leitungen von Betrieben, mit denen im Rahmen des sogenannten „politisch-operativen Zusammenwirkens“ eine offizielle Zusammenarbeit bestand. Inoffizielle Quellen waren in erster Linie die → inoffiziellen Mitarbeiter (IM) und die → gesellschaftlichen Mitarbeiter für Sicherheit (GMS), zudem gelegentliche → Kontaktpersonen (KP), Erkenntnisse aus geheimdienstlichen Überwachungsmaßnahmen und abgeschöpfte Informationen. Der Schutz dieser Quellen spielte schon innerhalb des MfS eine wichtige Rolle, erst recht jedoch, wenn Informationen nach außen, z. B. in Berichten an die Partei- und Staatsführung der DDR gegeben wurden. Häufig wurde ausdrücklich darum gebeten, diese Information geheim zu halten, um keinen Rückschluss auf eine eventuelle Quelle zuzulassen; die Berichte selbst waren in der Regel rückgabepflichtig. In den 1980er-Jahren wurden in allen Diensteinheiten des MfS Beauftragte für den Quellenschutz eingesetzt. *[RLu]*

R

R – Vermerk auf der → Personenkarteikarte F 16. Steht für „Reaktion“ und verweist auf Verbindungen der erfassten Person zur freien Gewerkschaft Solidarność und deren Umfeld in Polen. *[DHa]*

Rapport (Wörterbuch XII, Kapitel „Arbeitsorganisation“) – *Form der Meldung über die Erfüllung erteilter → Weisungen an den Dienstvorgesetzten (siehe auch → Tagesrapport, Wochenrapport). [MfS, Abt. XII Nr. 883]*

Realisierung (Änderungsdienst) (Wörterbuch XII, Kapitel „Erfassung und Registrierung“) – *Arbeitsbereich im Referat Änderung. Hier werden Arbeitsabläufe realisiert, die sich auf die durch die Vorentscheidung angegebenen Veränderungen von Karteikarten sowie Benachrichtigungen von Diensteinheiten u. ä. beziehen. [MfS, Abt. XII Nr. 883]*

Rechtshilfeersuchen (RHE) – Aktenkategorie der Hauptabteilung IX/11 (→ „NS-Archiv“). Die Unterlagen beinhalten Rechtshilfeersuchen in- und ausländischer Dienststellen zu NS- und Kriegsverbrechen, die an Einrichtungen in der DDR gerichtet waren und von diesen wiederum an das MfS weitergeleitet wurden. Es handelt sich sowohl um offizielle Rechtshilfeersuchen, vor allem der sozialistischen Länder an den Generalstaatsanwalt der DDR, wie auch um Ermittlungsgesuche von osteuropäischen Geheimdiensten an das MfS. Beinhaltet sind auch Überprüfungen von Personen (z. B. in der DDR wohnhaften Zeugen vor Gericht) und von Sachverhalten im Zusammenhang mit NS-Prozessen und Ermittlungen der westdeutschen Justiz.

Die Akten belegen die enge Zusammenarbeit des MfS mit osteuropäischen Geheimdiensten, Strafverfolgungsbehörden, Archiven und Dokumentationszentren wie auch mit NS-Opferorganisationen der DDR, der Bundesrepublik und des Auslands.

Eine Untergruppe innerhalb dieser Aktenkategorie bilden die sogenannten RHE-West, die meist Ersuchen der bundesdeutschen Justiz zu NS-Strafverfahren enthalten. Ein Vorgang dieser Untergruppe beinhaltet beispielsweise die Überprüfung von ehemaligen Mitgliedern des NS-Volksgerichtshofs (RHE 39/80 WB). Die Signaturen der Vorgänge tragen in der Regel Länderkennzeichen, um die Herkunft des Ersuchens zu bezeichnen (z. B. WB für West-Berlin). Überliefert sind ca. 73 lfm RHE-Akten. *[RBl]*

Referat R (Archiv der HV A) – Die Hauptverwaltung A (HV A, Aufklärung, Auslandsgeheimdienst) verfügte in ihrem Stab über ein eigenes

Archiv, das im MfS vor allem unter der Bezeichnung Referat R (zuletzt seit 1988 auch als Referat 7) bekannt war. Die HV A besaß eine eigene Aktenordnung (Ordnung HV A Nr. 1/84), die sich ausschließlich auf die Gliederung und Führung von Akten und Vorgängen für die „politisch-operative" Arbeit bezog. Behandelt wurden darin: Personalnebenakten für → OibE, IM-Akten A und B, → GMS-Akten, → OPK-Akten, → Sicherungsvorgänge, Residenturakten, → Objektvorgänge, Akten über → konspirative Objekte in der DDR und operativ-technische Vorgänge (OT- bzw. OTM-Vorgänge) über die Informationsbeschaffung mit elektronischen Mitteln. Die Art der Führung dieser Akten wich von der ansonsten im MfS verbindlichen teilweise ab.

Zwar musste auch die HV A Personen in der → Personenkartei F 16 der Abteilung XII (→ Zentrale Auskunft/Speicher) des MfS erfassen lassen und erhielt → Registriernummern zugewiesen, doch sie führte parallel eine eigene Kartei.

Abgeschlossene Akten, die der Nutzung durch die HV A vorbehalten blieben (das waren fast alle), waren für andere MfS-Diensteinheiten gesperrt und gelangten im Referat R der HV A zur Ablage. Lediglich → nicht gesperrte Akten, fast ausschließlich über abgelehnte Selbstanbieter, gelangten als → archiviertes Material über Personen (AP) in das → Zentralarchiv der Abteilung XII des MfS. → Kontaktpersonen wurden durch die HV A offenbar stärker genutzt als in anderen Diensteinheiten: Sie wollte 1989 deren → Registrierung und ihre Ablage als „AKP" im Zentralarchiv einführen; die Anlage einer neuen → Aktenkategorie wurde jedoch von der Abteilung XII abgelehnt und wegen vergleichbarer Bearbeitung und Aktenführung die Ablage als → AIM vorgeschlagen, aber nicht mehr realisiert.

Im Zuge der Selbstauflösung der HV A im ersten Halbjahr 1990 wurde das Archiv des Referates R restlos vernichtet. Selbst die → Sicherungsfilme der Karteien, das heißt 55 Stapelkassetten mit Mikrofilmen der → Personenkartei F 16 und der → Vorgangskartei F 22 ließ sich die HV A im Dezember 1989 von der Abteilung XII herausgeben und vernichtete sie im April 1990. Durch die in den 1990er-Jahren gelungene Rekonstruktion von → SIRA-Teildatenbanken lassen sich zumindest Ablagedaten von einem Teil der Akten nachvollziehen. *[RLu]*

Registrierbereich (Wörterbuch XII, Kapitel „Erfassung und Registrierung") – *Zuständigkeitsbereich einer → Abteilung XII, der alle Diensteinheiten einer bestimmten Bezirksverwaltung, der Hauptabteilung I bzw. des MfS umfasste (Territorialprinzip). Gekennzeichnet wird der Registrierbereich durch ein Kurzwort für die Bezirksverwaltung, die Hauptabteilung I und das MfS sowie durch eine feststehende römische Ziffer. [MfS, Abt. XII Nr. 883]*

Es gab nachfolgend aufgeführte Registrierbereiche im MfS, die seit 1962 mit römischen Ziffern codiert wurden:

Ziffer	Kurzwort	Registrierbereich
I	Rst	Bezirksverwaltung Rostock.
II	Swn	Bezirksverwaltung Schwerin.
III	Nbg	Bezirksverwaltung Neubrandenburg.
IV	Pdm	Bezirksverwaltung Potsdam.
V	Ffo	Bezirksverwaltung Frankfurt/Oder.
VI	Cbs	Bezirksverwaltung Cottbus.
VII	Mdg	Bezirksverwaltung Magdeburg.
VIII	Hle	Bezirksverwaltung Halle.
IX	Erf	Bezirksverwaltung Erfurt.
X	Gra	Bezirksverwaltung Gera.
XI	Shl/Uul	Bezirksverwaltung Suhl.
XII	Ddn	Bezirksverwaltung Dresden.
XIII	Lpz	Bezirksverwaltung Leipzig.
XIV	Kms	Bezirksverwaltung Karl-Marx-Stadt.
XV	MfS, Bln	Ministerium (einschließlich „Aufklärung“ in den BVfS) und Verwaltung Groß-Berlin (bis 1975) bzw. Bezirksverwaltung Berlin (1976–1982).
XVI		(Nicht belegt).
XVII		Verwaltung Wismut (bis 1982).
XVIII	HA I	Hauptabteilung I (Militärabwehr).
XIX		Grenztruppen (1960–1962).
XX	Bln	Bezirksverwaltung Berlin (seit 1983).

[SBu]

Registrierbuch → Vorgangsregistrierbuch, → Archivregistrierbuch.

Registriernummer – Die Registriernummer diente dem zentralen Nachweis von → Vorgängen. Für die Vergabe einer Registriernummer waren die Abteilungen XII (→ Zentrale Auskunft/Speicher) zuständig. Die → Registrierung war für bestimmte Vorgänge (→ registrierte Vorgänge und Akten) verpflichtend. Die Vergabe erfolgte auf Antrag einer Diensteinheit. Die Registriernummer bestand aus einer römischen Ziffer für den → Registrierbereich, einer laufenden Nummer und dem Jahr, in dem die Registrierung erfolgte, z. B. II/2374/86 für BVfS Schwerin, laufende Nummer 2374 des Jahres 1986. *[DHa]*

Registrierte Vorgänge und Akten (Wörterbuch XII, Kapitel „Erfassung und Registrierung“) – *Auch registriertes Material; Sammelbezeichnung für eine Reihe Erfassungen von Personen und Objekten in der → Abteilung XII, die auf der Grundlage zentraler dienstlicher Bestimmungen erfolgen. Registrierte Vorgänge sind: → Untersuchungsvorgänge, → operative Vorgänge, → IM-Vorgänge, → IM-Vorläufe, → Sicherungs-*

vorgänge. Registrierte Akten sind: → OPK-Akten, → GMS-Akten, → Kontrollobjektakten und → Feindobjektakten. [MfS, Abt. XII Nr. 883] → Akte, → Archivakte, → Nicht registriertes Material.

Registrierung (Wörterbuch XII, Kapitel „Erfassung und Registrierung") – *Handlung des Einschreibens eines Vorgangs bzw. einer → Akte, wo dies durch zentrale dienstliche → Bestimmung gefordert wird, in die entsprechenden Nachweismittel der → Abteilung XII. Daraus resultiert die Vergabe einer → Registriernummer, die für die Erfassung der Person/des Objektes und den Nachweis der operativen Verantwortlichkeit von Bedeutung ist. [MfS, Abt. XII Nr. 883]*

Eine besondere und gleichzeitig die bedeutendste Form des Nachweises, also einer operativen Erfassung (→ Erfassung, operative), war die Registrierung in einem → Vorgang. Sie wurde bei Personen und Objekten angewendet, mit denen sich die Staatssicherheit intensiv beschäftigte. In Vorgängen registriert wurden einerseits die MfS-Zuträger (→ inoffizielle Mitarbeiter und → gesellschaftliche Mitarbeiter für Sicherheit) und andererseits die „operativ bearbeiteten" Personen. Aus deren „Bearbeitung" entstanden u. a. die sogenannten → operativen Vorgänge und die → operativen Personenkontrollen. Bei bedeutenden Vorgängen bestand die Pflicht zur Aktenbildung.

Indessen führte nicht jede Registrierung zu einer schriftlichen Dokumentation von Informationen, z. B. gibt es bei einem → Sicherungsvorgang zumeist keine Akten. 1976 war diese Vorgangsart eingeführt worden und erfasste zahlreiche der „angefallenen" Personen, die sich entweder politisch nicht konform verhielten oder staatsloyale Bürger waren (z. B. Geheimnisträger, Reisekader). Im Übrigen waren auch alle hauptamtlichen MfS-Mitarbeiter und deren Angehörige in Sicherungsvorgängen der Hauptabteilung Kader und Schulung → erfasst.

Für eine Registrierung hatten die Diensteinheiten der Abteilung XII alle notwendigen Dokumente vollständig vorzulegen (u. a. zwei → Personenkarteikarten F 16 für jede zu erfassende Person). In der Abteilung XII erfolgte der Eintrag im → Registrierbuch (F 64) und damit die Festlegung der → Registriernummer, die Ausfertigung der → Vorgangskarteikarten F 22 und der → Decknamenkarteikarten F 77 sowie ggf. weiterer Karteikarten zum Einstellen in die entsprechenden Karteien. Im → Vorgangsheft (F 47) des für den Vorgang verantwortlichen Mitarbeiters wurde ebenfalls eine Eintragung vorgenommen. Der Beschluss, der Index und die Aktenteile waren mit der Registriernummer versehen an die Diensteinheit zu senden. Registrierpflichtig waren die Vorgänge: → IM-Vorlauf, → IM-Vorgang, → operative Personenkontrolle (OPK) seit 1981, → operativer Vorgang (OV), → Untersuchungsvorgang (UV), → Sicherungsvorgang (SiVo), → GMS-Akte (→ gesellschaftlicher Mitar-

beiter für Sicherheit) seit 1980, → Feindobjekt- und → Kontrollobjektakte (FOA, KOA) und → Zelleninformator (ZI). Grundlage der Registrierung war ein vom Leiter einer Diensteinheit bestätigter Beschluss zum Anlegen eines Vorgangs/einer Akte in der für den betreffenden Registrierbereich zuständigen Abteilung XII. Aus Gründen der MfS-internen Konspiration wurde neben der F 16 eine zweite separate Karteikarte angelegt, die Vorgangskartei F 22, auf der u. a. Vorgangsart, Deckname, zuständige Diensteinheit, der verantwortliche Mitarbeiter und die dreigliedrige Registriernummer eingetragen waren.
Die vergebene Registriernummer wurde im → Registrierbuch nachgewiesen. Im → Vorgangsheft quittierte der zuständige operative Mitarbeiter die Übernahme des Vorgangs. Die Formgebundenheit registrierter Vorgänge war durch → Richtlinien, → Dienstanweisungen und zugehörige → Durchführungsbestimmungen exakt geregelt und schrieb zumeist das Anlegen und Führen von Akten vor. Wichtige Besonderheiten bildeten: 1. Der Sicherungsvorgang (SiVo). Dieser war zwar registrierpflichtig, aber als Sammlung von Grunddaten über Personengruppen war keine Aktenführung über einzelne Personen vorgeschrieben; 2. Feindobjekt- und Kontrollobjektakten. Diese waren zwar registrierpflichtig, unterlagen aber keiner Pflicht zu geregelter Aktenführung, stellten vielmehr Sammlungen von Grunddaten und Informationen über Feind- oder Kontrollobjekte dar. Personen im Zusammenhang mit einem solchen Objekt wurden in einer Liste erfasst, gegebenenfalls wurden sie in gesonderten → OPK, → OV oder → ZOV „operativ bearbeitet"; 3. Die Kerblochkartei-Erfassung (→ KK-Erfassung). Hier wurden, ähnlich wie bei einem Sicherungsvorgang nicht zwangsläufig Akten über die erfassten Personen geführt. Dennoch erstelltes Material (→ Zentrale Materialablage) wurde zwar nicht registriert, aber in begründeten Fällen als → AKK „archiviert".
Seit 1960 erhielten die einzelnen Vorgangsarten Registriernummern, die nur auf den Vorgang bezogen waren. 1960 noch aktive Vorgänge wurden dafür umregistriert und mit einer für den gesamten Registrierbereich einheitlich laufenden Registriernummer versehen. *[DHa]*

Reisedatenbank → Datenverarbeitungsprojekt „Leipziger Messen", → Elektronische Datenverarbeitung.

Restaurierung (Wörterbuch XII, Kapitel „Archivarbeit") – *Wiederherstellung des ordnungsgemäßen Aktenverbandes von verfilmtem Archivmaterial nach der → Verfilmung. Nur für Archivmaterial, das im Original (→ Original erhalten) aufzubewahren ist (einschließlich Beseitigung von Verschleißerscheinungen). [MfS, Abt. XII Nr. 883]*
Tatsächlich meinte Restaurierung hier im Wesentlichen nur, dass Akten, die zur Verfilmung (→ Sicherheitsfilm, → Sicherheitsfonds) aufge-

trennt worden waren, anschließend wieder eine Bindung erhielten. Dazu wurden die Seiten geordnet zu einem Block gestapelt, in eine Vorrichtung eingespannt, am linken Rand an vier Stellen durchbohrt und mit einem Faden geheftet. Wenn nötig erhielten die Akten einen neuen Einband. Dazu wurden die Archivsignatur und (soweit vorhanden) die Registriernummer auf die neue Mappe übertragen und in der Regel der vordere Deckel der alten Mappe auf DIN A4 beschnitten als erste Seite mit eingeheftet. *[RLu]*

RHE → Rechtshilfeersuchen.

Richtlinie (RL) – Kategorie dienstlicher Bestimmungen. Richtlinien waren dienstliche Bestimmungen von grundsätzlicher Bedeutung für die Orientierung und Organisation der gesamten operativen Arbeit des MfS bzw. einzelner oder mehrerer Linien. Sie dienten der Regelung von Grundsätzen in der Gestaltung und Organisation grundlegender Prozesse sowie deren Leitung und Planung. Eine Richtlinie hatte zu enthalten: Konkrete Festlegungen über den Gegenstand der Richtlinie, Erläuterungen der Kategorien und ihre Bedeutung für die Arbeit, die Darstellung des Systems ihres Zusammenwirkens im Prozess der Arbeit und die Grundlinie für die Orientierung der gesamten Arbeit auf dem entsprechenden Gebiet. Bei der Einhaltung der Richtlinie bestanden für die betreffenden MfS-Mitarbeiter gewisse Gestaltungsmöglichkeiten. Richtlinien besaßen in der Regel für einen längeren Zeitraum Gültigkeit. Richtlinien konnten ausschließlich durch den Minister erlassen werden. → Bestimmung, dienstliche. *[DHa]*

Richtlinie GVS-Nr. 8/50 über die Erfassung von Personen, die eine feindliche Tätigkeit durchführen – Diese Richtlinie vom 20. September 1950 wurde mit dem → Befehl Nr. 1/50 des Ministers für Staatssicherheit in Kraft gesetzt. Sie bestand aus fünf Seiten und sieben Anlagen. In ihren ersten zwei Absätzen führte die Richtlinie auf, welche Personen gemeint waren, nämlich vor allem: „Agenten ausländischer Spionageorganisationen, Terroristen, Diversanten, Schädlinge, Saboteure, Teilnehmer an der Schumacher'schen illegalen Arbeit, Trotzkisten, Angehörige von faschistischen illegalen Organisationen, frühere führende Angehörige der Gestapo, SD, ‚Abwehr', früheres Kommandopersonal von Konzentrationslagern, Gefängnissen, der SS, SA, führende Funktionäre der NSDAP und des Hitlerstaates, Angehörige religiöser Sekten und andere Personen", letztlich also eine Mischung, die weitgehend alle Andersdenkenden umfasste und gleichzeitig frühere Handlungen oder Zugehörigkeiten rückwirkend als feindliche Tätigkeit einschloss. Die Richtlinie legte fest, über diesen weitgefassten Personenkreis Vorgänge anzulegen und Erfassungskarteien in den Abteilungen XII des MfS und der Landesverwaltungen einzurichten. Sie erläuterte, wie Vorgänge an-

zulegen, zu registrieren, zu übergeben und einzustellen seien, zudem für die Abteilung Erfassung und Statistik (Abteilung XII, → Zentrale Auskunft/Speicher) die Art der Karteiführung, der Auskunftserteilung und der statistischen Berichterstattung.
Anlage 1 der Richtlinie enthielt das Muster für einen zweiseitigen „Beschluss über das Anlegen eines Vorgangs"; Anlage 2 die „Form des Tagebuchs zur → Registrierung der → Gruppen- und → Einzelvorgänge" („Nr. des Vorgangs", „Registriert am", „Bezeichnung [Deckname] des Vorgangs", „Name, Vorname, Geburtstag", „Art des [unterstellten] Verbrechens", „Nr. der Abt." [der bearbeitenden Diensteinheit], „Name d. Mitarbeiters, d. für den Vorgang verantwortl. ist", „Vermerk über die Bewegung des Vorgangs"; Anlage 3 war ein Bogen für detaillierte monatliche Statistiken über laufende, neu angelegte und abgeschlossene Vorgänge einer Landesverwaltung; Anlage 4 ein Bogen für monatliche Statistiken über die bearbeiteten Personen hinsichtlich ihrer sozialen Stellung und ihrer Parteizugehörigkeit; Anlage 5 ein Muster für einen „Beschluss über die Einstellung eines Vorgangs" und die Abgabe der Akte zur Aufbewahrung im Archiv der Abteilung Erfassung und Statistik; Anlage 6 das Muster der Erfassungskarteikarte im Format 10 x 15 cm, die zunächst als Form A 1, mindestens seit 1954 aber als Form 16 gedruckt wurde (Abb. 011 – 016); Anlage 7 schließlich bestand aus einem großen Bogen für eine zusammenfassende monatliche Statistik des Ministeriums über in laufenden Vorgängen bearbeitete Personen nach Bearbeitungsstand und vorgeworfenen Delikten.
Die Richtlinie war grundlegend für das Anlegen operativer Vorgänge in ihren frühen Formen als Einzel- oder Gruppenvorgang und für den Aufbau der zentralen Erfassung von Personen, denen das MfS eine feindliche Tätigkeit unterstellte. Sie wurde durch die Anweisung Nr. 14/52 vom 10. September 1952 insbesondere hinsichtlich des Aktenaufbaus von Einzel- und Gruppenvorgängen präzisiert. Mit Inkraftsetzung der → Richtlinie GVS-Nr. 90/54 vom 12. Dezember 1953, die die Arten operativer Vorgänge wesentlich erweiterte, wurde sie obsolet und im Oktober 1956 schließlich eingezogen. *[RLu]*

Richtlinie GVS-Nr. 9/50 über die Erfassung der geheimen Mitarbeiter, der Informatoren und der Personen, die konspirative Wohnungen unterhalten – Die Richtlinie vom 20. September 1950 wurde mit dem → Befehl Nr. 1/50 des Ministers für Staatssicherheit in Kraft gesetzt. Sie bestand aus vier Seiten und fünf Anlagen. Die Richtlinie definierte die drei genannten Personenkategorien, die Maßgaben ihrer Werbung und wie eine Verbindung abzubrechen sei. Die zentrale → Erfassung eines neu geworbenen geheimen Mitarbeiters, eines Informanten oder des Inhabers einer konspirativen Wohnung war innerhalb von 24 Stunden zu vollziehen. Die Abteilung Erfassung und Statistik (→ Abteilung XII) hatte dazu eine Arbeitskartei über alle aktiv für das MfS tätigen Personen zu führen sowie eine Auskunftskartei, die darüber hinaus auch Karteikarten über alle „aus dem Agentennetz“ ausgeschiedenen oder ausgeschlossenen geheimen Mitarbeiter, Informatoren und Inhaber konspirativer Wohnungen in alphabetischer Ordnung enthielt. Zudem hatte die Abteilung Nachweise zu führen über alle für diesen Personenkreis angelegten → Personen- und → Arbeitsakten, sie war bei Übergaben von Akten an eine andere Diensteinheit stets zu informieren. Auskünfte aus ihren Karteien durfte die Abteilung nur bei abgebrochenen Verbindungen geben. Anfragen, die aktive Verbindungen betrafen, hatte sie an die jeweils bearbeitende Diensteinheit weiterzuleiten.

Anlage 1 der Richtlinie zeigte ein Muster der Erfassungskarteikarte im Format 10 x 15 cm, die zunächst als Form B 1, mindestens seit 1954 aber als Form 19 gedruckt wurde (Abb. 017–022); Anlage 2 ein Musterschreiben für die Übergabe von Akten an eine andere Diensteinheit; Anlage 3 das Muster für einen „Beschluss über das Abbrechen der Verbindung“ und die Abgabe der Akte zur Aufbewahrung im Archiv der Abteilung Erfassung und Statistik; Anlage 4 einen Statistikbogen für monatliche Berichte über Veränderungen, Neuwerbungen, Abgänge und Ausschlüsse im genannten Personenkreis; Anlage 5 schließlich das Muster für ein → Vorgangsregistrierbuch (Registrier-Nr., Tag der Registrierung, Deckname, Bezeichnung der Abteilung/Kreisdienststelle, Name des Mitarbeiters, der die Verbindung hält, Vermerk über die Bewegung der Personalakte).

Die Richtlinie war grundlegend für die zentrale, personenbezogene Erfassung geheimer Mitarbeiter des MfS wie für das Anlegen und Führen von Personal- und Arbeitsakten über diese. Ihre Vorgaben wurde bereits am 20. November 1952 mit der Richtlinie 21 präzisiert und erweitert, diese wiederum durch die Richtlinie Nr. 1/58 für die Arbeit mit inoffiziellen Mitarbeitern im Gebiet der DDR vom 1. Oktober 1958 abgelöst. *[RLu]*

Richtlinie GVS-Nr. 10/50 zur Erfassung der durch die Organe des Ministeriums für Staatssicherheit der DDR verhafteten Personen – Diese Richtlinie (RL) vom 20. September 1950 wurde gemeinsam mit zwei weiteren RL (oben → RL GVS-Nr. 8/50 und 9/50) durch den → Befehl Nr. 1/50 des Ministers für Staatssicherheit in Kraft gesetzt. Sie bestand aus vier Seiten und vierzehn Anlagen. Anliegen der RL war es, die → Erfassung der vom MfS Verhafteten und die → Registrierung der angelegten → Untersuchungsvorgänge zu vereinheitlichen und zu konzentrieren. Sie behandelte die Abwicklung der Verhaftungen, die Erfassung und Registrierung, die Entlassung von Verhafteten, die Übergabe von Untersuchungsvorgängen an andere Dienststellen, die statistische Berichterstattung über Verhaftete und die Auskunftserteilung durch die Abteilung Erfassung und Statistik (Abteilung XII, → Zentrale Auskunft/Speicher). Demnach waren Verhaftete binnen 24 Stunden zentral zu erfassen. Dazu diente eine in dreifacher Ausfertigung einzureichende Karteikarte, die zunächst als Form C 1, seit 1954 (bis Juni 1960) als F 18 gedruckt wurde (→ Karteien, Abb. 023 – 028). Parallel war ein Haftbuch bzw. Tagebuch für die Registrierung der Verhafteten zu führen. Nach Vergabe einer → Registriernummer für den Untersuchungsvorgang kam eine Ausfertigung der Karteikarte in die zentrale alphabetische Kartei, die zweite ging an die den Untersuchungsvorgang bearbeitende Diensteinheit zurück, die dritte diente statistischen Zwecken. Der Verhaftung musste ein in der MfS-Leitungsebene ab Hauptabteilungsleiter aufwärts bestätigter Haftbeschluss und ein nach damaliger Strafprozessordnung von einem Richter oder Staatsanwalt erteilter Haftbefehl voraus gehen. Entsprechend bedurfte die Entlassung eines Verhafteten eines begründeten Entlassungsbeschlusses und nach dessen Bestätigung eines Entlassungsbefehls. Die Entlassung war im Tagebuch (hier in der RL als → Registrierbuch benannt) sowie auf der Karteikarte zu vermerken.

Die Übergabe eines Untersuchungsvorgangs von einer Diensteinheit des MfS an eine andere oder an Gerichte bzw. Staatsanwaltschaften hatte stets über die Abteilung Erfassung und Statistik zu erfolgen. Diese hatte auf der Karteikarte und im Tagebuch zu protokollieren, wo sich der Untersuchungsvorgang jeweils befand. Nach Abschluss des Verfahrens hatten Gerichte bzw. Staatsanwaltschaften den Untersuchungsvorgang an die Abteilung Erfassung und Statistik zur Verfahrung im Archiv zurückzugeben (→ archivierter Untersuchungsvorgang). Monatlich musste die Abteilung Erfassung und Statistik einen statistischen Bericht über Zu- und Abgänge von Verhafteten fertigen. Grundlage dazu war das dritte Exemplar der Karteikarte, die als statistische Arbeitskartei diente. Sie war geteilt in eine Kartei der in Untersuchungshaft befindlichen Verhafteten, gegliedert nach Abteilungen und Kreisdienststellen, und eine Kartei der Entlassenen bzw. der abgeschlossenen oder eingestellten und archivierten Untersuchungsvorgänge in alphabetischer Ordnung. Auskünfte über Verhaftete durfte die Abteilung Erfassung und Statistik nur an Dienststellen des MfS auf schriftliche Anforderung erteilen.

Die Anlagen 1 bis 10 der RL sind nicht überliefert, dürften aber dem Wortlaut der RL zufolge im Wesentlichen aus Mustern für den Haftbeschluss, die Karteikarte Form C 1, das Tagebuch, den Entlassungsbeschluss und den Entlassungsbefehl bestanden haben. Anlage 11 enthielt die Vorlage für einen statistischen Bericht „über die Fluktuation der

Verhafteten" einer Landesverwaltung für Staatssicherheit, Anlage 12 ein Muster für die Statistik nach sozialer Zugehörigkeit, Parteimitgliedschaft und Nationalität der Verhafteten, Anlage 13 Erklärungen zum Ausfüllen der Statistikbögen und Anlage 14 eine Statistik der Verhaftungen nach der Art des vorgeworfenen Delikts.
Die RL wurde bereits fünf Monate später durch die Richtlinie Nr. 3, GVS-Nr. 22/51 vom 20. Februar 1951 präzisiert: Durchsuchungen waren in Gegenwart von Zeugen zu protokollieren, abgenommene Gegenstände einer (nur damals bestehenden) Abteilung „Intendantur", Wertsachen der Abteilung Finanzen gegen Quittung zur Verwahrung bis zu einer gerichtlichen Entscheidung zu übergeben. Durchsuchungsprotokolle und Quittungen waren im Untersuchungsvorgang zu dokumentieren, Beweismittel in einem mit der Registriernummer versehenen Umschlag dem Vorgang beizufügen. Der sonstige Wortlaut entsprach weitgehend dem der hier beschriebenen RL GVS-Nr. 10/50, ohne auf diese Bezug zu nehmen oder sie formal außer Kraft zu setzen.
Bereits 1952 ergänzten weitere → dienstliche Bestimmungen das Führen von Untersuchungsvorgängen: am 20. März 1952 eine Dienstanweisung zur Übergabe von Untersuchungsvorgängen an die Staatsanwaltschaften und die Gerichte, am 15. Mai 1952 der Befehl Nr. 74/52 und die zugehörige Dienstanweisung Nr. 1/52 über die strafrechtliche Untersuchungstätigkeit und am 10. September 1952 die auch Vorgangsordnung genannte Anweisung Nr. 14/52. Spätestens mit Inkraftsetzung der → Richtlinie GVS-Nr. 90/54 vom 12. Dezember 1953, die die Erfassung, Statistik und Vorgangsführung neu regelte, wurde die RL GVS-Nr. 10/50 obsolet. Die mit ihr geschaffenen Grundsätze der zentralen Erfassung von Verhafteten, der Vorgangsregistrierung, des Anlegens und Führens von Untersuchungsvorgängen, der Hoheit des MfS über die Untersuchungsvorgänge und deren letztendliche Verwahrung im Archiv des MfS hatten bis zu dessen Ende Bestand. *[RLu]*

Richtlinie GVS-Nr. 90/54 für die operative Erfassung und Statistik in den Organen des Staatssekretariats für Staatssicherheit des MdI der DDR – Der Erlass dieser Richtlinie (RL) am 12. Dezember 1953 dürfte im Kontext der Veränderungen im MfS bzw. im damaligen Staatssekretariat für Staatssicherheit (SfS) in Folge der revolutionären Ereignisse um den 17. Juni 1953 gestanden haben. Sie wurde von Staatssekretär Ernst Wollweber unterzeichnet und galt der Durchsetzung einer einheitlichen, systematisierten Erfassung und Vorgangsführung sowie einer ebensolchen Registrierung und Verwahrung von Vorgängen. Ohne sich auf diese zu beziehen, ersetzte sie faktisch den → Befehl Nr. 1/50 mit dessen drei Richtlinien und die Anweisung Nr. 14/52. Zwar benannte die mit ihrem Deckblatt zwölf Seiten umfassende RL eingangs

wiederum drei zu erfassende Gruppen, doch Verhaftete waren darunter nicht mehr hervorgehoben. Vielmehr ging es um „a) Alle Personen, welche eine aktive antidemokratische Tätigkeit durchführen", darunter über die → Richtlinie GVS-Nr. 8/50 hinausgehend auch „Provokateure", „aus der SED Ausgeschlossene" und „Sektierer"; „b) Alle Parteien, Verbände, Organisationen und Gruppen, welche eine aktive antidemokratische Tätigkeit ausüben" und „c) Personen, welche die Arbeit der Organe des SfS der DDR unterstützen", also die damals GI, HGI, GM u. s. w. genannten inoffiziellen Mitarbeiter.
Die RL gliederte sich in zwei Teile, der erste Teil wiederum in sechs Abschnitte: „I. Die Führung von → Karteien", „II. Die → Registrierung von operativen Vorgängen nach der Art der verbrecherischen Tätigkeit der darin erfassten Personen", „III. → Operative Vorgänge", „IV. Personalakten und Arbeitsvorgänge von Informatoren, Hauptinformatoren, geheime[n] Mitarbeiter[n] und Inhaber[n] konspirativer Wohnungen", „V. Registrierung von → Untersuchungsvorgängen und Häftlingen", „VI. Erteilung von Auskünften über Personen, Objekte, Vorgänge und Ausgabe von Archivvorgängen zur Einsichtnahme und Weiterbearbeitung".
Demnach waren fünf Karteien zu führen: a) eine → Personenkartei über bearbeitete und sonstige in MfS-Materialien erfasste Personen auf Karteikarten F 16 bzw. über verhaftete auf Karteikarten F 18, b) eine Kartei über → inoffizielle Mitarbeiter mit Karteikarten F 19, c) eine Kartei über als feindlich angesehene Organisationen, damit offenbar die Bildung der → Feindobjektkartei mit Karteikarten F 17, d) eine statistische Kartei und e) eine Kartei über „alle operativen- und Untersuchungsvorgänge", somit die Bildung der → Vorgangskartei mit Karteikarten F 22, zudem → Decknamenkarteien mit Karteikarten F 20 im Kontext der beiden unter a) und b) genannten Karteien sowie → Vorgangshefte der operativen Mitarbeiter. Die RL legte mit jeweils kurzen Beschreibungen sieben Arten operativer Vorgänge fest: a) → Überprüfungsvorgang, b) → Einzelvorgang, c) → Gruppenvorgang, d) → Fahndungsvorgang, e) → Objektvorgang, f) → Kontrollvorgang und g) eine diffus umschriebene Vorgangsart, die in einem die RL ergänzenden Schreiben vom 23. Oktober 1954 als → Beobachtungsvorgang benannt wurde.
Die RL erläuterte das Anlegen und Führen von Untersuchungsvorgängen sowie von „Personalakten" und „Arbeitsvorgängen" der damaligen Kategorien inoffizieller Mitarbeiter. Die Eröffnung eines operativen Vorgangs oder eines Untersuchungsvorgangs setzte einen bestätigten → Beschluss (Form 1) voraus, der → Vorgang war umgehend in der zuständigen → Abteilung XII registrieren zu lassen. Die Registrierung eines inoffiziellen Mitarbeiters war zwar erst nach dessen Werbung ver-

pflichtend, sollte aber möglichst schon zuvor mit der erteilten Genehmigung zur Werbung stattfinden, um einen Zugriff durch andere MfS-Diensteinheiten zu verhindern. Die Einstellung von Vorgängen und deren → Ablage in den Archiven der Abteilungen XII bedurfte wiederum eines bestätigten Beschlusses (für IM-Vorgänge Form 27). Operative Vorgänge hatten zudem einen → Abschlussbericht zu enthalten.
Der zweite Teil der RL bestimmte vor allem die Arbeitsweise der Abteilungen Erfassung und Statistik (Abteilungen XII). Das Verfahren der Registrierung und die zu führenden Karteien fanden sich darin nochmals unter diesem Arbeitsaspekt erläutert. Erstmalig wurden dort die in den (ggf. zu schaffenden) → Archiven der Bezirksverwaltungen und der Zentrale zu führenden Ablagen genannt, nämlich a) eine operative Ablage für alle Arten operativer Vorgänge, b) eine Ablage für Untersuchungsvorgänge, c) eine Ablage für Personalakten und Arbeitsvorgänge der damaligen Kategorien inoffizieller Mitarbeiter (die unter a-c genannten Ablagen bildeten 1960 die → operative Hauptablage), d) eine „Besondere Geheimablage" (→ Geheime Ablage, nur im → Zentralarchiv) und e) eine Ablage des allgemeinen Schriftverkehrs (→ allgemeine Sachablage). Die Ausleihfrist für Vorgänge aus den Archiven wurde in der Regel auf 10 Tage begrenzt. Die Abteilungen XII hatten schon nach dem Befehl Nr. 1/50 monatlich statistische Berichte vorzulegen. Nunmehr jedoch sollten differenziert über „die Bewegung der Untersuchungsvorgänge, der Häftlinge und Abgeurteilten", „den Bestand und die Bewegung der inoffiziellen Mitarbeiter der Organe des SfS", sowie über „Bestand und Bewegung der operativen Vorgänge" und die darin bearbeiteten Personen statistische Daten aufbereitet werden.
Die in der RL genannten Vorgangsarten bestanden bis 1960. Sie wurden mit einem in 600 Exemplaren verteilten Schreiben der Abteilung XII des MfS vom 20. Mai 1960 zusammengefasst in IM-, Operativ-, Untersuchungs-, Objekt- und Kontrollvorgänge, gleichzeitig die Aktenarten „Vorlauf-IM" (→ IM-Vorlaufakte) und „Vorlauf-Operativ" (→ Akte Vorlauf-Operativ) eingeführt. Die bis dahin genutzten Formulare für Beschlüsse (Form 1 u. 27) sowie die Karteikarten F 16, F 17, F 18 und F 19 verloren zum 1. Juli 1960 ihre Gültigkeit und wurden durch neue Formulare Form 1, F 16 und F 17 ersetzt. Im Juni 1972 wurde die Richtlinie eingezogen. *[RLu]*

Richtlinie Nr. 1/58 → Arbeitsakte eines IM, → Arbeitsvorgang, → IM-Vorgang, → Personalakte des inoffiziellen Mitarbeiters

Richtlinie Nr. 1/68 → Arbeitsakte eines IM, → Arbeitsvorgang, → geheimer Hauptinformator, → Führungs-IM, → gesellschaftlicher Mitarbeiter für Sicherheit, → IM-Vorgang, → IM-Vorlaufakte, → IMK, → IMK/DA, → IMK/DT, → IMK/KO, → IMK/KW, → IMF, → IMS,

→ IMV, → inoffizieller Mitarbeiter, → kombinierte Personal- und Arbeitsakte des IMK, → Personalakte des inoffiziellen Mitarbeiters.

Richtlinie Nr. 1/71 → operative Personenkontrolle.

Richtlinie Nr. 1/76 → operativer Vorgang, → Operativplan, → Objektkarteikarte.

Richtlinie Nr. 1/79 → Arbeitsakte eines IM, → GMS-Akte, → hauptamtlicher inoffizieller Mitarbeiter, → IM-Vorgang, → IM-Vorlauf, → IME, → IMS, → Personalakte des inoffiziellen Mitarbeiters.

Richtlinie Nr. 11/79 → SOUD, → Personenkategorie.

Richtlinie Nr. 1/81 → operative Personenkontrolle, → OPK-Akte.

Richtlinie Nr. 2/81 → Zelleninformator, → Archivierte Zelleninformatorakte.

Richtlinie Nr. 1/82 → Sicherheitsüberprüfung.

RL → Richtlinie.

RN (Wörterbuch XII, Kapitel „EDV-Anwendung") – *Abkürzung für Recherche negativ, das heißt angefragter Datensatz ist im EDV-Datenbestand → nicht erfasst. [MfS, Abt. XII Nr. 883]*

RNR (Wörterbuch XII, Kapitel „Überprüfung und Auskunftserteilung") – *Abkürzung der Anfrageart „Rentnerreise-Überprüfung". [MfS, Abt. XII Nr. 883]*

Rollenstempel (Wörterbuch XII, Kapitel „Arbeitsorganisation") – *Maschineller Stempel zum Auftragen des Datums auf Karteikarten im Wesentlichen mit roter Farbe. [MfS, Abt. XII Nr. 883]*

Rotation – Ein → Deckname der → Sonderregelung für eine → Auskunft der Abteilung XII an die Hauptabteilung III (Funkaufklärung/-abwehr). Grundlage war eine vom damaligen Stellvertreter des Ministers für Staatssicherheit, Generalleutnant Gerhard Neiber, bestätigte Vereinbarung vom Dezember 1984. Die Auskünfte enthielten die üblichen Informationen, allerdings wurde die zuständige Diensteinheit in der Regel nicht von der Überprüfung in Kenntnis gesetzt. Die Überprüfung fand mittels Listen in elektronischen Systemen statt. 1986 wurden so monatlich Daten zu 2 000 bis 3 000 Personennamen in Listenform abgefragt, zudem noch bis zu 50 Personennamen über Fernschreibverbindungen oder verschlüsselte Telefonleitungen. *[SWo, RLu]*

Rückerstellung von Daten (Wörterbuch XII, Kapitel „EDV-Anwendung") – *Verfahren zur Klärung von Differenzen, indem die ursprünglichen Daten einer → Erfassung (z. B. bei Änderungen) rückerstellt werden; an der → EDVA können bei der → Karteiprüfung nicht aufgefundene → Personendaten nochmals mittels spezifischem Programm nach umfassenderen Daten recherchiert werden bzw. im → Löschdatenbestand; anhand des → Bestandsfilms können ggf. nicht mehr vorhandene F 16 rückerstellt werden. [MfS, Abt. XII Nr. 883]*

Rücklaufbearbeitung (Wörterbuch XII, Kapitel „Überprüfung und Auskunftserteilung") – *Nach der EDV-mäßigen Verarbeitung von → Überprüfungsersuchen der → Abteilungen XII notwendige Kontrolle und Zuordnung der als nicht erfasst ermittelten Datensätze und Weiterleitung der Auskunft → „nicht erfasst" an die anfragenden Diensteinheiten. [MfS, Abt. XII Nr. 883]*

Rücknahme von Archivmaterial (Wörterbuch XII, Kapitel „Archivarbeit") – *Prozess der Wiedereinvernahme ausgeliehenen → Archivmaterials in das zuständige Archiv. [MfS, Abt. XII Nr. 883]*

Rücknahmekartei (Wörterbuch XII, Kapitel „Archivarbeit") – *Nachweisspeicher unter Verwendung von → Archivanforderungen Form 7 bzw. Form 10 über ausgeliehen gewesenes und wieder von den Diensteinheiten zurückgegebenes Archivmaterial. Nach Archivnummer (→ Archivsignatur) geordnet (auch Eingangskartei). [MfS, Abt. XII Nr. 883]* Zur Nachweisführung über ausgeliehenes → Archivmaterial (Originalmaterial, Mikrofilme oder rückgabepflichtige schriftliche → Archivauskünfte) wurde bei der → Abteilung XII neben der → Ausleihkartei auch eine Rücknahmekartei geführt. Nach Rücknahme des ausgeliehenen Archivmaterials wurde die betreffende Archivanforderung aus der Ausleihkartei gezogen, mit einem Eingangsdatum versehen und in die Rücknahmekartei eingelegt. Zusätzlich konnte die betreffende Kartei folgende Belege enthalten: Umklassifizierungsbelege (→ Klassifizierung), Vermerke über vorgenommene Übernahmen von Archivmaterialien bzw. Löschungen von Personen aus Archivmaterialien, weitere Vermerke bzw. Schreiben zum Archivmaterial, z. B. Anforderungen von Kopien aus Archivmaterial. Die Kartei war jahrgangsweise nach → Archivbeständen sortiert. *[SBu]*

Rückweisung (Wörterbuch XII, Kapitel „Arbeitsorganisation") – *Zurücksendung von Belegen/Materialien an die zuständige → Abteilung XII oder operative Diensteinheit bei festgestellten groben Fehlern in der Ausfertigung von Erfassungs- und Änderungs- sowie Überprüfungsbelegen (→ Überprüfungsersuchen) oder bei nicht statthaften Erfassungen* (→ Doppelerfassung). *[MfS, Abt. XII Nr. 883]*

S

SAA → Schriftliche Archivauskunft, → Auskunftsberichtespeicher.

Sachstandsbericht (SB) – Er war eine zusammengefasste, konzentrierte und beweisseitig gesicherte schriftliche Analyse in der Vorgangsbearbeitung und gab Auskunft über den erreichten Stand in der Bearbeitung von → operativen Vorgängen (OV). Er enthielt u. a. eine zusammenfassende Darstellung der Ereignisse zu dem bearbeiteten Sachverhalt und der oder den verdächtigen Personen. Weiterhin wurde auf der Basis der ermittelten Beweislage eine politische und strafrechtliche Einschätzung gegeben und das bisherige Vorgehen und dessen Wirksamkeit beschrieben, einschließlich der verwendeten Mittel, der beteiligten Personen und der Methoden. Der SB war wichtig für die Bearbeitung des einzelnen operativen Vorgangs, welche im → Operativplan fixiert wurde. Darüber hinaus diente der SB der Information für Vorgesetzte und übergeordnete Diensteinheiten. *[ELa]*

Sachverhaltsdatei der Zentralen Personendatenbank (SDAT) – Speicherbereich für primär sachbezogene Informationen („Sachverhaltsinformationen", z. B. das Auffinden eines Flugblattes) in der → Zentralen Personendatenbank (ZPDB) des MfS. *[SKo]*

Sachverhaltskomplex (SVK) – Verbindlich festgelegte Klassifizierung für Sachverhalte („Sachverhaltsarten"), zur Speicherung in der → Sachverhaltsdatei (SDAT) der → Zentralen Personendatenbank (ZPDB) und zur Ordnung dezentraler Kartei- und Ablagesysteme der Diensteinheiten des MfS. *[SKo]*

Sammelakte (Wörterbuch XII, Kapitel „Archivarbeit") – *Bezeichnung in der Auskunftserteilung der Abteilung XII, die auf den ehemaligen operativen Zweck der Materialsammlung zu Personen hindeutet sowie in der Regel auf die Tatsache, dass in dem Archivmaterial mehr als eine Person erfasst ist. [MfS, Abt. XII Nr. 883]*

Bezeichnung einer Akte, in der mehr als eine Person erfasst war. Als Hinweis konnte die Bezeichnung handschriftlich oder mit einem Stempel auf der → Personenkarteikarte F 16, der → Vorgangskarteikarte F 22, auf dem vorderen Aktendeckel oder im → Archivregistrierbuch in der dafür vorgesehenen Rubrik angebracht werden. Er sollte bei Übergaben bzw. Übernahmen der Sammelakte die Kontrolle auf vollständige Löschung der im Vorgang erfassten Personenangaben erleichtern. *[SBu]*

Sammelsuchauftrag → Suchauftrag.

SAVO (Wörterbuch XII, Kapitel „EDV-Anwendung") – *Datenverarbeitungsprojekt der Abteilung XII, Abkürzung für → System der automatischen Vorauswahl, ausgehend von dem Prinzip, dass im EDV-Bestand nur die Personendaten gespeichert wurden, zu denen Erfassungen in der → Personenkartei vorhanden waren. Vorauswahl in → nicht erfasste bzw. erfasste, für die eine weitere Karteiprüfung erforderlich ist. Erweitert durch die → Automatische Auskunftserteilung (AAE). [MfS, Abt. XII Nr. 883]*

Die Darstellung im Wörterbuch XII gibt den Stand von 1984 wieder. Die Entwicklung des Datenverarbeitungsprojekts begann nach einem rückblickenden MfS-Bericht bereits 1967, und zwar als Folge einer Weisung des späteren Stellvertreters des Ministers für Staatssicherheit, Generalmajor Alfred Scholz, über die Nutzung der EDV für die Belange des MfS. In seiner Frühphase trug das Projekt noch die Bezeichnung ISPER (→ Informationssystem für Personendatenbanken). Seit 1968 wurden dafür alle Grunddaten aus der Personenkartei F 16 in ISPER übertragen. Nach Abschluss dieser (auch später) als → Datenumsetzung bezeichneten Arbeiten begann 1971 die Erprobung und Fortentwicklung des Datenverarbeitungsprojekts, dass schließlich die Bezeichnung SAVO erhielt. Der SAVO-Echtlauf startete vier Jahre später im Juli 1975. Das SAVO diente seitdem zunächst dazu, alle → Überprüfungsersuchen herauszufiltern, zu denen die abgefragten Personen → nicht erfasst waren. Das Prüfergebnis „nicht erfasst“ konnte anschließend zügig und direkt übermittelt werden. Die manuelle Prüfung in der Personenkartei beschränkte sich damit auf die als → „erfasst“ ausgewiesenen Personendaten. Die Durchlaufzeit von Überprüfungsersuchen einer Kreisdienststelle bei der Abteilung XII des MfS verringerte sich dadurch zwar erheblich, betrug aber immer noch 12 bis 15 Tage für nicht erfasste Personen und gar 21 Tage für erfasste. Zwischen 1975 und 1979 durchliefen 10 Mio. Personenüberprüfungen das SAVO. Seit 1977 wurde an Erweiterungen gearbeitet, zunächst unter der Bezeichnung SAVONKA (System der automatischen Vorauswahl mit Nutzung von Kennzeichen zur Auskunftsbereitstellung), schließlich vor 1984 eingeführt als → automatische Auskunftserteilung (AAE). Damit konnten, bei festgestellter Identität von abgefragten und gespeicherten Personendaten, vorbereitete „Auskunftsinformationen“ direkt ausgedruckt und bereitgestellt werden. Seit 1979 waren alle Überprüfungsarten (→ Anfragearten, → Überprüfungsersuchen) in die EDV-Recherche einbezogen.

Grundlegende Erweiterungen wurden seit 1982 erarbeitet und 1986 als SAVO 2.0 mit größerer Kapazität und neuen Funktionen eingeführt: Das SAVO 2.0 enthielt weitgehend alle Daten der Personenkartei F 16, manuelle Recherchen wurden nahezu unnötig; die Weitergabe von Überprüfungsersuchen und Auskünften mittels Kurier wurde durch Datenfernübertragung (DFÜ) über Fernschreibverbindungen ersetzt; die Durchlaufzeiten verringerten sich auf drei bis sechs Tage für „erfasst“ und einen Tag für „nicht erfasst“. Gleichzeitig diente das SAVO 2.0 im Zusammenwirken mit der Hauptabteilung VI (Passkontrolle, Tourismus, Interhotels) der Überprüfung von einreisenden Personen aus dem westlichen Ausland und Polen (→ AGV). Die Menge der täglichen Überprüfungsersuchen stieg von 1979 bis 1987 auf das 2,35-fache. Zwar konnte das SAVO 2.0 die Aufgaben der Personenkartei F 16 schneller leisten, sollte diese aber nicht ersetzen. Die Karteien enthielten trotz aller Dateneingaben noch immer mehr Detailinformationen, waren bei dringenden Anfragen schneller verfügbar und vor allem weniger störanfällig, somit – militärisch ausgedrückt – unter allen Lagebedingungen nutzbar. Beide Datenspeicher wurden bis zum Ende des MfS parallel gepflegt und miteinander abgeglichen. Für → Ersterfassungen und bei → Änderung der Erfassungsdaten ließen sich seit 1986 aus dem SAVO 2.0 für die EDV modifizierte Karteikarten F 16 ausdrucken (Abb. 038), die dann in die Personenkartei einsortiert wurden. Die Datenträger des SAVO wurden auf Beschluss des Runden Tisches im März 1990 weitgehend vernichtet. Lediglich von Abfragen aus einigen Bezirksverwaltungen sind Fragmente erhalten geblieben. *[RLu]*

SAVO-FS (Wörterbuch XII, Kapitel „EDV-Anwendung") – *Fernschriftlich übermittelte Überprüfungsersuchen der Abteilungen XII bzw. Kreisdienststellen, die entsprechend der SAVO-Schreibvorschrift umgesetzt wurden, am EDV-Datenbestand recherchiert und beschleunigt weiterbearbeitet werden. [MfS, Abt. XII Nr. 883]*

SB → Sachstandsbericht.

Schalter (Wörterbuch XII, Kapitel „Arbeitsorganisation") – *Bereich der Abteilung XII, in dem Mitarbeiter der operativen Diensteinheiten an die Abteilung XII Dokumente und Materialien entsprechend der → Dienstanweisung Nr. 2/81 übergeben bzw. von ihr übernehmen können. [MfS, Abt. XII Nr. 883]*

Schleusung – Ein → Deckname der → Sonderregelung für eine → Auskunft der Abteilung XII an die Zentrale Koordinierungsgruppe (Ausreise/Flucht). Die Regelung wurde im März 1982 nach Bestätigung durch den damaligen Stellvertreter des Ministers für Staatssicherheit, Generalleutnant Gerhard Neiber, eingeführt. Die Überprüfung und Beauskunftung fand mittels Listen in elektronischen Systemen statt. Die jeweils zuständige → erfassende Diensteinheit erhielt keine Information über die vorgenommene Überprüfung. Nach dieser Regelung wurden 1986 insgesamt ca. 80 Personen überprüft. → Feind → Nachschlag *[SWo, RLu]*

Schlüssel der Erfassungsdaten – Dieser Schlüssel wurde im Prozess der → Archivierung verwandt, er bestand aus neun Ziffern. Die ersten zwei Ziffern spiegelten die Art der Erfassung, z. B. 01 für → KK-Erfassung, oder die → „Klassifizierung" des → „Archivmaterials" wieder, wobei 10 für → „gesperrte Ablage" stand, 17 für → „nicht gesperrt". Die restlichen sieben Ziffern bildeten den eigentlichen → Diensteinheitenschlüssel mit Angaben über den Registrierbereich, die Diensteinheit des MfS oder nachgeordnete Ebenen und eine Prüfziffer. Demnach stand 10 99 12 01 4 für gesperrtes Archivmaterial (10) der Dienststelle MfS (99), Abteilung XII (12), Leiter (01) und eine Prüfziffer (4).

Für die Art der Erfassung stand im Einzelnen:

01	→ KK-Erfassung.
02	→ Vorläufige aktive Erfassung (VaE).
03	Erfassung für KAG I (→ K I).
04	→ Registrierte Vorgänge und Akten.
10	→ Gesperrte Ablage.
13	→ Nicht klassifizierte Ablage.
14	HV A-Archiv (→ Referat R).
16	→ Z-Material.
17	→ Nicht gesperrt.
18	In MfS AS Nr. 6/54 erfasste Heimkehrer und SMT-Verurteilte.
19	OG-Hinweise.
20	→ Ermittlungsbericht (EB).
22	VSH-Prominenz/HA VI/OUT.
24	VSH (→ Vorverdichtungs-, Such- und Hinweiskartei).
25	Hinweiserfassung.
27 Z	→ ZAIG.
28	VSH, Reaktion.
29	Hinweise zu aktiven Erfassungen.
(29)P	Prominenz (Zusatzvermerk).
(29)R	Reaktion (Zusatzvermerk).

Erfassungen für das Komitee für Staatssicherheit (KfS) der UdSSR wurden im Registrierbereich des MfS, Abteilung XII/Offizier für Sonderaufgaben (OfS) im Sicherungsvorgang mit dem → Diensteinheitenschlüssel 99 12 10 3 geführt. Bei der Übergabe von Erfassungen an das Komitee für Staatssicherheit (KfS) der UdSSR war grundsätzlich diese Diensteinheit anzugeben. → Erfassungsart „V“ *[SBu, DHa]*

Schreibvorschrift (Wörterbuch XII, Kapitel „EDV-Anwendung“) – *Detaillierte Festlegungen zur Umsetzung visuell lesbarer Datenträger in maschinenlesbare. [MfS, Abt. XII Nr. 883]*

Schriftgut anderer staatlicher Organe – Das MfS bewahrte in seinen Archiven nicht nur das aus eigener Tätigkeit erwachsene „politisch-operative Schriftgut“ auf, sondern zog auch Unterlagen anderer Stellen an sich, denen politisches Gewicht oder Bedeutung für die Geheimhaltung beigemessen wurde.

Dies waren in erster Linie Unterlagen aus Verfahren der Abteilungen Ia der Generalstaatsanwaltschaft und der Bezirksstaatsanwaltschaften (→ „ASt-Material“), aber auch Akten (→ SKS-Akten) und Karteien über im Strafregister der DDR gelöschte Straftaten der allgemeinen Kriminalität, die im → Speicher XII/01 des MfS eine Nachnutzung erfuhren. Akten von Gerichten und Staatsanwaltschaften sowie aus dem Strafvollzug des Ministeriums des Innern lassen sich ebenfalls als Bände von → archivierten Untersuchungsvorgängen in der → operativen Hauptablage finden, gelegentlich auch als Teil der → Personalakte ausgeschiedener MfS-Mitarbeiter, als Teil von → archivierten Akten über Fahnenflucht und in der → geheimen Ablage. Gerichtsbeschlüsse und Urteile gingen zudem in Akten der → Zentralen Materialablage der Hauptabteilung IX (Untersuchungsorgan) ein.

Aus dem Ministerium des Innern waren die mit „konspirativen Mitteln und Methoden" arbeitenden Arbeitsgebiete I der Kriminalpolizei (K I) dem MfS verpflichtet: Personen, die als inoffizielle Mitarbeiter der K I vorgesehen waren, mussten in den MfS-Karteien überprüft und erfasst sein; nach Abschluss der Zusammenarbeit waren die Akten (Abb. 151*f.*) dem MfS zu übergeben (→ Archivierte Akte des Arbeitsgebietes I der Kriminalpolizei, AOG bzw. AKAG). Die 1974 in die K I integrierte Abteilung IV der Verwaltung Strafvollzug hatte zuvor ebenso zu verfahren (→ Archivierte Akte der Operativgruppe der Hauptabteilung VII bei der Verwaltung Strafvollzug des Ministeriums des Innern, AVSV).

Eine ehemals große Überlieferung stammte aus der Verwaltung Aufklärung des Ministeriums für Nationale Verteidigung, die seit 1975 Akten in das Zentralarchiv des MfS abgab (→ Archivierte Akte der Verwaltung Aufklärung, AVA). Bis auf eine kleine übersehene Restmenge (Abb. 146 u. 147) wurden diese Akten im Sommer 1990 von Vertretern des Ministeriums für Abrüstung und Verteidigung abgeholt und soweit bekannt vernichtet.

Der Begriff bezog sich im Verständnis des MfS nur auf „staatliche Organe" der DDR, die Dokumentensammlung der Hauptabteilung IX/11 mit Unterlagen von Dienststellen aus der NS-Zeit (→ Z-Material) blieb ausgeklammert. Eine Abgrenzung gegenüber Schriftgut von Vorgängerinstitutionen des MfS, u. a. der Deutschen Verwaltung des Innern, fand ebenfalls nicht statt (→ Tektonik). *[RLu]*

Schriftliche Archivauskunft (SAA) – Seit 1986 benutzte Bezeichnung für von den Abteilungen XII gefertigte → Auskunftsberichte und → Kurzauskünfte aus → Archivmaterial. → Auskunftsberichtespeicher. *[RLu]*

Schulungskartei → Löschkartei.

SDAT → Sachverhaltsdatei der Zentralen Personendatenbank.

Selbstabholer (Wörterbuch XII, Kapitel „Arbeitsorganisation") – *Diensteinheiten, die ihre Post gemäß → Dienstanweisung Nr. 2/81 am → Schalter der Abteilung XII in Empfang nehmen (keine kuriermäßige Anlieferung). [MfS, Abt. XII Nr. 883]*

Selbsteinlieger (Wörterbuch XII, Kapitel „Überprüfung und Auskunftserteilung") – → *Suchaufträge, zu denen im Überprüfungsprozess festgestellt wird, dass anfragende und erfassende Diensteinheit aus demselben*

→ *Registrierbereich stammen. Die vollständige → Auskunftserteilung erfolgt durch die betreffende Abteilung XII. Gilt nur für → registrierte Vorgänge und Akten. [MfS, Abt. XII Nr. 883]*

SFP → Speicherführungsprinzipien.

SI → Signalisierende Informierung.

SIANTA-Liste (Wörterbuch XII, Kapitel „EDV-Anwendung“) – *EDV-Verarbeitungsprotokoll in Form einer Liste, das bei der Recherche von Datensätzen entsteht. Enthält alle verarbeiteten Datensätze mit den entsprechenden Recherchekennzeichen. [MfS, Abt. XII Nr. 883]*

Sicherheitsfilm (Wörterbuch XII, Kapitel „Archivarbeit“) – *Filmduplikat von Archivmaterial, das sich im → Sicherheitsfonds befindet. [MfS, Abt. XII Nr. 883]*

Die → Archivordnung XII von 1989 verwandte den Begriff „Sicherungsfilm“ und widmete der Mikroverfilmung ein 55-seitiges Kapitel. Demzufolge bestand das Ziel der Sicherungsverfilmung darin, dauernd aufzubewahrende Unterlagen sowie die aussagekräftigsten Dokumente aus → „Archivmaterial“, das vom MfS lediglich zur → befristeten Aufbewahrung vorgesehen war, auf → Mikrofilm aufzunehmen, um den Inhalt vor Verlust zu sichern, falls Originale bei Katastrophen verlorengingen. Darüber hinaus konnte mit Hilfe der Sicherungsfilme Archivmaterial, das häufig benutzt wurde, durch die Herstellung von → Auskunftsfilmen für die Benutzung vor weiterem Verschleiß bewahrt werden. Es war nicht gestattet, Sicherungsfilme zur Benutzung oder Ausleihe zu verwenden. → Aufbewahrungsfrist, → Ersatzverfilmung. *[SBu]*

Sicherheitsfonds (Wörterbuch XII, Kapitel „Archivarbeit“) – *Ruhender (das heißt nicht genutzter) → Archivbestand an Mikrofilmkopien von archiviertem politisch-operativem Schriftgut, der ausschließlich für den Fall der Vernichtung des Originalmaterials angefertigt wird. [MfS, Abt. XII Nr. 883]* → Kassation.

Im MfS-Sprachgebrauch begegnen sowohl Sicherheits- als auch Sicherungsfond (letzterer z. B. in der aus dem Wörterbuch XII zum Begriff → Ersatzverfilmung zitierten Erklärung). Sicherungsfilm wie Archivfonds sind archivterminologisch gebräuchlich. Sicherungsfonds und Sicherungsfilm fanden Ende der 1980er-Jahre begrifflichen Eingang in MfS-Dokumente, u. a. in die → Archivordnung XII. Der Sicherungsfonds des Zentralarchivs war seit 1984 im Archivgebäude an der Berliner Magdalenenstraße in zwei klimatisierten Kellerräumen untergebracht. Die Sicherungsfilme (einschließlich der Ersatzverfilmungen) lagerten dort in wasserdicht verschließbaren, gestapelten Metallkassetten, die bei bedrohlichen Lagen schnell hätten geborgen und verlagert werden können. Gesichert wurde beim MfS anfangs auf Mikrorollfilm (16 mm), später auf Mikrofiches (DIN A 6). Die Rollfilme sind überwiegend jackettiert, das heißt als Filmstreifen in Plastikfolien im Format der Mikrofiches überliefert. Die Sicherungsfilme der → Personen- und der → Vorgangskartei wurden Ende Dezember 1989 in 55 Kassetten an die Hauptverwaltung A (HV A, Aufklärung, Auslandsgeheimdienst) herausgegeben und im Zusammenhang mit deren Auflösung, Vermerken des Bürgerkomitees zufolge, im April 1990 vernichtet. Die von 1950 bis ca. Mitte 1989 von der Abteilung XII des MfS archivierten Akten sind grundsätzlich sicherungsverfilmt und in 1548 Kassetten überliefert. Die Verfilmung war allerdings bis zum Ende des MfS für die einzelnen → Bestände unterschiedlich weit vorangekommen: Aus der mengenmäßig größten, der → operativen Hauptablage fehlten nur Akten, die in der zweiten Jahreshälfte 1989 (nach Nr. 14177/89) zur Ablage ins Zentralarchiv kamen. Von der → allgemeinen Sachablage wurden lediglich die Archivierungs-Jahrgänge 51 bis 69, 71 bis 72 und 81 bis 88 verfilmt. Die → Personalaktenablage lag im Wesentlichen in den Jahrgängen 72 bis 88 auf Sicherungsfilm vor. Von den → SKS-Akten sind nur Teilmengen der A-SKS und der B-SKS verfilmt. Für andere Bestände war die Sicherungsverfilmung überwiegend bis zum Jahrgang 88 geschafft worden. Zudem wurden → archivierte Untersuchungsvorgänge (AU) nicht vollständig, sondern nur in Auswahl der als wichtig erachteten Schriftstücke verfilmt. Insgesamt sind aus dem Zentralarchiv ca. 107 Mio. Einzelaufnahmen auf Sicherungsfilm überliefert, die ausgedruckt auf Papier einen Stapel von ca. 26,6 km Höhe umfassen würden. Die Archive der Bezirksverwaltungen hatten eigene Sicherungsfonds. Aus diesen sind insgesamt knapp 80 Mio. Einzelaufnahmen überliefert, die ausgedruckt einen Stapel von 20 km Höhe ergäben. Filme aus dem Sicherungsfond werden heute vor allem herangezogen, wenn eine Akte nach → Ersatzverfilmung vom MfS vernichtet worden war. Dies betraf insbesondere Bände des Teils II von → IM-Vorgängen (→ archivierter IM-Vorgang), Akten der → allgemeinen Sachablage und die o. g. SKS-Akten. Einige Jahrgänge bzw. Teilmengen liegen jedoch als → Auskunftsfilm vor. *[RLu]*

Sicherheitsüberprüfung (Wörterbuch XII, Kapitel „Erfassung und Registrierung") – *(1) Prozess der operativen Arbeit gemäß der Richtlinie Nr. 1/82 des Ministers für Staatssicherheit.*

(2) Durch den Bereich Erfassung/Registrierung der Abteilung XII durchgeführte interne Überprüfung von F 16 in der → Personenkartei vor Einsteuerung dieser Karteikarten in den Prozess der Erfassung, um unnötige Klärungsschritte zu vermeiden. [MfS, Abt. XII Nr. 883]

Sicherheitsüberprüfungen (SÜ) der Belegschaft von Betrieben und Einrichtungen gehörten zu den Aufgaben des MfS und hingen mit dessen Aufsicht über Geheimhaltung und Verwaltung von → Verschlusssachen zusammen. Sie wurden vordergründig für die Einstufung als Geheimnisträger oder als Reisekader vom MfS eingeleitet. Die Durchführung von SÜ regelte im MfS zuletzt die Richtlinie Nr. 1/82 vom 17. November 1982 in 10 Abschnitten auf 41 Seiten. Der Einsatz → inoffizieller Mitarbeiter, → gesellschaftlicher Mitarbeiter für Sicherheit und „anderer operativer Kräfte, Mittel und Methoden“ (die dort nicht näher ausgeführt wurden) im „Arbeits-, Wohn- und Freizeitbereich“ waren für das MfS selbstverständlicher Bestandteil des Ablaufs. Der Richtlinie zufolge bemaß das MfS seine Entscheidung „in jedem Einzelfall im Interesse der konsequenten Durchsetzung der Politik der Partei- und Staatsführung“, letztlich nur nachrangig im Interesse eines Geheimnisschutzes, sondern vielmehr mit dem irrealen aber folgenschweren Anspruch, Ursachen und Bedingungen für vorgebliche politisch-ideologische Schäden zu verhindern, und dies auch noch „vorbeugend“. SÜ unterlagen damit vordergründig politischen Kriterien, die ausschließlich der Kaderpolitik respektive dem Machterhalt der SED-Führung dienen sollten. Personen gerieten häufig erst durch SÜ ins Blickfeld des MfS und wurden für dieses „sicherheitspolitisch bedeutsam“. Das heißt, neben einer Zustimmung oder Ablehnung konnten Sicherheitsüberprüfungen weitere Maßnahmen des MfS auslösen: z. B. die Einleitung von → operativen Vorgängen oder → operativen Personenkontrollen, die „Bearbeitung“ der oder des Überprüften für eine Gewinnung als inoffizieller Mitarbeiter oder gesellschaftlicher Mitarbeiter für Sicherheit. In Folge der ausgreifenden Überprüfungspraxis hatten Betriebe und Einrichtungen zunehmend erhebliche Schwierigkeiten, für als „sicherheitspolitisch relevant“ angesehene Stellen oder Aufgaben geeignete Personen zu finden. In der Regel trat im Überprüfungsverfahren dem davon Betroffenen gegenüber das MfS nicht in Erscheinung. Ergebnisse und deren Konsequenz bei Ablehnung wurden als Entscheidung des Betriebes oder der Einrichtung vermittelt. Eine Ablehnung konnte die Versetzung vom bisherigen Arbeitsplatz, die Versagung beruflichen Fortkommens oder den Ausschluss aus fachlichen Arbeiten bedeuteten. Die wahren Ablehnungsgründe wurden stets verschleiert.

Bei SÜ vom MfS zusammengetragene Unterlagen und gelegentlich auch deren Abschlussberichte wurden zumindest vorübergehend in der → Zentralen Materialablage (ZMA) der Diensteinheit aufbewahrt, die Daten der überprüften Person in der → Vorverdichtungs-, Such- und Hinweiskartei (VSH), ggf. auch in einem → Sicherungsvorgang erfasst. → „Wer ist wer?“ *[RLu]*

Sicherungs-IM (SIM) → Inoffizieller Mitarbeiter.

Sicherungsfilm → Sicherheitsfilm.

Sicherungsfonds → Sicherheitsfonds.

Sicherungsverfilmung → Sicherheitsfilm, → Sicherheitsfonds, → Ersatzverfilmung.

Sicherungsvorgang (SiVo) – Aktenkategorie des MfS. Der Vorläufer des Sicherungsvorgangs war der → Sondervorgang. Im SiVo konnten seit 1976 in der Regel mehrere Personen zur vorbeugenden politisch-operativen Sicherung und Aufklärung aufgrund ihrer besonderen gesellschaftlichen Stellung oder beruflichen Tätigkeit sowie ihrer Bedeutung für das MfS in Listen aktiv in der zuständigen Abteilung XII (→ Zentrale Auskunft/Speicher) erfasst werden, soweit eine → Erfassung in einer → operativen Personenkontrolle, einem → operativen Vorgang, einem → Untersuchungsvorgang, einem → Feindobjektvorgang bzw. einer → Feindobjektakte, einem → IM-Vorlauf, → IM-Vorgang, einer → GMS-Akte oder → KK-Erfassung nicht möglich war.
Erfasst wurden u. a. Reisekader, Geheimnis- und Funktionsträger, Personen mit Zugang zu Waffen und gefährlichen Materialien, Personen mit besonderer Spezialausbildung wie Taucher oder Funker, Handwerker in Dienstobjekten des MfS sowie anderer bewaffneter Organe und in besonders spionage- oder diversionsgefährdeten Objekten (→ Sicherheitsüberprüfung), zudem politisch-operativ bedeutsame Ausländer und Staatenlose.
Der SiVo musste folgende Elemente enthalten: einen → Beschluss über das Anlegen des Vorgangs Form 1b, einen Index Form 2a, einen → Suchauftrag Form 10 (→ Formular) zwecks Nachweis keiner weiteren aktiven → Erfassung für eine andere Diensteinheit. Alle im Vorgang erfassten Personen wurden gleichzeitig in die → Vorverdichtungs-, Such- und Hinweiskartei (VSH) der zuständigen Diensteinheit aufgenommen.
Die Einstellung eines SiVo und die Löschung von SiVo-Erfassungen betroffener Personen in der Abteilung XII erfolgte bei Veränderungen im Erfassungsverhältniss, z. B. Änderung in eine andere Vorgangsart, bei der Übergabe des operativen Materials an andere Diensteinheiten, bei Wegfall der ursprünglichen Gründe für die Aufnahme in den SiVo sowie bei Tod bzw. dauernder Einweisung der erfassten Person in eine psychiatrische Anstalt. Die → Archivierung erfolgte bei der zuständigen Abteilung XII im Archivbestand → operative Hauptablage. *[SBu]*

Sichtlochkartei (SLK) – Die SLK war ein von Hand betriebenes Registraturmittel auf der Basis von → Deskriptoren. Im MfS gehörte sie zu einem System, neben der SLK bestehend aus dem Deskriptorenverzeichnis, einer → Dokumentenkartei F 404/F 405 und einer → Zentralen Materialablage (ZMA). Für jeden Deskriptor wurde eine SLK angelegt. Das MfS benutzte Handlochkarten im Format DIN A4 mit 7 000 Lochfeldern. Jedes Lochfeld stand für eine Nummer. Mittels verschiedenfarbiger SLK waren Erweiterungen möglich. Der zu speichernden Information wurden mehrere Deskriptoren zugewiesen und die vergebene Ablagenummer auf der entsprechenden SLK mit einem Handbohrer abgelocht. Für die Abfrage bestimmter Informationen wurden dafür zutreffende Deskriptoren ausgewählt und die entsprechenden SLK übereinandergelegt. Lochfelder, die eine Durchsicht boten, offenbarten übereinstimmende Merkmale. Die über ein Raster ablesbare Nummer des Lochfeldes verwies auf die numerisch geordneten Dokumentenkarten, ggf. auf eine ZMA, und die darin aufgezeichneten Informationen (Abb. 087, 088).

Das MfS setzte SLK seit Ende der 1970er-Jahre vor allem für die Speicherung und Verdichtung operativ erhobener Informationen und deren Auswertung in Lage- und Jahresberichten ein, aber auch für die Vorauswahl von → inoffiziellen Mitarbeitern mit bestimmten Merkmalen hinsichtlich ihrer Eignung für einen operativen Auftrag. *[RLu]*

Signalisierende Informierung (SI) – Eine besondere Form des Informationsaustausches im → System der vereinigten Erfassung von Daten über den Gegner (SOUD) war die sogenannte SI, mit der der → Arbeitsapparat den SOUD-Teilnehmern das Vorliegen neuer Erkenntnisse über erfasste Personen mitteilte. Es gab drei Arten: 1. Die „Signalisierende Informierung über Auskunftsersuchen" (SIA), mit dieser zeigte der → Arbeitsapparat dem MfS das Interesse eines SOUD-Teilnehmers an, über Personen Auskunft zu erhalten, die von Diensteinheiten des MfS erfasst wurden. Die Mehrheit dieser Auskunftsersuchen entfiel auf Personen, die in der → Personenkategorie PK 1 erfasst waren. 2. Mit der „Signalisierenden Informierung zu besonders gefährlichen Personenkategorien" (SIG) unterrichtete der Arbeitsapparat monatlich die SOUD-Teilnehmer über neue Erkenntnisse zu Personen, die den Personenkategorien PK 3 und PK 10 zugeordnet waren. Wenn es in der → Abteilung XII des MfS über eine in SOUD gespeicherte Person noch keine Erfassung gegeben hatte, erging durch die → Zentrale Auswertungs- und Informationsgruppe (ZAIG 4/4) die Mitteilung an die operativ zuständige Diensteinheit. Nicht selten dienten SI als → Ausgangsinformation, um → operative Vorgänge (OV) und → operative Personenkontrollen (OPK) anzulegen. 3. Mit der „Signalisierenden Informierung über Zuspeicherung von Informationen" (SIZ) teilte der Arbeitsapparat dem MfS, das heißt der ZAIG 4/4, mit, dass von anderen SOUD-Teilnehmern neue Informationen über eine von einer Diensteinheit des MfS gespeicherte Person vorliegen. Die ZAIG 4/4 informierte darüber die zuständige Auswertungs- und Kontrollgruppe (AKG), die wiederum aufgefordert wurde, die Informationen zusammenzuführen und die → Ausgabeverfahrensweise festzulegen. *[SWB]*

SIKOZI-Protokoll (Wörterbuch XII, Kapitel „EDV-Anwendung“) – *EDV-Protokoll, das alle Eingabedatensätze eines Verarbeitungslaufes mit Fehlerkennzeichnung enthält. Wird zur Kontrolle der richtigen Einspeicherung/Umsetzung genutzt. [MfS, Abt. XII Nr. 883]*

SILOZI-Protokoll (Wörterbuch XII, Kapitel „EDV-Anwendung“) – *Ergebnis-Protokoll einer LÖZI-Verarbeitung (Löschung von Zielinformationen) im SAVO 1-Datenbestand (PDB und AZD). [MfS, Abt. XII Nr. 883]*

SIM → Sicherungs-IM.

SIPDAI-Protokoll (Wörterbuch XII, Kapitel „EDV-Anwendung“) – *Ergebnis-Protokoll der Verarbeitung von Ausgangsinformation-Zuspeicherungen bzw. Ausgangsinformation-Löschungen. [MfS, Abt. XII Nr. 883]*

SIRA → System der Informationsrecherche der HV A.

SIRAZI (Wörterbuch XII, Kapitel „EDV-Anwendung“) – *Spezielle Recherche am EDV-Datenbestand zur Auffindung/Rückerstellung von → Datensätzen (Sonderrecherche). [MfS, Abt. XII Nr. 883]*

SIRAZI-Protokoll (Wörterbuch XII, Kapitel „EDV-Anwendung“) – *Ergebnisprotokoll einer SIRAZI-Recherche, Auslistung von → Zielinformationen auf der Grundlage von a) vorliegenden → Datensätzen, b) vorliegenden ZI-Nr., c) vorliegenden → Deskriptoren. Bei der Vorrecherche zu → Ersterfassungen und Änderungen gemeinsam mit den jeweiligen Hinweisbelegen Format 2 Grundlage für die weitere Bearbeitung (dazu sind die SIRAZI-Protokolle zu schneiden, sodass sie den entsprechenden → Hinweisbelegen zugeordnet werden können). [MfS, Abt. XII Nr. 883]*

SiVo → Sicherungsvorgang.

SIZ – Signalisierende Informierung über Zuspeicherungen, → Signalisierende Informierung.

SK → Sonderkartei.

SKS-Akten – Die Abkürzung SKS wird gelegentlich als „Sonderkartei Straftaten“ aufgelöst. „SKS-Akten“ bezeichnet demnach Akten zur → Sonderkartei (SK) Straftaten. Die Auflösung dieses MfS-Terminus ist aber nicht zweifelsfrei belegt. Unstrittig handelt es sich um Akten der Gerichte und Staatsanwaltschaften über Strafsachen der allgemeinen Kriminalität. Für diese Akten war das MfS nicht zuständig, es benutzte sie aber in der operativen Arbeit gegen Personen.

Mitte der 1960er-Jahre griff die Tilgungsfrist für die ersten nach dem Ende des Zweiten Weltkriegs gefällten Gerichtsurteile. Die Strafen wurden im zentralen Strafregister der DDR gelöscht, die zugehörigen Akten sollten aus den Verwaltungsarchiven der Staatsanwaltschaften ausgesondert werden. Die Staatsarchive zögerten mit der Übernahme wegen unzureichender Lagerungskapazitäten. Da bot das MfS die Übernahme an. Offenbar wagte niemand, dies abzuschlagen. Zudem sollte das Büro des Generalstaatsanwalts der DDR ein Einsichtsrecht behalten. Doch die administrative Weiternutzung von Informationen aus gelöschten Strafsachen war unrecht. Das war auch im MfS klar. Darum sollte die geheimdienstliche Verwendung möglichst verborgen bleiben. Zunächst kamen die Akten in ein Archivdepot der Staatlichen Archivverwaltung (StAV) der DDR, das südöstlich von Magdeburg gelegene Schloss Dornburg. Teile des Gebäudes dienten dem MfS als konspiratives Objekt mit dem Decknamen „Elbe“. Dort arbeiteten seit mindestens 1974 bis zu fünf Mitarbeiter, offiziell als Arbeitsgruppe „F“ des Ministeriums des Innern, tatsächlich aber bezahlt vom MfS als dessen → hauptamtliche inoffizielle Mitarbeiter (HIM). In den 1980er-Jahren leitete diese Gruppe ein ebenfalls legendiert tätiger Offizier des MfS, der der Abteilung XII (→ Zentrale Auskunft/Speicher) angehörte. Die Akten wurden grundsätzlich nicht an operative Diensteinheiten des MfS ausgeliehen, sondern ihr Inhalt beauskunftet (→ Auskunftsbericht, → Kurzauskunft). Die Informationen aus den Akten waren wegen der Tilgung der Strafe nur für den internen Gebrauch bestimmt. Wenn operative Diensteinheiten des MfS Auskünfte aus den Akten benötigten, forderte die Abteilung XII diese unter Legende aus dem Objekt „Elbe“ an. Dafür war eine regelmäßig verkehrende Kurierverbindung eingerichtet worden. 1981 begann die Abteilung XII des MfS, ihren → Speicher XII/01 aufzubauen. Grundstock waren die damals ca. 500 000 Akten der Staatsanwaltschaften über Straftaten der allgemeinen Kriminalität mit einem Umfang von 6 000 lfm, 1,5 Mio. Strafnachrichten (Abb. 074 – 077) und Karteikarten aus dem zentralen Strafregister der DDR (Abb. 062 – 065, 067 u. 070) sowie 600 000 Karteikarten, die das MfS inzwischen über diese nunmehr mit A-, B-, C-, D-, E-, G- und H-SKS bezeichneten Akten und die Strafnachrichten angelegt hatte (Abb. 066, 068, 069 u. 071 – 073). Die Ablagen A- bis E-SKS spiegelten lediglich eine zeitliche Folge der personenbezogenen Verzeichnung. G-SKS beinhalteten vorwiegend Gefangenenakten und H-SKS solche, die vom MfS als besonders herausragende Fälle für eine dauerhafte Aufbewahrung vorgesehen waren. Mitte der 1980er-Jahre sollten die im Objekt „Elbe“ vom MfS genutzten Raumkapazitäten an die StAV zurückgegeben werden. Die SKS-Akten wurden dafür zunächst erheblich reduziert: Für das MfS uninteressante Akten wurden vernichtet, eine größere Teilmenge auf Mikrofiches ersatzverfilmt (→ Ersatzverfilmung) und anschließend vernichtet. Die seit 1981 von den Staatsanwaltschaften weiterhin jährlich angebotenen Akten wurden nur noch in Auswahl übernommen. Aufbewahrt werden sollten vor allem Akten über Straftaten mit besonderer Art und Schwere, mit besonderen politisch-ökonomischen Folgen oder mit besonderer rechtspolitischer oder rechtsgeschichtlicher Bedeutung, und zwar vordringlich dann, wenn auf Todesstrafe, lebenslange Freiheitsstrafe oder auf die zeitliche Höchststrafe erkannt wurde. 1985 gab das MfS ihr beräumtes Objekt „Elbe" der StAV zurück. Die SKS-Akten kamen im Jahr zuvor in das neue Magazingebäude des → Zentralarchivs des MfS in der Berliner Magdalenenstraße. Dort lagern bis heute über 5 000 lfm SKS-Akten und ca. 15 700 Mikrofiches. Die SKS-Akten sind personenbezogen im Wesentlichen über die Karteien des Speichers XII/01 zugänglich. *[RLu]*

SLK → Sichtlochkartei.

SMT → Sowjetisches Militärtribunal.

Sofort (Wörterbuch XII, Kapitel „Überprüfung und Auskunftserteilung") – *→ Dringlichkeitsvermerk für → Überprüfungsersuchen. Zusammengefasster → Überprüfungskomplex, der gesondert nachgewiesen und statistisch erfasst wird. [MfS, Abt. XII Nr. 883]*

Kennwort zur kurzfristigen → Auskunftserteilung durch die Abteilung XII (→ Zentrale Auskunft/Speicher). In diesem Fall war die Bearbeitung des → Suchauftrags Form 10 unverzüglich nach Eingang bei der Abteilung XII vorzunehmen. → Eilt. *[SBu]*

Sofortauskunft (Wörterbuch XII, Kapitel „Erfassung und Registrierung") – *Auskunftserteilung auf eine Sofortüberprüfung. [MfS, Abt. XII Nr. 883]*

Soforterfassung (Wörterbuch XII, Kapitel „Erfassung und Registrierung") – *siehe vorläufige aktive → Erfassung (VAE). [MfS, Abt. XII Nr. 883]*

Sofortüberprüfung (Wörterbuch XII, Kapitel „Überprüfung und Auskunftserteilung") – *Fernmündlich (über WTsch* [verschlüsselte Telefonverbindung]*) oder persönlich übermitteltes → Überprüfungsersuchen, das → sofort zu bearbeiten ist. [MfS, Abt. XII Nr. 883]*

Sonderablage – Dies war im engeren Sinne eine Aktenablage, die im MfS nur sehr wenigen, ausgewählten Mitarbeitern zugänglich war. Schon die Bezeichnung „Sonder-" verbot jede Nachfrage oder Auskunft. In Schulungsunterlagen und Dienstvorschriften des MfS werden Sonderablagen, wenn überhaupt, nur kurz genannt, in der Regel aber ihre Inhalte nicht erläutert. Solche Sonderablagen im → Zentralarchiv des MfS waren die → geheime Ablage, die → Personalaktenablage KS I und das sogenannte → Kreisparteiarchiv (eine Ablage der Kreisleitung der SED im MfS), zudem → allgemeines Material über Personen (AP) und → allgemeine Sachablagen (AS) der Abteilung X (Internationale Zusammenarbeit) sowie eine → „Sonderablage Leiter Archiv" der Abteilung XII (→ Zentrale Auskunft/Speicher). Gelegentlich wurden im weiteren Sinne die gesamte → Personalaktenablage sowie die → Teilablagen A, B und

U und die → archivierten Akten über Fahnenflucht (AF) als Sonderablagen bezeichnet. Hier bezog sich dies jedoch auf deren grundsätzliche Sperrung (→ gesperrte Ablage) für andere Diensteinheiten; nur diejenigen erhielten Zugang, die die Akten abgelegt hatten. Die Hauptabteilung IX (Untersuchungsorgan) unterhielt ein eigenes kleines → „Sonderarchiv" für brisante Unterlagen. Ebenso verwahrte Stasi-Minister Erich Mielke in den Schranksafes seiner Diensträume und im Keller 14 seines Dienstgebäudes ihm wichtig und nützlich erscheinende Unterlagen, darunter den heute aus Medienberichten bekannten „Roten Koffer" mit Unterlagen über Erich Honeckers Rolle in der NS-Zeit. → Sonderspeicher. *[RLu]*

Sonderablage Leiter Archiv – Im → Zentralarchiv des MfS separierte Akten aller → Aktenkategorien, insbesondere → AIM, → AP und → AS über Mitglieder der Regierung der DDR und des Zentralkomitees der SED sowie deren Familienangehörige, → Personalakten als wichtig angesehener früherer Mitarbeiter des MfS, alte → Vorgangshefte von Stellvertretern des Ministers für Staatssicherheit, aus Akten entnommene Beweismittel (vor allem Waffen und pornographische Fotos), Akten aus der → geheimen Ablage, die beim Minister für Staatssicherheit oder seinen Stellvertretern bearbeitet worden waren, und Verwaltungsschriftgut des Leiters der Abteilung XII. Wurde eine Akte aus einem → „Archivbestand" entnommen und der Sonderablage zugeordnet, kam in das → Archivregistrierbuch ein entsprechender Vermerk. Die Sonderablage befand sich in zehn versiegelten schweren Panzerschränken in einem separaten kleinen Magazinraum. (Genau genommen waren es in den 1980er-Jahren zwei Sonderablagen: nämlich die des Leiters der Abteilung XII, Oberst Heinz Roth, und die seines Stellvertreters, Oberst Raimund Bartl. Die gemeinsame Verwahrung und Nutzung lässt eine Abgrenzung aber als marginal erscheinen.) Zugang hatten neben dem Leiter Archiv nur vier weitere Mitarbeiter mit jeweils eigener Siegelnummer. Mit der Akte wurden auch alle Ausleihnachweise unter Verschluss genommen. Aktenanforderungen und Ausleihen prüfte der Leiter Archiv persönlich. Die Sonderablage umfasste weniger als 30 lfm. Im Zuge der Aktennutzung seit 1990 gelangten viele der Akten wieder an ihren Lagerungsort entsprechend der → „Archivsignatur" zurück (Abb. 129). Magazinmitarbeitern des BStU gelang es 1994, den Aktenbestand anhand von Aufzeichnungen, Karteikarten und Ausleihnachweisen in einem Verzeichnis weitgehend zu rekonstruieren. *[RLu]*

Sonderarchiv der Hauptabteilung IX – Zwar pflegte die Hauptabteilung IX (HA IX, Untersuchungsorgan), Unterlagen über politisch brisante Fälle in der → geheimen Ablage oder auch in der → allgemeinen Sachablage im → Zentralarchiv in jeweils versiegelten Archivkartons von der → Abteilung XII verwahren zu lassen. Doch gelegentlich wurde dies offenbar als nicht sicher genug betrachtet: Mindestens seit Anfang der 1970er-Jahre unterhielt die HA IX ein eigenes „Sonder-„ bzw. Geheimarchiv“, das alle Abteilungen der HA IX für ihre → „Sonderablage“ nutzten. Bis Ende 1982 waren so 381 versiegelte Archivkartons im Umfang von ca. 70 lfm zusammengekommen. Für die Verwahrung im sogenannten „Keller 11“ des damaligen Archivgebäudes in der Berliner Freienwalder Straße zeichneten drei leitende Offiziere der HA IX/11 (→ NS-Archiv, → Z-Material) verantwortlich, hatten aber vom Inhalt der Kartons keine Kenntnis. Nach Umzug des Zentralarchivs in die Berliner Magdalenenstraße wurde die HA IX/11 alleiniger Nutzer des Gebäudes und verlagerte 1985 das „Sonderarchiv“ aus dem Keller in die Archivsäle 32/33 im Erdgeschoss.

Im März 1990 gelangten → Untersuchungsvorgänge dieses „Sonderarchivs“ im Zuge der Auflösung der HA IX in das frühere Zentralarchiv des MfS und wurden (in Fortsetzung der → operativen Hauptablage) als → AU …/90 abgelegt. Darunter befanden sich so herausragende Fälle wie der Untersuchungsvorgang zum Hubschrauberabsturz des als Honecker-Nachfolger gehandelten ZK-Sekretärs Werner Lambertz 1978 in Libyen und der zur „Mordsache Autobahn“. Letzterer betraf einen NVA-Offizier der Verwaltung Aufklärung (→ Militäraufklärung) und gleichzeitigen IM des MfS, der seinerseits zwei nikaraguanische Studenten aus München als Agenten führte. Deren Lohn strich er selbst ein. Als sie sich 1962 beschweren wollten, ermordete er beide und verscharrte die Leichen im Wald an der Autobahn – eine Tat, die mit dem postulierten politisch-moralischen Anspruch der DDR unvereinbar war; sie sollte möglichst nicht und keinesfalls in Einzelheiten an die Öffentlichkeit gelangen. Beide Untersuchungsvorgänge galten als so geheim, dass sie entgegen dienstlicher → Bestimmungen des MfS nicht einmal bei der Eröffnung in der Abteilung XII registriert (→ Registrierung) und bis 1990 im „Sonderarchiv“ der HA IX unter Verschluss gehalten wurden. Diese Geheimhaltung führte andererseits dazu, dass im Vorgang zur „Mordsache Autobahn“ drei Bände des Militärischen Nachrichtendienstes, der Verwaltung Aufklärung, über die Führung von zwei inoffiziellen Quellen vollständig überliefert blieben (Abb. 147). Sie bieten damit einzigartige Einblicke in den Aufbau dieser Akten und in die Arbeit der Verwaltung Aufklärung mit inoffiziellen Quellen. → Archivierte Akte der Verwaltung Aufklärung. *[RLu]*

Sonderkartei (SK) – Justizaktenkarteien und Sammlung von Strafnachrichten über Strafen, die offiziell als gelöscht galten. Bereits im Oktober 1959 erteilte der Stellvertreter des Ministers, Bruno Beater, den Auftrag, die SK aufzubauen. Am 12. Januar 1960 wurde dafür das Referat 5 in

der Abteilung XII (→ Zentrale Auskunft/Speicher) gebildet. Schon drei Jahre später wurde es wieder aufgelöst und die SK zunächst im Mai 1963 in das Referat 2 (Kartei), dann aber im August 1964 in das Referat 3 (Archiv) eingegliedert. Die in der SK gesammelten Strafnachrichten und Karteien waren seit 1981 Bestandteil des → Speichers XII/01 im → Zentralarchiv des MfS. Einige waren alphabetisch (SK 1–5), andere nach Straftatbeständen geordnet (SK 10–25).
Im Einzelnen betrafen SK 1: „Urteile aus der Zeit des II. Weltkrieges (Angehörige von SS und Gestapo, Wirtschaftsschädigung)“, SK 2: „Urteile gegen Bibelforscher aus der NS-Zeit“, SK 3: „Urteile wegen Kriegsverfehlungen von Frontsoldaten aus der Zeit des II. Weltkrieges“ SK 4: „Urteile sowjetischer Militärtribunale“, SK 5: „Urteilssammlung allgemeine Kriminalität“, SK 10: „Spionage, Propaganda für Militarismus, Kriegshetze gegen die DDR“, SK 11: „Sammlung und Übermittlung von Nachrichten an Geheimdienste der NATO“, SK 12: „staatsfeindliche Verbindungsaufnahme (zu verbrecherischen Organisationen, z. B. zu Fluchthilfeorganisationen bei Vorbereitung einer Republikflucht)“, SK 13: „Geheimnisverrat“, SK 14: „Widerstand gegen staatliche Maßnahmen, Terror“, SK 15: „Widerstand gegen die Staatsgewalt“, SK 16: „Boykotthetze; gewerbsmäßige Unzucht u. ä.“, SK 17: „Staatsverleumdung; Passvergehen und Vorbereitung einer Republikflucht“, SK 18: „Beihilfe zur Republikflucht, Passvergehen, Grenzdurchbruch“, SK 19: „Diversion der Volkswirtschaft“, SK 20: „Sabotage der Volkswirtschaft“, SK 21: „Militärstraftaten (u. a. Angriff auf Vorgesetzte, Nichtausführung von Befehlen)“, SK 22 „unbefugter Waffenbesitz“, SK 23: „Passvergehen, Republikflucht“, SK 24: „Verletzung des Amtsgeheimnisses“, SK 25: „Nichtanzeige eines Staatsverbrechens“.
Überliefert sind etwa 500 lfm Unterlagen mit über 2 Mio. Karteien und Strafnachrichten (Abb. 060 – 077). Die Karteien können zu → SKS-Akten führen. *[RCa]*

Sonder(operativ)vorgang (SOV) – Operativvorgang der Hauptabteilung II (Spionageabwehr) über Personen, die eine hohe sicherheitspolitische Relevanz besaßen (z. B. ehemalige hauptamtliche oder → inoffizielle Mitarbeiter, die Verrat begangen hatten); zuvor → Kontrollvorgang; gesondert geregelte → Erfassung; nicht zu verwechseln mit dem → Sondervorgang (SV) als Vorläufer des → Sicherungsvorgangs (SiVo). *[SBu]*

Sonderrecherchen (Wörterbuch XII, Kapitel „EDV-Anwendung“) – *Spezielle Auswertungsprogramme der EDV-Datenbestände (→ SIRAZI, SIROP, SIDAKO* [→ Lösch-SIDAKO]*). [MfS, Abt. XII Nr. 883]*

Sonderregelung – Wie und unter welchen Voraussetzungen eine → Auskunft der Abteilung XII zu erteilen war, regelte zuletzt die → Dienstanweisung Nr. 2/81 in ihrer 2. Durchführungsbestimmung (DfB). Doch ließ die genannte Dienstanweisung in ihren Ziffern 2.1 und 5.1 sowie in der 2. DfB, Ziffer 2.3 die Abstimmung von Sonderregelungen zwischen dem Leiter der Abteilung XII und den Leitern von Hauptabteilungen, selbstständigen Abteilungen oder Bezirksverwaltungen zu. Als mögliche Gründe dafür wurden genannt: 1. das Erfordernis einer besonderen Geheimhaltung des Erfassungsverhältnisses; diese Sonderregelungen wurden überwiegend für einzelne Personenerfassungen oder registrierte Vorgänge vereinbart und in der Regel alle zwei Jahre verifiziert; oder 2. Auskünfte, die über den Rahmen der in der Dienstanweisung getroffenen Festlegungen hinausgingen; diese waren jeweils dem Minister für Staatssicherheit oder seinem für die Diensteinheit zuständigen Stellvertreter vorzulegen.

Derartige, jeweils mit einem → Decknamen versehene Sonderregelungen bestanden teils schon seit den 1970er-Jahren, insbesondere aber in den 1980er-Jahren mit der Hauptabteilung II (→ Nadel), der Abteilung M (→ Alge), der Hauptabteilung Kader und Schulung, Bereich Disziplinar (→ Blume), der Zentralen Koordinierungsgruppe (→ Feind, → Schleusung, → Nachschlag), der Hauptabteilung III (→ Rotation), der Hauptabteilung VIII (→ Kreis), der Hauptabteilung IX (→ Zentrale Maßnahmen) sowie für Überprüfungsersuchen leitender Mitarbeiter der HV A. Die in den Karteien für eine Person als zuständig vermerkte → erfassende Diensteinheit erhielt in der Regel abweichend vom üblichen Verfahren keine Information über die vorgenommene Überprüfung. → Überprüfungsersuchen *[SWo, RLu]*

Sonderspeicher (Wörterbuch XII, Kapitel „Erfassung und Registrierung") – *Nicht zu den Hauptkarteispeichern* [→ Karteien] *der → Abteilung XII zu zählende Speicher. (→ IM-Vorauswahlkartei, → Speicher XII/01, → Speicher XII/02 und andere). [MfS, Abt. XII Nr. 883]*

Sondervermerk (Wörterbuch XII, Kapitel „Überprüfung und Auskunftserteilung") – *Spezifischer Vermerk auf der Überprüfungsanforderung, der eine spezifische Bearbeitung in der Abteilung XII veranlasst. Z. B. → Eilt: beschleunigte Bearbeitung, → Kurzauskunft: Vorab-Anforderung einer Kurzauskunft, wenn → Archivmaterial vorhanden ist. [MfS, Abt. XII Nr. 883]*

Sondervorgang (SV) – Aktenkategorie des MfS bis 1976/77. Nach der Einführung der neuen Aktenkategorie → Sicherungsvorgang wurden die existierenden Sondervorgänge als Sicherungsvorgänge weitergeführt oder eingestellt. *[SBu]*

Sonstige (Wörterbuch XII, Kapitel „Überprüfung und Auskunftserteilung") – *Für die statistische Nachweisführung zusammengefasster → Überprüfungskomplex (F 10, Listen). [MfS, Abt. XII Nr. 883]*

Sortierung (Wörterbuch XII, Kapitel „Arbeitsorganisation") – *Manuelle Sortierung zur Vorbereitung einer effektiven weiteren Bearbeitung entweder einer Abteilung für die den nächsten Schritt realisierenden oder in den einzelnen Bereichen für die eigene Arbeit – nach Alphabet, Registrier-Nr., Archivnummer (→ Archivsignatur) usw. möglich; maschinelle Sortierung – programmseitig eingerichtete sortierte Ausgabe von Datensätzen z. B. bei → F 10, → AGV, → Ersterfassungen und → Änderungen (karteialphabetische Sortierung). [MfS, Abt. XII Nr. 883]*

SOUD → System der vereinigten Erfassung von Informationen über den Gegner.

SOUD-Abkommen – Das Abkommen über das → System der vereinigten Erfassung von Informationen über den Gegner (SOUD) wurde Ende 1977 von den Sicherheitsdiensten der sozialistischen Staaten Bulgarien, ČSSR, DDR, Kuba, Mongolei, Polen, UdSSR und Ungarn geschlossen. 1984 trat Vietnam bei (letzte Code-Nummer 9). Das Ziel bestand darin, an zentraler Stelle, dem dafür eingerichteten → Arbeitsapparat des SOUD beim KGB in Moskau, Informationen über die als Gegner definierten Personen zusammenzustellen und in effektiver Weise gegenseitig auszutauschen.
Als Grundlage diente das Bekenntnis der Zusammenarbeit zwischen den Sicherheitsdiensten der Teilnehmerstaaten. Nach dem SOUD-Abkommen wurden in den Teilnehmerstaaten allein für SOUD zuständige Diensteinheiten etabliert, im MfS war das die → ZAIG 4/4 (ZAIG 5, → Zentrale Auswertungs- und Informationsgruppe). Das SOUD-Abkommen sah vor, für die Umsetzung in den Teilnehmerstaaten eine entsprechende → SOUD-Ordnung zu erlassen. *[SWB]*

SOUD-Ordnung – Infolge des → SOUD-Abkommens und auf den → Befehl Nr. 11/79 des Ministers für Staatssicherheit hin erließ der Leiter der → ZAIG am 7. Juni 1979 die SOUD-Ordnung. Die für SOUD federführende Abteilung im MfS, ZAIG 4/4 (ZAIG 5), erhielt damit eine Arbeitsgrundlage, um die Anforderungen aus dem → Arbeitsapparat nun innerhalb des MfS technisch, formal, organisatorisch und inhaltlich umzusetzen.
Die zweite Ordnung beruhte auf einer Mitteilung des KGB über die Überführung des Testbetriebs in den Echtbetrieb des Systems (Ordnung Nr. 1/81). In einer Anlage zu dieser Ordnung wurde die Zusammenarbeit der ZAIG 4/4 (ZAIG 5) mit der → Abteilung XII des MfS geregelt, wonach z. B. → Erfassungen aus dem → Speicher des SOUD in die Speicher des MfS übernommen wurden und umgekehrt. Mit der letzten Ordnung Nr. 1/86 wurden weitere → Personenkategorien (PK) in das System aufgenommen. *[SWB]*

SOV → Sonder(operativ)vorgang.

Sowjetisches Militärtribunal (SMT) – Eine Aktenkategorie der Hauptabteilung IX/11 (→ „NS-Archiv“). Enthalten sind vorwiegend Eingaben an die DDR-Staatsführung zu Personen, die von Sowjetischen Militärtribunalen, später auch von Gerichten der DDR, zu oftmals hohen Haftstrafen verurteilt worden waren. Die Unterlagen aus dem Zeitraum 1945/46 bis 1959 enthalten neben Gnadengesuchen auch Verbleibsnachfragen von Angehörigen der Inhaftierten aus der DDR und der Bundesrepublik. Überliefert sind ca. 3,5 lfm Akten. *[RBl]*

Sp. → Speicher.

Span (Wörterbuch XII, Kapitel „Erfassung und Registrierung“) – *Pappstreifen, der im Austausch für Karteikarten in die Karteien eingelegt werden muss, wenn im Änderungsprozess (→ Änderung) Karteikarten aus der → Kartei herausgezogen werden. [MfS, Abt. XII Nr. 883]*

Spanfarbe (Wörterbuch XII, Kapitel „Erfassung und Registrierung“) – *Organisations- bzw. Kontrollmittel im Änderungsprozess; für gleiche Bearbeitungskomplexe (auch termingebunden) wird eine Spanfarbe verwandt. Bei Wechsel der Bearbeitungskomplexe wird Spanwechsel (Wechsel der Spanfarbe) durchgeführt. [MfS, Abt. XII Nr. 883]*

Spanwechsel (Wörterbuch XII, Kapitel „Erfassung und Registrierung“) – *Wechsel der Farbe bei der Verwendung von Spänen im Änderungsprozess nach Vorschrift bzw. Anweisung. [MfS, Abt. XII Nr. 883]*

Speicher (Sp.) – Offenbar der elektronischen Datenverarbeitung entlehnte Bezeichnung, im MfS benutzt für → Karteien, → Datenbanken und ähnliche Formen der Datensammlung und -speicherung innerhalb wie außerhalb des MfS, im weiteren Sinne auch der Aktenfonds in den sogenannten → Archivbeständen des MfS. Die Nutzung der darin enthaltenen Informationen war durch die → Speicherführungsprinzipien und die → Speichernutzungsordnung geregelt. → Sonderspeicher, → Zentrale Speicher, → Dezentrale Speicher. *[RLu]*

Speicher IX/03 → Z-Material.

Speicher XII/01 – Nach → der Speichernutzungsordnung von 1989 ein „Informationsspeicher über durch Gerichte der DDR verurteilte Personen“. Er wurde 1981 eingerichtet und in früheren Versionen der Speichernutzungsordnung noch benannt als Speicher über „ehemals vorbestrafte Bürger der DDR“ bzw. über „Personen, die wegen Delikten der allgemeinen Kriminalität vorbestraft waren“. Vor allem letzteres bringt den Sachbetreff zum Vorschein. Die später im MfS verwandten Bezeichnungen dienten offenbar bereits der selbst intern als notwenig erachteten Verschleierung. Die Unterlagen betrafen nämlich Personen, deren Delikte im zentralen Strafregister der DDR bereits gelöscht waren, d. h., die Daten hätten nicht mehr verwendet werden dürfen. Dem entgegenstehend übernahm das MfS bereits seit den 1960er-Jahren aus den

Verwaltungsarchiven der Gerichte und Staatsanwaltschaften Akten, deren Aufbewahrungsfristen abgelaufen waren (→ SKS-Akten), sowie Karteien und Strafnachrichten (→ Sonderkartei, SK) aus dem Strafregister.
Später kamen → Gefangenenakten der Verwaltung Strafvollzug des Ministeriums des Innern hinzu, die je nach vorliegender Erfassung einem vorhandenen → archivierten Untersuchungsvorgang (AU) oder einer → archivierten Akte der Abteilung Ia der Generalstaatsanwaltschaft (ASt) zugeordnet, anderenfalls in den Speicher XII/01 eingereiht wurden.
Der Speicher XII/01 bestand aus eben diesen SKS-Akten, den gesammelten Strafnachrichten, die teilweise bis in die Vorkriegszeit zurückreichten (beide in Teilen nur auf Mikrofilm überliefert), einer Hauptkartei im Format DIN A5 und einer Nebenkartei im Format DIN A6.
Die Hauptkartei enthielt übernommene Karteikarten aus dem Strafregister der DDR und aus Strafvollzugseinrichtungen, zudem Karteikartenkopien verschiedener Provenienz mit Fortschreibungen durch das MfS und Karteikarten, die bei der personenbezogenen Verzeichnung der SKS-Akten durch MfS-Mitarbeiter entstanden waren. Anders als die vom MfS gewählte, auf DDR-Bürger bezogene Bezeichnung des Speichers vermuten lässt, enthalten diese Kartei wie auch die Sammlung der Strafnachrichten ebenso Nachweise über Bürger des westlichen Auslands, die vor DDR-Gerichten verurteilt worden sind, sowie einzelne Karteikarten und Strafnachrichten aus den Strafregistern der Bundesrepublik und West-Berlins. (Abb. 060 – 067, 074 – 077.)
Die Nebenkartei resultierte aus der personenbezogenen Verzeichnung von SKS-Akten und Strafnachrichten beim MfS auf Karteikarten F 16 und F 16b. Diese waren zunächst in die zentrale → Personenkartei eingeordnet worden. Seit Bildung des Speichers 1981 wurden sie dort aber sukzessive wieder herausgezogen bzw., wenn weitere Erfassungen vermerkt waren, die Daten auf neue Karteikarten F 16b übertragen und in die Nebenkartei des Speichers aufgenommen. Die Maßnahme lief in der Abteilung XII unter der Bezeichnung „SK-Löschung“ und sollte 1987 abgeschlossen sein, war aber bei Auflösung des MfS noch nicht beendet. Daraus erklärt sich, dass noch immer Karteikarten mit SK- oder SKS-Erfassungen in der zentralen Personenkartei zu finden sind. (Abb. 068 – 073.)
Die vom MfS im Speicher XII/01 gesammelten Unterlagen sind heute für die Justizgeschichte der DDR einzigartige Quellen und dienen beim BStU vor allem Auskünften in Rehabilitierungs- und Entschädigungsangelegenheiten sowie der Aufklärung des Schicksals von Personen, die in der DDR von Strafverfolgung betroffen waren. *[RLu, RCa]*

Speicher XII/02 – In den 1980er-Jahren von der Abteilung XII (→ Zentrale Auskunft/Speicher) des MfS in der → Speichernutzungsordnung angebotene Sammlung von Fahndungsunterlagen der Bundesrepublik Deutschland und anderer westeuropäischer Staaten. Abgefragt werden konnte, ob über eine Person ein Vermerk in den Fahndungslisten vorlag, der Zeitraum und die Fahndungsart. Die erteilte Auskunft bezog sich auf das jeweils aktuelle der vorliegenden Fahndungsbücher, die Prüfung fand direkt in diesem statt. Zudem wurden Auskünfte zurückreichend bis 1967 angeboten. Die Auskünfte unterlagen einer hohen Geheimhaltung. Damit sollten die inoffiziellen → Quellen, die die Fahndungsunterlagen aus der Bundesrepublik und Westeuropa beschafft hatten, geschützt werden.
Bereits seit 1956 erhielt die Abteilung XII kopierte Fahndungsunterlagen, seit 1965 dann periodisch, nahezu monatlich. Im Zeitraum zwischen 1966 und 1974 sollen einem 1979 gefertigten MfS-Bericht zufolge ca. 350 000 Personen aus Fahndungsunterlagen „karteimäßig nachgewiesen" worden sein; der Nachweis sei 1975 eingestellt worden, weil seitdem in den Deutschen Fahndungsbüchern des Bundeskriminalamts „die jeweiligen Neuerfassungen nicht mehr direkt erkennbar waren" und der weitere Abgleich der Daten einen zu hohen Aufwand erfordert hätte: Es wurde mit 180 000 – 200 000 Personennamen pro neuem Fahndungsbuch gerechnet. Verzichtet werden sollte auf diese Quellen aber nicht: 1982 wurde der Speicher XII/02 eingerichtet.
Er enthielt in der Regel als Kopie auf Papier, teilweise auf Mikrofiches a) aus der Bundesrepublik: das Deutsche Fahndungsbuch (in laufenden Ausgaben seit 1956 mit jeweils bis zu ca. 200 000 Personendaten), das Grenzfahndungsbuch (in laufenden Ausgaben seit 1977 mit jeweils 5 000 Personendaten), Fahndungslisten über Pässe und Personalausweise, Ermittlungslisten über Wehrdienstverweigerer und Kfz-Fahndungslisten; b) aus Österreich: das Österreichische Fahndungsbuch (1975 – 1985), Aufenthaltsermittlungsverzeichnisse und Kfz-Fahndungslisten; c) einzelne Fahndungsbücher skandinavischer Staaten sowie weitere nur einmalig vorliegende Fahndungslisten. Seit Mitte der 1980er-Jahre kamen noch Fahndungsblätter der INTERPOL mit jeweils einigen 100 Personennamen hinzu. Überliefert wurden ca. 270 Verzeichnungseinheiten, d. h. Akten mit gebundenen Kopien und Kästen mit Mikrofiches, zudem eine kleine Kartei mit ca. 2 300 Karteikarten F 16 aus der zweiten Hälfte der 1980er-Jahre, die überwiegend auf Grenzfahndungsbücher verweisen. *[RLu]*

Speicher M/01 und M/02 → M-Speicher.

Speicheränderung (Wörterbuch XII, Kapitel „Erfassung und Registrierung") – *Gesamtheit der eine → Änderung des jeweiligen aktuellen*

Speicherzustandes im Kartei- und EDV-Datenbestand verursachenden Maßnahmen. Darunter fallen: → Ersterfassungen, Änderungen, Löschungen (→ Löschen). [MfS, Abt. XII Nr. 883]

Speicher-F 16 (Wörterbuch XII, Kapitel „Belege und Vordrucke") – *Form 16, die nach Abschluss des Änderungsprozesses (→ Änderung) bzw. der Bearbeitung in die → Personenkartei eingelegt werden. Auch: F 16 → Ersterfassung. [MfS, Abt. XII Nr. 883]*

Speicherführung (Wörterbuch XII, Kapitel „Erfassung und Registrierung") – *Gesamtheit der für den Aufbau und die Pflege von Karteispeichern und EDV-Datenbeständen erforderlichen Arbeitsabläufe in der Abteilung XII (auch Speicherprozesse). [MfS, Abt. XII Nr. 883]*

Speicherführungsprinzipien (Wörterbuch XII, Kapitel „Arbeitsorganisation") – Abkürzung: SFP XII. *Prinzipielle Festlegungen für die Art und Weise der einheitlichen Nachweisführung über in den Abteilungen XII vorhandene Erfassungen, einschließlich Änderungen, gültig für alle Diensteinheiten der → Linie XII, zusammengefasst als Katalog, der entsprechend den Anforderungen ständig aktualisiert wird (Speicherführungsprinzipien XII). [MfS, Abt. XII Nr. 883]*

Diese am 8. Februar 1983 in Kraft gesetzte → Geheime Verschlusssache des MfS lautet mit vollem Titel „Prinzipien der Speicherführung in den Abteilungen XII und der Gestaltung dazu erforderlicher Informationsprozesse". Auf 215 Seiten sollten die SFP XII alle einschlägigen dienstlichen → Bestimmungen des MfS zur → Erfassung, → Registrierung, Vorgangseröffnung und Aktenführung sowie der Aktenübergabe, Aktenablage und -ausleihe thematisch strukturiert für die praktische Handhabung zusammenfassen.

Sie gliedert sich entsprechend in die Teile A: Grundsätze, B: Speicher und Nachweismittel, und C: Verfahrensregelungen. Bemerkenswert ist, dass hierin in Anlehnung an elektronische Datenspeicher sämtliche in den Abteilungen XII (→ Zentrale Auskunft/Speicher) geführten → Karteien als Speicher bezeichnet sind.

Der Fonds abgelegter Akten (→ Archivmaterial) wurde noch in nur vier → Archivbestände gegliedert (1: Operative Hauptablage, 2: Allgemeine Sachablage, 3: Personalaktenablage, 4: Akten der Staatsanwaltschaften), → Sonderablagen wurden nicht genannt. Die Darstellungen und die abgebildeten Muster in den SFP XII lassen den Schluss zu, dass diese vor allem darauf abzielte, die Arbeitsweise in den Abteilungen XII der Bezirksverwaltungen für Staatssicherheit zu vereinheitlichen und die Struktur der erfassten Daten auf eine elektronische Speicherung und Verarbeitung vorzubereiten. Die SFP XII wurden im Januar 1986 umfassend geändert und ergänzt, sie blieben bis zum Ende des MfS gültig. → KD-Katalog *[RLu]*

Speichernutzungsordnung – Eigentlich handelt es sich um zwei Ordnungen, nämlich (in ihren letzten Fassungen) Nr. 3/89 „zur Nutzung ausgewählter Informationsspeicher des MfS durch die operativen Diensteinheiten des MfS“ und Nr. 4/89 „zur Nutzung ausgewählter Informationsspeicher staatlicher und wirtschaftsleitender Organe, Kombinate, Betriebe und Einrichtungen sowie gesellschaftlicher Organisationen durch operative Diensteinheiten des MfS“.

Die Ordnung Nr. 3/89 beschreibt die Nutzungsmöglichkeiten von 36 Informationsspeichern, die jeweils thematische Schwerpunkte betreffen. Darunter befinden sich die Messedatenbank-Quartiergeberdatei (→ Datenverarbeitungsprojekt „Leipziger Messen“), der → Speicher XII/01 („durch Gerichte der DDR verurteilte Personen“), der Speicher XII/02 („Fahndungsunterlagen der BRD“), die Speicher M/01 und M/02 der Postkontrolle (→ M-Speicher), der Speicher XVIII/02 über Reise- und Auslandskader und der „Sonderspeicher“ ZAIG/05 (→ System der vereinigten Erfassung von Daten über den Gegner, SOUD). Auf die → Vorverdichtungs-, Such- und Hinweiskarteien der 216 Kreis- und Objektdienststellen sowie der operativen Abteilungen der Bezirksverwaltungen für Staatssicherheit wird in der Ordnung Nr. 3/89 zuletzt pauschal als „Informationsspeicher 100“ verwiesen.

Die Ordnung Nr. 4/89 beschreibt 92 Informationsspeicher, gegliedert nach den Bereichen staatliche Organe, Ministerium des Innern, Rechtspflege, Volkswirtschaft, Bildung und Erziehung, Gesundheits- und Sozialwesen, Kunst, Kultur und Massenmedien, Militär und Sonstige. Zu diesen Informationsspeichern, auf die sich das MfS Zugriff verschaffte, gehörten das Bildarchiv und die Dokumentation des Allgemeinen Deutschen Nachrichtendienstes (ADN), Stellen, die Eingaben von Bürgern entgegennahmen, Autoren- und Nutzerdaten aus der Deutschen Bücherei Leipzig, personenbezogene Gesundheits- und Sozialversicherungsdaten, u. a. aus der Zentralstelle zur Bekämpfung der Geschlechtskrankheiten aber auch aus den Kreisvorständen des Freien Deutschen Gewerkschaftsbundes, Daten über die Kontoführung bei Banken und Sparkassen sowie personenbezogene Daten über Versicherungsverhältnisse bei der Staatlichen Versicherung der DDR. Auf die „konspirative Nutzung“ dieser Informationsspeicher durch das MfS und die eigentliche Verschwiegenheitspflicht der die Daten verwaltenden Stellen wird in der Ordnung Nr. 4/89 mehrfach verwiesen.

Für jeden der in beiden Ordnungen aufgeführten Speicher werden jeweils die Nutzungsbedingungen, das Überprüfungsverfahren, die Art der Auskunft und eventuelle Besonderheiten dargelegt. Die beschriebenen Speichernutzungsordnungen waren zuvor als Ordnung Nr. 9/80 („MfS“) vom 5. November 1980 und Nr. 9/83 („andere Organe“) vom

10. November 1983 ausgefertigt worden. Letzterer ging ein Schreiben des 1. Stellvertreters des Ministers für Staatssicherheit, Generalleutnant Bruno Beater, vom 8. Dezember 1977 über die Nutzung der Zentralkartei der Zollverwaltung der DDR durch MfS-Diensteinheiten voraus. Für die Nutzung der → Personendatenbank (PDB) der DDR beim Ministerium des Innern durch Diensteinheiten des MfS bestand eine eigene Ordnung Nr. 18/85. *[RLu]*

Speichervergleich (Wörterbuch XII, Kapitel „Erfassung und Registrierung") – *Vergleich des Inhalts zweier oder mehrerer Datenspeicher, die identische oder teilweise identische Daten enthalten zur Gewährleistung der Aktualität und Übereinstimmung (z. B. Hauptabteilung VI – Abteilung XII, Abteilung XII/Bezirksverwaltung – Abteilung XII/MfS). [MfS, Abt. XII Nr. 883]*

Sperrbereich (Wörterbuch XII, Kapitel „Arbeitsorganisation") – *Relativ abgeschlossener Bereich der → Abteilung XII, der zur Sicherung der Geheimhaltung und Konspiration und Sicherheit nur von festgelegten Angehörigen betreten werden darf. Alle Karteibereiche, Magazine und ähnliche Räume, in denen Informationen verarbeitet oder gelagert werden. [MfS, Abt. XII Nr. 883]*

Sperrende Diensteinheit (Wörterbuch XII, Kapitel „Archivarbeit") – *Für die → Klassifizierung von Archivmaterial als → „gesperrte Ablage" zuständige Diensteinheit, die bei Überprüfungen anderer Diensteinheiten die Information darüber erhält und vor Anforderung des Archivmaterials durch andere Diensteinheiten die Ausleihe/Einsichtnahme/Auskunftserteilung genehmigen muss. [MfS, Abt. XII Nr. 883]*

Sperrvermerk (Wörterbuch XII, Kapitel „Archivarbeit") → *Klassifizierung, → „gesperrte Ablage". [MfS, Abt. XII Nr. 883]*

Spezieller Vorgang (SV) – Aktenkategorie der Hauptabteilung IX/11 (→ „NS-Archiv"). Die Unterlagen aus dem Zeitraum 1974 bis 1989 enthalten überwiegend biografische Angaben zu hochrangigen kommunistischen Funktionären der DDR und des Auslands. Außerdem sind Unterlagen zur Geschichte der deutschen Arbeiterbewegung, der KPD, auch zu ihrem Geheimdienst, und zum Widerstand während der NS-Zeit überliefert. Wegen der hohen sicherheitspolitischen Bedeutung der Unterlagen wurden diese von einem eigenen Referat „Spezielle Forschungen" bearbeitet, das direkt dem Leiter der Hauptabteilung IX/11 unterstellt war. Die Unterlagen umfassen 54 lfm. *[RBl]*

Staatenschlüssel (Wörterbuch XII, Kapitel „EDV-Anwendung") – *Feststehende Buchstabenkombination zur Verschlüsselung der Staatsangehörigkeit für die Datenumsetzung. [MfS, Abt. XII Nr. 883]*

Staatsangehörigkeit (Wörterbuch XII, Kapitel „Erfassung und Registrierung") – *Ein bei der Recherche im Überprüfungsprozess bzw. bei der*

Speicherveränderung zur Feststellung der Identität heranzuziehendes Merkmal (vgl. Staatenschlüssel), das auf der Form 16 und im EDV-Datenbestand zu speichern ist (auch: Staatsbürgerschaft). [MfS, Abt. XII Nr. 883]

Stammkarte (Wörterbuch XII, Kapitel „Erfassung und Registrierung“) – *siehe → Basiskarte. [MfS, Abt. XII Nr. 883]*

Stapelrecherche (Wörterbuch XII, Kapitel „EDV-Anwendung“) – *Fortlaufende Recherche einer großen Anzahl von zusammengehörenden Datensätzen (Verarbeitungslauf). [MfS, Abt. XII Nr. 883]*

Stapelverarbeitung (Wörterbuch XII, Kapitel „EDV-Anwendung“) – *Verarbeitung einer größeren Anzahl von Datensätzen bzw. Belegen, die ggf. sortiert sind. [MfS, Abt. XII Nr. 883]*

STEIN-1/Protokoll (Wörterbuch XII, Kapitel „EDV-Anwendung“) – *Protokoll über erfolgte Einspeicherungen in den EDV-Datenbestand. Entsteht, wenn im selben Verarbeitungslauf zwei oder mehrere identische → Zielinformationen eingespeichert wurden. Wird zur Klärung herangezogen. [MfS, Abt. XII Nr. 883]*

Steuerinformation (Wörterbuch XII, Kapitel „EDV-Anwendung“) – *Auch: Steuerparameter; Bestandteil des Eingabedatenträgers, der die Form und den Umfang der gesamten weiteren EDV-mäßigen Verarbeitung regelt. [MfS, Abt. XII Nr. 883]*

Strafnachricht → Speicher XII/01, → Sonderkartei (Abb. 074 – 077).

Straßenkartei (F 78, F 78a) – Die Straßenkartei diente als Arbeitskartei für den Nachweis des aktuellen Bestandes der von Mitarbeitern der Staatssicherheit verwalteten → konspirativen Objekte (KO) und Wohnungen (KW) sowie der von → inoffiziellen Mitarbeitern zur Verfügung gestellten → konspirativen Wohnungen (→ IMK/KW) und Objekte (→ IMK/KO). Die Karteikarten waren alphabetisch nach Orten und innerhalb der Orte alphabetisch nach den Straßennamen und bei gleichen Straßenbezeichnungen nach aufsteigenden Hausnummern abgelegt. Der Zugriff auf Unterlagen war nur über die → Vorgangskartei F 22 möglich. Nachgewiesen sind auch Treffquartiere (TQ) des Arbeitsgebiets I der Kriminalpolizei (→ AOG, → AKAG) und die entsprechenden Objekte der Militäraufklärung (Verwaltung/Bereich Aufklärung des MfNV, → AVA). Aus der Kartei gingen der → Deckname, die → Registriernummer, die zuständige Diensteinheit des MfS und in der F 78 auch der zuständige MfS-Mitarbeiter hervor. Empfohlen war, in die Kartei auch alle anderen inoffiziellen Mitarbeiter und → gesellschaftlichen Mitarbeiter für Sicherheit aufzunehmen; sie war aber in dieser Hinsicht nie vollständig. Die F 78a enthielt Anschriften von IM und IMK in West-Berlin, der BRD und dem Ausland, geordnet nach Wohnanschriften und Registriernummern. Auch bei dieser Kartei war der Zugriff auf Akten bei archivierten Vorgängen nur über die Vorgangskartei F 22 möglich. Auf der F 78 können mit Stempeln folgende Buchstaben aufgetragen sein: „A“ bedeutet Archivierung (Zugang zum archivierten Vorgang über die Vorgangskartei F 22), „F“ informierte, dass eine Karteikarte in der Objektkartei F 80 vorhanden ist. Die Hauptabteilung I/XII (Kartei/Erfassung/Registratur der Militärabwehr) führte die Straßenkartei F 78 für den eigenen Zuständigkeitsbereich. Überliefert sind in der Zentralstelle über 130 000 Karteikarten F 78, ca. 1 400 Karteikarten F 78a und fast 32 000 Karteikarten F 78 der Hauptabteilung I/XII (Abb. 052). *[DHa]*

Stützpunktberatung (Wörterbuch XII, Kapitel „Arbeitsorganisation“) – *Beratung zu spezifischen Problemen der Arbeit der Abteilung XII mit den → Abteilungen XII der Bezirksverwaltungen, die i. d. R. durch verantwortliche Mitarbeiter aus den Hauptarbeitsbereichen der Abteilung XII des MfS mit fachlich zuständigen Vertretern von jeweils mehreren territorial benachbarten Abteilungen XII der Bezirksverwaltung durchgeführt wird. [MfS, Abt. XII Nr. 883]*

Suchauftrag (Wörterbuch XII, Kapitel „Überprüfung und Auskunftserteilung“) – *Im Allgemeinen formgebundenes → Überprüfungsersuchen von Diensteinheiten an die → Abteilung XII (F 10, F 9, A 4, KNA 12). Gemäß → Dienstanweisung Nr. 2/81, 2. Durchführungsbestimmung, bestätigungspflichtig. [MfS, Abt. XII Nr. 883]*
→ Formular F 10, F 10a, F 10b, F 10c oder F 10d zur Feststellung von Personenerfassungen oder F 9 zur Feststellung von Objekterfassungen; zudem Formulare → A 4 für Wehrpflichtige und KNA 12 für Erfassungen der → K I. Die Recherche mittels Suchauftrag war Voraussetzung für eine aktive → Erfassung in den Abteilungen XII. Mittels eines Sammelsuchauftrags F 10c konnte für bis zu 20 Personen auf einmal die Überprüfung veranlasst werden. *[SBu]*

Suchmerkmal (Wörterbuch XII, Kapitel „Überprüfung und Auskunftserteilung“) – *Angaben für das Auffinden von Karteikarten bei der → Karteiprüfung. Z. B.: Name, Vorname, Geburtsdatum ... für die → Personenkartei, → Registrierbereich, laufende Nummer, Jahrgang ... für die → Auskunftskartei. Mehrere Suchmerkmale können stufenweise abgearbeitet werden, bis die Identität festgestellt wird (Müller ... Anton ... 17.5.1900). [MfS, Abt. XII Nr. 883]*

Suchzettel (SZ) → Suchauftrag.

SÜ → Sicherheitsüberprüfung.

SV → Sondervorgang, → Spezieller Vorgang.

SVK → Sachverhaltskomplex.

Synonym-Verknüpfung (Wörterbuch XII, Kapitel „EDV-Anwendung“) – *Im EDV-Datenbestand Ähnlichkeitsgruppen von Vornamen, die bei der*

Recherche berücksichtigt werden (vgl. → Phonetik). Im Karteibestand Vornamenszusammenlegung aufgrund bestimmter Ähnlichkeit oder gleicher Wort-(Namens-)stämme. [MfS, Abt. XII Nr. 883]

System der automatischen Vorauswahl (→ SAVO) – Datenverarbeitungsprojekt der Abteilung XII des MfS zur Entlastung und zunehmenden Ablösung der manuellen Rechercheprozesse in der zentralen → Personenkartei F 16, enthielt alle Daten dieser Kartei. → Informationssystem für Personendatenbanken (ISPER). *[SKo]*

System der Informationsrecherche der HV A (SIRA) – Elektronisches Datenbanksystem der Hauptverwaltung A (HV A, Aufklärung, Auslandsgeheimdienst) des MfS. SIRA bestand aus den Teildatenbanken (TDB) 11, 12, 13 und 14, in denen die HV A für den Zeitraum 1969 bis 1989/90 vor allem das Informationsaufkommen („Eingangsinformationen") aus der eigenen Westarbeit/Spionage im Operationsgebiet nachwies. Gespeichert wurden in erster Linie folgende Angaben: informationsbeschaffende → Quelle (→ Registriernummer, → Deckname), verantwortliche Struktureinheit, Zeitraum der Informationsbeschaffung, Art und Umfang der Information, Beschreibung der gelieferten Information über Sach-, Länder- und Objektschlagworte, Personenhinweise, Einschätzung der Information, interne und externe Verteiler sowie eine kurze Titelangabe. Ebenfalls in SIRA gespeichert waren Nachweise über zusammengefasste Informationen, die täglich über die → ZAIG an die Partei- und Staatsführung weitergeleitet wurden („Ausgangsinformationen"), Aufträge zur Informations- oder Musterbeschaffung aus der Industrie- und Wirtschaftsspionage (Beauftragungsinformationen) und Personenangaben zu Mitarbeitern westlicher Geheimdienste (Personeninformationen). Eine Sonderrolle spielte die vom Referat 7 der HV A geführte TDB 21, die als erstes System einer Zentralen Objekt- und Personendatenbank der HV A (ZOPA) projektiert wurde, später aber auch als Bestandteil von SIRA galt. In ihr wurden die Daten der → Vorgangskartei F 22 der HV A (→ Referat R) gespeichert (Vorgangsinformationen). Insgesamt waren in SIRA zum Ende der HV A ca. 650 000 Datensätze gespeichert. Nach einer jahrelangen Vorbereitungsphase wurde SIRA im Juli 1974 auf MfS-eigenen Siemens-Großrechnern in Betrieb genommen; Software war das Siemens-System GOLEM. Seit Mitte der 1980er-Jahre wurde SIRA auf das im Ostblock hergestellte „Einheitliche System Elektronischer Rechentechnik" (ESER) und eine vom MfS entwickelte Software umgestellt. Die Rechenzentren für SIRA befanden sich in Berlin-Wuhlheide und seit 1984 in Berlin-Hohenschönhausen. Ein großer Teil der heute vorhandenen SIRA-Daten konnte aus Dateien, die aus der Systemumstellung von Siemens- auf ESER-Technik erhalten geblieben waren, rekonstruiert werden. SIRA befindet sich heute im Archivbestand des BStU und bildet eine wichtige Quelle zu den Aktivitäten der HV A, die es vor allem erlaubt, Rückschlüsse auf die Art und Wertigkeit der Informationsbeschaffung einzelner Quellen der HV A im Westen zu ziehen. *[SKo]*

System der vereinigten Erfassung von Daten über den Gegner (SOUD) – russ.: Sistema Objedinnjonowo Utschota Dannych (o Protiwnike). Multinationaler, nachrichtendienstlicher, streng geheimer Datenspeicher von sechs kommunistischen Staaten des Warschauer Paktes und drei weiteren verbündeten Staaten (→ SOUD-Abkommen), der Informationen, aufgeschlüsselt in 10, seit 1986 in 15 → Personenkategorien (PK) an zentraler Stelle beim → Arbeitsapparat SOUD im KGB speicherte, um länderübergreifend Aufschluss über „gegnerische" Personen zu erhalten. Darunter befanden sich Angehörige „gegnerischer" Geheimdienste, ausgewiesene oder unerwünschte Personen, Unterstützer oppositioneller Gruppen, Diplomaten, Korrespondenten, Terroristen sowie andere Personen, die als Bedrohung für die sozialistischen Staaten angesehen wurden. In der Regel handelte es sich um Bürger solcher Länder, die nicht SOUD-Mitglieder waren, zumeist westliche Staatsangehörige. Auf den Zentralspeicher hatte allerdings nur der Arbeitsapparat des SOUD innerhalb des KGB ständigen Zugriff. Die Entwicklung des Systems verlief parallel mit der Einführung der → elektronischen Datenverarbeitung bei den Sicherheitsdiensten seit Anfang der 1970er-Jahre. 1981 ging die Datenbank in Betrieb. Für das Verbindungswesen waren die Teilnehmerstaaten in der Reihenfolge der Unterzeichnung des → SOUD-Abkommens mit Code-Nummern versehen: 1-ČSSR, 2-DDR, 3-Polen, 4-Ungarn, 5-Bulgarien, 6-Kuba, 7-Mongolei, 8-UdSSR, 9-Vietnam. Die Nutzung der gespeicherten Informationen war über eine → Ausgabeverfahrensweise (AVW) geregelt. → Signalisierende Informierung, → Objektdatei. *[SWB]*

SZ → Suchzettel.

T

Tagesrapport (Wörterbuch XII, Kapitel „Arbeitsorganisation") – *Eine Form der täglichen Berichterstattung über Arbeitsergebnisse, besondere Anforderungen und andere Probleme vom Vortag gegenüber höheren Dienstvorgesetzten (Stellvertreter des Ministers, Leiter der Abteilung, Stellvertreter des Leiters der Abteilung). Im Rahmen der Anweisung Nr. XII/3/84 festgelegte statistische Werte der Abteilungen, die täglich an die Auswertungs- und Kontrollgruppen (AKG) zu übergeben sind. [MfS, Abt. XII Nr. 883]*

Tagfertigkeit (Wörterbuch XII, Kapitel „Arbeitsorganisation“) – *Wichtiges Kriterium zur termingemäßen und koordinierten Bearbeitung der der Abteilung XII übergebenen Dokumente und Materialien. Die Tagfertigkeit erfordert die Bearbeitung der in einer Abteilung eingehenden Erfassungs- (Veränderungs-, Überprüfungs-, Archivierungs-) Anforderungen ohne Überschreitung einer festgelegten Normzeit (Durchlaufzeit). [MfS, Abt. XII Nr. 883]*

TB → Treffbericht.

Teil I von IM-Vorgängen (Wörterbuch XII, Kapitel „Erfassung und Registrierung“) – *Entsprechend dem Gliederungsprinzip bei der Führung von → IM-Vorgängen der Aktenteil, in dem die Informationen zur Person des IM enthalten sind (auch: → Personalakte). Ist in der Abteilung XII zu registrieren und gesondert nachzuweisen. [MfS, Abt. XII Nr. 883]*

Teil II von IM-Vorgängen (Wörterbuch XII, Kapitel „Erfassung und Registrierung“) – *Entsprechend dem Gliederungsprinzip bei der Führung von → IM-Vorgängen der Aktenteil, in dem die Arbeitsergebnisse und die Trefftätigkeit des IM dokumentiert sind (auch: → Arbeitsakte). Ist in der Abteilung XII gesondert anzufordern, zu registrieren und von ihr gesondert nachzuweisen. [MfS, Abt. XII Nr. 883]*

Teil III von IM-Vorgängen (Wörterbuch XII, Kapitel „Erfassung und Registrierung“) – *Entsprechend dem Gliederungsprinzip bei der Führung von → IM-Vorgängen der Aktenteil, in dem finanzielle und materielle Auf- und Zuwendungen dokumentiert sind. Ist bei der Abteilung XII gesondert anzufordern und von ihr zu registrieren und nachzuweisen. [MfS, Abt. XII Nr. 883]* → Treffbericht.

Teilablage (Wörterbuch XII, Kapitel „Archivarbeit“) – *Teil eines laufenden → registrierten Vorgangs bzw. einer registrierten Akte, der in der politisch-operativen Arbeit nicht mehr benötigt wird und deshalb bis zur → Archivierung des gesamten Vorgangs bzw. der Akte vorläufig archiviert wird (vgl. → vorläufige Archivnummer). [MfS, Abt. XII Nr. 883]*
Abkürzungen: TA, Vorl. A, A, U, B. Für die Teilablage wurde eine → vorläufige Archivsignatur („A“, „U“ oder „B“, laufende Nummer und Jahrgang) festgelegt. Über die Teilablage entschied der zuständige Leiter. Für die erfassten Personen bzw. Objekte blieb die aktive → Erfassung in der → Abteilung XII bestehen. Als Teilablagen konnten an die zuständige Abteilung XII z. B. → IM-Vorgänge → Teil II und III (Abb. 094), Bände von → Fahndungsvorgängen, → operativen Vorgängen sowie → Teilvorgänge zu → zentralen operativen Vorgängen (alle unter „A“), Bände von → Untersuchungsvorgängen (als „U“) und Bände von Vorgängen der Verwaltung Aufklärung (als „B“, → AVA, nur im → Zentralarchiv des MfS) übergeben werden. Nach der endgültigen Archivierung des betreffenden → Vorgangs bzw. der → Akte wurde die Teil-

ablage diesem Material zugeordnet. Die Teilablagen waren im → Zentralarchiv des MfS in Berlin Teil des sogenannten → Archivbestands 1 → operative Hauptablage und in den Archiven der Bezirksverwaltungen für Staatssicherheit bildeten sie den Archivbestand 6. → Ablage, → Archivmaterial. *[SBu]*

Teilakte → Teilvorgang.

Teilvorgang (TV) – Aktenkategorie des MfS. Teilvorgänge konnten zu einem → zentralen operativen Vorgang (ZOV) angelegt werden. Über das Anlegen von weiteren TV zu bereits vorhandenen ZOV entschied der Leiter der den ZOV führenden Hauptabteilung, selbstständigen Abteilung, Bezirksverwaltung oder Verwaltung in Abstimmung mit dem Leiter der Hauptabteilung, selbstständigen Abteilung, Bezirksverwaltung oder Verwaltung, in dessen Verantwortungsbereich der TV geführt werden sollte. → Operativer Vorgang, → Archivierter operativer Vorgang. *[SBu]*

Tektonik – Dieser archivische Begriff, mit dem die Struktur von Archivbeständen, sozusagen deren Abgrenzung und Schichtung, ihre Gliederung und Reihung nach Herkunft, formalem Zusammenhang und Zeitebenen beschrieben wird, ließ sich im MfS-Sprachgebrauch bisher nicht feststellen. Gleichwohl bestanden Gliederungen und Abgrenzungen für das Schriftgut, so in → „registrierte Vorgänge" und → „nicht registriertes Material", in → „gesperrte Ablage" und → „nicht gesperrt", in „aktive" und „archivierte" Vorgänge, schließlich in „politisch-operatives Schriftgut" des MfS und → „Schriftgut anderer staatlicher Organe" in den Archiven des MfS. Die Gliederung des Altschriftguts im → Zentralarchiv des MfS und in den → Archiven der BVfS in sogenannte Ablagen (→ operative Hauptablage, → allgemeine Sachablage, → Personalaktenablage, → geheime Ablage u. a. m.), die seit den 1970er-Jahren im MfS zunehmend als → Archivbestände bezeichnet wurden, gehört ebenfalls in diesen Kontext. Ebenso lässt sich hier auf die vielfältigen Informationssammlungen der MfS-Diensteinheiten verweisen, die seit Ende der 1970er-Jahre in sogenannte Speicher gegliedert und seit 1980 in der → Speichernutzungsordnung zusammengefasst beschrieben wurden. All diese Gliederungen umfassten allerdings jeweils nur Teilmengen des damals vorhandenen Schriftguts und haben mit dem archivischen Begriff der Tektonik kaum etwas gemein.

Das heute überlieferte MfS-Schriftgut wird in Berichten, Statistiken und Darstellungen zumeist in die bis 1989/90 kurrenten Unterlagen der Diensteinheiten und die von den Abteilungen XII (→ Zentrale Auskunft/Speicher) gebildeten Ablagen in den Archiven des MfS unterschieden (Abb. 154). Aus ersteren werden gelegentlich die → Zentralen Materialablagen der Diensteinheiten herausgehoben (Abb. 155). Beide

Gliederungen sind zwar eingängig aber in der Sache stark vereinfacht. Tatsächlich ist die Überlieferung wesentlich vielschichtiger. Das Stasi-Unterlagen-Gesetz (StUG) benennt Stasi-Unterlagen als sämtliche beim MfS entstandene, in dessen Besitz gelangte oder diesem überlassene Unterlagen, soweit deren Bearbeitung nicht vor dem 8. Mai 1945 abgeschlossen war. Daraus folgend sind Unterlagen aus MfS-Provenienz nur eine Teilmenge der Stasi-Unterlagen nach StUG: dem MfS „überlassene" Unterlagen von Gerichten und Staatsanwaltschaften, aus dem Strafvollzug des Ministeriums des Innern, aus der „konspirativen" Arbeit mit inoffiziellen Mitarbeitern der Kriminalpolizei und der Verwaltung Aufklärung des Ministeriums für Nationale Verteidigung zählen ebenfalls dazu (→ Schriftgut anderer staatlicher Organe).
Die Stasi-Unterlagen nach StUG sind damit keineswegs deckungsgleich mit den Unterlagen, die das MfS (abgesehen von stattgefundenen Schriftgutvernichtungen) bis zu seinem Ende besaß, denn Unterlagen, die nach dem 8. Mai 1945 nicht fortgeschrieben worden waren, vor allem die mit ca. 7 000 lfm recht umfangreichen NS-Unterlagen aus der Dokumentensammlung der Hauptabteilung IX/11 (→ „NS-Archiv", → Z-Material), fielen in die Zuständigkeit des Bundesarchivs.
Die Vielschichtigkeit der Stasi-Unterlagen ist in Abb. 156 grafisch visualisiert. Die zentrale Aktenüberlieferung gliedert sich nach der wesentlichen Herkunft der einzelnen Aktenkategorien in die Provenienz „MfS" und die Provenienzgruppe „andere staatliche Organe". Sie teilt sich gleichzeitig einerseits in Akten, die bis 1989 in den Archiven des MfS zur Ablage kamen, und andererseits in bis zur MfS-Auflösung kurrentes Schriftgut sowie Zentralen Materialablagen (ZMA) und anderen Altablagen einzelner Diensteinheiten. Dabei ergeben sich vielschichtige Überschneidungen dieser vier (bzw. mit Hervorhebung der ZMA fünf) Gruppen, weil das MfS grundsätzlich die archivische Ordnung nach Provenienz seinen operativen Informationsinteressen unterordnete. Neben den genannten stehen zwei Überlieferungen mit Mischprovenienzen, die im MfS hinsichtlich der Ablage ihre Eigenständigkeit besaßen: 1. die Dokumentensammlung des Büros der Leitung (BdL) mit dienstlichen → Bestimmungen des MfS, des Ministeriums des Innern (MdI), des Ministeriums für Nationale Verteidigung (MfNV), der Zivilverteidigung (ZV), des Obersten Gerichts und anderer Stellen (→ Dokumentenstelle) sowie 2. die Überlieferung der Kreisleitung der SED im MfS mit eigenem → Kreisparteiarchiv (→ Sonderablage) und bis 1990 kurrentem Schriftgut aus MfS-Provenienz, dem SED-Apparat sowie den Massenorganisationen FDGB, FDJ und DSF. Zudem sei an das eigenständige Archiv der HV A (→ Referat R) erinnert, das 1989/90 vernichtete wurde. Die Darstellung in Abb. 156 soll bezogen auf Herkunft und

Ablagekontext eine erste Orientierung im Gemenge der überlieferten Stasi-Unterlagen, insbesondere der zentralen Aktenüberlieferung bieten. Karteien sowie audiovisuelle und elektromagnetische Datenträger besitzen jeweils eigenen Überlieferungsstrukturen. Überlegungen zur Tektonik dürften bei der Lösung zukünftiger Aufgaben der Bewertung und Überlieferungsbildung hilfreich wenn nicht zwingend sein. → Akten, → Personalakten. *[RLu]*

TK → Tonkonserve.

Tonaufzeichnung – Seit den 1950er-Jahren wurden vom MfS u. a. Gerichtsprozesse, Vernehmungen, Veranstaltungen, Dienstkonferenzen und -beratungen auf Tonträgern aufgezeichnet und verwahrt. Aus den geheimpolizeilichen Arbeitsmethoden des MfS resultierten Diktate von IM-Berichten sowie Mitschnitte von Raum-, Funk- und Telefonüberwachungen (u. a. der Ständigen Vertretung, von Botschaften, ARD-/ZDF-Büros und Privatanschlüssen). Auch der interne Telefonverkehr des MfS und Anrufe beim MfS wurden aufgezeichnet. Zur Stimmenanalyse und Identifizierung anonymer Anrufer wurden Dialektbänder und Sprechproben angelegt. Hinzu kommen Mitschnitte von Sendungen der ost- und westdeutschen sowie ausländischer Rundfunk- und Fernsehanstalten für Zwecke der Information und Auswertung. Nicht alle Tonaufzeichnungen waren vom MfS für eine Aufbewahrung vorgesehen. Wegen der hohen Beschaffungskosten wurde eine Wiederverwendung der Tonträger angestrebt. Vor allem Tonaufzeichnungen von IM-Berichte wurden in der Regel nach der Niederschrift gelöscht bzw. neu bespielt (ähnlich der → Freigabe von Disketten). Mitschnitte von Gerichtsprozessen, Aufzeichnungen der Dienstkonferenzen, Aufnahmen zur Traditionspflege, für Schulungen und für die Öffentlichkeitsarbeit wurden hingegen aufbewahrt. Für die Aufbewahrung war nicht die Abteilung XII (→ Zentrale Auskunft / Speicher; für Ausnahmen siehe unter → Gegenstandsablage) zuständig. Die jeweiligen Diensteinheiten nahmen diese eigenverantwortlich wahr. So unterhielt beispielsweise die Hauptabteilung IX (Untersuchungsorgan) eine Sammlung von Tonaufzeichnungen aus Gerichtsprozessen, die weitgehend erhalten ist. Benutzt wurden überwiegend ¼ Zoll-Magnettonbänder in allen Längen (65 m bis 1440 m) und Materialien (Azetat, Polyester). Hinzu kamen Magnetbandkassetten sowie Kompakt- und Diktierkassetten von Mini bis Mikro, zudem Langspielplatten, Schallfolien, Mini-Nagra-Tonbänder und sogar Tondrähte. Neben den handelsüblichen Fabrikaten sozialistischer und westlicher Produktion kamen gelegentlich Eigenschöpfungen zum Einsatz, letztlich alle Formen analoger Tonträger, die es von 1950 bis 1989 gab. Von den bei der Auflösung des MfS vorgefundenen Tonträgern verblieben nach der Aussonderung von gelöschten und leeren, davon über 40 Prozent aus der Abteilung 26 (Telefonüberwachung), ca. 26 000 Tonträger mit relevanten, technisch verwendbaren Aufnahmen im Bestand des BStU. Der überwiegende Teil ist mit einer Geschwindigkeit von 4,75 cm/s und 9,5 cm/s aufgezeichnet. Das gesamte Spektrum der Aufzeichnungsgeschwindigkeiten reicht jedoch von 1,2 cm/s bis 76 cm/s. Der Schwerpunkt der Überlieferung liegt zwischen 1975 und 1989. Professionelle Aufnahmen z. B. von Gerichtsprozessen oder Dienstkonferenzen sind meist in hoher Geschwindigkeit in guter Qualität überliefert. Hingegen sind die Aufnahmen aus der operativen Arbeit, aus Telefonüberwachungen oder Vernehmungen, meist mit geringer Geschwindigkeit und sehr unterschiedlichen Qualitäten aufgezeichnet. Verdeckte Mikrofonpositionen, Neben- und Hintergrundgeräusche erschweren die Verständlichkeit dieser Aufnahmen. Plötzliche Spur- und Geschwindigkeitswechsel während der Aufnahme sind keine Seltenheit. Die größten Überlieferungsmengen stammen aus den Diensteinheiten ZAIG (Zentrale Auswertungs- und Informationsgruppe), BdL (Büro der Leitung), Hauptabteilung IX (Untersuchungsorgan), Hauptabteilung XX (Staatsapparat, Kultur, Kirche, Untergrund) und Hauptabteilung XXII (Terrorabwehr). → Tonkonserve *[KJu]*

Tonkonserve (TK) – Aus Begleitmaterial von Tonträgern ließ sich entnehmen, dass dieser Begriff durch das MfS verwendet wurde, z. B.: „Tonkonserve ‚Monteur' Treff in U-Haftanstalt MfS (Hohenschönhausen)". Hier betraf es eine konspirative Aufzeichnung des Gesprächs mit einem Häftling über seinen Alltag und seine Situation. Begleitzettel mit dem Hinweis „Tonkonserve" gehörten aber auch z. B. zu aufgezeichneten Anrufen und Telefonüberwachungen, die dann zur Stimmenidentifizierung und Archivierung von Sprechweisen verwendet wurden. Gemeint waren letztlich → Tonaufzeichnungen. *[KJu]*

TQ – Treffquartier (→ Straßenkartei F 78).

TRE (Wörterbuch XII, Kapitel „Überprüfung und Auskunftserteilung") – *Abkürzung für die Anfrageart „Touristikreise-Überprüfung". [MfS, Abt. XII Nr. 883]*

Treffbericht (TB) – Dokument zur Auswertung des Treffens zwischen einem → Führungsoffizier oder → Führungs-IM und einem → inoffiziellen Mitarbeiter (IM), das der Führungsoffizier oder Führungs-IM in der Regel nach jedem Treff anfertigte. Der TB sollte enthalten: Datum, Zeitdauer und Ort des Treffens, Name des Führungsoffiziers, Deckname und Kategorie des IM, Angaben über die Erfüllung des Auftrages durch den IM, Beschreibung zum Verhalten des IM während des Treffens, durchzuführende Maßnahmen aufgrund des Berichts des IM oder des Verlaufs des Treffens, Angaben über neue Aufträge an den IM, Einschätzung des IM und Vereinbarungen über den Zeitpunkt und Ort für den nächsten Treff. Spätestens seit 1983 war es ein formgebundenes Dokument (→ Formular F 450 bzw. F 450a). Die Treffberichte stellten neben den Berichten der IM den wesentlichen Teil einer → Arbeitsakte des IM dar. *[SBu]* → Teil II von IM-Vorgängen.

TV → Teilvorgang.

U

U-Vorgang → Untersuchungsvorgang (Abb. 120 – 128).

Üb. Vg. → Überprüfungsvorgang (Abb. 104).

Übergabe (Wörterbuch XII, Kapitel „Arbeitsorganisation“) – *(1) Komplexweise Weiterleitung von Überprüfungs-, Erfassungs- und Änderungsbelegen im Prozess ihrer Bearbeitung in den zuständigen Bereichen der Abteilung XII im Wesentlichen zu festgelegten Übergabezeiten;*
(2) Übergabe von → Vorgängen und → Akten und operativem Material in eine andere operative Verantwortlichkeit (Diensteinheit, Mitarbeiter). [MfS, Abt. XII Nr. 883]

Übergabezeiten (Wörterbuch XII, Kapitel „Arbeitsorganisation“) – *Durch den Leiter der → Abteilung XII angewiesene Zeiten der Übergabe von Belegen [und/oder] Datenträgern von einem Bereich der Abteilung XII an einen anderen im Rahmen des planmäßigen und koordinierten Durchlaufs der entsprechenden Belege zur Überprüfung und → Auskunftserteilung, zur → Erfassung und → Registrierung, zur → Speicheränderung. Übergabezeiten sind oberste Richtzeiten, die unbedingt einzuhalten, möglichst jedoch zu unterbieten sind (Anweisung Nr. XII/11/80). [MfS, Abt. XII Nr. 883]*

Übernahme von Archivmaterial (Wörterbuch XII, Kapitel „Archivarbeit“) – *Einvernahme von → Archivmaterial in eine aktive → Erfassung auf der Grundlage eines → registrierten Vorgangs bzw. einer registrierten Akte. Der Prozess der Übernahme ist in der Regel verbunden mit der Löschung der entsprechenden passiven Erfassung (vgl. → Speicherführungsprinzipien XII). [MfS, Abt. XII Nr. 883]*
Diese Erklärung im MfS-Duktus umschreibt, was in einem (klassischen) Archiv undenkbar wäre: Das Entfernen eines Archivale aus dem Bestand, das → Löschen der Archivsignatur in allen geführten Nachweisen (das ist oben mit „*Löschung der entsprechenden passiven Erfassung*“ gemeint), insbesondere in der → Personenkartei, der → Vorgangskartei und im → Archivregistrierbuch, zudem die willkürliche Einvernahme von Schriftstücken aus dem Archivale in einen neu eröffneten registrierten Vorgang und die Vernichtung der als nicht mehr benötigt erachteten Schriftstücke. Das → Zentralarchiv des MfS und die → Archive der

Bezirksverwaltungen sind damit als bloße Titular-Archive charakterisiert, deren Aufgabe nicht in der dauerhaften Verwahrung von Unterlagen mit bleibendem Wert bestand, sondern die vielmehr die Funktion von Altregistraturen in der Schriftgutverwaltung erfüllten (doch selbst gut geführte Altregistraturen würden eher den Entstehungszusammenhang einer abgelegten Akte wahren als ihn – wie im MfS betrieben – zu zerstören). Heutigen Nutzern verschafft das Wissen um diese Praxis die Aussicht, in jüngeren Vorgängen zumindest Fragmente von vorausgegangenen, gelöschten Vorgängen finden zu können. *[RLu]*

Übernahmeregistrierbuch (Wörterbuch XII, Kapitel „Erfassung und Registrierung") – *In den → Speicherführungsprinzipien XII festgelegtes Nachweismittel für die Übernahme → registrierter Vorgänge und Akten, von anderen → Registrierbereichen. [MfS, Abt. XII Nr. 883]*
Als Übernahmeregistrierbuch waren → Registrierbücher F 64 zu verwenden. Als nachweispflichtige Angaben galten die → Registriernummer, die Vorgangsart, die Kategorie und Funktion bei → IM, die übergebende Abteilung XII sowie die übernehmende Diensteinheit und der Name des verantwortlichen MfS-Mitarbeiters. *[DHa]*

Überprüfungsersuchen (Wörterbuch XII, Kapitel „Überprüfung und Auskunftserteilung") – *Formgebundener Antrag bzw. Auftrag von Diensteinheiten zur Überprüfung konkret bezeichneter Personen- oder Objektdaten auf eine ggf. vorhandene Erfassung in den Speichern der Abteilung XII (vgl. → Suchauftrag). [MfS, Abt. XII Nr. 883]*
Bei Personenüberprüfungen waren nach der 3. Durchführungsbestimmung zur → Dienstanweisung Nr. 2/81 folgende Formen zulässig: 1. Suchauftrag F 10a von den Diensteinheiten der Bezirksverwaltungen (außer der Bezirksverwaltung Berlin) bzw. der Verwaltungen der Hauptverwaltung A (HV A, Aufklärung, Auslandsgeheimdienst) und der Hauptabteilung I (Militärabwehr); 2. Suchauftrag F 10b von den anderen Diensteinheiten; 3. → Sammelsuchauftrag F 10c, wenn mehr als fünf Personen im gleichen Zusammenhang überprüft werden sollten; 4. ein Formular „anderer staatlicher Organe nach entsprechenden dienstlichen Bestimmungen und Weisungen"; 5. eine Liste mit alphabetisch geordneten Namen beim Vorliegen eines entsprechenden operativen Erfordernisses und nach Abstimmung mit dem Leiter der zuständigen Abteilung XII; 6. maschinenlesbare Datenträger nach Abstimmung zwischen dem Leiter der betreffenden Diensteinheit und dem Leiter der zuständigen Abteilung XII. Im Fall der Überprüfung von Objekten war der → Suchauftrag F 9 zulässig. Beim Vorliegen einer operativen Notwendigkeit konnte die Überprüfung u. a. durch die Kennworte → Eilt bzw. → Sofort beschleunigt werden (→ Dringlichkeitsvermerk). → Sonderregelung *[SBu]*

Überprüfungsgrund (Wörterbuch XII, Kapitel „Überprüfung und Auskunftserteilung“) – *Operatives Erfordernis zur Überprüfung einer Person/eines Objektes in den Speichern der Abteilung. Widerspiegelt sich zum Teil in der Anfrageart. [MfS, Abt. XII Nr. 883]*

Überprüfungskomplex (Wörterbuch XII, Kapitel „Überprüfung und Auskunftserteilung“) – *Eine zusammengefasste Menge von Überprüfungsanforderungen, die dieselbe Bearbeitungsweise verlangen. Kann aus Überprüfungsanforderungen einer → Anfrageart (→ AGV) oder mehrerer Anfragearten (z. B. Sonstige: F 10, → WKK, → WKL ...) bestehen. Gegenwärtige hauptsächliche Überprüfungskomplexe: AGV, → Sofort und → Eilt, Sonstige. [MfS, Abt. XII Nr. 883]* → Sonderregelung

Überprüfungsvorgang (Wörterbuch XII, Kapitel „Erfassung und Registrierung“) – *Vor 1960 gültige Art eines operativen Vorgangs. [MfS, Abt. XII Nr. 883]*
Der Überprüfungsvorgang (ÜV, Üb.Vg.) war in den Jahren 1953 bis 1960 eine → Aktenkategorie des MfS. Er wurde zu einer Person oder Personengruppe angelegt, die „im Verdacht der Ausübung einer feindlichen Tätigkeit“ stand. Die Bearbeitungszeit durfte sechs Monate nicht überschreiten. Mit der Einführung der Aktenkategorie → Akte Vorlauf-Operativ wurde die Vorgangsart abgeschafft. Der Überprüfungsvorgang wurde in der → Aktenkategorie → archivierter operativer Vorgang (AOP) in der→ operativen Hauptablage archiviert (Abb. 104). *[SBu]*

Umregistrierung – Es war möglich, einen → Vorgang bzw. eine → Akte in eine andere → Vorgangsart bzw. → Aktenkategorie umzuregistrieren. Laut 1. Durchführungsbestimmung zur → Dienstanweisung Nr. 2/81 konnten „entsprechend der operativen Notwendigkeit“ folgende Umregistrierungen vorgenommen werden: → IM-Vorlaufakte und → GMS-Akte zum → IM-Vorgang, GMS-Akte und → operative Personenkontrolle zur IM-Vorlaufakte, IM-Vorlaufakte und operative Personenkontrolle zur GMS-Akte, operative Personenkontrolle, → Feindobjektakte und → Kontrollobjektakte zum → operativen Vorgang bzw. zum → zentralen operativen Vorgang. Die Umregistrierung erfolgte auf der Grundlage eines bestätigten → Beschlusses (F 1a, F 1b, F 1c). → Registrierung, → registrierte Vorgänge und Akten. *[SBu]*

Umsetzungskontrolle (Wörterbuch XII, Kapitel „EDV-Anwendung“) – *Vor oder nach der → Datenumsetzung durchgeführter visueller oder maschineller (vgl. → doppelte Umsetzung) Vergleich der umgesetzten mit den Originaldaten. [MfS, Abt. XII Nr. 883]*

Unterschrift (Wörterbuch XII, Kapitel „Arbeitsorganisation“) – *des zuständigen Bestätigungsberechtigten – eine Voraussetzung für die Gültigkeit von Belegen gemäß → Dienstanweisung Nr. 2/81. [MfS, Abt. XII Nr. 883]*

Unterschriftenvergleich (Wörterbuch XII, Kapitel „Arbeitsorganisation“) – *Prüfung des Vorliegens der Unterschriftsberechtigung auf der Abteilung XII zur Realisierung von Aufgaben gemäß → Dienstanweisung Nr. 2/81 übergebenen Belegen, Dokumenten und Materialien. [MfS, Abt. XII Nr. 883]*

Unterschriftenvergleichsblatt (Wörterbuch XII, Kapitel „Arbeitsorganisation“) – *Form 54; Von Diensteinheiten an die Abteilung XII übergebene Vordrucke, auf denen die Unterschriften der vom Leiter der jeweiligen Diensteinheit bestätigten → Unterschriftsberechtigung für die Aufgaben gemäß → Dienstanweisung Nr. 2/81 zum Vergleich in der Abteilung XII dokumentiert sind. Wird zum → Unterschriftenvergleich herangezogen, um die Zulässigkeit von Anforderungen an die Abteilung XII zu prüfen. [MfS, Abt. XII Nr. 883]*

Unterschriftsberechtigung (Wörterbuch XII, Kapitel „Arbeitsorganisation“) – *Erlaubnis zur Bestätigung von Entscheidungen in der politisch-operativen Arbeit. Dokumentiert u. a. auf Unterschriftenvergleichsblättern F 54. [MfS, Abt. XII Nr. 883]*

Untersuchungsvorgang (Wörterbuch XII, Kapitel „Erfassung und Registrierung“) – *(auch: U-Vorgang, UV) Von Diensteinheiten der → Linie IX im Zusammenhang mit der Einleitung eines Ermittlungsverfahrens zur Bearbeitung von Personen wegen eines Staatsverbrechens oder anderer schwerer Straftaten, die in den Verantwortungsbereich (→ Verantwortlichkeit) des MfS fallen, angelegter → registrierter Vorgang. Besonderheit: Eine → Erfassung auf der Grundlage eines U-Vorgangs kann neben einer aktiven Erfassung bestehen. [MfS, Abt. XII Nr. 883]* → Archivierter Untersuchungsvorgang (Abb. 120 – 128), → Archivbestände.

Untertägige Anlagen (UTA) – Aktenkategorie der Hauptabteilung IX/11 (→ „NS-Archiv“). Die relativ kleine Ablage von 32 Akten mit einem Umfang von 1,9 lfm enthält Dokumentationen über Bunker- und Tunnelanlagen in Berlin. *[RBl]*

Unvollständige Personenstammdaten (Wörterbuch XII, Kapitel „Erfassung und Registrierung“) – *Nur teilweise entsprechend den Bestimmungen der → Dienstanweisung Nr. 2/81 für die Erfassung/Überprüfung vorgelegte Daten. Möglich bei Ausländern, wenn die vollständigen Daten nicht ermittelt werden können. [MfS, Abt. XII Nr. 883]*

UTA → Untertägige Anlagen.

UV → Untersuchungsvorgang (Abb. 120 – 128).

ÜV → Überprüfungsvorgang (Abb. 104).

V

V → Erfassungsart „V".

VaE (Wörterbuch XII, Kapitel „Erfassung und Registrierung") – *siehe → vorläufige aktive Erfassung. [MfS, Abt. XII Nr. 883]*

VAM (Wörterbuch XII, Kapitel „Arbeitsorganisation") – *Vorrecherche-Arbeitsmappe; Organisations-(Beförderungs-)mittel im Änderungsprozess, in die durch die Abteilung 5 die Hinweisbelege Format 2 und die → SIRAZI-Ergebnisse eingeordnet werden. Durch die Abteilung 3 werden die für die Bearbeitung des Änderungskomplexes gezogenen → Basiskarten dazu gelegt und an die Abteilung XII/4/3 übergeben. [MfS, Abt. XII Nr. 883]*

Das Wörterbuch XII entsprach mit seinen Strukturbezeichnungen Abteilung 3 (d. h., Abteilung XII/3, Zentrale Personenkartei) und Abteilung XII/4, Referat 3 (Änderungsdienst) dem Stand von 1984. Für den Änderungsdienst bestand seit mindestens 1985 die Abteilung XII/6. Die Abteilung XII/3 (Zentrale Personenkartei) wurde im September 1987 der Abteilung XII/6 eingegliedert. 1989 nahm den Änderungsdienst für die Personenkartei F 16 die Abteilung XII/6, Referat 1, wahr. Die Aufgaben der Abteilung XII/5 (Organisation der Überprüfungen, Postverteilung, Datenbankrecherchen) blieben davon weitgehend unberührt. *[RLu]*

VAO – Vorlaufakte-Operativ, → Vorlauf-Operativ.

Verantwortlichkeit (Wörterbuch XII, Kapitel „Arbeitsorganisation") – *Durch Beauftragung entstandene Pflicht zur Realisierung einer Aufgabe/eines Aufgabenbereiches (vgl. Zuständigkeit). [MfS, Abt. XII Nr. 883]*

Verarbeitung (Wörterbuch XII, Kapitel „EDV-Anwendung") – *(im Sinne von maschineller oder EDV-mäßiger Verarbeitung). Die in der → Abteilung XIII erfolgenden Arbeitsabläufe bezüglich der von der → Abteilung XII übergebenen Datenträger. [MfS, Abt. XII Nr. 883]*

Verarbeitungsdatensätze (Wörterbuch XII, Kapitel „EDV-Anwendung") – *Hauptbestandteil der → Eingabedatenträger, die zur Verarbeitung in der EDV-Anlage bestimmt sind. Sie bestehen aus → Personendaten und können weitere Verarbeitungsinformationen (Eingabe → Ausgangsinformation) und Sekundärinformationen enthalten. Im Änderungsdienst können anstelle von Personendaten → Zielinformations-Nummern verwendet werden. [MfS, Abt. XII Nr. 883]*

Verarbeitungslauf (Wörterbuch XII, Kapitel „EDV-Anwendung") – *Zeitabschnitt bei der Arbeit an der EDVA, in dem eine bestimmte zusammengefasste Menge von Verarbeitungsdatensätzen an der EDVA* *verarbeitet wird. Aus einem Verarbeitungslauf zu Überprüfungen ergeben sich einer oder mehrere → Überprüfungskomplexe. [MfS, Abt. XII Nr. 883]*

Verbindungssystem XII (Wörterbuch XII, Kapitel „Arbeitsorganisation") – *Gesamtheit der verschiedenartigen Verbindungen zwischen den Dienstbereichen der Abteilung XII untereinander sowie zu den anderen Abteilungen XII und den operativen Diensteinheiten zur Lösung der der Abteilung XII übertragenen Aufgaben. [MfS, Abt. XII Nr. 883]*

Verfilmung (Wörterbuch XII, Kapitel „Arbeitsorganisation") – *von → Archivmaterial siehe → Ersatzverfilmung; von Karteikarten siehe → Bestandsfilm. [MfS, Abt. XII Nr. 883]* → Sicherheitsfilm, → Auskunftsfilm.

Vernichtung → Kassation.

Vernichtungsprotokoll – Nachweis über die → Kassation von → Archivmaterial. Das Vernichtungsprotokoll Form 509 bzw. Form 510 (→ Formular, dort F 509, F 510), auch → Kassationsbeschluss genannt, enthielt folgende Angaben: laufende Nummer des Protokolls, dienstliche Bestimmung zur Vernichtung, Bestandsbezeichnung (→ Archivbestände), laufende Nummer der zu vernichtenden Materialien, → Registriernummer bzw. → Personendaten, Anzahl der zu vernichtenden → Akten (Teile/Bände). Auf dem Vernichtungsprotokoll war im Falle einer → Ersatzverfilmung durch den ausführenden Mitarbeiter die ordnungsgemäße → Verfilmung des zu vernichtenden Materials unterschriftlich zu bestätigen. → Kassationskommission. *[SBu]*

Verplombung (Wörterbuch XII, Kapitel „Archivarbeit") – *von → Archivmaterial. Gemäß der 3. Durchführungsbestimmung zur → Dienstanweisung Nr. 2/81 durch die ablegende Diensteinheit vorzunehmen und im Material zu dokumentieren. Die Verplombung ist durch die Abteilung XII zu erneuern, wenn sie im Rahmen der Archivierung geöffnet wurde. [MfS, Abt. XII Nr. 883]*

Verschlusssache (VS) – Die „Sicherung von Staatsgeheimnissen" lag in den ersten Jahren der DDR in der Zuständigkeit des Ministeriums des Innern, gehörte seit 1958 jedoch zu den regulären Aufgaben des MfS. Eine erste „Anordnung über die Anfertigung, Behandlung, Aufbewahrung und Sicherung von Verschlusssachen" erließ der Minister für Staatssicherheit am 2. Januar 1959. Bereits fünf Jahre später, am 30. Januar 1964, erschien eine neue Anordnung gleichen Namens, die – selbst als Vertrauliche Dienstsache ausgewiesen – auf 45 Seiten in 90 Paragraphen und mit 2 Anlagen recht umfassende Regelungen traf. Für damalige Verhältnisse auf ungewöhnlich gutem Papier gedruckt, in rotes Kunstleder gebunden und mit Goldschrift auf dem vorderen Deckel soll dieser Band den laxen Beinamen „Mielke-Bibel" gehabt haben. Abge-

löst wurde sie durch die Anordnung zum Schutz von Staatsgeheimnissen vom 20. September 1974, deren Ergänzung vom 6. Juni 1985 und zuletzt deren Neufassung vom 1. Mai 1988, die als „Vertrauliche Verschlusssache" nur noch einem sehr begrenzten Leserkreis zugänglich waren. All diese vom Minister für Staatssicherheit erlassenen Bestimmungen galten für alle Verwaltungen, Betriebe und Einrichtungen der DDR. In ihrem Gefolge befanden sich Ausführungsbestimmungen und Rahmennomenklaturen des MfS, des Ministeriums des Innern und der jeweils zuständigen Fachministerien.
Verschlusssachen wurden unterschieden in Staatsgeheimnisse und Dienstgeheimnisse. Zu den → Geheimhaltungsgraden der Staatsgeheimnisse zählten → „Geheime Kommandosache (GKdos)" als höchste, „Geheime Verschlusssache – persönlich (GVS-p)" sowie damit gleichgestellt „GVS-B – persönlich" für betriebliche Geheimnisse, z. B. für Planungen im Kontext der Landesverteidigung, und „GVS-W – persönlich" für Wirtschaftsstatistiken, als mittlere Stufe → „Geheime Verschlusssache (GVS)", als untere → „Vertrauliche Verschlusssache (VVS)". Als diesen nachrangige Dienstgeheimnisse galten die Stufen „Vertrauliche Dienstsache (VD)" und „Nur für den Dienstgebrauch (NfD)".
Innerhalb des MfS galten seit 1954 grundsätzlich alle Schriftstücke mindestens als Dienstgeheimnis und wurden als solche zumeist nicht extra ausgewiesen; Kennzeichnung und Nachweis in darüber geführten Karteien beschränkten sich im Wesentlichen auf VVS, GVS und die wenigen GKdos. Auf Aktendeckeln und Formblättern → registrierter Vorgänge der 1950er-Jahre lässt sich häufig „GVS" als Aufdruck finden, auf denen der 1960er-Jahre dagegen „Vertrauliche Dienstsache!". Später erhielten derartige Kennzeichnungen vorwiegend → dienstliche Bestimmungen, Grundsatzpapiere und Arbeiten für Prüfungsleistungen an der Juristischen Hochschule des MfS. Auf dem Deckblatt wurden VVS zusätzlich mit einem blauen Querbalken von links unten nach rechts oben gekennzeichnet, GVS mit einem roten.
Außerhalb des MfS mussten Betriebe und Verwaltungen für ihre Verschlusssachen eigene VS-Stellen führen, die das MfS häufig mit einem seiner → inoffiziellen Mitarbeiter besetzen und von dem MfS verpflichteten Sicherheitsbeauftragten kontrollieren ließ. Als VD oder NfD eingestufte Unterlagen waren in der Regel genauso nachweispflichtig wie VVS oder GVS. Sie waren nur dafür vom MfS überprüften und zugelassenen Personen zugänglich, verlangten zudem umständliche Verfahren der Aufbewahrung, Nutzung und Mitnahme im Dienstgeschäft, die weit über das Maß allgemeiner dienstlicher Verschwiegenheit hinausgingen. Die Einstufung von Informationen als Verschlusssache bzw. die Gewäh-

rung oder Versagung des Informationszugangs waren wesentlicher Bestandteil der Machtausübung im Staatssystem der DDR. Das MfS benutzte dafür seine Kompetenzen in der Geheimhaltung übermäßig und folgenschwer: → Sicherheitsüberprüfungen für die Einstufung des Zugangsrechts zu Verschlusssachen genauso wie Maßregelungen bei Verlust von Verschlusssachen, selbst bei längst veraltetem oder belanglosem Inhalt, diente der Einflussnahme des MfS auf die Personalpolitik in Betrieben und Verwaltungen der DDR. Nicht fachliche Kompetenz, sondern ideologische Unbedenklichkeit gewährten Zugang zu Informationen und Aufstiegschancen. *[RLu]*

Verschlüsselung von Erfassungsdaten und Staatsangehörigkeit (Wörterbuch XII, Kapitel „EDV-Anwendung") – *Manuelle Tätigkeit in der Abteilung XII zur Umwandlung von Bezeichnungen für Diensteinheiten und → Ausgangsinformations-Typen in eine für die maschinelle Speicherung effektive Form. Die Staatsangehörigkeit betrifft dies vor allem, wenn mehrfache Staatsangehörigkeit erscheint bzw. die Staatsangehörigkeit nicht eindeutig ist. [MfS, Abt. XII Nr. 883]* → Schlüssel der Erfassungsdaten.

Vertrauliche Verschlusssache (VVS) – Im MfS niedrigster → Geheimhaltungsgrad für Staatsgeheimnisse nach der Ordnung über die Organisierung der Verschlusssachenarbeit im MfS vom Januar 1975. → Verschlusssache. *[SBu]*

Verzug (Wörterbuch XII, Kapitel „Arbeitsorganisation") – *Rückstand bei der termingemäßen Bearbeitung von Überprüfungen bzw. → Speicheränderungen gemäß der entsprechenden dienstlichen → Bestimmungen der → Abteilung XII (vgl. → Bestand). [MfS, Abt. XII Nr. 883]*

VK IX/11 → Vorgangskartei der HA IX/11.

VL op. → Vorlauf-Operativ, → Akte Vorlauf-Operativ.

Vollständigkeit von Dokumenten und Materialien (Wörterbuch XII, Kapitel „Arbeitsorganisation") – *Kriterium bei der → Eingangskontrolle; zu beachten bei der → Registrierung und → Archivierung; Grundlage sind die → Dienstanweisung Nr. 2/81 sowie die jeweils zutreffenden dienstlichen Bestimmungen für die politisch-operative Arbeit. [MfS, Abt. XII Nr. 883]*

Vordruck → Formular.

Vorentscheidung (Wörterbuch XII, Kapitel „Erfassung und Registrierung") – *Arbeitsablauf zur Entscheidung über erforderliche Maßnahmen zu Kartei- und → Datenbankänderungen anhand der aus der → Personenkartei (F 16) auf der Grundlage von → Änderungsbelegen gezogenen → Basiskarten, der → Hinweisbelege und der F 16 mit den Änderungsvermerken; gleichnamiger Arbeitsbereich der Abteilung XII/4/3. [MfS, Abt. XII Nr. 883]*

Das Wörterbuch XII entspricht mit seiner Strukturbezeichnung Abteilung XII/4, Referat 3 für den Änderungsdienst und dessen Arbeitsbereich „Vorentscheidung“ dem Stand von 1984. Diese Aufgabe hatte seit mindestens 1985 die Abteilung XII/6 inne. 1989 nahm den Änderungsdienst für die Personenkartei F 16 das Referat 1 der Abteilung XII/6 wahr. *[RLu]*

Vorgang (Wörterbuch XII, Kapitel „Erfassung und Registrierung“) – *richtig: registrierter Vorgang. [MfS, Abt. XII Nr. 883]* → Akte, → registrierte Vorgänge und Akten, → Registrierung, → Vorgangsregistrierbuch, → Vorgangskartei.

Vorgangsart → registrierte Vorgänge und Akten, → Akte, → Aktenkategorie.

Vorgangsheft (Wörterbuch XII, Kapitel „Erfassung und Registrierung“) – *Nachweismittel der Abteilung XII zu → registrierten Vorgängen und Akten, in dem das Datum der Übergabe bzw. der Rückgabe sowie die Quittungsleistung des für das registrierte Material verantwortlichen Mitarbeiters dokumentiert ist. [MfS, Abt. XII Nr. 883]*

Das Vorgangsheft (F 47) diente seit seiner Einführung 1954 als Nachweismittel über die persönliche Verantwortung eines MfS-Mitarbeiters für seine bei der Abteilung XII (→ Zentrale Auskunft/Speicher) registrierten Vorgänge und Akten. Den formalen Vorgaben entsprechend enthielt das Vorgangsheft auf dem vorderen Deckel den Namen und Vornamen des MfS-Mitarbeiters, seinen Dienstgrad und seine Diensteinheit, dann folgend in einer Tabelle die laufende Nummer der Eintragung, das Datum der → Registrierung, die Kategorie des → Vorgangs, Anzahl der Bände, → Registriernummer, → Deckname und zur Ablage gebrachte Bände. Mit seiner Unterschrift quittierte der MfS-Mitarbeiter den Erhalt des Vorgangs. Die Übergabe des Vorgangs an einen anderen MfS-Mitarbeiter wurde durch Unterschrift nachgewiesen, ebenso dessen Rückgabe an die → zuständige Abteilung XII zur → Archivierung. In letzterem Fall wurde die vergebene → Archivsignatur im Vorgangsheft vermerkt. Das Vorgangsheft bot und bietet damit einen schnellen Überblick, welche Vorgänge ein bestimmter MfS-Mitarbeiter in einem absehbaren Zeitraum bearbeitete, weitergab oder abschloss. In der Zentralstelle sind nahezu 7 000 Vorgangshefte überliefert (Abb. 047–049). *[DHa]*

Vorgangskartei (Wörterbuch XII, Kapitel „Erfassung und Registrierung“) – *Siehe → Arbeitskartei zu registrierten Vorgängen und Akten. [MfS, Abt. XII Nr. 883]*

Im Jahre 1954 wurde die Vorgangskartei (F 22) eingeführt. Alle → registrierten Vorgänge – jedoch vorerst ohne → IM-Vorgänge – waren in der Vorgangskartei vermerkt. Die Aufnahme aller Vorgänge einschließ-

lich derer der Bezirksverwaltungen in die Vorgangskartei wurde rückwirkend bis zur Gründung des MfS 1950 durchgeführt. Seit 1960 wurden auch die IM-Vorgänge in die Vorgangskartei aufgenommen. Dies betraf alle aktuellen Vorgänge, bereits archivierte blieben unberücksichtigt. Zuvor waren zu den IM alle Aktualisierungen auf der Personenkarteikarte F 16 vorgenommen worden, sodass bereits anhand einer Karteikarte ersichtlich war, ob die → Erfassung z. B. einem → IM, einer → KW oder einer Deckadresse galt. Der Arbeitsaufwand bei → Änderungen war erheblich, insbesondere wenn in einem Vorgang mehrere Personen erfasst worden waren. Mit Einführung der Vorgangskartei genügte es, notwendige Aktualisierungen auf der Karteikarte F 22 vorzunehmen, ohne auf die Personenkarteikarte F 16 zurückgreifen zu müssen.
Die Vorgangskartei F 22 ermöglichte mit der auf der zentralen → Personenkartei F 16 angegebenen → Registriernummer den Zugriff auf vom MfS registrierte und bereits archivierte Unterlagen. Die Vorgangskartei war nach Jahrgang, → Registrierbereich und Registriernummern geordnet; der Klarname einer Person war auf der F 22 nicht ersichtlich. Die Vorgangskartei enthielt u. a. die Vorgangsart, den → Decknamen, die verantwortliche Diensteinheit sowie den verantwortlichen hauptamtlichen MfS-Mitarbeiter. Veränderungen, z. B. Wechsel in der Zuständigkeit, waren anhand der F 22 nachvollziehbar.
Seit 1971 nahmen die Diensteinheiten bei Vorgängen, die sie zur Archivierung an die Abteilung XII (→ Zentrale Auskunft/Speicher) abgegebenen hatten, eine → „Klassifizierung" vor. Mit dieser „Klassifizierung" stufte die ablegende Diensteinheit den archivierten Vorgang als → „gesperrt" oder → „nicht gesperrt" ein. Die Genehmigung zur Ausleihe der Akte musste im Fall der → gesperrten Ablage der Leiter der Diensteinheit erteilen, die den Vorgang entsprechend klassifiziert hatte. War der Vorgang nicht gesperrt, konnte die Einsichtnahme ohne Genehmigung der → ablegenden Diensteinheit stattfinden. Eine mittels Stempel aufgetragene 88 unterhalb der → Archivsignatur bedeutete, dass der abgelegte Vorgang generell als „gesperrt" zu beauskunften war. Dies betraf die → Ablagen der Bezirksverwaltungen bis 1988.
Anhand der Vorgangskartei war erkennbar, ob eine schriftliche → Archivauskunft vorlag bzw. in einer Datenbank gespeichert war. Am Ende der Archivsignatur konnten dafür folgende Kennzeichnungen vermerkt sein: „C" bei nicht registrierten Unterlagen, zur Person ist eine schriftliche Auskunft vorhanden; oder „C" bei registrierten Unterlagen, zu allen Personen liegt eine schriftliche Auskunft vor (das „C" wurde bei Ablagen der Verwaltung Wismut durch „Z" ersetzt); „B" bei registrierten Unterlagen, zu einzelnen Personen liegt eine schriftliche Auskunft vor

(das „B“ wurde bei Ablagen der Verwaltung Wismut durch „Y“ ersetzt); „G“ gesperrte nicht registrierte Unterlagen, zur Person oder bei gesperrten registrierten Unterlagen zu allen Personen liegt eine durch die ablegende Diensteinheit für die Auskunftserteilung genehmigte Auskunft vor; „H“ gesperrte registrierte Unterlagen, zu einzelnen Personen liegt eine genehmigte Auskunft vor.
Zu Beginn der 1980er-Jahre teilte die Abteilung XII des MfS zur Wahrung der Geheimhaltung und zur Erhöhung der inneren Sicherheit die Vorgangskartei F 22 in eine → Arbeitskartei und eine → Auskunftskartei. Auch die Abteilungen XII der Bezirksverwaltungen für Staatssicherheit und die Abteilung XII der Hauptabteilung I (Kartei/Erfassung/Registratur der Militärabwehr) sollten diese Trennung vollziehen. Zum 31. Dezember 1982 hatten die Diensteinheiten die Arbeiten abzuschließen.
Auf der F 22 ist eine neunstellige Schlüsselleiste aufgetragen, die kodierte Angaben über die Erfassungsart (Position 1–2), die Diensteinheit (Position 3–8) und eine Prüfziffer (Position 9) enthält (→ Schlüssel der Erfassungsdaten). Mit der auf der F 22 angegebenen → Archivsignatur erfolgte der Zugriff auf den entsprechenden Vorgang im → Zentralarchiv des MfS oder den → Archiven der Bezirksverwaltung für Staatssicherheit. Ist keine Archivsignatur auf der F 22 vorhanden, war der Vorgang vom MfS noch nicht abgeschlossen und archiviert worden. In der Zentralstelle sind ca. 1,14 Mio. Karteikarten F 22 und fast 130 000 Karteikarten F 22 der Hauptabteilung I/XII überliefert (Abb. 041 – 046). *[DHa]*

Vorgangskartei der HA IX/11 (VK IX/11) – Die Vorgangskartei der Hauptabteilung IX/11 des MfS enthält neben → Archivsignaturen auch biografische Angaben, Hinweise auf Überprüfungen in anderen Archiven, Überprüfungsergebnisse aus der zentralen → Personenkartei F 16 und der → Vorgangskartei F 22 sowie Angaben über Anfragen operativer Diensteinheiten des MfS. In der VK IX/11 sind überwiegend sogenannte Amtsträger aus der NS-Zeit erfasst (Mitglieder bzw. Mitarbeiter von SS, SD, Gestapo, RSHA, NSDAP, Polizei, Justiz, Wehrmacht, Regierungsdienststellen und Industrie), aber auch Personen des Widerstands gegen das NS-Regime (z. B. Mitglieder der Organisationen „Rote Kapelle“, „Weiße Rose“ oder der „Bewegung des 20. Juli“, Häftlinge der Konzentrationslager), ehemalige sogenannte „Fremdarbeiter Ost“, „Kollaborateure“ sowie NPD-Mitglieder in der Bundesrepublik bis 1989. Die VK IX/11 und die darin verzeichneten Unterlagen wurden u. a. genutzt für die Aufklärung von NS- und Kriegsverbrechen, für die Überprüfung von Funktionsträgern in der DDR sowie im Zusammenhang mit Ermittlungen und der Durchführung von Prozessen im sozialistisches Ausland, aber auch in der Bundesrepublik (u. a. Auschwitz-prozess, Majdanek-Prozess). Die Archivsignaturen der Vorgangskartei der Hauptabteilung IX/11 beziehen sich sowohl auf → Z-Materialien als auch auf die in der Hauptabteilung IX/11 (→ „NS-Archiv") neu angelegten Vorgänge, die ca. 800 lfm umfassen.

Im Zuge des Aufbaus der VK IX/11 wurden seit 1970 Karteikarten mit Archivsignaturen von Z-Materialien aus der Personenkartei F 16 herausgelöst und die Erfassungen in die VK IX/11 eingearbeitet. Dies sollte im laufenden Arbeitsprozess geschehen, ging darum nur schleppend voran und war bis zur Auflösung des MfS noch nicht abgeschlossen. Ein großer Teil dieser Karteikarten steht noch immer separiert und sortiert in den Räumen der Personenkartei F 16 und wird entsprechend beauskunftet; zudem dürfte sich ein beachtlicher Teil solcher Karteikarten noch in der F 16 finden lassen.

Mit Einführung der → Speichernutzungsordnung des MfS wurde die VK IX/11 und das „NS-Archiv" in der Berliner Freienwalder Straße im MfS als Speicher IX/03 bezeichnet. Für Auskünfte und Recherchen in diesem → Speicher konnten sich alle Diensteinheiten mit dem Formblatt 453/454 (→ Formular) direkt an die Hauptabteilung IX/11 wenden. Ergänzende Überprüfungen in den → Karteien der → Abteilung XII wurden von der Hauptabteilung IX/11 veranlasst.

Sämtliche vom MfS zusammengetragenen NS-Akten („NS-Archiv"), die von der Hauptabteilung IX/11 angelegten Unterlagen und die VK IX/11 gelangten 1990 zunächst in die Zuständigkeit des Zentralen Staatsarchivs der DDR und mit der deutschen Einheit in das Bundesarchiv. Seit 1994 befindet sich die VK IX/11 beim Bundesbeauftragten für die Stasi-Unterlagen (BStU). Überliefert sind ca. 660 000 Karteikarten (Abb. 078 – 079). *[RCa]*

Vorgangskarteikarte (Wörterbuch XII, Kapitel „Erfassung und Registrierung") – *Karteikarte F 22 (→ Vorgangskartei). Nachweismittel der → Abteilung XII über → registrierte Vorgänge und → Akten, Angaben zu: Diensteinheit, Mitarbeiter, Deckname, Kategorie/Bearbeitungsrichtung, Laufzeit, Anzahl der Bände; wird in der → Arbeitskartei unter gesondertem Verschluss geführt, bei Archivierung des Vorgangs/der Akte Führung in der → Auskunftskartei. [MfS, Abt. XII Nr. 883]*

Vorgangsregistrierbuch (Wörterbuch XII, Kapitel „Erfassung und Registrierung") – *Gemäß → Speicherführungsprinzipien XII durch die Abteilung XII (→ Zentrale Auskunft/Speicher) zu führendes Nachweismittel über → registrierte Vorgänge und Akten. Grundlage für die Vergabe der → Registriernummer. [MfS, Abt. XII Nr. 883]*

Das Vorgangsregistrierbuch (F 64) diente als Nachweismittel über registrierte Vorgänge und Akten. Es bildete die Grundlage für die Vergabe der Registriernummer. Es enthält die Registriernummer, das Datum der → Registrierung, die zuständige Diensteinheit sowie den verantwortlichen Mitarbeiter, die Vorgangsart und zum Teil auch den Decknamen. Im Vorgangsregistrierbuch wurden auch → Umregistrierungen oder Änderungen der Zuständigkeit für den Vorgang nachgewiesen. *[DHa]*

Vorl. Op.-A. → Akte Vorlauf-Operativ, → Vorlauf-Operativ.

Vorlauf-IM (Wörterbuch XII, Kapitel „Erfassung und Registrierung") – *Siehe → IM-Vorlauf. [MfS, Abt. XII Nr. 883]* → IM-Kandidat, → IM-Vorlaufakte.

Vorlauf-Operativ (Wörterbuch XII, Kapitel „Erfassung und Registrierung") Abkürzung: VL op. – *In der Vergangenheit übliche Vorstufe der Bearbeitung von Personen in einem → operativen Vorgang. In Abteilung XII registriert (auch: Vorlaufakte-Operativ, VAO). [MfS, Abt. XII Nr. 883]* → Akte Vorlauf-Operativ.

Vorlaufakte-Operativ → Akte Vorlauf-Operativ.

Vorläufige aktive Erfassung (Wörterbuch XII, Kapitel „Erfassung und Registrierung") Abkürzung: VaE – *Gemäß → Dienstanweisung Nr. 2/81, 1. Durchführungsbestimmung mögliche Form der Soforterfassung einer Person bei besonderer operativer Notwendigkeit. [MfS, Abt. XII Nr. 883]*

Lag keine aktive Erfassung (→ Erfassung, aktive) vor, konnten, wenn dies dringend notwendig war, Personen vorläufig aktiv erfasst werden, insbesondere dann, wenn sie im Zusammenhang mit operativ bedeutsamen Handlungen, Vorkommnissen oder Erscheinungen bekannt wurden und eine unverzügliche Zusammenarbeit von operativen Diensteinheiten bei der weiteren Aufklärung bzw. „Bearbeitung" der Person erforderlich war.

Die VaE geschah auf Antrag der zuständigen Diensteinheit, wurde aber durch die → Abteilung XII nach 14 Tagen wieder gelöscht (→ Löschen), soweit in dieser Zeit nicht die erforderlichen Unterlagen für eine aktive Erfassung dieser Person von der zuständigen Diensteinheit übergeben wurden. *[SBu]*

Vorläufige Archivsignatur (Wörterbuch XII, Kapitel „Archivarbeit") – *Für → Teilablagen gesondert vergebene → Archivsignatur, die nach endgültiger → Archivierung des betreffenden Vorgangs/der Akte zugunsten der endgültigen Archivsignatur wieder gelöscht wird. [MfS, Abt. XII Nr. 883]*

Vorprüfung (Wörterbuch XII, Kapitel „Erfassung und Registrierung") – *Der Vorrecherche zu → Ersterfassungen und Änderungen bezüglich Ausländern vorgelagerte manuelle Karteiüberprüfung (→ Karteiprüfung), wird auch bei unvollständigen Personendaten angewandt. Dient* *der frühzeitigen Erkennung und Vermeidung von → Doppelerfassungen oder falschen Ersterfassungen. [MfS, Abt. XII Nr. 883]*

Vorrecherche (Wörterbuch XII, Kapitel „EDV-Anwendung") – *Maschinelle Recherche an der abgeleiteten Zusatzdatei für → Ersterfassungen und Änderungen zur Vermeidung von → Doppelerfassungen bzw. fehlerhaften Änderungen. [MfS, Abt. XII Nr. 883]* → EOV.

Vorsatz (Wörterbuch XII, Kapitel „EDV-Anwendung") – *Bestandteil des Eingabedatenträgers, der Angaben enthält, die in der maschinellen Verarbeitung mitzuführen sind. Bei der Ausgabe zu berücksichtigen. [MfS, Abt. XII Nr. 883]*

Vorschlag zur Werbung (VzW, selten: VW) – Mit diesem verbindlichen Dokument wurde die Verpflichtung eines → inoffiziellen Mitarbeiters (IM) final vorbereitet. Es musste durch einen zuständigen Leiter, abhängig von der Kategorie des IM, bestätigt werden.

Voraussetzung für einen VzW war die vorausgegangene systematische „Bearbeitung" des Kandidaten für die konspirative Zusammenarbeit im → IM-Vorlauf.

Der VzW enthielt die Personalien des Kandidaten, die Begründung für die Notwendigkeit der Werbung sowie die vorgesehene Einsatzrichtung. Auch die IM-Kategorie war zu benennen, in der der Kandidat später arbeiten sollte. Dazu waren Einschätzungen über die besondere Eignung des Kandidaten, über dessen Zuverlässigkeit und zu erwartende Bereitschaft zur konspirativen Zusammenarbeit abzugeben, auch unter Berücksichtigung der eventuell vorhandenen entgegenstehenden Faktoren. Weiter mussten die Umstände des Bekanntwerdens mit dem Kandidaten benannt werden sowie andere, für die Aufrechterhaltung der Konspiration wichtige Gesichtspunkte. Zudem spielten das Alter und die persönliche Reife des Kandidaten eine Rolle, ebenso dessen gesellschaftliche Stellung und mögliche Zugehörigkeit zu nationalen oder religiösen Gemeinschaften.

Die eigentliche Werbung wurde in einem „Plan der Werbung" fast wie in einem Drehbuch fixiert. Hierin wurde auf Ort und Art der legendierten Vorladung und die Taktik des Werbungsgesprächs, vor allem aber auf die vorgesehene Werbegrundlage, meist „auf der Basis von Überzeugung", möglicherweise aber auch unter Druck, eingegangen. Weiter wurden hier die künftige Sicherung der konspirativen Verbindung mit dem Kandidaten und zu beachtende Probleme in der ersten Phase der Zusammenarbeit benannt. → Führungsoffizier, → IM-Vorlaufakte, → IM-Kandidat. *[ELa]*

Vorsortierung (Wörterbuch XII, Kapitel „Arbeitsorganisation") – *Sortierung von Form 10, Form 16* [→ Formular] *und anderen Belegen vor der Datenumsetzung. [MfS, Abt. XII Nr. 883]*

Vorspann von Eingabedatenträgern (Wörterbuch XII, Kapitel „EDV-Anwendung“) – *Bestandteil des → Eingabedatenträgers, der gewährleistet, dass zur Verarbeitung der auf dem EDT enthaltenen Verarbeitungsdaten die zutreffenden Programme und Datenbestände herangezogen werden. [MfS, Abt. XII Nr. 883]*

Vorspannkontrolle (Wörterbuch XII, Kapitel „EDV-Anwendung“) – *Kontrollprozess in der Datenumsetzung zur Sicherung des richtigen und exakten → Vorspanns, um nachfolgende Verarbeitungsfehler zu vermeiden. [MfS, Abt. XII Nr. 883]*

Vorverdichtungs-, Such- und Hinweiskartei (VSH-Kartei, F 401/402) – wichtige → Kartei der operativ tätigen Diensteinheiten. Die VSH-Kartei war der wichtigste Auskunftsspeicher einer Diensteinheit über Personen. In dieser Kartei waren alle Personen zu erfassen, zu denen a) relevante Informationen vorlagen bzw. gespeichert werden sollten, b) Maßnahmen durchgeführt wurden bzw. eingeleitet werden sollten, c) relevante Informationen an andere Diensteinheiten übermittelt wurden oder zu übermitteln waren, d) durch eine aktive Erfassung in der Abteilung XII (→ Zentrale Auskunft/Speicher) eine Verantwortlichkeit bestand, e) aus anderen Gründen ein Interesse bzw. eine Verantwortlichkeit bestand. Die VSH-Kartei war durchgängig alphabetisch nach Namen geordnet. Als Karteikarten sollten ausschließlich die Suchkarten (F 401) und die Hinweiskarten (F 402) verwendet werden.

Die Suchkarte F 401 beinhaltete zu jeder in der VSH-Kartei erfassten Person die Personalien, Verweise, wichtige Angaben sowie ggf. einen Nachweis über versandte Hinweiskarten. Bei neuer Information zu einer bereits erfassten Person wurden die Angaben auf der Suchkarte ergänzt, verändert bzw. präzisiert. Beabsichtigt war, alle zu einer Person bekannten Personalien und wichtigen Angaben auf einer Suchkarte zusammenzuführen.

Die Hinweiskarte F 402 enthält die Personalien und als Verweis die Diensteinheit und den Mitarbeiter, an den alle zur Person anfallenden Informationen zu übermitteln waren. Auf der Rückseite der Hinweiskarte F 402 konnten die zu der Person an die verwiesene Diensteinheit übermittelten Informationen nachgewiesen werden.

Die Funktion der VSH wurde durch drei Merkmale bestimmt. Sie wurde zum Komprimieren von Informationen über eine Person (Vorverdichtung), zur Personenrecherche (Suche) und zum Nachweis von an andere Diensteinheiten übermittelten Informationen (Hinweis) genutzt.

Die Vorverdichtung: Bei Personenüberprüfungen in der VSH-Kartei konnte aus den zusammengeführten Angaben eine Vorstellung über den wesentlichen Inhalt der Originalinformationen sowie der eingeleiteten Maßnahmen und getroffenen Entscheidungen gewonnen werden. Oft

konnte die überprüfte Person danach als die gesuchte identifiziert bzw. auch ausgeschlossen werden, ohne dass eine aufwändige Vergleichsarbeit mit den Originalinformationen notwendig gewesen wäre. Darin bestand der Vorteil der Vorverdichtungsfunktion der VSH-Kartei.
Die Suchfunktion: Mit einer Personenüberprüfung in der VSH-Kartei konnte zuerst festgestellt werden, ob eine überprüfte Person überhaupt in der VSH-Kartei erfasst ist. Wenn dies der Fall war, wurde aus den Verweisen auf der Suchkarte entnommen, aus welchen Informationsspeichern Angaben zusammengeführt werden konnten und bei welchem Mitarbeiter die Verantwortung lag. Damit war über die VSH-Kartei ein Zugriff auf alle Informationen möglich, die durch die Diensteinheit zu überprüften Personen erfasst und gespeichert worden waren. Informationen zu den überprüften Personen konnten mit der VSH-Kartei aus den Angaben auf der Suchkarte (Personalien, relevante Angaben), aus dem → Sichtlochkarten-Speicher (SLK), aus der → zentralen Materialablage (ZMA), aus dem Archiv der Abteilung XII (sofern Registriernummer bzw. Archivsignatur enthalten waren), aus der → Zentralen Personendatenbank (ZPDB) oder vom zuständigen Mitarbeiter zusammengeführt werden.
Die Hinweisfunktion: Wenn der Bedarf bestand, zu einer aktiv in der Abteilung XII erfassten Person einen gesicherten Informationsfluss von einer anderen Diensteinheit herzustellen, weil die andere Diensteinheit über diese Person Informationen gewinnen sollte, so wurde an diese Diensteinheit eine Hinweiskarte (F 402) gesandt. Mit den Hinweiskarten konnte der Nachweis über die an die erfassende Diensteinheit übermittelten Informationen geführt werden. Die Zuständigkeit der Diensteinheit ergab sich z. B. durch einen Wohnsitz/Aufenthalt als territoriale Zuständigkeit oder bezüglich der Arbeitsstelle. Die versandten Hinweiskarten wurden auf der Suchkarte (F 401) der erfassenden Diensteinheit nachgewiesen. Die Hinweiskarte wurde in die VSH-Kartei der entsprechenden Diensteinheit einsortiert.
Die Nutzung der VSH-Kartei durch den zuständigen Mitarbeiter erfolgte in der Form von Personenüberprüfungen im Rahmen der Einschätzung neu gewonnener Informationen zu Personen. Auch hier stand die Klärung der Frage → „Wer ist wer?“ im Fokus der Arbeit. Prinzipielle Voraussetzung für die Nutzung der VSH-Kartei war das Vorliegen eines Nachnamens sowie darüber hinaus weitere Personalien oder sichere Angaben, durch die die überprüfte Person zweifelsfrei als erfasste Person identifiziert werden konnte. Diese weiteren Angaben waren z. B. die → Personenkennzahl (PKZ), Vorname und Geburtsdatum, Vorname und Wohnanschrift etc. Der Mitarbeiter erhielt die Angaben von der Suchkarte gemäß seinem Informationsbedarf und bei Notwendigkeit die

entsprechenden Originalinformationen bzw. die Handakte zur überprüften Person. Wenn die überprüfte Person bereits aktiv erfasst war, erhielt der Mitarbeiter als Auskunft den Namen des für den Vorgang zuständigen Mitarbeiters. Die notwendigen Informationen konnte er nach Zustimmung bzw. in Zusammenarbeit mit dem zuständigen Mitarbeiter nutzen.
Mit Wirkung vom 1. August 1989 wurde die VSH-Erfassung in der Abteilung XII zu Ausländern und Bürgern der DDR, die ihren ständigen Wohnsitz außerhalb der DDR hatten, eingestellt. Die zentrale Zusammenführung der Informationen über diese Personen erfolgte mittels aktiver Erfassung bzw. über die Erfassungsart „V" in der ZPDB. „V" stand für Vorverdichtung. Wurde eine Erfassung „V" in der ZPDB vorgenommen, hatte die → Löschung dieser VSH-Erfassung in der Abteilung XII zu erfolgen.
Der Vorteil der VSH-Kartei lag in der schnellen Zugriffsmöglichkeit und dem leicht überschaubaren Inhalt der Informationen. Nachteilig waren die einseitige Zugriffsmöglichkeit (Nachname) und die sehr eingeschränkte inhaltliche Aussagefähigkeit durch die Schlagwortvergabe bzw. Kurzerfassung der Information. → Kartei *[DHa]*

VS → Verschlusssache.

VSH → Vorverdichtungs-, Such- und Hinweiskartei.

VVS → Vertrauliche Verschlusssache.

VW → Vorschlag zur Werbung.

VzW → Vorschlag zur Werbung.

W

Wenn identisch (Wörterbuch XII, Kapitel „Überprüfung und Auskunftserteilung") – *Zusätzlicher Vermerk bei der → Auskunftserteilung, der angibt, dass die Identität der überprüften → Personendaten mit den gespeicherten Daten nicht zweifelsfrei festgestellt werden konnte, aber wahrscheinlich ist. Gleichzeitig wird auf die abweichenden Daten hingewiesen. [MfS, Abt. XII Nr. 883]*

„Wer ist wer?" (WiW) – Diese eigenartig anmutende Formulierung begegnet auch als „WiW" immer wieder in personenbezogenen MfS-Akten wie in Arbeitsplänen → operativer Diensteinheiten. Dahinter verbarg sich eine zu den operativen Kernaufgaben gehörende Tätigkeit der Stasi. Vergleichbar mit → Sicherheitsüberprüfungen nahm das MfS umfangreiche Personenaufklärungen in diesem „Wer ist wer?"-Prozess vor. Der Unterschied bestand lediglich darin: Sicherheitsüberprüfungen wurden von Betrieben und Verwaltungen für deren personalpolitische

Entscheidungen eingeleitet – sie fielen in die Kompetenz des MfS für Geheimhaltung und Verwaltung von → Verschlusssachen; Personenaufklärungen im WiW-Prozess nahm das MfS aus eigenem Ermessen vor, überwiegend wenn → inoffizielle Mitarbeiter (IM) über Begebenheiten berichteten, die das MfS als Anhaltspunkt für einen Verdacht interpretierte. Jeder konnte davon betroffen sein. Hinter dieser Maßnahme stand der im MfS gepflegte Mythos, nicht nur Zwischenfälle – sogenannte Vorkommnisse –, sondern bereits „Ursachen und Bedingungen für Vorkommnisse" und selbst diese noch „vorbeugend" verhindern zu können. Netze inoffizieller Mitarbeiter wurden dafür immer weiter ausgebaut. Kamen über erste IM-Berichte, die nur in → Arbeitsakten (Teil II) abgelegt wurden, weitere als aufbewahrenswert betrachtete Unterlagen über eine im WiW-Prozess „bearbeitete" Person zusammen, so fanden diese häufig Eingang in die → zentrale Materialablage (ZMA) der Diensteinheit. Ein im WiW-Prozess erhärteter Verdacht konnte aber auch zur Einleitung einer → operativen Personenkontrolle (OPK) oder eines → operativen Vorgangs (OV) führen. *[RLu]*

„Wer kennt wen?"-Schema – Ein die WKW-Übersicht Form 3 (→ Formular) ergänzendes Formblatt I-207 (DIN A2) zur grafischen Darstellung aller operativen und persönlichen Verbindungen der im Mittelpunkt des Interesses stehenden Person mit Auskunft über den Charakter der Verbindung. Es wurde insbesondere für die Ausnutzung von Verbindungen → inoffizieller Mitarbeiter, gelegentlich für die Abwendung von Gefahren für IM, aber auch in der Bearbeitung → operativer Vorgänge (OV) und → operativer Personenkontrollen (OPK) verwandt. Die Erläuterungen zum Schema befinden sich auf dem Formblatt I-207a. *[SBu, RLu]*

Werbungsversuch → Vorschlag zur Werbung.

Werbungsvorschlag → Vorschlag zur Werbung.

WiW → „Wer ist wer?".

WKK (Wörterbuch XII, Kapitel „Überprüfung und Auskunftserteilung") – *Abkürzung der Anfrageart „Reserve" (Listenüberprüfung gemäß Dienstanweisung Nr. 7/71). [MfS, Abt. XII Nr. 883]* → A 4

WKL (Wörterbuch XII, Kapitel „Überprüfung und Auskunftserteilung") – *Abkürzung der Anfrageart „Wehrpflichtige/Grundwehrdienst" (Listenüberprüfung gemäß Dienstanweisung Nr. 7/71). [MfS, Abt. XII Nr. 883]* → A 4

WKR (Wörterbuch XII, Kapitel „Überprüfung und Auskunftserteilung") – *Abkürzung der Anfrageart „Wehrpflichtige/Reservisten" (Listenüberprüfung gemäß Dienstanweisung Nr. 7/71). [MfS, Abt. XII Nr. 883]* → A 4.

WKW → „Wer-kennt-wen?"-Schema.

Wörterbuch XII – Für die Redaktion dieses „Wörterbuchs" aus dem Jahre 1984 war die Auswertungs- und Kontrollgruppe (AKG) der Abteilung XII (→ Zentrale Auskunft/Speicher) zuständig. Es wurde im MfS verstanden als „Zusammenstellung von definierten bzw. erläuterten Sachwörtern aus den Hauptarbeitsprozessen der Abteilung XII". Es sollte bei der „Schaffung und Durchsetzung einer einheitlichen Terminologie" für die spezifischen Arbeitsmethoden in der → Linie XII behilflich sein. Die „Sachwörter" sind nicht einfach alphabethisch geordnet, sondern in sechs „Komplex" genannte Kapitel gegliedert. Ein vorangestelltes alphabetisches Register verweist auf die Nummer des jeweiligen „Komplexes". Das damit nötige ständige Blättern erschwerte die Handhabung. Möglicherweise trug diese Gliederung der internen Geheimhaltung Rechnung, denn die „Komplexe" lehnen sich an Strukturen der Abteilungen XII an: Jeder Mitarbeiter des MfS sollte nur soviel wissen, wie er für die Erfüllung seiner Aufgaben benötigte; das Wörterbuch war eine → vertrauliche Verschlusssache. Die Kapitel hießen (leicht verkürzt): 1 Erfassung und Registrierung, 2 Überprüfung und Auskunftserteilung, 3 Archivarbeit, 4 EDV-Anwendungen, 5 Arbeitsorganisation und 6 Belege und Vordrucke. Enthalten sind 412 Begriffserläuterungen und Verweise. Auch wenn manche der Begriffe an archivische Terminologie erinnern, sind die Inhalte doch andere, das MfS hatte sich eine ganz eigene Sprache geschaffen. Die Erläuterungen bieten vielfältige Einblicke in das Selbstbild wie in Arbeitsprozesse der Linie XII und können für das Verständnis von Darstellungen und Vermerken in MfS-Unterlagen hilfreich sein. *[RLu]*

X/Y

Y → B (3.).

Z

Z → C.

Z-Kartei – Resultierte aus der 1954 begonnenen Erfassung von Personendaten aus sogenanntem → Z-Material, Akten aus der NS-Zeit und über die Entnazifizierung. Allein für den Zeitraum 1960 bis 1963 ist die → Erfassung von mehr als 317 000 als belastet angesehenen Personen und Objekten belegt. Die → Abteilung XII hatte dazu nicht nur neue Karteikarten gefertigt, sondern auch Signaturen von Z-Material auf die über

eine Person bereits vorhandene Karteikarte aufgetragen sowie von den Kommissariaten 5 (→ K 5) übernommene Karteikarten in die zentrale → Personenkartei eingeordnet (Abb. 001 – 010).
In Folge der Aufgabenabgrenzung zwischen der Abteilung XII und der Hauptabteilung (HA) IX/11 sowie des Aufbaus der → Vorgangskartei der HA IX/11 (VK IX/11) wurden seit 1970 Karteikarten mit Archivsignaturen von Z-Materialien aus der zentralen Personenkartei F 16 herausgelöst und die Erfassungen in die VK IX/11 eingearbeitet. Waren auf der Karteikarte weitere Erfassungen vermerkt, musste ein zweites Exemplar, das nur Signaturen für Z-Material enthielt, gefertigt werden. Dafür wurden eigens Karteikarten F 16 a und F 16 c gedruckt, standen aber offenbar nicht ausreichend zur Verfügung, denn es wurden häufiger „normale“ F 16 benutzt.
Auf der in der zentralen Personenkartei verbliebenen Karteikarte wurden die auf Z-Material verweisenden Signaturen anschließend überwiegend gestrichen. Dies sollte im laufenden Arbeitsprozess geschehen, ging darum nur schleppend voran und war bis zur Auflösung des MfS nicht abgeschlossen. Aussortiert wurden aber nicht nur Karteikarten mit Z-Signaturen, sondern auch die oben genannten, von den Kommissariaten 5 übernommenen Karteikarten. Das beschriebene Verfahren des Herauslösens wurde vor allem im Buchstabenbereich A bis K der Personenkartei F 16 praktiziert. Im Buchstabenbereich L bis Z der F 16 dagegen fanden sich diese Arbeiten als nur begonnen. Insbesondere dort ist noch immer eine nicht unwesentliche Menge an alten K 5-Karteikarten und solchen mit Verweisen auf Z-Material zu finden. Die bereits an die HA IX/11 übergebenen Karteikarten wurden nach der Auflösung des MfS in die Räume der zentralen Personenkartei F 16 zurückgeführt.
Überliefert sind ca. 795 000 bereits vom MfS aussortierte Karteikarten (eine mindestens ebenso große Menge dürfte sich noch unter L bis Z in der F 16 befinden). Sie stehen aus Gründen des Datenschutzrechts und der archivisch gebotenen Erhaltung des Überlieferungszustands noch immer separiert und werden beim BStU in die Recherchen einbezogen. *[RLu, RCa]*

Z-Lochstreifen (Wörterbuch XII, Kapitel „EDV-Anwendung“) – *Zugangs-Lochstreifen. Bezeichnung der bei der → SAVO-Datenumsetzung entstandenen → Einspeicherungs-Lochstreifen. [MfS, Abt. XII Nr. 883]*

Z-Material (Wörterbuch XII, Kapitel „Erfassung und Registrierung“) – → *Archivmaterial der Hauptabteilung IX/11 über die Zeit vor 1945, bedingt eine auf der Grundlage des Befehls 39/67 und der 1. Durchführungsbestimmung zur → Dienstanweisung Nr. 2/81 passive Erfassung. [MfS, Abt. XII Nr. 883]*

Bei dem sogenannten Z-Material handelte es sich im Wesentlichen um Unterlagen aus der NS-Zeit bis zum Mai 1945 und ergänzende Ermittlungsunterlagen über diese Zeit. Sie setzten sich zusammen aus Unterlagen, die von Besatzungsbehörden 1945 gesichert worden waren, sowie Aktenfunden bei der Trümmerbeseitigung und bei Abrissarbeiten, soweit diese als relevant für die Strafverfolgung von NS- und Kriegsverbrechen angesehen wurden, zudem Akten aus Rückführungen per Eisenbahn aus der Sowjetunion um 1952, später auch Unterlagen, die 1962 in der Aktion „Licht“ beim systematischen Öffnen von Tresoren, Kellern und ähnlichen Gelassen in Bank-, Fabrik- und Verwaltungsgebäuden vom MfS gefunden wurden. Hinzu kamen mit Erlass der Dienstanweisungen Nr. 37/54 und 35/55 zu zentralisierende Unterlagen, die von den Kommissariaten 5 (→ K 5) im Zuge der Entnazifizierung 1947 bis 1949 zusammengetragen bzw. angelegt worden waren.
Die Verwahrung dieser Materialien übernahm ein zunächst neben der Abteilung XII bestehendes → Zentralarchiv des MfS. Es wurde im Dezember 1953 in die Abteilung XII integriert, die die personenbezogene Verzeichnung (→ Z-Kartei) vorantrieb. Mit der Herausbildung der Hauptabteilung IX/11 im Sommer 1966 und ihrer offiziellen Gründung durch den Befehl Nr. 39/67 am 1. Februar 1968 trat diese in die Zuständigkeit für das Z-Material ein. MfS-intern wurde es nunmehr zusammenfassend als Dokumentenablage der HA IX/11 bezeichnet, in der → Speichernutzungsordnung seit 1980 zudem als Speicher IX/03. Die HA IX/11 ergänzte die Dokumentenablage fortlaufend durch neue Aktenfunde, durch auch konspirativ beschaffte Kopien (auch auf Film) von Archivalien des Deutschen Zentralarchivs und anderer, einschließlich ausländischer Archive sowie durch eigene Ermittlungsergebnisse in ihrer Dienstregistratur (u. a. → ZUV, → AV, → FV, → SV, → RHE). Lagen Erfassungen für Z-Material vor, stempelte die Abteilung XII den Suchauftrag bis zum Dezember 1988 mit „Material über die Zeit vor 1945 bei HA IX/11 direkt anfordern“. Danach fiel diese Auskunft weg (→ Dienstanweisung Nr. 2/81, Ergänzung zur 2. DfB).
Die Bezeichnung Z-Material dürfte sich auf die anfängliche Verwahrung im „Zentralarchiv“ des MfS beziehen und spiegelte sich in den überwiegend mit „Z“ beginnenden Signaturen wieder. So stand u. a. ZA für Unterlagen der NSDAP und aus Führungsgremien des NS-Staates sowie denselben Bereich betreffende Entnazifizierungsakten, ZC für Verfahren vor dem Volksgerichtshof und vor anderen Gerichten, ZE für Personalakten über frühere Beamte der Finanzverwaltungen und deren Entnazifizierungsunterlagen, ZJ für Unterlagen über Justizangehörige, ZR für Reichssicherheitshauptamt und Gestapo, ZW für die Entnazifizierung unter Wissenschaftlern. Daneben bestanden vielfältige andere

Signaturen, z. B. FW für Personenakten über Angehörige der „faschistischen Wehrmacht" und FB für Entnazifizierungsunterlagen nach Befehl 201 der SMAD.
Die Dokumentenablage der HA IX/11 umfasste zuletzt ca. 7 000 lfm, darin neben dem Z-Material ca. ein Zehntel Dienstregistratur. Der Öffentlichkeit wurde die Dokumentensammlung 1990 durch Medienberichte als → „NS-Archiv" des MfS bekannt.
Die Sammlung mit dem Z-Material gelangte mit der Deutschen Einheit über das Zentrale Staatsarchiv der DDR an das Bundesarchiv und wurde dort aufgelöst mit dem Bestreben, alle Unterlagen nach dem Provenienzprinzip den zuständigen Archiven zu übergeben; einige, vom MfS fortgeschriebene Akten des Z-Materials gelangten so auch an den BStU. Die Dienstregistratur der HA IX/11 befindet sich seit 1994 beim BStU. → Tektonik. *[RLu]*

Z-Stufen (Wörterbuch XII, Kapitel „EDV-Anwendung") – *Bei der Recherche berücksichtigte bestimmte Abweichungen im Geburtsdatum: Z 1 = ± 1 Tag; Z 2 = ± 10 Tage; Z 3 = ± 1 Monat; Z 4 = ± 1 Jahr; Z 5 = Vertauschen der Einerstellen Tag/Monat. [MfS, Abt. XII Nr. 883]*

ZAIG → Zentrale Auswertungs- und Informationsgruppe.

ZE → Zentrale Erfassung; vgl. zudem unter → Z-Material.

Zeichenweise Kontrolle (Wörterbuch XII, Kapitel „EDV-Anwendung") – *Visueller (oder maschineller) Vergleich umgesetzter Daten mit den Ausgangsdaten bzw. verarbeiteter Daten mit den umgesetzten oder mit Ausgangsdaten. [MfS, Abt. XII Nr. 883]*

Zeitlich begrenzte Aufbewahrung → Aufbewahrungsfrist.

Zelleninformator (ZI) – Kategorie der inoffiziellen Zusammenarbeit mit dem MfS, die durch die Richtlinie Nr. 2/81 zur Arbeit mit Zelleninformatoren geregelt wurde. Der Zelleninformator, meistens ein Untersuchungs- oder Strafgefangener, war ein → inoffizieller Mitarbeiter in Haftanstalten (→ Abteilung XIV) und im Haftkrankenhaus Meusdorf des MfS. → Archivierte Zelleninformatorakte. *[SBu]*

Zentralarchiv des MfS – Der Gründungsbefehl der Abteilung Erfassung und Statistik vom 20. September 1950 (→ Befehl Nr. 1/50), seit 1952 Abteilung XII (→ Zentrale Auskunft/Speicher), bestimmte in seinen zugehörigen → Richtlinien GVS-Nrn. 8 bis 10/50 die Abgabe eingestellter Vorgänge an das Archiv dieser Abteilung. Bereits seit November 1950 kamen erste Vorgänge und → Akten zur Ablage. Zuständig dafür war das „Archiv und Auskunftsstelle" genannte Referat III.
Daneben bestand ein Zentralarchiv des MfS, das Akten aus der NS-Zeit und aus der Tätigkeit der → K 5 verwaltete (→ Z-Material). Aus dieser ursprünglichen Zweiteilung lassen sich auch die Ablagesignaturen erklären: A-Signaturen (AGI, AOP, AU usw.) standen für das Archiv in

der Abteilung XII, Z-Signaturen (ZA, ZC, ZJ usw.) für das damalige Zentralarchiv des MfS. Die allgemeinen Strukturänderungen im MfS bzw. SfS von 1953/54 beendeten dieses Nebeneinander, gleichzeitig ging die Bezeichnung Zentralarchiv auf den Strukturteil in der Abteilung XII des SfS über.
Im Dezember 1953 verfügte die → Richtlinie GVS-Nr. 90/54 die Bildung von Archiven in allen Bezirksverwaltungen und in der Zentrale als Strukturteil der Abteilungen XII. Dabei dürften auf zentraler Ebene das Archiv mit den MfS-Akten und das bisherige Zentralarchiv mit dem Z-Material vereinigt worden sein. Denn ebenfalls im Dezember 1953 benennt die Dienstanweisung Nr. 40/53 die Abteilung XII als zuständig „für die Erfassung und Registrierung von verdächtigen Personen, geheimen Informatoren, geheimen Mitarbeitern, Hauptinformatoren, operativen Vorgängen und festgenommenen Personen, für die Auskunftserteilung sowie für die Bearbeitung und Auswertung der Unterlagen im Zentralarchiv." Tatsächlich begann 1954 die Abteilung XII mit der personenbezogenen Verzeichnung (→ Z-Kartei) des Z-Materials.
Die → Richtlinie GVS-Nr. 90/54 bestimmte gleichzeitig, fünf Aktenablagen einzurichten, nämlich 1. eine operative Ablage für → Überprüfungs-, → Einzel-, → Gruppen-, → Fahndungs-, → Objekt- und → Kontrollvorgänge (→ operativer Vorgang, → alte Vorgänge), 2. eine Ablage für → Untersuchungsvorgänge, 3. eine Ablage der → Personal- und Arbeitsakten → geheimer Informatoren, 4. eine Ablage des allgemeinen Schriftverkehrs (→ Allgemeine Sachablage) und 5. eine → geheime Ablage. Die ersten drei Ablagen (zuzüglich → AP und → AOG) wurden 1961 zur → operativen Hauptablage zusammengefasst. Die Zuständigkeit für das Z-Material wechselte Mitte der 1960er-Jahre zur Hauptabteilung IX/11 (→ „NS-Archiv"). Seit den 1970er-Jahren wurden die Aktenablagen der Abteilung XII in Anlehnung an archivischen Sprachgebrauch zunehmend auch Archivbestand genannt. Bis 1989 hatten sich im Zentralarchiv neun sogenannte → Archivbestände, zudem die → Speicher XII/01 und XII/02 herausgebildet.
Die Bezeichnung Zentralarchiv in der Struktur der Abteilung XII des MfS begegnet seit Ende 1953 nicht nur in dienstlichen Bestimmungen. Auch seitdem zur Ablage gebrachte Akten erhielten „Zentral-Archiv" (bis in die 1970er-Jahre hinein) als Stempelaufdruck. Daneben bestanden auch andere Bezeichnungen für diesen Strukturteil der Abteilung XII, nämlich XII/3 (mindestens 1953 bis 1975), XII/7 (1975) und XII/Archiv (1976 bis 1989).
Seinen Sitz hatte das Zentralarchiv in Berlin lange in einem notdürftig hergerichteten früheren Fabrikgebäude (Haus 3) im MfS-Dienstkomplex an der Freienwalder Straße in Hohenschönhausen, seit Sommer 1984

dann im neu errichteten Zweckbau (Haus 8/9) an der Magdalenenstraße im MfS-Dienstkomplex Nordost in Lichtenberg.
Es gliederte sich zuletzt in drei Referate: 1. Archivierung/→ Sonderspeicher, 2. Benutzerdienst (Magazine, Ausheben und Reponieren der Akten, Poststelle), 3. operative Auswertung (→ Auskunftsbericht, → Kurzauskunft), und beschäftigte 48 Mitarbeiter. Aufgabe war die Verwahrung und Verwaltung aller zur Ablage abverfügten → Akten, deren Nachweis in → Archivregistrierbüchern sowie die → Auskunftserteilung aus und Bereitstellung von Archivmaterial. Die für das Ermitteln von Ablagesignaturen überwiegend nötigen Karteien, also die → Personenkartei F 16 und die → Vorgangskartei F 22, gehörten nicht zum Zentralarchiv.
Trotz der Bezeichnung als Zentralarchiv handelte es sich nicht um ein Archiv im klassischen Sinne, sondern bezogen auf des Z-Material bis 1953 um eine Sammlung, seitdem als Strukturteil der Abteilung XII im Wesentlichen um eine Altregistratur überwiegend personenbezogener Akten. → Archiv der Bezirksverwaltung für Staatssicherheit, → SKS-Akten (zum Objekt „Elbe“ in Dornburg). *[RLu]*

Zentrale Auskunft/Speicher (Abteilung XII) – Die Abteilung XII speicherte und verwaltete in ihren Karteien und in ihrem Archiv Informationen zu Millionen von Personen und Vorgängen. Auf der Grundlage dieser Daten vernetzte sie das Wissen anderer Diensteinheiten miteinander und schuf so eine wichtige Voraussetzung für die Tätigkeit des MfS.
Mit dem → Befehl Nr. 1/50 vom 20. September 1950 wurde die Abteilung nur wenige Monate nach Gründung des MfS gebildet. Bis zu ihrer Umbenennung im Jahr 1952 trug sie den Namen „Abteilung Erfassung und Statistik“. Die mit der Gründung der Abteilung in Kraft gesetzten drei → Richtlinien und darüber hinaus Unterlagen aus der Vorläuferinstitution → K 5 (→ Z-Material, → Z-Kartei) bildeten die Basis für die Arbeit der Abteilung. In den folgenden Jahrzehnten erfuhr die Abteilung einen steten Ausbau in Bezug auf Personal, Räumlichkeiten und Technik. Insbesondere aus der Einführung der elektronischen Datenverarbeitung (→ Datenverarbeitungsprojekt) seit Ende der 1960er-Jahre resultierten ein Zuwachs an Bedeutung der Abteilung für die Arbeit des MfS und zugleich eine starke Erhöhung der Mitarbeiterzahl. Waren 1952 nur 16 Mitarbeiter in der Abteilung beschäftigt, so verfügte sie 1989 über 344 Mitarbeiter.
Entsprechend dem im MfS allgemein gültigen Territorial- und Linienprinzip (→ Linie) existierte die Abteilung in der Zentrale und in den Bezirksverwaltungen. Kreis- und Objektdienststellen archivierten ihre Unterlagen nicht selbst, sondern gaben sie an die Abteilungen XII der zugehörigen Bezirksverwaltungen ab. Darüber hinaus besaßen die

Hauptverwaltung A (HV A, Aufklärung, Auslandsgeheimdienst) unter dem Namen → „Referat R" und die Hauptabteilung I (Militärabwehr) jeweils eigene Abteilungen XII, die karteimäßig mit der zentralen Abteilung verbunden waren.
Bei aller formal zunehmenden Differenzierung in den Erfassungsverhältnissen von Personen und in der → Registrierung von Vorgängen ging es in der Arbeit der Abteilung XII stets um die grundlegende Einteilung nach dem Freund-Feind-Schema, d. h. um die Frage, ob mit der betreffenden Person zusammengearbeitet oder ob sie aufgrund von Verdächtigungen oder wegen als „feindlich" angesehener Handlungen verfolgt bzw. „bearbeitet" wurde (→ operativer Vorgang, → operative Personenkontrolle, → Untersuchungsvorgang, → „Wer ist wer?"). Vor diesem Hintergrund realisierte die Abteilung in ihren beiden Arbeitsschwerpunkten Kartei und Archiv ihre Hauptaufgaben. Dabei handelte es sich um die Kartei- bzw. Speicherführung und Speicheränderung (erste Erfassung von Personen/Objekten; Registrierung von Vorgängen und archivierten Akten; Änderung von → Personendaten und/oder Erfassungsdaten), um die Überprüfung und Auskunftserteilung aus → Karteien bzw. → Speichern, um die Verwaltung der → Sonderspeicher und um die Archivtätigkeit (Altablage von MfS-Unterlagen und von → Schriftgut anderer staatlicher Organe; → Auskunftserteilung aus und Bereitstellung von Archivmaterial).
Für die Umsetzung dieser Aufgaben waren in der Abteilung XII der MfS-Zentrale anfangs drei Referate und die Auskunftsstelle, am Ende sechs Abteilungen und die Struktureinheiten Sekretariat, AGL und AKG zuständig. Zwischenzeitlich trugen die Organisationseinheiten jeweils die Bezeichnung „Unterabteilung".
Die Arbeitsgrundlagen der Abteilung XII waren in den 1980er-Jahren insbesondere die → Dienstanweisungen Nr. 1/80 und Nr. 2/81, die → Speichernutzungsordnung und die → „Speicherführungsprinzipien XII". Bereits in den 1960er-Jahren hatte es Entwürfe der Abteilung für eine Archivordnung gegeben (→ Ordnung für die Arbeit mit Archivdokumenten), die jedoch von Minister Erich Mielke nie unterzeichnet wurden. Deshalb stellte die → „Archivordnung XII" von 1989 das erste derartige Dokument dar.
Das zentrale Arbeitsmittel der Abteilung XII bildeten die verschiedenen Karteien, von denen allein in der Zentrale Ende der 1980er-Jahre insgesamt über 40 mit ca. 10 Mio. Karteikarten geführt wurden. Zu den beiden wichtigsten zählten die → Personenkartei (F 16) und die → Vorgangskartei (F 22, F 22a). Die Trennung dieser beiden Karteibereiche war in den 1950er-Jahren realisiert und schließlich 1960 mit der „Neutralisierung" der Personenkartei abgeschlossen worden, um die Konspi-

ration in der Abteilung zu erhöhen. Dazu kam seit Ende der 1970er-Jahre ein → EDV-Speicher (→ SAVO), dessen Inhalt mit den manuell geführten Karteien weitgehend identisch war, durch den aber die Auskünfte schneller und umfassender erteilt werden konnten. Weitere Speicher waren die → Decknamenkartei (F 77), die → Feindobjektkartei (F 17), verschiedene → Sonderspeicher – darunter die → IM-Vorauswahlkartei (IMVAK), die → Straßenkartei (F 78) und die → Objektkartei (F 80) für → konspirative Wohnungen und andere Objekte – und verschiedene Neben- und Hilfskarteien. Als abteilungsinterne Findmittel dienten u. a. → Archivregistrierbücher und → Vorgangshefte.
Anfangs existierten für die Erfassung von Personen und die entsprechend registrierten Vorgänge lediglich drei Personenkategorien, die auf verschiedenfarbigen Karteikarten aufgetragen waren: 1. „feindlich tätige" Personen, 2. → geheimer Mitarbeiter (GM)/ → geheimer Informator (GI)/ → konspirative Wohnung (KW) und 3. durch das MfS verhaftete Personen (→ Richtlinien GVS-Nr. 8/50, Nr. 9/50 und Nr. 10/50). In den letzten Jahren des MfS gab es in den Karteien bzw. Speichern Kategorien für ca. 30 verschiedene Erfassungsarten, die sämtlich separat geführt wurden, darunter die → Untersuchungsvorgänge (UV), die → operativen Vorgänge (OV), die → operativen Personenkontrollen (OPK), die → inoffiziellen Mitarbeiter (IM), die → Zelleninformatoren (ZI) und die → Feindobjekte (FO).
Überprüfungen, Erfassungen, Recherchen und → Umregistrierungen in den Speichern und im → Archiv durften nur auf Anforderung der Diensteinheiten erfolgen. Den Archivmitarbeitern war es in der Regel nicht erlaubt, den Inhalt der archivierten Akten zur Kenntnis zu nehmen. Um → Doppel- und Mehrfacherfassungen zu vermeiden, die zu Verwechselungen und zu Dekonspiration hätten führen können, war die Abteilung XII um eine möglichst exakte Kontrolle ihrer Daten bemüht. Für ein- und dieselbe Person bzw. für einen registrierten Vorgang war deshalb im gesamten MfS jeweils nur eine einzige → Registriernummer (z. B. MfS XV 2708/80) vorgesehen. Sämtliche Auskünfte, die die Abteilung XII an andere Diensteinheiten erteilte, wurden dokumentiert, um so auch noch Jahre später aus Gründen der Konspiration den Fluss der Informationen zu kontrollieren.
Von Beginn an bildete das Archiv – in der MfS-Zentrale häufig auch als „Zentralarchiv" (→ Zentralarchiv) bezeichnet – innerhalb der Abteilung XII eine eigene Organisationseinheit. Bis zur Errichtung eines Archivzweckbaus auf dem MfS-Komplex an der Magdalenenstraße im Jahr 1984 befand sich das Archiv in einem ehemaligen Fabrikgebäude in der Freienwalder Straße in Berlin-Hohenschönhausen. Zu den wichtigsten Aufgaben des Zentralarchivs zählten in den 1980er-Jahren u. a. die

→ Archivierung des „politisch-operativen“ Schriftguts der Hauptabteilungen und besonderen Schriftguts aus den Bezirksverwaltungen (z. B. Material zu → OiBE, → Sonderablage), die Erarbeitung und Speicherung von schriftlichen Auskünften aus Archivmaterial, die Archivierung von Schriftgut anderer staatlicher Institutionen (z. B. von Staatsanwaltschaften), die Ausleihe von → Archivmaterial an operative Diensteinheiten, die Führung der Mikrofilmspeicher und die Erarbeitung operativ bedeutsamer Hinweise aus den archivierten Unterlagen. Auch für → Zuheftungen, → Kassationen und die → Restaurierung von Akten war die Abteilung zuständig.
Unterlagen, die von den Diensteinheiten, die sie zuletzt geführt hatten, nicht mehr benötigt wurden, konnten von diesen in den Archiven der Zentrale bzw. der Bezirksverwaltungen abgelegt werden. Bei Bedarf war es möglich, archivierte Vorgänge erneut zu aktivieren.
Abgeschlossene registrierte Vorgänge und Material, das für die laufende Arbeit in den operativen Diensteinheiten nicht mehr benötigt wurde, kam ins Archiv, erhielt dort eine Archivsignatur, die in der Regel mit dem Buchstaben „A“ (was für „Archiv“ bzw. „archiviert“ steht) begann, und wurde damit in der zutreffenden → Ablage archiviert.
Als → Archivbestände galten die → operative Hauptablage (op. HA), die → allgemeine Sachablage (AS), die → Personalaktenablage der → Linie Kader und Schulung (KS), die Ablagen von Justizakten (vor allem ASt und SKS-Akten) sowie verschiedene → Sonderablagen und → Teilablagen. Abgelegt wurden nicht nur Unterlagen entsprechend den Kategorien des operativen Schriftgutes (u. a. → AIM, → AOP, → AOPK, → AU), sondern auch MfS-Unterlagen wie die → Personalakten ehemaliger hauptamtlicher Mitarbeiter (→ KS, → Personalaktenablage) oder Material mit besonderer Geheimhaltungsstufe (→ GH, → geheime Ablage). Hinzu kamen Unterlagen anderer staatlicher Institutionen (→ Schriftgut anderer staatlicher Organe), darunter solche des Ministeriums des Innern (→ AOG, → AKAK, → AVSV) und der Justizbehörden (→ ASt, → SKS-Akten), sowie Akten der Verwaltung Aufklärung des Ministeriums für Nationale Verteidigung (→ AVA, → Militäraufklärung) und Unterlagen aus der Zeit vor Mai 1945. Letztere wurden seit den 1960er-Jahren in das gesonderte Archiv der Hauptabteilung IX/11 abgegeben (→ Z-Material, → NS-Archiv).
Bis zum Ende des MfS wurden Informationen in der Abteilung XII auch immer noch manuell auf Karteikarten gespeichert. Grund dafür war, auch bei einem Ausfall der elektronischen Systeme – insbesondere im Ernstfall – weiterhin einsatzfähig sein und die Daten nutzen zu können. Trotzdem veränderte die Einführung der EDV im MfS auch die Arbeit der Abteilung XII erheblich, beispielsweise durch die Erfassung der In-

formationen der Personenkartei (F 16) in der elektronischen Datenbank SAVO. Die Entwicklung der → Zentralen Personendatenbank (ZPDB) der → Zentralen Auswertungs- und Informationsgruppe (ZAIG), mit der auf operativ bedeutsame Einzelinformationen über Sachverhalte ohne Personenbezug zurückgegriffen werden konnte, geschah allerdings außerhalb der Abteilung XII. Diese sachlichen Einzelinformationen waren vor dem Einsatz der EDV lediglich als dezentrale Akten vorhanden, allenfalls mittels mechanischer → Kerblochkarten (KK) und durch → Sichtlochkarteien (SLK) manuell gespeichert.

Die Abteilung XII unterstrich in ihrer internen Selbstdarstellung vor allem ihre dienende Funktion gegenüber den operativ tätigen Diensteinheiten. Als zentraler Datenspeicher des MfS spielte die Abteilung jedoch auch für den sowjetischen Geheimdienst KGB eine wichtige Rolle. So lieferte die Abteilung dem Verbindungsoffizier regelmäßig Informationen oder übergab ihm leihweise Akten.

Als Leiter der Abteilung XII fungierten Heinrich Fomferra (1950/51), Paul Karoos (1951 – 1964), Reinhold Knoppe (1964 – 1968), Roland Leipold (1968 – 1980) und Heinz Roth (1980 – 1990). *[KRi, PSp]*

Zentrale Auskunftskartei – Zeitweilige Bezeichnung für die → Belastetenkartei der 1950er-Jahre, nicht zu verwechseln mit der → Auskunftskartei F 22a der 1980er-Jahre. → Karteien. *[RLu]*

Zentrale Auswertungs- und Informationsgruppe (ZAIG) – Der Name dieser als „Gruppe“ bezeichneten Diensteinheit mag täuschen. Immerhin beschäftigte sie zuletzt über 400 Mitarbeiter und wurde von einem General geführt. Sie war hinsichtlich der Informationsaufbereitung und -bereitstellung, in den 1980er-Jahren auch hinsichtlich der Informationsspeicherung, die wohl wichtigste Diensteinheit im MfS, sie unterstand direkt dem Minister für Staatssicherheit. Mit ihren Datenbanken stand sie nicht nur in Konkurrenz zur Abteilung XII, seit 1986 hatte die ZAIG auch die Dienstaufsicht über diese.

Als eine der Konsequenzen aus den revolutionären Ereignissen um den 17. Juni 1953 wurde im August 1953 eine „Informationsgruppe“ gebildet, aus der in der weiteren Entwicklung 1965 die Zentrale Auswertungs- und Informationsgruppe (ZAIG) hervorging. Aufgabe der ZAIG war das Analysieren, Auswerten und Aufbereiten der durch das MfS beschafften Informationen zu Berichten an den Minister für Staatssicherheit und an die Partei- und Staatsführung sowie die Anleitung, Qualifizierung und Kontrolle der Informationstätigkeit im MfS. In diesem Kontext unterstanden die Abteilungen XII (→ Zentrale Auskunft/Speicher) und XIII (→ Zentrale Rechenstation) ihrer Dienstaufsicht. Zudem wirkte die ZAIG beim Entwurf von dienstlichen Bestimmungen und Grundsatzdokumenten (→ Bestimmung, dienstliche) mit, was wiederum

die Dienstaufsicht über die Rechtsstelle des MfS erklärt. Mit der Abteilung VII der Hauptverwaltung A (HV A, Aufklärung, Auslandsgeheimdienst), die für politische, wirtschaftliche und militärische Informationen aus und über westliche Staaten zuständig war, wirkte die ZAIG eng zusammen.
Im Zeitraum von 1953 bis 1956 fertigte die Informationsgruppe bzw. seit 1955 die Abt. Information noch weitgehend formlose Informations-, Stimmungs- und Lageberichte für die Partei- und Staatsführung der DDR. Von 1956 bis 1989 gab die ZAIG in Zusammenarbeit mit der HV A ca. 28 000 jahrgangsweise nummerierte Einzelinformationen an Empfänger in der Partei- und Staatsführung sowie in der MfS-Hierarchie heraus. Als formengebundene regelmäßige Berichte produzierte sie gemeinsam mit der HV A Wochenübersichten, Monatsübersichten, „Aktuelle Informationsübersichten" (AIÜ, die Außenpolitik betreffend), „Außenpolitische Informationsübersichten" (APÜ), „Wirtschaftspolitische Informationsübersichten" (WPÜ), „Militärpolitische Informationsübersichten" (MPÜ) und „Monatsberichte zur Früherkennung von Spannungsmerkmalen und zur Lage im Operationsgebiet".
1989 gliederte sich die ZAIG in die Bereiche 1: Auswertung und Information, 2: Kontrolle/Grundsatz/Planung, 3: → EDV, 4: Grundlagen der → Auswertung und Information und 6: Öffentlichkeitsarbeit (Nr. 5 war nicht belegt). Die ZAIG war als → „Linie" mit Auswertungs- und Informationsgruppen (AIG), seit Juni 1978 Auswertungs- und Kontrollgruppen (AKG) in den Diensteinheiten des MfS und der Bezirksverwaltungen sowie in den Kreis- und Objektdienststellen verbunden. Im Bereich 4 wurde 1979 infolge des → SOUD-Abkommens mit dem Befehl Nr. 11/79 (→ SOUD-Ordnung) eine Arbeitsgruppe 4 (ZAIG 4/4) eingerichtet. Sie war für den Informationsaustausch mit Vertragsstaaten wie auch für die Informationserfassung und -aufbereitung innerhalb des MfS zuständig. Die verbreitete, MfS-interne Bezeichnung „ZAIG/5" entstammt dem Befehl Nr. 11/79. Die strukturelle Etablierung eines so bezeichneten eigenen Bereiches kam nicht zustande. SOUD wurde aber in der → Speichernutzungsordnung des MfS als Speicher ZAIG/05 geführt, was zur Verbreitung dieser Bezeichnung beigetragen haben mag. Im Zusammenhang mit dem SOUD-Abkommen wurden die AKG der Diensteinheiten noch stärker an die ZAIG gebunden. Seit den 1970er-Jahren arbeitete die ZAIG an dem wohl wichtigsten → Datenverarbeitungsprojekt des MfS, an der → Zentralen Personendatenbank (ZPDB), und verfügte allein dafür im Bereich 3 (EDV) über zuletzt 200 Planstellen. *[RLu, SWB]*

Zentrale Erfassung (ZE) – Aktengruppe der Hauptabteilung (HA) IX/11 (→ „NS-Archiv"). In Folge eines Politbüro-Beschlusses vom 18. Januar

1983 über die Traditionsarbeit entschied das Sekretariat des Zentralkomitees der SED am 25. Juli 1983, das Zentrale Parteiarchiv beim Institut für Marxismus-Leninismus (IML) mit der zentralen Erfassung der „schriftlichen Materialien zu Personen und Sachverhalten des antifaschistischen Widerstandskampfes aus der Zeit von 1933 bis 1945“ zu beauftragen. Das IML erließ darüber am 17. November 1983 eine Richtlinie, die das Anlegen einer Personen- und einer Bestandskartei vorsah. Entsprechende Erfassungsscheine A und B wurden an alle Archive, Museen und Gedenkstätten der DDR verschickt und sollten bis zum 31. März 1985 an das IML zurückgesandt werden.
Im MfS wurde das Vorhaben zunächst mit Argwohn betrachtet, denn das IML erhielte damit „Übersicht über die Bestände der bewaffneten Organe“. Die ZE sollte darum im MfS anfangs nur verhalten neben dem laufenden Dienstbetrieb geschehen. Vorsorglich wurde ein → Spezieller Vorgang (SV 14/83) angelegt, der die Entwicklung dokumentierte. Erst mit der Versicherung aus dem IML, dass es „dem MfS unter Berücksichtigung seiner sicherheitspolitischen und operativen Interessen überlassen“ bliebe, welche Unterlagen gemeldet würden, und Aufbewahrung wie Verwendung der Unterlagen davon nicht berührt wäre, wurden mehrere Diensteinheiten des MfS mit der ZE befasst.
Schließlich erließ der Minister für Staatssicherheit am 28. Dezember 1984 den Befehl Nr. 22/84. Dieser wies mit achtseitigen Erläuterungen der HA IX/11 die Aufgabe zu, nach außen das Zusammenwirken mit dem IML und dem Museum für Deutsche Geschichte zu koordinieren, gleichzeitig die Federführung bei der ZE im MfS zu übernehmen und Quellenhinweise aus der eigenen Dokumentenablage (→ Z-Material) zu ermitteln wie aus allen Diensteinheiten, insbesondere aus der Abteilung XII, der Hauptabteilung Kader und Schulung sowie aus der Kreisleitung der SED im MfS (→ Kreisparteiarchiv) einzuholen.
Die HA IX/11 fertigte nach bisheriger Kenntnis ausschließlich Erfassungsscheine A mit der Quellenangabe „911“ (naheliegender Weise für HA IX/11). Auf den Scheinen wurde jeweils die Übergabe einer Ausfertigung bzw. die Nichtweitergabe an das IML vermerkt. Zudem erhielten Hinweiskarteikarten im Sachgebiet PK der HA IX/11 den Aufdruck „ZE“ für noch nicht und „ZE/ZPA“ für bereits an das Zentrale Parteiarchiv des IML übergebene Scheine.
Überliefert sind alphabetisch abgelegte Erfassungsscheine im Umfang von ca. 12 lfm, die bis 1989/90 die Grundlage für Meldungen an das IML bildeten. Die Unterlagen sind nicht über die → Vorgangskartei der HA IX/11 recherchierbar. *[RLu, RBl]*

Zentrale Feindobjektakte → Feindobjektakte, → Feindobjektvorgang.

Zentrale Karteien → Zentrale Speicher.

Zentrale Maßnahmen – Ein → Deckname der → Sonderregelung für eine → Auskunft der Abteilung XII an die Hauptabteilung (HA) IX (Untersuchungsorgan). Die Regelung betraf eingeschränkte Auskünfte an die mit der Vorbereitung von „Häftlingsfreikäufen" befasste Arbeitsgruppe Sonderaufgaben des Ministers (AG S, später SR S) der HA IX über die → Erfassung von Personen als → inoffizieller Mitarbeiter oder als → gesellschaftlicher Mitarbeiter für Sicherheit. Die Abteilung XII erhielt dafür Personendaten in Listen, die in elektronischen Systemen überprüft wurden. Um 1986 betraf diese Regelung monatlich zwischen 120 und 180 Personen. *[SWo, RLu]*

Zentrale Materialablage (ZMA) – Sie war wesentlicher Teil der laufenden internen Schriftgutverwaltung (→ Akten) operativer Diensteinheiten und wurde überwiegend personen-, gelegentlich auch sachbezogen geführt. Die ZMA wurde mit dem → Befehl Nr. 299/65 vom 24. Juli 1965, Anlage 1, in allen operativen Diensteinheiten als Materialsammlung zu Erfassungen in der → Kerblochkartei (KK) bzw. auf einer → Kerblochkarte eingeführt. Vorgesehen war zunächst eine alphanumerische Ablageordnung (Anfangsbuchstabe des Namens und laufende Nummer), die sich noch in einigen überlieferten ZMA finden lässt. Die → Dienstanweisung Nr. 1/80 vom 20. Mai 1980 sah eine Ablageordnung nach laufender Nummer oder alphabetisch, letztlich aber nach Festlegung des Leiters einer Diensteinheit vor; Ablagenummern können somit vielgestaltig aufgebaut sein. Nach der Dienstanweisung Nr. 1/80 waren ZMA neben Erfassungen in der Kerblochkartei, die zu dieser Zeit eigentlich bereits abgelöst werden sollte, auch in der → Vorverdichtungs- Such- und Hinweiskartei (VSH) sowie in der → Sichtlochkartei (SLK) nachzuweisen. Über diese Karteien fand der Zugang statt.

ZMA waren zumeist als Hängeregistraturen organisiert. → Registrierte Vorgänge wurden strikt getrennt von ZMA geführt, Kopien aus registrierten Vorgängen konnten aber in ZMA eingegangen sein. In sogenannten Speicherüberprüfungen von Personen standen einer abfragenden Diensteinheit auch die in den ZMA anderer Diensteinheiten aufgezeichneten Daten zur Verfügung. ZMA über Personen, die nicht zu einem registrierten Vorgang geführt hatten, von den Diensteinheiten für die operative Arbeit nicht mehr benötigt, aber als bedeutsam betrachtet wurden (z. B. Ergebnisse aus → „Wer ist wer?"- und → Sicherheitsüberprüfungen), kamen im → Zentralarchiv des MfS oder in den → Archiven der Bezirksverwaltungen für Staatssicherheit als → allgemeines Material über Personen (AP) zur → Ablage (Abb. 117). Überlieferte ZMA repräsentieren in der Regel in komprimierter Form den schriftlichen Niederschlag der Tätigkeit operativer Diensteinheiten aus den letzten Jahren ihres Wirkens. *[RLu]*

Zentrale Personendatenbank (ZPDB) – Die ZPDB war das größte und wichtigste Datenbankprojekt (→ Datenverarbeitungsprojekt) des MfS. Es handelte sich um einen zentralen personen-, sach- und objektbezogenen Datenspeicher mit Informationen, die nach Personenkategorien, Sachverhaltsarten sowie Hinweis- und Merkmalskategorien in einem Rahmenkatalog präzise definiert waren und bis zur Einführung der ZPDB zum größeren Teil nicht oder nur mit manuellen Verfahren dezentral erfasst wurden. Die Vorarbeiten an der ZPDB begannen Anfang der 1970er-Jahre; sie wurde jedoch erst 1981 in den Echtlauf überführt. Computertechnisch basierte die ZPDB auf der RGW-Norm ESER und auf der vom MfS entwickelten Software DORIS (dialogorientiertes Recherche- und Informationsverwaltungssystem). Die ZPDB beschäftigte in den 1980er-Jahren einen eigenen Stellvertreterbereich im Bereich 3 (EDV) der → Zentralen Auswertungs- und Informationsgruppe (ZAIG), der zuletzt rund 200 Planstellen umfasste. Ende November 1989 waren in der ZPDB u. a. Datensätze über 1,32 Mio. Personen, 417 000 Sachverhalte, 392 000 Kontakthinweise, 101 000 Kfz und 458 000 Objekte gespeichert, zudem 60 000 Personenbeschreibungen und 23 000 Angaben aus Ermittlungsverfahren (→ Archivierter Untersuchungsvorgang). Daten und Datenträger der ZPDB wurden gemäß Beschluss des zentralen Runden Tisches im März 1990 vernichtet. *[SKo]*

Zentrale Rechenstation des MfS (Abteilung XIII) – Die Abteilung XIII des MfS wird innerhalb der MfS-Struktur oft kaum wahrgenommen. Tatsächlich aber wären ohne sie wesentliche technische Neuerungen in der Informationsspeicherung und -bereitstellung nicht möglich gewesen: Aus einem 1963 begonnenen Projekt zur Verbesserung der Karteiarbeit auf dem Gebiet der Überwachung des Reiseverkehrs entwickelten sich Strukturen, in denen eine Spezialisierung auf den Einsatz elektronischer Datenverarbeitungstechnik (→ EDV) im MfS vonstatten ging. Im Juni 1969 entstand daraus die Arbeitsgruppe XIII, die wiederum 1972 in den Status einer Abteilung erhoben wurde. Als „Rechenstation" des MfS war sie u. a. zuständig für a) den zentralen Einsatz elektronischer Datenverarbeitungstechnik, b) die Beschaffung, Instandhaltung und Reparatur dezentraler Datenverarbeitungstechnik sowie c) für die (Neu-)Entwicklung, Erprobung, Produktion und Wartung komplexer Softwarelösungen (dort bezeichnet als → Datenverarbeitungsprojekte, DVP) für andere Diensteinheiten des MfS; dazu gehörte die Betreuung des Programmablaufs, der Havariedienst, die Fehler- und Störungsbeseitigung und die Anpassung bestehender Programme an neue Soft- und Hardware. Zu den wichtigsten und zugleich größten Datenverarbeitungsprojekten gehörten für die → Abteilung XII das Projekt → SAVO zur Verwaltung und Vorauswahl von ca. 6 Mio. Personendaten (Stand: Ende 1985) sowie für die Hauptabteilung VI Fahndungs- und Reisedatenbanken mit ca. 30 Mio. Reisedaten (Stand: Ende 1985). Zugleich unterstützte die Abteilung XIII die Hauptverwaltung A (HV A, Aufklärung, Auslandsgeheimdienst) bei der Entwicklung und Abarbeitung des → Systems der Informationsrecherche der HV A (SIRA) und die → Zentrale Auswertungs- und Informationsgruppe (ZAIG) beim Betrieb der → Zentralen Personendatenbank (ZPDB) für die Erfassung aller im Bereich des MfS gespeicherten → Personendaten. Im Kontakt mit zivilen Einrichtungen, Betrieben und Hochschulen wurde die Arbeit der Abteilung XIII seit Mitte der 1970er-Jahre als „Rechenzentrum für wissenschaftlich-technische Information (RZWTI)" des Ministeriums für Wissenschaft und Technik der DDR legendiert. Besonders intensive Kontakte wurden zum VEB Kombinat Robotron und zu dessen Teilbetrieben unterhalten. Fachliche Kontakte bestanden darüber hinaus u. a. zu den Ministerien für Nationale Verteidigung (MfNV) und des Innern (MdI), zum Rechenzentrum des ZK der SED (Wartungsarbeiten) sowie zum Wahlrechenzentrum der DDR im Datenverarbeitungszentrum Storkower Straße in Berlin (Sicherungsmaßnahmen, Konsultationen). Unter Umgehung westlicher Embargobestimmungen im Spitzentechnologiebereich beschaffte die Abteilung XIII unter der Legende „RZWTI" z. B. hocheffiziente Laser-Drucksysteme vom Siemens-Konzern und tätigte Geschäfte mit Partnern im sozialistischen Ausland. Die Abteilung XIII war, wie die Abteilung XII, seit 1986 dienstrechtlich der ZAIG unterstellt. 1989 hatte sie ca. 450 Mitarbeiter. Nach einer Umstrukturierung im Frühjahr 1989 war die Abteilung XIII zum Zeitpunkt ihrer Auflösung in fünf Abteilungen gegliedert: XIII/1: Produktion und Systembetreuung, XIII/2: Programmierung und Softwareentwicklung, XIII/3: Wartung und Instandhaltung, XIII/4: Organisation und Sicherstellung sowie XIII/5: Ökonomische Fachabteilung. *[NSe, RLu]*

Zentrale Speicher (Wörterbuch XII, Kapitel „Erfassung und Registrierung") – *In der → Abteilung XII des MfS geführte Speicher für die Nachweisführung aller durch Diensteinheiten des MfS und der Bezirksverwaltungen gemäß → Dienstanweisung Nr. 2/81 erfolgten Erfassungen und Registrierungen: → Personenkartei, → Objektkartei, → Auskunftskartei, → Arbeitskartei sowie die entsprechenden EDV-Datenbestände. Im Unterschied zu den in den Abteilungen XII der Bezirksverwaltungen, der Hauptabteilung I und im → Referat R der HV A nur über die Erfassungen von Diensteinheiten ihres Registrierbereiches zu führenden dezentralen Nachweise. [MfS, Abt. XII Nr. 883]* → Speicher.

Zentralprozess (Wörterbuch XII, Kapitel „Arbeitsorganisation") – *Gesamtheit der in der → Abteilung XII des MfS zu realisierenden Arbeitsabläufe zur Sicherung der zentralen Nachweisführung über Erfassungen* *zu Personen und registrierte Vorgänge und Akten (im Gegensatz zu den als für die Diensteinheit des MfS zu realisierenden Aufgaben einer Abteilung XII eines Registrierbereiches, die durch die Abteilung XII/4 und XII/Zentralarchiv wahrzunehmen sind). [MfS, Abt. XII Nr. 883]*

Zentraler Feindobjektvorgang (ZFOV) → Feindobjektvorgang, → Feindobjektakte.

Zentraler operativer Vorgang (ZOV) – Aktenkategorie des MfS. Ein zentraler operativer Vorgang war anzulegen, wenn die „angegriffenen" Bereiche, Prozesse oder Personen bzw. die verdächtigen Personen zum Verantwortungsbereich mehrerer Diensteinheiten (Hauptabteilungen, selbstständige Abteilungen, Bezirksverwaltungen, Verwaltungen oder deren Gliederungen) gehörten und deshalb die Zusammenarbeit dieser Diensteinheiten erforderlich wurde, zudem, wenn infolge des Umfangs und der Komplexität der „Feindtätigkeit" die Konzentration operativer Kräfte und Mittel mehrerer Diensteinheiten erforderlich war. Zu einem ZOV konnten → Teilvorgänge (TV) gebildet werden. Über das Anlegen von ZOV und TV entschied der Minister für Staatssicherheit bzw. seine zuständigen Stellvertreter. Über das Anlegen von ZOV und TV, die ausschließlich im Verantwortungsbereich einer Hauptabteilung, selbstständigen Abteilung, Bezirksverwaltung oder Verwaltung zu führen waren, entschied deren Leiter. → Operativer Vorgang, → Archivierter operativer Vorgang. *[SBu]*

Zentraler Untersuchungsvorgang (ZUV) – Aktenkategorie der Hauptabteilung IX/11 (→ „NS-Archiv"). Die Akten enthalten hauptsächlich Ermittlungen des MfS zu Verfahren wegen Verbrechen in Konzentrationslagern (u. a. gegen Lager-Ärzte) sowie zu weiteren Verbrechen in den okkupierten Gebieten insbesondere der Sowjetunion, Polens und der Tschechoslowakei. Enthalten sind u. a. Unterlagen über das Wachpersonal verschiedener Konzentrationslager, über Mitarbeiter des SD und der Gestapo (u. a. Leitstellen Breslau, Prag, Dresden), zu Angehörigen der Ordnungspolizei und Gendarmerie, der Geheimen Feldpolizei und zu Angehörigen der Waffen-SS. Kennzeichnend für diese Aktenkategorie ist die Existenz zweier paralleler Aktenserien: Zum einen handelt es sich um → Handakten, die beim MfS unter Verschluss blieben und auch die operative Arbeit des MfS bei der Strafverfolgung zeigen, zum anderen um → Gerichtsakten, die das MfS für die Herausgabe an die Staatsanwaltschaften bzw. Gerichte anlegte. Diese wurden um solche Informationen bereinigt, die möglicherweise Einblicke in die geheimdienstliche Arbeit ermöglicht hätten. Hinzu kommen von den Staatsanwaltschaften und Gerichten angefertigte Akten, die nach Abschluss des Verfahrens an das MfS abgegeben werden mussten (→ AU). Darüber hinaus befinden sich in den ZUV Kopien und Abschriften von Akten aus

Archiven des KGB und anderer osteuropäischer Geheimdienste. Von daher sind die ZUV auch eine bedeutsame Quelle für Informationen aus anderen, bis heute nur begrenzt zugänglichen Archiven. Es handelt sich um Unterlagen im Umfang von 79 lfm, die vom BStU komplett erschlossen wurden. *[RBl]*

ZFOV → Zentraler Feindobjektvorgang.

ZI → Zielinformation, → Zelleninformator.

ZI-Nummer (Wörterbuch XII, Kapitel „EDV-Anwendung") – *Laufende Nummer der bei der Einspeicherung von → Personendaten in der Primärdatenbank aufgebauten → Zielinformation. [MfS, Abt. XII Nr. 883]*

Ziehen von Karteikarten (Wörterbuch XII, Kapitel „Erfassung und Registrierung") – *Entfernen von Karteikarten aus der Kartei. Im Allgemeinen nur gegen ersatzweises Stecken eines Spans statthaft (außer bei vollständigen Löschungen). [MfS, Abt. XII Nr. 883]*

Zielinformation (Wörterbuch XII, Kapitel „EDV-Anwendung") – *Abkürzung: ZI. In der Primärdatenbank im Allgemeinen aufgrund der Eingabe eines Datensatzes aufgebaute Information, die alle aus einem Datensatz eingelesenen → Deskriptoren und ihre Zusatzinformationen enthält. Zielinformation besteht aus ZI-Nummer, → Personenstammdaten, → Identifikationsmerkmal, → Auskunftsinformation, Einspeicherungsdatum. [MfS, Abt. XII Nr. 883]*

ZMA → Zentrale Materialablage.

ZND – Zentrale Nutzerdatei, → Datenbank.

ZOT → Zuordnungstabelle.

ZOV → Zentraler operativer Vorgang.

ZPDB → Zentrale Personendatenbank.

Zugriff (Wörterbuch XII, Kapitel „Arbeitsorganisation") – *Möglichkeit bzw. Vorgang der Entnahme einer Information bzw. des Informationsträgers aus einem Speicher. [MfS, Abt. XII Nr. 883]*

Zugriffsregime (Wörterbuch XII, Kapitel „Arbeitsorganisation") – *System von Festlegungen, durch die der Personenkreis exakt festgelegt wird, der von einer gespeicherten Information persönlich Kenntnis nehmen kann. [MfS, Abt. XII Nr. 883]*

Zuheftung (Wörterbuch XII, Kapitel „Archivarbeit") – *Maßnahme des Hinzufügens von operativem Schriftgut zu Archivmaterial, das nach dessen Archivierung in der politisch-operativen Arbeit entstanden ist und nicht das Anlegen eines gesonderten Archivmaterials oder einer anderen Form der Erfassung der Person verlangt. [MfS, Abt. XII Nr. 883]*

Operatives Material, das nach erfolgter → Archivierung von Unterlagen des MfS entstanden ist, konnte dem → Archivmaterial zwecks Aktualisierung oder Ergänzung zugeordnet werden, wenn „der Charakter des

Archivmaterials dadurch nicht verändert“ wurde bzw. „die vorliegende Kategorie eine Zuheftung“ zuließ und „zwischen dem Ablagejahr des Archivmaterials und dem Zeitraum der Zuheftung in der Regel nicht mehr als fünf Jahre“ lagen. Ansonsten war zu prüfen, ob „das Material nicht gesondert zu archivieren“ war. Es war möglich, sowohl einzelne Schriftstücke (Blattzuheftung) als auch ganze Bände (Aktenzuheftung) zuzuheften. Die Zuheftungen zum → nicht gesperrten Archivmaterial erfolgte durch die → Abteilung XII, zur → gesperrten Ablage generell nur über oder durch die → ablegende Diensteinheit. Alle Zuheftungen waren nachweispflichtig. *[SBu]*

Zulässigkeit (Wörterbuch XII, Kapitel „Arbeitsorganisation“) – *einer Überprüfung, → Erfassung, → Archivierung bzw. → Speicheränderung; ist durch den zuständigen Bereich der Abteilung XII zu prüfen. Kriterien dafür sind z. B. Gültigkeit von Belegen, Einhaltung der Festlegungen der → Dienstanweisung Nr. 2/81 und der → Speicherführungsprinzipien bzgl. Ordnungsmäßigkeit, Vollständigkeit usw. Unzulässige Belege sind zurückzuweisen (vgl. → Rückweisung). [MfS, Abt. XII Nr. 883]*

Zuordnung (Wörterbuch XII, Kapitel „Erfassung und Registrierung“) – *Arbeitsablauf bei der → Speicheränderung im Karteispeicher (→ Personenkartei). Zugeordnet werden durch die Abteilungen XII/3/3 und XII/3/4: → Hinweisbelege und → Basiskarten; durch die Abteilung XII/4/3 (Bereich Vorentscheidung): zu Hinweisbelegen und Basiskarten die F 16-Änderung. [MfS, Abt. XII Nr. 883]*

Das → Wörterbuch XII entspricht mit seinen Strukturbezeichnungen dem Stand von 1984. Der Änderungsdienst mit seinem Bereich „Vorentscheidung“ war seit mindestens 1985 Aufgabe der Abteilung XII/6. Die Abteilung XII/3 (Zentrale Personenkartei) wurde im September 1987 in die Abteilung XII/6 eingegliedert. *[RLu]*

Zuordnungstabelle (Wörterbuch XII, Kapitel „EDV-Anwendung“) – *Abkürzung: ZOT. Spezifische Form der Ausgangsinformations-Speicherung in der → EDV-Anlage zur Gewährleistung von Geheimhaltung und Konspiration bei Erfassungen auf der Grundlage von registrierten Vorgängen und Akten. [MfS, Abt. XII Nr. 883]*

Zuspeicherung von Erfassungsdaten (Wörterbuch XII, Kapitel „EDV-Anwendung“) – *(auch: Ausgangsinformations-Zuspeicherung, → AIZ). Im Prozess der Erfassung / Änderung erforderlich, wenn zu bereits erfassten Personendaten (weitere) Erfassungsdaten in die EDV-Datenbank einzuspeichern sind. [MfS, Abt. XII Nr. 883]* → Ausgangsinformation.

Zuständige Abteilung XII (Wörterbuch XII, Kapitel „Arbeitsorganisation“) – *Die Abteilung XII* [→ Zentrale Auskunft / Speicher], *die für ein*

Territorium bzw. für eine → Linie unmittelbar als Partner in Prozessen gemäß → Dienstanweisung Nr. 2/81 in Erscheinung tritt. [MfS, Abt. XII Nr. 883] → Zentralarchiv des MfS, → Archiv der Bezirksverwaltung für Staatssicherheit, → Registrierbereich.

Zuständigkeit (Wörterbuch XII, Kapitel „Arbeitsorganisation") – *Durch Weisung einschließlich Führung mit Qualitätsmanagement sowie Vereinbarung oder durch Erfordernisse der täglichen Praxis begründete Pflicht zur Realisierung einer Aufgabe / eines Aufgabenbereiches. [MfS, Abt. XII Nr. 883]*

Zutrittsregime (Wörterbuch XII, Kapitel „Arbeitsorganisation") – *System von Festlegungen über den Zutritt von Personen zu Diensträumen. [MfS, Abt. XII Nr. 883]*

ZUV → Zentraler Untersuchungsvorgang.

Zweitkontrolle (Wörterbuch XII, Kapitel „Arbeitsorganisation") – *Vollständige Wiederholung einer bereits durch einen Mitarbeiter erfolgten Kontrolle durch einen anderen Mitarbeiter. Soll dem Ausschließen von Fehlern dienen. Vor allem bei der Einleitung von Datenbankänderungen, in der → Datenerfassung und bei der Einlage von Karteikarten angewandt. [MfS, Abt. XII Nr. 883]*

Zweitnamenüberprüfung (Wörterbuch XII, Kapitel „Überprüfung und Auskunftserteilung") – *Bei → Überprüfungsersuchen zu Personen mit mehr als einem Namen erforderliche → Karteiprüfung aller angegebenen Namen, um auszuschließen, dass unter weiteren Namen ggf. vorhandene Erfassungen nicht beachtet werden. [MfS, Abt. XII Nr. 883]*

Zwischenlagerung (Wörterbuch XII, Kapitel „Arbeitsorganisation") – *Gesonderte Aufbewahrung von Belegen (F 16, EDV-Listen, F 22 und andere) zwischen zwei voneinander zeitlich getrennten Arbeitsschritten – während dieser Zeit (im Wesentlichen während der Nachtstunden) erfolgt keine direkte Bearbeitung. Zwischenlagerung erfolgt entsprechend gesonderten Festlegungen, die sich vor allem auf die Geheimhaltung und Sicherheit sowie den Zugriff beziehen. [MfS, Abt. XII Nr. 883]*

Glossar zu den Diensteinheiten des MfS und der BVfS

Auf Karteien und in Akten der Stasi sind vielfach Kurzbezeichnungen von Diensteinheiten vermerkt. Ohne Kenntnis davon, was diese Kurzbezeichnungen bedeuten, lassen sich die Quellen nicht richtig interpretieren. Zudem: Archivische Erschließung gliedert die überlieferten Unterlagen nach ihrer Provenienz, nach ihrer Herkunft aus einer Diensteinheit. Grundlegende Kenntnisse über deren Aufgaben, über ihren Wirkungszeitraum sowie ihre Einbindung in Strukturen sind somit wesentlich für eine erfolgreiche Nutzung von Stasi-Unterlagen.

Für eine schnell verfügbare Übersicht sind darum diesem Band ein Glossar zu den Diensteinheiten sowie Strukturschemata beigegeben. Vertiefende Informationen bieten die vom BStU herausgegebenen Bände des MfS-Handbuchs. In das Glossar aufgenommen sind weitgehend alle selbstständigen bzw. nach außen als selbstständig aufgetretenen Diensteinheiten des MfS (einschließlich SfS bzw. AfNS) seit 1950 bis zur Auflösung.

Grundsätzlich waren wie im MfS benannte oder nummerierte Diensteinheiten auch in den BVfS vertreten, allerdings dort zumeist abgestuft (beispielsweise Hauptabteilung XX des MfS, Abteilung XX einer BVfS; Abteilung XII des MfS, selbstständiges Referat XII in einer BVfS). Soweit deren Bezeichnungen von denen im MfS abwichen (ZAIG des MfS; AIG einer BVfS), sind sie hier ebenfalls aufgenommen. Gelegentlich wurden Nummern von im Laufe der Zeit aufgelösten oder umbenannten Abteilungen bzw. Hauptabteilungen im MfS noch einmal an eine neue Diensteinheit mit anderen Aufgaben vergeben. Um diese bei Verweisen unterscheiden zu können, sind sie in der Reihenfolge ihres Bestehens mit einer Ziffer in eckigen Klammern markiert. Die Strukturschemata enthalten dieselben Markierungen.

Abt. I – Militärabwehr, 1950 – 1951, zudem 1953 zeitweilig für → HA I.

Abt. II – Spionage, im MfS/SfS 1950 – 1953; bildete im November 1953 gemeinsam mit der → Abt. IV die → HA II; in den BVfS bis 1989/90.

Abt. III [1] – Abwehr in der Wirtschaft, im MfS/SfS siehe unter → Abt. IIIa-c; im MfS im 1. Halbjahr und seit November 1953 auch als → HA III [1] bezeichnet; in den BVfS 1950 – 1964, dann → Abt. XVIII.

Abt. IIIa – Abwehr in der Industrie, 1950 – 1953; November 1953 in der → HA III [1] aufgegangen.

Abt. IIIb – Abwehr in Landwirtschaft, Handel u. Versorgung, 1950 – 1953; November 1953 in der → HA III [1] aufgegangen.

Abt. IIIc – Abwehr in Finanzen, Planung u. Aufbau, 1950 – 1953; November 1953 in der → HA III [1] aufgegangen.

Abt. III [2] – Funkaufklärung, 1971 – 1983; bildete dann im MfS gemeinsam mit der → Abt. F die → HA III [2]; in den BVfS 1971 – 1982 als SR, dann bis 1989/90 wieder Abt.

Abt. IV [1] – Spionageabwehr, 1950 – 1953; bildete Ende 1953 gemeinsam mit der → Abt. II im SfS die → HA II.

Abt. IV [2] – Sabotagevorbereitung im Operationsgebiet, 1959 – 1986; zwischenzeitlich 1974 – 1978 Abt. IV/S, 1978 Abspaltung der → AGM/S; 1986 Aufgaben auf die → HV A und die → HA II verteilt.

Abt. V – Innere Sicherheit, 1950 – 1953; bildete November 1953 gemeinsam mit der → Abt. VI [1] im SfS die → HA V; in den BVfS als Abwehr im Staatsapparat, in Parteien, Kultureinrichtungen und Kirchen, Bekämpfung des Untergrunds bis 1964, dann → Abt. XX.

Abt. VI [1] – Abwehr im Staatsapparat, in Parteien und Massenorganisationen, 1950 – 1953; bildete Ende 1953 gemeinsam mit der → Abt. V die → HA V.

Abt. VI [2] – Abwehr in der Verteidigungs- u. Flugzeugindustrie sowie in Forschungsobjekten, 1955 – 1962; in die → HA III [1] bzw. die → Abt. III [1] der BVfS eingegliedert.

Abt. VIa – Postkontrolle 1950 – 1951; dann → Abt. M.

Abt. VIb – Sicherheitsüberprüfungen für das → IWF, 1953 – 1954.

Abt. VII – Abwehr im Ministerium des Innern (MdI), in der Volkspolizei, im Strafvollzug und in den zivilen Dienstzweigen des MdI, im MfS 1950 – 1959, dann als → HA VII bezeichnet; in den BVfS bis 1989/90.

Abt. VIII – Beobachtung, Ermittlung, im MfS 1950 – 1958, dann → HA VIII; 1955 mit der → Abt. Z zusammengeführt; in den BVfS bis 1989/90.

Abt. IX – Strafrechtliche Ermittlungen, Untersuchungsorgan, im MfS 1950 – Ende 1953, dann → HA IX; in den BVfS bis 1989/90.

Abt. X [1] – Fahndungen, 1950 – 1954; als Referat in die → Abt. XII übernommen.

Abt. X [2] – Internationale Verbindungen, 1956 – 1989/90.

Abt. XI – Chiffrierwesen, 1950 – 1989/90; in den BVfS zeitweilig bis 1978 SR.

Abt. XII – Zentrale Auskunft / Speicher, 1951 – 1989/90; 1950 als Abt. Erfassung und Statistik gebildet; in den BVfS zeitweilig bis 1975 SR.

Abt. XIII [1] – Abwehr im Verkehrswesen, im MfS bzw. SfS 1952 – 1953; im November 1953 in → HA XIII umbenannt; in den BVfS seit 1964 → Abt. XIX.

Abt. XIII [2] – Zentrale Rechenstation (elektronische Datenverarbeitung), 1972 – 1989/90; 1969 als AG XIII gebildet.

Abt. XIV – Untersuchungshaft, Strafvollzug im MfS, 1952 – 1989/90; 1960 wurde der Strafvollzug als → Abt. XVI herausgelöst.

Abt. XV [1] – Sicherung von Haftanstalten, 1952 – 1953; dann Aufgaben an → HA VII.

Abt. XV [2] – Aufklärung in den BVfS, 1953 – 1989.

Abt. XVI – Sicherung des Strafvollzugs im MfS, 1960 – 1975; aus der → Abt. XIV hervorgegangen, 1975 aufgelöst, Teile in → VRD und Abt. XIV eingegliedert.

Abt. XVIII – Abwehr in der Volkswirtschaft, 1964 – 1989/90 in den BVfS; → HA XVIII.

Abt. XIX – Abwehr im Verkehrs-, Post- und Nachrichtenwesen, 1964 – 1989/90 in den BVfS; → HA XIX.

Abt. XX – Abwehr im Staatsapparat, in Parteien, Kultureinrichtungen und Kirchen, Bekämpfung des Untergrunds, 1964 – 1989/90 in den BVfS; → HA XX.

Abt. XXI – Innere Abwehr (Sicherheit im MfS), 1960 – 1979; aus dem SR 4 der → HA II hervorgegangen, 1980 in HA II und → HA KuSch eingegliedert; in den BVfS zeitweise nur eine Referentenstelle.

Abt. XXII – Terrorabwehr, 1975 – 1989; bildete im MfS 1989 gemeinsam mit der → Abt. XXIII die → HA XXII.

Abt. XXIII – Ausbildung von Antiterrorkräften, 1988 – 1989; zuvor → AGM/S, bildete 1989 mit der → Abt. XXII die → HA XXII.

Abt. 26 – Telefonüberwachung, 1960 – 1989/90; aus → Abt. O hervorgegangen.

Abt. 31 – Operative Technik, 1960 – 1969; aus → Abt. K hervorgegangen, an den → OTS angebunden und schließlich dort eingegliedert.

Abt. 32 – Kriminaltechnische Untersuchungen, 1960 – 1969; aus → Abt. K hervorgegangen, an den → OTS angebunden und schließlich dort eingegliedert.

Abt. 33 – Elektrotechnik, 1960 – 1969; aus → Abt. K hervorgegangen, an den → OTS angebunden und schließlich dort eingegliedert.

Abt. 35 – Dokumentenherstellung, 1960 – 1969; aus → Abt. L hervorgegangen, an den → OTS angebunden und schließlich dort eingegliedert.

Abt. Agitation – 1955 – 1985, dann in der → ZAIG als Bereich 6; Teile 1972 – 1983 als → AG ÖV selbstständig.

Abt. Allgemeine Verwaltung – innere Dienstorganisation, 1953 – 1956; zuvor → HA Allgemeine Verwaltung / Intendantur, seit August 1956 → BdL.

Abt. AuI – Auswertung und Information; in den BVfS aus den → IG hervorgegangen, seit 1965 → AIG.

Abt. BCD Bewaffnung und Chemischer Dienst, 1972 – 1989/90; zuvor seit 1960 → Abt. WuG.

Abt. E – Herstellung operativ-technischer Mittel und Dokumente, 1960 – 1985; dann in den → OTS eingegliedert; in den BVfS zwischenzeitlich → SR.

Abt. Erfassung und Statistik → Abt. XII.

Abt. F – Funkabwehr, 1955 – 1983; zuvor Teil der → HA S, 1983 in die → HA III eingegliedert.

Abt. Finanzen – Finanzbuchhaltung des MfS, 1950 – 1989/90; zeitweilig (November 1953 – 1957) der → HA VuW, (1957 – 1974) der → HV B bzw. (1974) der → VRD eingegliedert; in den BVfS zwischenzeitlich bis 1975 SR.

Abt. Hafen – Abwehr im Überseehafen (nur in der BVfS Rostock).

Abt. HKH → Med. HKH.

Abt. Information – 1955 – 1959; → IG, → ZIG.

Abt. K – Entwicklung und Beschaffung von technischen Mitteln für die operative Arbeit, 1955 – 1960; aus Teilen der → HA S hervorgegangen, dann in die → Abt. 31, 32 u. 33 gegliedert später in den → OTS eingebunden.

Abt. KuSch → HA KuSch

Abt. L – Herstellung von Dokumenten für die operative Arbeit, 1959 – 1960; aus Teilen der → HA S hervorgegangen, dann → Abt. 35, später in den → OTS eingegliedert.

Abt. M – Postkontrolle, 1951 – 1989/90; aus der → Abt. VIa hervorgegangen, seit 1984 auch die → Abt. PZF integriert.

Abt. Med. Dienste – Medizinische Betreuung der MfS-Mitarbeiter, 1959 – 1974; dann → ZMD; → MD.

Abt. N – Nachrichtenverbindungen des MfS, 1960 – 1989/90; zuvor seit 1955 → Abt. Nachrichtenverbindungen und Waffen; seit 1986 „Abt. Nachrichten".

Abt. N 10 – Staatlicher Funkdienst, 1975 – 1982; zuvor beim Ministerium für Auswärtige Angelegenheiten (MfAA) angebunden, seit 1982 in die → Abt. N eingegliedert.

Abt. Nachrichtenverbindungen und Waffen, 1955 – 1960; zunächst → Abt. WuG abgetrennt, dann in → Abt. N umbenannt.

Abt. O – Telefonüberwachung, 1955 – 1959; aus der HA S hervorgegangen, im MfS 1960 in → Abt. 26 umbenannt; → O.

Abt. OT – Operative Technik, in den BVfS 1986 – 1989/90; → OTS.

Abt. PF – Passkontrolle und Fahndung, in den BVfS 1964 – 1970, dann mit dem → SR → R/T zur → Abt. VII vereinigt; → HPF.

Abt. PS – Personenschutz; im MfS im 1. Halbjahr und seit November 1953 → HA PS; in den BVfS bis 1989/90.

Abt. PZF – Postzollfahndung, 1976 – 1983; dann in die → Abt. M eingegliedert.

Abt. R – Beobachtung der westlichen Militärverbindungsmissionen, 1959 – 1962; als SR aus der HA VIII/4 hervorgegangen, dann in die → APF eingegliedert.

Abt. RD → RD, → VRD.

Abt. S – Technische Sicherung von Funkabwehr und Telefonüberwachung; im MfS seit November 1953 → HA S; in den BVfS bis 1955, dann → Abt. F.

Abt. SVS – Sicherung von Verschlusssachen und des Geheimnisschutzes, 1958 – 1962; zuvor 1953 – 1955 ähnlich als → Abt. Vau; früher Vorläufer der → ZAGG.

Abt. Trapo – Abwehr in der Transportpolizei, 1956 aufgelöst.

Abt. Vau – Sicherung von Verschlusssachen und des Geheimnisschutzes, 1953 – 1955; früher Vorläufer der → Abt. SVS.

Abt. VuW – Verwaltung und Wirtschaft in den BVfS, 1953 – 1974; → HA VuW.

Abt. W → W.

Abt. Wirtschaftsverwaltung, 1951 – November 1953; im MfS bis Mitte 1953 auch als HA geführt; ging auf in der → HA VuW.

Abt. WuG – Waffen und Geräte, 1960 – 1972; aus einem Referat der → Abt. Nachrichtenverbindungen und Waffen hervorgegangen, später → Abt. BCD.

Abt. Z – Beobachtung der westlichen Militärverbindungsmissionen, 1953 – 1955; dann in die → Abt. VIII eingegliedert.

AfNS – Amt für Nationale Sicherheit, November – Dezember 1989, dann bis Juni 1990 AfNS in Auflösung; siehe auch → MfS.

AG VI → Abt. VI [2].

AG XVII – Arbeitsgruppe Besucherbüros West-Berlin, 1972 – 1989/90.

AG XXII – Terrorabwehr in den BVfS; → Abt. XXII, → HA XXII.

AG AuE – Arbeitsgruppe Aktionen und Einsätze (nur in der BVfS Leipzig).

AG AuK → AuK.

AG Ausländer – Abwehrarbeit gegenüber Ausländern in der DDR, 1976 – 1980; dann in die → HA II eingegliedert.

AG BKK – Arbeitsgruppe Abwehr im Bereich Kommerzielle Koordinierung, 1983 – 1989/90.

AG E – Arbeitsgruppe Einsatztechnik im Zuständigkeitsbereich des Stellvertreters des Ministers für die → HA XVIII, XIX und XX (Schröder bzw. Mittig), 1964 – 1989/90.

AG G – Arbeitsgruppe Geheimnisschutz (in den BVfS), → ZAGG.

AG L – Arbeitsgruppe des Leiters (der BVfS).

AGM – Arbeitsgruppe des Ministers, 1961 – 1989/90.

AGM/B – Arbeitsgruppe des Ministers/Bauwesen (für den Bunkerbau), 1985 – 1988; dann in die → AGM eingegliedert.

AGM/S – Arbeitsgruppe des Ministers/Sicherheit bzw. Einheit Stöcker (Antiterrorkräfte), 1978 – 1988; dann in → Abt. XXIII umbenannt.

AG ÖV – Arbeitsgruppe Öffentliche Verbindungen, 1972 – 1983; aus der → Abt. Agitation hervorgegangen, wurde dort wieder eingegliedert.

AG Stellv. Min. – Arbeitsgruppe beim Stellvertreter des Ministers, 1964 – 1989.

AG SVS → Abt. SVS, → SVS.

AG WTA – Arbeitsgruppe wissenschaftlich-technische Aufklärung, 1956 – 1962; dann als Abt. V in die → HV A eingegliedert.

AIG – Auswertungs- und Informationsgruppe (nur in den BVfS selbstständig, ansonsten Stabsstelle in Diensteinheiten), 1965 – 1978; dann in → AKG umgebildet; → ZAIG.

AKG – Auswertungs- und Kontrollgruppe (nur in den BVfS selbstständig, ansonsten Stabsstelle in Diensteinheiten), 1978 – 1989/90; im Kontext der Einführung von SOUD (siehe vorn bei den Begriffen) aus den → AIG hervorgegangen; → ZAIG.

AÖV → AG ÖV.

APF – Arbeitsgruppe Passkontrolle und Fahndung, 1962 – 1964; u. a. aus der → Abt. R hervorgegangen, später HPF.

APN → IWF.

ASR – Arbeitsgruppe Sicherung des Reiseverkehrs, 1964 – 1970; u. a. aus der Abt. XII/4 (Auslandsreisen) hervorgegangen; ging dann in die → HA VI ein.

AuK – Arbeitsgruppe Anleitung und Kontrolle, 1957 – 1968; aus der Kontrollinspektion (→ KI) hervorgegangen, dann im MfS in die → ZAIG eingegliedert, in den BVfS in die AIG.

AWK – Abwehr Wehrkommando (Wehrbezirkskommando und Wehrkreiskommandos, SR in den BVfS), 1971 – 1989; hervorgegangen aus der Stelle → Beauftragter WBK.

BAfNS – Bezirksamt für Nationale Sicherheit, kurzzeitig im November und Dezember 1989; versuchte Nachfolge der BVfS.

Beauftragter WBK – Abwehr im Wehrbezirkskommando, bis 1971 Vorläufer der SR → AWK in den BVfS.

BdL – Büro der Leitung (Innere Dienstorganisation), 1956 – 1989/90; zuvor → Abt. Allgemeine Verwaltung; in den BVfS anfangs auch als Büro des Leiters bezeichnet.

BdL II – Büro der Leitung II (Internationale Verbindungen der SED und des FDGB insbesondere zur DKP), 1964 – 1979; 1980 in die → HA II eingegliedert.

BdZL SV „Dynamo“ – Büro der Zentralen Leitung der Sportvereinigung „Dynamo“, 1976 – 1989/90.

BCD → Abt. BCD.

BKG – Bezirkskoordinierungsgruppe, 1975 – 1989/90 in den BVfS; → ZKG.

BVfS – Bezirksverwaltung für Staatssicherheit, 1952 – 1989.

Dr. Volpert – Sonderaufgabenbereich Devisenbeschaffung / Häftlingsfreikauf, 1971 – 1985; dann Aufgaben von der → ZKG übernommen.

E → Abt. E.

FAB – Fallschirmausbildungsbasis Eilenburg, 1969 – 1988; dann als Leistungszentrum dem → BdZL SV „Dynamo“ unterstellt.

FFG – Fahndungsführungsgruppe, 1971 – 1987; aus der → Abt. XII hervorgegangen, 1987 in die → HA VII eingegliedert.

Fin. → Abt. Finanzen.

GS – Grenzsicherheit (SR, im zweiten Halbjahr 1989 in BVfS an der westlichen Staatsgrenze aus Teilen der Linien I und VII gebildet), → HA I, → Abt. VII.

HA – Hauptabteilung

HA I – Abwehr im Ministerium für Nationale Verteidigung, in der Nationalen Volksarmee und in den Grenztruppen (bzw. deren Vorläufern), 1951 – 1989/90, zuvor → Abt. I.

HA II – Spionageabwehr, 1953 – 1989; aus den → Abt. II u. IV gebildet.

HA III [1] – Abwehr in der Volkswirtschaft, 1953 – 1964; dann in → HA XVIII umbenannt.

HA III [2] – Funkaufklärung und -abwehr, 1983 – 1989/90; aus den → Abt. III [2] und F gebildet.

HA V – Abwehr im Staatsapparat, in Parteien und Kirchen, Bekämpfung des Untergrunds, 1953 – 1964; dann in → HA XX umbenannt.

HA VI – Passkontrolle, Tourismus, Interhotels, 1970 – 1989/90; aus der → HPF, der → ASR und einem Referat (Abwehr Zoll) der → HA VII hervorgegangen.

HA VII – Abwehr im Ministerium des Innern (MdI), in der Volkspolizei, im Strafvollzug und in den zivilen Dienstzweigen des MdI, 1959 – 1989/90; zuvor → Abt. VII.

HA VIII – Konspirative Beobachtung und Ermittlung, 1958 – 1989/90; aus den → Abt. VIII und Z gebildet.

HA IX – Strafrechtliche Ermittlungen, Untersuchungsorgan, 1953 – 1989/90; zuvor → Abt. IX.

HA XIII – Abwehr im Verkehrswesen, 1953 – 1964; dann in → HA XIX umbenannt.

HA XV – Aufklärung, Auslandsgeheimdienst, 1953 – 1956; dann in → HV A umbenannt; zuvor → IWF.

HA XVIII – Abwehr in der Volkswirtschaft, 1964 – 1989/90; zuvor → HA III [1].

HA XIX – Abwehr im Verkehrs-, Post- und Nachrichtenwesen, 1964 – 1989/90; zuvor → HA XIII.

HA XX – Abwehr im Staatsapparat, in Parteien, Kultureinrichtungen und Kirchen, Bekämpfung des Untergrunds, 1964 – 1989/90; zuvor als → HA V bezeichnet.

HA XXII – Terrorabwehr, 1989; aus den → Abt. XXII und XXIII gebildet.

HA Allgemeine Verwaltung / Intendantur, 1950 – 1953; ging u. a. auf in → Abt. Allgemeine Verwaltung, → HA VuW, → Abt. Agitation.

HA KuSch – Kader und Schulung, 1953 – 1989/90.

HA PS – Personenschutz, 1953 – 1989/90.

HA S – Technische Sicherung von Funkabwehr und Telefonüberwachung, 1953 – 1955; aus → Abt. S hervorgegangen, Ende 1955 aufgelöst, siehe → Abt. F, K, L und O.

HA VuW – Verwaltung und Wirtschaft, 1953 – 1974; aus der → HA Allgemeine Verwaltung und der → Abt. Wirtschaftsverwaltung hervorgegangen, dann der HV B unterstellt, 1974 in der → VRD aufgegangen.

HPF – Hauptabteilung Passkontrolle und Fahndung, 1964 – 1970; aus der → APF entstanden, mit der → ASR zur → HA VI vereinigt.

HV – Hauptverwaltung.

HV A – Aufklärung, Auslandsgeheimdienst, 1956 – 1990; zuvor → HA XV.

HV B – Beschaffung und Wirtschaft, 1958 – 1974; dann in die → VRD umgebildet.

HV Grenzpolizei – Deutsche Grenzpolizei (DGP), 1952 – 1953 und 1955 – 1956; aus dem Ministerium des Innern (MdI) kommend dem MfS eingegliedert, zwischenzeitlich wieder beim MdI, 1956 in die → HV Innere Sicherheit eingegangen.

HV Innere Sicherheit – Militärische Einheiten, 1956 – 1957; aus der → HV Grenzpolizei, der Verwaltung Bereitschaftspolizei und der HA Transportpolizei gebildet, dann ins Ministerium des Innern übernommen.

IB – Informationsbüro beim Minister, 1953.

IG – Informationsgruppe, 1953 – 1955; dann 1955 – 1959 Abt. Information, im MfS 1959 – 1965 Zentrale Informationsgruppe (→ ZIG), seit 1965 → ZAIG, in den BVfS seit 1965 → AIG.

ITU – Institut für technische Untersuchungen, 1956 – 1990; agierte nach außen als selbstständiger Betrieb des Ministeriums für Wissenschaft und Technik, Leitungs- und Schlüsselpositionen durch Offiziere der → Abt. K, seit 1960 des → OTS, seit 1985 als MfS-Betrieb bilanziert, 1990 zum Ingenieurbetrieb für wissenschaftlichen Gerätebau (IWG), dann zur

WIGEBA (Wissenschaftlicher Geräte- und Anlagenbau) GmbH umgewandelt.

IWF – Institut für wirtschaftswissenschaftliche Forschung (beim SED-Generalsekretär), 1951 – 1953; später rückblickend als Außenpolitischer Nachrichtendienst (APN) im Ministerium für Auswärtige Angelegenheiten (MfAA) bezeichnet, 1953 als → HA XV dem SfS unterstellt; → Abt. XV [2].

IWTE – Institut für wissenschaftlich-technische Entwicklungen, 1973 – 1987; der → Abt. III [2] bzw. → HA III [2] nachgeordnete, nach außen als selbstständiger Betrieb des Ministeriums für Wissenschaft und Technik agierende Diensteinheit (HA III/T/6), seit 1985 als MfS-Betrieb bilanziert, 1987 in das → ITU des → OTS eingegliedert.

JHS – Juristische Hochschule des MfS, 1965 – 1990; zuvor 1951 – 1955 Schule Potsdam-Eiche bzw. 1955 – 1965 Hochschule des MfS; ebenso seit 1984 auch als Hochschule des MfS bezeichnet.

KD – Kreisdienststelle für Staatssicherheit, gliederte sich in Referate, zuletzt unterstanden 209 KD den 15 BVfS.

KDfS → KD

KI – Kontrollinspektion, Ende 1953 – 1957; dann → AuK.

KL SED – Kreisleitung der SED, 1953 – 1989/90.

Kollegium – Beratungsgremium beim Staatssekretär bzw. Minister für Staatssicherheit, 1953 im Statut des SfS vorgesehen und 1954 (Geschäftsordnung des Kollegiums) eingerichtet, verlor später zunehmend an Bedeutung.

MD – Medizinischer Dienst, in den BVfS 1959 – 1989/90; Hauptsachgebiet bzw. SR, seit 1974 Abt. → ZMD.

Med. HKH – Medizinischer Dienst im Haftkrankenhaus, 1960 – 1974; dann dem → ZMD unterstellt.

MfS – Ministerium für Staatssicherheit, Februar 1950 – Juni 1953 und November 1955 – November 1989; siehe auch → SfS, → AfNS.

O – Telefonüberwachung (→ Abt. O); in den BVfS 1955 – 1972 → SR, dann in → Abt. 26 umbenannt.

OD – Objektdienststelle, Sicherung wichtiger Betriebe und Hochschulen, ansonsten wie KD; für Ende 1989 sind sieben OD belegt.

OT – Operative Technik; Abteilung in den BVfS; → OTS.

OTS – Operativ-technischer Sektor, 1960 – 1989/90; zunächst AG, seit 1963 Abt., aus Teilen der früheren → HA S hervorgegangen.

PKE – Passkontrolleinheit; in den BVfS relativ selbstständig der → Abt. VI nachgeordnet.

PS – Personenschutz, März 1951 in den Länderverwaltungen gebildet, in den BVfS seit 1952 Abt., später zeitweilig SR; → HA PS.

RD – Rückwärtiger Dienst; Abteilung in den BVfS, auch Gliederung einiger Diensteinheiten; → VRD.

Referent XXI – Innere Abwehr in den BVfS; → Abt. XXI.

RS – Rechtsstelle, 1969 – 1989/90.

R/T – Reiseverkehr, Tourismus, 1966 – 1970; im MfS Referat in der → ASR, in den BVfS als SR; ging dann mit der → HPF in die → HA VI (bzw. in den BVfS mit der → Abt. PF in die Abt. VI) ein.

Schule Gransee – Schule bzw. Fachschule für Grundlagenlehrgänge und für Ergänzungsstudienkurse neu eingestellter MfS-Mitarbeiter, die nicht an der JHS studiert hatten, 1958 – 1990; zuvor 1954 – 1955 in Eberswalde, 1956 – 1958 in Teterow, seit 1975 der → HA KuSch unterstellt.

SdM – Sekretariat des Ministers, 1971 – 1989/90.

SED-KL → KL SED.

Selbstständige(s) Abteilung/Unterabteilung/Referat/Arbeitsgruppe – Diensteinheit, die direkt dem Minister für Staatssicherheit, einem seiner Stellvertreter, einem Leiter BVfS oder dessen Stellvertreter unterstellt und somit nicht Gliederung einer anderen Diensteinheit war; gelegentlich auch für Strukturteile verwandt, die neben bestehenden hierarchischen Strukturen direkt dem Leiter einer Diensteinheit unterstellt waren.

SfS – Staatssekretariat für Staatssicherheit, Juli 1953 – November 1955; siehe auch → MfS.

SR – Selbstständiges Referat (siehe weiterführend unter den die Diensteinheit bezeichnenden Buchstaben MD, O, R/T bzw. unter Abt. XII, Abt. E usw.).

SVS – Sicherung von Verschlusssachen und des Geheimnisschutzes, 1958 – 1962 in den BVfS als SR, in der Arbeitsordnung der BVfS v. 6. März 1968 begegnet die Bezeichnung als AG SVS/XI; → Abt. SVS, → Abt. XI.

VEB Dynamo-Bau – Volkseigener Betrieb in Berlin zum Bau von Sportstätten, Wohnungen und Freizeiteinrichtungen des MfS, 1968 – 1975; dann mit dem → VEB MBB vereinigt zum → VEB SHB.

VEB IVB – Volkseigener Betrieb Informationsverarbeitung Berlin; 1972 aus dem drei Jahre zuvor gebildeten Rechenzentrum der → HV B entstanden und seit 1974 der → Abt. XIII [2] unterstellt.

VEB MBB – Volkseigener Betrieb Montagebau Berlin (für Sonderbaumaßnahmen und Schutzbauten des MfS), 1968 – 1975; dann mit dem → VEB Dynamo-Bau Berlin vereinigt zum → VEB SHB.

VEB SHB – Volkseigener Betrieb Spezialhochbau Berlin, 1975 aus dem → VEB MBB und dem → VEB Dynamo-Bau Berlin gebildet und der → VRD, Bereich Bauwesen unterstellt.

Verwaltung „W“ – Objektverwaltung „Wismut“, 1951 – 1982; dann Abt. → W in der BVfS Karl-Marx-Stadt.

VRD – Verwaltung Rückwärtige Dienste, 1974 – 1989/90; Nachfolgerin der → HV B.

W – Abwehr in der „Wismut" AG (Stellvertreterbereich und Abteilung in der BVfS Karl-Marx-Stadt), 1982 – 1989/90; zuvor → Verwaltung „W".

WR – Wachregiment, 1954 – 1989/90; aus den Kasernierten Wacheinheiten (KWE) und der → HA PS hervorgegangen.

WSE – Wach- und Sicherungseinheit (in den BVfS).

ZAGG – Zentrale Arbeitsgruppe Geheimnisschutz, 1968 – 1989/90.

ZAIG – Zentrale Auswertungs- und Informationsgruppe, 1965 – 1989/90; zuvor → ZIG.

ZIG – Zentrale Informationsgruppe, 1959 – 1965; zuvor 1953 – 1955 Informationsgruppe (→ IG) bzw. 1955 – 1959 Abt. Information, dann 1965 → ZAIG.

ZKG – Zentrale Koordinierungsgruppe (gegen Ausreise und Flucht), 1975 – 1989/90.

ZMD – Zentraler Medizinischer Dienst (für die Betreuung der MfS-Mitarbeiter), 1974 – 1989/90; zuvor seit 1959 → Abt. Med. Dienste.

ZOS – Zentraler Operativstab, 1971 – 1989/90; zuvor seit 1966 Ständiger Operativstab.

Strukturschema 1: Staatssekretariat für Staatssicherheit (SfS) im Ministerium des Innern, August 1953[1]

Ca. 11 000 hauptamtliche Mitarbeiter
(ohne die im Juni 1953 ausgegliederte Grenzpolizei unter Generalmajor Hermann Gartmann)
und ca. 16 000 inoffizielle Mitarbeiter.

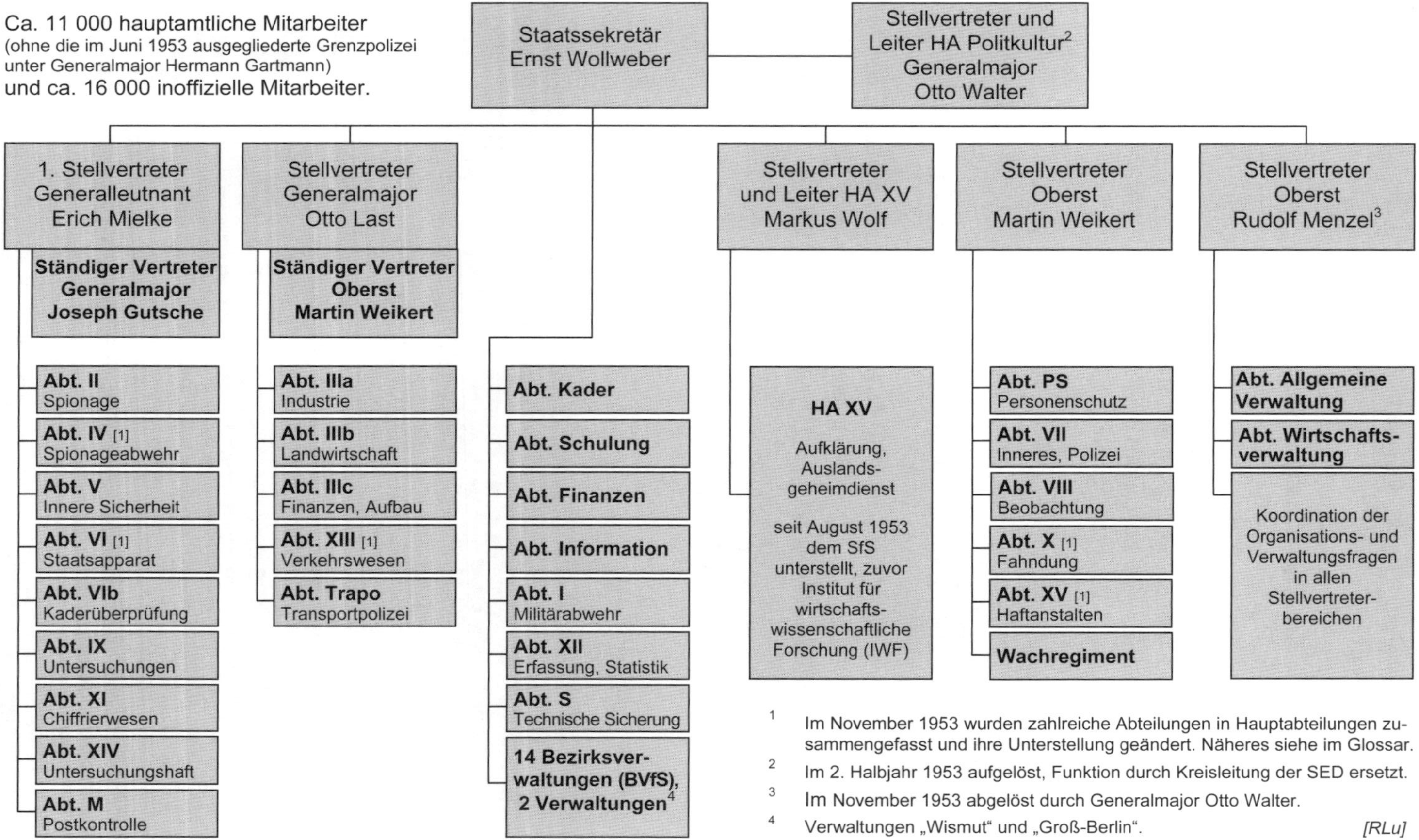

1 Im November 1953 wurden zahlreiche Abteilungen in Hauptabteilungen zusammengefasst und ihre Unterstellung geändert. Näheres siehe im Glossar.
2 Im 2. Halbjahr 1953 aufgelöst, Funktion durch Kreisleitung der SED ersetzt.
3 Im November 1953 abgelöst durch Generalmajor Otto Walter.
4 Verwaltungen „Wismut" und „Groß-Berlin".

[RLu]

Strukturschema 2: Ministerium für Staatssicherheit (MfS), April 1974

Ca. 55 800 hauptamtliche Mitarbeiter
und ca. 165 000 inoffizielle Mitarbeiter.

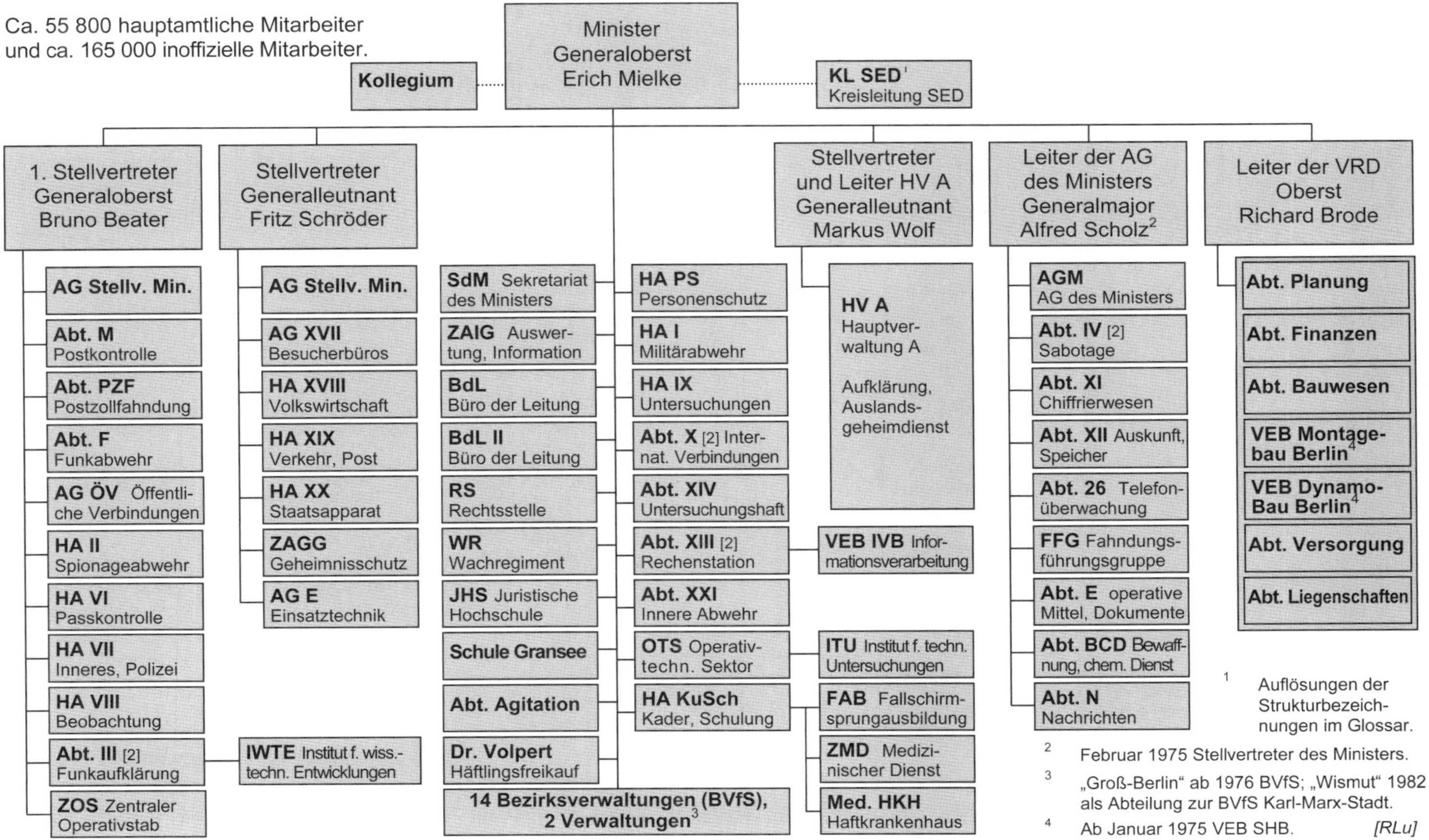

1 Auflösungen der Strukturbezeichnungen im Glossar.

2 Februar 1975 Stellvertreter des Ministers.

3 „Groß-Berlin“ ab 1976 BVfS; „Wismut“ 1982 als Abteilung zur BVfS Karl-Marx-Stadt.

4 Ab Januar 1975 VEB SHB. *[RLu]*

Strukturschema 3: Ministerium für Staatssicherheit (MfS), November 1986

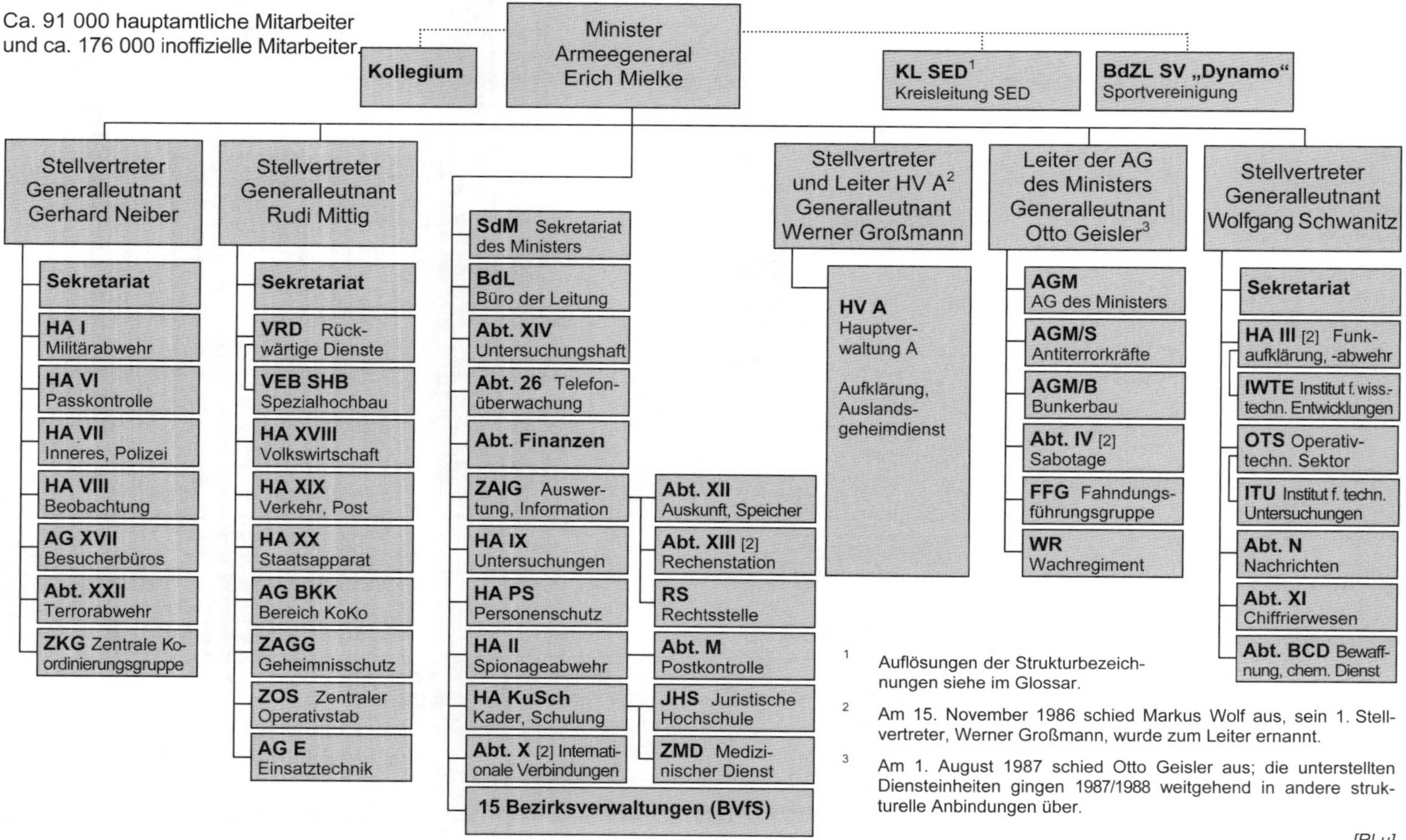

1 Auflösungen der Strukturbezeichnungen siehe im Glossar.

2 Am 15. November 1986 schied Markus Wolf aus, sein 1. Stellvertreter, Werner Großmann, wurde zum Leiter ernannt.

3 Am 1. August 1987 schied Otto Geisler aus; die unterstellten Diensteinheiten gingen 1987/1988 weitgehend in andere strukturelle Anbindungen über.

[RLu]

Strukturschema 4: Ministerium für Staatssicherheit (MfS), Oktober 1989

Ca. 90 000 hauptamtliche Mitarbeiter und ca. 173 000[1] inoffizielle Mitarbeiter (ohne BVfS ca. 48 000 hauptamtliche und 38 000 inoffizielle Mitarbeiter).

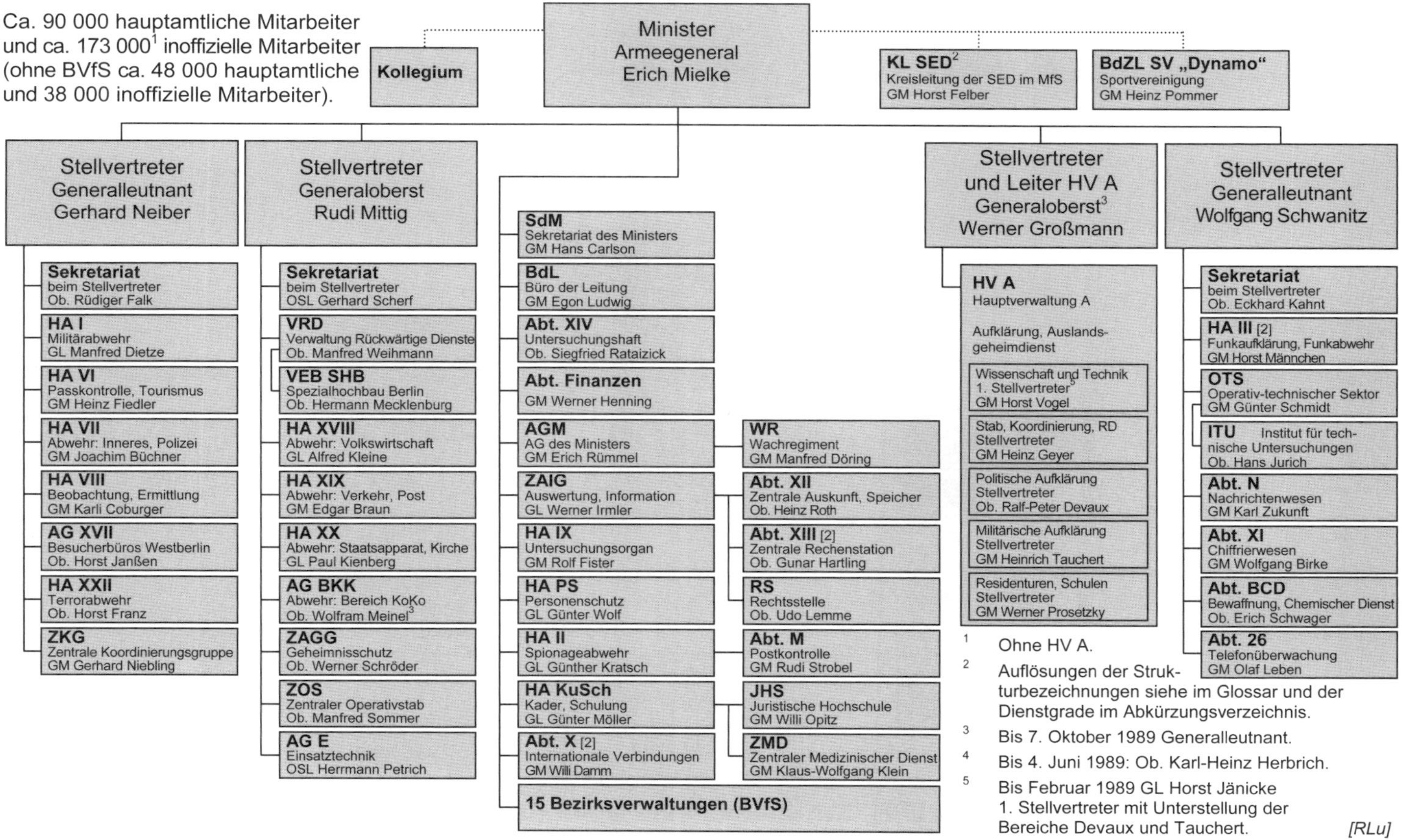

1 Ohne HV A.

2 Auflösungen der Strukturbezeichnungen siehe im Glossar und der Dienstgrade im Abkürzungsverzeichnis.

3 Bis 7. Oktober 1989 Generalleutnant.

4 Bis 4. Juni 1989: Ob. Karl-Heinz Herbrich.

5 Bis Februar 1989 GL Horst Jänicke 1. Stellvertreter mit Unterstellung der Bereiche Devaux und Tauchert.

[RLu]

Strukturschema 5: Bezirksverwaltung für Staatssicherheit (BVfS), Juli 1955[1]

1955 hatten die 14 BVfS und 2 Verwaltungen (einschließlich KD) ca. 11 000 hauptamtliche Mitarbeiter.

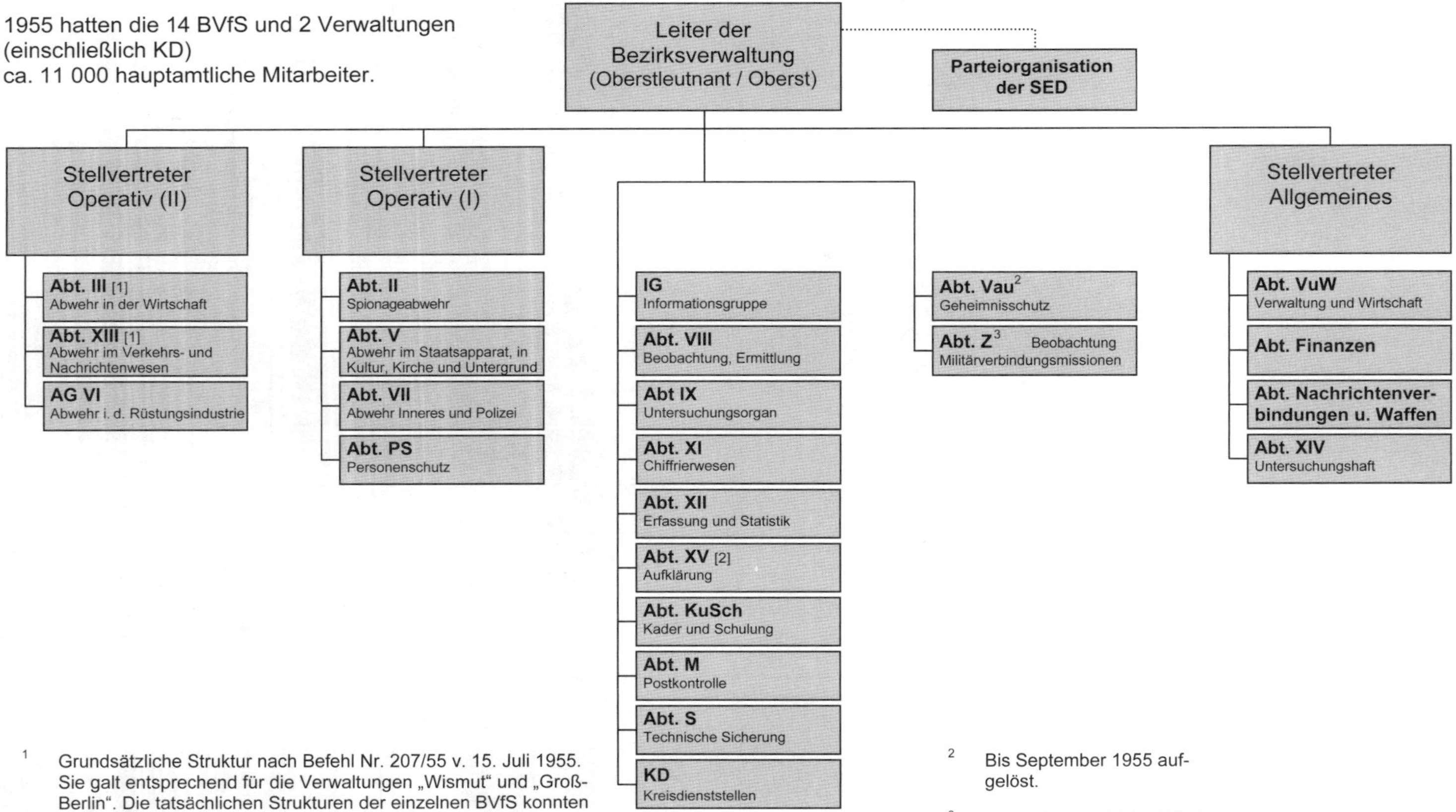

1 Grundsätzliche Struktur nach Befehl Nr. 207/55 v. 15. Juli 1955. Sie galt entsprechend für die Verwaltungen „Wismut“ und „Groß-Berlin“. Die tatsächlichen Strukturen der einzelnen BVfS konnten in Details abweichen. Auflösungen für die Strukturbezeichnungen siehe im Glossar.

2 Bis September 1955 aufgelöst.

3 Im zweiten Halbjahr 1955 in die Abt. VIII eingegliedert.

[RLu]

Strukturschema 6: Bezirksverwaltung für Staatssicherheit (BVfS), März 1968[1]

1968 hatten die 14 BVfS und 2 Verwaltungen (einschließlich KD und OD) ca. 18 000 hauptamtliche Mitarbeiter.

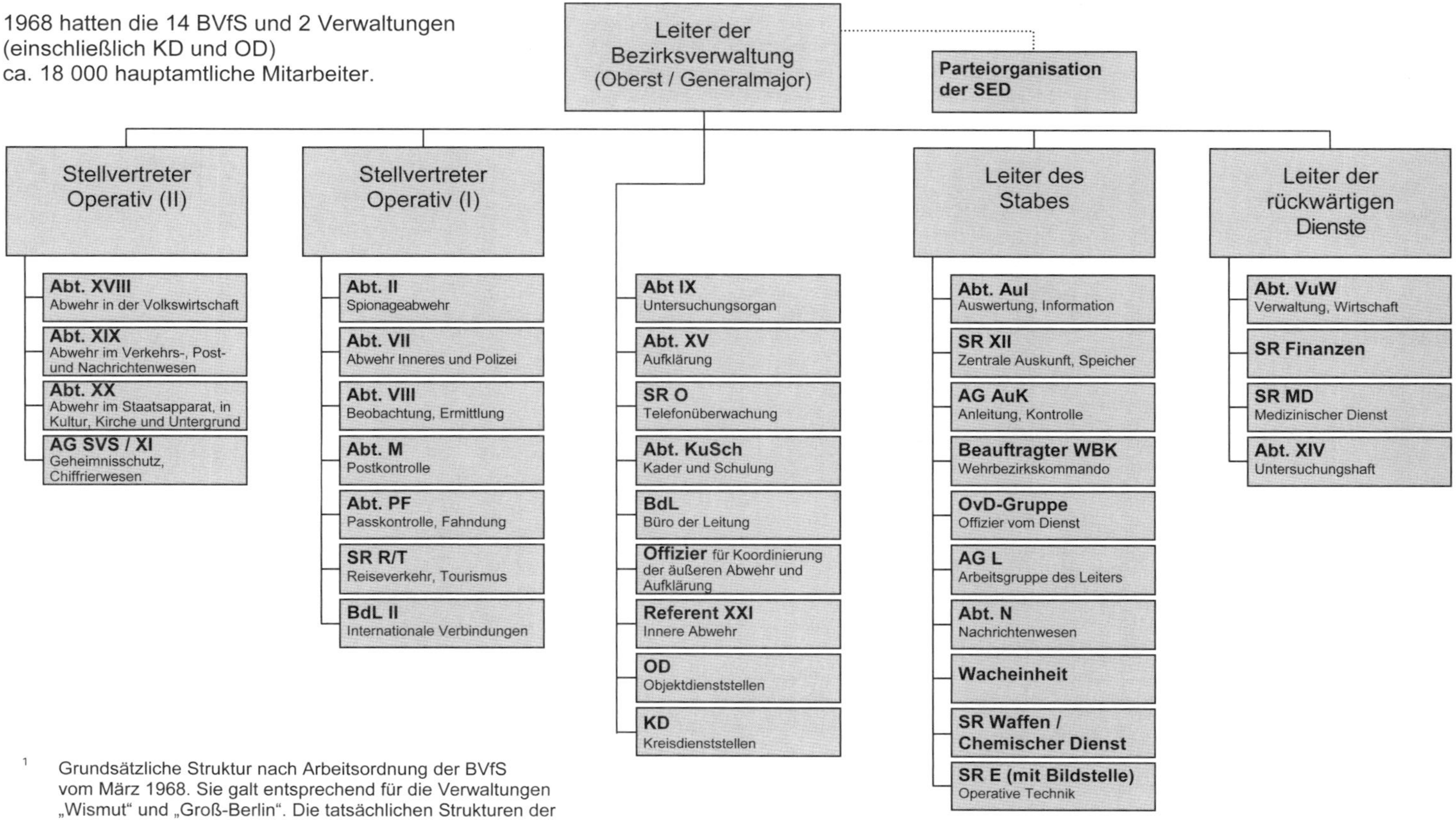

1 Grundsätzliche Struktur nach Arbeitsordnung der BVfS vom März 1968. Sie galt entsprechend für die Verwaltungen „Wismut" und „Groß-Berlin". Die tatsächlichen Strukturen der einzelnen BVfS konnten in Details abweichen. Auflösungen für die Strukturbezeichnungen siehe im Glossar.

[RLu]

Strukturschema 7: Bezirksverwaltung für Staatssicherheit (BVfS), 2. Halbjahr 1989[5]

1988/1989 hatten die 15 BVfS (mit KD) ca. 43 000 hauptamtliche Mitarbeiter, und ca. 135 000 inoffizielle Mitarbeiter (einschließlich 25 000 GMS).

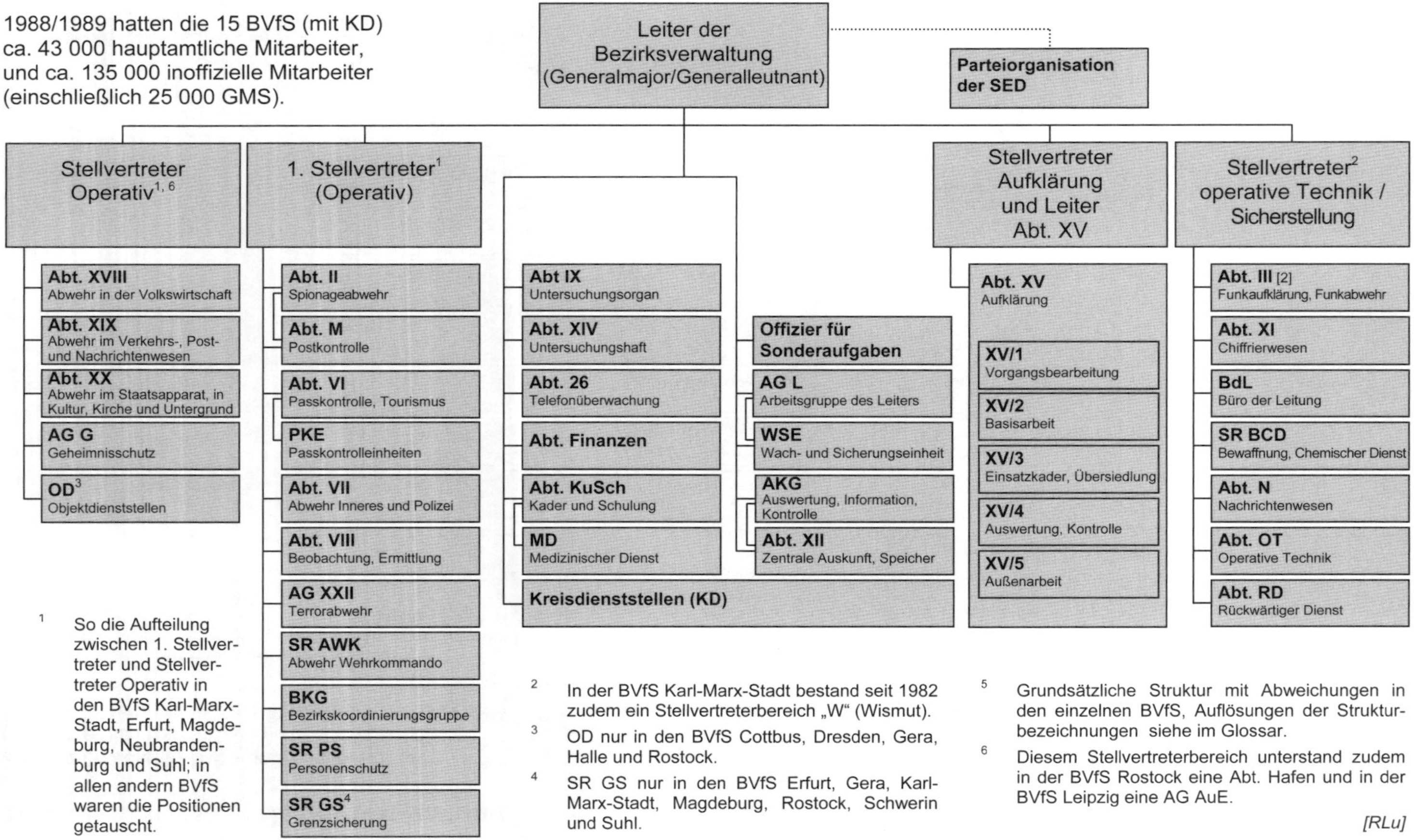

1 So die Aufteilung zwischen 1. Stellvertreter und Stellvertreter Operativ in den BVfS Karl-Marx-Stadt, Erfurt, Magdeburg, Neubrandenburg und Suhl; in allen andern BVfS waren die Positionen getauscht.

2 In der BVfS Karl-Marx-Stadt bestand seit 1982 zudem ein Stellvertreterbereich „W" (Wismut).

3 OD nur in den BVfS Cottbus, Dresden, Gera, Halle und Rostock.

4 SR GS nur in den BVfS Erfurt, Gera, Karl-Marx-Stadt, Magdeburg, Rostock, Schwerin und Suhl.

5 Grundsätzliche Struktur mit Abweichungen in den einzelnen BVfS, Auflösungen der Strukturbezeichnungen siehe im Glossar.

6 Diesem Stellvertreterbereich unterstand zudem in der BVfS Rostock eine Abt. Hafen und in der BVfS Leipzig eine AG AuE.

[RLu]

Strukturschema 8: Abteilung XII (Erfassung und Statistik) des MfS, Dezember 1956

75 Mitarbeiter.

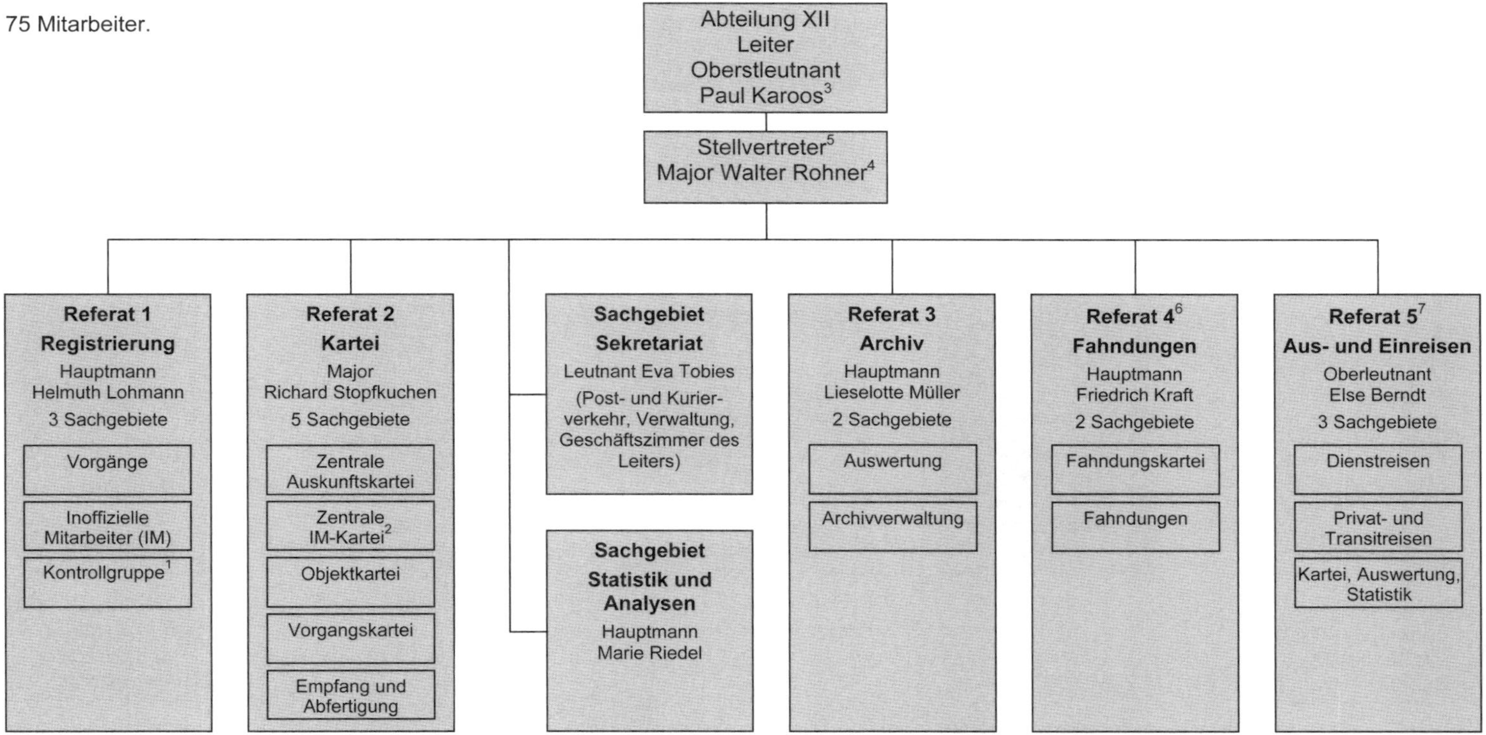

1 Januar 1959 Kontrollgruppe an Referat 2 abgegeben.

2 Juni 1959 Straßenkartei der IM an Referat 1 abgegeben.

3 Leiter von Dezember 1951 bis April 1964.

4 Dezember 1953 bis Januar 1962.

5 Ab 1958 waren die Zuständigkeiten für die Referate zwischen Leiter und Stellvertreter aufgeteilt.

6 Seit Juli 1954; im Oktober 1957 aufgelöst und als Sachgebiet zum Referat 1.

7 Nach November 1955 gebildet; vor Mai 1958 in Referat 4 umbenannt. *[RLu]*

Strukturschema 9: Abteilung XII (Zentrale Auskunft/Speicher) des MfS, Dezember 1963

92 Mitarbeiter.

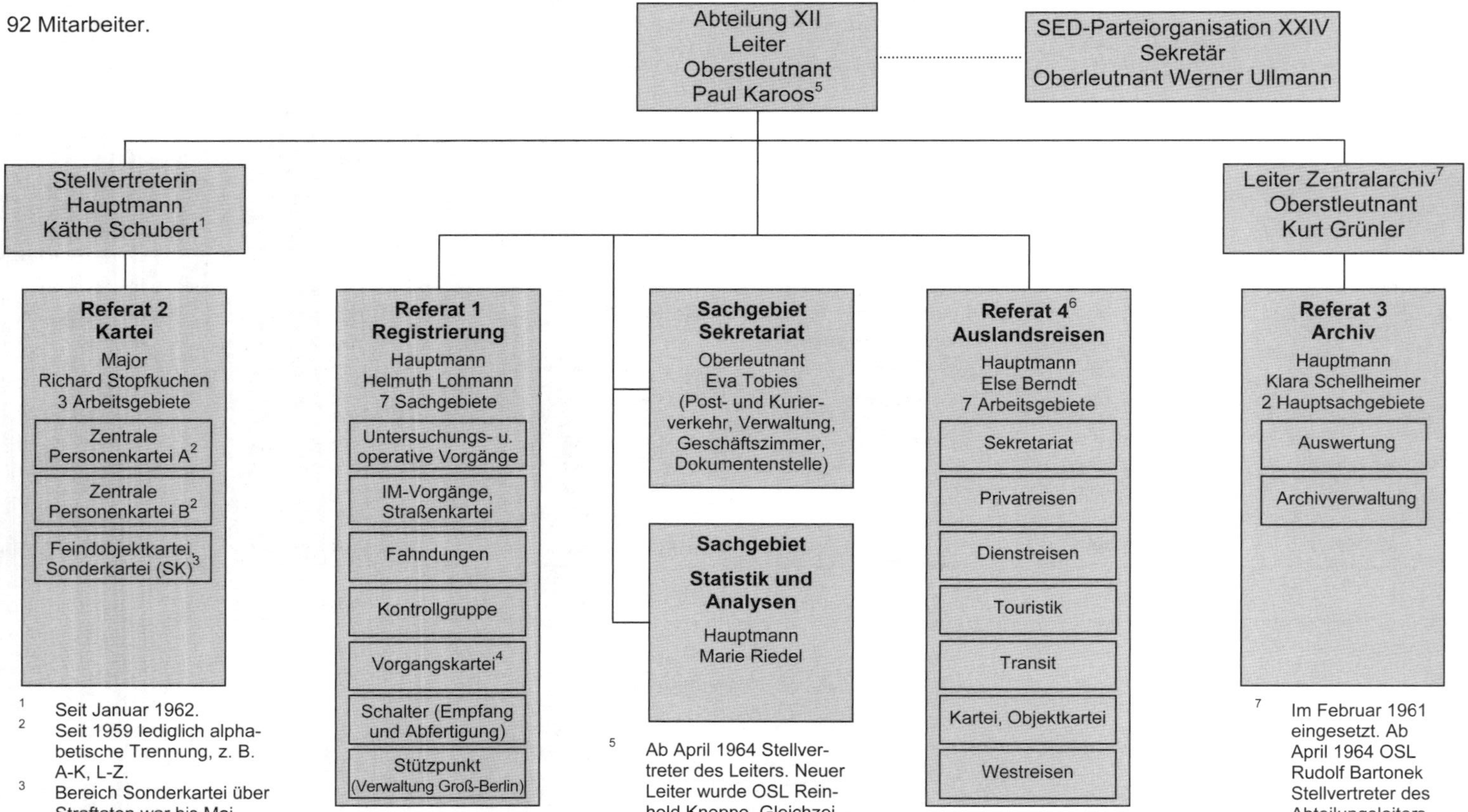

1 Seit Januar 1962.

2 Seit 1959 lediglich alphabetische Trennung, z. B. A-K, L-Z.

3 Bereich Sonderkartei über Straftaten war bis Mai 1963 das Referat 5, im August 1964 ging er an das Referat 3.

4 Kam im November 1963 vom Referat 2 zum Referat 1.

5 Ab April 1964 Stellvertreter des Leiters. Neuer Leiter wurde OSL Reinhold Knoppe. Gleichzeitig kam die Abt. XII von der HV B (Ob. Gaida) zur AGM (Ob. Scholz).

6 Im Oktober 1964 ausgegliedert, kam zur ASR.

7 Im Februar 1961 eingesetzt. Ab April 1964 OSL Rudolf Bartonek Stellvertreter des Abteilungsleiters und Leiter Referat 3 (Archiv).

[RLu]

Strukturschema 10: Abteilung XII (Zentrale Auskunft/Speicher) des MfS, 1975[1]

224 Mitarbeiter.

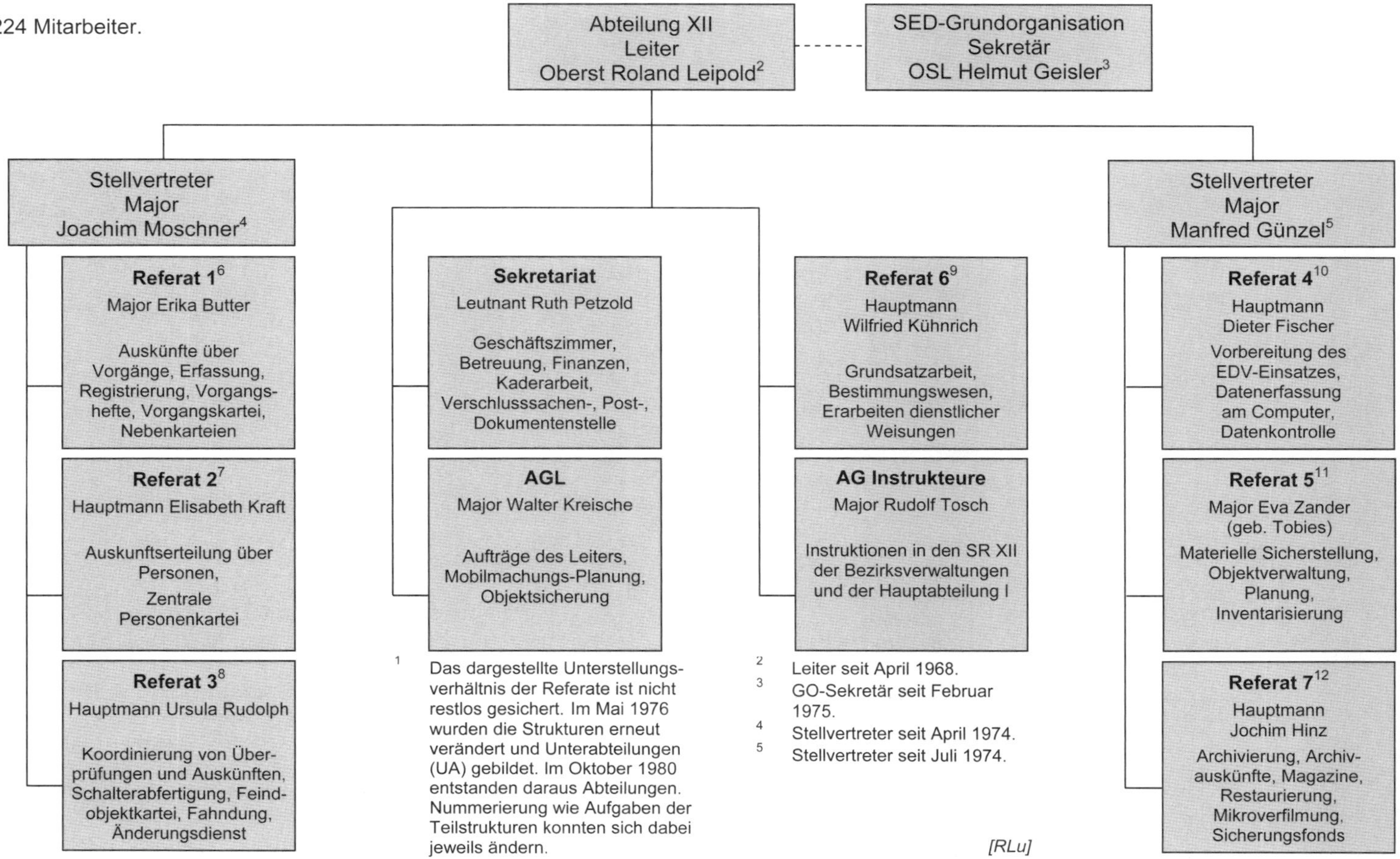

1 Das dargestellte Unterstellungsverhältnis der Referate ist nicht restlos gesichert. Im Mai 1976 wurden die Strukturen erneut verändert und Unterabteilungen (UA) gebildet. Im Oktober 1980 entstanden daraus Abteilungen. Nummerierung wie Aufgaben der Teilstrukturen konnten sich dabei jeweils ändern.

2 Leiter seit April 1968.

3 GO-Sekretär seit Februar 1975.

4 Stellvertreter seit April 1974.

5 Stellvertreter seit Juli 1974.

[RLu]

Strukturschema 11: Abteilung XII (Zentrale Auskunft/Speicher) des MfS, 2. Halbjahr 1989

Insgesamt 344 Mitarbeiter (MA), zudem (mit Stand Januar 1988) 26 IM und 15 GMS.

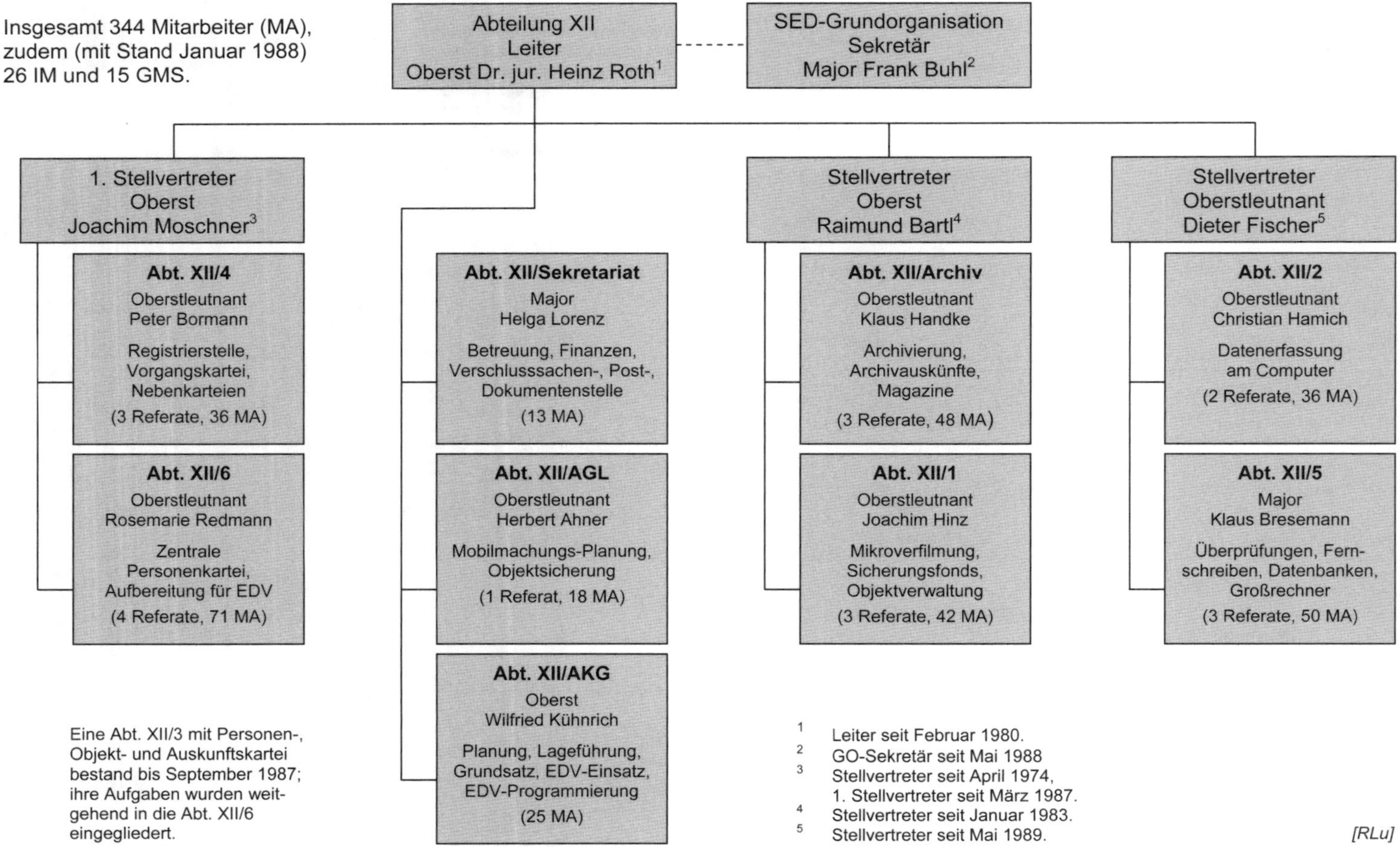

Eine Abt. XII/3 mit Personen-, Objekt- und Auskunftskartei bestand bis September 1987; ihre Aufgaben wurden weitgehend in die Abt. XII/6 eingegliedert.

1 Leiter seit Februar 1980.
2 GO-Sekretär seit Mai 1988
3 Stellvertreter seit April 1974, 1. Stellvertreter seit März 1987.
4 Stellvertreter seit Januar 1983.
5 Stellvertreter seit Mai 1989.

[RLu]

Verzeichnis der Quellen, Untersuchungen und Darstellungen

1 Archivische Quellen

1.1 Dienstliche Bestimmungen des MfS

Anordnung zum Schutz der Staatsgeheimnisse – Staatsgeheimnisanordnung – (SGAO) vom 15. Januar 1988; BStU, MfS BdL/Dok. Nr. 5279.

Anweisung Nr. 8/65 über Auskunftserteilung und Anforderung von Archivunterlagen aus der Abteilung bzw. Referaten XII vom 10. September 1965; BStU, MfS BdL/Dok. Nr. 3531; ediert in: Engelmann/Joestel: Grundsatzdokumente, S. 150 – 152.

Anweisung Nr. 1/69 über Grundsätze zur Regelung des Dienstverhältnisses mit den auf dem Gebiet der Aufklärung tätigen Offizieren im besonderen Einsatz des MfS vom 13. März 1969; BStU, MfS BdL/Dok. Nr. 4965; ediert in: Müller-Enbergs: Arbeit mit IM, Teil 2, S. 406 – 418.

Arbeitsanweisung Nr. 8/86 über die Behandlung des Schriftguts in den Abteilungen Finanzen des MfS (einschließlich Anlagen 1 und 2) vom 17. Juni 1986; BStU, MfS BdL/Dok. Nr. 2168.

Arbeitsorganisatorische Festlegungen zur Archivordnung der Abteilung XII zur Übernahme und Archivierung von politisch-operativem Schriftgut durch die Archive der Linie XII, zur Übernahme und Archivierung von Schriftgut anderer staatlicher Organe durch die Archive der Linie XII und zur Archivverwaltung von 1989; BStU, MfS BdL/Dok. Nr. 3106.

Befehl Nr. 1/50 über die Schaffung einer Abteilung Erfassung und Statistik und über das Inkraftsetzen der Richtlinien vom 20. September 1950; BStU, MfS BdL/Dok. Nr. 1; ediert in: Engelmann/Joestel: Grundsatzdokumente, S. 34 – 36.

Befehl Nr. 41/52 über Richtlinien für den Post- und Schriftverkehr vom 8. April 1952; BStU, MfS BdL/Dok. Nr. 58.

Befehl Nr. 41/52, 1. Durchführungsbestimmung für den Post- und Schriftverkehr innerhalb und außerhalb des MfS, Kurierdienst von 1952; BStU, MfS BdL/Dok. Nr. 59.

Befehl Nr. 279/53 über die Bildung einer Informationsgruppe im Staatssekretariat für Staatssicherheit vom 7. August 1953; BStU, MfS BdL/Dok. Nr. 183.

Befehl Nr. 584/60 über die Verbesserung der Informationsarbeit des MfS vom 7. Dezember 1960; BStU, MfS BdL/Dok. Nr. 670.

Befehl Nr. 584/60, Schreiben über die Einziehung von Dokumenten vom 17. Dezember 1965; BStU, MfS BdL/Dok. Nr. 671.

Befehl Nr. 299/65 über die Organisierung eines einheitlichen Systems der politisch-operativen Auswertungs- und Informationstätigkeit des MfS vom 24. Juli 1965; BStU, MfS BdL/Dok. Nr. 3900; ediert in: Engelmann/Joestel: Grundsatzdokumente, S. 141 – 149.

Befehl Nr. 299/65, 1. Durchführungsbestimmung über die Erarbeitung von Jahresanalysen über die Entwicklung der politisch-operativen Lage und die Wirksamkeit der politisch-operativen Arbeit vom 4. Juli 1972; BStU, MfS BdL/Dok. Nr. 3901.

Befehl Nr. 299/65, 2. Durchführungsbestimmung über die zentrale Nachweisführung in der Abteilung XII über die in die Kerblochkarteien aufzunehmenden Personen und operativ interessierenden Objekte/West und die Auswertung der Ergebnisse der OPK, Vorläufe Operativ, Operativvorgänge und Untersuchungsvorgänge für die Erfassung in den Kerblochkarteien vom 20. Mai 1974; BStU, MfS BdL/Dok. Nr. 3902.

Befehl Nr. 299/65, 3. Durchführungsbestimmung über den Aufbau und die Arbeit mit Vorverdichtungs-, Such- und Hinweiskarteien in den operativen Diensteinheiten des MfS vom 20. Mai 1974; BStU, MfS BdL/Dok. Nr. 3903.

Befehl Nr. 299/65, Anlage 1: Arbeitsrichtlinie über die politisch-operative Auswertungs- und Informationstätigkeit im MfS vom 24. Juli 1965; BStU, MfS BdL/Dok. Nr. 3904.

Befehl Nr. 299/65, Anlage 2: Inhaltliche Schwerpunkte der politisch-operativen Auswertungs- und Informationstätigkeit vom 24. Juli 1965; BStU, MfS BdL/Dok. Nr. 3905.

Befehl Nr. 299/65, Anlage 3: Schlüsselplan – Deliktekartei; BStU, MfS BdL/Dok. Nr. 3906.

Befehl Nr. 299/65, Anlage 4: Schlüsselplan – Personenkartei; BStU, MfS BdL/Dok. Nr. 3907.

Befehl Nr. 299/65, Anlage 4: Personenkerblochkartei DDR; BStU, MfS BdL/Dok. Nr. 3908.

Befehl Nr. 299/65, Anlage 5: Kfz-Kartei [bisher nicht nachweisbar].

Befehl Nr. 299/65, Anlage 6: Schlüsselplan – Personenkartei-West; BStU, MfS BdL/Dok. Nr. 3909.

Befehl Nr. 299/65, Anlage 7: Grundsätze und Verfahrensweise zur Dokumentation von verdichteten politisch-operativen Informationen auf Sichtlochkartenbasis vom 30. März 1975; BStU, MfS BdL/Dok. Nr. 3910.

Befehl Nr. 299/65, Anlage 8: Arbeit mit operativen Statistiken; BStU, MfS BdL/Dok. Nr. 3911.

Befehl Nr. 299/65, Katalog zum Auswertungsvorgang der Linie II; BStU, MfS BdL/Dok. Nr. 3912.

Befehl Nr. 299/65, 1. Änderung: Neufassung des Abschnittes VI.1, Neufassung des Punktes 11 der Arbeitsrichtlinie vom 28. Juni 1969; BStU, MfS BdL/Dok. Nr. 3915.

Befehl Nr. 299/65, Ergänzung zur 1. Anlage: Ergänzung der Arbeitsrichtlinie zum Befehl Nr. 299/65 über die Einführung einer einheitlichen operativen Statistik vom 1. Juni 1970; BStU, MfS BdL/Dok. Nr. 3916.

Befehl Nr. 299/65, 1. Änderung zur Anlage 4: Aufnahme von Festlegungen zur Erfassung von Bürgern der DDR, die rechtswidrig versuchen, die Übersiedlung nach nichtsozialistischen Staaten und Westberlin zu erreichen vom 18. April 1977; BStU, MfS BdL/Dok. Nr. 3918.

Befehl Nr. 299/65, 2. Änderung: Bildung und Aufgaben der Arbeitsgruppen Auswertung und Information vom 3. April 1978; BStU, MfS BdL/Dok. Nr. 3919.

Befehl Nr. 299/65: 3. Änderung: Bildung und Aufgaben der Referate Auswertung und Information vom 3. April 1978; BStU, MfS BdL/Dok. Nr. 3920.

Befehl Nr. 299/65, Schreiben über Außerkraftsetzung der Festlegungen im Befehl 299/65 zu den Aufgaben der Auswertungs- und Informationsorgane durch die 2. und 3. Änderung zum Befehl Nr. 299/65 und den Erlass des Befehls Nr. 6/78 vom 3. April 1978; BStU, MfS BdL/Dok. Nr. 3921.

Befehl Nr. 299/65, Schreiben zur Außerkraftsetzung des Befehls Nr. 299/65 und seinen Anlagen: BdL-Schreiben vom 3. Februar 1981, 21. Juli 1982 und 26. Juni 1982; BStU, MfS BdL/Dok. Nr. 3922.

Befehl Nr. 30/68 über die strukturelle Umgestaltung der ZAIG, Auflösung der AG Anleitung und Kontrolle ab 01.08.1968, Bildung der Arbeitsgruppe SVS vom 31. Juli 1968; BStU, MfS BdL/Dok. Nr. 1293.

Befehl Nr. 20/72, Vorläufige Ordnung über die Informationstätigkeit vom 2. Juni 1972; BStU, MfS BdL/Dok. Nr. 1744.

Befehl Nr. 20/72 über politisch-operative Aufgaben zur sicheren und vertragsgerechten Durchführung des Transit-, Reise- und Besucherverkehrs (Aktion „Akzent") vom 2. Juni 1972; BStU, MfS BdL/Dok. Nr. 1743.

Befehl Nr. 40/72, Maßnahmen zur politisch-operativen Sicherung des Beschlusses des Staatsrates der DDR vom 6. Oktober 1972 über eine Amnestie aus Anlass des 23. Jahrestages der Gründung der DDR vom 5. Oktober 1972; BStU, MfS BdL/Dok. Nr. 1664.

Befehl Nr. 40/72, Anlage 1: Ordnung zur Informationstätigkeit – Informationsordnung – vom 18. Oktober 1972; BStU, MfS BdL/Dok. Nr. 1665.

Befehl Nr. 6/78 über Bildung und Aufgaben der Auswertungs- und Kontrollgruppen in den Bezirksverwaltungen vom 3. April 1978; BStU, MfS BdL/Dok. Nr. 5554; ediert in: Engelmann/Joestel: Grundsatzdokumente, S. 304 – 319.

Befehl Nr. 6/78, Schreiben zur 1. Änderung des Befehls Nr. 6/78 vom 25. Februar 1982; BStU, MfS BdL/Dok. Nr. 5555.

Befehl Nr. 6/78, 1. Durchführungsbestimmung über die Arbeit der Referate Auswertung und Information der KD/OD vom 5. Dezember 1978; BStU, MfS BdL/Dok. Nr. 5556.

Befehl Nr. 6/78, 1. Durchführungsbestimmung über die Arbeit der Referate bzw. Arbeitsgruppen Auswertung und Information der KD/OD und der operativen Abteilungen/selbständige Referate der BV vom 25. Februar 1982; BStU, MfS BdL/Dok. Nr. 5557.

Befehl Nr. 11/79 über die Zusammenarbeit der am Abkommen über das „System der vereinigten Erfassung von Informationen über den Gegner (SOUD)" beteiligten Staatssicherheitsorgane der VRB, UVR, DDR, Republik Kuba, MVR, VRP, UdSSR und CSSR vom 7. Juni 1979; BStU, MfS BdL/Dok. Nr. 4941.

Befehl Nr. 6/85 über die Auflösung der Abteilung Agitation als selbständige Abteilung des MfS und ihre Eingliederung in die ZAIG vom 30. April 1985; BStU, MfS BdL/Dok. Nr. 8057.

Befehl Nr. 20/86 über das Unterstellungsverhältnis der Diensteinheiten vom 14. November 1986; BStU, MfS BdL/Dok. Nr. 8387.

Beschluss über die „Offiziere im besonderen Einsatz" des MfS vom 25. Februar 1957; ediert in: Müller-Enbergs: Arbeit mit IM, Teil 2, S. 286 – 289.

Beschluss des Ministerrates über die Bildung des Nachrichtendienstes der DDR und des Verfassungsschutzes der DDR vom 14. Dezember 1989;

BStU, MfS BdL/Dok. Nr. 8410; ediert in: Engelmann/Joestel: Grundsatzdokumente, S. 479 – 482.

Dienstanweisung Nr. 1/72 zur operativen Aufklärung und Kontrolle von Kadern sowie Kaderkandidaten des MdI und seiner Organe (ausgenommen Organe des Wehrersatzdienstes), der Koordinierung dieser Maßnahmen auf der Linie VII sowie Grundsätze des Zusammenwirkens vom 19. Mai 1972; BStU, MfS BdL/Dok. Nr. 2348.

Dienstanweisung Nr. 7/75, Überprüfung, Erfassung und Archivierung der inoffiziellen Verbindungen der Verwaltung Aufklärung des Ministeriums für Nationale Verteidigung in der Abteilung XII des MfS vom 1. September 1975; BStU, MfS BdL/Dok. Nr. 4627.

Dienstanweisung Nr. 1/79 über die politisch-operativen Aufgaben des MfS bei der Überprüfung der Personen, die um Aufnahme in die DDR ersuchen sowie deren Kontrolle nach erfolgter Aufnahme vom 9. März 1979; BStU, MfS BdL/Dok. Nr. 6818.

Dienstanweisung Nr. 1/79, 1. Durchführungsbestimmung über die Organisation einer wirksamen Öffentlichkeitsarbeit unter Nutzung dazu geeigneter Personen, die um Auf- bzw. Wiederaufnahme in die DDR ersuchen bzw. aufgenommen wurden vom 9. März 1979; BStU, MfS BdL/Dok. Nr. 6819.

Dienstanweisung Nr. 1/79, 1. Änderung über die politisch-operative Überprüfung und Bearbeitung von Personen, die um Aufnahme in die DDR ersuchen vom 11. August 1982; BStU, MfS BdL/Dok. Nr. 6820.

Dienstanweisung Nr. 1/80 über Grundsätze der Aufbereitung, Erfassung und Speicherung operativ bedeutsamer Informationen durch die operativen Diensteinheiten des MfS vom 20. Mai 1980; BStU, MfS BdL/Dok. Nr. 5221; ediert in: Engelmann/Joestel: Grundsatzdokumente, S. 328 – 343.

Dienstanweisung Nr. 2/81 zur einheitlichen Gestaltung der Erfassung und Überprüfung von Personen und Objekten, der Registrierung von Vorgängen und Akten sowie der Archivierung politisch-operativen Schriftgutes in den Abteilungen XII vom 1. Juli 1981; BStU, MfS BdL/Dok. Nr. 4210; ediert in: Engelmann/Joestel: Grundsatzdokumente, S. 384 – 396.

Dienstanweisung Nr. 2/81, 1. Durchführungsbestimmung über die Erfassung und Überprüfung von Personen und Objekten und die Registrierung von Vorgängen und Akten zu Personen und Objekten in den Abteilungen XII sowie die Aufgabe zur Durchsetzung einer einheitlichen Aktenführung vom 7. Dezember 1981; BStU, MfS BdL/Dok. Nr. 4211.

Dienstanweisung Nr. 2/81, 2. Durchführungsbestimmung über die Überprüfung von Personen und Objekten in der Abteilung XII des MfS und die Auskunftserteilung nach Überprüfungen vom 7. Dezember 1981; BStU, MfS BdL/Dok. Nr. 4212.

Dienstanweisung Nr. 2/81, 3. Durchführungsbestimmung zur Archivierung politisch-operativen Schriftgutes in den Abteilungen XII und die Bereitstellung von und Auskunftserteilung aus Archivmaterialien vom 2. April 1982; BStU, MfS BdL/Dok. Nr. 4213.

Dienstanweisung Nr. 2/81, 3. Durchführungsbestimmung zur Archivierung politisch-operativen Schriftgutes in den Abteilungen XII und die Bereitstellung von und Auskunftserteilung aus Archivmaterialien (in der Fassung) vom 15. März 1984; BStU, MfS BdL/Dok. Nr. 4214.

Dienstanweisung Nr. 2/81, Schreiben über Maßnahmen zur Dienstanweisung Nr. 2/81: Durchsetzung der sich für die Hauptabteilung VIII ergebenden Aufgaben vom 28. Juli 1981; BStU, MfS BdL/Dok. Nr. 5827.

Dienstanweisung Nr. 2/82 zur Einleitung und Realisierung von Fahndungen im Reiseverkehr über die Staatsgrenze der DDR vom 17. November 1982; BStU, MfS BdL/Dok. Nr. 5030.

Dienstanweisung Nr. 2/81, Schreiben über Maßnahmen zur zentralen Nachweisführung und Auskunftserteilung über nicht aktiv erfasste Personen in der Abteilung XII des MfS, die in der Hauptstadt der DDR, Berlin, wohnhaft sind und zu denen operative Ermittlungen geführt wurden vom 15. August 1983; BStU, MfS BdL/Dok. Nr. 4215.

Dienstanweisung Nr. 2/81, Schreiben zur Neufassung der 3. Durchführungsbestimmung vom 15. März 1984; BStU, MfS BdL/Dok. Nr. 4208.

Dienstanweisung Nr. 2/81, 1. Ergänzung zur 3. Durchführungsbestimmung über die Archivierung politisch-operativen Schriftgutes in den Abteilungen XII und die Bereitstellung von und Auskunftserteilung aus Archivmaterialien vom 25. März 1986; BStU, MfS BdL/Dok. Nr. 4217.

Dienstanweisung Nr. 2/81, Schreiben über die Präzisierung bzw. Neubestimmung von Unterschriftsberechtigungen im formgebundenen operativen Schriftverkehr vom 5. Mai 1986; BStU, MfS BdL/Dok. Nr. 4204.

Dienstanweisung Nr. 2/81, Schreiben mit Hinweis zur Dienstanweisung Nr. 2/81 vom 24. Mai 1986; BStU, MfS BdL/Dok. Nr. 4219.

Dienstanweisung Nr. 2/81, Schreiben über die Erfassung von Angehörigen und Zivilbeschäftigten des MfS entsprechend der Dienstanweisung Nr. 2/81 vom 26. August 1986; BStU, MfS BdL/Dok. Nr. 50961.

Dienstanweisung Nr. 2/81, 1. Änderung der 2. Durchführungsbestimmung über die Änderung in der Auskunftserteilung der Abteilung XII vom 6. Januar 1988; BStU, MfS BdL/Dok. Nr. 4216.

Dienstanweisung Nr. 2/81, Schreiben über die Auskunftserteilung zu Materialien über die Zeit vor 1945 (in Änderung der 2. Durchführungsbestimmung) vom 2. Dezember 1988; BStU, MfS BdL/Dok. Nr. 4209.

Dienstanweisung Nr. 2/81, 2. Ergänzung zur 3. Durchführungsbestimmung über Anforderungen an Abschlußberichte zu registrierten Vorgängen und Akten und Festlegungen zur Aufbewahrungsdauer, Kassation sowie Sicherungs- und Ersatzverfilmung politisch-operativen Schriftgutes; Anlage 1: Anhalt zur Festlegung der Aufbewahrungsfristen und zwei Muster (Abschlußbericht) vom 4. Januar 1989; BStU, MfS BdL/Dok. Nr. 4218.

Festlegungen zur einheitlichen Durchführung der Aufgaben der Archivarbeit in der Abteilung XII des MfS und den Abteilungen XII der Bezirksverwaltungen/Hauptabteilung I vom 24. Juni 1988; BStU, MfS BdL/Dok. Nr. 3487.

Grundsätze zur Regelung des Dienstverhältnisses und der Arbeit mit den auf dem Gebiet der Abwehr tätigen Offizieren im besonderen Einsatz des MfS vom 1. März 1965; BStU, MfS BdL/Dok. Nr. 4956.

Grundsätze zur Regelung des Dienstverhältnisses mit den auf dem Gebiet der Abwehr tätigen Offizieren im besonderen Einsatz des MfS und zur Regelung der Vereinbarungen mit den auf dem Gebiet der Abwehr tätigen IM im besonderen Einsatz des MfS vom 1. März 1968; BStU, MfS BdL/Dok. Nr. 4962.

Grundsätze zur Regelung des Dienstverhältnisses mit den auf dem Gebiet der Aufklärung tätigen Offizieren im besonderen Einsatz des MfS und zur Regelung der Vereinbarungen mit den auf dem Gebiet der Aufklärung tätigen hauptamtlichen inoffiziellen Mitarbeitern des MfS vom 1. März 1968; BStU, MfS BdL/Dok. Nr. 4959; ediert in: Müller-Enbergs: Arbeit mit IM, Teil 2, S. 389 – 405.

Ordnung zur einheitlichen und gewissenhaften Bearbeitung und Nachweisführung der Dienstpost und Anlagen vom 15. April 1964; BStU, MfS BdL/Dok. Nr. 3114.

Ordnung über die Erfassung von Personen in der Abteilung XII auf der Grundlage von Sicherungsvorgängen vom 1. Juni 1976; BStU, MfS BdL/Dok. Nr. 5529; ediert in: Engelmann/Joestel: Grundsatzdokumente, S. 299 – 303.

Ordnung über die Zusammenarbeit der ZAIG mit der HVA, den operativen HA / selbständigen Abteilungen und den BV / der Verwaltung zur Gewährleistung der Aufbereitung und Erfassung von Informationen im System der vereinigten Erfassung von Informationen über den Gegner sowie zur Nutzung von im System gespeicherten Informationen – SOUD-Ordnung – vom 7. Juni 1979; BStU, MfS BdL/Dok. Nr. 4942.

Ordnung – SOUD-Ordnung, Anlage 4 über die Zusammenarbeit der ZAIG/5 mit der Abteilung XII des MfS von 1979; BStU, MfS BdL/Dok. Nr. 4943.

Ordnung Nr. 2/80 über die Arbeit der Dokumentenstellen im MfS – Dokumentenstellenordnung – vom 5. Februar 1980; BStU, MfS BdL/Dok. Nr. 7180.

Ordnung Nr. 9/80, Speichernutzungsordnung des MfS vom 5. November 1980; BStU, MfS BdL/Dok. Nrn. 5821 u. 5745.

Ordnung Nr. 1/81 über die Zusammenarbeit der ZAIG mit der HVA, den operativen HA/selbständigen Abteilungen und den BV/der Verwaltung zur Gewährleistung der Aufbereitung und Erfassung von Informationen im „System der vereinigten Erfassung von Informationen über den Gegner“ sowie zur Nutzung von im System gespeicherten Informationen vom 16. Februar 1981; BStU, MfS BdL/Dok. Nr. 4850.

Ordnung Nr. 1/81, Anlage 4 über die Zusammenarbeit der ZAIG/5 mit der Abteilung XII des MfS; BStU, MfS BdL/Dok. Nr. 4851.

Ordnung Nr. 9/83, Speichernutzungsordnung andere Organe vom 10. November 1983; BStU, MfS BdL/Dok. Nr. 8051.

Ordnung Nr. 1/84 über die operative Aktenführung im Bereich der HV A und der Abteilungen XV der Bezirksverwaltungen – Aktenordnung HV A –; BStU, MfS HV A Nr. 797, S. 2–57; ediert in: Müller-Enbergs: Arbeit mit IM, Teil 2, S. 830 – 857.

Ordnung Nr. 1/86 über die Zusammenarbeit der ZAIG mit der HV A, den operativen HA/selbständigen Abteilungen und den BV zur Gewährleistung der Aufbereitung und Erfassung von Informationen im „System der vereinigten Erfassung von Informationen über den Gegner“ sowie zur Nutzung von im System gespeicherten Informationen vom 8. Januar 1986; BStU, MfS BdL/Dok. Nr. 4859.

Ordnung Nr. 1/86, Schreiben über die Erfassung von Informationen zu Beobachtern, Inspektoren und Vertretern aus NATO-, nichtpaktgebundenen und neutralen Staaten gemäß Befehl Nr. 11/79 sowie Erweiterung der Personenkategorien 11, 12 und 13 vom 19. Dezember 1988; BStU, MfS BdL/Dok. Nr. 4858.

Ordnung Nr. 1/86, 2. Änderung vom 17. Juli 1989; BStU, MfS BdL/Dok. Nr. 4861.

Ordnung Nr. 6/86 zur Arbeit mit Offizieren im besonderen Einsatz des MfS – OibE-Ordnung – vom 17. März 1986; BStU, MfS BdL/Dok. Nr. 8187; ediert in: Müller-Enbergs: Arbeit mit IM, Teil 2, S. 858 – 874.

Ordnung Nr. 6/86, 1. Durchführungsbestimmung über die Erfassung von OibE und Registrierung, Führung sowie Archivierung von Arbeitsakten OibE vom 17. März 1986; BStU, MfS BdL/Dok. Nr. 8188; ediert in: Müller-Enbergs: Arbeit mit IM, Teil 2, S. 874 – 878.

Ordnung Nr. 6/86, 2. Durchführungsbestimmung über die Arbeit mit Offizieren im besonderen Einsatz des MfS – OibE-Ordnung – vom 17. März 1986; ediert in: Müller-Enbergs: Arbeit mit IM, Teil 2, S. 879 – 883.

Ordnung Nr. 6/86, 1. Durchführungsbestimmung HV A über die Arbeit mit Offizieren im besonderen Einsatz des MfS – OibE-Ordnung – vom 2. Dezember 1986; ediert in: Müller-Enbergs: Arbeit mit IM, Teil 2, S. 884 – 898.

Ordnung Nr. 6/86, 3. Durchführungsbestimmung über die Arbeit mit Offizieren im besonderen Einsatz der Aufklärung und der Abteilungen XV vom 1. Februar 1988; BStU, MfS BdL/Dok. Nr. 1191; ediert in: Müller-Enbergs: Arbeit mit IM, Teil 2, S. 941 – 949.

Prinzipien der Speicherführung in den Abteilungen XII und der Gestaltung dazu erforderlicher Informationsprozesse – Speicherführungsprinzipien XII – vom 21. Januar 1986 einschließlich Anlagen; BStU, MfS BdL/Dok. Nr. 11153.

Richtlinie GVS-Nr. 8/50 über die Erfassung von Personen, die eine feindliche Tätigkeit durchführen und die von den Organen des MfS der DDR festgestellt wurden vom 20. September 1950; BStU, MfS BdL/Dok. Nr. 2505; ediert in: Engelmann/Joestel: Grundsatzdokumente, S. 37 – 41.

Richtlinie GVS-Nr. 9/50 über die Erfassung der geheimen Mitarbeiter, der Informatoren und der Personen, die konspirative Wohnungen unterhalten vom 20. September 1950; BStU, MfS BdL/Dok. Nr. 2506; ediert in: Müller-Enbergs: Arbeit mit IM, Teil 1, S. 159 – 163.

Richtlinie GVS-Nr. 10/50 über die Erfassung der durch die Organe des MfS der DDR verhafteten Personen vom 20. September 1950; BStU, MfS BdL/Dok. Nr. 2508; ediert in: Engelmann/Joestel: Grundsatzdokumente, S. 42 – 45.

Richtlinie GVS-Nr. 22/51 über die statistische Erfassung der durch die Organe des MfS der DDR verhafteten Personen vom 20. Februar 1951; BStU, MfS BdL/Dok. Nr. 2507.

Richtlinie GVS-Nr. 90/54 für die operative Erfassung und Statistik in den Organen des Staatssekretariats für Staatssicherheit des Ministeriums des Innern der DDR vom 12. Dezember 1953; BStU, MfS-BdL/Dok. Nr. 3032; ediert in: Engelmann/Joestel: Grundsatzdokumente, S. 67 – 86.

Richtlinie Nr. 1/58 für die Abeit mit inoffiziellen Mitarbeitern im Gebiet der DDR vom 1. Oktober 1958; BStU, MfS BdL/Dok. Nr. 2516; ediert in: Müller-Enbergs: Arbeit mit IM, Teil 1, S. 195 – 239.

Richtlinie Nr. 1/68 für die Zusammenarbeit mit gesellschaftlichen Mitarbeitern für Sicherheit und inoffiziellen Mitarbeitern im Gesamtsystem der Sicherung der DDR vom Januar 1968; BStU, MfS BdL/Dok. Nr. 2536; ediert in: Müller-Enbergs: Arbeit mit IM, Teil 1, S. 242 – 282.

Richtlinie Nr. 1/68, 1. Durchführungsbestimmung, Ordnung für die Führung der Personal- und Arbeitsakte für inoffizielle Mitarbeiter des Ministeriums für Staatssicherheit – Aktenordnung IM – vom 6. Januar 1969; BStU, MfS BdL/Dok. Nr. 3294; ediert in: Müller-Enbergs: Arbeit mit IM, Teil 1, S. 283 – 294.

Richtlinie Nr. 1/68, 1. Durchführungsbestimmung, Ordnung für die Führung der Personal- und Arbeitsakte für inoffizielle Mitarbeiter des Ministeriums für Staatssicherheit – Aktenordnung IM – vom 15. Dezember 1972; BStU, MfS BdL/Dok. Nr. 2539; ediert in: Müller-Enbergs. Arbeit mit IM, Teil 1, S. 295 – 300.

Richtlinie Nr. 1/68, 2. Durchführungsbestimmung zur Registrierung der gesellschaftlichen Mitarbeiter für Sicherheit (GMS) vom 6. Januar 1969; BStU, MfS BdL/Dok. Nr. 3295; ediert in: Müller-Enbergs Arbeit mit IM, Teil 1, S. 301 – 304.

Richtlinie Nr. 2/68 über die Arbeit mit inoffiziellen Mitarbeitern im Operationsgebiet vom Januar 1968; BStU, MfS BdL/Dok. Nr. 2534; ediert in: Müller-Enbergs: Arbeit mit IM, Teil 2, S. 352 – 388.

Richtlinie Nr. 1/71 über die operative Personenkontrolle vom Januar 1971; BStU, MfS BdL/Dok. Nr. 2600; ediert in: Engelmann/Joestel: Grundsatzdokumente, S. 198 – 217.

Richtlinie Nr. 1/76 zur Entwicklung und Bearbeitung operativer Vorgänge (OV) vom Januar 1976; BStU, MfS BdL/Dok. Nr. 3234; ediert in: Engelmann/Joestel: Grundsatzdokumente, S. 245 – 298.

Richtlinie Nr. 1/79 für die Arbeit mit inoffiziellen Mitarbeitern (IM) und gesellschaftlichen Mitarbeitern für Sicherheit (GMS) vom 8. Dezember 1979; BStU, MfS BdL/Dok. Nr. 3278; ediert in: Müller-Enbergs: Arbeit mit IM, Teil 1, S. 305 – 373.

Richtlinie Nr. 1/79, 1. Durchführungsbestimmung über die Registrierung und Führung der IM-Vorläufe, IM-Vorgänge und GMS-Akten sowie der Erfassung der IM-Kandidaten, IM und GMS vom 8. Dezember 1979; BStU, MfS BdL/Dok. Nr. 3279; ediert in: Müller-Enbergs: Arbeit mit IM, Teil 1, S. 374 – 383.

Richtlinie Nr. 1/79, 1. Ergänzung der 1. Durchführungsbestimmung, Aufbau und Führung von Nachweisen in den operativen Haupt- und selbständigen Abteilungen des MfS vom 25. Februar 1982; BStU, MfS BdL/Dok. Nr. 3280; ediert in: Müller-Enbergs: Arbeit mit IM, Teil 1, S. 384 – 388.

Richtlinie Nr. 1/79, 2. Ergänzung der 1. Durchführungsbestimmung, Erfassung der konspirativen Objekte und konspirativen Wohnungen des MfS vom 15. April 1983; BStU, MfS BdL/Dok. Nr. 3281; ediert in: Müller-Enbergs: Arbeit mit IM, Teil 1, S. 389 – 395.

Richtlinie Nr. 1/79, 1. Durchführungsbestimmung über die Registrierung und Führung der IM-Vorläufe, IM-Vorgänge und GMS-Akten, die Erfassung der IM-Kandidaten, IM und GMS sowie die Erfassung der konspirativen Objekte und konspirativen Wohnungen des MfS vom 9. November 1983; BStU, MfS BdL/Dok. Nr. 3282; ediert in: Müller-Enbergs: Arbeit mit IM, Teil 1, S. 396 – 408.

Richtlinie Nr. 1/79, 2. Durchführungsbestimmung über die finanzielle Sicherstellung und soziale Betreuung hauptamtlicher inoffizieller Mitarbeiter des MfS vom 8. Dezember 1979; BStU, MfS BdL/Dok. Nr. 3283; ediert in: Müller-Enbergs: Arbeit mit IM, Teil 1, S. 409 – 428.

Richtlinie Nr. 1/79, 1. Ergänzung der 2. Durchführungsbestimmung über die finanzielle Sicherstellung und soziale Betreuung hauptamtlicher inoffizieller Mitarbeiter des MfS vom 1. Juli 1981; BStU, MfS BdL/Dok. Nr. 3284; ediert in: Müller-Enbergs: Arbeit mit IM, Teil 1, S. 429.

Richtlinie Nr. 1/79, 2. Durchführungsbestimmung über die Arbeit mit hauptamtlichen inoffiziellen Mitarbeitern des MfS (HIM) vom 5. Mai 1986; BStU, MfS BdL/Dok. Nr. 3287; ediert in: Müller-Enbergs: Arbeit mit IM, Teil 1, S. 430 – 473.

Richtlinie Nr. 1/79, Änderung der 2. Durchführungsbestimmung über die Arbeit mit hauptamtlichen inoffiziellen Mitarbeitern des MfS (HIM) vom 30. September 1987; BStU, MfS BdL/Dok. Nr. 3285; ediert in: Müller-Enbergs: Arbeit mit IM, Teil 1, S. 474.

Richtlinie Nr. 1/79, 1. Ergänzung zur 2. Durchführungsbestimmung über die Zahlung eines Zuschlages zur Rente der Sozialversicherung vom 12. Juli 1989; BStU, MfS BdL/Dok. Nr. 3286; ediert in: Müller-Enbergs: Arbeit mit IM, Teil 1, S. 475 – 476.

Richtlinie Nr. 1/79, 3. Durchführungsbestimmung über den Aufbau und die Führung von Nachweisen zu IM und GMS in den operativen Diensteinheiten des MfS Berlin und der Bezirksverwaltungen sowie von Vorauswahlkarteien zu IM/GMS in den Abteilungen XII der Bezirksverwaltungen/Hauptabteilung I vom 9. November 1983; BStU, MfS BdL/Dok. Nr. 3288; ediert in: Müller-Enbergs: Arbeit mit IM, Teil 1, S. 477 – 486.

Richtlinie Nr. 1/79, 1. Ergänzung der 3. Durchführungsbestimmung über den Aufbau und die Führung operativer Territorialkarteien in den Abteilungen XII und deren Nutzung durch die Diensteinheiten des MfS Berlin und der Bezirksverwaltungen vom 9. Juli 1986; BStU, MfS BdL/Dok. Nr. 3289; ediert in: Müller-Enbergs: Arbeit mit IM, Teil 1, S. 487 – 490.

Richtlinie Nr. 2/79 über die Arbeit mit inoffiziellen Mitarbeitern im Operationsgebiet vom 8. Dezember 1979; BStU, MfS-BdL/Dok. Nr. 3240; ediert in: Müller-Enbergs: Arbeit mit IM, Teil 2, S. 471 – 513.

Richtlinie Nr. 2/79, 2. Durchführungsbestimmung über die Arbeit mit hauptamtlichen inoffiziellen Mitarbeitern des MfS im Bereich der Aufklärung (HIM/A) vom 7. Juli 1987; ediert in: Müller-Enbergs: Arbeit mit IM, Teil, 2, S. 899 – 905.

Richtlinie Nr. 2/79, 1. Durchführungsbestimmung HV A über die Arbeit mit hauptamtlichen inoffiziellen Mitarbeitern des MfS in den Diensteinheiten der Hauptverwaltung A und den Abteilungen XV der Bezirksverwaltungen vom 1. Februar 1988; ediert in: Müller-Enbergs: Arbeit mit IM, Teil 2, S. 906 – 940.

Richtlinie Nr. 2/79, 1. Ergänzung der 1. Durchführungsbestimmung HV A über die Arbeit mit hauptamtlichen inoffiziellen Mitarbeitern des MfS in den Diensteinheiten der Hauptverwaltung A und den Abteilungen XV der Bezirksverwaltungen vom 1. August 1989; ediert in: Müller-Enbergs: Arbeit mit IM, Teil 2, S. 952 – 953.

Richtlinie Nr. 2/79, 1. Kommentar vom Januar 1980 [Bedeutung der RL Nr. 1/79, Hauptrichtungen der Aufklärung, Konspiration, Effektivität und Sicherheit bei der Arbeit mit IM, Informationsschwerpunkte der HVA]; ediert in: Müller-Enbergs: Arbeit mit IM, Teil 2, S. 514 – 552.

Richtlinie Nr. 2/79, 2. Kommentar vom Mai 1980 [Anforderungen an IM der Aufklärung, IM-Kategorien, Bereitschaft bzw. Motivation für die Tätigkeit als IM, Anforderungsbilder]; BStU, MfS BdL/Dok. Nr. 3241; ediert in: Müller-Enbergs: Arbeit mit IM, Teil 2, S. 553 – 584.

Richtlinie Nr. 2/79, 3. Kommentar vom Mai 1980 [Erweiterung des IM-Netzes, geeignete Personen, Werbung, Einsatz von Werbern, Überwerbung, Werbung unter fremder Flagge, Werbung von DDR-Bürgern, Erfassung von Personen und Anlegen von IM-Akten]; ediert in: Müller-Enbergs: Arbeit mit IM, Teil 2, S. 585 – 632.

Richtlinie Nr. 2/79, 4. Kommentar vom Januar 1982 [Arbeit mit und Erziehung der IM, Auftragserteilung und Berichterstattung, Überprüfung von IM, Führung der IM durch die Zentrale, Ausrüstung der IM, Planung der Arbeit, IM unter fremder Flagge, Einstellung der Arbeit und Rückzug aus dem Operationsgebiet, Führung von IM-Akten]; ediert in: Müller-Enbergs: Arbeit mit IM, Teil 2, S. 633 – 686.

Richtlinie Nr. 2/79, 5. Kommentar vom Februar 1982 [Gewinnung bedeutsamer Informationen, Beschaffung, Übermittlung, Auswertung]; ediert in: Müller-Enbergs: Arbeit mit IM, Teil 2, S. 687 – 726.

Richtlinie Nr. 2/79, 6. Kommentar vom März 1982 [Anforderungen an das Verbindungswesen, Treffs, Übergabe und Transport operativer Materialien, Post- und Telefonverkehr, Sichttreffs und Zeichenstellen, nachrichtentechnische Mittel, Gestaltung des Verbindungswesens]; ediert in: Müller-Enbergs: Arbeit mit IM, Teil 2, S. 727 – 757.

Richtlinie Nr. 2/79, 7. Kommentar vom März 1983 [Arbeit mit DDR-Bürgern als IM der Aufklärung, Werbung, Entwicklung der Eignung, Einsatz im Verbindungswesen]; ediert in: Müller-Enbergs: Arbeit mit IM, Teil 2, S. 758 – 796.

Richtlinie Nr. 2/79, 8. Kommentar vom September 1983 [Gewährleistung der Sicherheit, besondere Situationen]; BStU, MfS BdL/Dok. Nr. 1191; ediert in: Müller-Enbergs: Arbeit mit IM, Teil 2, S. 797 – 829.

Richtlinie Nr. 1/81 über die operative Personenkontrolle (OPK) vom 25. Februar 1981; BStU, MfS BdL/Dok. Nr. 6910; ediert in: Engelmann/Joestel: Grundsatzdokumente, S. 362 – 383.

Richtlinie Nr. 2/81 zur Arbeit mit Zelleninformatoren (ZI) vom 16. Februar 1981; BStU, MfS BdL/Dok. Nr. 3243; ediert in: Engelmann/Joestel: Grundsatzdokumente, S. 384 – 396.

Richtlinie Nr. 1/82 zur Durchführung von Sicherheitsüberprüfungen vom 17. November 1982; BStU, MfS BdL/Dok. Nr. 7418; ediert in: Engelmann, Joestel: Grundsatzdokumente, S. 397 – 421.

Richtlinie Nr. 1/82, Anlage mit chronologischer Übersicht aktueller dienstlicher Bestimmungen zu Sicherheitsüberprüfungen vom 17. November 1982; BStU, MfS BdL/Dok. Nr.7419.

Schreiben der Abteilung XII über Veränderungen im System der operativen Erfassungen vom 20. Mai 1960; BStU, MfS BdL/Dok. Nr. 3030; ediert in: Engelmann/Joestel: Grundsatzdokumente, S. 129 – 131.

Schreiben des Ministers für Staatssicherheit über die Verstärkung der politisch-operativen Arbeit in den Einrichtungen des Strafvollzuges und in den Untersuchungshaftanstalten vom 4. Oktober 1974; BStU, MfS BdL/Dok. Nr. 4639.

1.2 Sachakten

BStU, MfS Abt. X (Internationale Verbindungen), Nrn. 195, 229, 280, 355, 555, 662, 664, 665, 706, 944, 964–978, 992, 1010, 1092, 1126, 1271–1274, 1297–1300, 1422, 1365–1369, 1437–1441.

BStU, MfS Abt. XII (Zentrale Auskunft /Speicher), Nrn. 8, 9, 52, 56, 150, 171, 175, 181, 184, 346, 338, 391, 445, 472, 500, 521, 553, 670, 674, 676, 678, 823, 883, 977, 978, 979, 1003, 1039, 1427, 1605, 1782, 2484, 2501, 2599, 2881, 2886, 2919, 2920, 3183, 3390, 3487, 3917, 4329, 4373, 4545, 4579, 4775, 5168, 5823, 5883, 5972, 6058, 6059, 6136, 6246, 6250 6348, 6349, 6460, 6545, 6628, 7607, 7608, 7708, 7857, 8238.

BStU, MfS Abt. XIV (Untersuchungshaft, Strafvollzug im MfS), Nr. 1747.

BStU, MfS Abt. Finanzen, Nrn. 117, 2368.

BStU, MfS AGM (Arbeitsgruppe des Ministers), Nr. 107.

BStU, MfS AS (Allgemeine Sachablage), Nrn. 43/58, 187/58, 20/62, 97/70, 158/83.

BStU, MfS BdL (Büro der Leitung), Nrn. 1542, 4627, 4850, 4857, 4858, 4859, 4860, 4861, 4862.

BStU, MfS BdL/Dok. (Büro der Leitung/Dokumentenstelle [soweit nicht bereits oben unter 1.1 genannt]), Nrn. 3005, 1167, 1907, 8021.

BStU, MfS HA II (Spionageabwehr), Nrn. 21, 74, 40447.

BStU, MfS HA III (Funkaufklärung und -abwehr), Nrn. 3231, 20727.

BStU, MfS HA VII (Abwehr im Ministerium des Innern), Nrn. 5, 479, 519 Bd. 1–2, 4388, 4766, 5519, 6749.

BStU, MfS HA VIII (Beobachtung/Ermittlung), Nr. 166.

BStU, MfS HA IX (Untersuchungsorgan), Nrn. 1003, 2752, 9971, 11489.

BStU, MfS HA XIX (Abwehr im Verkehrswesen), Nr. 4606.

BStU, MfS HA KuSch (Kader und Schulung), Nrn. 439, 1358, 2326, 22157.

BStU, MfS HA PS (Personenschutz), Nrn. 1894, 9334.

BStU, MfS HV A (Hauptverwaltung Aufklärung), Nrn. 797, 799, 1096, 1114.

BStU, MfS OTS (operativ-technischer Sektor), Nrn. 334, 465, 694, 706, 1523, 1559, 1637, 1799, 2465, 2552, 2792, 2812, 2877, 3207, 3208, 3536.

BStU, MfS Sekretariat des Ministers, Nrn. 603, 1201, 1574, 2289.

BStU, MfS Sekretariat Neiber, Nr. 208.

BStU, MfS Sekretariat Schwanitz, 127, 128, 131.

BStU, MfS ZAIG (Zentrale Auswertungs- und Informationsgruppe), Nrn. 17733, 18993.

2 Veröffentlichte Quellen

Dießner, Matthias (Bearb.): Übersicht über die Karteien des MfS in der Außenstelle Potsdam, Potsdam 2005.

Encyklopedie Špionáže. Ze zákulisí tajných služeb, zejména Státní bezpečnosti [Enzyklopädie Spionage. Hinter den Kulissen einer geheimen Behörde, Untersuchung zur Staatssicherheit], Prag 1993.

Engelmann, Roger / Joestel, Frank (Bearb.): Grundsatzdokumente des MfS (Anatomie der Staatssicherheit. Geschichte – Struktur – Methoden. MfS-Handbuch V.5), Berlin 2004.

Engelmann, Roger u. a. (Hrsg.): Das MfS-Lexikon. Begriffe, Personen und Strukturen der Staatssicherheit der DDR, 2. erweiterte Auflage, Berlin 2012.

Kenedi, János: Kis Állambiztonsági Olvasókönyv [Kleines Lesebuch zur Staatssicherheit], Budapest 1996.

Knabe, Hubertus (Hrsg.): Das Wörterbuch der Staatssicherheit. Definitionen des MfS zur „politisch- operativen Arbeit“ (BStU-Reihe A: Dokumente 1/93), [Berlin 1993].

Richter, Klaus u. a. (Bearb.): Abkürzungsverzeichnis. Häufig verwendete Abkürzungen und Begriffe des Ministeriums für Staatssicherheit, 10. ergänzte und korrigierte Aufl., Berlin 2012.

Staatliche Archivverwaltung des Ministeriums des Innern der DDR (Hrsg.): Lexikon Archivwesen der DDR, Berlin 1976.

Suckut, Siegfried (Hrsg.): Wörterbuch der Staatssicherheit, Definitionen zur „politisch-operativen" Arbeit (Analysen und Dokumente 5), 3. Auflage, Berlin 2001.

Tätigkeitsberichte (TB) des/der Bundesbeauftragten für die Unterlagen des Staatssicherheitsdienstes der ehemaligen Deutschen Demokratischen Republik (Erster TB 1993, [Berlin 1993]; Zweiter TB 1995, [Berlin 1995]; Dritter TB 1997, [Berlin 1997]; Vierter TB 1999, [Berlin 1999]; Fünfter TB 2001, [Berlin 2001]; Sechster TB 2003, [Berlin 2003]; Siebenter TB 2005, [Berlin 2005]; Achter TB 2007, [Berlin 2007]; Neunter TB 2009, [Berlin 2009]; Zehnter TB 2011, [Berlin 2011]; Elfter TB 2013 [Berlin 2013]).

Wiedmann, Roland (Bearb.): Die Organisationsstruktur des Ministeriums für Staatssicherheit 1989 (Anatomie der Staatssicherheit. Geschichte – Struktur – Methoden. MfS-Handbuch V.1), Berlin 1995.

Wiedmann, Roland (Bearb.): Die Diensteinheiten des MfS 1950 – 1989. Eine organisatorische Übersicht (Anatomie der Staatssicherheit. Geschichte – Struktur – Methoden. MfS-Handbuch [V.3]), Berlin 2012.

3 Untersuchungen und Darstellungen

Bergmann, Christian: Die Sprache der Stasi. Ein Beitrag zur Sprachkritik, Göttingen 1999.

Blum, Ralf / Lucht, Roland: Der Schlüssel zur Macht. Karteien und andere Findmittel zu den Überlieferungen der Staatssicherheit, in: Archivar. Zeitschrift für Archivwesen 64, 2011, 4, S. 410 – 422.

Brachmann, Botho: Die Schriftgutverwaltung in Staat und Wirtschaft, Berlin 1965.

Busse, Peter / Unverhau, Dagmar: Die Rolle der Archive in der politischen Auseinandersetzung um die „Aufarbeitung der Vergangenheit", in: Archive und Geschichtsschreibung (Zeitschrift des Schweizerischen Bundesarchivs. Studien und Quellen 27) , Bern, Stuttgart u. Wien 2001, S. 203 – 231.

Bürgerkomitee Leipzig (Hrsg.): Stasi intern. Macht und Banalität, Leipzig 1991, zuletzt 3. Aufl. Leipzig 1998.

Casper, Helmut: DDR-Lexikon. Von Trabi, Broiler, Stasi und Republikflucht (Imhof-Zeitgeschichte), Petersberg 2009.

Eik, Jan: DDR-Deutsch. Eine entschwundene Sprache, Berlin 2010.

Engelmann, Roger / Joestel, Frank: Die Zentrale Auswertungs- und Informationsgruppe (Anatomie der Staatssicherheit. Geschichte – Struktur – Methoden. MfS-Handbuch [III.2]), Berlin 2009.

Foschepoth, Josef: Überwachtes Deutschland. Post- und Telefonüberwachung in der alten Bundesrepublik, 3. durchgesehene Auflage, Göttingen 2013.

Gieseke, Jens: Die hauptamtlichen Mitarbeiter des Ministeriums für Staatssicherheit (Anatomie der Staatssicherheit. Geschichte – Struktur – Methoden. MfS-Handbuch IV.1), Berlin 1995.

Gieseke, Jens: Die hauptamtlichen Mitarbeiter der Staatssicherheit. Personalstruktur und Lebenswelt 1950–1989/90 (Analysen und Dokumente 20), Berlin 2000.

Gieseke, Jens unter Mitarbeit von Hubert, Doris: Die DDR-Staatssicherheit. Schild und Schwert der Partei, Bonn 2001.

Gieseke, Jens: Mielke-Konzern. Die Geschichte der Stasi 1945 – 1990, 2. erweiterte u. aktualisierte Auflage, Stuttgart u. München 2006.

Gieseke, Jens: Die Stasi 1945 – 1990 [aktualisierte und ergänzte Auflage von „Mielke-Konzern“], München 2011.

Gill, David / Schröter, Ulrich: Das Ministerium für Staatssicherheit. Anatomie des Mielke-Imperiums, Berlin 1991.

Jedlitschka, Karsten: Allmacht und Ohnmacht. Das Zentralarchiv der Staatssicherheit, in: Archive unter Dach und Fach. Bau, Logistik, Wirtschaftlichkeit. 80. Deutscher Archivtag in Dresden 2010, Red. Heiner Schmitt (Tagungsdokumentationen zum Deutschen Archivtag 15), Fulda 2011, S. 175 – 192.

Jedlitschka, Karsten: Archivierte Diktatur. Die Überlieferungen der Staatssicherheit, in: Scrinium 65, 2011, S. 61 – 79.

Jedlitschka, Karsten: The Lives of Others. East German State Security Service’s Archival Legacy, in: The American Archivist 75, 2012, 1, S. 81 – 108.

Jedlitschka, Karsten: Arkanum der Macht. Die „Geheime Ablage“ im Zentralarchiv der DDR-Staatssicherheit, in: Vierteljahrshefte für Zeitgeschichte, 60, 2012, 2, S. 279 – 290.

Jedlitschka, Karsten: Die Geheime Ablage der Abteilung XII (Zentrale Auskunft/Speicher) des Ministeriums für Staatssicherheit, in: Irmgard Christa Becker, Volker Hirsch u. Annegret Wenz-Haubfleisch (Hrsg.): Neue Strukturen – bewährte Methoden? Was bleibt vom Archivwesen der DDR. Beiträge zum 15. Archivwissenschaftlichen Kolloquium der Archivschule Marburg, Marburg 2011, S. 107 – 125.

Jedlitschka, Karsten: Singuläres Erbe. Die archivische Hinterlassenschaften der Staatssicherheit (Universitätsreden 94), Saarbrücken 2013.

Jurichs, Katri / Oberhack, Silvia / Steinbach, Elke: Die Töne der Staatssicherheit. Die Audioüberlieferung des MfS, in: info7. Medien – Archive – Information 25, 2010, 2, S. 10 – 13.

Konsultationen. Archivterminologie, in: Archivmitteilungen 23, 1973, 2, S. 71 – 73 u. in 23, 1973, 3, S. 113 – 115.

Krone, Tina / Kukutz, Irena / Leide, Henry: Wenn wir unsere Akten lesen. Handbuch zum Umgang mit den Stasi-Akten, 1. Auflage, Berlin 1992; 2. veränderte und erweiterte Auflage, Berlin 1997.

Kuball, Volker / Oberhack, Sylvia / Rübenstrunk, Katrin: Die fotographische Überlieferung der Staatssicherheit. Eine Zwischenbilanz anlässlich des 50. Jahrestags des Mauerbaus, in: Rundbrief Fotografie 18, 2011, 3, S. 24 – 30.

Lucht, Roland: „Ablagen liquidieren – ‚spezifische‘ Vorgänge tragfähig gestalten“. Schriftgutvernichtungen des MfS während der „Wende“ und der Auflösungsphase der Staatssicherheit, in: Dagmar Unverhau (Hrsg.): Hatte „Janus“ eine Chance? Das Ende der DDR und die Sicherung einer Zukunft der Vergangenheit (Archiv zur DDR-Staatssicherheit 6), Münster 2003, S. 81 – 97.

Lucht, Roland: Dokumentation über Rehabilitierung, Strafverfolgung kommunistischen Unrechts, Lustration und Öffnung der Akten früherer kommunistischer Staatssicherheitsdienste in ehemals kommunistischen Staaten Ost- und Südosteuropas, in: Helmut Baier / Peter-Johannes Schuler (Hrsg.): Erschließung und Benutzung deutschsprachiger Archivbestände in den postkommunistischen Staaten Ost- und Mittelosteuropas. Internationales Symposion an der Fachhochschule Potsdam vom 14. bis 17. Dezember 1998 (Potsdamer Studien 16), Potsdam 2003, S. 213 – 230.

Markó, György: Der Umgang mit den in das Historische Amt gelangten Akten und ihre Bearbeitung. Ein Resümee, in: Unverhau, Dagmar (Hrsg.) unter Mitarbeit von Lucht, Roland: Lustration, Aktenöffnung, demokratischer Umbruch, S. 177 – 185.

Meisner, Heinrich Otto / Leesch, Wolfgang: Grundzüge einer deutschen Archivterminologie. Referentenentwurf des Ausschusses für deutsche Archivsprache, in: Archivmitteilungen 10, 1960, 4, S. 134 – 152.

Meisner, Heinrich Otto: Archivarische Berufssprache, in: Archivalische Zeitschrift 42/43, 1934, S. 260 – 280.

Meisner, Heinrich Otto: Elemente der archivischen Berufssprache, in: Archivalische Zeitschrift 39, 1930, S. 260 – 273.

Meisner, Heinrich Otto: Terminologische Zwischenbilanz, in: Archivmitteilungen 15, 1965, 6, S. 216 – 221.

Meisner, Heinrich Otto: Über einige Fragen der deutschen Archivberufssprache, in: Der Archivar 8, 1955, 4, Sp. 347 – 362.

Mitrokhin, Vasiliy (Ed.): KGB Lexikon. The Soviet Intelligence Officer's Handbook, London 2002.

Müller-Enbergs, Helmut (Hrsg.): [Arbeit mit IM, Teil 1] Inoffizielle Mitarbeiter des Ministeriums für Staatssicherheit. [Teil I:] Richtlinien und Durchführungsbestimmungen, 2. Aufl., Berlin 1996.

Müller-Enbergs, Helmut (Hrsg.): [Arbeit mit IM, Teil 2] Inoffizielle Mitarbeiter des Ministeriums für Staatssicherheit. Teil 2: Anleitungen für die Arbeit mit Agenten, Kundschaftern und Spionen in der Bundesrepublik Deutschland, 2. Aufl., Berlin 1998.

Müller-Enbergs, Helmut (Hrsg.): [Arbeit mit IM, Teil 3] Inoffizielle Mitarbeiter des Ministeriums für Staatssicherheit. Teil 3: Statistiken, Berlin 2008.

Müller-Enbergs, Helmut: Die Hauptverwaltung A (HV A). Aufgaben – Strukturen – Quellen. (Anatomie der Staatssicherheit. Geschichte – Struktur – Methoden. MfS-Handbuch [III.18]), Berlin 2011.

Müller-Enbergs, Helmut: Die inoffiziellen Mitarbeiter (Anatomie der Staatssicherheit. Geschichte – Struktur – Methoden. MfS-Handbuch [IV.2]), Berlin 2008.

Oberhack, Silvia / Rübenstrunk, Katrin: Die bewegten Bilder des ehemaligen Ministeriums für Staatssicherheit. Filme und Videos, in: info7. Medien – Archive – Information 25, 2010, 1, S. 15 – 19.

Paczkowski, Andrzej: Polen 1989 – 1998. Die Politik in den Archiven – Die Archive in der Politik, in: Unverhau, Dagmar (Hrsg.) unter Mitarbeit von Lucht, Roland: Lustration, Aktenöffnung, demokratischer Umbruch, S. 47 – 55.

Poraziński, Jaroslav: Akten über den kommunistischen Polizei- und Justizapparat der Volksrepublik Polen in den Beständen der polnischen staatlichen Archive. Aufriss der Problematik, in: Unverhau, Dagmar (Hrsg.) unter Mitarbeit von Lucht, Roland: Lustration, Aktenöffnung, demokratischer Umbruch, S. 35 – 41.

Richter, Klaus: Das Arbeitsgebiet I der Kriminalpolizei. Aufgaben, Struktur und Verhältnis zum Ministerium für Staatssicherheit (BF informiert 5), Berlin 1994.

Salamon, Birgit: Das archivische Erbe der DDR-Staatssicherheit. Ein Überblick, in: Irmgard Christa Becker / Volker Hirsch / Annegret Wenz-Haubfleisch (Hrsg.): Neue Strukturen – bewährte Methoden? Was bleibt vom Archivwesen der DDR. Beiträge zum 15. Archivwissenschaftlichen Kolloquium der Archivschule Marburg, Marburg 2011, S. 85 – 105.

Schetelich, Eberhard: Zur Terminologie der marxistisch-leninistischen Archivwissenschaft in der DDR, in: Archivmitteilungen 20, 1970, 2, S. 61 – 66.

Staatliche Archivverwaltung des Ministeriums des Innern der DDR (Hrsg.): Terminologische Probleme der marxistisch-leninistischen Archivwissenschaft in der Deutschen Demokratischen Republik. Entwurf für die Diskussion, Potsdam 1970.

Süß, Walter: Staatssicherheit am Ende. Warum es den Mächtigen nicht gelang, 1989 eine Revolution zu verhindern (Analysen und Dokumente 15), Berlin 1999.

Unverhau, Dagmar: Die archivische Situation in den neuen Ländern der Bundesrepublik Deutschland. Teil II. Zweite gemeinsame Arbeitssitzung des 63. Deutschen Archivtages. Aus der Sicht der Archive des Bundesbeauftragten für die Unterlagen des Staatssicherheitsdienstes der ehemaligen DDR, in: Der Archivar 46, 1993, Sp. 45 – 54.

Unverhau, Dagmar: „Alles sehen, alles hören, nichts wissen?“ Zur archivischen Hinterlassenschaft der Staatssicherheit, in: Leonore Siegele-Wenschkewitz (Hrsg.): Die evangelischen Kirchen und der SED-Staat – ein Thema kirchlicher Zeitgeschichte (Arnoldshainer Texte 77), Frankfurt a. M. 1993, S. 26 – 77.

Unverhau, Dagmar: Vom Lob der politisch-operativen Archivarbeit. Schulungsvortrag eines Offiziers der Abteilung XII (Zentrale Auskunft/Speicher) des MfS von 1975, in: Archivalische Zeitschrift 81, 1998, S. 138 – 173.

Unverhau, Dagmar: Zerreißen, vernichten, verlagern, verschwinden lassen. Die Aktenpolitik der DDR-Staatssicherheit im Zeichen der „Wende" 1989, in: Archive und Herrschaft. Referate des 72. Deutschen Archivtages 2001 in Cottbus (Der Archivar. Beiband 7), Siegburg 2002, S. 174 – 210.

Unverhau, Dagmar: Das „NS-Archiv" des Ministeriums für Staatssicherheit. Stationen einer Entwicklung (Archiv zur DDR-Staatssicherheit 1), 2. durchgesehene Aufl., Münster 2004.

Unverhau, Dagmar (Hrsg.): Das Stasi-Unterlagen-Gesetz im Lichte von Datenschutz und Archivgesetzgebung (Archiv zur DDR-Staatssicherheit 2), 2. durchgesehene Auflage, Münster 2003.

Unverhau, Dagmar (Hrsg.) unter Mitarbeit von Lucht, Roland: Lustration, Aktenöffnung, demokratischer Umbruch in Polen, Tschechien, der Slowakei und Ungarn (Archiv zur DDR-Staatssicherheit 3), 2. durchges. Aufl., Münster 2005.

Unverhau, Dagmar (Hrsg.): Hatte „Janus" eine Chance? Das Ende der DDR und die Sicherung einer Zukunft der Vergangenheit. Referate der Tagung der BStU in Zusammenarbeit mit der Museumsstiftung Post und Telekommunikation sowie dem Bundesarchiv vom 27. – 29.11.2002 in Berlin (Archiv zur DDR-Staatssicherheit 6), Münster 2003.

Wegmann, Bodo / Tantzscher, Monika: SOUD – Das geheimdienstliche Datennetz des östlichen Bündnissystems (Analysen und Berichte, Reihe B), Berlin 1996.

Weißgerber, Ulrich: Giftige Worte der SED-Diktatur. Sprache als Instrument von Machtausübung und Ausgrenzung in der SBZ und der DDR (Diktatur und Widerstand 15), Berlin 2010.

Wunschik, Tobias: Hauptabteilung VII – Ministerium des Innern, Deutsche Volkspolizei (Anatomie der Staatssicherheit. Geschichte – Struktur – Methoden. MfS-Handbuch [III.15]), Berlin 2009.

Worst, Anne: Das Ende eines Geheimdienstes, Berlin 1991.

Verzeichnis allgemeiner Abkürzungen

Abt.	Abteilung
BStU	Bundesbeauftragter für die Stasi-Unterlagen
ČSSR	Tschechoslowakische Sozialistische Republik
DDR	Deutsche Demokratische Republik
DIN	Deutsche Industrienorm
DSF	Gesellschaft für Deutsch-Sowjetische Freundschaft
FDGB	Freier Deutscher Gewerkschaftsbund
FDJ	Freie Deutsche Jugend
GL	Generalleutnant
GM	Generalmajor
GO	Generaloberst
HA	Hauptabteilung
HV	Hauptverwaltung
K	Kaderbefehl
KD	Kreisdienststelle
Kfz	Kraftfahrzeug
lfm	laufende Meter
Maj.	Major
MdI	Ministerium des Innern
MfAA	Ministerium für Auswärtige Angelegenheiten
MfNV	Ministerium für Nationale Verteidigung
MfS	Ministerium für Staatssicherheit
MVR	Mongolische Volksrepublik
NSA	Nichtsozialistisches Ausland
NSW	Nichtsozialistisches Wirtschaftsgebiet
NS	Nationalsozialismus, nationalsozialistisch
Ob.	Oberst
OD	Objektdienststelle
op.	operativ
OSL	Oberstleutnant
SED	Sozialistische Einheitspartei Deutschlands
SfS	Staatssekretariat für Staatssicherheit
SS	Schutzstaffel
UdSSR	Union der Sozialistischen Sowjetrepubliken
UVR	Ungarische Volksrepublik
VRB	Volksrepublik Bulgarien
VRP	Volksrepublik Polen
VSV	Verwaltung Strafvollzug

Autorenverzeichnis

APe: Andreas Petter, M. A., wiss. Archivar, Historiker, Archivdirektor, geb. 1972; seit 2008 beim BStU (zuvor Referent im Bundesarchiv), seit 2009 Referatsleiter Erschließung (AR 4) in der Abteilung Archivbestände.

DHa: Doreen Hartwich, Archivarin, geb. 1974; seit 2004 beim BStU in der Abteilung Archivbestände, 2006 Sachgebietsleiterin in einem Erschließungsreferat, seit 2007 Leiterin des Karteien-Referats (AR 2), zudem seit 2008 Mitarbeiterin der Arbeitsgruppe „Geheimarchivterminologie".

ELa: Elisabeth Larssen, Archivarin, Archivoberamtsrätin, seit 1993 beim BStU, langjährige Sachgebietsleiterin in einem Erschließungsreferat der Abteilung Archivbestände, seit 2009 Mitarbeiterin der Arbeitsgruppe „Geheimarchivterminologie", seit 2012 im Ruhestand.

HLW: Hanna Labrenz-Weiß, Dr. phil., Historikerin, geb. 1955; seit 1991 wiss. Mitarbeiterin in der Abteilung Bildung und Forschung (BF) des BStU, 2008 – 2009 Leiterin der Arbeitsgruppe „Geheimarchivterminologie".

KJu: Katri Jurichs, Archivarin, Archivamtsrätin, geb. 1962; seit 1992 Mitarbeiterin der Abteilung Archivbestände des BStU, seit 2000 Leiterin des Sachgebiets für die Erschließung, Sicherung und Nutzung des Audiobestandes.

KRi: Klaus Richter, Philosoph, geb. 1947; 1990 Geschäftsführer der Volkskammerfraktion Bündnis 90/Die Grünen, seit 1991 Mitarbeiter des BStU, Referatsleiter in der Abteilung Auskunft/Verwendung von Stasi-Unterlagen (AU), zwischenzeitlich 2004 – 2005 Leiter der Außenstelle Frankfurt/Oder, seit 2008 wiss. Mitarbeiter Forschung in der Abteilung Archivbestände, seit 2012 im Ruhestand.

NSe: Nils Sebastian, Archivar, geb. 1966, seit 2000 Mitarbeiter der Abteilung Archivbestände des BStU.

PSp: Philipp Springer, Dr. phil., Historiker, geb. 1970; seit 1995 Kurator historischer Ausstellungen und Mitarbeiter bei Forschungsprojekten an Museen und Gedenkstätten, seit 2012 wiss. Mitarbeiter im Grundsatzreferat (AR 1) der Abteilung Archivbestände des BStU und Koordinator für ein Projekt über die Geschichte der Abteilung XII.

RBl: Ralf Blum, M. A., Archivar, Historiker, geb. 1967; seit 1993 Mitarbeiter im Grundsatzreferat (AR 1) der Abteilung Archivbestände des BStU, zudem 2008 – 2009 Mitarbeiter der Arbeitsgruppe „Geheimarchivterminologie“.

RCa: Rupert Carus, Verwaltungsangestellter, geb.1960; seit 1992 im Referat Karteien (AR 2) der Abteilung Archivbestände des BStU tätig, Bereichsleiter für Recherchen in Justizaktenkarteien und in Karteien hauptamtlicher Mitarbeiter des MfS.

RLu: Roland Lucht, Archivar, geb. 1964; seit 1992 beim BStU, bis 1998 Magazinbereichsleiter in der Abteilung Archivbestände (AR), 1998 – 2009 Mitarbeiter der Behördenleitung in der Arbeitsgruppe „Archivwissenschaftliche Aufarbeitung“, seit 2009 Mitarbeiter des Grundsatzreferats (AR 1) und Leiter der AG „Geheimarchivterminologie“.

SBu: Sławomir Buczek, Archivar, geb. 1975; seit 2000 Mitarbeiter des Sachgebiets Archivwesen der Außenstelle Leipzig des BStU, zudem seit 2008 Mitarbeiter der Arbeitsgruppe „Geheimarchivterminologie“.

SKo: Stephan Konopatzky, Archivar, Nachrichtentechniker, geb. 1963; 1990 Mitglied des Bürgerkomitees und Mitarbeiter der AG Sicherheit des Zentralen Runden Tisches, anschließend des Staatlichen Komitees zur Auflösung des MfS, seit 1991 Mitarbeiter der Abteilung Archivbestände des BStU, seit 2001 Sachgebietsleiter für die Erschließung maschinenlesbarer Daten (Computer-Dateien) des MfS.

SWB: Susanne Witschaß-Beyer, Archivarin, Historikerin; 2001 – 2011 Mitarbeiterin in der Abteilung Archivbestände des BStU, 2009 – 2010 zudem in der Arbeitsgruppe „Geheimarchivterminologie“, seit 2012 Archivarin des BDI e. V.

SWo: Stephan Wolf, Theologe, Archivar, geb. 1962; 1990 Mitarbeit im Bürgerkomitee Berlin und im Volkskammersonderausschuss zur Kontrolle der Stasi-Auflösung, anschließend Mitarbeiter der Behörde des Sonderbeauftragten bzw. des BStU, u. a. als Datenschutzbeauftragter und Außenstellenleiter, seit 2004 in der Abteilung Archivbestände, seit 2006 dort Sachgebietsleiter im Grundsatzreferat (AR 1).

Verzeichnis der Abbildungen

Karteien und andere Findmittel

Akten aus dem Zentralarchiv des MfS

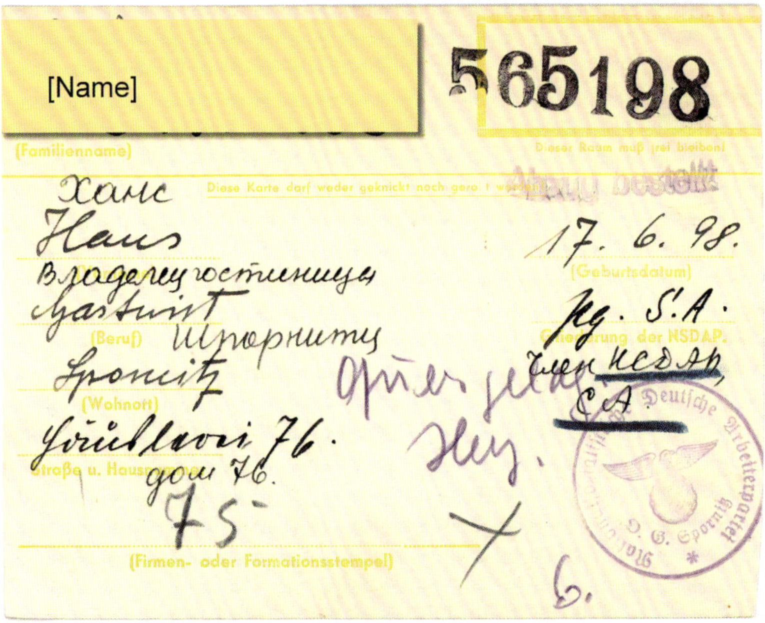
[Name] 565198
(Familienname)
Dieser Raum muß frei bleiben!
Diese Karte darf weder geknickt noch gerollt werden
Ханс
Hans
17. 6. 98.
(Geburtsdatum)
Gastwirt
Pg. S.A.
(Beruf)
Gliederung der NSDAP
Spornitz
(Wohnort)
Straße u. Hausnummer
(Firmen- oder Formationsstempel)

Abb. 001: *Karteikarten als Erbe der K 5, später sogenannte Z-Kartei. Hier: Mitgliederkarteikarte der NSDAP, Ortsgruppe Spornitz, mit kyrillischer Transkription des Inhalts aus der Zeit der Entnazifizierung (anonymisiert).*

NATIONALSOZIALISTISCHE DEUTSCHE ARBEITERPARTEI
GAULEITUNG Sachsen
ORTSGRUPPE Dresden-Altmarkt
Mitgliedskarte Nr. 9251787
Für den Pg. / die Pgn. [Vorname, Name]
Geburtsdatum: 7. Apr. 19 Geburtsort: Dresden
Wohnort: Dresden Wohnung: [Straße]
(Straße, Platz, Nr.)
Aufgenommen am 1. Sept. 1942 München, den 5. Jan. 1943
Reichsleitung:
Reichsschatzmeister

Abb. 002: *Karteikarten als Erbe der K 5, später sogenannte Z-Kartei. Hier: Mitgliedskarte der NSDAP, Ortsgruppe Dresden-Altmarkt. Am 22. September 1948 vermerkte jemand darauf rechts unter der Mitgliedsnummer „nicht gemeldet" (anonymisiert).*

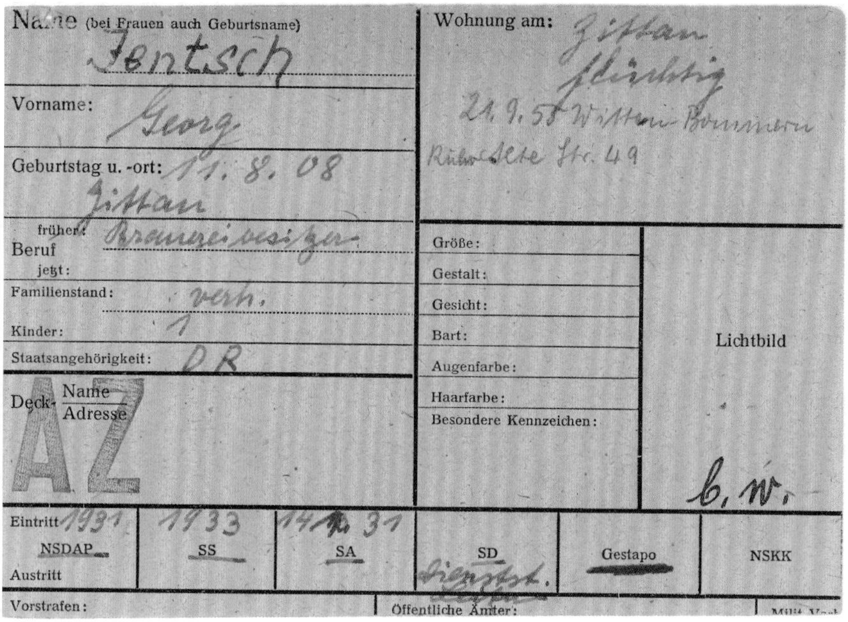
Name (bei Frauen auch Geburtsname) Jentsch
Vorname: Georg
Geburtstag u. -ort: 11. 8. 08 Zittau
früher: Brauereibesitzer
Beruf
jetzt:
Familienstand: verh.
Kinder: 1
Staatsangehörigkeit: DR
Deck- Name
Adresse
AZ
Wohnung am: Zittau flüchtig
21.9.50 Witten-Bommern
[illegible] Str. 49
Größe:
Gestalt:
Gesicht:
Bart:
Augenfarbe:
Haarfarbe:
Besondere Kennzeichen:
Lichtbild
b. w.

Eintritt / Austritt	1931 NSDAP	1933 SS	14.[illegible] 31 SA	SD Dienststl.	Gestapo	NSKK

Vorstrafen:
Öffentliche Ämter:

Abb. 003: Karteikarten als Erbe der K 5, später sogenannte Z-Kartei. Beschnittene Karteikarte der Entnazifizierungszeit, darauf die am 21.09.1950 vom MfS vermerkte neue Adresse des als flüchtig ausgewiesenen Autors (vgl. Abb. 005) Georg Jentsch. Er verstarb 1968.

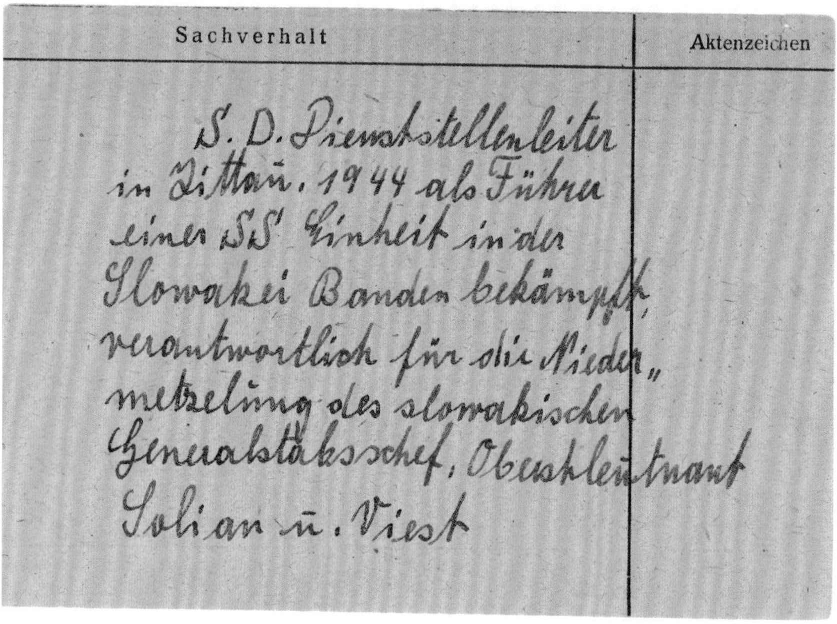

Sachverhalt	Aktenzeichen
S. D. Dienststellenleiter in Zittau. 1944 als Führer einer SS Einheit in der Slowakei Banden bekämpft, verantwortlich für die „Niedermetzelung" des slowakischen Generalstabschef. Oberstleutnant Solian u. Viest	

Abb. 004: Rückseite obiger Karteikarte. Gemeint ist offenbar ein SS-Einsatzkommando, das im November 1944 die slowakischen Generäle Ján Golian und Rudolf Viest festsetzte. Sie wurden 1945 im KZ Flossenbürg hingerichtet. Jentschs Beteiligung war eher ein Verdacht.

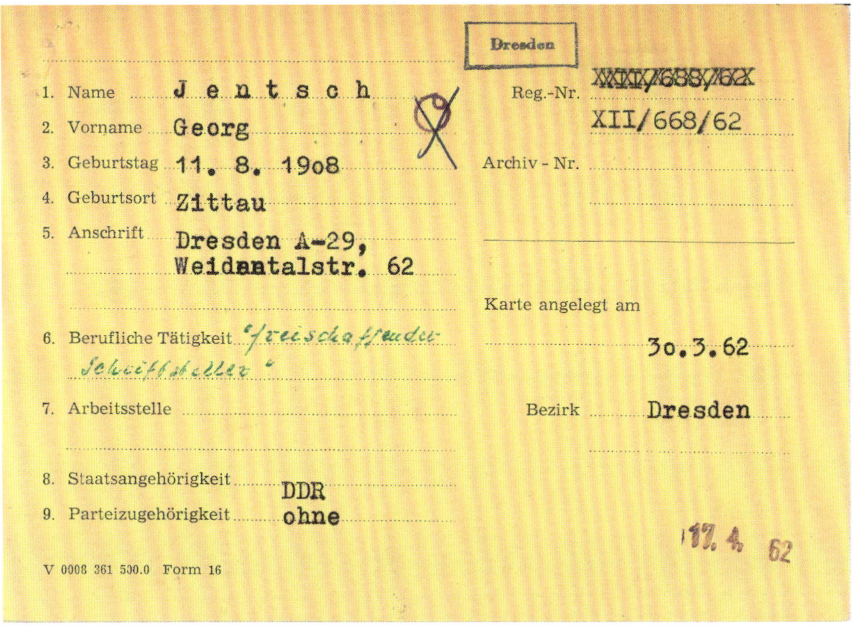

Dresden

1. Name J e n t s c h
2. Vorname Georg
3. Geburtstag 11. 8. 1908
4. Geburtsort Zittau
5. Anschrift Dresden A-29, Weidmatalstr. 62
6. Berufliche Tätigkeit "freischaffender Schriftsteller"
7. Arbeitsstelle
8. Staatsangehörigkeit DDR
9. Parteizugehörigkeit ohne

Reg.-Nr. ~~XII/668/62~~ XII/668/62

Archiv - Nr.

Karte angelegt am 30.3.62

Bezirk Dresden

17. 4. 62

V 0008 361 500.0 Form 16

Abb. 005: Personenkarteikarte F 16 von 1962 über Georg Jentsch mit einer Registriernummer. Die Kennzeichnung als Nullkarte ist vermutlich nach Entnahme der nebenstehenden Karteikarte der K 5 (Abb. 003, 004) für die Z-Kartei wieder gestrichen worden. Vorderseite.

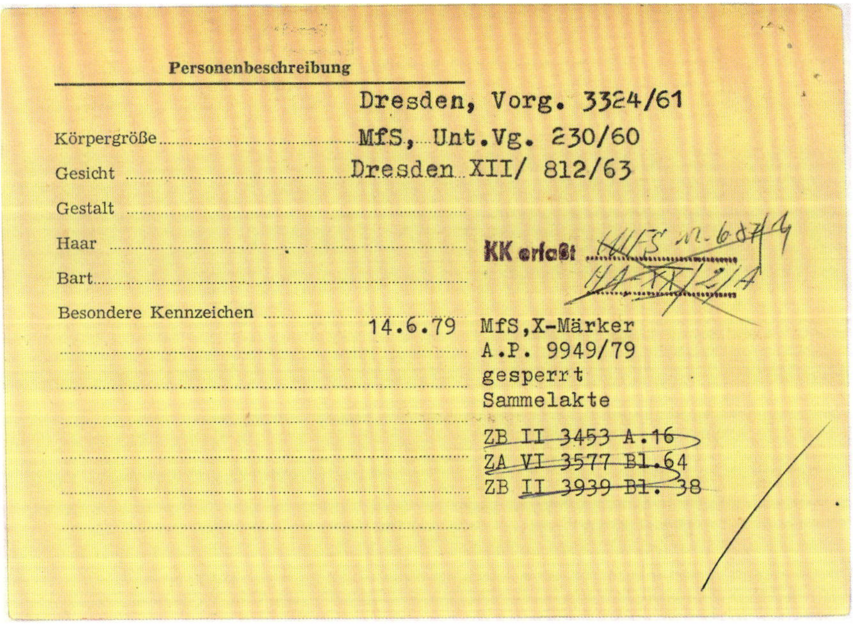

Personenbeschreibung

Dresden, Vorg. 3324/61

Körpergröße MfS, Unt.Vg. 230/60

Gesicht Dresden XII/ 812/63

Gestalt

Haar

Bart

Besondere Kennzeichen

KK erfaßt ~~MfS m. 6874~~ ~~HA XX/2/A~~

14.6.79 MfS,X-Märker
A.P. 9949/79
gesperrt
Sammelakte

~~ZB II 3453 A.16~~
~~ZA VI 3577 Bl.64~~
ZB ~~II 3939 Bl. 38~~

Abb. 006: Dieselbe Karte, Rückseite. Aufgetragen sind u. a. nach der Trennung von F 16 und Z-Kartei gestrichene Signaturen (hier ZB II u. ZA VI) von sogenanntem Z-Material aus der NS-Zeit bzw. über die Entnazifizierung.

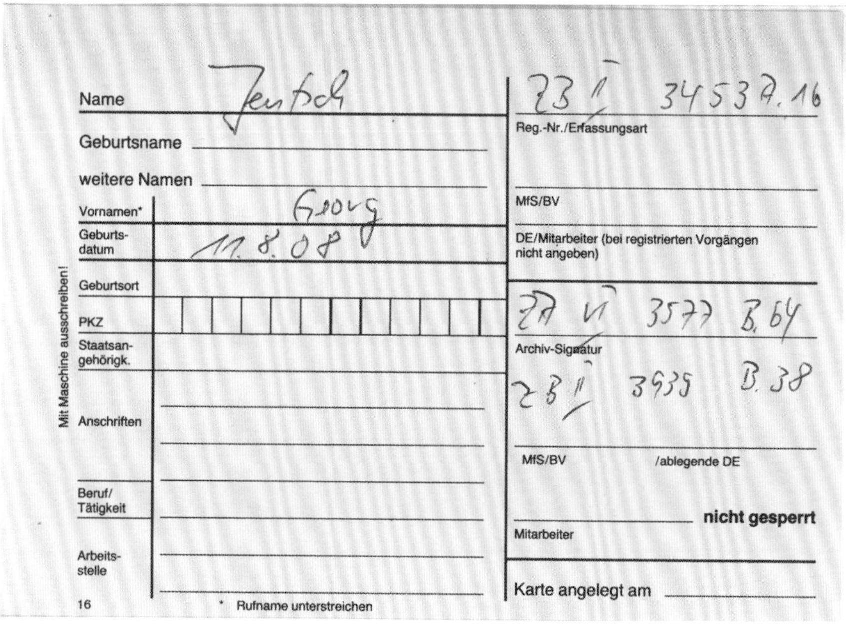
Name Jentsch
Geburtsname
weitere Namen
Vornamen* Georg
Geburts-datum 11.8.08
Geburtsort
PKZ
Staatsan-gehörigk.
Anschriften
Beruf/Tätigkeit
Arbeits-stelle
16
* Rufname unterstreichen
Mit Maschine ausschreiben!
23 II 3453 A.16
Reg.-Nr./Erfassungsart
MfS/BV
DE/Mitarbeiter (bei registrierten Vorgängen nicht angeben)
ZA VI 3577 B.64
Archiv-Signatur
ZB II 3939 B.38
MfS/BV /ablegende DE
nicht gesperrt
Mitarbeiter
Karte angelegt am

Abb. 007: Seit 1970 wurden Erfassungen für Z-Material aus der Personenkartei F 16 herausgezogen, für eine Übergabe an die Vorgangskartei der Hauptabteilung IX/11 auf neue Karteikarten übertragen und in die sogenannte Z-Kartei eingeordnet.

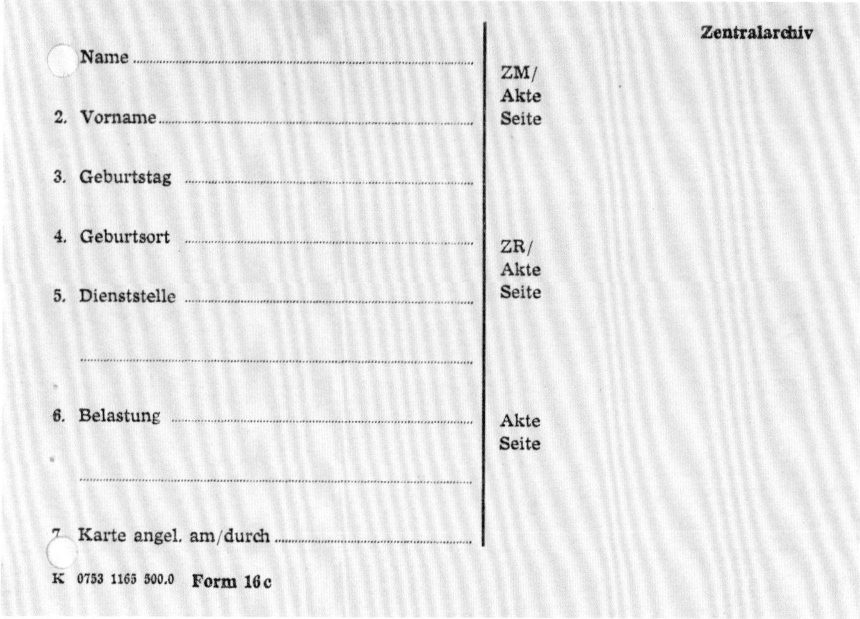
Zentralarchiv
Name
2. Vorname
3. Geburtstag
4. Geburtsort
5. Dienststelle
6. Belastung
7. Karte angel. am/durch
ZM/ Akte Seite
ZR/ Akte Seite
Akte Seite
K 0753 1165 500.0 Form 16c

Abb. 008: Für Erfassungen aus Z-Material war die Karteikarte F 16c vorgesehen, hier ein Druck von 1965, sie stand aber offenbar nicht immer zur Verfügung.

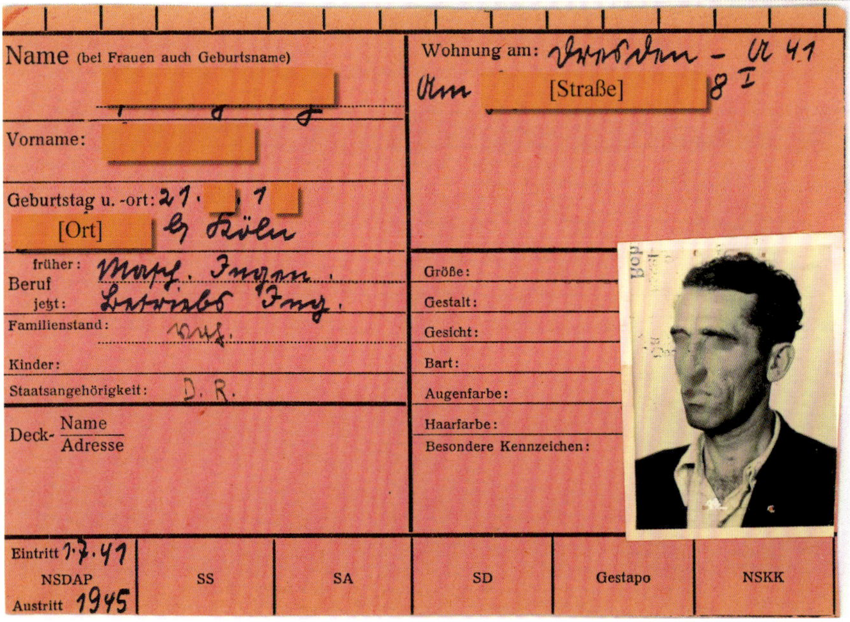
Name (bei Frauen auch Geburtsname)

Vorname:

Geburtstag u. -ort: 21. 1

[Ort] Köln

Beruf früher: Masch. Ingen.

Beruf jetzt: Betriebs Ing.

Familienstand: verh.

Kinder:

Staatsangehörigkeit: D. R.

Deck- Name / Adresse

Wohnung am: Dresden

[Straße] 8 I

Größe:

Gestalt:

Gesicht:

Bart:

Augenfarbe:

Haarfarbe:

Besondere Kennzeichen:

NSDAP	SS	SA	SD	Gestapo	NSKK
Eintritt 1.7.41 Austritt 1945					

Abb. 009: Karteikarten als Erbe der K 5, später sogenannte Z-Kartei. Beschnittene Karteikarte der Entnazifizierungszeit mit einem Passfoto (anonymisiert).

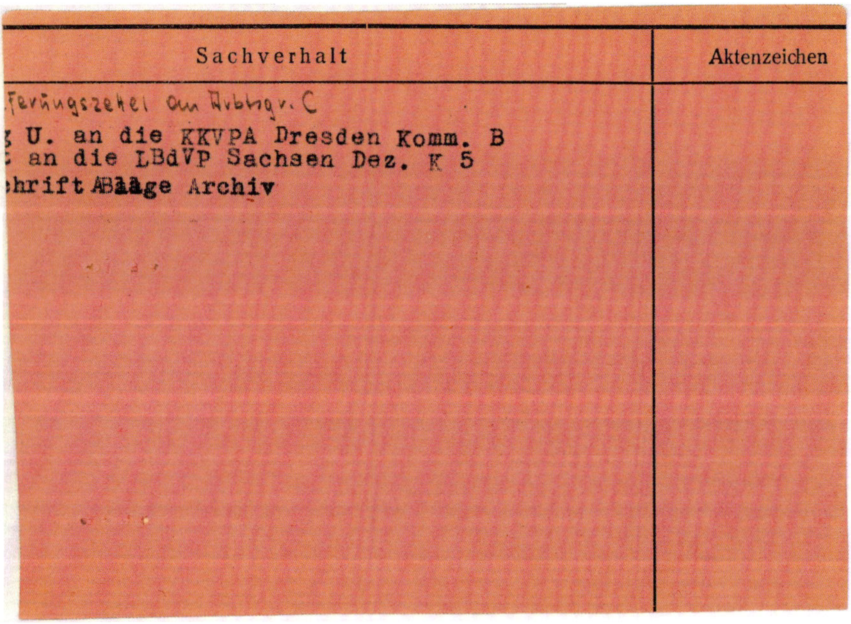
Sachverhalt	Aktenzeichen
Ferhängszettel an Arbtsgr. C g U. an die KKVPA Dresden Komm. B : an die LBdVP Sachsen Dez. K 5 :hrift Ablage Archiv	

Abb. 010: Dieselbe beschnittene Karteikarte, Rückseite mit Fragmenten eines Vermerks, u. a. die Landesbehörde der Volkspolizei Sachsen, Dezernat K 5 betreffend.

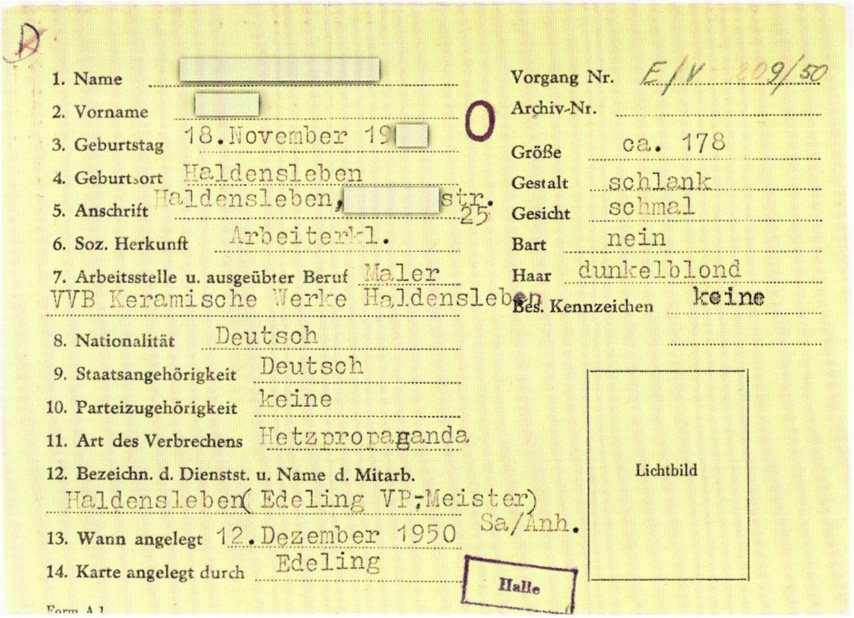

1. Name [redacted] — Vorgang Nr. E/V 209/50
2. Vorname [redacted] — Archiv-Nr.
3. Geburtstag 18.November 19[redacted] — O — Größe ca. 178
4. Geburtsort Haldensleben — Gestalt schlank
5. Anschrift Haldensleben, [redacted] str. 25 — Gesicht schmal
6. Soz. Herkunft Arbeiterkl. — Bart nein
7. Arbeitsstelle u. ausgeübter Beruf Maler VVB Keramische Werke Haldensleben — Haar dunkelblond — Bes. Kennzeichen keine
8. Nationalität Deutsch
9. Staatsangehörigkeit Deutsch
10. Parteizugehörigkeit keine
11. Art des Verbrechens Hetzpropaganda
12. Bezeichn. d. Dienstst. u. Name d. Mitarb. Haldensleben (Edeling VP-Meister) Sa/Anh.
13. Wann angelegt 12. Dezember 1950
14. Karte angelegt durch Edeling

Lichtbild

Halle

Form A 1

Abb. 011: Karteikarte Form A 1 (DIN A6) seit 1950 nach der Richtlinie GVS-Nr. 8/50 über „die Erfassung von Personen, die eine feindliche Tätigkeit durchführen" als Vorläufer der F 16-Karteikarte, Vorderseite (anonymisiert).

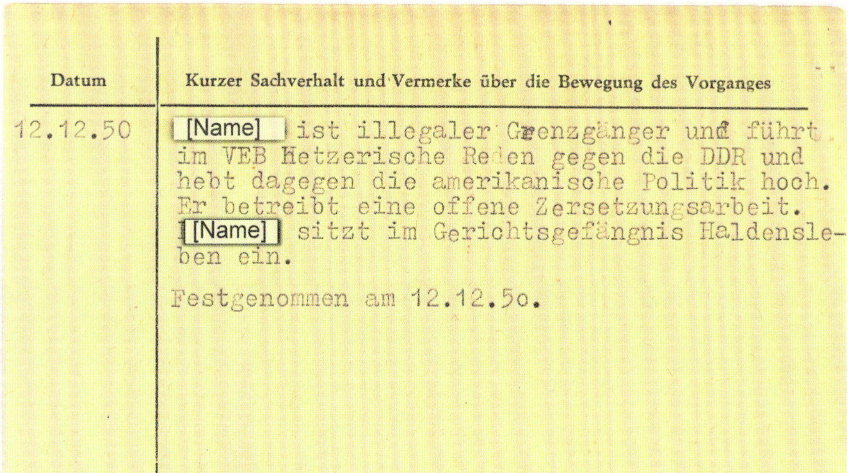

Datum	Kurzer Sachverhalt und Vermerke über die Bewegung des Vorganges
12.12.50	[Name] ist illegaler Grenzgänger und führt im VEB Hetzerische Reden gegen die DDR und hebt dagegen die amerikanische Politik hoch. Er betreibt eine offene Zersetzungsarbeit. [Name] sitzt im Gerichtsgefängnis Haldensleben ein.
	Festgenommen am 12.12.5o.

Abb. 012: Karteikarte Form A 1 nach der Richtlinie GVS-Nr. 8/50 über „die Erfassung von Personen, die eine feindliche Tätigkeit durchführen" als Vorläufer der F 16-Karteikarte, Rückseite (anonymisiert).

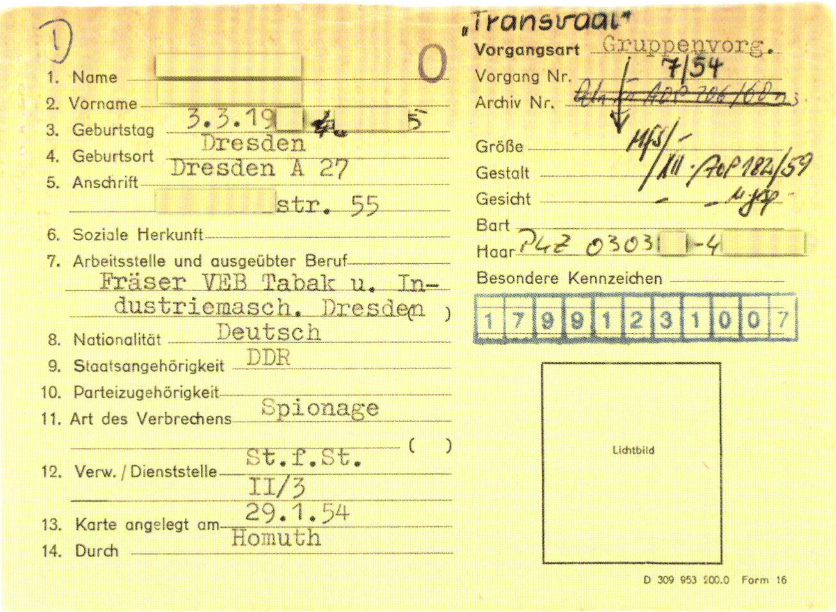

D

O

1. Name
2. Vorname
3. Geburtstag 3.3.19 5
4. Geburtsort Dresden
5. Anschrift Dresden A 27
str. 55
6. Soziale Herkunft
7. Arbeitsstelle und ausgeübter Beruf
Fräser VEB Tabak u. Industriemasch. Dresden ( )
8. Nationalität Deutsch
9. Staatsangehörigkeit DDR
10. Parteizugehörigkeit
11. Art des Verbrechens Spionage
( )
12. Verw. / Dienststelle St.f.St.
II/3
13. Karte angelegt am 29.1.54
14. Durch Homuth

„Transvaal"
Vorgangsart Gruppenvorg.
Vorgang Nr. 7/54
Archiv Nr.
Größe
Gestalt MfS/XII AOP 182/59
Gesicht
Bart
Haar PKZ 03031 -4

Besondere Kennzeichen

1	7	9	9	1	2	3	1	0	0	7

Lichtbild

D 309 953 200.0 Form 16

Abb. 013: In direkter Nachfolge der Form A 1 eine Karteikarte F 16 im Erscheinungsbild von 1954. Die Personenkennzahl und der gestempelte Schlüssel der Erfassungsdaten wurden nicht vor 1970 nachgetragen, Vorderseite (anonymisiert).

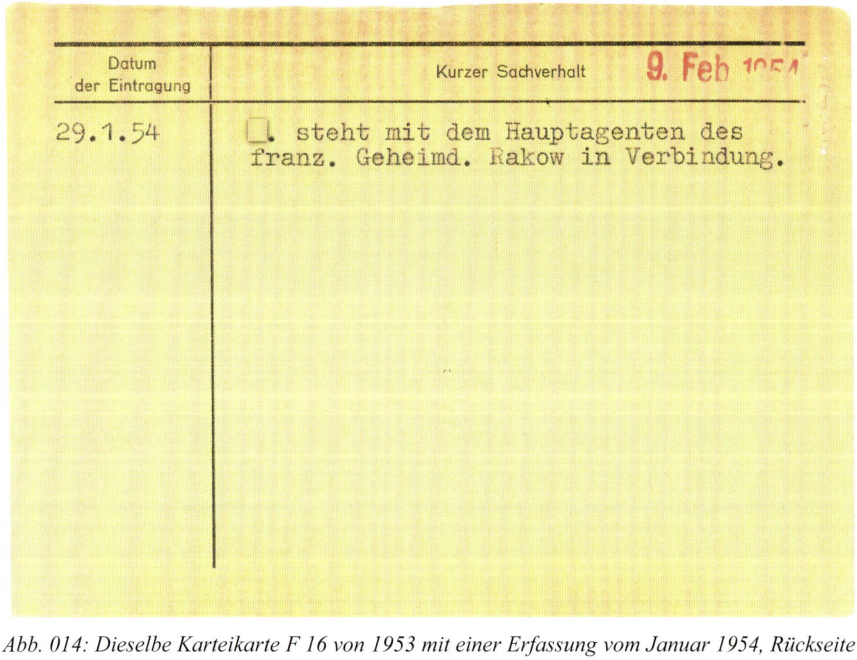

Datum der Eintragung	Kurzer Sachverhalt 9. Feb 1954
29.1.54	steht mit dem Hauptagenten des franz. Geheimd. Rakow in Verbindung.

Abb. 014: Dieselbe Karteikarte F 16 von 1953 mit einer Erfassung vom Januar 1954, Rückseite (anonymisiert).

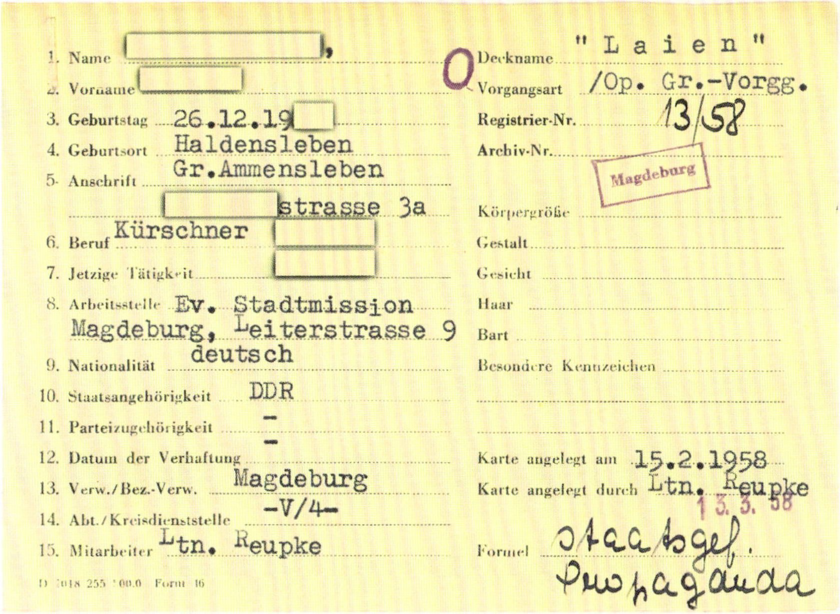

1. Name [redacted],
2. Vorname [redacted]
3. Geburtstag 26.12.19[redacted]
4. Geburtsort Haldensleben
5. Anschrift Gr.Ammensleben
[redacted]strasse 3a
6. Beruf Kürschner [redacted]
7. Jetzige Tätigkeit [redacted]
8. Arbeitsstelle Ev. Stadtmission Magdeburg, Leiterstrasse 9
9. Nationalität deutsch
10. Staatsangehörigkeit DDR
11. Parteizugehörigkeit –
12. Datum der Verhaftung –
13. Verw./Bez.-Verw. Magdeburg
14. Abt./Kreisdienststelle -V/4-
15. Mitarbeiter Ltn. Reupke

O

Deckname "Laien"
Vorgangsart /Op. Gr.-Vorgg.
Registrier-Nr. 13/58
Archiv-Nr.
Magdeburg
Körpergröße
Gestalt
Gesicht
Haar
Bart
Besondere Kennzeichen

Karte angelegt am 15.2.1958
Karte angelegt durch Ltn. Reupke
13.3.58
Formel Staatsgef. Propaganda

D 018 255 100.0 Form 16

Abb. 015: Karteikarte F 16 in geänderter Druckfassung von 1955, offensichtlich im Februar 1958 in der Bezirksverwaltung Magdeburg noch genutzt, Vorderseite (anonymisiert).

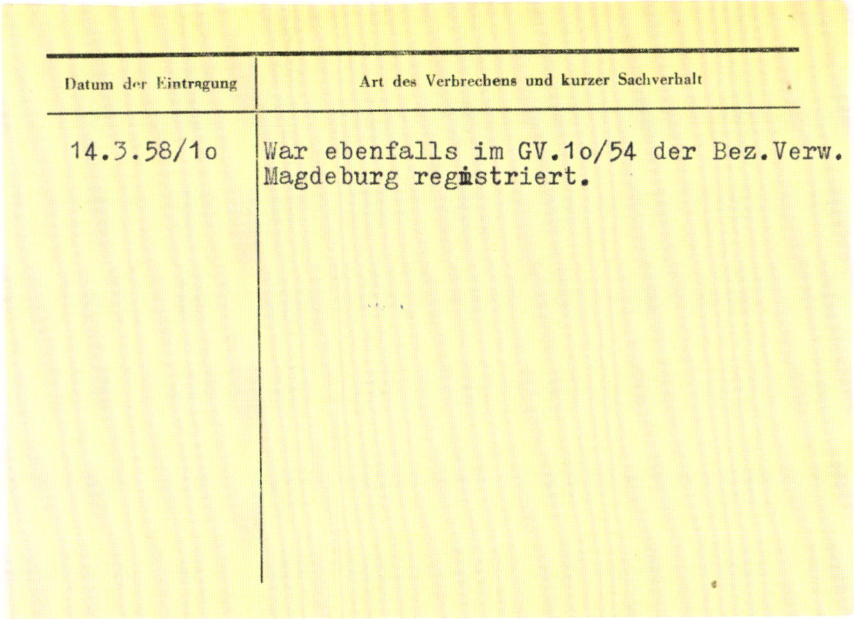

Datum der Eintragung	Art des Verbrechens und kurzer Sachverhalt
14.3.58/1o	War ebenfalls im GV.1o/54 der Bez.Verw. Magdeburg registriert.

Abb. 016: Rückseite derselben Karteikarte F 16 von 1955. Die gedruckte Kopfzeile fragt nicht mehr wertfrei nur nach dem Sachverhalt bzw. nach einem Tatvorwurf oder Verdacht, sondern nimmt mit „Art des Verbrechens“ bereits bei der Erfassung ein Urteil vorweg.

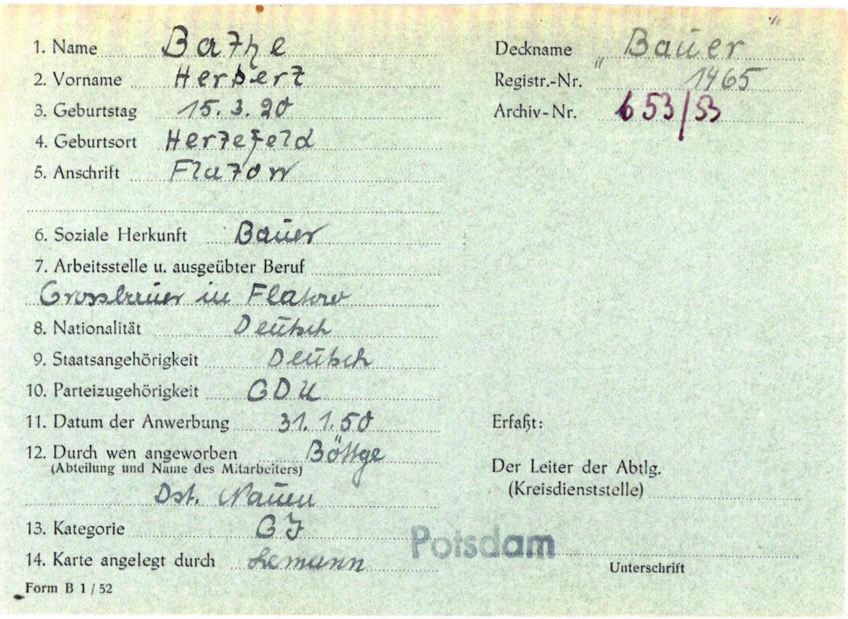

1. Name Bathe — Deckname „Bauer"
2. Vorname Herbert — Registr.-Nr. 1465
3. Geburtstag 15.3.20 — Archiv-Nr. 653/53
4. Geburtsort Herzfeld
5. Anschrift Flatow

6. Soziale Herkunft Bauer
7. Arbeitsstelle u. ausgeübter Beruf
Grossbauer in Flatow
8. Nationalität Deutsch
9. Staatsangehörigkeit Deutsch
10. Parteizugehörigkeit CDU
11. Datum der Anwerbung 31.1.50 — Erfaßt:
12. Durch wen angeworben (Abteilung und Name des Mitarbeiters) Böttge
Dst. Nauen — Der Leiter der Abtlg. (Kreisdienststelle)
13. Kategorie GJ — Potsdam
14. Karte angelegt durch Lemann — Unterschrift

Form B 1/52

Abb. 017: Karteikarte Form B 1 (DIN A6) nach der Richtlinie GVS-Nr. 9/50 über „die Erfassung der geheimen Mitarbeiter, der Informatoren und der Personen, die konspirative Wohnungen unterhalten" vom September 1950, bis 1954 Vorläufer der F 19.

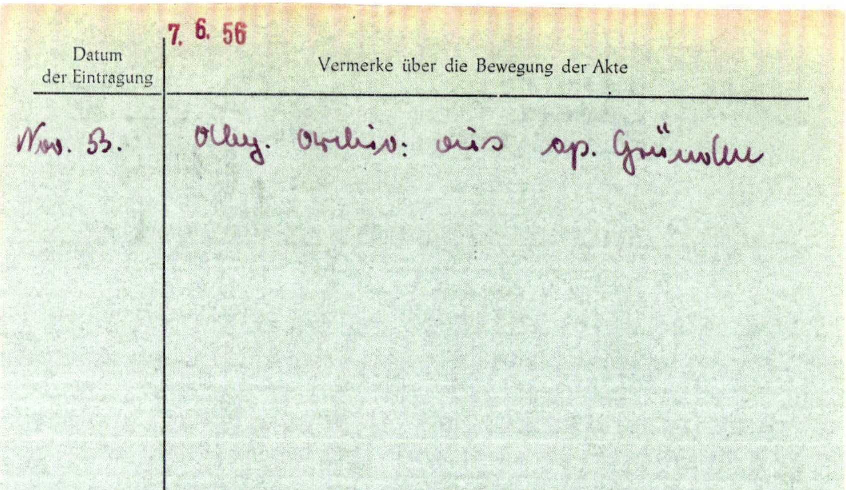

7. 6. 56

Datum der Eintragung	Vermerke über die Bewegung der Akte
Nov. 53.	Abg. Archiv: aus op. Gründen

Abb. 018: Karteikarte Form B 1, Rückseite, stark ausgeblichen und am Rand vergilbt. Der aufgetragene Vermerk verweist auf einen Abbruch der inoffiziellen Mitarbeit im November 1953 „aus op[erativen] Gründen" und die Abgabe der Akte ins Archiv.

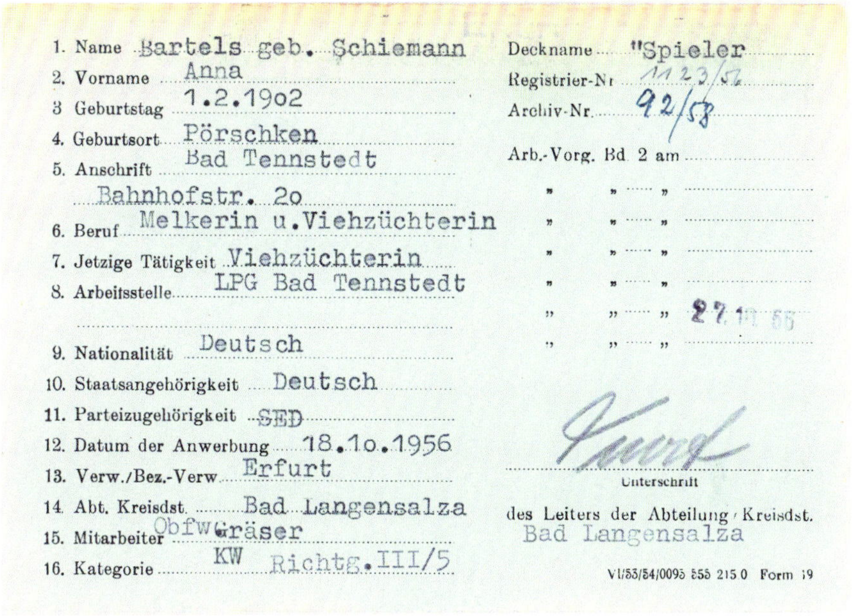

1. Name Bartels geb. Schiemann
2. Vorname Anna
3 Geburtstag 1.2.19o2
4. Geburtsort Pörschken
5. Anschrift Bad Tennstedt
Bahnhofstr. 2o
6. Beruf Melkerin u.Viehzüchterin
7. Jetzige Tätigkeit Viehzüchterin
8. Arbeitsstelle LPG Bad Tennstedt
9. Nationalität Deutsch
10. Staatsangehörigkeit Deutsch
11. Parteizugehörigkeit SED
12. Datum der Anwerbung 18.1o.1956
13. Verw./Bez.-Verw Erfurt
14. Abt. Kreisdst. Bad Langensalza
15. Mitarbeiter Obfw Gräser
16. Kategorie KW Richtg. III/5

Deckname "Spieler
Registrier-Nr 1123/56
Archiv-Nr. 92/58
Arb.-Vorg. Bd 2 am
" " "
" " "
" " "
" " "
" " " 27.11.56
" " "

Unterschrift
des Leiters der Abteilung / Kreisdst.
Bad Langensalza

VI/53/54/0095 555 215 0 Form 19

Abb. 019: Karteikarte F 19 von 1955. Sie ersetzte seit 1954 die Form B 1 für die Erfassung geheimer Informatoren und Inhaber konspirativer Wohnungen, hier als Kategorie „KW" vermerkt.

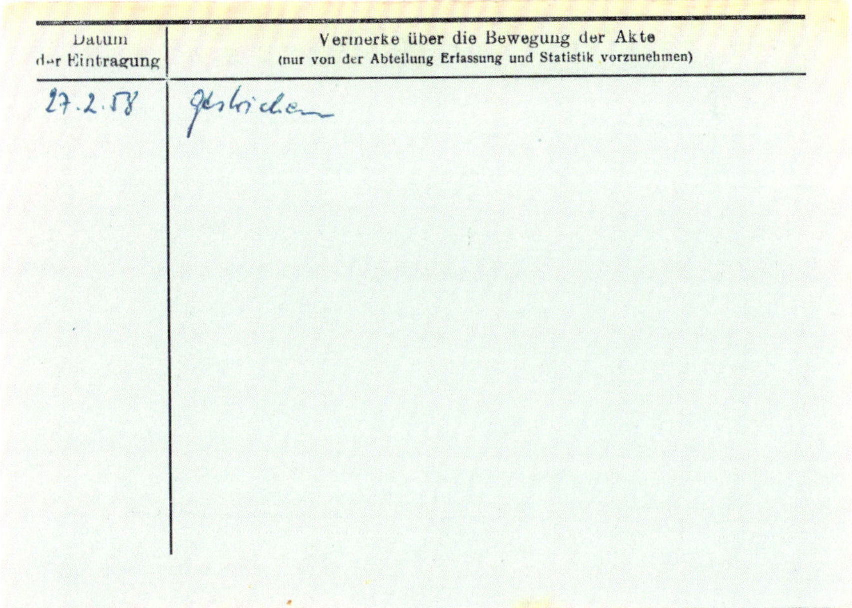

Datum der Eintragung	Vermerke über die Bewegung der Akte (nur von der Abteilung Erfassung und Statistik vorzunehmen)
27.2.58	gestrichen

Abb. 020: Rückseite derselben Karteikarte F 19 von 1955. Dem Vermerk zufolge wurde die aktive Erfassung im Februar 1958 „gestrichen" und die Akte unter der Nr. [AIM] 92/58 im Zentralarchiv des MfS abgelegt. Die ehemals blaue Karteikarte ist stark ausgeblichen.

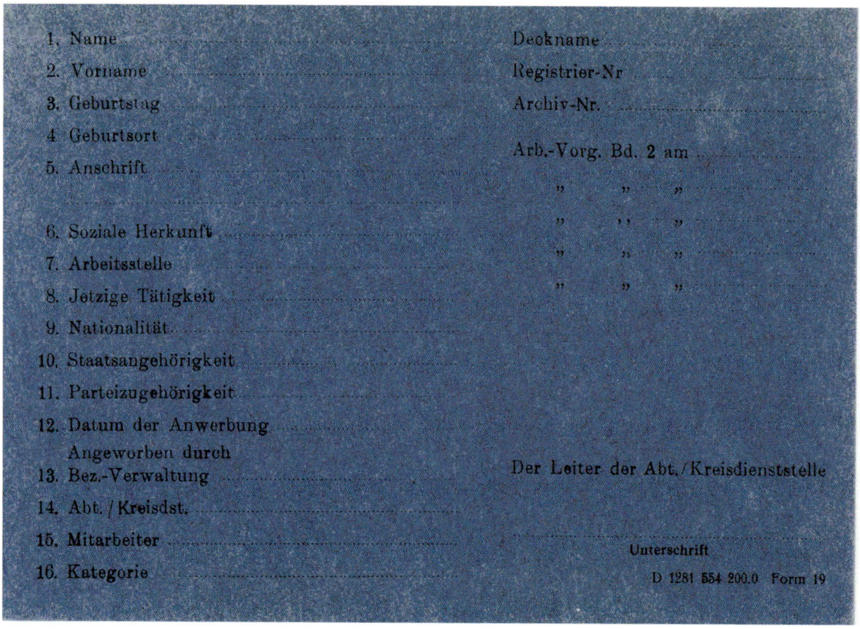
1. Name
2. Vorname
3. Geburtstag
4. Geburtsort
5. Anschrift
6. Soziale Herkunft
7. Arbeitsstelle
8. Jetzige Tätigkeit
9. Nationalität
10. Staatsangehörigkeit
11. Parteizugehörigkeit
12. Datum der Anwerbung
Angeworben durch
13. Bez.-Verwaltung
14. Abt. / Kreisdst.
15. Mitarbeiter
16. Kategorie

Deckname
Registrier-Nr
Archiv-Nr.
Arb.-Vorg. Bd. 2 am
" " "
" " "
" " "
" " "

Der Leiter der Abt./Kreisdienststelle

Unterschrift

D 1281 554 200.0 Form 19

Abb. 021: *Karteikarte F 19, seit 1954 der Form B 1 für die Erfassung geheimer Informatoren und Inhaber konspirativer Wohnungen nachfolgend, hier noch unbenutzt im ursprünglich kräftigen Blau.*

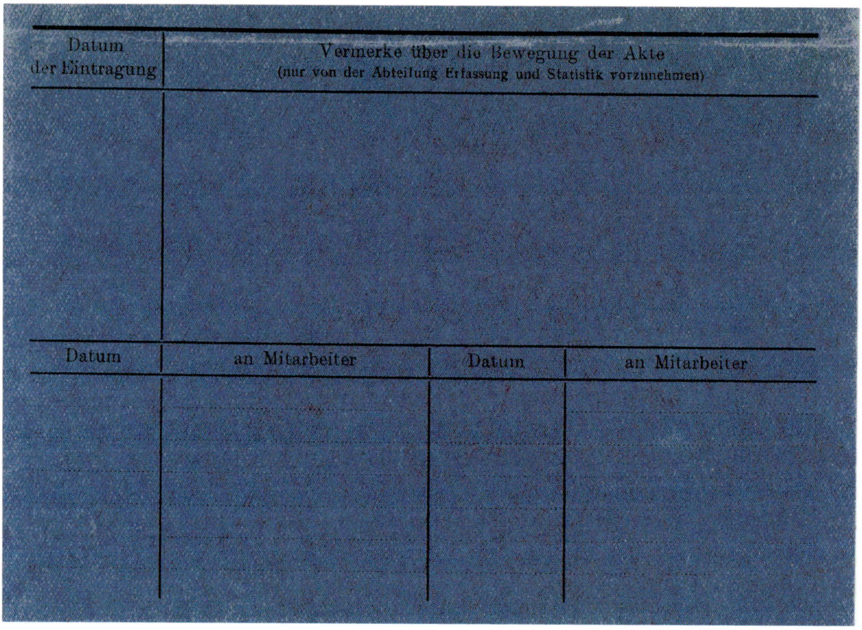
Datum der Eintragung	Vermerke über die Bewegung der Akte (nur von der Abteilung Erfassung und Statistik vorzunehmen)

Datum	an Mitarbeiter	Datum	an Mitarbeiter

Abb. 022: *Dieselbe Karteikarte F 19, Rückseite, mit gegenüber der Fassung in Abb. 020 verändertem Aufdruck.*

1. Name
2. Vorname
3. Geburtstag 16.1.
4. Geburtsort Jomko
5. Anschrift Gr. Alsleben b. Oschersleben
6. Soz. Herkunft Arbeiterstand
7. Arbeitsstelle u. ausgeübter Beruf Hausgehilfin
8. Nationalität deutsch
9. Staatsangehörigkeit deutsch
10. Parteizugehörigkeit ohne
11. Datum der Verhaftung 18.8.51
12. Abt. u. Name des Mitarb., der die Unters. führt Künzel Abt. IX Sa.-Anh.
13. Karte angelegt durch Künzel
Aktion Morgenröte 267
Form C 1

Vorgang Nr. II E/V-1172/51
Archiv-Nr.
Körpergröße 1,7o – 1,75 m
Gestalt stark u. kräftig
Gesicht länglich voll
Haar hellblond
Bart
Bes. Kennzeichen

7 EE cccc 17
18 JO acaa

Magdeburg

Abb. 023: Karteikarte Form C 1 (DIN A6) nach der Richtlinie GVS-Nr. 10/50 „zur Erfassung der durch die Organe des Ministeriums für Staatssicherheit der DDR verhafteten Personen" vom September 1950 als Vorläufer der Karteikarte F 18 (anonymisiert).

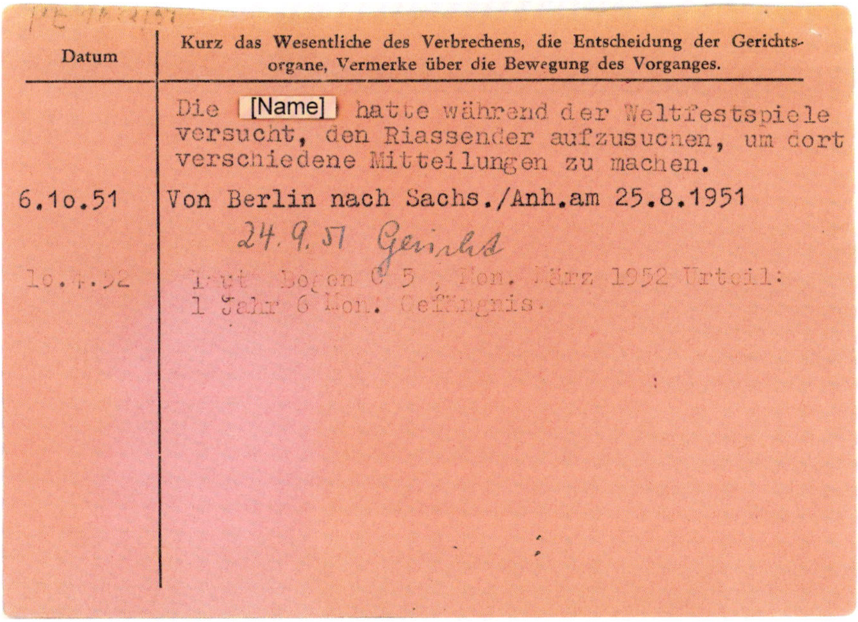

Datum	Kurz das Wesentliche des Verbrechens, die Entscheidung der Gerichtsorgane, Vermerke über die Bewegung des Vorganges.
	Die [Name] hatte während der Weltfestspiele versucht, den Riassender aufzusuchen, um dort verschiedene Mitteilungen zu machen.
6.1o.51	Von Berlin nach Sachs./Anh.am 25.8.1951
	24.9.51 Gericht
1o.4.52	laut Bogen C 5, Mon. März 1952 Urteil: 1 Jahr 6 Mon. Gefängnis.

Abb. 024: Rückseite derselben Karteikarte Form C 1. Der Leim des Fotos auf der Vorderseite schlägt durch, die obere Kante ist stark abgegriffen. Entnehmen lässt sich eine Verhaftung im Kontext der III. Weltfestspiele („Aktion Morgenröte") und das verhängte Urteil.

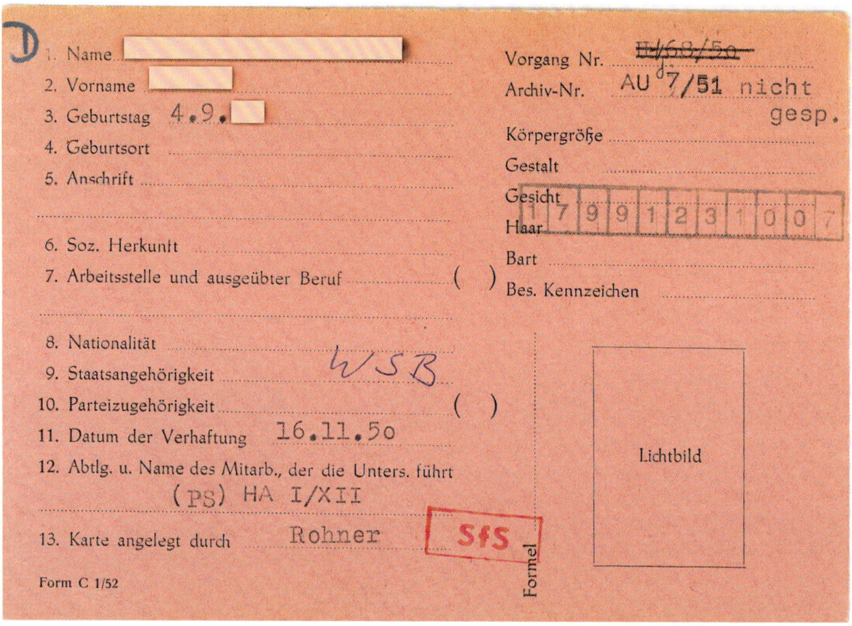

D

1. Name [redacted]
2. Vorname [redacted]
3. Geburtstag 4.9.[redacted]
4. Geburtsort
5. Anschrift

6. Soz. Herkunft
7. Arbeitsstelle und ausgeübter Beruf ( )

8. Nationalität
9. Staatsangehörigkeit WSB
10. Parteizugehörigkeit ( )
11. Datum der Verhaftung 16.11.5o
12. Abtlg. u. Name des Mitarb., der die Unters. führt
(PS) HA I/XII
13. Karte angelegt durch Rohner

SfS

Form C 1/52

Formel

Vorgang Nr. ~~H/68/5o~~
Archiv-Nr. AU 7/51 nicht gesp.
Körpergröße
Gestalt
Gesicht
Haar
1 7 9 9 1 2 3 1 0 0 7
Bart
Bes. Kennzeichen

Lichtbild

Abb. 025: Variante der Karteikarte Form C 1 (anonymisiert). Sie wurde 1954 durch die Karteikarte F 18 ersetzt. Das dargestellte Exemplar trägt einen Stempel mit dem Schlüssel der Erfassungsdaten aus den 1980er-Jahren.

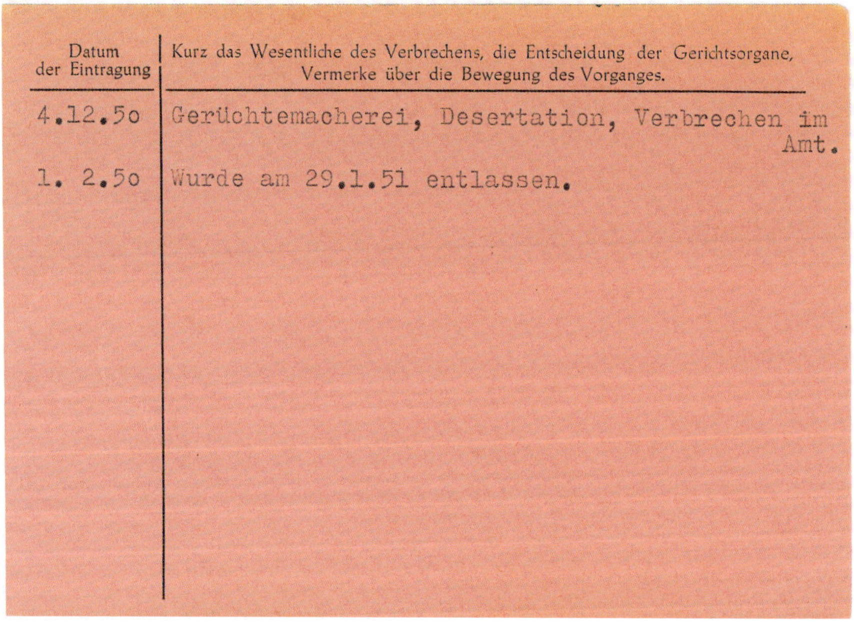

Datum der Eintragung	Kurz das Wesentliche des Verbrechens, die Entscheidung der Gerichtsorgane, Vermerke über die Bewegung des Vorganges.
4.12.5o	Gerüchtemacherei, Desertation, Verbrechen im Amt.
1. 2.5o	Wurde am 29.1.51 entlassen.

Abb. 026: Form C 1, Rückseite.

Zentrale Karteien der Abteilung XII. Personenkartei (1950er-Jahre, C 1/F 18)

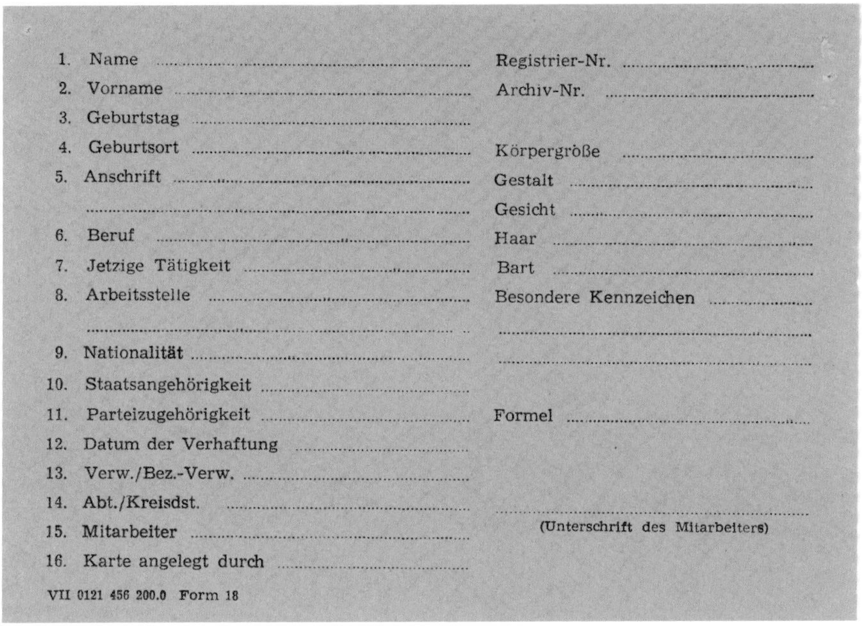

1. Name .... Registrier-Nr. ....
2. Vorname .... Archiv-Nr. ....
3. Geburtstag ....
4. Geburtsort .... Körpergröße ....
5. Anschrift .... Gestalt ....
.... Gesicht ....
6. Beruf .... Haar ....
7. Jetzige Tätigkeit .... Bart ....
8. Arbeitsstelle .... Besondere Kennzeichen ....
....
9. Nationalität ....
10. Staatsangehörigkeit ....
11. Parteizugehörigkeit .... Formel ....
12. Datum der Verhaftung ....
13. Verw./Bez.-Verw. ....
14. Abt./Kreisdst. ....
15. Mitarbeiter .... (Unterschrift des Mitarbeiters)
16. Karte angelegt durch ....

VII 0121 456 200.0 Form 18

Abb. 027: Karteikarte F 18, der Form C 1 seit 1954 nachfolgend, als Druck von 1956. Sie wurde 1960 durch die Karteikarte F 16 abgelöst.

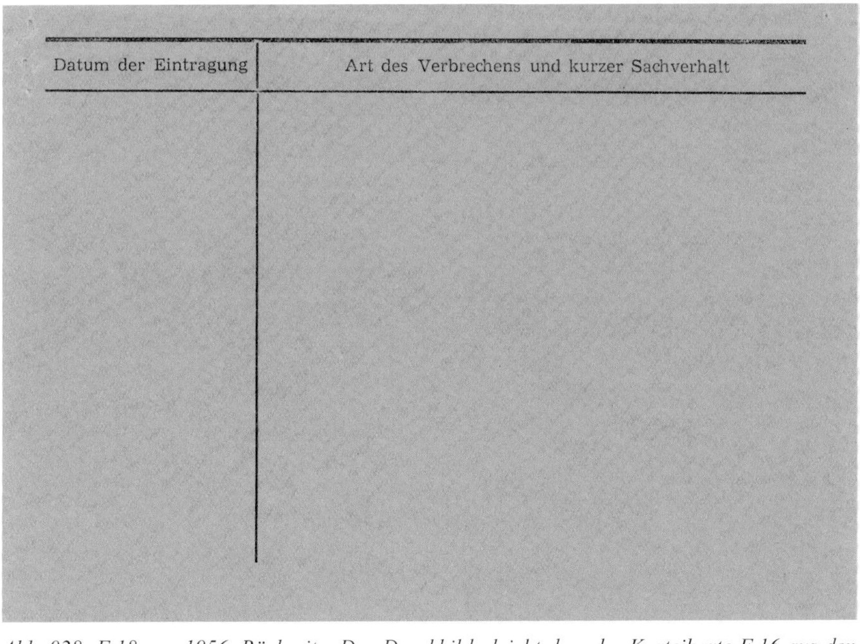

Datum der Eintragung	Art des Verbrechens und kurzer Sachverhalt

Abb. 028: F 18 von 1956, Rückseite. Das Druckbild gleicht dem der Karteikarte F 16 aus den Jahren 1954 bis 1960 (siehe Abb. 016).

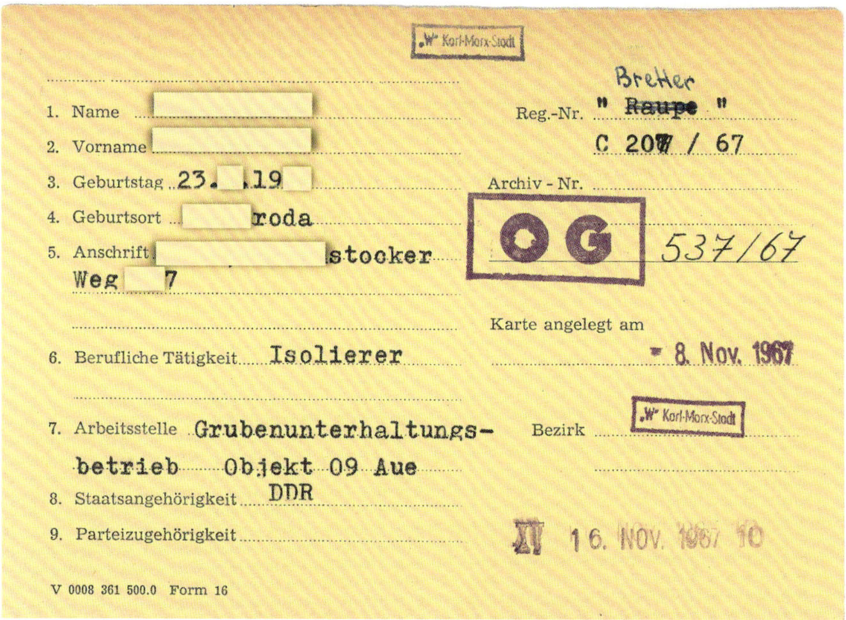
„W“ Karl-Marx-Stadt

1. Name [redacted]
2. Vorname [redacted]
3. Geburtstag 23.[redacted].19[redacted]
4. Geburtsort [redacted]roda
5. Anschrift [redacted]stocker Weg [redacted] 7

6. Berufliche Tätigkeit Isolierer

7. Arbeitsstelle Grubenunterhaltungs-betrieb Objekt 09 Aue
8. Staatsangehörigkeit DDR
9. Parteizugehörigkeit

Reg.-Nr. " ~~Raupe~~ " Bretter
C 207 / 67
Archiv - Nr.
OG 537/67

Karte angelegt am
8. Nov. 1967

Bezirk „W“ Karl-Marx-Stadt

XII 16. NOV. 1967 10

V 0008 361 500.0 Form 16

Abb. 029: Karteikarte F 16 in der seit 1960 für alle Erfassungsarten einheitlich gebräuchlichen Version. Hier ein Druck von 1961 mit einer Erfassung für die Operativgruppe (OG) der K I im November 1967 durch die Verwaltung „Wismut“, der Akte zufolge eine Ermittlung.

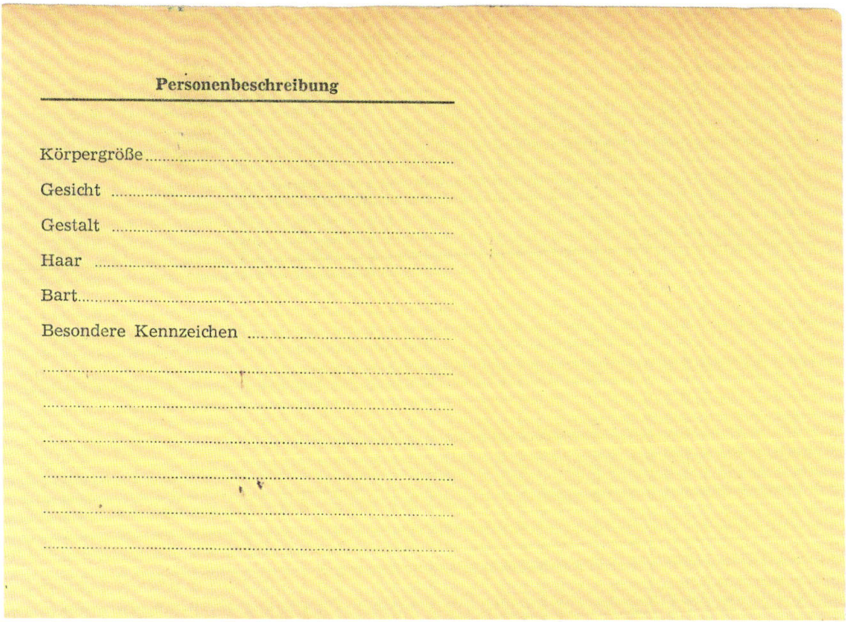
Personenbeschreibung

Körpergröße
Gesicht
Gestalt
Haar
Bart
Besondere Kennzeichen

Abb. 030: Die Rückseite dieser Karteikarte F 16 sah anfangs in Anlehnung an die Formen A 1 / F 16 und C 1 / F 18 der 1950er-Jahre noch Raum für eine Personenbeschreibung vor.

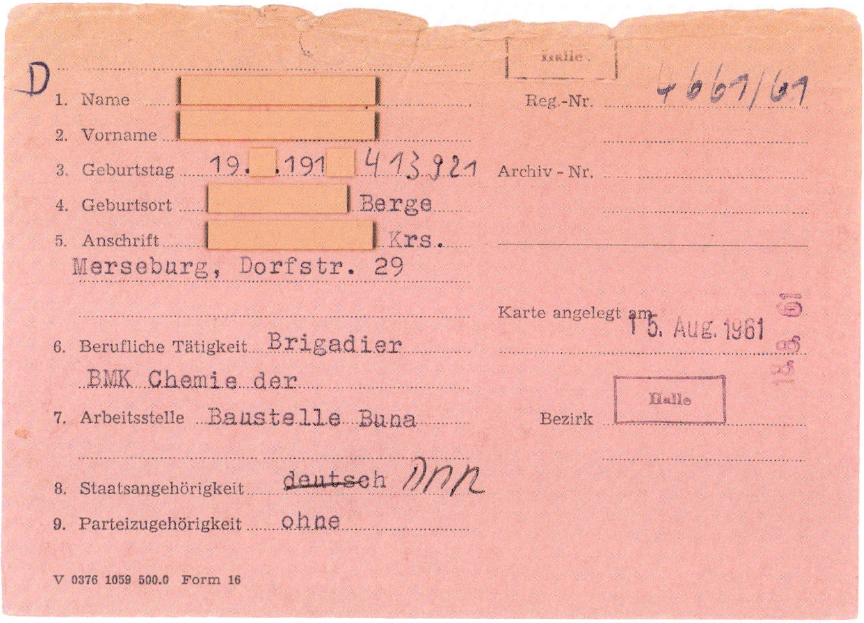

D

Halle

1. Name [redacted] Reg.-Nr. 4667/61
2. Vorname [redacted]
3. Geburtstag 19.[redacted].191[redacted] 4 13 9 21 Archiv - Nr.
4. Geburtsort [redacted] Berge
5. Anschrift [redacted] Krs.
Merseburg, Dorfstr. 29

Karte angelegt am 15. Aug. 1961

6. Berufliche Tätigkeit Brigadier
BMK Chemie der
7. Arbeitsstelle Baustelle Buna Bezirk Halle

8. Staatsangehörigkeit ~~deutsch~~ DDR
9. Parteizugehörigkeit ohne

V 0376 1059 500.0 Form 16

Abb. 031: Karteikarten F 16, gedruckt auf hellrotem Karton, wurden von 1960 bis 1962 parallel zu den gelben Karten F 16 benutzt. Dies war allerdings einem zeitweiligen Papiermangel geschuldet und hatte keinen Zusammenhang mit der Art der Erfassung für die BVfS Halle.

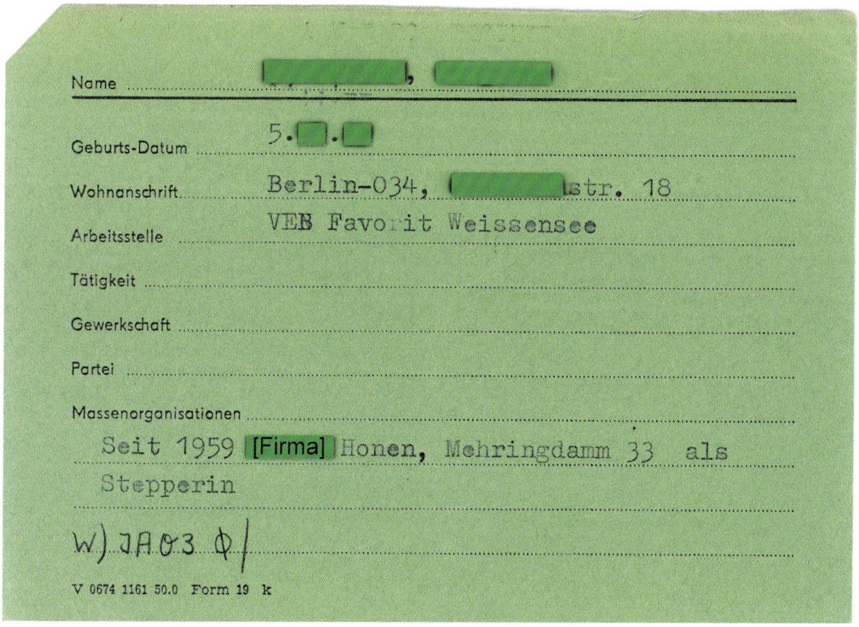

Name [redacted], [redacted]

Geburts-Datum 5.[redacted].[redacted]

Wohnanschrift Berlin-034, [redacted]str. 18

Arbeitsstelle VEB Favorit Weissensee

Tätigkeit

Gewerkschaft

Partei

Massenorganisationen

Seit 1959 [Firma] Honen, Mehringdamm 33 als Stepperin

W) JA 03 Φ/

V 0674 1161 50.0 Form 19 k

Abb. 032: Grüne Karteikarten F 19 k wurden 1961 für die Erfassung von Personen genutzt, die vor dem Mauerbau als sogenannte Grenzgänger zwischen dem Ost- und dem Westteil Berlins, zwischen Wohnung und Arbeitsstelle pendelten.

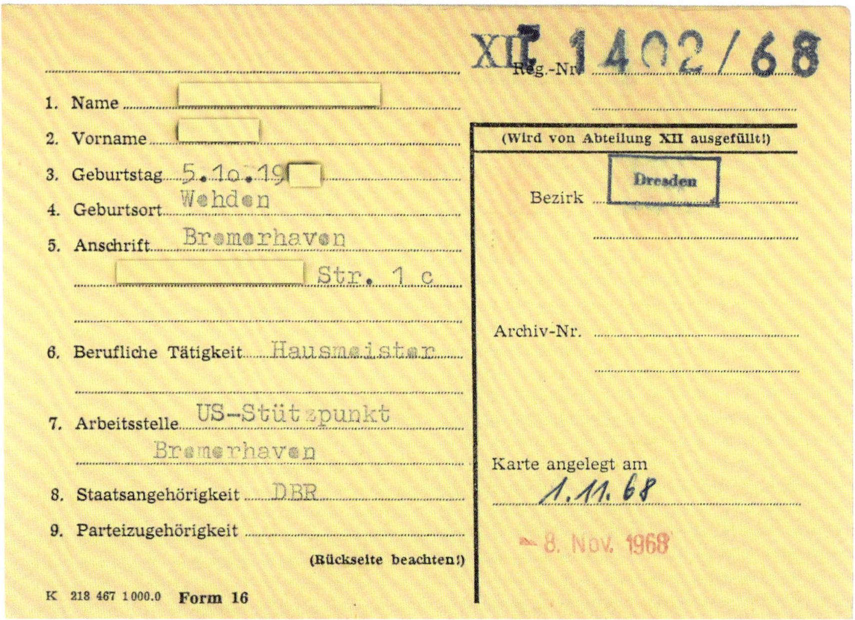

XII 1402/68
Reg.-Nr.
1. Name
2. Vorname
3. Geburtstag 5.10.19
4. Geburtsort Wehden
5. Anschrift Bremerhaven
Str. 1 c
6. Berufliche Tätigkeit Hausmeister
7. Arbeitsstelle US-Stützpunkt Bremerhaven
8. Staatsangehörigkeit DBR
9. Parteizugehörigkeit
(Rückseite beachten!)
K 218 467 1000.0 Form 16
(Wird von Abteilung XII ausgefüllt!)
Bezirk Dresden
Archiv-Nr.
Karte angelegt am 1.11.68
8. Nov. 1968

Abb. 033: Karteikarte F 16 in der Druckfassung von 1967, hier im November 1968 benutzt für die Erfassung einer in Bremerhaven wohnenden Person durch die BVfS Dresden, die den registrierten Vorgang XII 1402/68 anlegte.

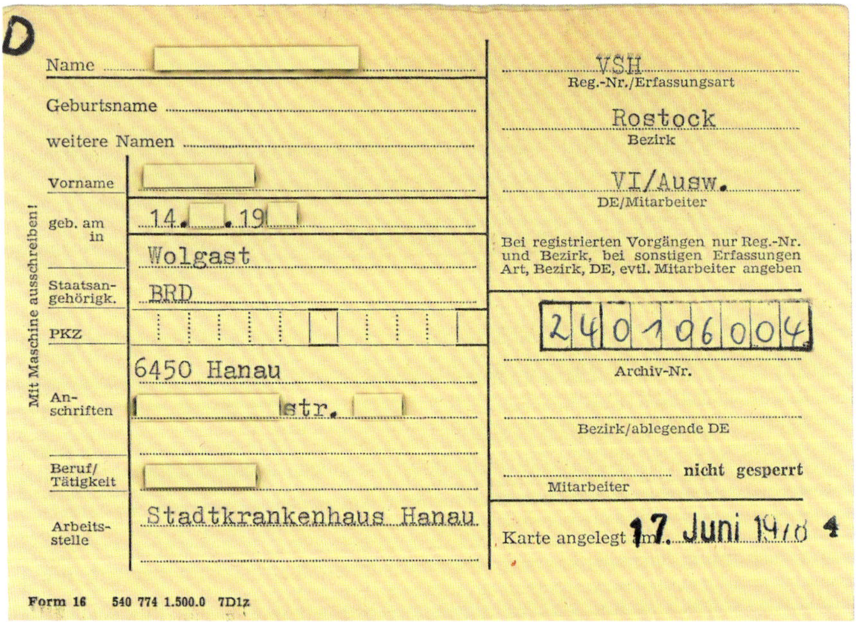

D
Name
Geburtsname
weitere Namen
Vorname
geb. am 14. .19
in Wolgast
Staatsangehörigk. BRD
PKZ
Anschriften 6450 Hanau
str.
Beruf/Tätigkeit
Arbeitsstelle Stadtkrankenhaus Hanau
Mit Maschine ausschreiben!
Form 16 540 774 1.500.0 7D1z
VSH
Reg.-Nr./Erfassungsart
Rostock
Bezirk
VI/Ausw.
DE/Mitarbeiter
Bei registrierten Vorgängen nur Reg.-Nr. und Bezirk, bei sonstigen Erfassungen Art, Bezirk, DE, evtl. Mitarbeiter angeben
2 4 0 1 0 6 0 0 4
Archiv-Nr.
Bezirk/ablegende DE
nicht gesperrt
Mitarbeiter
Karte angelegt am 17. Juni 1978 4

Abb. 034: Karteikarte F 16 mit Feld für die 1970 eingeführte Personenkennzahl (PKZ), hier in der Druckfassung von 1974, angelegt im Juni 1978 für eine VSH-Erfassung (s. Abb. 082 bis 085) der BVfS Rostock, Abteilung VI. Aufgestempelt ist der Schlüssel der Erfassungsdaten.

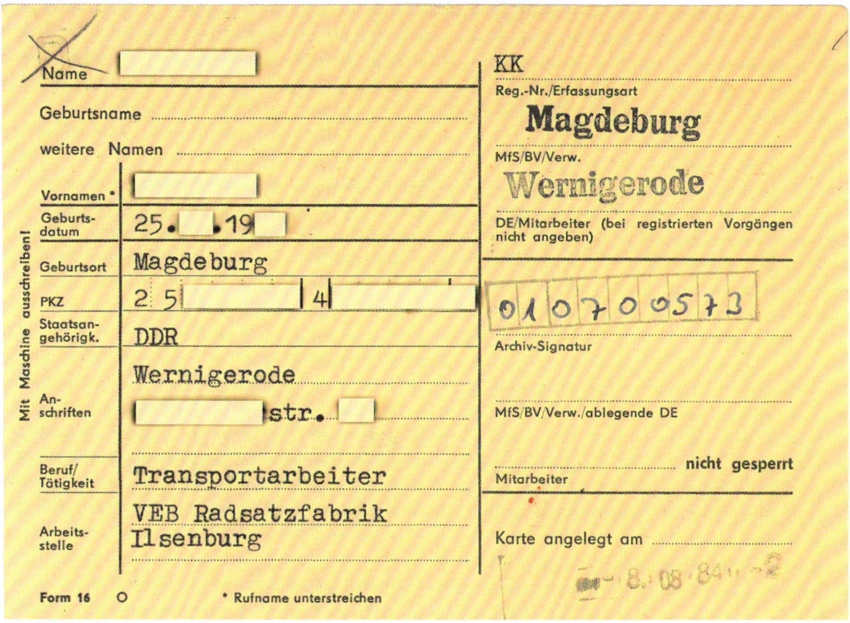

Name

Geburtsname

weitere Namen

Vornamen *

Geburts-datum 25. .19

Geburtsort Magdeburg

PKZ 2 5 4

Staatsan-gehörigk. DDR

An-schriften Wernigerode
str.

Beruf/Tätigkeit Transportarbeiter

Arbeits-stelle VEB Radsatzfabrik Ilsenburg

Mit Maschine ausschreiben!

Form 16 O * Rufname unterstreichen

KK

Reg.-Nr./Erfassungsart

Magdeburg

MfS/BV/Verw.

Wernigerode

DE/Mitarbeiter (bei registrierten Vorgängen nicht angeben)

01070057 3

Archiv-Signatur

MfS/BV/Verw./ablegende DE

nicht gesperrt

Mitarbeiter

Karte angelegt am

8.08.84

Abb. 035: Karteikarte F 16 in der Druckfassung der ersten Hälfte der 1980er-Jahre mit dem für Formulare dieser Zeit typischen kleinen Kreis unten links, hier mit dem Verweis vom August 1984 auf eine Kerblochkartei-Erfassung in der Kreisdienststelle Wernigerode.

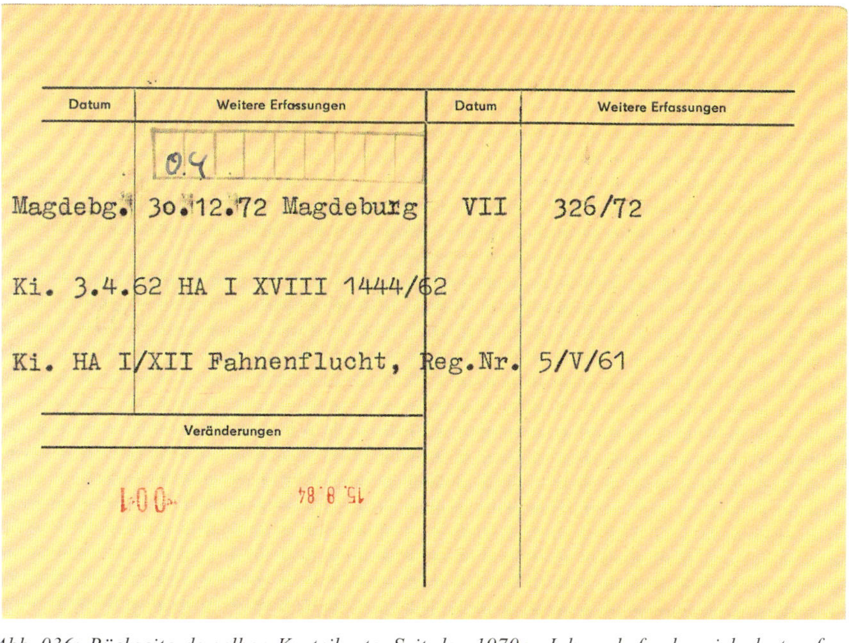

Datum	Weitere Erfassungen	Datum	Weitere Erfassungen
	0.4		
Magdebg.	30.12.72 Magdeburg	VII	326/72
Ki. 3.4.	62 HA I XVIII 1444/	62	
Ki. HA I	/XII Fahnenflucht,	Reg.Nr.	5/V/61

Veränderungen

001 15.8.84

Abb. 036: Rückseite derselben Karteikarte. Seit den 1970er-Jahren befanden sich dort aufgedruckte Tabellen für Vermerke, hier mit Verweisen auf ältere registrierte Vorgänge (Schlüssel-Nr. 04) der BVfS Magdeburg (1972) und der Hauptabteilung I (1961/62).

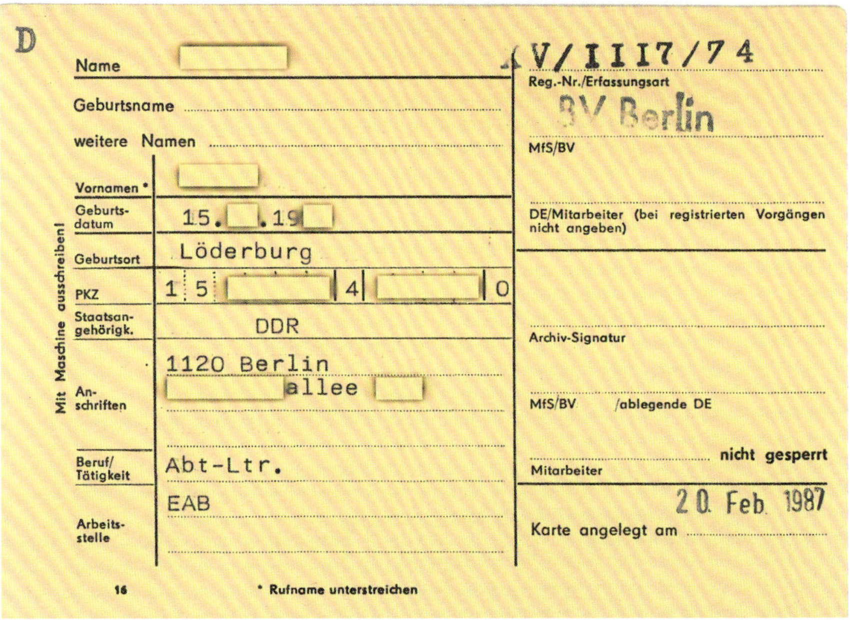

D

Name

V/1117/74

Reg.-Nr./Erfassungsart

Geburtsname

BV Berlin

weitere Namen

MfS/BV

Vornamen *

Geburts-datum 15. .19

DE/Mitarbeiter (bei registrierten Vorgängen nicht angeben)

Geburtsort Löderburg

PKZ 1 5 4 0

Staatsan-gehörigk. DDR

Archiv-Signatur

An-schriften 1120 Berlin
allee

MfS/BV /ablegende DE

Mit Maschine ausschreiben!

nicht gesperrt

Mitarbeiter

Beruf/Tätigkeit Abt-Ltr.

Arbeits-stelle EAB

20 Feb 1987

Karte angelegt am

16

* Rufname unterstreichen

Abb. 037: Karteikarte F 16 aus der zweiten Hälfte der 1980er-Jahre. Die Erfassung in einem registrierten Vorgang von 1974 wurde hier 1987 auf eine neue Karte übertragen. Die Rückseite der Karten dieser Zeit blieb unbedruckt, bot aber weiterhin Raum für Vermerke.

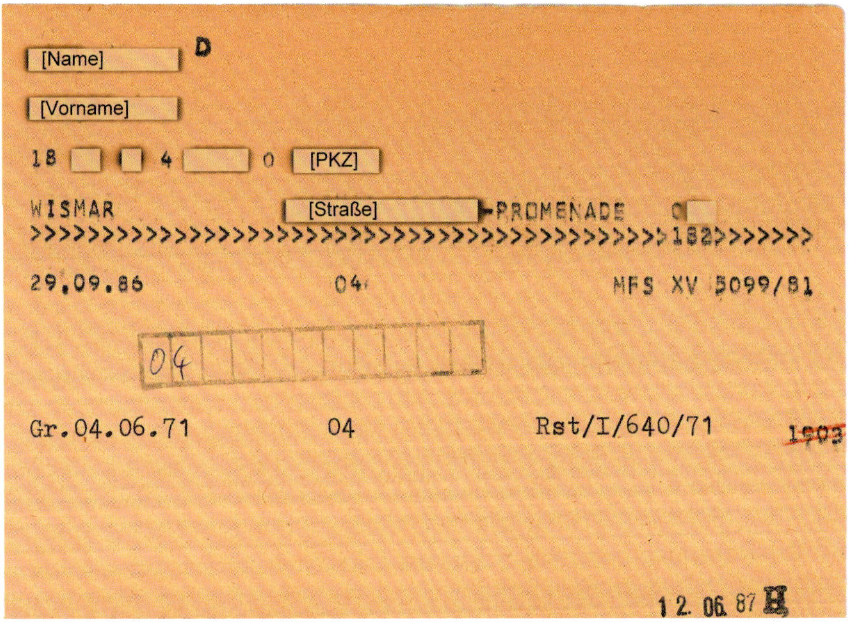

[Name] D

[Vorname]

18 4 0 [PKZ]

WISMAR [Straße]-PROMENADE

>>>182>>>>>>>

29.09.86 04 MFS XV 5099/81

04

Gr.04.06.71 04 Rst/I/640/71 1903

12. 06. 87

Abb. 038: Karteikarte F 16 als EDV-Ausdruck des Datenverarbeitungsprojekts SAVO von 1987. Der Datenausdruck auf heute vergilbtem Karton wurde mit Schreibmaschine um eine ältere Erfassung in einem registrierten Vorgang von 1971 ergänzt. Die Rückseite blieb leer.

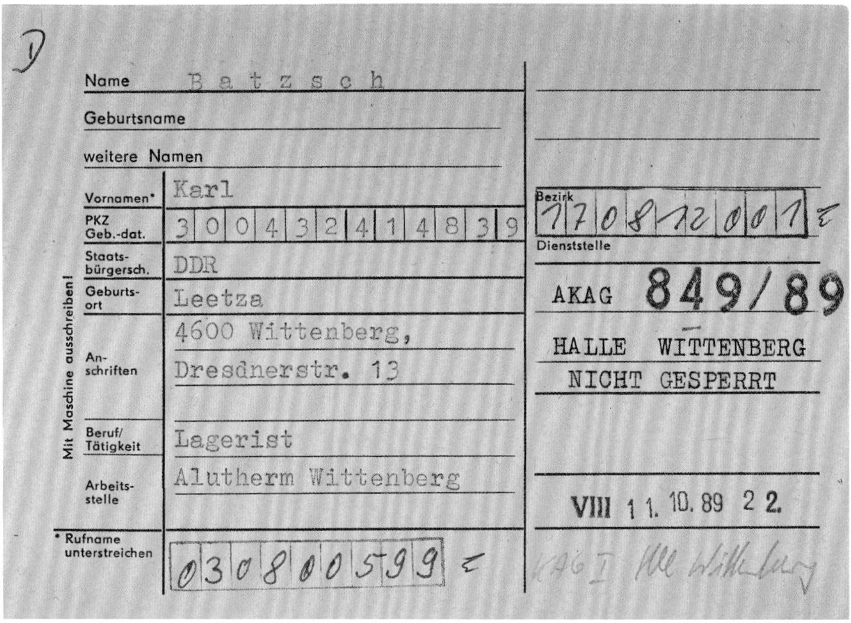

D

Name Batzsch

Geburtsname

weitere Namen

Vornamen* Karl

PKZ Geb.-dat. 300432414839

Staatsbürgersch. DDR

Geburtsort Leetza

Anschriften 4600 Wittenberg, Dresdnerstr. 13

Beruf/Tätigkeit Lagerist

Arbeitsstelle Alutherm Wittenberg

* Rufname unterstreichen 030800599

Mit Maschine ausschreiben!

Bezirk 1708 12001

Dienststelle

AKAG 849/89

HALLE WITTENBERG

NICHT GESPERRT

VIII 11.10.89 22.

KAG I Kkl Wittenberg

Abb. 039: Seit 1987 in der Personenkartei F 16 für Erfassungen inoffizieller Mitarbeiter der Arbeitsrichtung I der Kriminalpolizei (K I) benutztes Formular KNA 14, hier aus dem Herbst 1989 mit der Akte zufolge noch stattgefundener Verpflichtung und gelieferten Berichten.

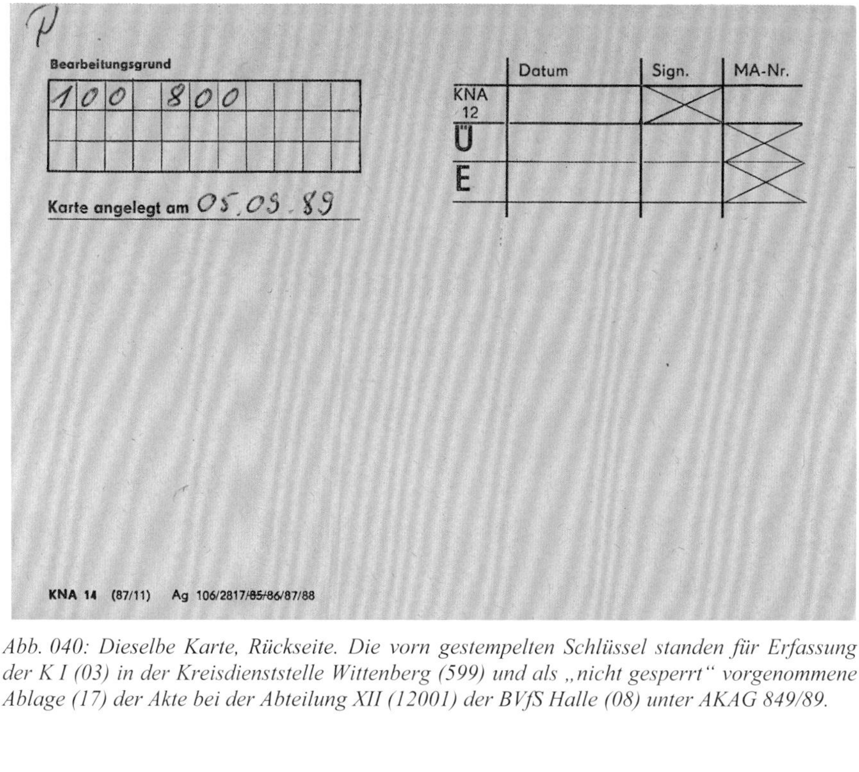

P

Bearbeitungsgrund

100 800

Karte angelegt am 05.05.89

	Datum	Sign.	MA-Nr.
KNA 12		X	
Ü			X
E			X

KNA 14 (87/11) Ag 106/2817/85/86/87/88

Abb. 040: Dieselbe Karte, Rückseite. Die vorn gestempelten Schlüssel standen für Erfassung der K I (03) in der Kreisdienststelle Wittenberg (599) und als „nicht gesperrt" vorgenommene Ablage (17) der Akte bei der Abteilung XII (12001) der BVfS Halle (08) unter AKAG 849/89.

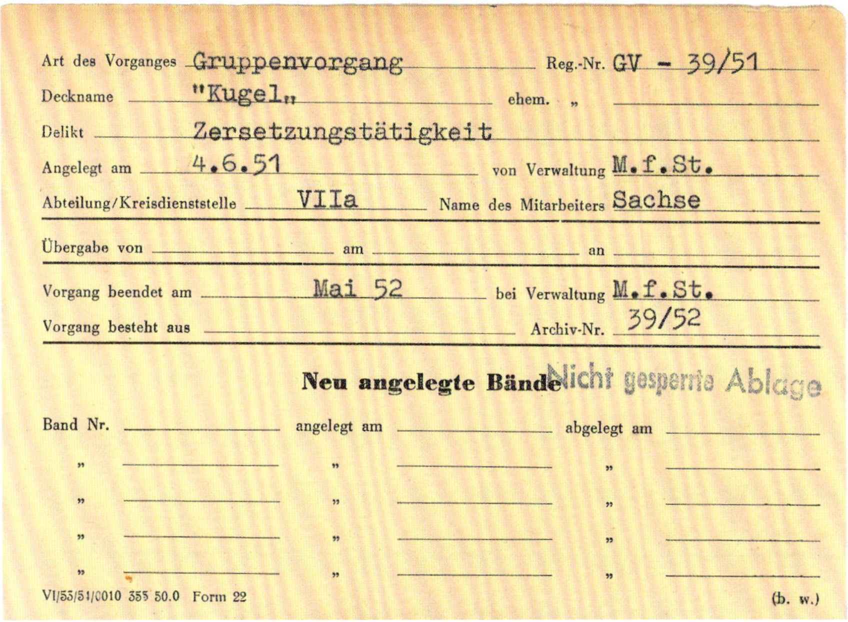

Art des Vorganges Gruppenvorgang Reg.-Nr. GV – 39/51
Deckname "Kugel" ehem. „
Delikt Zersetzungstätigkeit
Angelegt am 4.6.51 von Verwaltung M.f.St.
Abteilung/Kreisdienststelle VIIa Name des Mitarbeiters Sachse
Übergabe von am an
Vorgang beendet am Mai 52 bei Verwaltung M.f.St.
Vorgang besteht aus Archiv-Nr. 39/52

Neu angelegte Bände Nicht gesperrte Ablage

Band Nr. angelegt am abgelegt am
„ „ „
„ „ „
„ „ „
„ „ „

VI/55/51/0010 355 50.0 Form 22 (b. w.)

Abb. 041: Die Karteikarte F 22 wurde 1954 eingeführt. Hier ein 1955 gedrucktes Formular mit nachträglich vermerkten Daten eines im Juni 1951 registrierten Gruppenvorgangs der Abt. VII, der im Mai 1952 beendet und im Zentralarchiv des MfS abgelegt wurde.

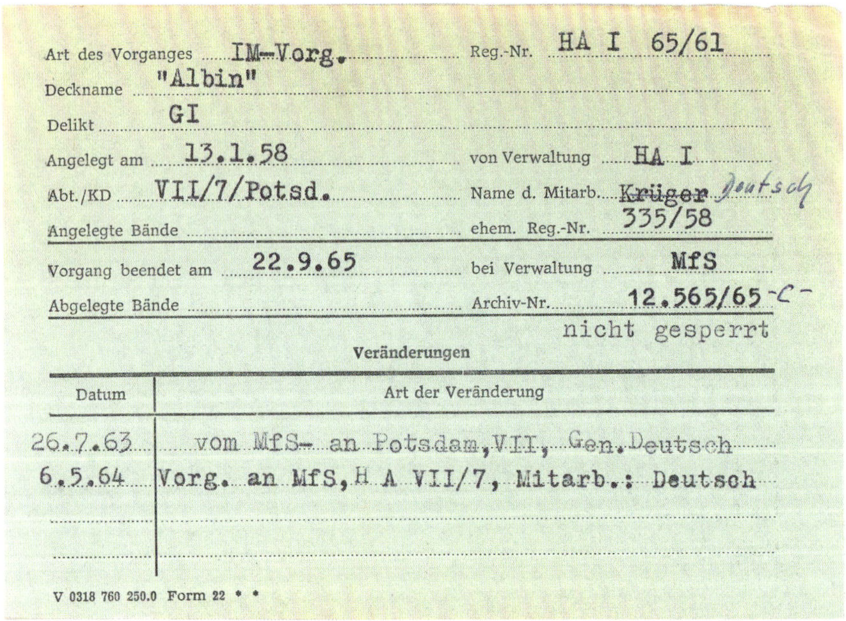

Art des Vorganges IM-Vorg. Reg.-Nr. HA I 65/61
Deckname "Albin"
Delikt GI
Angelegt am 13.1.58 von Verwaltung HA I
Abt./KD VII/7/Potsd. Name d. Mitarb. ~~Krüger~~ Deutsch
Angelegte Bände ehem. Reg.-Nr. 335/58
Vorgang beendet am 22.9.65 bei Verwaltung MfS
Abgelegte Bände Archiv-Nr. 12.565/65 -C-
nicht gesperrt

Veränderungen

Datum	Art der Veränderung
26.7.63	vom MfS- an Potsdam, VII, Gen. Deutsch
6.5.64	Vorg. an MfS, H A VII/7, Mitarb.: Deutsch

V 0318 760 250.0 Form 22 * *

Abb. 042: Seit 1960 wurde die F 22 auch für IM-Vorgänge und damit für alle registrierten Vorgänge genutzt. Alle aktiven IM-Vorgänge erhielten 1960/61 neue Registriernummern, die alte Nummer blieb vermerkt, hier noch auf einem (ehemals) blauen Formular.

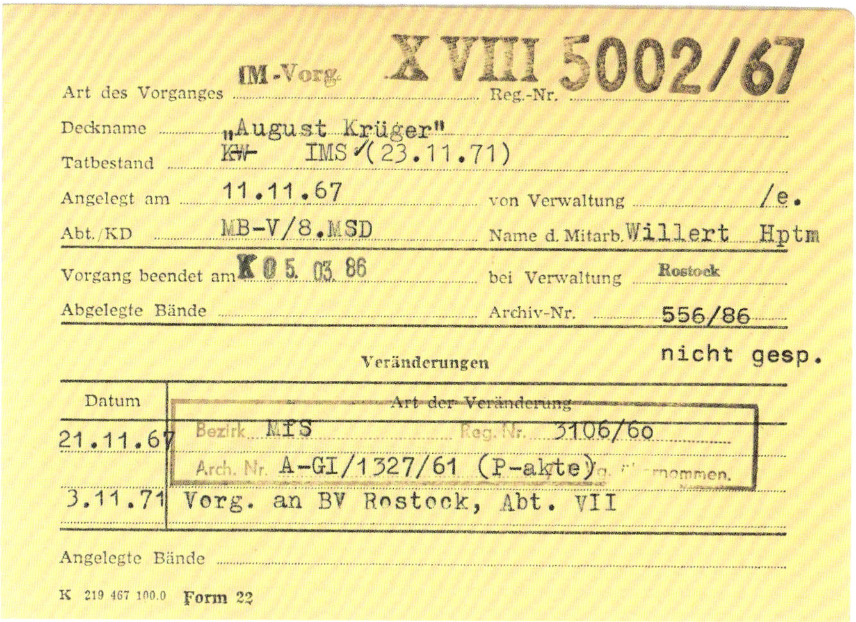

Art des Vorganges IM-Vorg. Reg.-Nr. XVIII 5002/67
Deckname „August Krüger"
Tatbestand ~~KW~~ IMS ✓(23.11.71)
Angelegt am 11.11.67 von Verwaltung /e.
Abt./KD MB-V/8.MSD Name d. Mitarb. Willert Hptm
Vorgang beendet am K 05.03.86 bei Verwaltung Rostock
Abgelegte Bände Archiv-Nr. 556/86
nicht gesp.

Veränderungen

Datum	Art der Veränderung
21.11.67	Bezirk MfS Reg. Nr. 3106/60 Arch. Nr. A-GI/1327/61 (P-akte) ...nommen.
3.11.71	Vorg. an BV Rostock, Abt. VII

Angelegte Bände

K 219 467 100.0 Form 22

Abb. 043: Vorgangskartei F 22 (DIN A4), hier in der Druckfassung von 1967 mit der Registrierung eines IMS für die Abteilung VII der BVfS Rostock (1971 bis 1986), der zuvor seit 1967 als IMK/KW für die Hauptabteilung I tätig und schon 1960 bis 1961 als GI erfasst war.

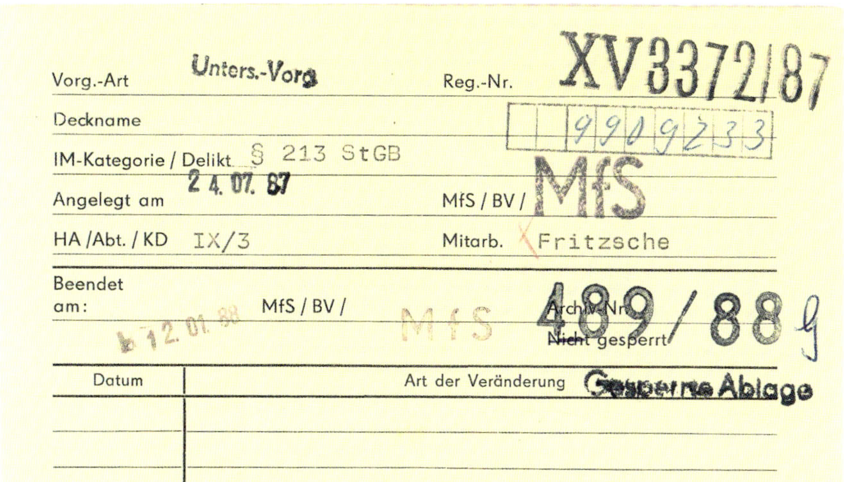

Vorg.-Art Unters.-Vorg Reg.-Nr. XV 3372/87
Deckname 9909233
IM-Kategorie / Delikt § 213 StGB
Angelegt am 24.07.87 MfS / BV / MfS
HA /Abt. / KD IX/3 Mitarb. Fritzsche
Beendet am: 12.01.88 MfS / BV / MfS Archiv-Nr. 489/88 g
~~Nicht~~ gesperrt
Gesperrte Ablage

Datum	Art der Veränderung

22

Abb. 044: Vorgangskartei F 22 im wenig veränderten Erscheinungsbild der 1980er-Jahre, hier mit der Registrierung eines von Juli 1987 bis Januar 1988 bearbeiteten Untersuchungsvorgangs der Hauptabteilung IX/3 (Ermittlungen im Bereich Volkswirtschaft).

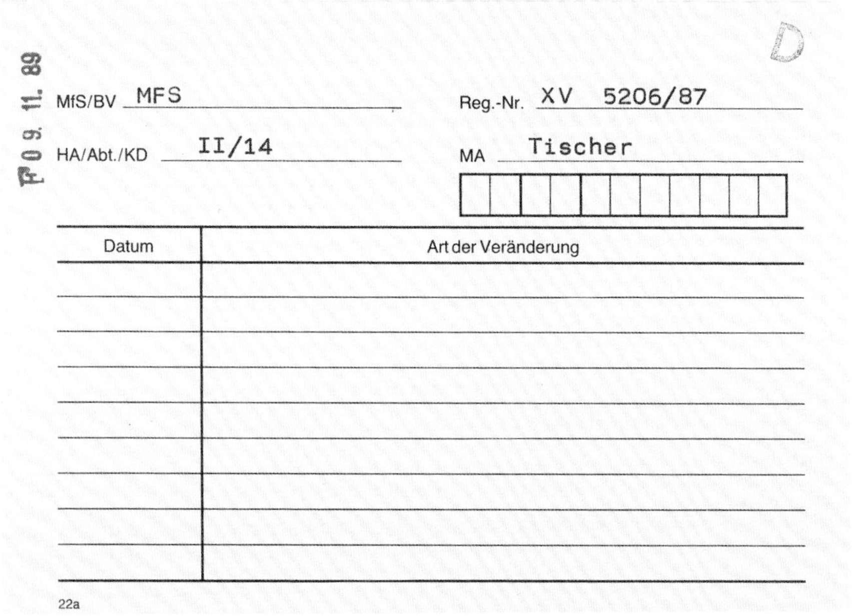

F 09. 11. 89

MfS/BV MFS | Reg.-Nr. XV 5206/87

HA/Abt./KD II/14 | MA Tischer

Datum	Art der Veränderung

22a

Abb. 045: Auskunftskartei F 22a, 1982 für eine erhöhte Geheimhaltung von der Vorgangskartei (Arbeitskartei) F 22 abgetrennt. Sie enthielt nur noch stark reduzierte Informationen über aktive Vorgänge, hier 1987 für die Hauptabteilung II/14 (Abwehr im MfAA) registriert.

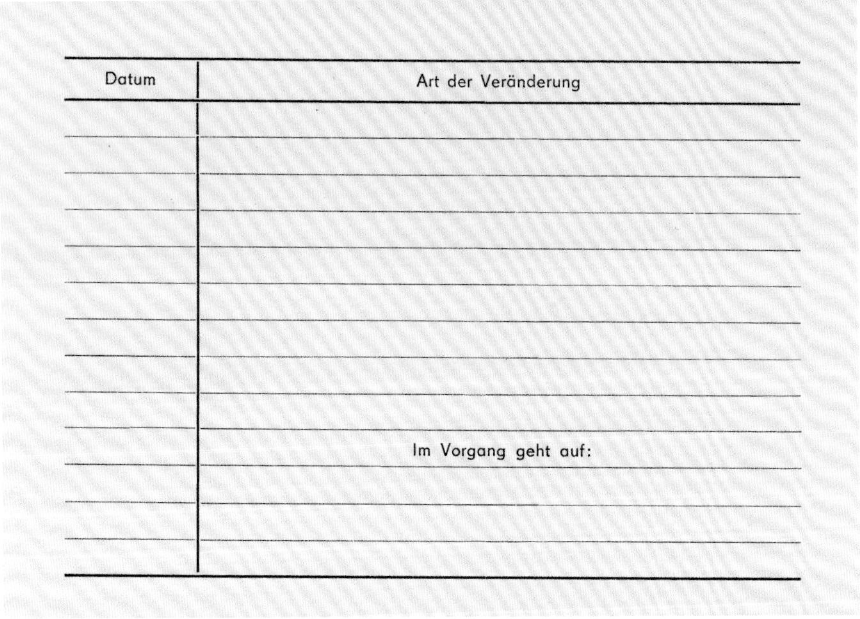

Datum	Art der Veränderung
	Im Vorgang geht auf:

Abb. 046: Auf ihren Rückseiten boten die Karteikarten F 22 und F 22a Raum für Eintragungen. Bis in die 1960er-Jahre waren sie mit einer Tabelle im Hochformat bedruckt, später wie hier abgebildet, im Querformat. Einträge fanden sich vor allem auf Karteikarten der BVfS.

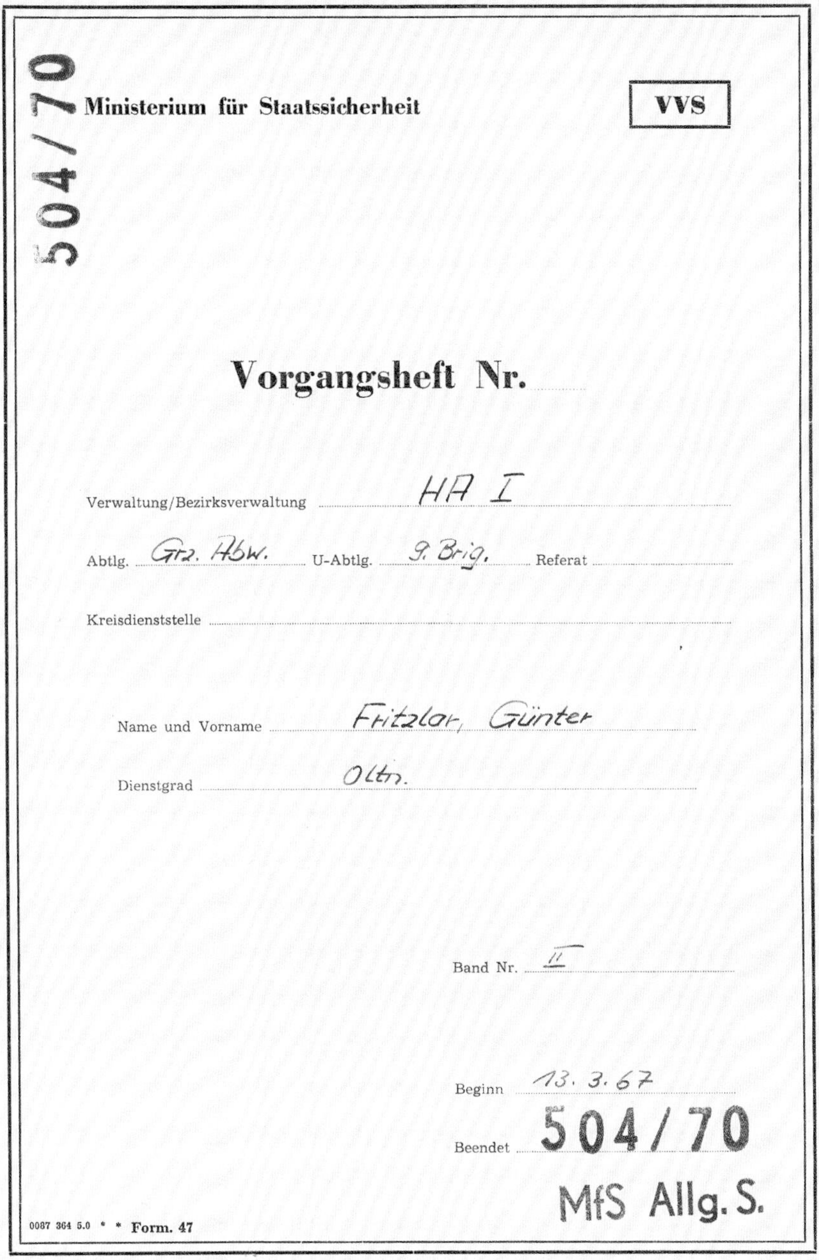

504/70

Ministerium für Staatssicherheit

VVS

Vorgangsheft Nr. ....

Verwaltung/Bezirksverwaltung HA I

Abtlg. Grz. Abw. U-Abtlg. 9. Brig. Referat ....

Kreisdienststelle ....

Name und Vorname Fritzlar, Günter

Dienstgrad Oltn.

Band Nr. II

Beginn 13. 3. 67

Beendet 504/70

MfS Allg. S.

0087 364 5.0 * * **Form. 47**

Abb. 047: Parallel zur F 22 geführtes Vorgangsheft für den Nachweis aller von einem MfS-Mitarbeiter bearbeiteten Vorgänge, hier für einen Oberleutnant der Hauptabteilung I als zweiter Band, 1967 begonnen, 1970 beendet und in der allgemeinen Sachablage verwahrt.

Datum der Eintragung	Art des Vorganges	Registriernummer des Vorganges	Deckname – des Vorganges – – des inoffiziellen Mitarbeiters –
Ü. 13.3.67	GI	4179/66	„Manfred Singer"
S. 14.3.67	GI	957/67	„Siegfried"
S. 12.4.67	~~Vorl.~~-IM/GI	1443/67	„~~V~~Rudolf"
S. 21.4.67	~~Vorl.~~-IM/GI	1588/67	„Erika"
S. 21.4.67	Vorl.-IM	1589/67	
S. 21.4.67	Vorl.-IM	1590/67	
S. 21.4.67	~~Vorl.~~-IM/GI	1591/67	„Tanne"
S. 21.4.67	~~Vorl.~~-IM/GI	1592/67	„Helga"
S. 21.4.67	Vorl.-IM	1593/67	
S. 21.4.67	~~Vorl.~~-IM/GI	1631/67	„Franz Hof"
S. 29.4.67	~~Vorl.~~-IM/GI	1820/67	„Hans Werner"
S. 29.4.67	~~Vorl.~~-IM/GI	1821/67	„Jochen"
S. 29.4.67	~~Vorl.~~-IM/GI	1822/67	„Thomas Schwarz"
S. 10.6.67	~~Vorl.~~-IM/GI	2523/67	„Monika"
S. 10.6.67	~~Vorl.~~-IM/GI	2515/67	„Klaus Hartwig"
S. 10.6.67	Vorl.-IM	2516/67	
S. 10.6.67	~~Vorl.~~-IM/GI	2514/67	„Ulli"
Ü 18.6.67	GI	IX-109/67	„Regina"

Abb. 048: Linke Seite eines Vorgangshefts. Chronologisch vermerkt sind das Eröffnungs- bzw. Übernahmedatum eines Vorgangs, die Vorgangsart, die Registriernummer und der Deckname. Der Vermerk „Vorl.[auf]" wurde nach Verpflichtung des IM jeweils gestrichen.

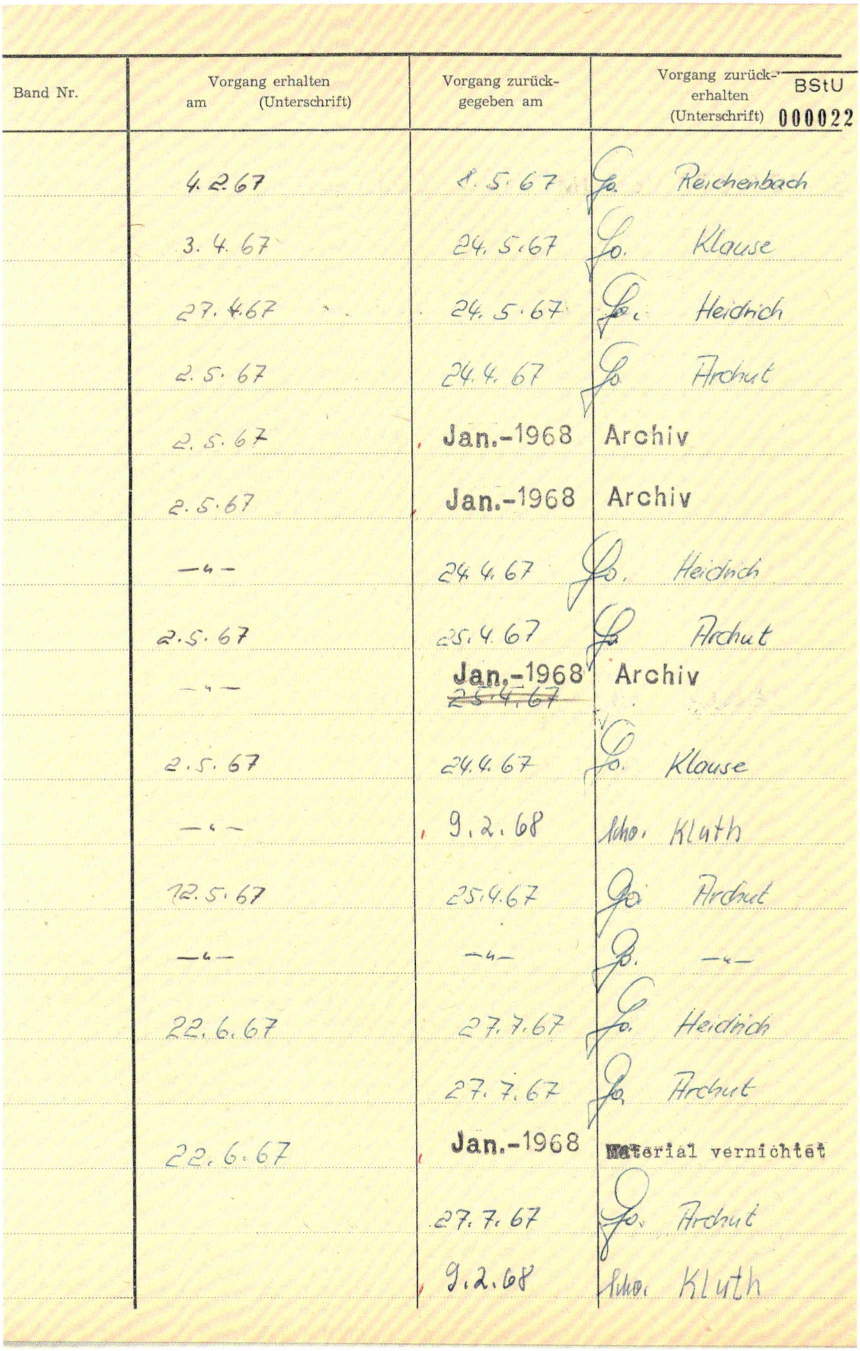

BStU
000022

Band Nr.	Vorgang erhalten am (Unterschrift)	Vorgang zurückgegeben am	Vorgang zurückerhalten (Unterschrift)
	4.2.67	8.5.67	Go. Reichenbach
	3.4.67	24.5.67	Go. Klause
	27.4.67	24.5.67	Go. Heidrich
	2.5.67	24.4.67	Go. Archut
	2.5.67	Jan.-1968	Archiv
	2.5.67	Jan.-1968	Archiv
	—"—	24.4.67	Go. Heidrich
	2.5.67	25.4.67	Go. Archut
	—"—	Jan.-1968 ~~25.4.67~~	Archiv
	2.5.67	24.4.67	Go. Klause
	—"—	9.2.68	Scho. Kluth
	12.5.67	25.4.67	Go. Archut
	—"—	—"—	Go. —"—
	22.6.67	27.7.67	Go. Heidrich
		27.7.67	Go. Archut
	22.6.67	Jan.-1968	Material vernichtet
		27.7.67	Go. Archut
		9.2.68	Scho. Kluth

Abb. 049: Rechte Seite eines Vorgangshefts mit Spalten für das Eintragen angelegter Aktenbände (Band-Nr.), für Ausgabe- und Rückgabedaten sowie für den Nachweis des Verbleibs, hier mit Übergaben an andere Mitarbeiter, Abgaben ins Archiv und einer Aktenvernichtung.

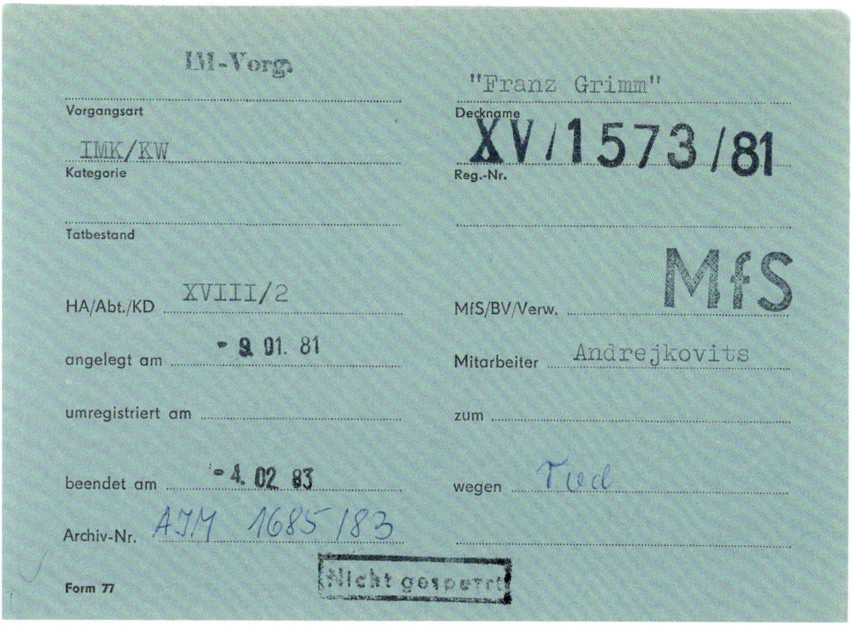
IM-Vorg.
Vorgangsart

"Franz Grimm"
Deckname

IMK/KW
Kategorie

XV/1573/81
Reg.-Nr.

Tatbestand

HA/Abt./KD XVIII/2

MfS/BV/Verw. MfS

angelegt am 9. 01. 81

Mitarbeiter Andrejkovits

umregistriert am

zum

beendet am 4. 02. 83

wegen Tod

Archiv-Nr. AIM 1685/83

Form 77

Nicht gesperrt

Abb. 050: Decknamenkartei F 77 für den Nachweis aller vergebenen Decknamen, hier für einen von 1981 bis 1983 tätigen IMK/KW der Hauptabteilung XVIII/2 (Abwehr Maschinenbau und FDGB); der Vorgang wurde als „nicht gesperrt" abgelegt unter MfS AIM 1685/83.

Teil I/Bd. 1

Teil II/Bd.

Teil III/Bd.

Op.-Vorg.
Teil V/Bd.

Abb. 051: Rückseite derselben Karteikarte, u. a. für den Nachweis der von der Abteilung XII an den Mitarbeiter für die Vorgangsbearbeitung angelegten und ausgegebenen Bände. Vorläufer der F 77 war in den 1950er-Jahren die Karteikarte F 20, die noch Klarnamen enthielt.

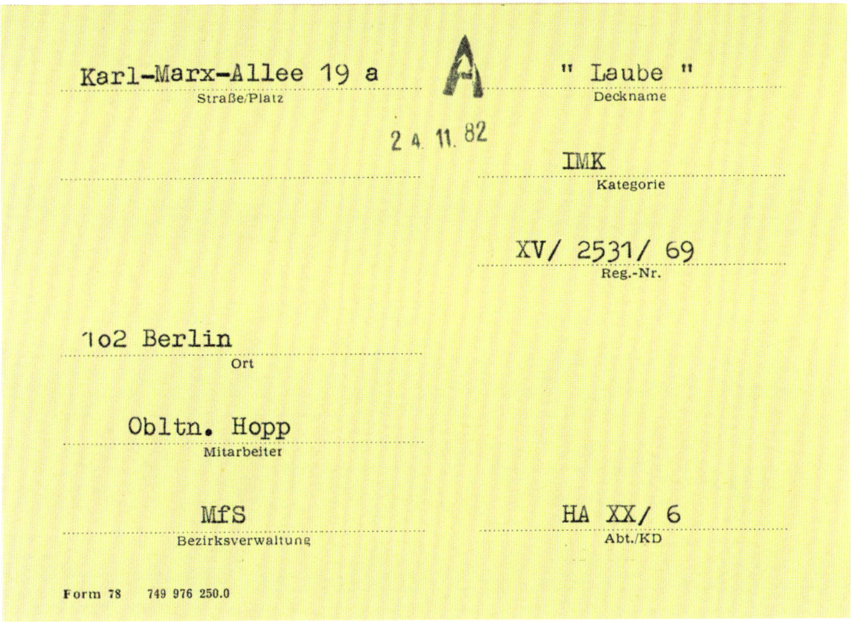

Karl-Marx-Allee 19 a
Straße/Platz

A

" Laube "
Deckname

24. 11. 82

IMK
Kategorie

XV/ 2531/ 69
Reg.-Nr.

1o2 Berlin
Ort

Obltn. Hopp
Mitarbeiter

MfS
Bezirksverwaltung

HA XX/ 6
Abt./KD

Form 78 749 976 250.0

Abb. 052: Straßenkartei F 78 (DIN A6) für den auf die Adresse bezogenen Nachweis konspirativer Wohnungen und Objekte des MfS, die für geheime Treffen, Beobachtungen oder als Basis für Aktionen genutzt werden konnten.

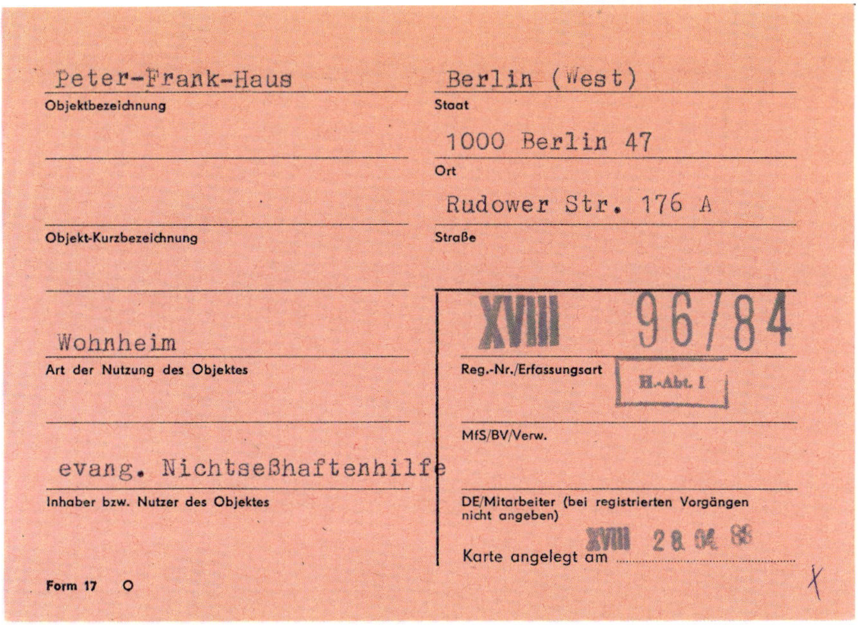

Peter-Frank-Haus
Objektbezeichnung

Berlin (West)
Staat

1000 Berlin 47
Ort

Objekt-Kurzbezeichnung

Rudower Str. 176 A
Straße

Wohnheim
Art der Nutzung des Objektes

XVIII 96/84
Reg.-Nr./Erfassungsart

H.-Abt. I

MfS/BV/Verw.

evang. Nichtseßhaftenhilfe
Inhaber bzw. Nutzer des Objektes

DE/Mitarbeiter (bei registrierten Vorgängen nicht angeben)

Karte angelegt am XVIII 28. 04. 88

Form 17

Abb. 053: Feindobjektkartei F 17 (DIN A6). Darin erfasste das MfS Institutionen, von denen es eine „feindliche Tätigkeit“ erwartete, die Registriernummer des angelegten Feindobjektvorgangs und die zuständige Diensteinheit, hier die Hauptabteilung I (Militärabwehr).

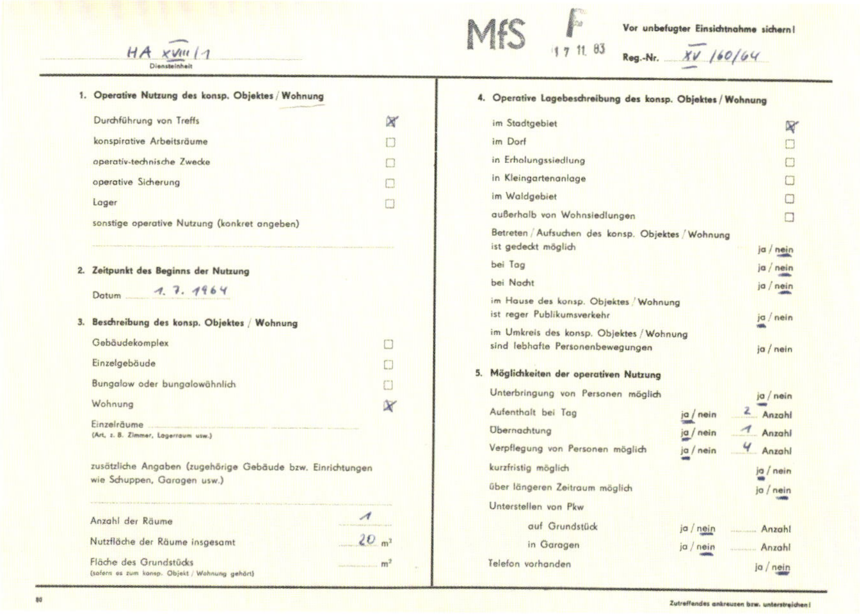

HA XVIII/1
Diensteinheit

MfS F 17 11 83
Vor unbefugter Einsichtnahme sichern!
Reg.-Nr. XV 160/64

1. Operative Nutzung des konsp. Objektes / Wohnung

Durchführung von Treffs ☒
konspirative Arbeitsräume ☐
operativ-technische Zwecke ☐
operative Sicherung ☐
Lager ☐
sonstige operative Nutzung (konkret angeben)

2. Zeitpunkt des Beginns der Nutzung

Datum 1. 7. 1964

3. Beschreibung des konsp. Objektes / Wohnung

Gebäudekomplex ☐
Einzelgebäude ☐
Bungalow oder bungalowähnlich ☐
Wohnung ☒
Einzelräume
(Art, z. B. Zimmer, Lagerraum usw.)

zusätzliche Angaben (zugehörige Gebäude bzw. Einrichtungen wie Schuppen, Garagen usw.)

Anzahl der Räume 1
Nutzfläche der Räume insgesamt 20 m²
Fläche des Grundstücks m²
(sofern es zum konsp. Objekt / Wohnung gehört)

4. Operative Lagebeschreibung des konsp. Objektes / Wohnung

im Stadtgebiet ☒
im Dorf ☐
in Erholungssiedlung ☐
in Kleingartenanlage ☐
im Waldgebiet ☐
außerhalb von Wohnsiedlungen ☐
Betreten / Aufsuchen des konsp. Objektes / Wohnung ist gedeckt möglich ja / nein
bei Tag ja / nein
bei Nacht ja / nein
im Hause des konsp. Objektes / Wohnung ist reger Publikumsverkehr ja / nein
im Umkreis des konsp. Objektes / Wohnung sind lebhafte Personenbewegungen ja / nein

5. Möglichkeiten der operativen Nutzung

Unterbringung von Personen möglich ja / nein
Aufenthalt bei Tag ja / nein 2 Anzahl
Übernachtung ja / nein 1 Anzahl
Verpflegung von Personen möglich ja / nein 4 Anzahl
kurzfristig möglich ja / nein
über längeren Zeitraum möglich ja / nein
Unterstellen von Pkw
auf Grundstück ja / nein Anzahl
in Garagen ja / nein Anzahl
Telefon vorhanden ja / nein

80

Zutreffendes ankreuzen bzw. unterstreichen!

Abb. 054: Objektkartei F 80 im Format DIN A4 mit umfangreichen Daten über die Eigenschaften eines konspirativen Objekts bzw. einer Wohnung, hier eine seit 1964 von der Hauptabteilung XVIII/1 (Abwehr Bauwesen) genutzte Wohnung betreffend.

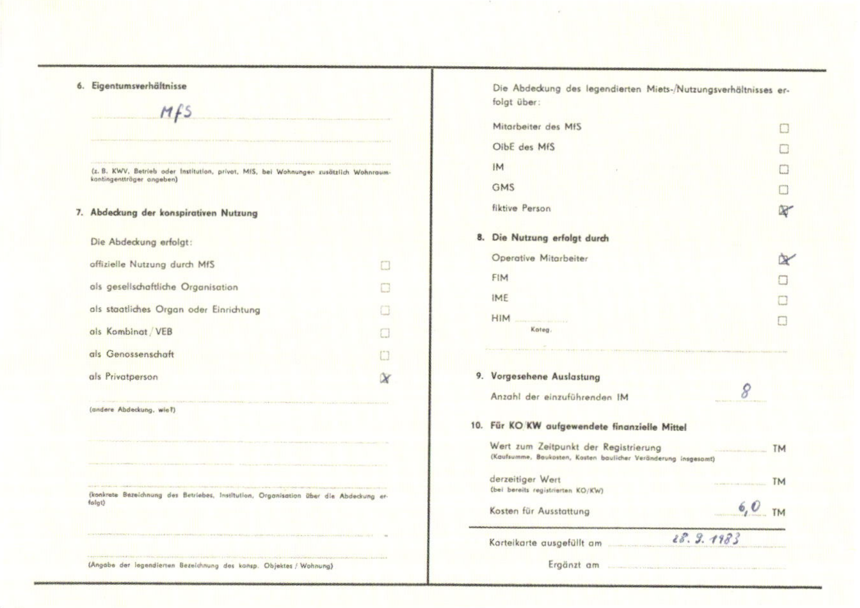

6. Eigentumsverhältnisse

MfS

(z. B. KWV, Betrieb oder Institution, privat, MfS, bei Wohnungen zusätzlich Wohnraumkontingentträger angeben)

7. Abdeckung der konspirativen Nutzung

Die Abdeckung erfolgt:
offizielle Nutzung durch MfS ☐
als gesellschaftliche Organisation ☐
als staatliches Organ oder Einrichtung ☐
als Kombinat / VEB ☐
als Genossenschaft ☐
als Privatperson ☒
(andere Abdeckung, wie?)

(konkrete Bezeichnung des Betriebes, Institution, Organisation über die Abdeckung erfolgt)

(Angabe der legendierten Bezeichnung des konsp. Objektes / Wohnung)

Die Abdeckung des legendierten Miets-/Nutzungsverhältnisses erfolgt über:
Mitarbeiter des MfS ☐
OibE des MfS ☐
IM ☐
GMS ☐
fiktive Person ☒

8. Die Nutzung erfolgt durch

Operative Mitarbeiter ☒
FIM ☐
IME ☐
HIM ☐
Kateg.

9. Vorgesehene Auslastung

Anzahl der einzuführenden IM 8

10. Für KO/KW aufgewendete finanzielle Mittel

Wert zum Zeitpunkt der Registrierung TM
(Kaufsumme, Baukosten, Kosten baulicher Veränderung insgesamt)
derzeitiger Wert TM
(bei bereits registrierten KO/KW)
Kosten für Ausstattung 6,0 TM

Karteikarte ausgefüllt am 28. 9. 1983
Ergänzt am

Abb. 055: Objektkartei F 80, Rückseite derselben Karteikarte mit weiteren Daten. Eine Identifizierung der Wohnung ist nur über Recherchen mittels Registriernummer möglich.

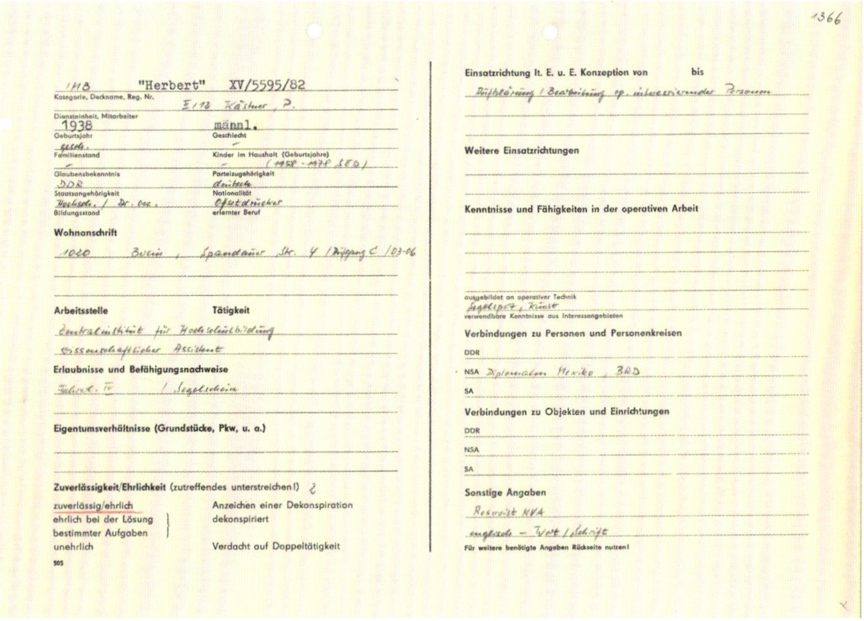

1366

IMB "Herbert" XV/5595/82
Kategorie, Deckname, Reg. Nr.
E 1/2 Kästner, P.
Diensteinheit, Mitarbeiter
1938 männl.
Geburtsjahr Geschlecht
gesch. –
Familienstand Kinder im Haushalt (Geburtsjahre)
– – (1958 – 1978 SED)
Glaubensbekenntnis Parteizugehörigkeit
DDR deutsche
Staatsangehörigkeit Nationalität
Hochsch. / Dr. oec. Offsetdrucker
Bildungsstand erlernter Beruf

Wohnanschrift
1020 Berlin, Spandauer Str. 4 / Aufgang C / 03-06

Arbeitsstelle Tätigkeit
Zentralinstitut für Hochschulbildung
Wissenschaftlicher Assistent

Erlaubnisse und Befähigungsnachweise
Fahrerl. IV / Segelschein

Eigentumsverhältnisse (Grundstücke, Pkw, u. a.)

Zuverlässigkeit/Ehrlichkeit (zutreffendes unterstreichen!)
zuverlässig/ehrlich | Anzeichen einer Dekonspiration
ehrlich bei der Lösung bestimmter Aufgaben | dekonspiriert
unehrlich | Verdacht auf Doppeltätigkeit
505

Einsatzrichtung lt. E. u. E. Konzeption von bis
Aufklärung / Bearbeitung op. interessierender Personen

Weitere Einsatzrichtungen

Kenntnisse und Fähigkeiten in der operativen Arbeit

ausgebildet an operativer Technik
Segelsport, Kunst
verwendbare Kenntnisse aus Interessengebieten

Verbindungen zu Personen und Personenkreisen
DDR
NSA Diplomaten Mexiko, BRD
SA

Verbindungen zu Objekten und Einrichtungen
DDR
NSA
SA

Sonstige Angaben
Reservist NVA
englisch – Wort / Schrift
Für weitere benötigte Angaben Rückseite nutzen!

Abb. 056: IM-Vorauswahlkartei als F 505 (DIN A4) mit umfangreichen Angaben über den IM, allerdings ohne Klarnamen. Die F 505 wurde in den Abteilungen XII, hier für einen IMB der Hauptabteilung II (Spionageabwehr), und in den operativen Diensteinheiten genutzt.

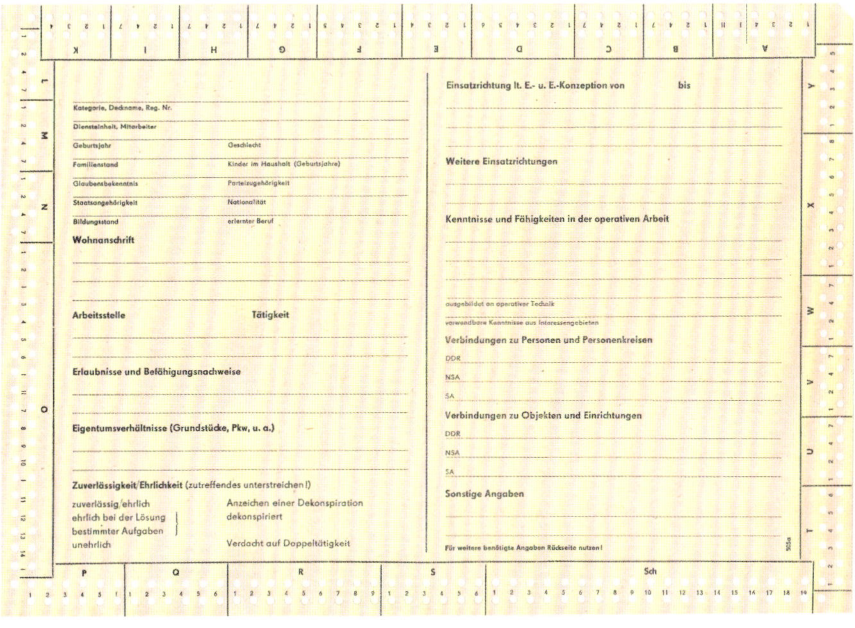

Kategorie, Deckname, Reg. Nr.
Diensteinheit, Mitarbeiter
Geburtsjahr Geschlecht
Familienstand Kinder im Haushalt (Geburtsjahre)
Glaubensbekenntnis Parteizugehörigkeit
Staatsangehörigkeit Nationalität
Bildungsstand erlernter Beruf

Wohnanschrift

Arbeitsstelle Tätigkeit

Erlaubnisse und Befähigungsnachweise

Eigentumsverhältnisse (Grundstücke, Pkw, u. a.)

Zuverlässigkeit/Ehrlichkeit (zutreffendes unterstreichen!)
zuverlässig/ehrlich | Anzeichen einer Dekonspiration
ehrlich bei der Lösung bestimmter Aufgaben | dekonspiriert
unehrlich | Verdacht auf Doppeltätigkeit

Einsatzrichtung lt. E.- u. E.-Konzeption von bis

Weitere Einsatzrichtungen

Kenntnisse und Fähigkeiten in der operativen Arbeit

ausgebildet an operativer Technik
verwendbare Kenntnisse aus Interessengebieten

Verbindungen zu Personen und Personenkreisen
DDR
NSA
SA

Verbindungen zu Objekten und Einrichtungen
DDR
NSA
SA

Sonstige Angaben

Für weitere benötigte Angaben Rückseite nutzen!
505a

Abb. 057: Derselbe Druck kam auch als F 505a auf Kerblochkarten (DIN A4) vor.

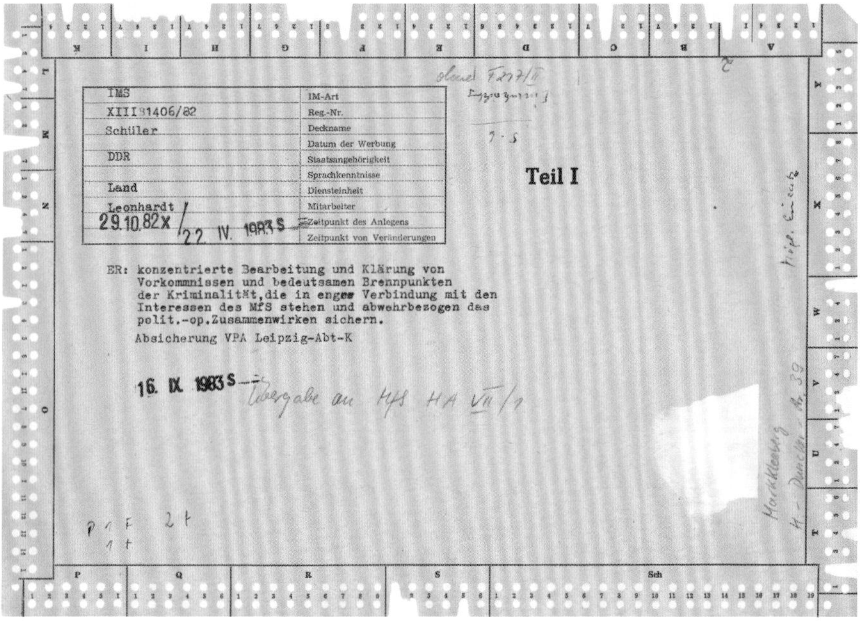

IMS	IM-Art
XIII 1406/82	Reg.-Nr.
Schüler	Deckname
	Datum der Werbung
DDR	Staatsangehörigkeit
	Sprachkenntnisse
Land	Diensteinheit
Leonhardt	Mitarbeiter
29.10.82 X / 22. IV. 1983 S	Zeitpunkt des Anlegens
	Zeitpunkt von Veränderungen

Teil I

ER: konzentrierte Bearbeitung und Klärung von Vorkommnissen und bedeutsamen Brennpunkten der Kriminalität, die in enger Verbindung mit den Interessen des MfS stehen und abwehrbezogen das polit.-op. Zusammenwirken sichern.

Absicherung VPA Leipzig-Abt-K

16. IX. 1983 S – Übergabe an MfS HA VII/1

Abb. 058: IM-Vorauswahlkartei in einer weiteren Version als Kerblochkartei (DIN A4), hier Teil I mit zahlreichen Kerbungen, über die Eigenschaften und Einsatzmöglichkeiten des IM verschlüsselt wurden und wieder abrufbar waren.

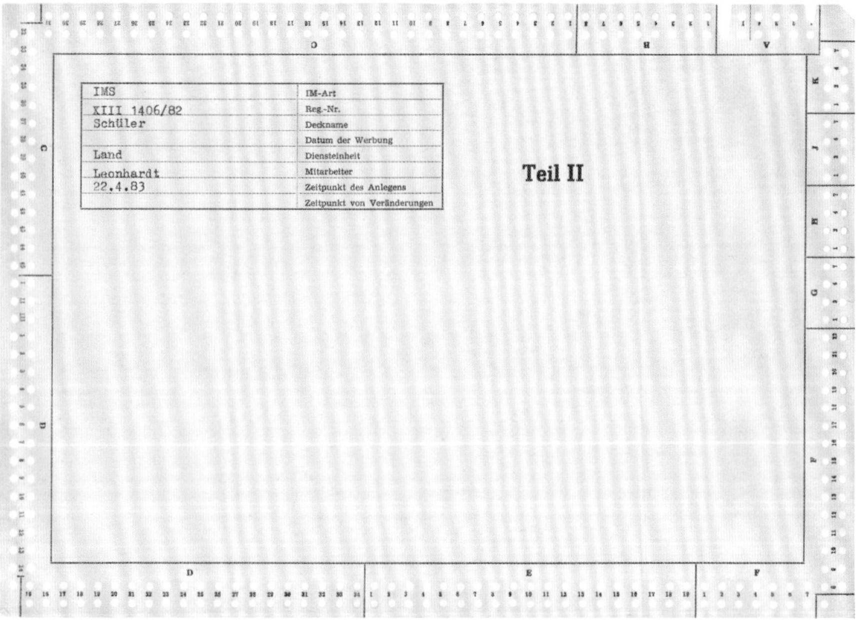

IMS	IM-Art
XIII 1406/82	Reg.-Nr.
Schüler	Deckname
	Datum der Werbung
Land	Diensteinheit
Leonhardt	Mitarbeiter
22.4.83	Zeitpunkt des Anlegens
	Zeitpunkt von Veränderungen

Teil II

Abb. 059: IM-Vorauswahlkartei (DIN A4) als Kerblochkartei, Teil II ohne Angaben über Staatszugehörigkeit und Sprachkenntnisse des IM. Auch weiterführende Daten über den IM sind nicht wie im Teil I vermerkt. Zudem enthält die Karteikarte nur wenige Kerbungen.

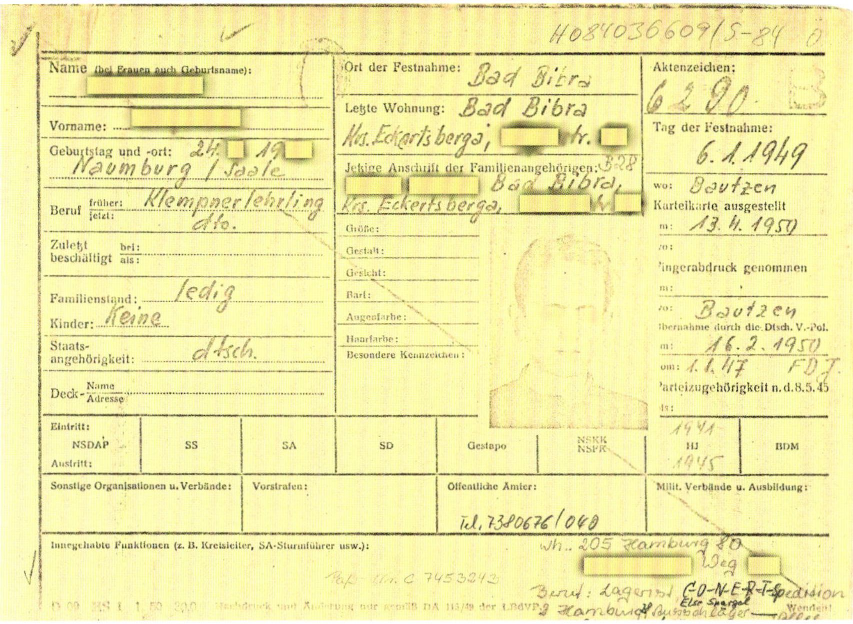
H08403 6609/S-84 Ö

Name (bei Frauen auch Geburtsname): [redacted]
Vorname: [redacted]
Geburtstag und -ort: 24. [redacted] 19 [redacted] Naumburg / Saale
Beruf früher: Klempnerlehrling jetzt: dto.
Zuletzt beschäftigt bei: als:
Familienstand: ledig
Kinder: Keine
Staatsangehörigkeit: dtsch.
Deck-Name / Adresse

Ort der Festnahme: Bad Bibra
Letzte Wohnung: Bad Bibra Krs. Eckartsberga, [redacted] [redacted]
Jetzige Anschrift der Familienangehörigen: [redacted] [redacted] Bad Bibra, Krs. Eckartsberga, [redacted]
Größe: Gestalt: Gesicht: Bart: Augenfarbe: Haarfarbe: Besondere Kennzeichen:

Aktenzeichen: 6290 B
Tag der Festnahme: 6.1.1949
wo: Bautzen
Karteikarte ausgestellt am: 13.4.1950
Fingerabdruck genommen
wo: Bautzen
Übernahme durch die Dtsch. V.-Pol. am: 16.2.1950
vom: 1.1.47 FDJ
Parteizugehörigkeit n. d. 8.5.45

Eintritt: / Austritt: NSDAP | SS | SA | SD | Gestapo | NSKK NSFK | HJ 1941–1945 | BDM
Sonstige Organisationen u. Verbände: | Vorstrafen: | Öffentliche Ämter: | Milit. Verbände u. Ausbildung:
Tel. 7380676/040
Innegehabte Funktionen (z. B. Kreisleiter, SA-Sturmführer usw.):
wh.: 205 Hamburg 80 [redacted] Weg [redacted]
Beruf: Lagerist CO-N-E-R-T-Spedition

Abb. 060: Hauptkartei (DIN A5), hier vom MfS gefertigte und am unteren Rand mit Bleistift fortgeschriebene Kopie einer Karteikarte der Volkspolizei von 1950 (vgl. Abb. 003 und 009) (anonymisiert).

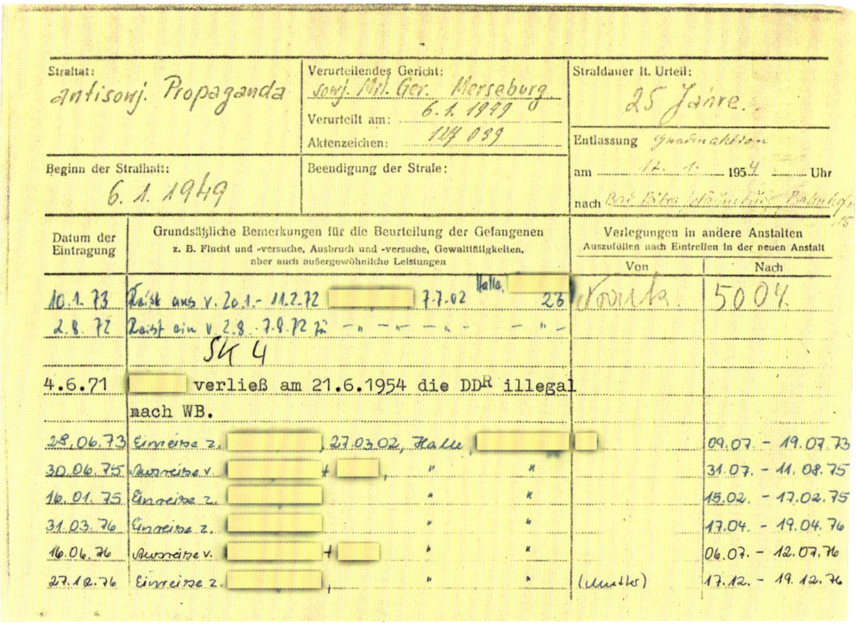
Straftat: antisowj. Propaganda
Verurteilendes Gericht: sowj. Mil. Ger. Merseburg
Verurteilt am: 6.1.1949
Aktenzeichen: 114 039
Strafdauer lt. Urteil: 25 Jahre.
Entlassung Gnadenaktion
Beginn der Strafhaft: 6.1.1949
Beendigung der Strafe:
am 17.1.1954 Uhr nach Bad Bibra

Datum der Eintragung	Grundsätzliche Bemerkungen für die Beurteilung der Gefangenen z. B. Flucht und -versuche, Ausbruch und -versuche, Gewalttätigkeiten, aber auch außergewöhnliche Leistungen	Verlegungen in andere Anstalten Von	Nach
10.1.73	Reist aus v. 20.1.–11.2.72 [redacted] 7.7.02 Halle [redacted] 23	Vorlauf	5004
2.8.72	Reist ein v. 2.8.–7.8.72 zu – " –		
	SK 4		
4.6.71	[redacted] verließ am 21.6.1954 die DDR illegal nach WB.		
28.06.73	Einreise z. [redacted] 27.03.02, Halle [redacted]		09.07. – 19.07.73
30.06.75	Ausreise v. [redacted] + [redacted] " "		31.07. – 11.08.75
16.01.75	Einreise z. [redacted] " "		15.02. – 17.02.75
31.03.76	Einreise z. [redacted] " "		17.04. – 19.04.76
16.06.76	Ausreise v. [redacted] + [redacted] " "		06.07. – 12.07.76
27.12.76	Einreise z. [redacted] " "	(Mutter)	17.12. – 19.12.76

Abb. 061: Hauptkartei (DIN A5), Rückseite der oben gezeigten Karteikarte mit Fortschreibungen des MfS bis 1976 (anonymisiert).

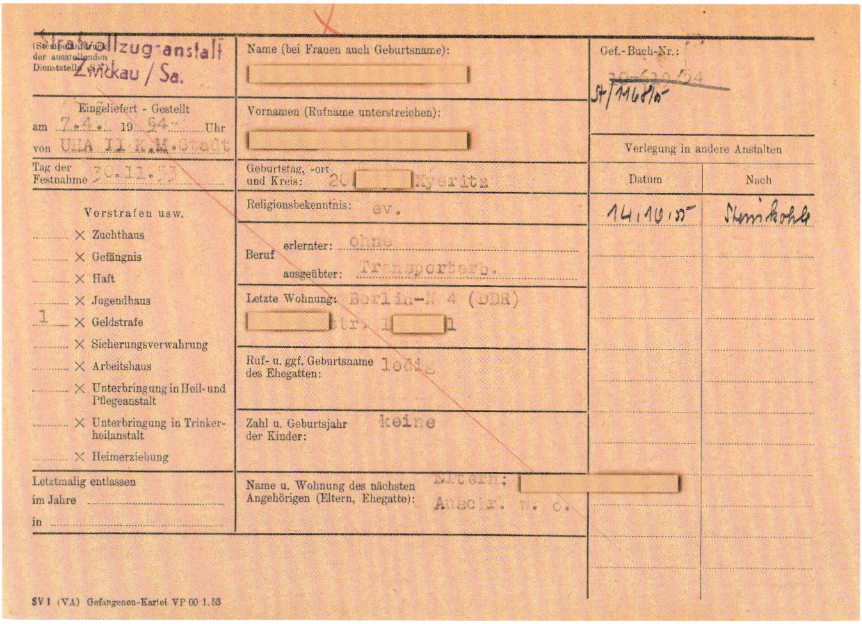

(Stempelabdruck der ausstellenden Dienststelle) Strafvollzugsanstalt Zwickau / Sa.

Name (bei Frauen auch Geburtsname): [redacted]

Vornamen (Rufname unterstreichen): [redacted]

Gef.-Buch-Nr.: ~~30-620/54~~ St/1146/55

Eingeliefert - Gestellt
am 7.4. 1954 Uhr
von UHA II K.M.Stadt

Tag der Festnahme 30.11.53

Geburtstag, -ort und Kreis: 20[redacted] Kyritz

Religionsbekenntnis: ev.

Beruf erlernter: ohne
ausgeübter: Transportarb.

Letzte Wohnung: Berlin-N 4 (DDR)
[redacted] str. 1[redacted]1

Vorstrafen usw.
× Zuchthaus
× Gefängnis
× Haft
× Jugendhaus
1 × Geldstrafe
× Sicherungsverwahrung
× Arbeitshaus
× Unterbringung in Heil- und Pflegeanstalt
× Unterbringung in Trinkerheilanstalt
× Heimerziehung

Ruf- u. ggf. Geburtsname des Ehegatten: ledig

Zahl u. Geburtsjahr der Kinder: keine

Letztmalig entlassen im Jahre ... in ...

Name u. Wohnung des nächsten Angehörigen (Eltern, Ehegatte): Eltern: [redacted] Anschr. w. o.

Verlegung in andere Anstalten

Datum	Nach
14.10.55	Steinkohle

SV 1 (VA) Gefangenen-Kartei VP 00 1.53

Abb. 062: Hauptkartei (DIN A5), Karteikarte SV 1 als Druck von 1953. Der Rückseite zufolge betraf sie eine Verurteilung zu mehr als drei Jahren Zuchthaus mit einem zeitweiligen Einsatz im Steinkohlebergbau (anonymisiert).

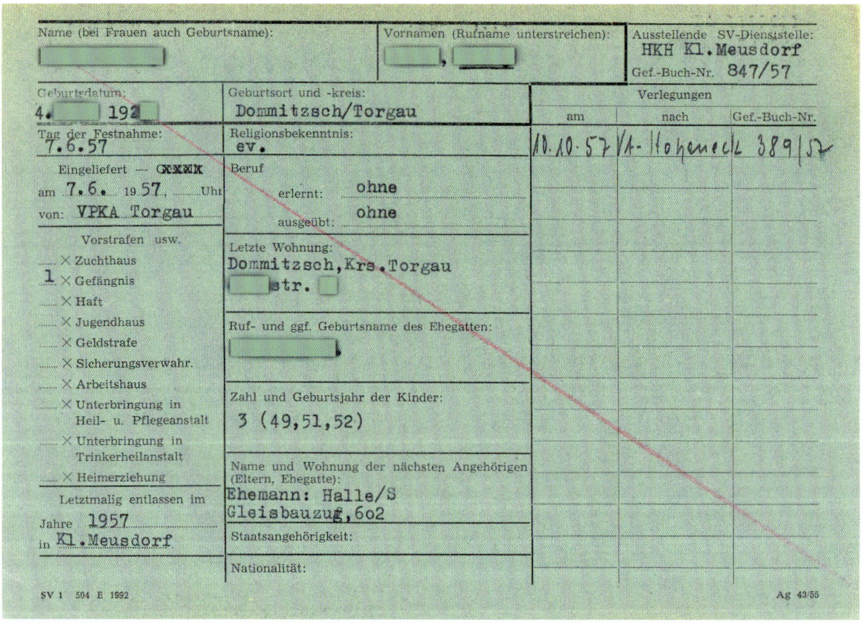

Name (bei Frauen auch Geburtsname): [redacted]

Vornamen (Rufname unterstreichen): [redacted], [redacted]

Ausstellende SV-Dienststelle: HKH Kl.Meusdorf
Gef.-Buch-Nr. 847/57

Geburtsdatum: 4.[redacted] 192[redacted]

Geburtsort und -kreis: Dommitzsch/Torgau

Tag der Festnahme: 7.6.57

Religionsbekenntnis: ev.

Eingeliefert — Gestellt
am 7.6. 1957, Uhr
von: VPKA Torgau

Beruf erlernt: ohne
ausgeübt: ohne

Vorstrafen usw.
× Zuchthaus
1 × Gefängnis
× Haft
× Jugendhaus
× Geldstrafe
× Sicherungsverwahr.
× Arbeitshaus
× Unterbringung in Heil- u. Pflegeanstalt
× Unterbringung in Trinkerheilanstalt
× Heimerziehung

Letzte Wohnung: Dommitzsch,Krs.Torgau
[redacted]str. [redacted]

Ruf- und ggf. Geburtsname des Ehegatten: [redacted]

Zahl und Geburtsjahr der Kinder: 3 (49,51,52)

Letztmalig entlassen im Jahre 1957 in Kl.Meusdorf

Name und Wohnung der nächsten Angehörigen (Eltern, Ehegatte): Ehemann: Halle/S Gleisbauzug,6o2

Staatsangehörigkeit:

Nationalität:

Verlegungen

am	nach	Gef.-Buch-Nr.
10.10.57	VA-Hoheneck	389/57

SV 1 504 E 1992 Ag 43/55

Abb. 063: Hauptkartei (DIN A5), Karteikarte SV 1 als Druck von 1955 mit Vermerken über eine Verurteilung wegen einer „Straftat" im „innerdeutschen Zahlungsverkehr" mit Strafvollzug in Torgau und Hoheneck (anonymisiert).

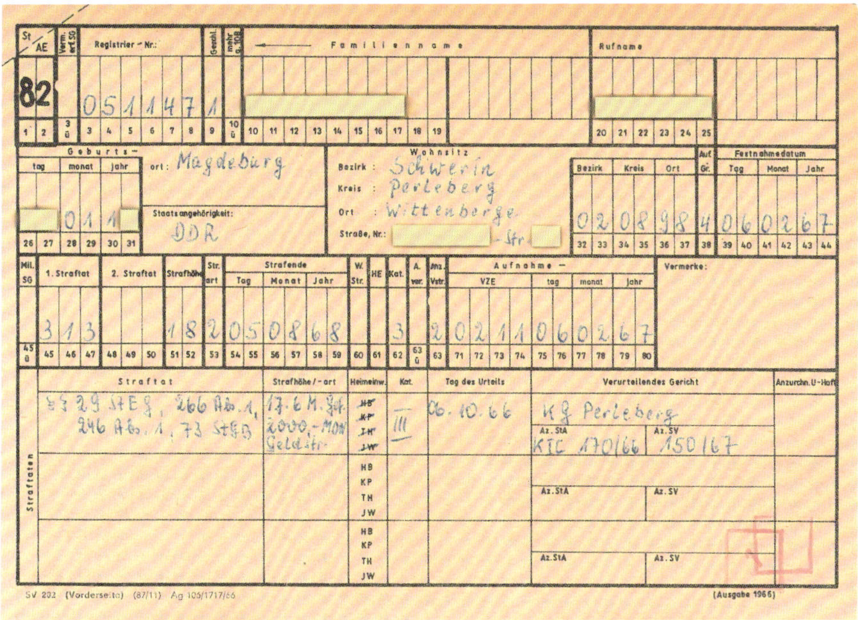
St AE | Verm. erf. SG | Registrier-Nr.: | Geschl. | mehr g. 108 | Familienname | Rufname
82 | 0 5 1 1 4 7 1
1 2 3 ü 3 4 5 6 7 8 9 10 ü 10 11 12 13 14 15 16 17 18 19 20 21 22 23 24 25
Geburts- tag monat jahr ort: Magdeburg
0 1 1
Staatsangehörigkeit: DDR
26 27 28 29 30 31
Wohnsitz Bezirk: Schwerin Kreis: Perleberg Ort: Wittenberge Straße, Nr.: -Str.
Bezirk Kreis Ort Auf. Gr. Festnahmedatum Tag Monat Jahr
0 2 0 8 9 8 4 0 6 0 2 6 7
32 33 34 35 36 37 38 39 40 41 42 43 44
Mil. SG | 1. Straftat | 2. Straftat | Strafhöhe | Str. art | Strafende Tag Monat Jahr | W. Str. | HE | Kat. | A. vor. | Anz. Vstr. | Aufnahme – VZE tag monat jahr | Vermerke:
3 1 3 1 8 2 0 5 0 8 6 8 3 2 0 2 1 1 0 6 0 2 6 7
45 ü 45 46 47 48 49 50 51 52 53 54 55 56 57 58 59 60 61 62 63 ü 63 71 72 73 74 75 76 77 78 79 80
Straftaten | Straftat | Strafhöhe / -art | Heimeinw. | Kat. | Tag des Urteils | Verurteilendes Gericht | Anzurechn. U-Haft
§§ 29 StEG, 266 Abs. 1, 246 Abs. 1, 73 StGB | 17.6 M. Gef. 2000,- MDN Geldstr. | HB KP TH JW | III | 06.10.66 | KG Perleberg Az. StA KIC 170/66 Az. SV 150/67
HB KP TH JW | Az. StA | Az. SV
HB KP TH JW | Az. StA | Az. SV
SV 202 (Vorderseite) (87/11) Ag 106/1717/66 (Ausgabe 1966)

Abb. 064: Hauptkartei (DIN A5), Karteikarte SV 202. Der Druck von 1966 ist mit seinen Datenfeldern und Zahlenschlüsseln bereits von der elektronischen Datenverarbeitung geprägt. Das Urteil betraf Steuerhinterziehung (anonymisiert).

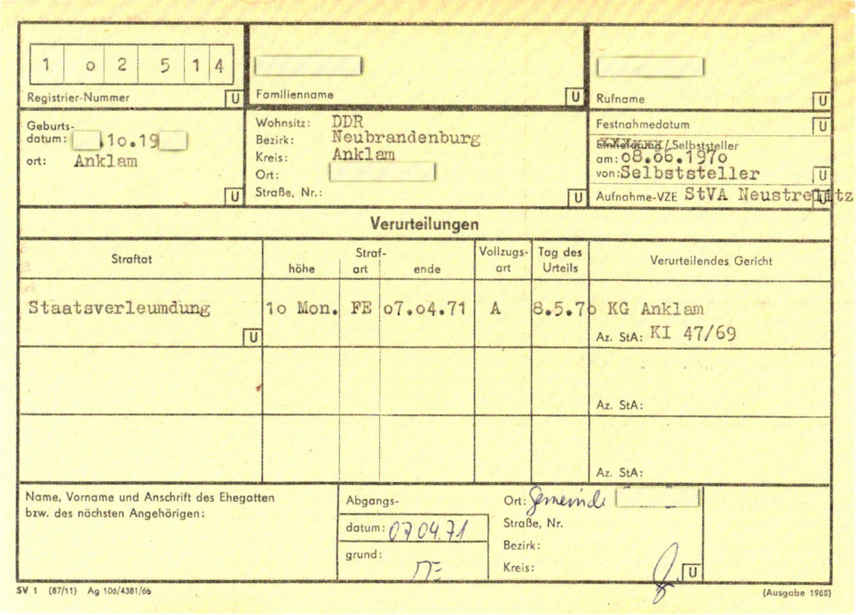
1 0 2 5 1 4
Registrier-Nummer U | Familienname U | Rufname U
Geburts-datum: 10.19 ort: Anklam U
Wohnsitz: DDR Bezirk: Neubrandenburg Kreis: Anklam Ort: Straße, Nr.: U
Festnahmedatum U
Einlieferung / Selbststeller am: 08.06.1970 von: Selbststeller U
Aufnahme-VZE StVA Neustrelitz
Verurteilungen
Straftat	Straf- höhe	art	ende	Vollzugs-art	Tag des Urteils	Verurteilendes Gericht
Staatsverleumdung U	1o Mon.	FE	o7.o4.71	A	8.5.7o	KG Anklam Az. StA: KI 47/69
						Az. StA:
						Az. StA:

Name, Vorname und Anschrift des Ehegatten bzw. des nächsten Angehörigen:
Abgangs- datum: 07.04.71 grund: 17=
Ort: Gemeinde Straße, Nr. Bezirk: Kreis: U
SV 1 (87/11) Ag 106/4381/66 (Ausgabe 1966)

Abb. 065: Hauptkartei (DIN A5), Karteikarte SV 1 im Druck von 1966. Das Aussehen der Kartei hat sich gegenüber den 1950er-Jahren gewandelt (Abb. 062 – 063). Hier eine Verurteilung von 1970 wegen „Staatsverleumdung“ zu 10 Monaten Gefängnis (anonymisiert).

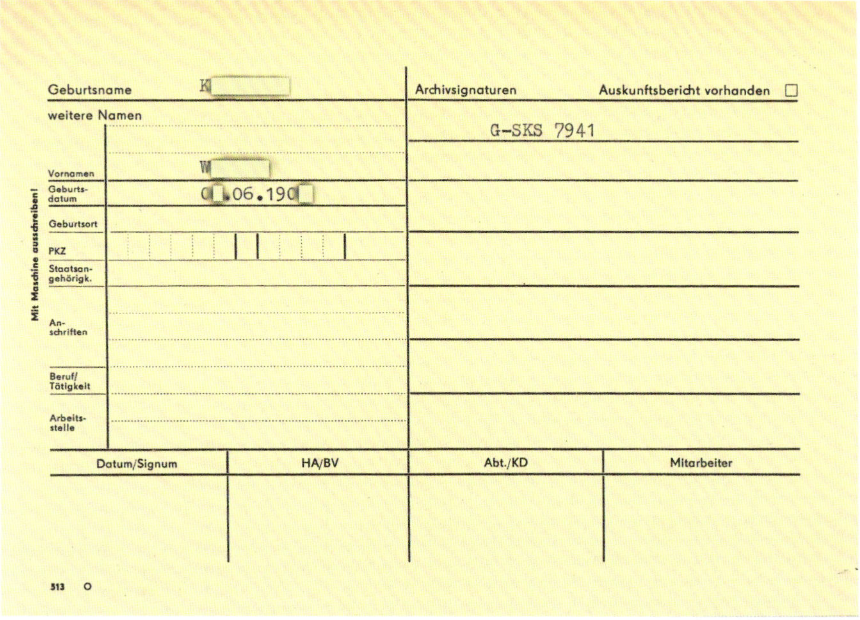

Mit Maschine ausschreiben!

Geburtsname K[redacted]

weitere Namen

Vornamen W[redacted]

Geburtsdatum 0[redacted].06.190[redacted]

Geburtsort

PKZ

Staatsangehörigk.

Anschriften

Beruf/Tätigkeit

Arbeitsstelle

Archivsignaturen

Auskunftsbericht vorhanden ☐

G-SKS 7941

Datum/Signum	HA/BV	Abt./KD	Mitarbeiter

513 O

Abb. 066: Hauptkartei (DIN A5), MfS-Formular F 513. Darauf wurden seit 1986 Gefangenenakten zu Personen verzeichnet, für die kein archivierter Untersuchungsvorgang des MfS vorhanden war. Diese Akten kamen als G-SKS im Speicher XII/01 zur Ablage (anonymisiert).

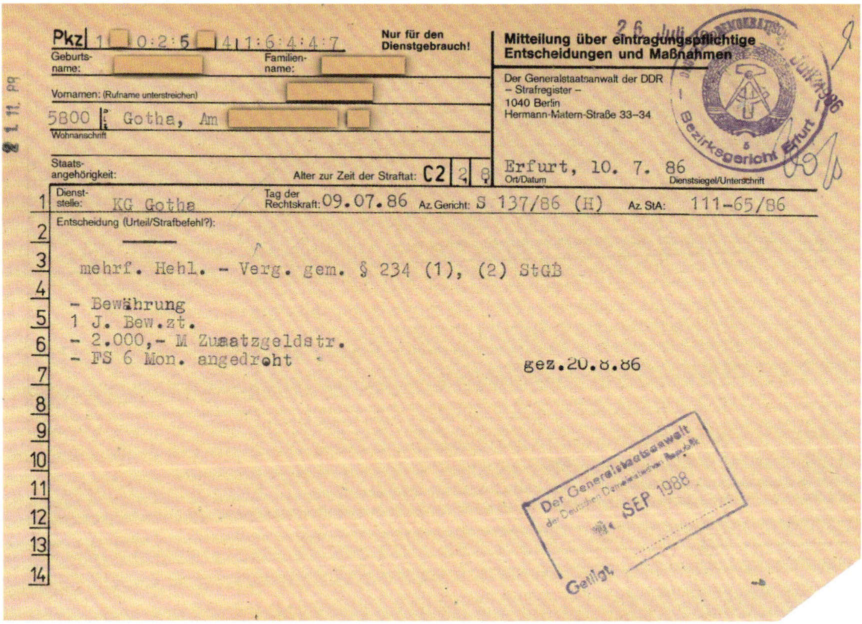

Pkz 1[redacted]0 2 5[redacted]4 1 6 4 4 7

Nur für den Dienstgebrauch!

Geburtsname: [redacted]

Familienname: [redacted]

Vornamen: (Rufname unterstreichen) [redacted]

5800 Gotha, Am [redacted]

Wohnanschrift

Staatsangehörigkeit:

Alter zur Zeit der Straftat: C2 2 8

Mitteilung über eintragungspflichtige Entscheidungen und Maßnahmen

Der Generalstaatsanwalt der DDR
– Strafregister –
1040 Berlin
Hermann-Matern-Straße 33–34

Erfurt, 10. 7. 86

Ort/Datum

Dienstsiegel/Unterschrift

Bezirksgericht Erfurt

Dienststelle: KG Gotha

Tag der Rechtskraft: 09.07.86

Az Gericht: S 137/86 (H)

Az StA: 111-65/86

Entscheidung (Urteil/Strafbefehl?):

mehrf. Hehl. - Verg. gem. § 234 (1), (2) StGB

- Bewährung
1 J. Bew.zt.
- 2.000,- M Zusatzgeldstr.
- FS 6 Mon. angedroht

gez. 20.8.86

Der Generalstaatsanwalt der Deutschen Demokratischen Republik

SEP 1988

Getilgt

Abb. 067: Hauptkartei (DIN A5), Karteikarte von 1986 aus dem Strafregister beim Generalstaatsanwalt der DDR mit Stempel vom September 1988 über die Tilgung. Anschließend gelangte die Karteikarte zum MfS und wurde in den Speicher XII/01 einsortiert (anonym.).

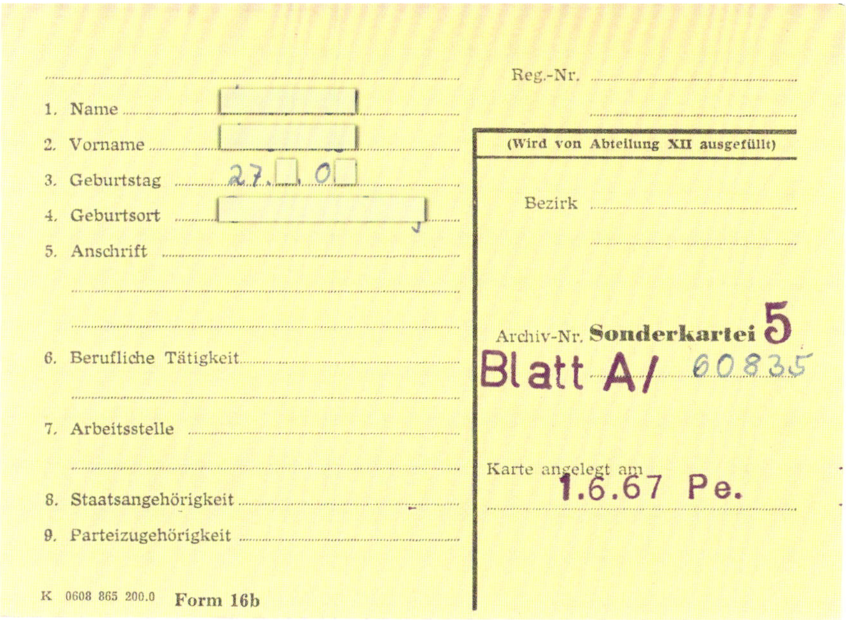

Reg.-Nr.

1. Name
2. Vorname
3. Geburtstag 27. . 0
4. Geburtsort
5. Anschrift
6. Berufliche Tätigkeit
7. Arbeitsstelle
8. Staatsangehörigkeit
9. Parteizugehörigkeit

(Wird von Abteilung XII ausgefüllt)

Bezirk

Archiv-Nr. Sonderkartei 5

Blatt A/ 60835

Karte angelegt am 1.6.67 Pe.

K 0608 865 200.0 Form 16b

Abb. 068: Nebenkartei (DIN A6), Karteikarte F 16b im Druck von 1965, hier mit dem Nachweis einer Strafnachricht SK 5 A, angelegt im Juni 1967 (anonymisiert).

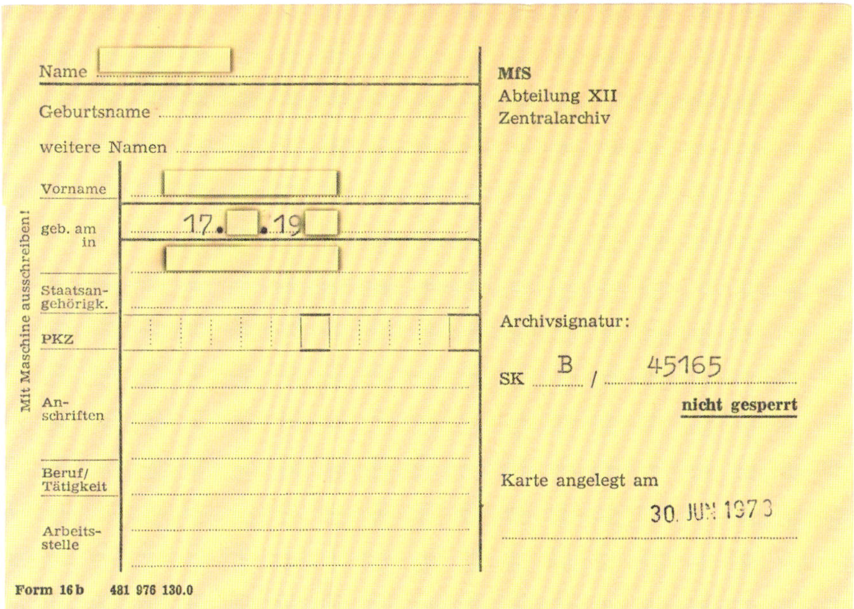

Name

Geburtsname

weitere Namen

Vorname

geb. am 17. .19
in

Staatsangehörigk.

PKZ

Anschriften

Beruf/Tätigkeit

Arbeitsstelle

Mit Maschine ausschreiben!

MfS
Abteilung XII
Zentralarchiv

Archivsignatur:

SK B / 45165

nicht gesperrt

Karte angelegt am 30. JUN 1973

Form 16b 481 976 130.0

Abb. 069: Nebenkartei (DIN A6) Karteikarte F 16b als Druck von 1976, hier angelegt im Juni 1978, auf eine Strafnachricht SK B verweisend. Typisch sind die wenigen Daten zur Person (anonymisiert).

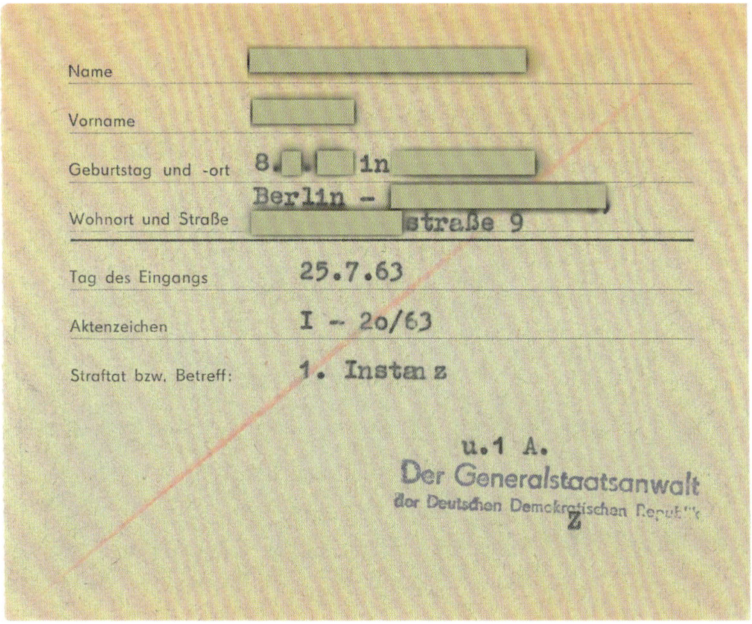

Name

Vorname

Geburtstag und -ort 8. . in

Wohnort und Straße Berlin - ,
straße 9

Tag des Eingangs 25.7.63

Aktenzeichen I - 2o/63

Straftat bzw. Betreff: 1. Instanz

u.1 A.
Der Generalstaatsanwalt
der Deutschen Demokratischen Republik
Z

Abb. 070: Nebenkartei, von der Generalstaatsanwaltschaft übernommene und im Speicher XII/01 weiter genutzte Karteikarte (Höhe wie DIN A6). Sie verweist auf ein Aktenzeichen der Staatsanwaltschaft 1 A, nicht aber auf Akten oder Strafnachrichten im Speicher XII/01.

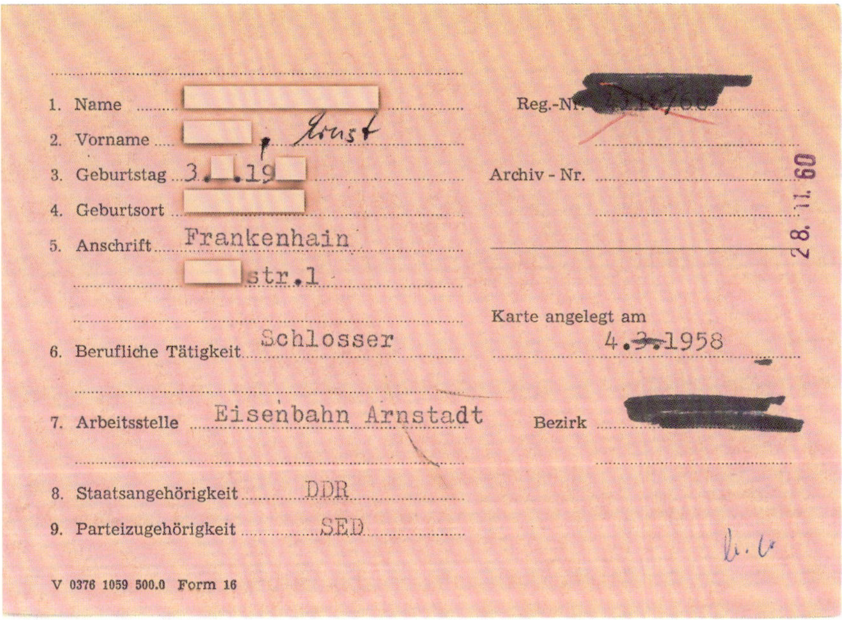

1. Name .... Reg.-Nr. [redacted]
2. Vorname .... , Ernst
3. Geburtstag 3. .19 .... Archiv - Nr. 28. 11. 60
4. Geburtsort
5. Anschrift Frankenhain
str. 1

Karte angelegt am 4.3.1958

6. Berufliche Tätigkeit Schlosser
7. Arbeitsstelle Eisenbahn Arnstadt Bezirk [redacted]
8. Staatsangehörigkeit DDR
9. Parteizugehörigkeit SED

V 0376 1059 500.0 Form 16

Abb. 071: Nebenkartei (DIN A6), hier eine hellrote F 16 (1960 bis 1962). Das Datum des Anlegens mag einer Vorgänger-Karte gelten. Für die Nutzung im Speicher XII/01 schwärzte das MfS die Registrierung der BV Erfurt von 1960. Auf der Rückseite stehen SK-Signaturen.

Zentrale Karteien der Abteilung XII. Speicher XII/01 („allgemeine Kriminalität“)

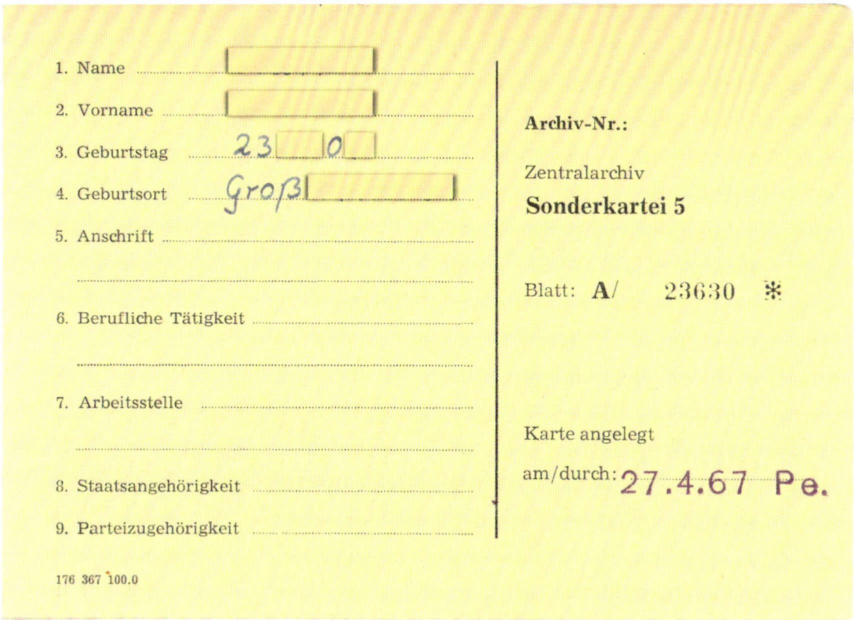

1. Name [redacted]
2. Vorname [redacted]
3. Geburtstag 23 [redacted] 0 [redacted]
4. Geburtsort Groß [redacted]
5. Anschrift
6. Berufliche Tätigkeit
7. Arbeitsstelle
8. Staatsangehörigkeit
9. Parteizugehörigkeit

176 367 100.0

Archiv-Nr.:

Zentralarchiv
Sonderkartei 5

Blatt: **A/** 23630 *

Karte angelegt
am/durch: 27.4.67 Pe.

Abb. 072: Nebenkartei (DIN A6), mit fortlaufenden Nummern bedruckte Karteikarte von 1967, hier mit dem Verweis auf eine Strafnachricht (Abb. 074-077) in der „Sonderkartei“ SK 5 A (anonymisiert).

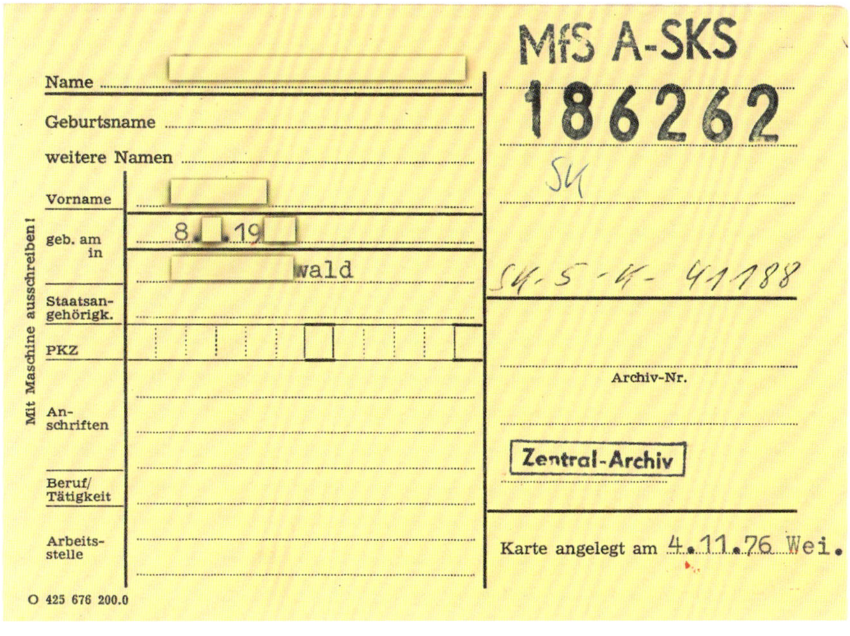

Name [redacted]
Geburtsname
weitere Namen
Vorname [redacted]
geb. am 8 [redacted] 19 [redacted]
in [redacted]wald
Staatsangehörigk.
PKZ
Anschriften
Beruf/ Tätigkeit
Arbeitsstelle

Mit Maschine ausschreiben!

O 425 676 200.0

MfS A-SKS
186262
SK
SK-5-K-41188

Archiv-Nr.

Zentral-Archiv

Karte angelegt am 4.11.76 Wei.

Abb. 073: Nebenkartei (DIN A6), Erscheinungsbild der Karteikarten in den 1970er- und 1980er-Jahren, hier eine Ausfertigung von 1976 mit Verweisen auf eine Akte (A-SKS) und eine Strafnachricht (SK 5 K), (anonymisiert).

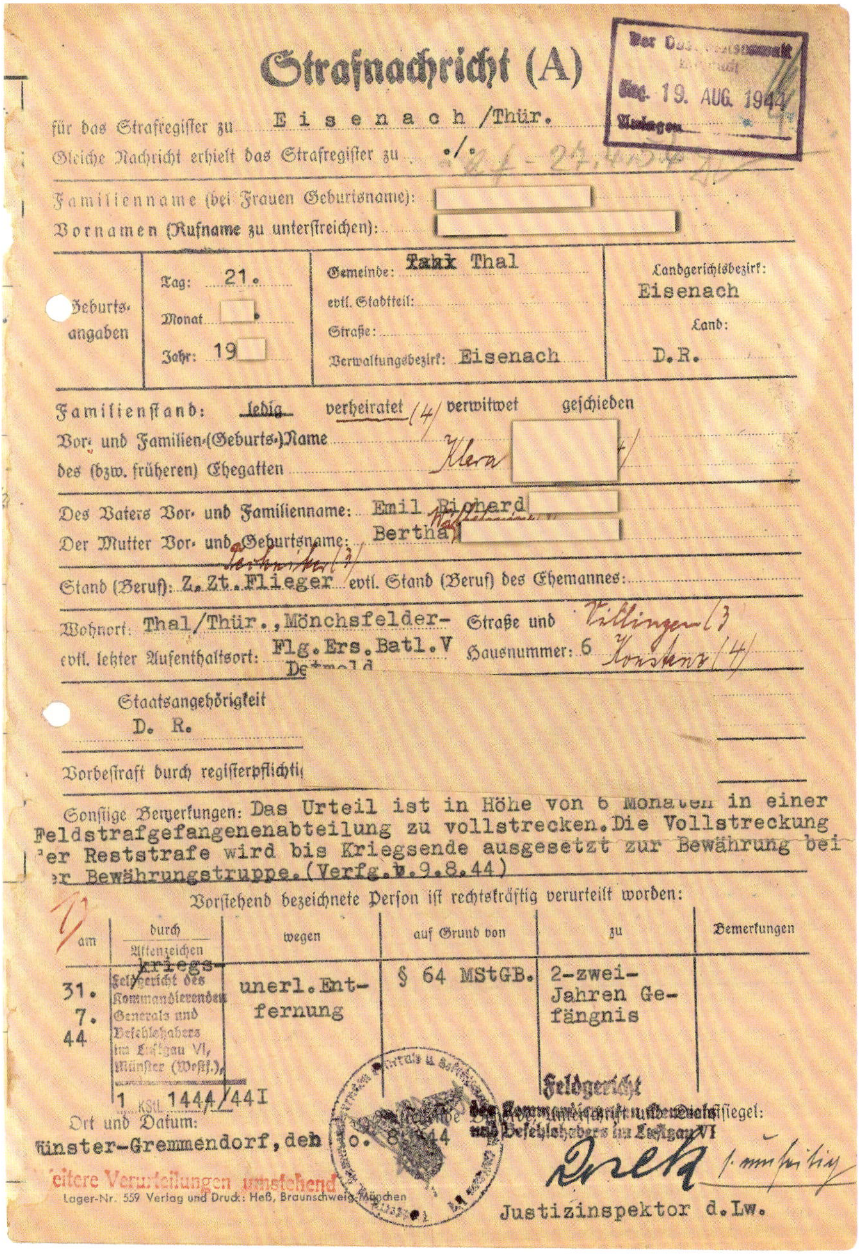

Der Oberstaatsanwalt Eisenach
Eing. 19. AUG. 1944
Anlagen

Strafnachricht (A)

für das Strafregister zu Eisenach /Thür.
Gleiche Nachricht erhielt das Strafregister zu ./.

Familienname (bei Frauen Geburtsname):
Vornamen (Rufname zu unterstreichen):

Geburtsangaben	Tag: 21. Monat: Jahr: 19	Gemeinde: ~~Tabk~~ Thal evtl. Stadtteil: Straße: Verwaltungsbezirk: Eisenach	Landgerichtsbezirk: Eisenach Land: D.R.

Familienstand: ledig verheiratet (4) verwitwet geschieden
Vor- und Familien-(Geburts-)Name des (bzw. früheren) Ehegatten Klera (4)

Des Vaters Vor- und Familienname: Emil Richard
Der Mutter Vor- und Geburtsname: Bertha

Stand (Beruf): Z. Zt. Flieger evtl. Stand (Beruf) des Ehemannes:

Wohnort: Thal/Thür., Mönchsfelder- Straße und Villingen (3)
evtl. letzter Aufenthaltsort: Flg. Ers. Batl. V Detmold Hausnummer: 6 Konstanz (4)

Staatsangehörigkeit
D. R.

Vorbestraft durch registerpflichtig

Sonstige Bemerkungen: Das Urteil ist in Höhe von 6 Monaten in einer Feldstrafgefangenenabteilung zu vollstrecken. Die Vollstreckung der Reststrafe wird bis Kriegsende ausgesetzt zur Bewährung bei der Bewährungstruppe. (Verfg. v. 9.8.44)

Vorstehend bezeichnete Person ist rechtskräftig verurteilt worden:

am	durch Aktenzeichen	wegen	auf Grund von	zu	Bemerkungen
31. 7. 44	Kriegs- Feldgericht des Kommandierenden Generals und Befehlshabers im Luftgau VI, Münster (Westf.) 1 KStL 1444/44 I	unerl. Entfernung	§ 64 MStGB.	2-zwei-Jahren Gefängnis	

Ort und Datum:
Münster-Gremmendorf, den 10. 8. 1944

Feldgericht des Kommandierenden Generals und Befehlshabers im Luftgau VI Dienstsiegel:

f. d. R. Dreka
Justizinspektor d. Lw.

Weitere Verurteilungen umstehend

Lager-Nr. 559 Verlag und Druck: Heß, Braunschweig-München

Abb. 074: Strafnachricht (24,6 x 17,2 cm) von 1944, umseitig sind Urteile von Gerichten in Villingen, Rottweil und Balingen zwischen 1951 und 1954 nachgewiesen. Das NS-Symbol im Stempel ist mit Bleistift unkenntlich gemacht, mittig ein Stück Papier aufgeklebt (anonym.).

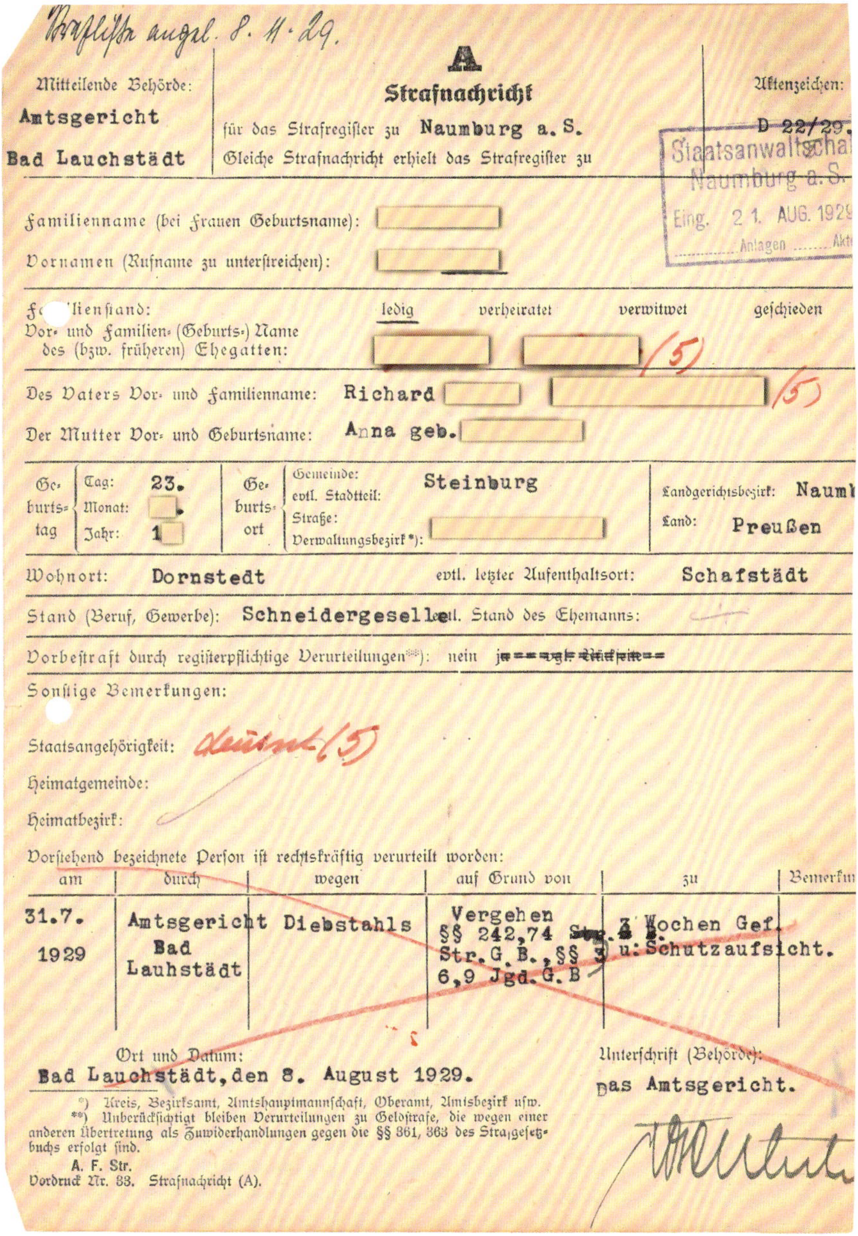

[illegible] angel. 8. 11. 29.

A

Strafnachricht

Mitteilende Behörde: Amtsgericht Bad Lauchstädt

für das Strafregister zu Naumburg a. S.

Gleiche Strafnachricht erhielt das Strafregister zu

Aktenzeichen: D 22/29.

Staatsanwaltschaft Naumburg a. S. Eing. 21. AUG. 1929 Anlagen ...... Akt

Familienname (bei Frauen Geburtsname): [redacted]

Vornamen (Rufname zu unterstreichen): [redacted]

Familienstand: ledig verheiratet verwitwet geschieden

Vor- und Familien- (Geburts-) Name des (bzw. früheren) Ehegatten: [redacted] (5)

Des Vaters Vor- und Familienname: Richard [redacted] (5)

Der Mutter Vor- und Geburtsname: Anna geb. [redacted]

Geburtstag: Tag: 23. Monat: [redacted] Jahr: 1[redacted]

Geburtsort: Gemeinde: evtl. Stadtteil: Steinburg Straße: Verwaltungsbezirk*): [redacted]

Landgerichtsbezirk: Naum[...] Land: Preußen

Wohnort: Dornstedt evtl. letzter Aufenthaltsort: Schafstädt

Stand (Beruf, Gewerbe): Schneidergeselle evtl. Stand des Ehemanns: —

Vorbestraft durch registerpflichtige Verurteilungen**): nein ~~ja – vgl. Rückseite~~

Sonstige Bemerkungen:

Staatsangehörigkeit: deutsch (5)

Heimatgemeinde:

Heimatbezirk:

Vorstehend bezeichnete Person ist rechtskräftig verurteilt worden:

am	durch	wegen	auf Grund von	zu	Bemerkun[gen]
31.7. 1929	Amtsgericht Bad Lauhstädt	Diebstahls	Vergehen §§ 242,74 Str.G.B., §§ 3 6,9 Jgd.G.B	3 Wochen Gef. u. Schutzaufsicht.	

Ort und Datum: Bad Lauchstädt, den 8. August 1929.

Unterschrift (Behörde): Das Amtsgericht.

*) Kreis, Bezirksamt, Amtshauptmannschaft, Oberamt, Amtsbezirk usw.
**) Unberücksichtigt bleiben Verurteilungen zu Geldstrafe, die wegen einer anderen Übertretung als Zuwiderhandlungen gegen die §§ 361, 363 des Strafgesetzbuchs erfolgt sind.

A. F. Str.
Vordruck Nr. 33. Strafnachricht (A).

Abb. 075: Strafnachricht (24,7 x 17,6 cm) von 1929, rechts beschnitten, umseitig im NS-Staat und in der DDR, zuletzt für ein Urteil des Kammergerichts Rudolstadt 1953, kontinuierlich von der Justizverwaltung genutzt. Das MfS benutzte die Daten für eigene Zwecke weiter.

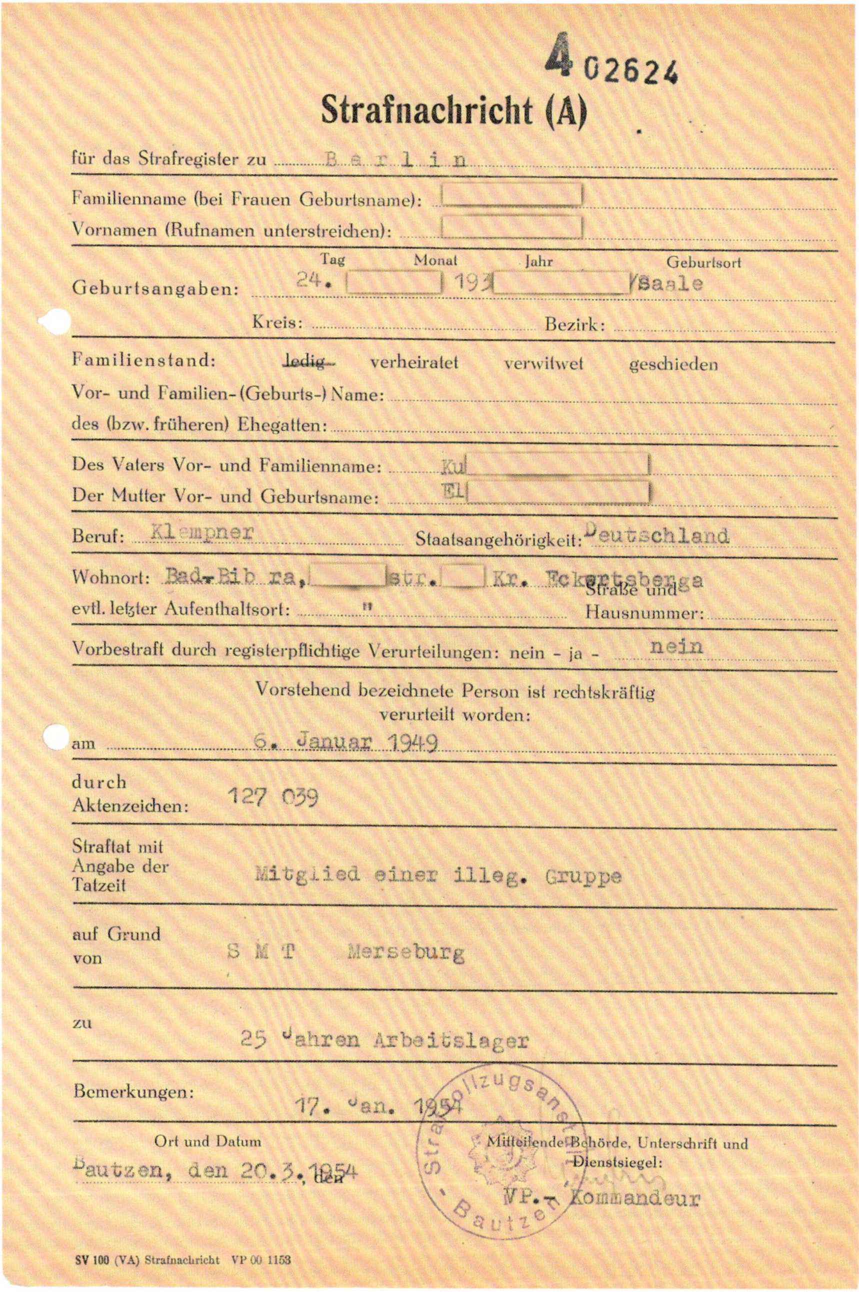

4 02624

Strafnachricht (A)

für das Strafregister zu B e r l i n

Familienname (bei Frauen Geburtsname): [redacted]

Vornamen (Rufnamen unterstreichen): [redacted]

Geburtsangaben: Tag 24. Monat [redacted] Jahr 193[redacted] Geburtsort [redacted]/Saale

Kreis: Bezirk:

Familienstand: ~~ledig~~ verheiratet verwitwet geschieden

Vor- und Familien-(Geburts-) Name:

des (bzw. früheren) Ehegatten:

Des Vaters Vor- und Familienname: Ku[redacted]

Der Mutter Vor- und Geburtsname: El[redacted]

Beruf: Klempner Staatsangehörigkeit: Deutschland

Wohnort: Bad-Bib ra, [redacted]str. [redacted] Kr. Eckartsberga Straße und Hausnummer:

evtl. letzter Aufenthaltsort: "

Vorbestraft durch registerpflichtige Verurteilungen: nein - ja - nein

Vorstehend bezeichnete Person ist rechtskräftig verurteilt worden:

am 6. Januar 1949

durch Aktenzeichen: 127 039

Straftat mit Angabe der Tatzeit: Mitglied einer illeg. Gruppe

auf Grund von: S M T Merseburg

zu: 25 Jahren Arbeitslager

Bemerkungen: 17. Jan. 1954

Ort und Datum: Bautzen, den 20.3.1954

Mitteilende Behörde, Unterschrift und Dienstsiegel: VP.- Kommandeur

Strafvollzugsanstalt Bautzen

SV 100 (VA) Strafnachricht VP 00 1153

Abb. 076: Strafnachricht (24,9 x 16,9 cm) der Strafvollzugsanstalt Bautzen von 1954 (Formular SV 100) über eine Verurteilung durch das sowjetische Militärtribunal (SMT) im Januar 1949 zu einer 25-jährigen Freiheitsstrafe wegen Mitgliedschaft in einer illegalen Gruppe.

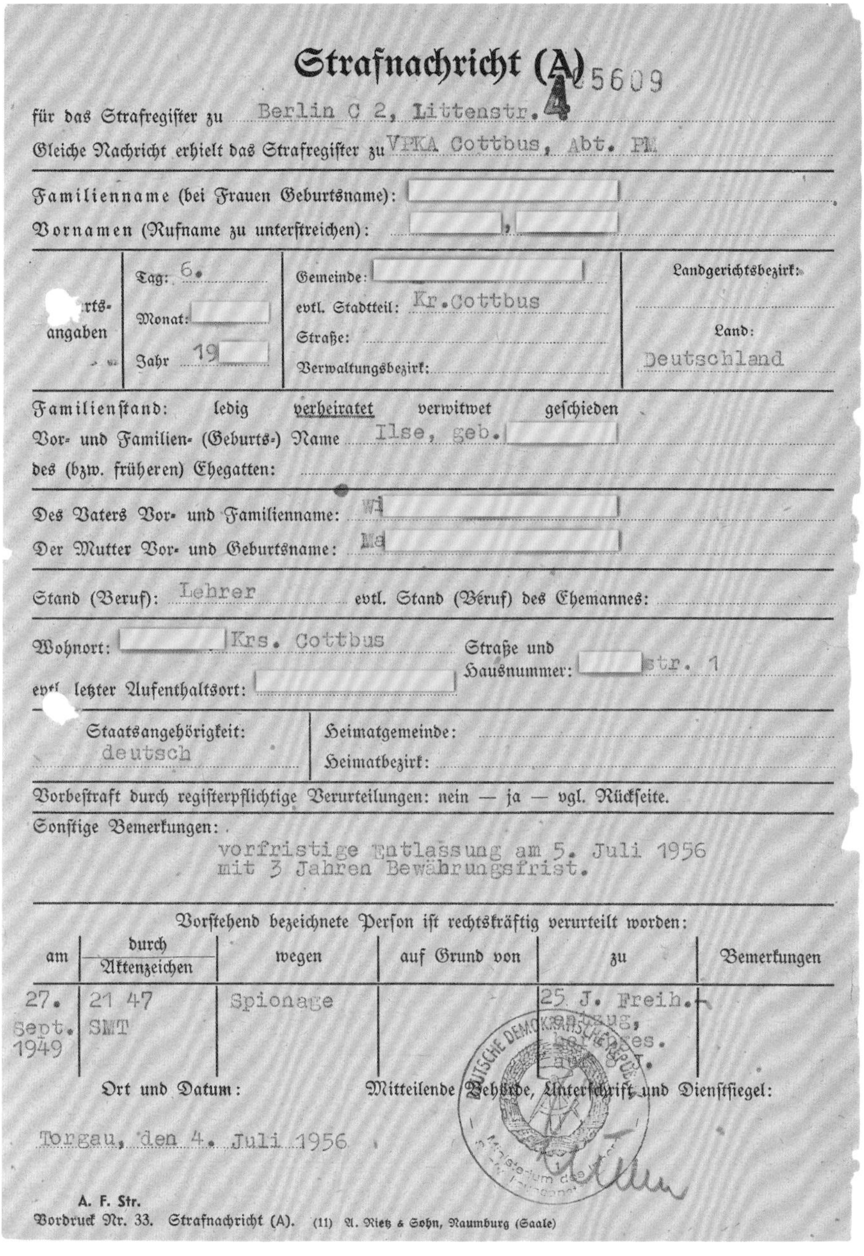

Strafnachricht (A) 4 5609

für das Strafregister zu Berlin C 2, Littenstr. 4

Gleiche Nachricht erhielt das Strafregister zu VPKA Cottbus, Abt. PM

Familienname (bei Frauen Geburtsname): [redacted]

Vornamen (Rufname zu unterstreichen): [redacted], [redacted]

Geburtsangaben	Tag: 6. Monat: [redacted] Jahr 19[redacted]	Gemeinde: [redacted] evtl. Stadtteil: Kr. Cottbus Straße: Verwaltungsbezirk:	Landgerichtsbezirk: Land: Deutschland

Familienstand: ledig verheiratet verwitwet geschieden

Vor- und Familien- (Geburts-) Name des (bzw. früheren) Ehegatten: Ilse, geb. [redacted]

Des Vaters Vor- und Familienname: Wi[redacted]

Der Mutter Vor- und Geburtsname: Ma[redacted]

Stand (Beruf): Lehrer evtl. Stand (Beruf) des Ehemannes:

Wohnort: [redacted] Krs. Cottbus Straße und Hausnummer: [redacted]str. 1

evtl. letzter Aufenthaltsort: [redacted]

Staatsangehörigkeit: deutsch	Heimatgemeinde: Heimatbezirk:

Vorbestraft durch registerpflichtige Verurteilungen: nein — ja — vgl. Rückseite.

Sonstige Bemerkungen:
vorfristige Entlassung am 5. Juli 1956
mit 3 Jahren Bewährungsfrist.

Vorstehend bezeichnete Person ist rechtskräftig verurteilt worden:

am	durch Aktenzeichen	wegen	auf Grund von	zu	Bemerkungen
27. Sept. 1949	21 47 SMT	Spionage		25 J. Freih.-entzug, [illegible]	

Ort und Datum: Torgau, den 4. Juli 1956

Mitteilende Behörde, Unterschrift und Dienstsiegel:

A. F. Str.
Vordruck Nr. 33. Strafnachricht (A). (11) A. Rietz & Sohn, Naumburg (Saale)

Abb. 077: Strafnachricht (24,5 x 17,4 cm) der Strafvollzugsanstalt Torgau von 1956 auf dem Vordruck Nr. 33 aus der Vorkriegszeit, hier über eine vorfristige Entlassung nach fast siebenjähriger Haft im Zuge einer allgemeinen Amnestie.

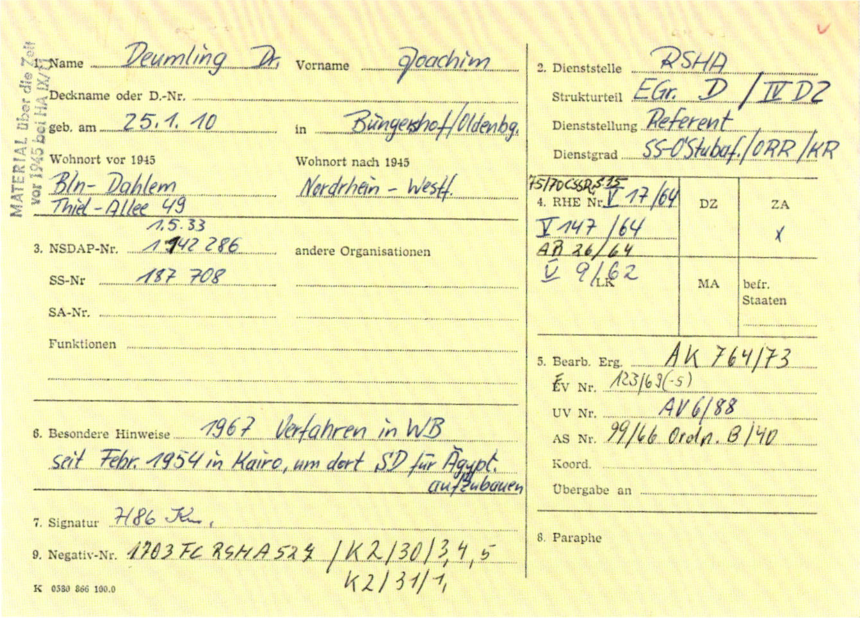
MATERIAL über die Zeit vor 1945 bei HA IX/11

1. Name Deumling Dr. Vorname Joachim
Deckname oder D.-Nr.
geb. am 25.1.10 in Büngershof/Oldenbg.
Wohnort vor 1945 Bln-Dahlem Thiel-Allee 49
Wohnort nach 1945 Nordrhein-Westf.
3. NSDAP-Nr. 1.5.33 1 142 286 andere Organisationen
SS-Nr 187 708
SA-Nr.
Funktionen
6. Besondere Hinweise 1967 Verfahren in WB
seit Febr. 1954 in Kairo, um dort SD für Ägypt. aufzubauen
7. Signatur 7186 Kr.
9. Negativ-Nr. 1703 FC RSHA 527 / K2/30/3,4,5 K2/31/1,
K 0580 866 100.0

2. Dienststelle RSHA
Strukturteil EGr. D / IV D2
Dienststellung Referent
Dienstgrad SS-O'Stubaf./ORR/KR
4. RHE Nr. 75/70 CSSR S. 15 V 17/64 V 147/64 AR 26/64 Ü 9/62 LK
DZ
ZA x
MA
befr. Staaten
5. Bearb. Erg. AK 764/73
EV Nr. 123/63(-S)
UV Nr. AV 6/88
AS Nr. 99/66 Ordn. B/40
Koord.
Übergabe an
8. Paraphe

Abb. 078: Vorgangskartei (DIN A5) der Hauptabteilung IX/11. Seit 1968 wurden Unterlagen und Verzeichnungsdaten aus und über die NS-Zeit aus der Zuständigkeit der Abteilungen XII herausgelöst und in der HA IX/11 zentralisiert. Diese schuf sich eine eigene Kartei.

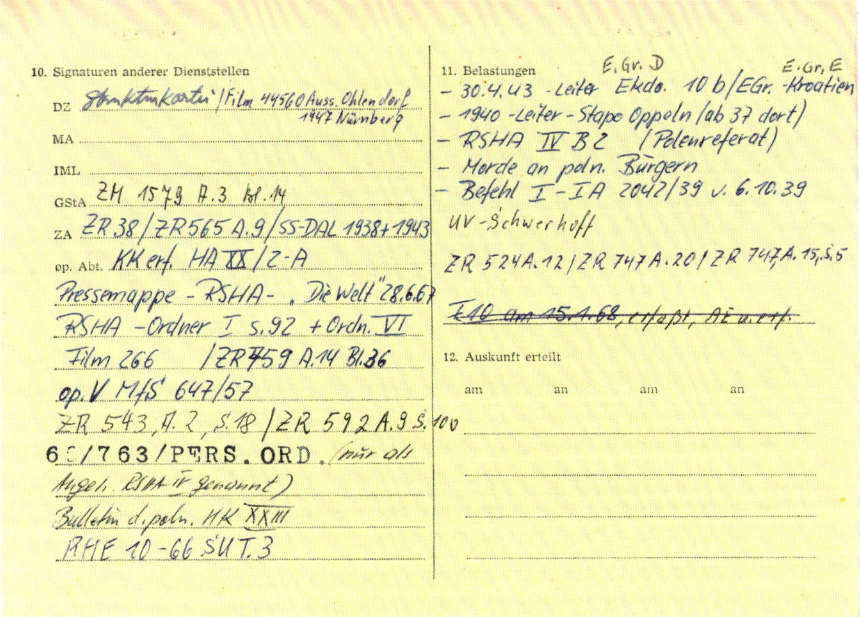
10. Signaturen anderer Dienststellen
DZ Strukturkartei / Film 44560 Auss. Ohlendorf 1947 Nürnberg
MA
IML
GStA ZH 1579 A.3 Bl.14
ZA ZR 38 / ZR 565 A.9 / SS-DAL 1938+1943
op. Abt. KK erf. HA IX/Z-A
Pressemappe - RSHA -, Die Welt" 28.6.67
RSHA - Ordner I S. 92 + Ordn. VI
Film 266 / ZR 459 A.14 Bl.36
op. V MfS 647/57
ZR 543, A.2, S.18 / ZR 592 A.9 S.100
6?/763/PERS.ORD. (nur als Mitgl. RSHA IV genannt)
Bulletin d. poln. HK XXIII
RHE 10-66 SU T.3

11. Belastungen
- 30.4.43 - Leiter E.Gr. D Ekdo. 10 b / E.Gr. E EGr. - Kroatien
- 1940 - Leiter - Stapo Oppeln (ab 37 dort)
- RSHA IV B 2 (Polenreferat)
- Morde an poln. Bürgern
- Befehl I - IA 2042/39 v. 6.10.39
UV - Schwerhoff
ZR 524 A.12 / ZR 747 A.20 / ZR 747 A.15, S.5
~~E 10 am 15.1.68, erfaßt, AE u. erf.~~
12. Auskunft erteilt
am an am an

Abb. 079: Rückseite obiger Karteikarte. Sie enthielt weiterführende Quellennachweise und Belastungen, die Vorderseite Daten zur Person und Signaturen von Vorgängen, die die HA IX/11 angelegt hatte, hier die Vorgangsarten FV, AV, AS, RHE und AK.

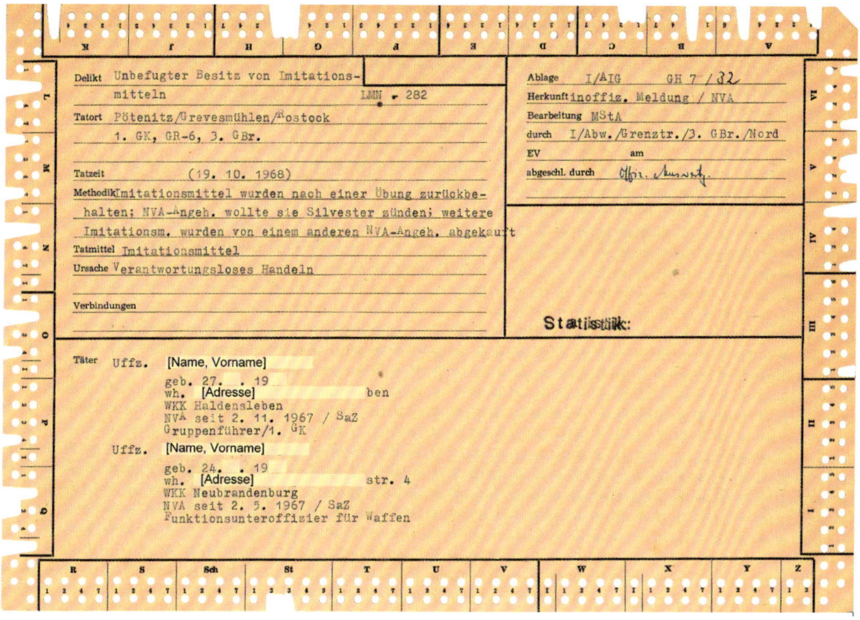

Delikt Unbefugter Besitz von Imitations-
mitteln LMN - 282

Tatort Pötenitz/Grevesmühlen/Rostock
1. GK, GR-6, 3. GBr.

Tatzeit (19. 10. 1968)

Methodik Imitationsmittel wurden nach einer Übung zurückbehalten; NVA-Angeh. wollte sie Silvester zünden; weitere Imitationsm. wurden von einem anderen NVA-Angeh. abgekauft

Tatmittel Imitationsmittel

Ursache Verantwortungsloses Handeln

Verbindungen

Ablage I/AIG GH 7/32

Herkunft inoffiz. Meldung / NVA

Bearbeitung MStA

durch I/Abw./Grenztr./3. GBr./Nord

EV am

abgeschl. durch Offz. Anwalt.

Statistik:

Täter Uffz. [Name, Vorname]
geb. 27. . 19
wh. [Adresse] ben
WKK Haldensleben
NVA seit 2. 11. 1967 / SaZ
Gruppenführer/1. GK

Uffz. [Name, Vorname]
geb. 24. . 19
wh. [Adresse] str. 4
WKK Neubrandenburg
NVA seit 2. 5. 1967 / SaZ
Funktionsunteroffizier für Waffen

Abb. 080: Deliktekerblochkartei der HA I (Militärabwehr) im Format DIN A4 quer mit vielen Kerbungen, hier ein Beispiel von 1968: Die Mitnahme von Imitationsmitteln als Silvesterknaller genügte für eine Erfassung von „Tätern" und „Delikt" beim MfS (anonymisiert).

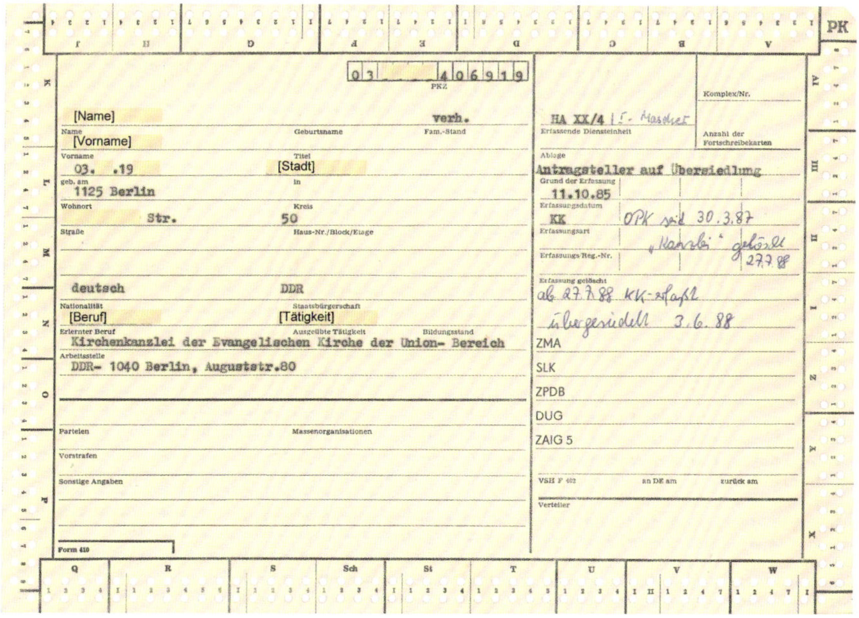

PK

03 406919
PKZ

[Name] verh.
Name Geburtsname Fam.-Stand

[Vorname]
Vorname Titel

03. .19 [Stadt]
geb. am in

1125 Berlin
Wohnort Kreis

Str. 50
Straße Haus-Nr./Block/Etage

deutsch DDR
Nationalität Staatsbürgerschaft

[Beruf] [Tätigkeit]
Erlernter Beruf Ausgeübte Tätigkeit Bildungsstand

Kirchenkanzlei der Evangelischen Kirche der Union- Bereich
Arbeitsstelle

DDR- 1040 Berlin, Auguststr.80

Parteien Massenorganisationen

Vorstrafen

Sonstige Angaben

Form 410

Komplex/Nr.

HA XX/4 | 5. Maschner
Erfassende Diensteinheit

Anzahl der Fortschreibekarten

Ablage

Antragsteller auf Übersiedlung
Grund der Erfassung

11.10.85
Erfassungsdatum

KK OPK seit 30.3.87
Erfassungsart

„Kanzlei" gelöscht 27.7.88
Erfassungs-Reg.-Nr.

Erfassung gelöscht
ab 27.7.88 KK-Erfaßt
übergesiedelt 3.6.88

ZMA

SLK

ZPDB

DUG

ZAIG 5

VSH F 402 an DE am zurück am

Verteiler

Abb. 081: Personenkerblochkartei der HA XX (Staatsapparat, Kultur, Kirchen, Untergrund) aus den 1980er-Jahren. Der Rand wurde bereits nicht mehr gekerbt, das Formular aber auf damals moderne Erfassungsarten (SLK, ZPDB, ZAIG 5) erweitert (anonymisiert).

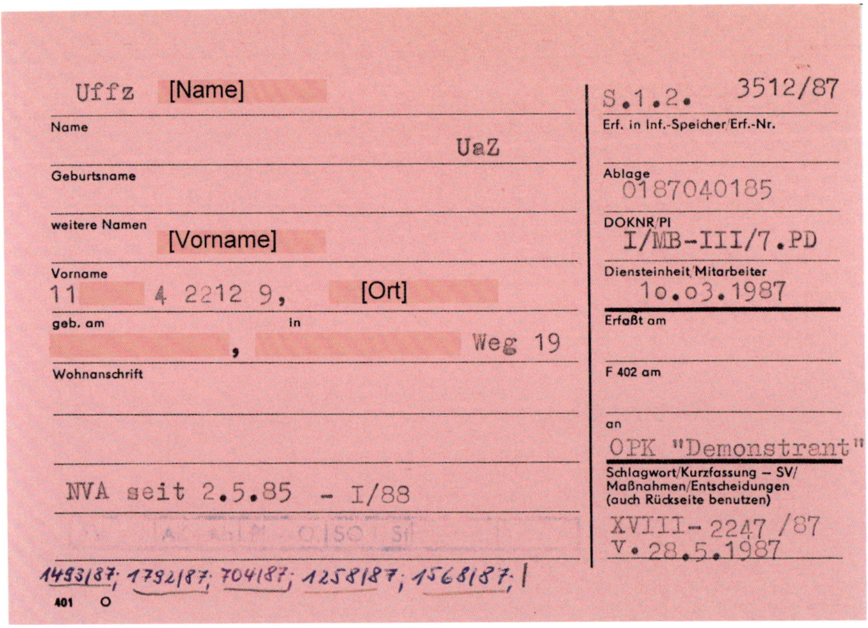

Uffz [Name]

Name

UaZ

Geburtsname

weitere Namen

[Vorname]

Vorname

11 4 2212 9, [Ort]

geb. am in

, Weg 19

Wohnanschrift

NVA seit 2.5.85 - I/88

1493/87; 1792/87; 704/87; 1258/87; 1568/87; |

401 O

S.1.2. 3512/87

Erf. in Inf.-Speicher/Erf.-Nr.

Ablage 0187040185

DOKNR/PI

I/MB-III/7.PD

Diensteinheit/Mitarbeiter

1o.o3.1987

Erfaßt am

F 402 am

an

OPK "Demonstrant"

Schlagwort/Kurzfassung – SV/ Maßnahmen/Entscheidungen (auch Rückseite benutzen)

XVIII- 2247 /87

V. 28.5.1987

Abb. 082: Vorverdichtungskarteikarte (F 401) der VSH-Kartei im Format DIN A6, hier der HA I (Militärabwehr). Die Karteikarte verweist auf die interne Erfassungs-Nr. 3512/87 (siehe Abb. 086) und den registrierten Vorgang XVIII 2247/87, OPK „Demonstrant" (anonym.).

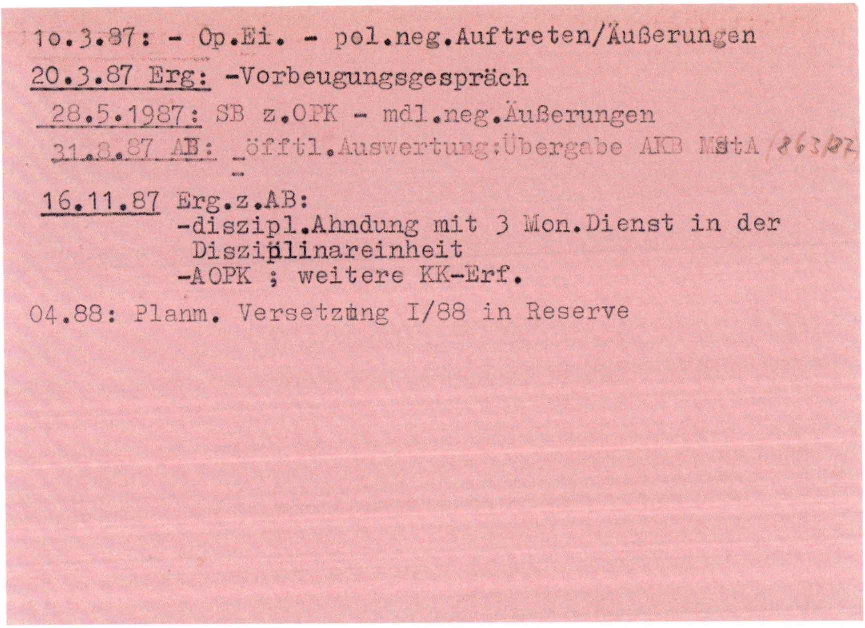

1o.3.87: - Op.Ei. - pol.neg.Auftreten/Äußerungen

20.3.87 Erg: -Vorbeugungsgespräch

28.5.1987: SB z.OPK - mdl.neg.Äußerungen

31.8.87 AB: _öfftl.Auswertung:Übergabe AKB MStA /863/87

16.11.87 Erg.z.AB:
-disziplin.Ahndung mit 3 Mon.Dienst in der
Disziplinareinheit
-AOPK ; weitere KK-Erf.

04.88: Planm. Versetzung I/88 in Reserve

Abb. 083: Die Rückseite obiger Karteikarte enthält weiterführende, chronologisch fortgeschriebene Daten. Die am unteren Rand der Vorderseite notierten internen Erfassungs-Nummern können auf eine Dokumentenkartei verweisen und wären einzeln zu verifizieren.

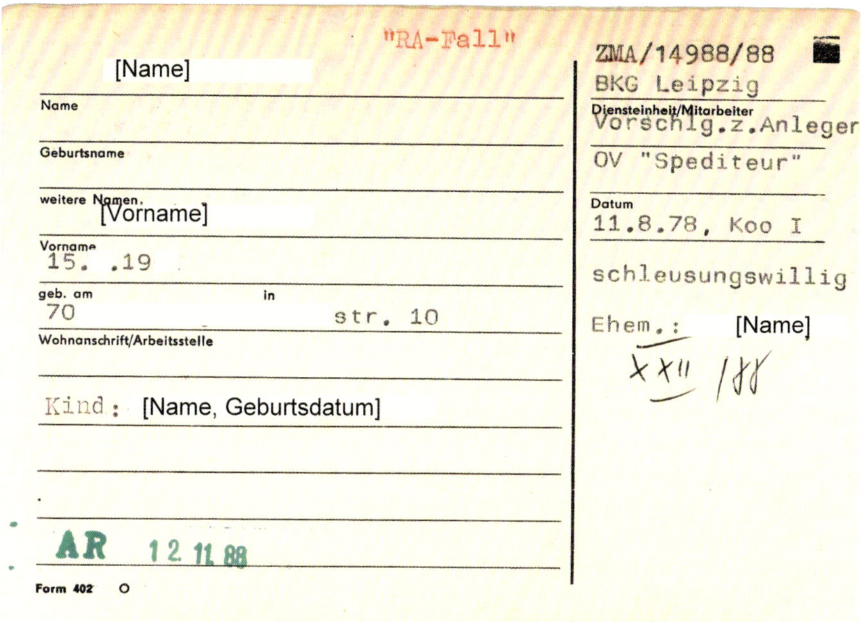

"RA-Fall"

ZMA/14988/88

[Name]
Name

BKG Leipzig
Diensteinheit/Mitarbeiter
Vorschlg.z.Anleger

Geburtsname

OV "Spediteur"

weitere Namen.
[Vorname]
Vorname

Datum
11.8.78, Koo I

15. .19
geb. am in

schleusungswillig

70 str. 10
Wohnanschrift/Arbeitsstelle

Ehem.: [Name]

XXII /188

Kind: [Name, Geburtsdatum]

AR 12 11 88

Form 402 O

Abb. 084: Weiße (hier leicht vergilbte) Hinweiskarteikarte F 402 aus der VSH-Kartei der Zentralen Koordinierungsgruppe (ZKG). Die von der Bezirkskoordinierungsgruppe (BKG) Leipzig ausgestellte Karteikarte soll auf die dortige Erfassung auf einer F 401 hinweisen.

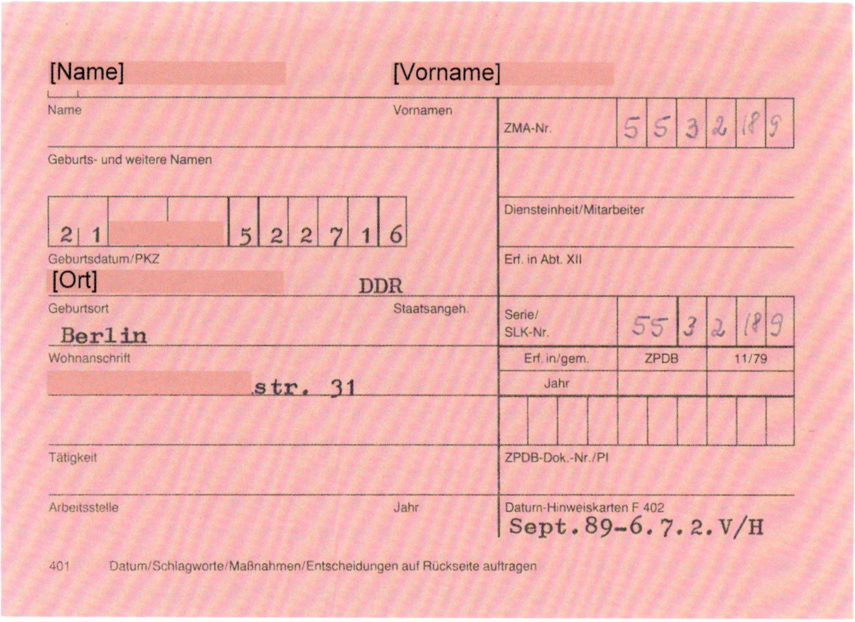

[Name] [Vorname]
Name Vornamen

ZMA-Nr. 5 5 3 2 18 9

Geburts- und weitere Namen

Diensteinheit/Mitarbeiter

2 1 5 2 2 7 1 6
Geburtsdatum/PKZ

Erf. in Abt. XII

[Ort] DDR
Geburtsort Staatsangeh.

Serie/ SLK-Nr. 55 3 2 18 9

Berlin
Wohnanschrift

Erf. in/gem. ZPDB 11/79
Jahr

str. 31

Tätigkeit

ZPDB-Dok.-Nr./PI

Arbeitsstelle Jahr

Datum-Hinweiskarten F 402
Sept.89-6.7.2.V/H

401 Datum/Schlagworte/Maßnahmen/Entscheidungen auf Rückseite auftragen

Abb. 085: Rote Vorverdichtungskarteikarte F 401 aus der VSH-Kartei der HA VI/AKG (Passkontrolle, Tourismus, Interhotels / Auswertungs- und Koordinierungsgruppe) in anderem Erscheinungsbild mit ZMA- und SLK-Erfassung. Jede VSH-Kartei hat ihre Besonderheiten.

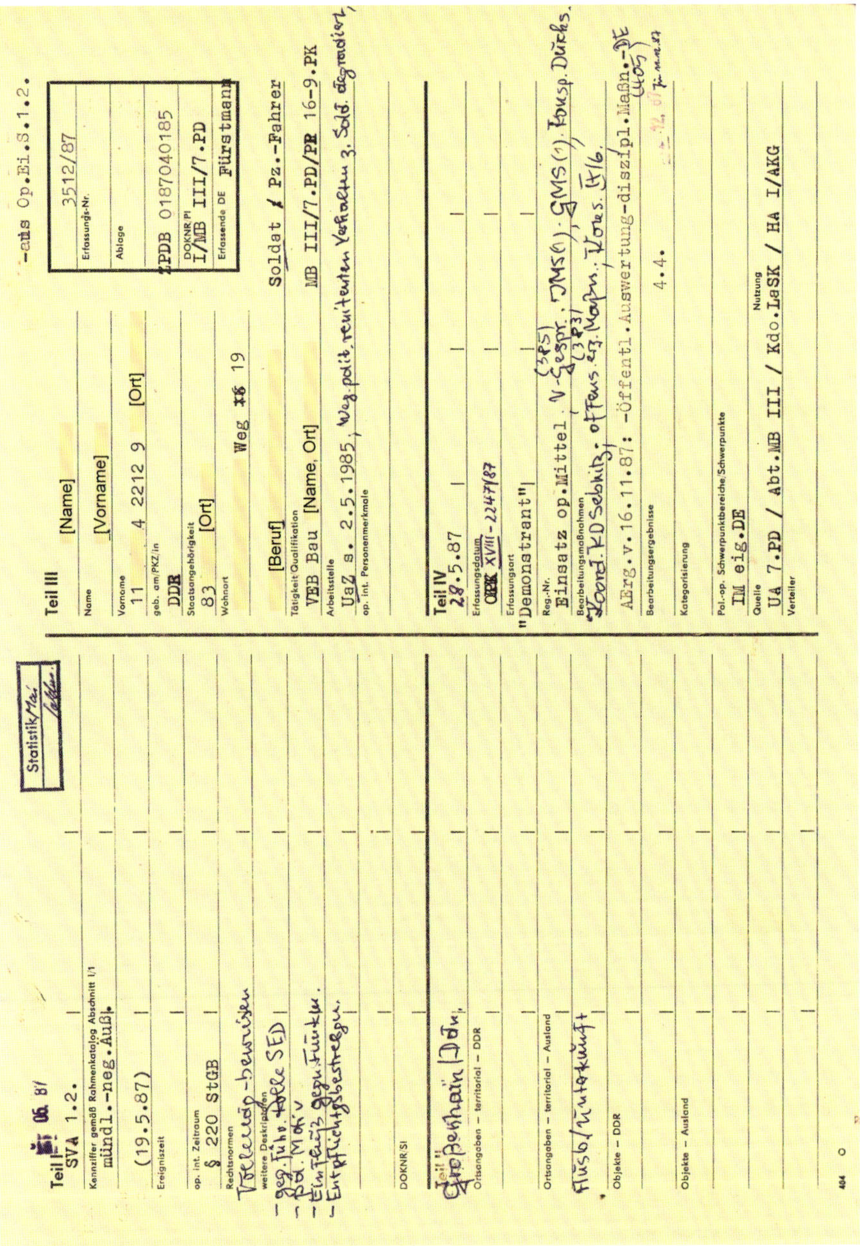

Teil I 06. 87
SVA 1.2.
Kennziffer gemäß Rahmenkatalog Abschnitt I/1
mündl.-neg.Äuß.
Ereigniszeit
(19.5.87)
op. int. Zeitraum
§ 220 StGB
Rechtsnormen
weitere Deskriptoren
DOKNR/SI
Ortsangaben – territorial – DDR
Ortsangaben – territorial – Ausland
Objekte – DDR
Objekte – Ausland
404

Statistik

Teil III
Name [Name]
Vorname [Vorname]
11 4 2212 9 [Ort]
geb. am/PKZ/in
DDR
Staatsangehörigkeit
83 [Ort]
Wohnort Weg 19
[Beruf] Soldat / Pz.-Fahrer
Tätigkeit/Qualifikation
VEB Bau [Name, Ort] MB III/7.PD/PR 16-9.PK
Arbeitsstelle
UaZ s. 2.5.1985
op. int. Personenmerkmale

Teil IV
28.5.87
Erfassungsdatum
Erfassungsart
"Demonstrant"
Reg.-Nr.
Einsatz op.Mittel
Bearbeitungsmaßnahmen
AErg.v.16.11.87: -Öffentl.Auswertung-diszipl.Maßn.-DE
Bearbeitungsergebnisse
4.4.
Kategorisierung
Pol.-op. Schwerpunktbereiche/Schwerpunkte
IM eig.DE
Quelle Nutzung
UA 7.PD / Abt.MB III / Kdo.LaSK / HA I/AKG
Verteiler

-aus Op.Ei.S.1.2.
Erfassungs-Nr. 3512/87
Ablage
ZPDB 0187040185
DOKNR PI
I/MB III/7.PD
Erfassende DE Fürstmann

Abb. 086: Dokumentenkarteikarte F 404 im Format DIN A4 quer der HA I (Militärabwehr). Die nach Erfassungs-Nummern geordnete Kartei (vgl. dazu Abb. 082) enthielt detaillierte Daten zum Sachverhalt und konnte auf weitere Ablagen (zum Beispiel ZMA) oder wie hier auf einen Datensatz in der ZPDB verweisen. Im Beispiel genügten „mündlich-negative Äußerungen“ und „politisch renitentes Verhalten“ zur Degradierung eines Unteroffiziers der 7. Panzerdivision der NVA und dessen „Bearbeitung“ durch das MfS mittels OPK.

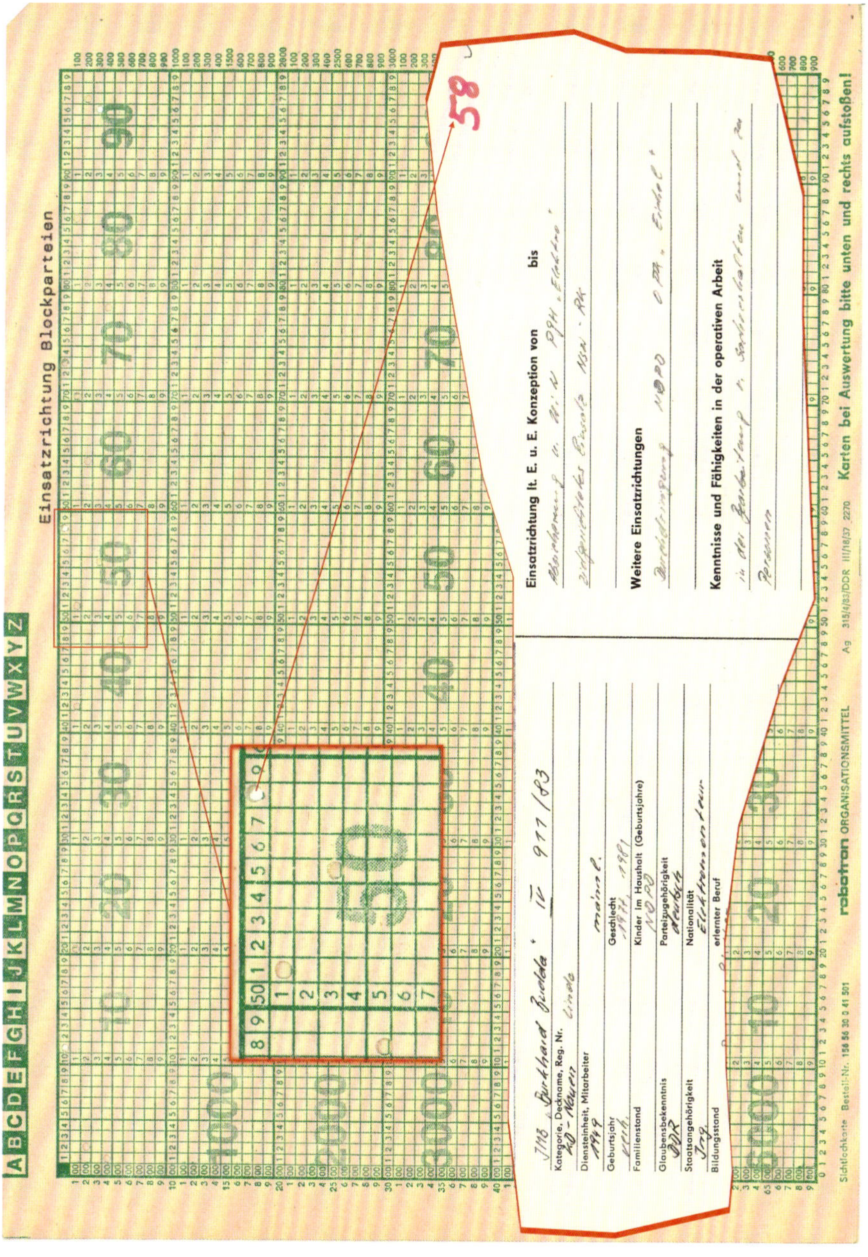

Abb. 087: Karten der Sichtlochkartei (SLK) mit Ausriss der IM-Vorauswahlkartei F 505 (vgl. Abb. 056), hier ein Bsp. aus der Kreisdienststelle Nauen: Übereinandergelegt sind die zwei SLK-Karten über „IMB" und „Einsatzrichtung Blockparteien". Letztere ist u. a. in Nr. 58, 151, 355 und 548 gelocht (vergrößerter Ausschnitt). Nr. 58 zeigt eine Übereinstimmung beider Karten. Unter dieser Nummer sind in der F 505 genaue Daten über den IMB und seine Einsatzmöglichkeiten erfasst. SLK erlaubten einfachen und schnellen Informationszugang.

VVS MfS o028-1730/81
Ausgabe Dez. 1988 2

5.2.1.4.

Ablaufschema Recherche

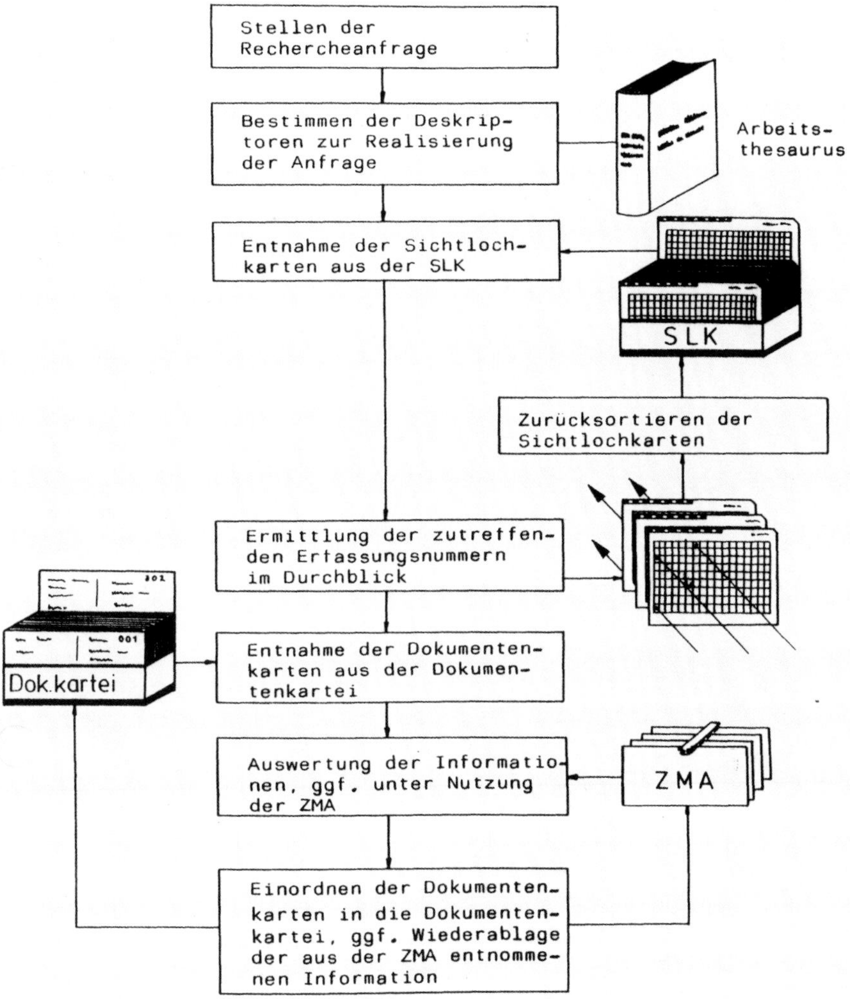

Abb. 088: Sichtlochkartei, Ablaufschema der Recherche aus einer MfS-Dienstvorschrift von 1988 über die Auswertungs- und Informationstätigkeit. Dargestellt sind das Vorgehen bei der Nutzung sowie die Verbindungen der Sichtlochkartei mit dem Arbeitsthesaurus, der Dokumentenkartei und der zentralen Materialablage (ZMA) in einem Informationssystem. Im Beispiel in Abb. 087 trat an die Stelle der Dokumentenkartei eine IM-Vorauswahlkartei, statt der ZMA würden dort IM-Akten benutzt worden sein. Sichtlochkarteien waren vielfältig einsetzbar.

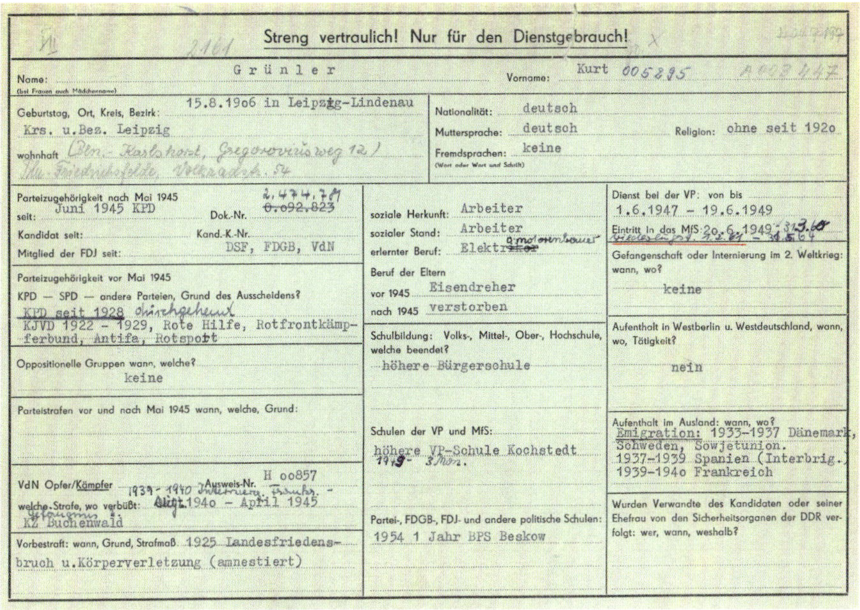

Streng vertraulich! Nur für den Dienstgebrauch!

Name: Grünler (bei Frauen auch Mädchenname) Vorname: Kurt 005895 A008447

Geburtstag, Ort, Kreis, Bezirk: 15.8.1906 in Leipzig-Lindenau Krs. u.Bez. Leipzig

wohnhaft (Bln.-Karlshorst, Gregoroviusweg 12) Bln.-Friedrichsfelde, Volkradstr. 54

Nationalität: deutsch

Muttersprache: deutsch Religion: ohne seit 1920

Fremdsprachen: keine (Wort oder Wort und Schrift)

Parteizugehörigkeit nach Mai 1945 seit: Juni 1945 KPD Dok.-Nr. 2.474.787 ~~0.092.823~~

Kandidat seit: Kand.-K.-Nr.

Mitglied der FDJ seit: DSF, FDGB, VdN

soziale Herkunft: Arbeiter

sozialer Stand: Arbeiter

erlernter Beruf: Elektromotorenbauer

Dienst bei der VP: von bis 1.6.1947 – 19.6.1949

Eintritt in das MfS: 20.6.1949 – 31.3.60 wiedereingest. – 31.5.64

Gefangenschaft oder Internierung im 2. Weltkrieg: wann, wo? keine

Parteizugehörigkeit vor Mai 1945 KPD — SPD — andere Parteien, Grund des Ausscheidens? KPD seit 1928 durchgehend KJVD 1922 – 1929, Rote Hilfe, Rotfrontkämpferbund, Antifa, Rotsport

Beruf der Eltern vor 1945 Eisendreher nach 1945 verstorben

Aufenthalt in Westberlin u. Westdeutschland, wann, wo, Tätigkeit? nein

Oppositionelle Gruppen wann, welche? keine

Schulbildung: Volks-, Mittel-, Ober-, Hochschule, welche beendet? höhere Bürgerschule

Parteistrafen vor und nach Mai 1945 wann, welche, Grund:

Aufenthalt im Ausland: wann, wo? Emigration: 1933–1937 Dänemark, Schweden, Sowjetunion. 1937–1939 Spanien (Interbrig.) 1939–1940 Frankreich

Schulen der VP und MfS: höhere VP-Schule Kochstedt 1949 – 3 Mon.

VdN Opfer/Kämpfer Ausweis-Nr. H 00857

1939 – 1940 Internierung Frankr. – Vernet

welche Strafe, wo verbüßt: Aug. 1940 – April 1945 KZ Buchenwald

Partei-, FDGB-, FDJ- und andere politische Schulen: 1954 1 Jahr BPS Beskow

Wurden Verwandte des Kandidaten oder seiner Ehefrau von den Sicherheitsorganen der DDR verfolgt: wer, wann, weshalb?

Vorbestraft: wann, Grund, Strafmaß 1925 Landesfriedensbruch u.Körperverletzung (amnestiert)

Abb. 089: Kaderkarteikarte der HA KuSch (Kader und Schulung), erste von vier Seiten der auf das Format DIN A4 quer gefalteten Doppelkarte mit allen wesentlichen Angaben zur Person, hier über einen früheren stellvertretenden Leiter der Abt. XII (siehe Strukturschema 9).

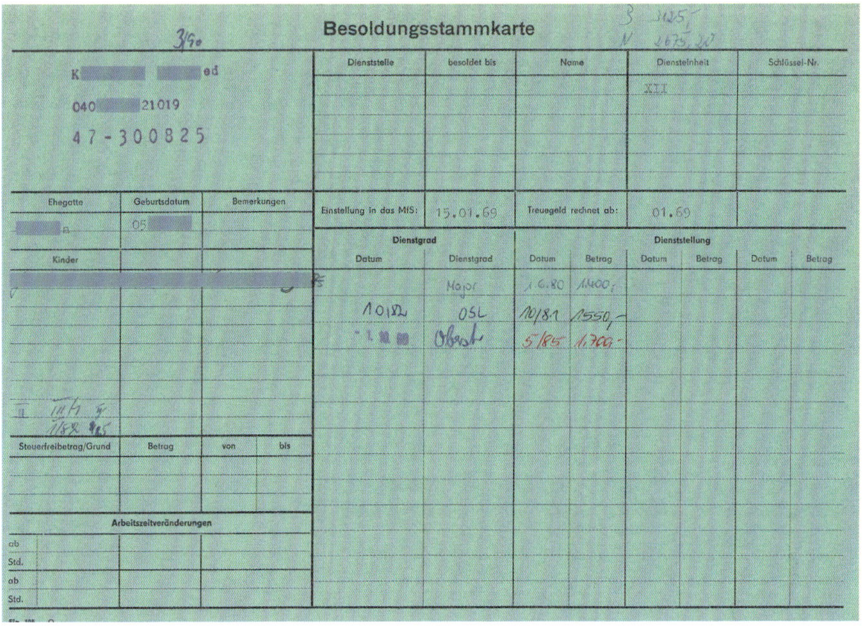

Besoldungsstammkarte

3/90

K[redacted]ed

040[redacted]21019

47-300825

Dienststelle	besoldet bis	Name	Diensteinheit	Schlüssel-Nr.
			XII	

Ehegatte	Geburtsdatum	Bemerkungen
[redacted]a	05[redacted]	

Einstellung in das MfS: 15.01.69 Treuegeld rechnet ab: 01.69

Dienstgrad Datum	Dienstgrad	Dienststellung Datum	Betrag	Datum	Betrag	Datum	Betrag
	Major	1.6.80	1.400,-				
10.1.82	OSL	10/81	1.550,-				
1.[redacted]	Oberst	5/85	1.700,-				

Kinder

[redacted]

Steuerfreibetrag/Grund | Betrag | von | bis

Arbeitszeitveränderungen

ab

Std.

ab

Std.

Abb. 090: Karte der Besoldungsstammkartei (Format DIN A4) der Abt. Finanzen. Aufgeführt sind insbesondere Dienstgrad, Dienststellung und monatlicher Sold jedes hauptamtlichen MfS-Mitarbeiters, zudem hier links oben die Entlassung im März 1990 (anonym.).

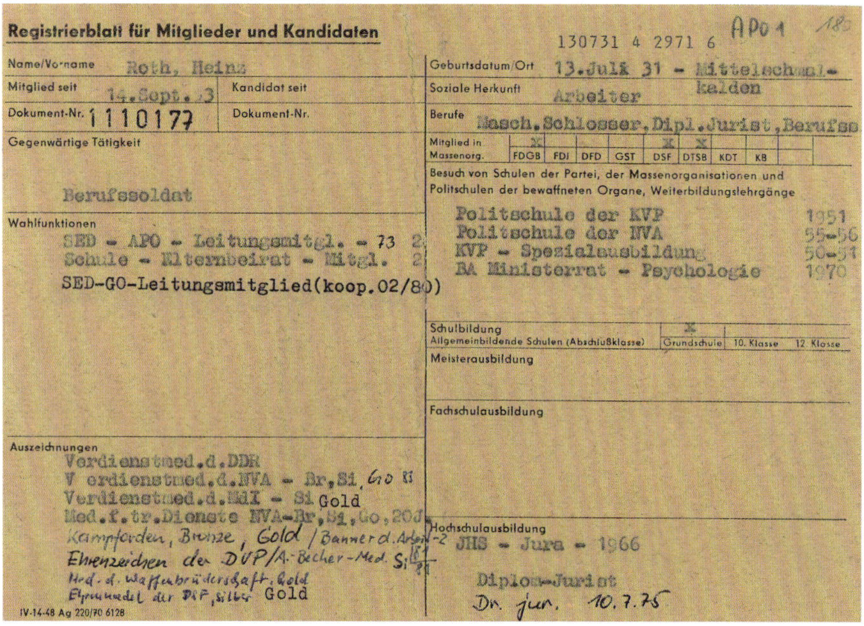

Registrierblatt für Mitglieder und Kandidaten

130731 4 2971 6 APO 1

Name/Vorname	Roth, Heinz	Geburtsdatum/Ort	13.Juli 31 - Mittelschmalkalden
Mitglied seit 14.Sept. 53	Kandidat seit	Soziale Herkunft	Arbeiter
Dokument-Nr. 1110177	Dokument-Nr.	Berufe	Masch.Schlosser,Dipl.Jurist,Berufss

Mitglied in Massenorg.: FDGB X | FDJ | DFD | GST | DSF X | DTSB X | KDT | KB

Gegenwärtige Tätigkeit

Berufssoldat

Besuch von Schulen der Partei, der Massenorganisationen und Politschulen der bewaffneten Organe, Weiterbildungslehrgänge

Politschule der KVP 1951
Politschule der NVA 55-56
KVP - Spezialausbildung 50-51
BA Ministerrat - Psychologie 1970

Wahlfunktionen

SED - APO - Leitungsmitgl. - 73 2
Schule - Elternbeirat - Mitgl. 2
SED-GO-Leitungsmitglied(koop.02/80)

Schulbildung
Allgemeinbildende Schulen (Abschlußklasse): Grundschule X | 10. Klasse | 12. Klasse

Meisterausbildung

Fachschulausbildung

Auszeichnungen

Verdienstmed.d.DDR
Verdienstmed.d.NVA - Br,Si,Go
Verdienstmed.d.MdI - Si Gold
Med.f.tr.Dienste NVA-Br,Si,Go,20J.
Kampforden, Bronze, Gold / Banner d. Arbeit
Ehrenzeichen der DVP / A.-Becher-Med. Si
Med. d. Waffenbrüderschaft, Gold
Ehrenmedail der DSF, Silber Gold

Hochschulausbildung
JHS - Jura - 1966

Diplom-Jurist
Dr. jur. 10.7.75

IV-14-48 Ag 220/70 6128

Abb. 091: Hauptamtliche Mitarbeiter des MfS waren zudem in Mitgliederkarteien der SED erfasst, hier eine Karteikarte (DIN A5) der Abteilungsparteiorganisation 1 der Abteilung XII für deren Leiter in den 1980er-Jahren, Oberst Heinz Roth mit Daten zum Werdegang.

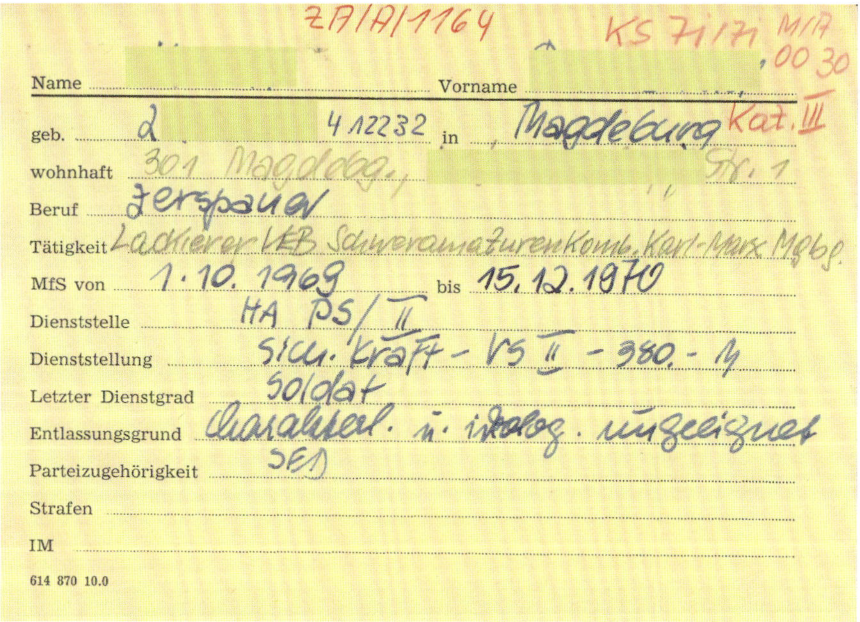

ZA/A/1164 KS 71/71 M/A ,00 30

Name .... Vorname ....

geb. 2 ... 4 12232 in Magdeburg Kat. III

wohnhaft 301 Magdebg., ... Str. 1

Beruf Zerspaner

Tätigkeit Lackierer VEB Schwerarmaturenkomb. Karl-Marx Mgbg.

MfS von 1.10.1969 bis 15.12.1970

Dienststelle HA PS/II

Dienststellung Sich. Kraft - VS II - 380. - M

Letzter Dienstgrad Soldat

Entlassungsgrund charakterl. u. ideolog. ungeeignet

Parteizugehörigkeit SED

Strafen

IM

614 870 10.0

Abb. 092: Der Bereich Disziplinar der HA KuSCH erfasste und „bearbeitete“ in Misskredit geratene MfS-Mitarbeiter. Die dazu geführte Disziplinarakte wurden nach Ausscheiden des Mitarbeiters als Teil der Personalakte mit dieser, hier als KS 71/71 abgelegt (anonymisiert).

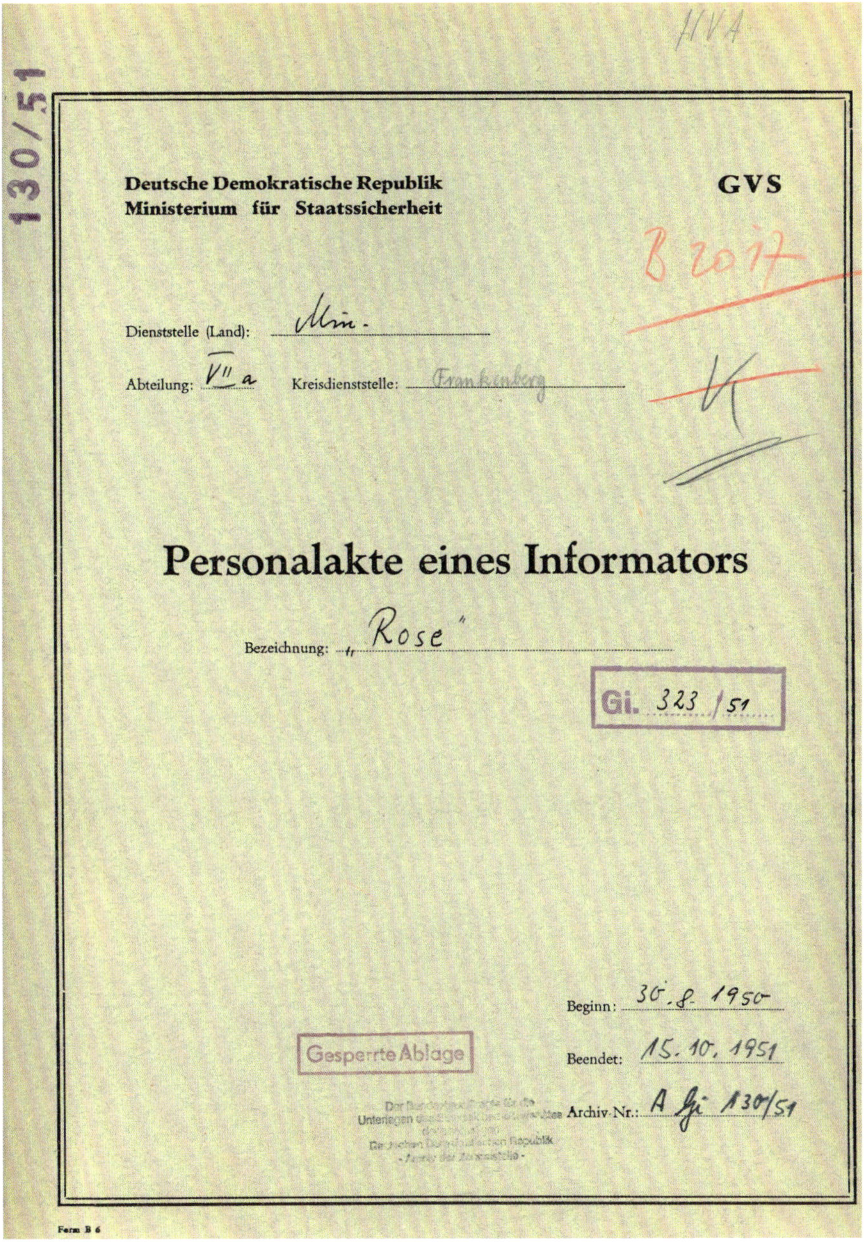

130/51

HVA

Deutsche Demokratische Republik
Ministerium für Staatssicherheit

GVS

B 2017

Dienststelle (Land): Min.

Abteilung: VII a Kreisdienststelle: Frankenberg

K

Personalakte eines Informators

Bezeichnung: „Rose“

GI. 323/51

Beginn: 30.8.1950

Gesperrte Ablage

Beendet: 15.10.1951

Archiv-Nr.: A Gi 130/51

Form B 6

Abb. 093: Stark ausgeblichener, ehemals blauer Aktendeckel Form B 6 von 1950 der Personalakte eines damals auch als geheimer Informator (GI) bezeichneten inoffiziellen Mitarbeiters (siehe die gleichfarbigen Karteikarten B 1 und F 19 in Abb. 017ff). Die Akte wurde schon im Oktober 1951 geschlossen und kam als AGI 130/51 im Zentralarchiv des MfS zur Ablage. „AGI“ wurde seit 1968 durch die Bezeichnung „AIM“ ersetzt. Der wohl in den 1980er-Jahren aufgetragene Vermerk „K“ für Kassation wurde von MfS-Mitarbeitern in Rot wieder gestrichen und eine Aufbewahrungsfrist bis 2017 vermerkt.

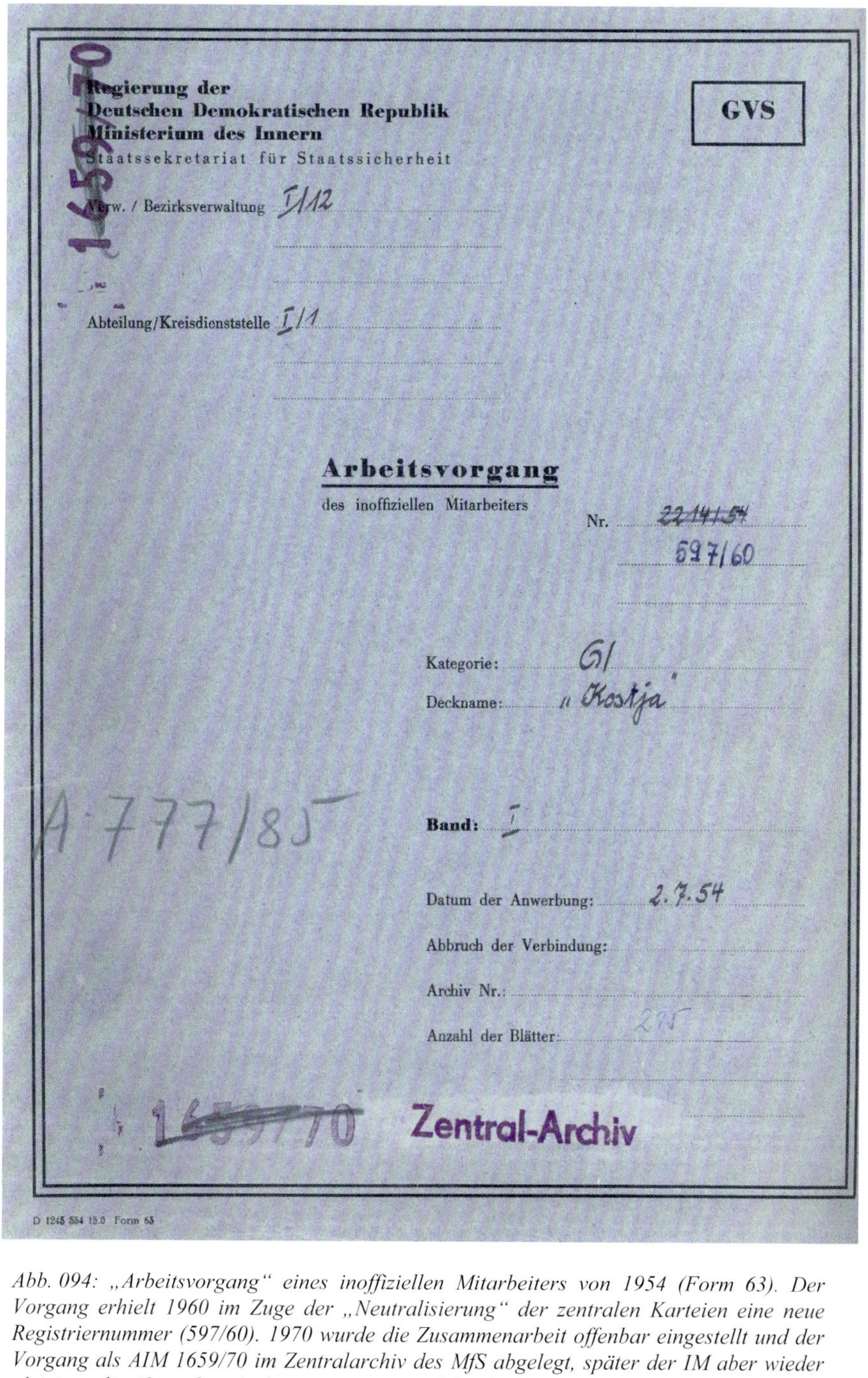

1659/70

Regierung der
Deutschen Demokratischen Republik
Ministerium des Innern
Staatssekretariat für Staatssicherheit

GVS

Verw. / Bezirksverwaltung I/12

Abteilung/Kreisdienststelle I/1

Arbeitsvorgang

des inoffiziellen Mitarbeiters

Nr. ~~2214/54~~
597/60

Kategorie: GI

Deckname: „Kostja"

A 777/85

Band: I

Datum der Anwerbung: 2.7.54

Abbruch der Verbindung:

Archiv Nr.:

Anzahl der Blätter: 275

~~1659/70~~ Zentral-Archiv

D 1245 554 15.5 Form 63

Abb. 094: „Arbeitsvorgang" eines inoffiziellen Mitarbeiters von 1954 (Form 63). Der Vorgang erhielt 1960 im Zuge der „Neutralisierung" der zentralen Karteien eine neue Registriernummer (597/60). 1970 wurde die Zusammenarbeit offenbar eingestellt und der Vorgang als AIM 1659/70 im Zentralarchiv des MfS abgelegt, später der IM aber wieder aktiviert, die Akten dem Archiv entnommen und die Archivsignatur gelöscht. Der abgebildete Band wurde vom Führungsoffizier nicht benötigt und kam 1985 erneut zur Ablage, diesmal als Teilablage A 777/85, wegen der Vorläufigkeit nur mit Bleistift aufgetragen.

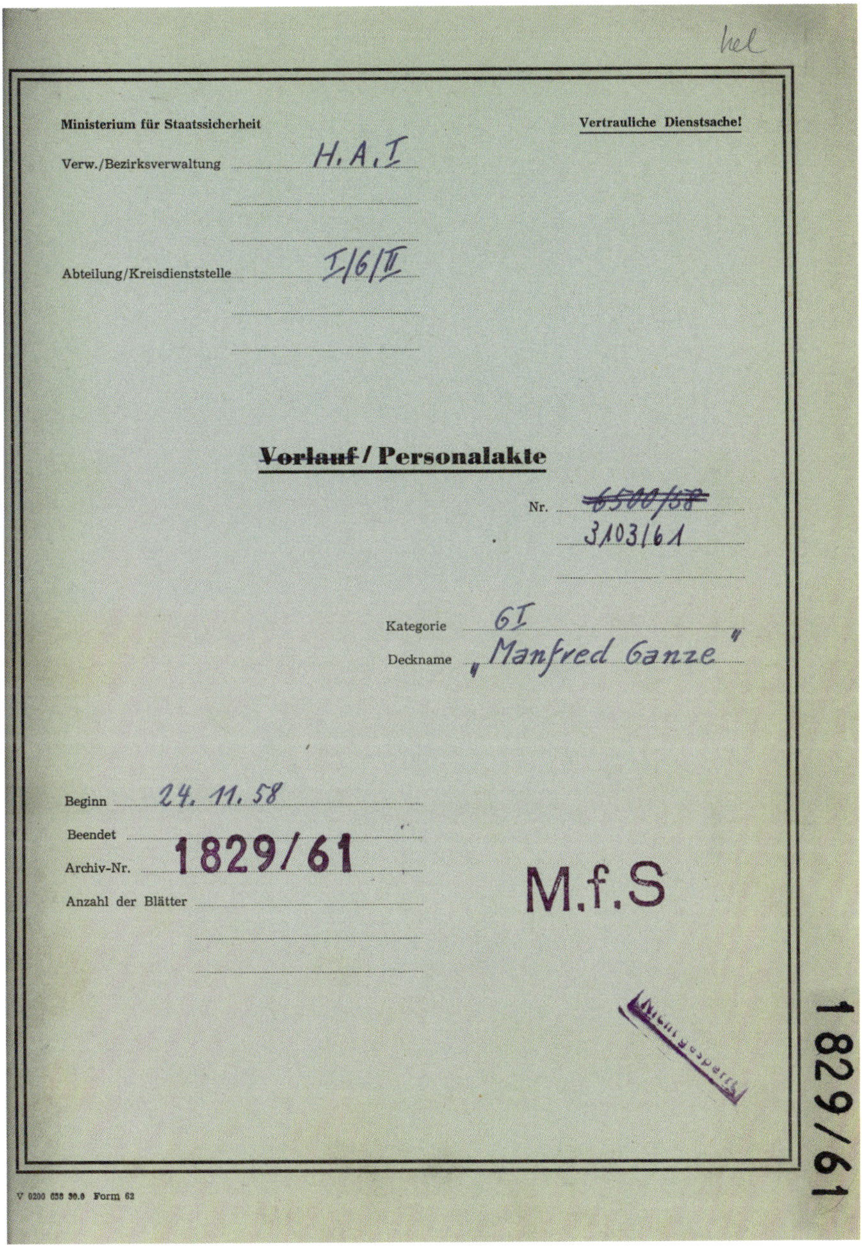

hel

Ministerium für Staatssicherheit

Vertrauliche Dienstsache!

Verw./Bezirksverwaltung H.A.I

Abteilung/Kreisdienststelle I/6/II

~~Vorlauf~~ / Personalakte

Nr. ~~6500/58~~
3103/61

Kategorie GI

Deckname „Manfred Ganze"

Beginn 24.11.58

Beendet

Archiv-Nr. 1829/61

Anzahl der Blätter

M.f.S

Nicht gesperrt

1829/61

V 0200 038 30.8 Form 62

Abb. 095: Personalakte eines inoffiziellen Mitarbeiters von 1958. Die Form 62 zeigte vor allem in den 1960er-Jahren einen fast graugrünen Farbton. Die „Neutralisierung" von 1960 wurde hier von der Hauptabteilung I (Militärabwehr, seit 1954 mit eigener Karteiführung) erst 1961 durch Vergabe einer neuen Registriernummer vollzogen. Auf dem oberen Rand ist das Namenszeichen des Führungsoffiziers vermerkt. Die Akte kam 1961 im Zentralarchiv des MfS als „Nicht gesperrt" zur Ablage.

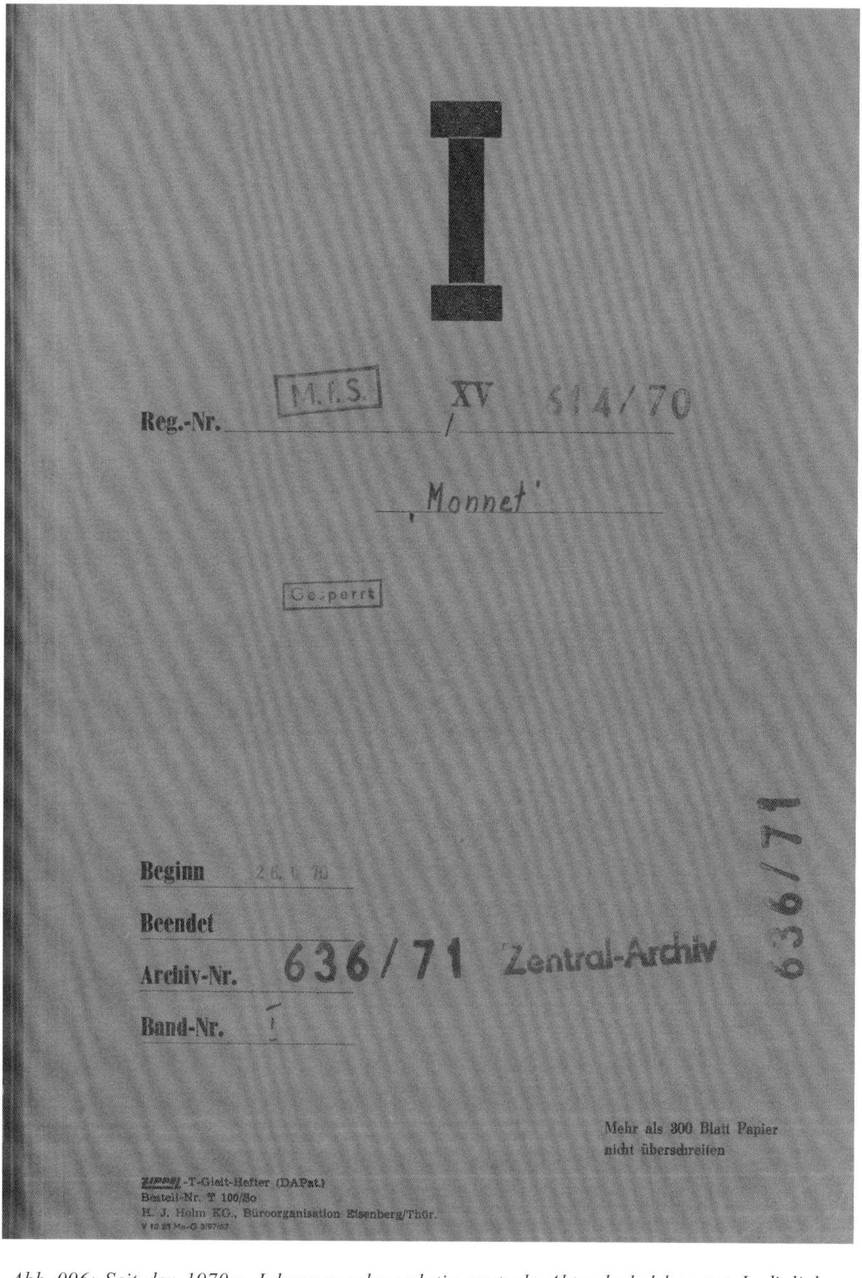

Abb. 096: Seit den 1970er-Jahren wurden relativ neutrale Aktendeckel benutzt. Lediglich das kräftige Orange und die römische „I" gaben Eingeweihten Auskunft, dass es sich um die Personalakte eines inoffiziellen Mitarbeiters handelte, hier des IM „Monnet" mit der Registriernummer XV 614/70. Der Registrierbereich wurde seit 1962 mit römischen Ziffern angegeben, hier die XV für MfS. Die Akte kam 1971 im Zentralarchiv für die Benutzung durch andere MfS-Diensteinheiten „gesperrt" zur Ablage.

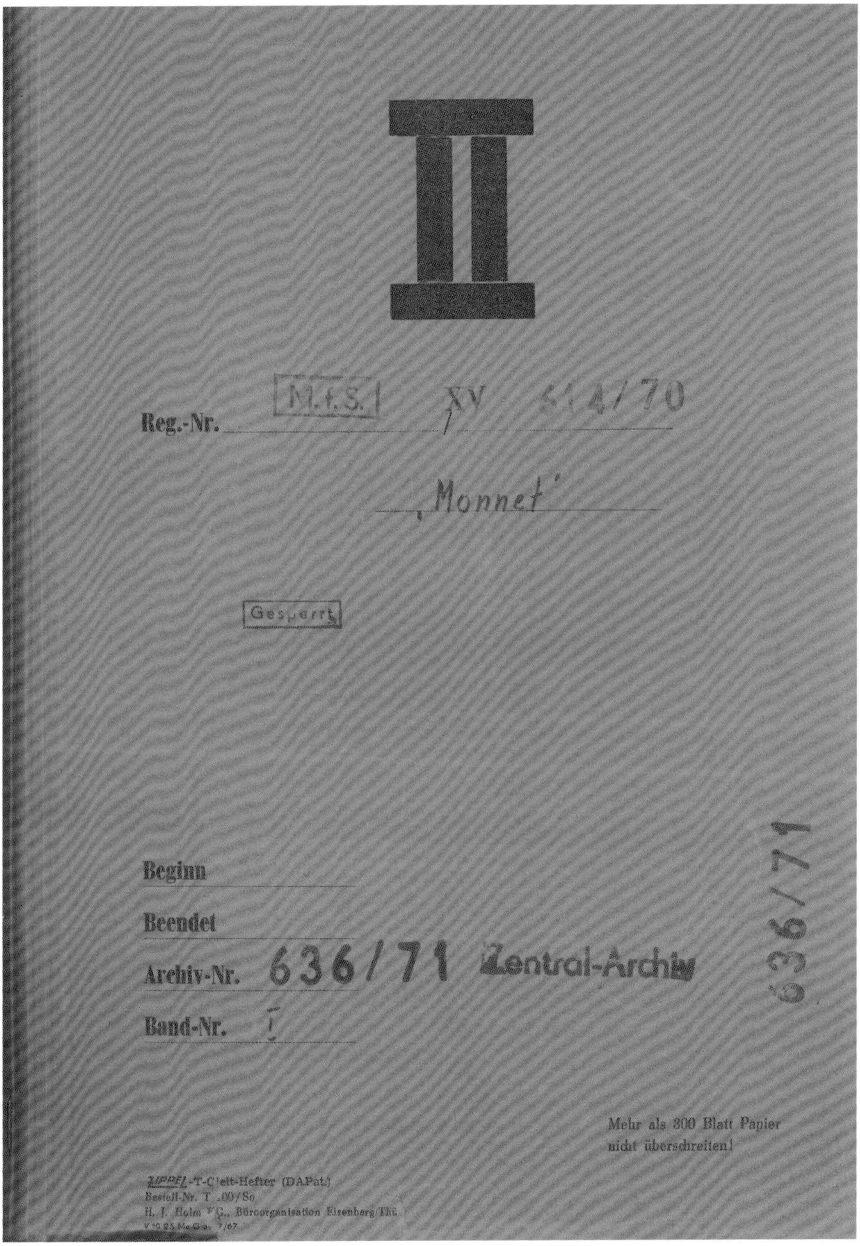

Abb. 097: Die römische II auf dem Aktendeckel steht für Teil II bzw. die Arbeitsakte des IM-Vorgangs „Monnet". Die Aktendeckel waren konzipiert, um bis zu 300 Blatt Treffberichte und Berichte des IM an seinen Führungsoffizier aufnehmen zu können. War dieser Umfang erreicht, wurde ein weiterer Band angelegt. Diese weitgehend neutral wirkenden Büroorganisationsmittel ließ sich die kommunistische Geheimpolizei in einer privatwirtschaftlichen Kommanditgesellschaft herstellen.

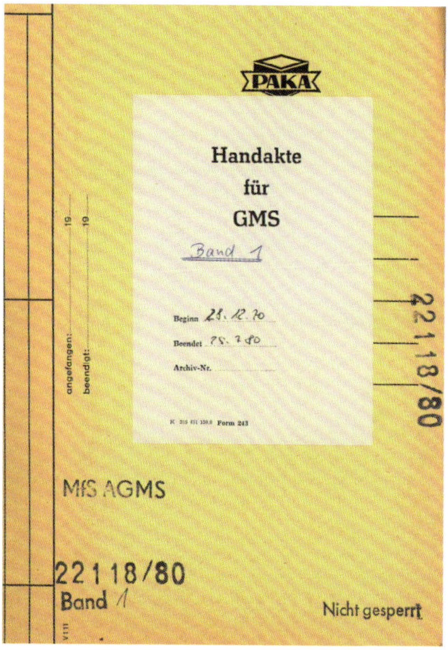

Abb. 098: Handakten für gesellschaftliche Mitarbeiter Sicherheit (GMS) bestanden zunächst aus handelsüblichen Schnellheftern.

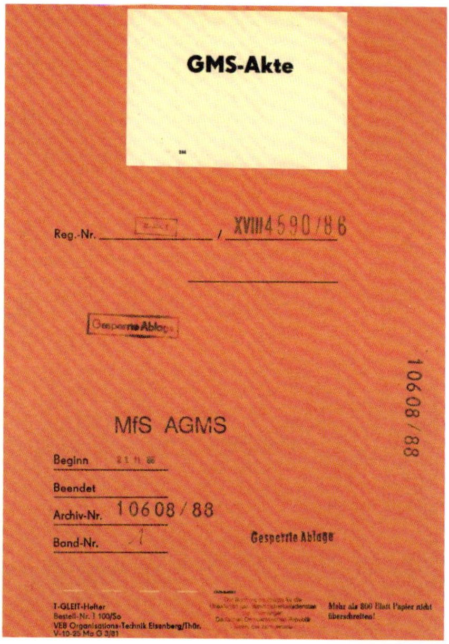

Abb. 099: Später wurden Aktendeckel von IM-Akten mit einem Etikett überklebt und für GMS genutzt.

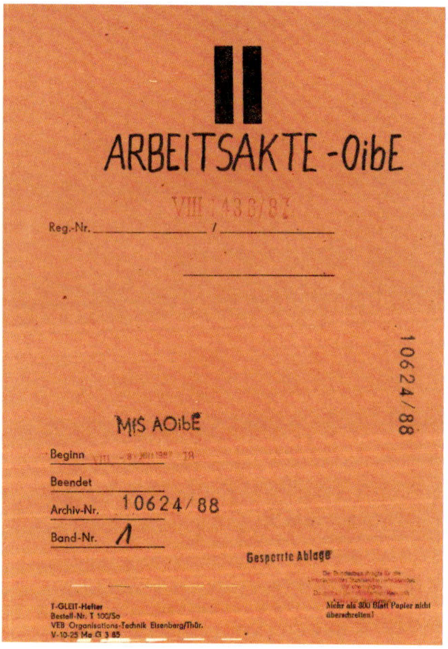

Abb. 100: Arbeitsakten von Offizieren im besonderen Einsatz (OibE) wurden seit 1987 als AOibE, zuvor jedoch als AIM abgelegt.

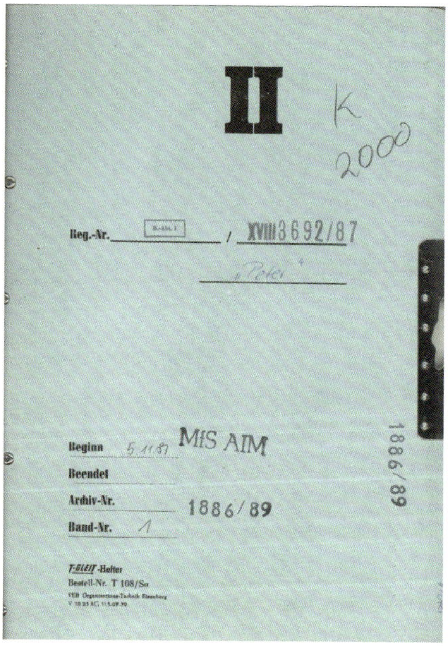

Abb. 101: In den 1980er-Jahren waren Aktendeckel aus hellblauem, stärkerem Karton üblich, sie konnten mehr Papier aufnehmen.

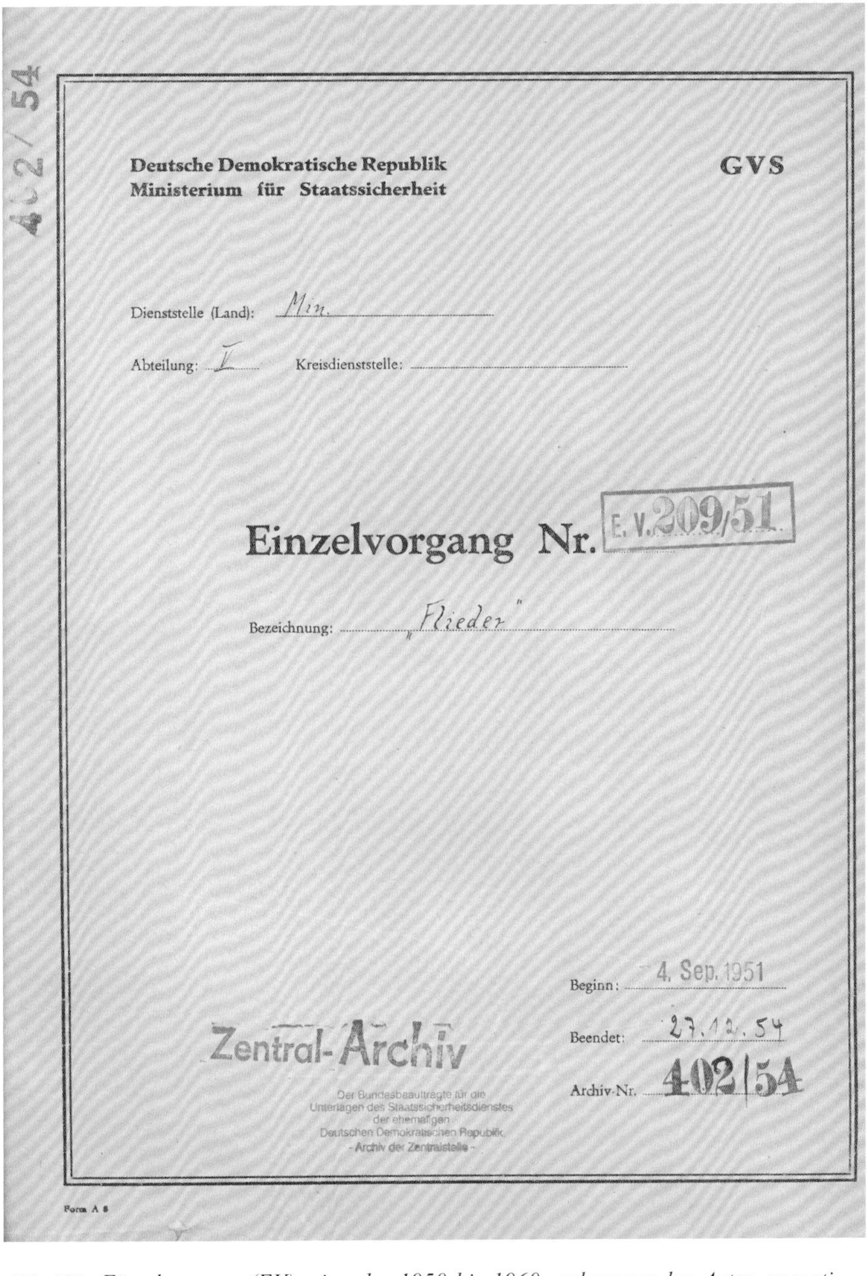

402/54

Deutsche Demokratische Republik
Ministerium für Staatssicherheit

GVS

Dienststelle (Land): Min.

Abteilung: V Kreisdienststelle:

Einzelvorgang Nr. E.V. 209/51

Bezeichnung: „Flieder"

Beginn: 4. Sep. 1951

Beendet: 27.12.54

Archiv-Nr. 402/54

Zentral-Archiv

Der Bundesbeauftragte für die Unterlagen des Staatssicherheitsdienstes der ehemaligen Deutschen Demokratischen Republik - Archiv der Zentralstelle -

Form A 8

Abb. 102: Einzelvorgang (EV), eine der 1950 bis 1960 verkommenden Arten operativer Vorgänge. Sie alle betrafen, wie die Karteikarten A 1 und F 16 dieser Zeit an der gelben Färbung erkennbar (011-016), die Untersuchung vermeintlich „feindlicher Tätigkeit". Hier ein Aktendeckel Form A 8, er trägt in seiner Registriernummer „E.V. 209/51" noch die Bezeichnung der Vorgangsart. Bei der Ablage im Archiv erhielten alle operativen Vorgänge die Signatur AOP, hier entsprechend MfS AOP 402/54.

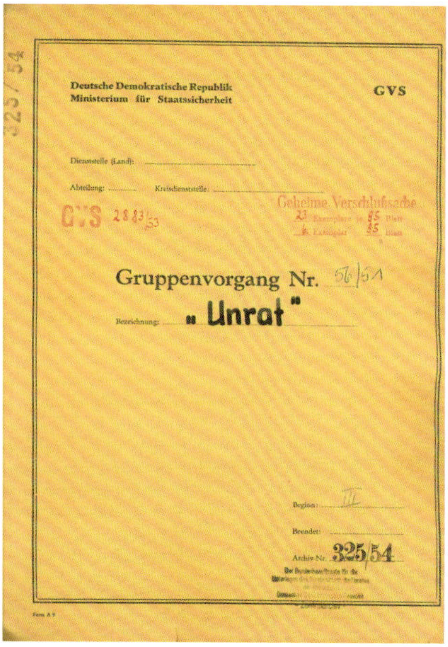
325/54
Deutsche Demokratische Republik
Ministerium für Staatssicherheit
GVS
Dienststelle (Land):
Abteilung: Kreisdienststelle:
Geheime Verschlußsache
GVS 2883/53
Gruppenvorgang Nr. 56/51
Bezeichnung: „Unrat"
Beginn: III
Beendet:
Archiv-Nr. 325/54
Form A 9

Abb. 103: Form A 9, Gruppenvorgang „Unrat" gegen sogen. Trotzkisten in West-Berlin geführt, 1953 zudem als „GVS" registriert.

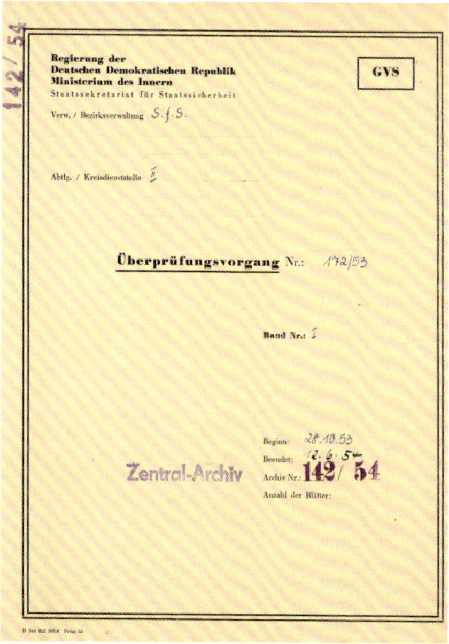
142/54
Regierung der
Deutschen Demokratischen Republik
Ministerium des Innern
Staatssekretariat für Staatssicherheit
GVS
Verw. / Bezirksverwaltung S.f.S.
Abtlg. / Kreisdienststelle II
Überprüfungsvorgang Nr.: 172/53
Band Nr.: I
Beginn: 28.10.53
Beendet: 12.6.54
Zentral-Archiv
Archiv Nr.: 142/54
Anzahl der Blätter:

Abb. 104: Form 55, Überprüfungsvorgang, seit 1953 für die zügige Klärung eines Verdachts geführte Vorgangsart (vgl. Abb. 111).

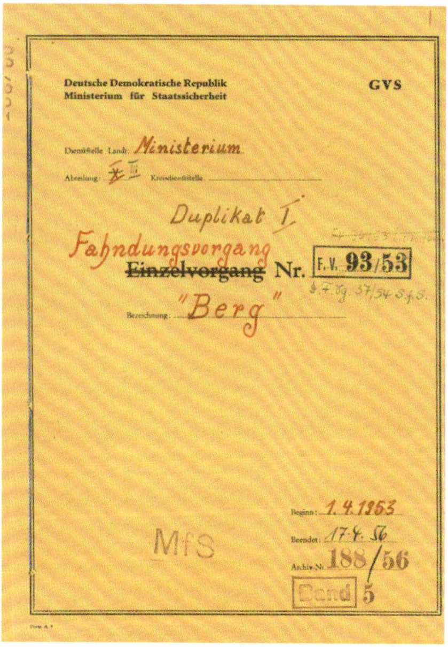
Deutsche Demokratische Republik
Ministerium für Staatssicherheit
GVS
Dienststelle Land: Ministerium
Abteilung: Kreisdienststelle:
Duplikat I
Fahndungsvorgang
~~Einzelvorgang~~ Nr. F.V. 93/53
Bezeichnung: "Berg"
Beginn: 1.4.1953
Beendet: 17.4.56
MfS
Archiv-Nr. 188/56
Band 5
Form A 8

Abb. 105: Fahndungsvorgang, Form 58 (Abb. 110), hier aber Form A 8 benutzt. Vorgang als „Duplikat" im MfS registriert und bearbeitet.

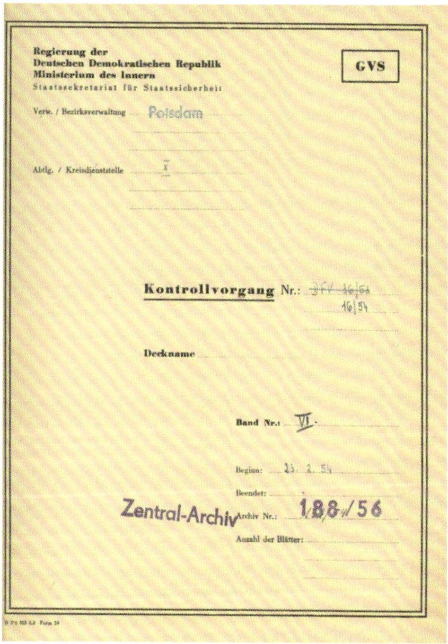
Regierung der
Deutschen Demokratischen Republik
Ministerium des Innern
Staatssekretariat für Staatssicherheit
GVS
Verw. / Bezirksverwaltung Potsdam
Abtlg. / Kreisdienststelle X
Kontrollvorgang Nr.: 16/54
Deckname
Band Nr.: VI.
Beginn: 13.2.54
Beendet:
Zentral-Archiv
Archiv Nr.: 188/56
Anzahl der Blätter:

Abb. 106: Form 59, Kontrollvorgang, 1953 zur Überprüfung und Anleitung der operativen Arbeit von MfS-Mitarbeitern eingeführt.

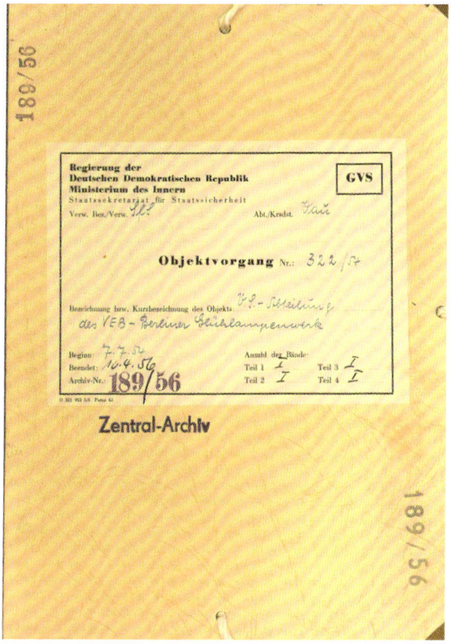

Abb. 107: Form 61, Objektvorgang, Institutionen betreffend, eine überformatige Mappe, in die vier Teilbände verschnürt sind.

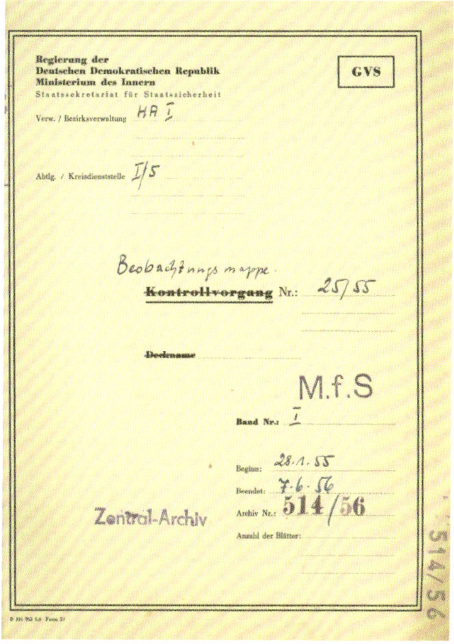

Abb. 108: Beobachtungsvorgang, 1953 bis 1960 über als politisch unzuverlässig angesehene Personen angelegt, hier 1955 bis 1956.

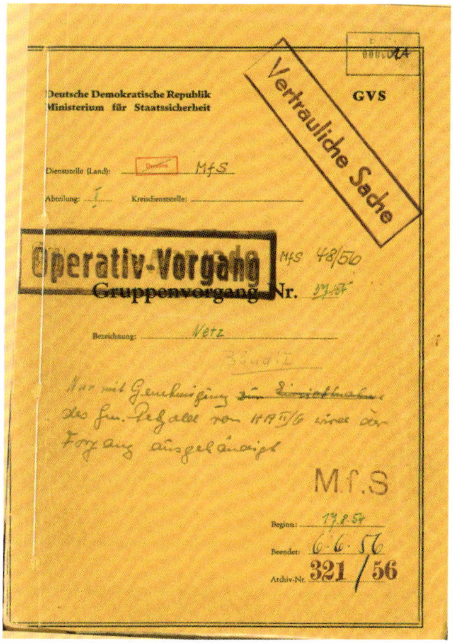

Abb. 109: Frühes Beispiel für die Bezeichnung „Operativ-Vorgang“, ggf. erst später überstempelt, zudem eigenwillig beschriftet.

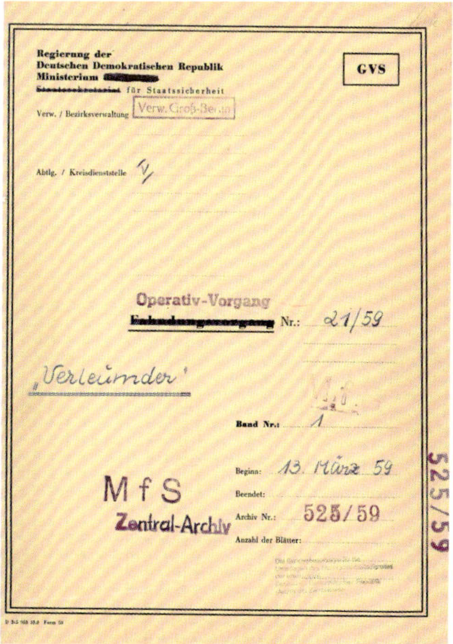

Abb. 110: „Verleumder“ wurde dem Beschluss zufolge bereits im März 1959 als „Operativ-Vorgang“ angelegt (auf Form 58).

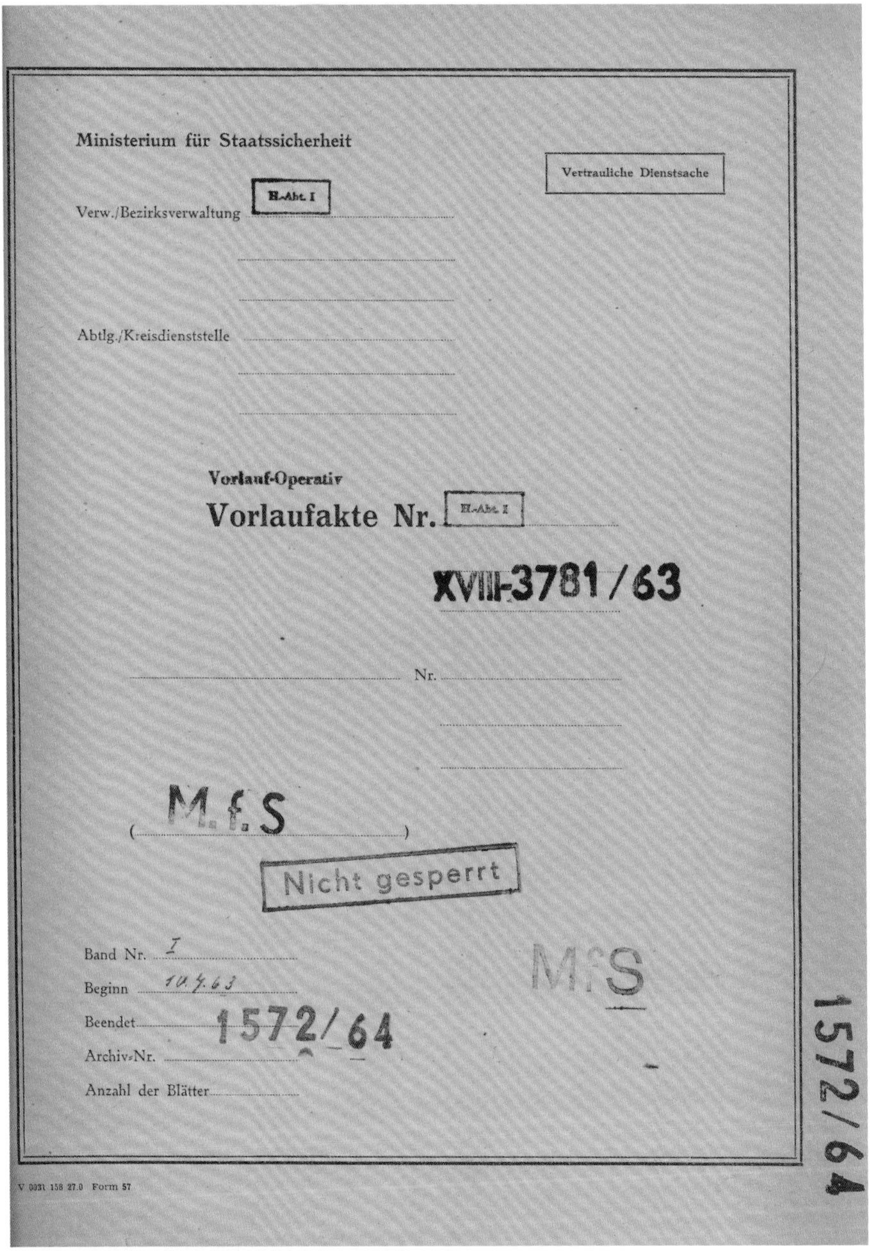

Ministerium für Staatssicherheit

Vertrauliche Dienstsache

Verw./Bezirksverwaltung H.-Abt. I

Abtlg./Kreisdienststelle

Vorlauf-Operativ

Vorlaufakte Nr. H.-Abt. I

XVIII-3781/63

Nr.

(M.f.S)

Nicht gesperrt

Band Nr. I

Beginn 10.4.63

Beendet 1572/64

Archiv-Nr.

Anzahl der Blätter

MfS

1572/64

V 0031 158 27.0 Form 57

Abb. 111: Form 57 für eine Vorlaufakte, seit 1960 bezeichnet als Akte Vorlauf-Operativ und hier entsprechend gestempelt. Sie diente der Überprüfung von Verdachtsmomenten für eine „feindliche" Tätigkeit in einem Bearbeitungszeitraum von maximal sechs Monaten (vgl. für die 50er-Jahre Abb. 104). Die Vorgangsart wurde seit 1971 durch die operative Personenkontrolle (OPK, Abb. 114 und 115) verdrängt und 1976 schließlich abgelöst. Hier eine 1963 für die Hauptabteilung I (Militärabwehr) registrierte und 1964 im Zentralarchiv als für die Nutzung durch andere MfS-Diensteinheiten „Nicht gesperrt" abgelegte Akte.

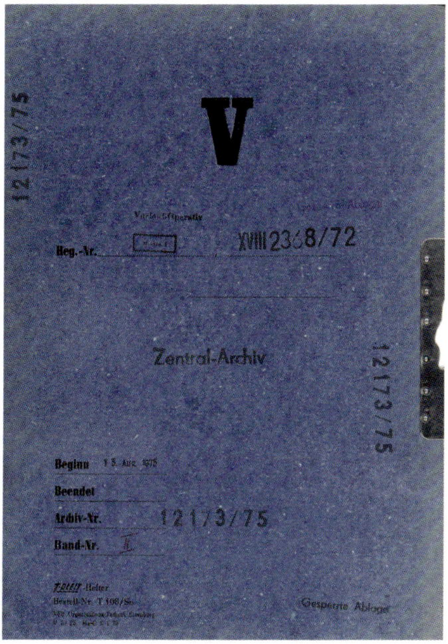

Abb. 112: Seit den 1970er-Jahren erhielten OV neutrale, mit einer „V“ markierte Einbände aus stabilem Karton (vgl. Abb. 101, 122f.).

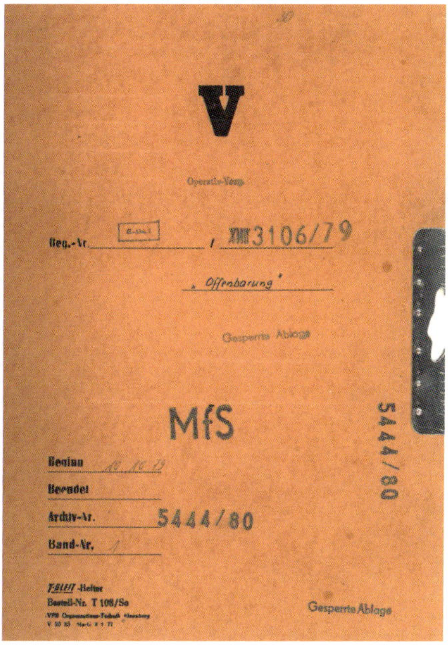

Abb. 113: Die Farben der Einbände waren meist blau, hellgraublau oder hellbraun, hatten aber keine symbolische Bedeutung mehr.

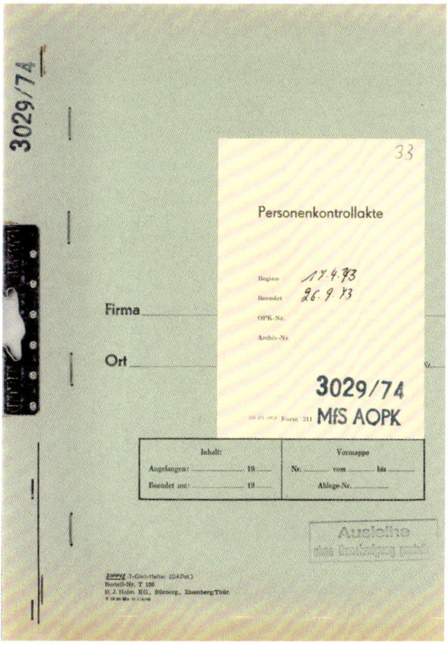

Abb. 114: Die 1971 eingeführten OPK-Akten bestanden anfangs aus neutralen Heftern mit Aktenaufklebern Form 311 der 1970er-Jahre.

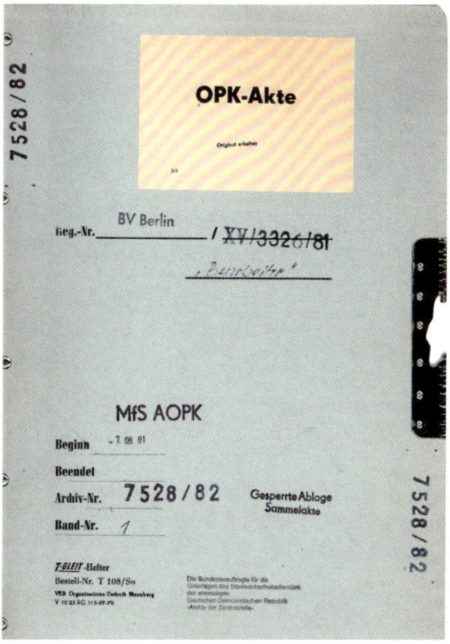

Abb. 115: Seit ca. 1981 überwiegend genutzter stabiler Einband mit einem Etikett für OPK-Akte (Form 311 der 1980er-Jahre) beklebt.

Abb. 116: Allgemeines Material über Personen in neutralem Hefter, hier mit dem MfS-Vermerk über die Aufbewahrung bis 2034.

Abb. 117: AP-Akte in Hängeregistraturhefter, am Heftrand oben ist die frühere Nummer der Zentralen Materialablage (ZMA) zu sehen.

Abb. 118: Die nur im Zentralarchiv abgelegten Akten über Antragsteller auf Wiederaufnahme (AAW) sind äußerlich unscheinbar.

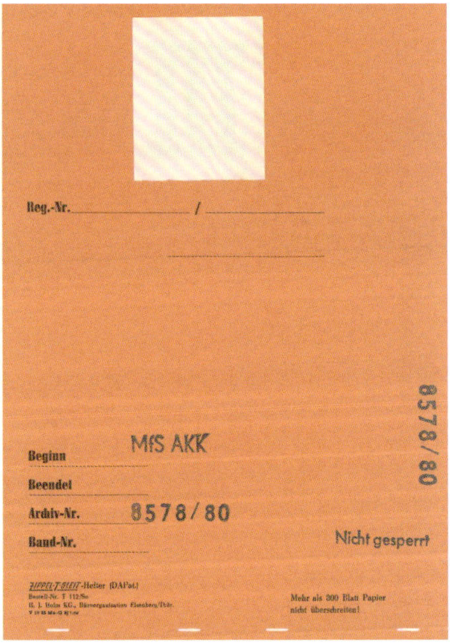

Abb. 119: Für Material aus Erfassungen in einer Kerblochkartei wurden vielfältige Hefter benutzt oder beklebt (hier IM-Akte, Teil III).

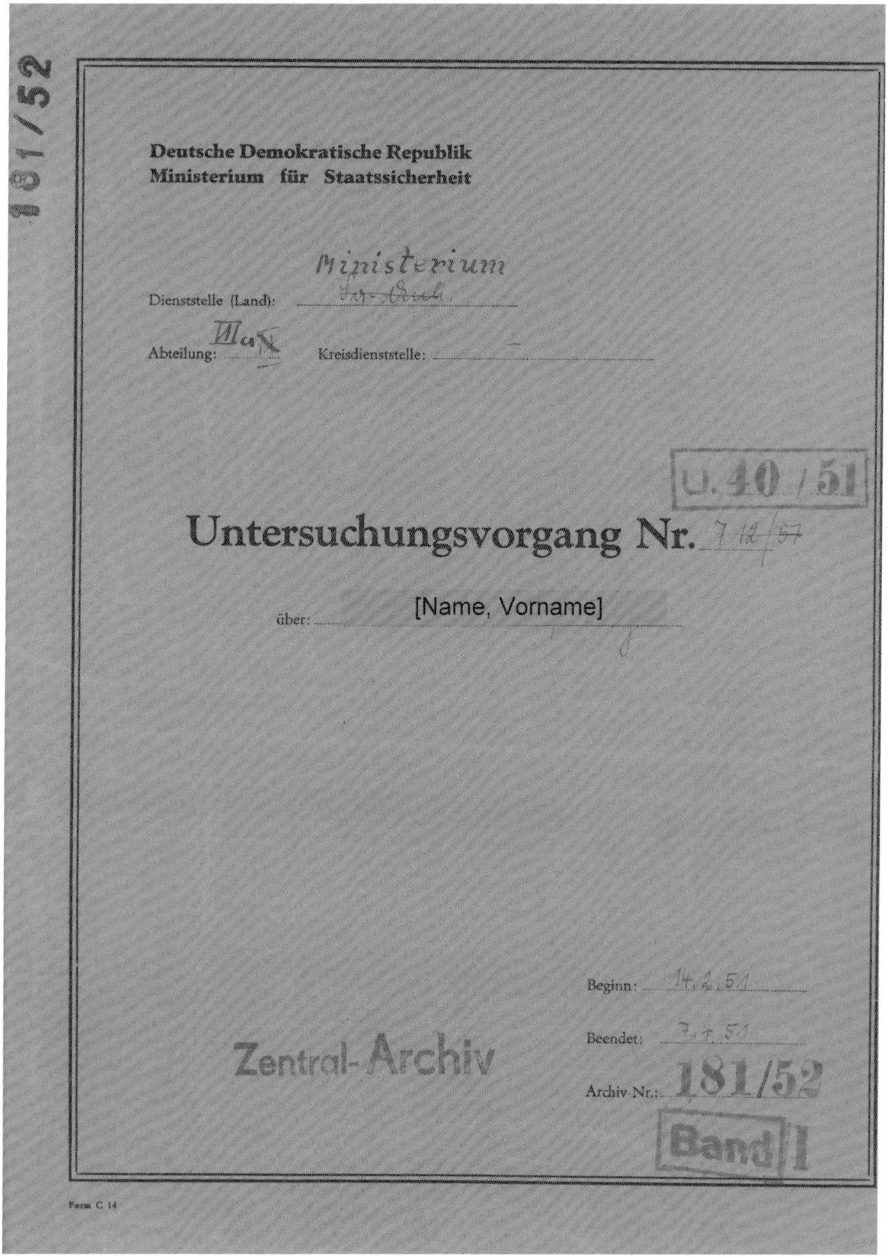
181/52

Deutsche Demokratische Republik
Ministerium für Staatssicherheit

Dienststelle (Land): Ministerium

Abteilung: VI a X Kreisdienststelle: –

U. 40 / 51

Untersuchungsvorgang Nr. 7/12/51

über: [Name, Vorname]

Beginn: 14.2.51

Beendet: 7.4.51

Archiv-Nr.: 181/52

Band I

Zentral-Archiv

Form C 14

Abb. 120: Untersuchungsvorgang (UV) Form C 14 der 1950er-Jahre, wie die Karteikarten C 1 und F 18 im für diese Zeit typischen hellen Rot. Der Vorgang wurde in der Landesverwaltung Sachsen-Anhalt eröffnet und dann vom Ministerium an sich gezogen. Den Vermerken zufolge wurde der Vorgang im April 1951 beendet, er gelangte jedoch erst 1952 ins Zentralarchiv des MfS. Die Registriernummer verweist mit dem vorangestellten „U." noch auf die Vorgangsart. Bei Ablage im Archiv wurde daraus „AU". Diese Bezeichnung blieb bis zum Ende des MfS erhalten und schloss Akten von Gerichten und Staatsanwaltschaften mit ein.

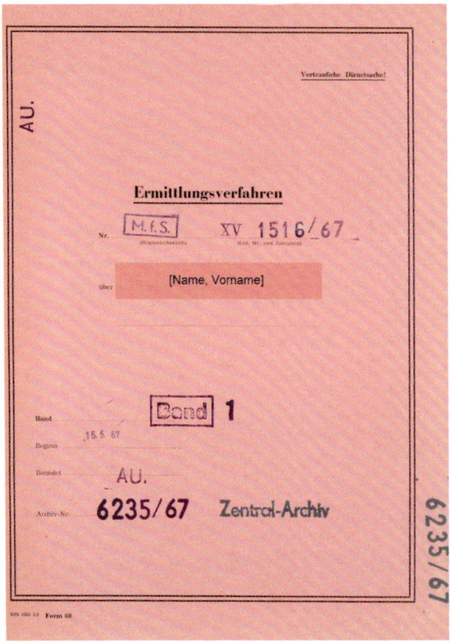

Abb. 121: UV der 1960er- und '70er-Jahren waren rosafarben, trugen den Aufdruck „Ermittlungsverfahren" und den Stempel „AU".

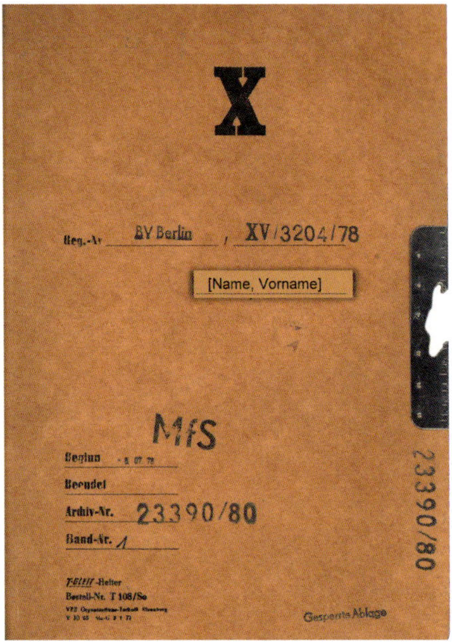

Abb. 122: Seit Mitte der 1970er-Jahre erschienen UV neutral, dafür in stabilem Karton und für Hängeregistraturen geeignet.

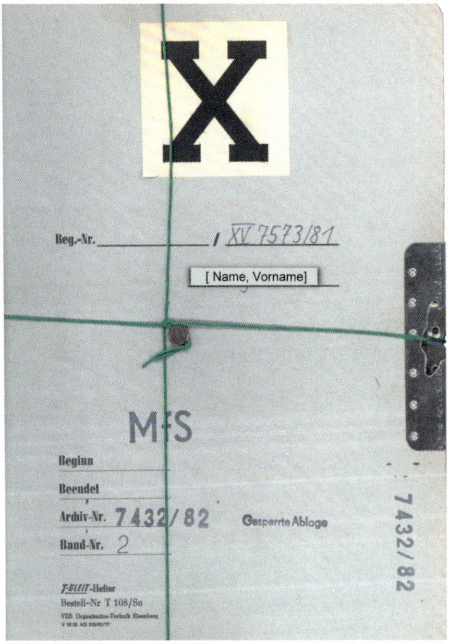

Abb. 123: Hellblauer Einband der 1980er-Jahre, nur die „X" verweist auf einen UV, hier noch mit originaler MfS-Plombierung.

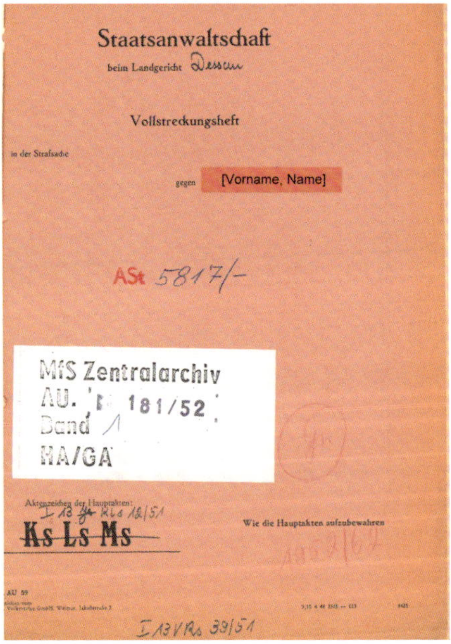

Abb. 124: Zu den UV genommene Akten der Gerichte und Staatsanwaltschaften erhielten häufig ein MfS-Etikett aufgeleimt.

Abb. 125: Andere Gerichtsakten kamen beim MfS in neutrale Einlegemappen mit Stempelaufdruck.

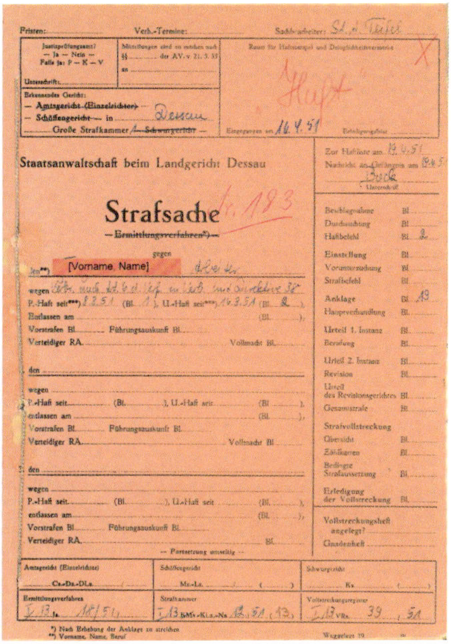

Fristen: Verh.-Termine: Sachbearbeiter:

Justizprüfungsamt? — Ja — Nein — Falls ja: P — K — V

Unterschrift:

Mitteilungen sind zu machen nach §§ der AV. v. 21. 3. 35 an

Erkennendes Gericht:
— Amtsgericht (Einzelrichter) —
— Schöffengericht — in Dessau
Große Strafkammer / Schwurgericht —

Haft

Eingegangen am 16.4.51

Staatsanwaltschaft beim Landgericht Dessau

Zur Haftliste am 19.4.51

Strafsache

— Ermittlungsverfahren*) —

gegen

den**) [Vorname, Name]

wegen

P.-Haft seit***) (Bl. 1), U.-Haft seit***) (Bl. 2),
Entlassen am (Bl.),
Vorstrafen Bl. Führungsauskunft Bl.
Verteidiger RA. Vollmacht Bl.

den

wegen
P.-Haft seit (Bl.), U.-Haft seit (Bl.),
entlassen am (Bl.),
Vorstrafen Bl. Führungsauskunft Bl.
Verteidiger RA. Vollmacht Bl.

den

wegen
P.-Haft seit (Bl.), U.-Haft seit (Bl.),
entlassen am (Bl.),
Vorstrafen Bl. Führungsauskunft Bl.
Verteidiger RA. Bl.

— Fortsetzung umseitig —

Beschlagnahme Bl.
Durchsuchung Bl.
Haftbefehl Bl. 2
Einstellung Bl.
Voruntersuchung Bl.
Strafbefehl Bl.
Anklage Bl. 19
Hauptverhandlung Bl.
Urteil 1. Instanz Bl.
Berufung Bl.
Urteil 2. Instanz Bl.
Revision Bl.
Urteil des Revisionsgerichtes Bl.
Gesamtstrafe Bl.
Strafvollstreckung
Übersicht Bl.
Zählkarten Bl.
Bedingte Strafaussetzung Bl.
Erledigung der Vollstreckung Bl.
Vollstreckungsheft angelegt?
Gnadenheft

Amtsgericht (Einzelrichter)	Schöffengericht	Schwurgericht
Cs.-Ds.-DLs.	Ms.-Ls. ( )	Ks. ( )
Ermittlungsverfahren	Strafkammer	Vollstreckungsregister
I 13 Js. 181/51	I 13 KMs.-KLs.-Ns 12/51 (13)	I 13 VRs. 39/51

*) Nach Erhebung der Anklage zu streichen
**) Vorname, Name, Beruf

Abb. 126: Der Mantelbogen der Staatsanwaltschaft wurde dann in die Mappe (Abb. 125) eingebunden.

Abb. 127: Verbreitet sind neutrale Schnellhefter aus instabilem Karton mit Etiketten und Stempeln des MfS.

Abb. 128: Seit den 1970er-Jahren benutzten Gerichte Hängeregistraturhefter desselben Herstellers wie das MfS (Abb. 122 u. 123).

Abb. 129: Typischer Einband für Akten der AS in einem neutralen, orangefarbenen Deckel, hier mit Etiketten des MfS und des BStU.

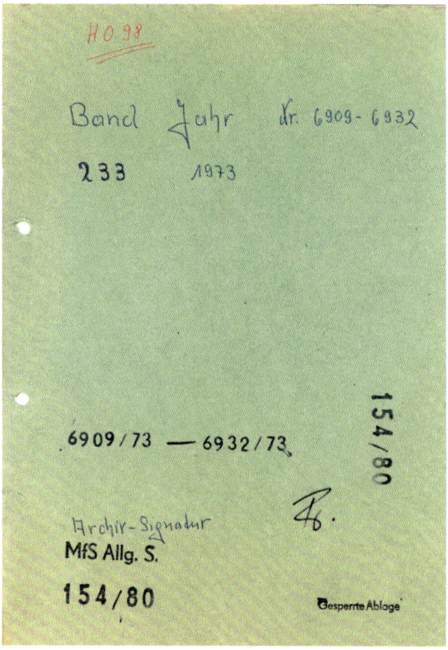

Abb. 130: Deckel für die Haftkrankenhausakten (HKH) 6909-6932/73, die in einem Bündel als MfS AS 154/80 abgelegt waren.

Abb. 131: Ähnlich wie HKH kamen Gefangenenakten gebündelt in der AS zur Ablage, hier nach Erschließung durch den BStU.

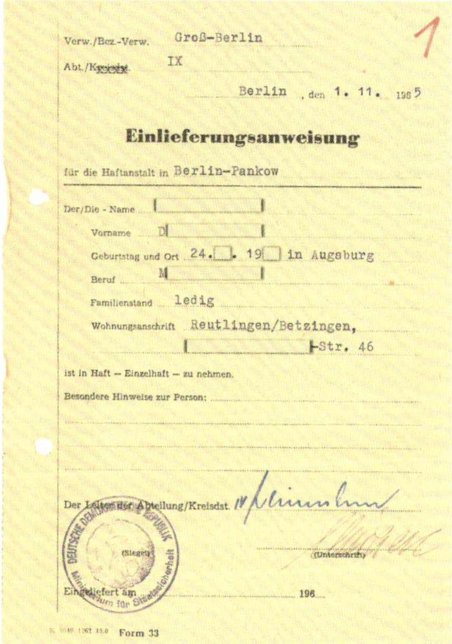

Abb. 132: Einlieferungsanweisung von 1965 über einen westdeutschen Bürger aus nebenstehender Gefangenenakte.

Abb. 133: Personalakte einer MfS-Mitarbeiterin der 1950er-Jahre in einem formlosen Hängehefter. Aufgetragen sind mehrere Registratur-Signaturen der Personalverwaltung. Zwei Jahre nach dem Ausscheiden der technischen Hilfskraft aus dem MfS kam die Akte als KS 295/60 im Zentralarchiv zur Ablage. Die Ablagebezeichnung „KS" bzw. hier noch gestempelt „K/S" mag für die aktenführende Diensteinheit Hauptabteilung Kader und Schulung stehen. Die Personalaktenablage wurde 1976 in KS I, KS II und KS III untergliedert, 1987 trat KS IV hinzu.

Abb. 134: Verschnürte Kunstleder-Mappe als typische Personalakte der 1970er- und '80er-Jahre, hier eine KS I mit Papieretikett.

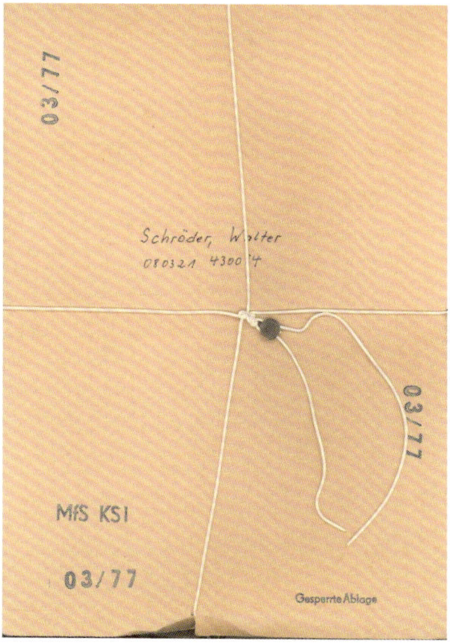

Abb. 135: KS I-Akte eines als bedeutsam angesehenen MfS-Mitarbeiters in neutralem Hefter mit originaler Plombierung des MfS.

Abb. 136: Typischer Einband einer KS II-Akte der 1980er-Jahre mit Heftpflaster als Namensetikett (anonymisiert).

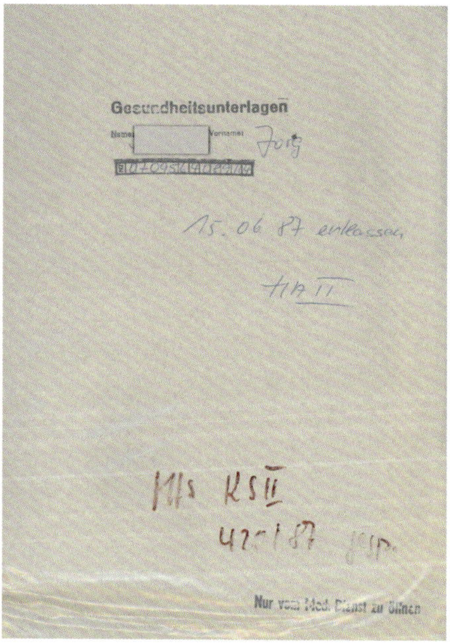

Abb. 137: Einer KS II-Akte beigefügte Gesundheitsunterlagen (GU) im typischen grauen Umschlag und in Folie eingeschweißt.

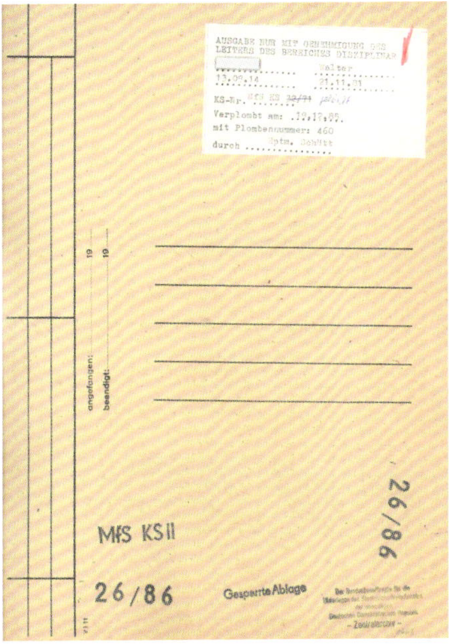

Abb. 138: Einer KS II-Akte beigefügte Disziplinarakte (DA), im Original gesperrt und verplombt abgelegt (vgl. Abb. 142 und 143).

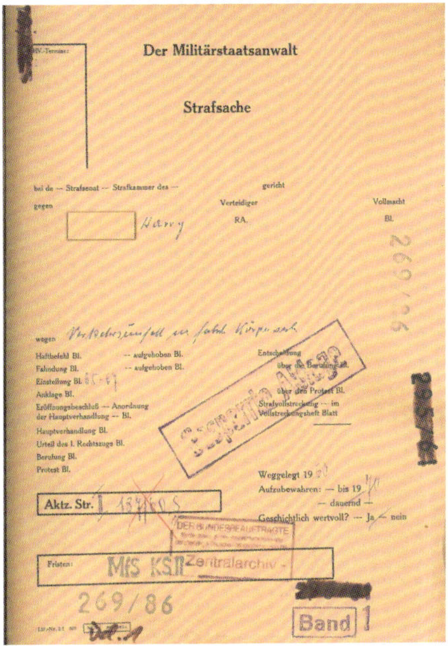

Abb. 139: Einer KS II-Akte beigefügt Akte der Militärstaatsanwaltschaft. Der Mitarbeiter des MfS war in einen Verkehrsunfall verwickelt.

Abb. 140: KS III-Akte in neutralem Hefter, hier über eine Werbung als MfS-Mitarbeiter: der Kandidat lehnte ab.

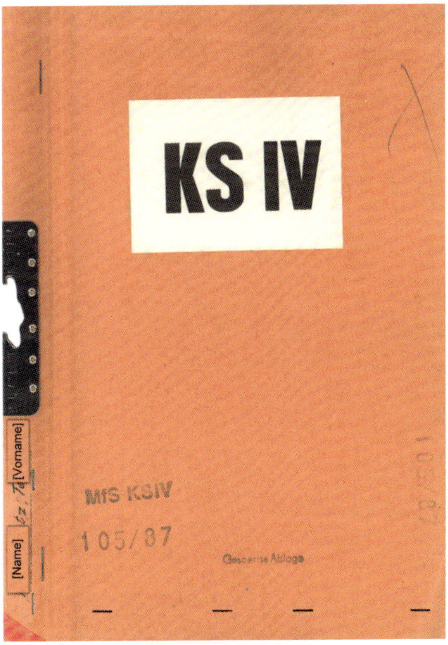

Abb. 141: KS IV-Akte von 1987 im Hängehefter, sie enthält eine OPK gegen einen Angehörigen des Wachregiments von 1975.

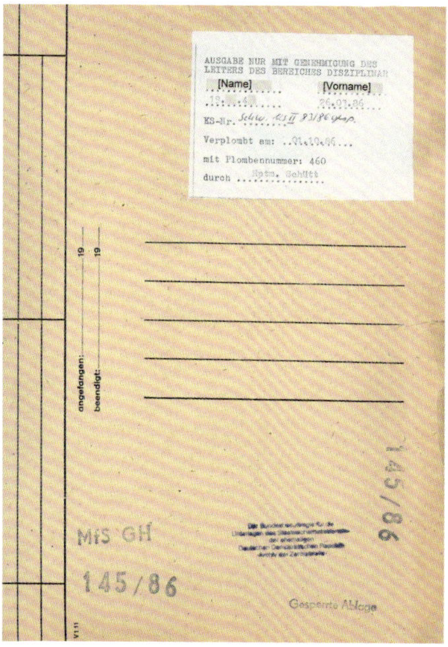

Abb. 142: Disziplinarakte eines MfS-Mitarbeiters, wegen des als brisant angesehenen Delikts hier als GH und nicht als KS abgelegt.

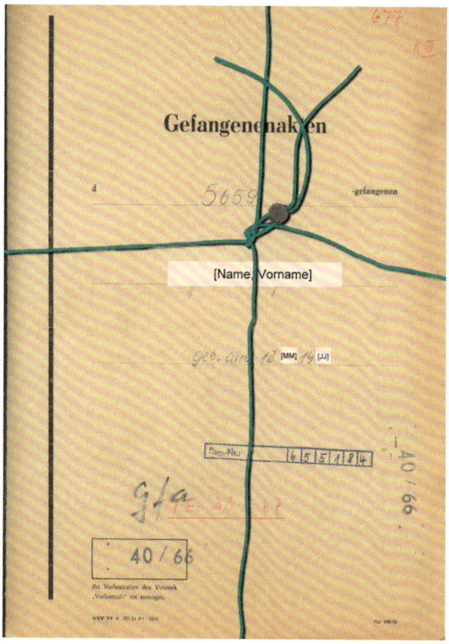

Abb. 143: Gefangenenakte eines 1966 verurteilten MfS-Mitarbeiters, abgelegt als GH mit originaler Plombierung des MfS.

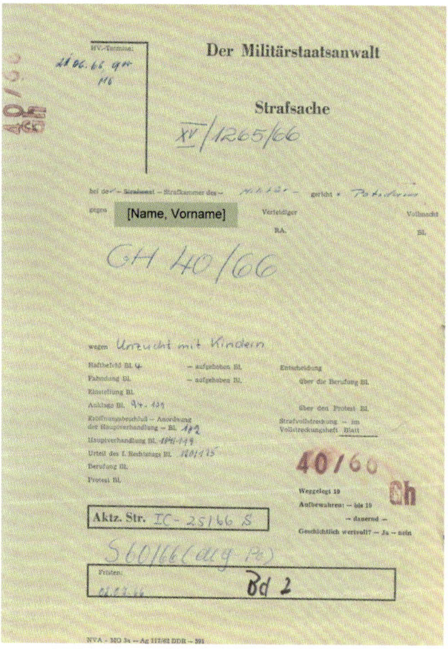

Abb. 144: Akte über das Strafverfahren gegen einen MfS-Mitarbeiter, abgelegt als GH. „Unzucht" passte nicht zum Selbstbild.

Abb. 145: GH-Akte mit Geschichte, 1977 abgelegt, 1990 im Reha-Verfahren genutzt, dann zeitweise vom Bundesarchiv vereinnahmt.

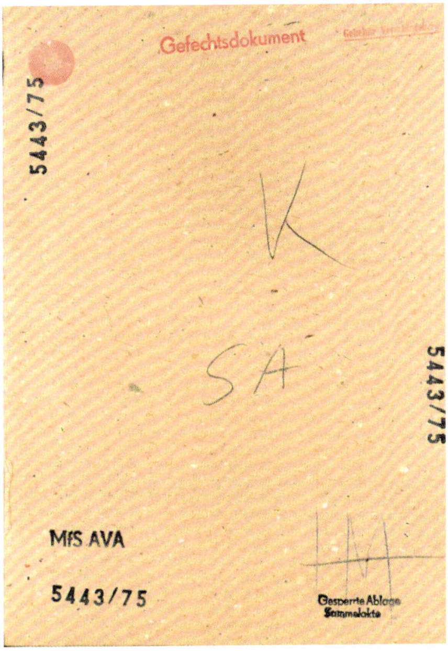

Abb. 146: Personensammelakte der Militäraufklärung im typischen Pappordner, im MfS-Zentralarchiv abgelegt als MfS AVA.

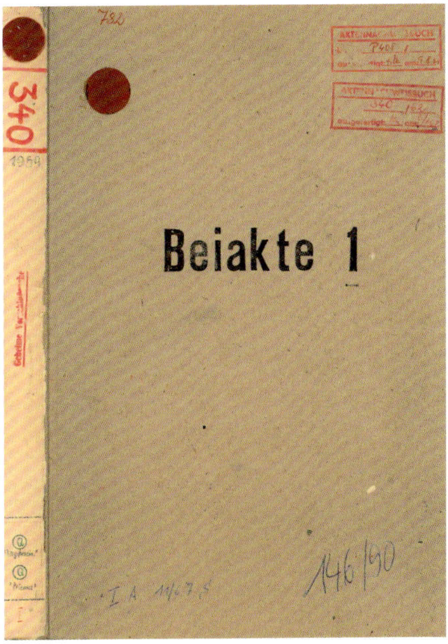

Abb. 147: Akte über zwei Quellen der Militäraufklärung, 1967 als Beiakte in einem Mordprozess genutzt und 1990 ins Archiv gelangt.

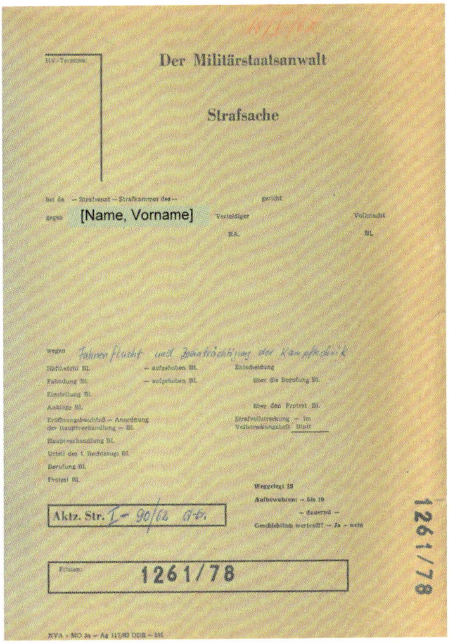

Abb. 148: 1978 begonnene Ablage von Akten über Fahnenflucht (AF), hier eine Strafakte der Militärstaatsanwaltschaft von 1962.

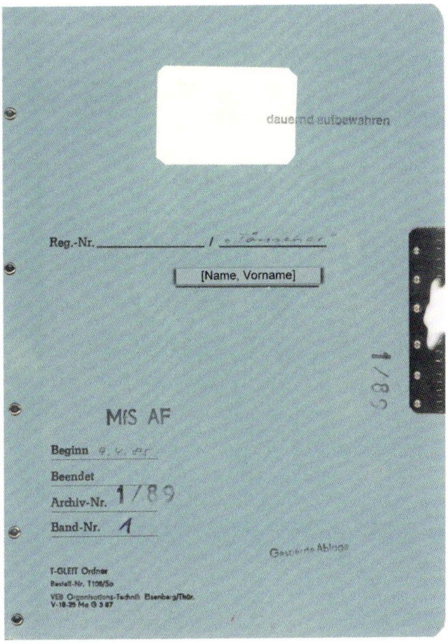

Abb. 149: Band einer AF-Akte mit Ermittlungsunterlagen des MfS unter dem Decknamen „Täuscher“, 1989 abgelegt als AF 1/89.

Abb. 150: Band der Militärstaatsanwaltschaft über denselben Fall wie in Abb. 149, gemeinsam mit dem MfS-Band abgelegt als AF 1/89.

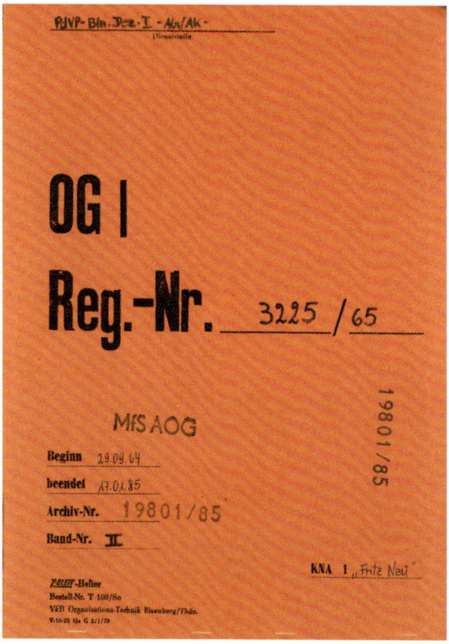

Abb. 151: Akte über einen inoffiziellen Mitarbeiter der Arbeitsrichtung I der Kriminalpolizei. Sie ähnelt IM-Akten des MfS (Abb. 096ff.).

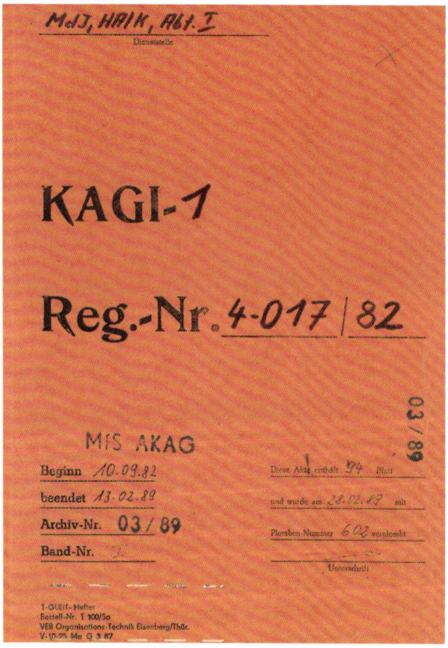

Abb. 152: AKAG-Akten lösten 1987 die AOG-Akten ab. Sie wurden noch 1989 mit AVSV-Akten in einem Bestand zusammengefasst.

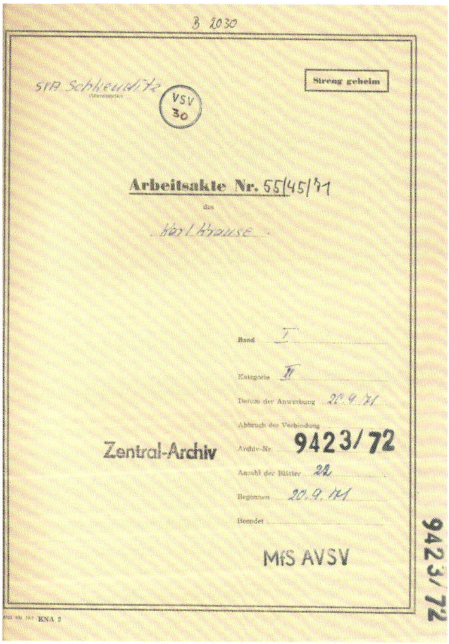

Abb. 153: AVSV-Akte über einen inoffiziellen Mitarbeiter der Verwaltung Strafvollzug. Nur im MfS-Zentralarchiv wurden AVSV abgelegt.

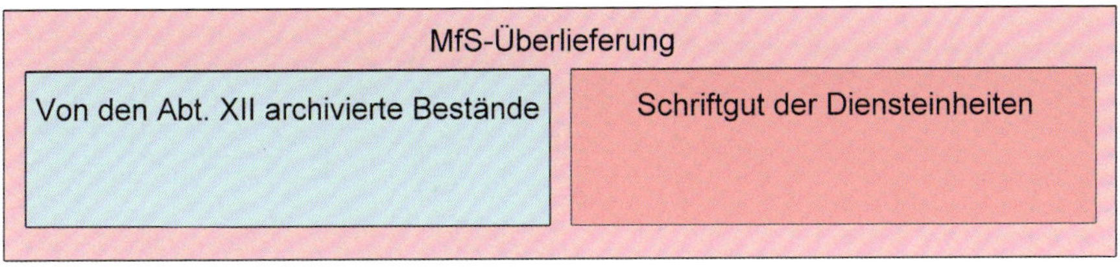

Abb. 154: Einfache, sehr abstrakte Gliederung der MfS-Überlieferung in zwei Hauptgruppen. Sie wurde häufig für eine verständliche Darstellung in Statistiken und Berichten verwendet.

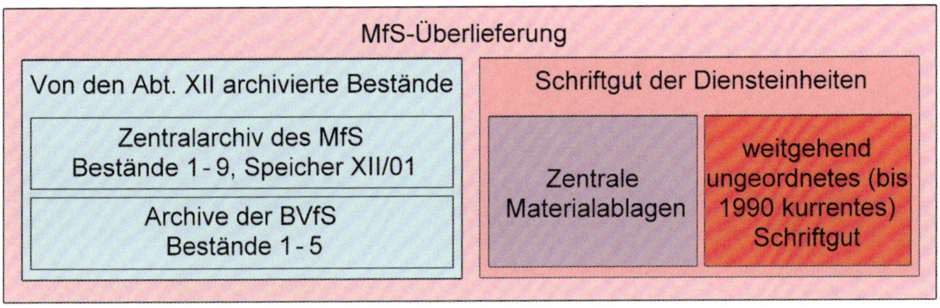

Abb. 155: Weitergehende Gliederung der MfS-Überlieferung in wesentliche Bestandteile.

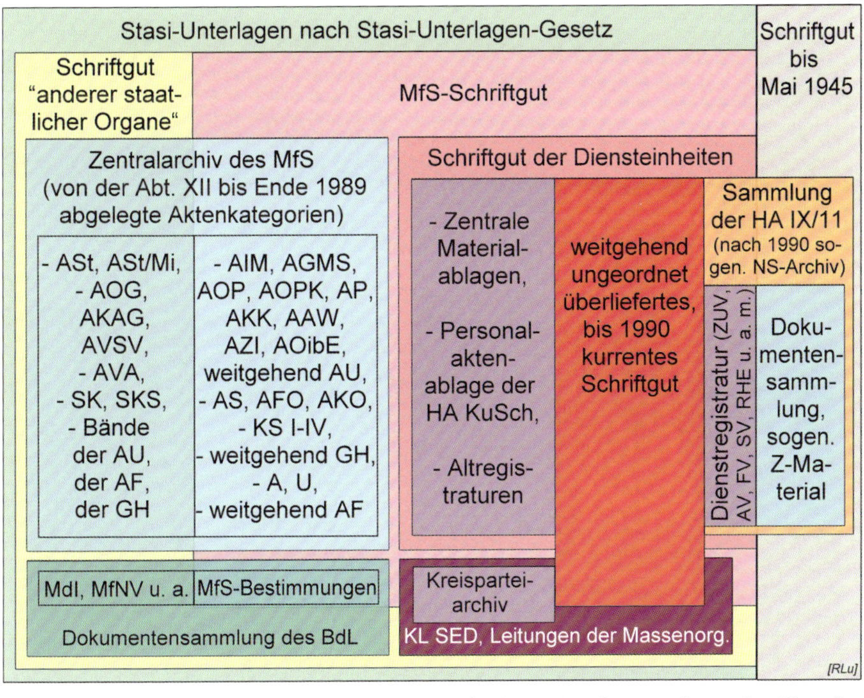

Abb. 156: Differenzierendes Modell einer Tektonik der Stasi-Unterlagen auf zentraler Ebene bezogen auf Herkunft und Ablagekontext (siehe weiterführend die Darlegungen unter → Tektonik).